Windows 3.1 & Windows für Workgroups 3.11
DAS KOMPENDIUM

Gerhard Renner

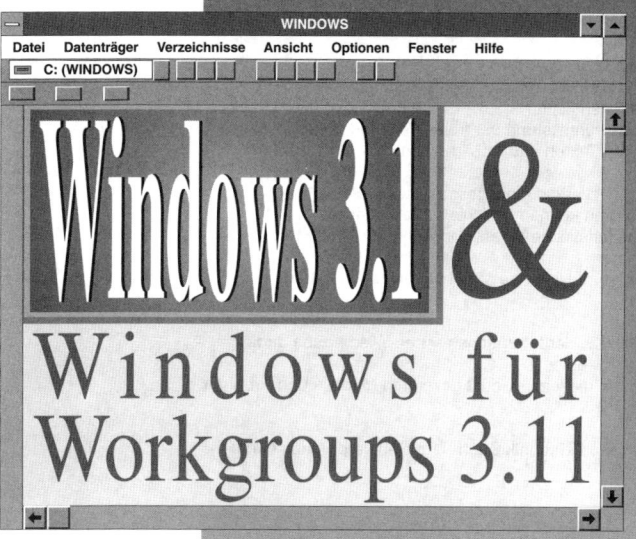

DAS KOMPENDIUM
Einführung
Arbeitsbuch
Nachschlagewerk

Markt&Technik

Die Deutsche Bibliothek – CIP-Einheitsaufnahme

Windows 3.1 & Windows für Workgroups 3.11 – das Kompendium :
Einführung, Arbeitsbuch, Nachschlagewerk / Gerhard Renner. –
Limitierte Sonderausg. –
Haar bei München : Markt und Technik, Buch- und Software-Verl.
  ISBN 3-8272-5173-7
NE: Renner, Gerhard

Buch. – 1996

Diskette. Viele nützliche Shareware-programme wie z.B. Konvertierungsprogramm, weitere Dienstprogramme und Spiele für Windows 3.1. – 1996

Die Informationen in diesem Produkt werden ohne Rücksicht auf einen
eventuellen Patentschutz veröffentlicht.
Warennamen werden ohne Gewährleistung der freien Verwendbarkeit benutzt.
Bei der Zusammenstellung von Texten und Abbildungen wurde mit größter
Sorgfalt vorgegangen.
Trotzdem können Fehler nicht vollständig ausgeschlossen werden.
Verlag, Herausgeber und Autoren können für fehlerhafte Angaben
und deren Folgen weder eine juristische Verantwortung noch
irgendeine Haftung übernehmen.
Für Verbesserungsvorschläge und Hinweise auf Fehler sind Verlag und
Herausgeber dankbar.

Alle Rechte vorbehalten, auch die der fotomechanischen Wiedergabe und der
Speicherung in elektronischen Medien.
Die gewerbliche Nutzung der in diesem Produkt gezeigten Modelle und Arbeiten
ist nicht zulässig.

Originalausgabe © 1994 by Markt&Technik Buch- und Software-Verlag GmbH

10   9   8   7   6   5   4   3   2   1

99   98   97   96

ISBN 3-8272-5173-7

© 1996 by Markt&Technik Buch- und Software-Verlag GmbH,
Hans-Pinsel-Straße 9b, D-85540 Haar bei München/Germany
Alle Rechte vorbehalten
Einbandgestaltung: Grafikdesign Heinz H. Rauner, München
Lektorat: Angelika Ritthaler
Herstellung: Kunigunde Huber, Martin Horngacher
Druck: IDS, Paderborn
Dieses Produkt wurde mit Desktop-Publishing-Programmen erstellt
und auf chlorfrei gebleichtem Papier gedruckt
Printed in Germany

Inhaltsverzeichnis

	Vorwort		29
	Einleitung		31

TEIL A EINFÜHRUNG UND GRUNDLAGEN

Kapitel 1 Neue Merkmale von Windows 3.1   39

1.1	Erweiterungen gegenüber Windows 3.0	41
1.2	Der neue Datei-Manager	42
1.3	TrueType-Fonts	42
1.4	Verknüpfen und Einbetten mit OLE	43
	Objekte verknüpfen	43
	Objekte einbetten	44
1.5	MS Windows goes Multimedia	44
	Die Medien-Wiedergabe	45
	Der Klangrecorder	45
	Erweiterte Systemsteuerung	45

Kapitel 2 Einführung in Microsoft Windows   47

2.1	Die grafische Benutzeroberfläche Windows	49
	DOS, Microsoft Windows und OS/2	49
	Entwicklung von Microsoft Windows	50
2.2	Windows installieren	54
	Hardware- und Software-Voraussetzungen	54
	Die Express-Installation	55
	Die benutzergeführte Installation	56
	Update von Windows 3.0	57

		Windows im Netzwerk installieren	58
	2.3	Mit Windows arbeiten	59
		Windows starten	59
		Die Betriebsarten von Windows	59
		Fenster, Maus und Tastatur	60
		Windows-Fenster und Fensterelemente	62
		Windows beenden	81
	2.4	Das Windows-Lernprogramm	81
	2.5	Die Hilfefunktion von Windows	82
		Hilfefunktion aufrufen	82
		Hilfe-Befehle	84
		Hilfe-Tasten	85
		Informationen suchen	86
Kapitel 3		**Grundlegende Teilaufgaben bei Windows**	**89**
	3.1	Aufgaben, Fenster und Fensterelemente	91
		Desktop, Fenster und Symbole	91
		Fensterbereiche und Fensterelemente	94
		Grundlegende Teilaufgaben bei Windows	96
		Allgemeine Abkürzungstasten und Tastenfunktionen	97
	3.2	Mit Fenstern umgehen	103
		Symbol oder Fenster auswählen	103
		Symbol, Fenster oder Dialogfeld verschieben	105
		Größe eines Fensters ändern	105
		Fenster auf Symbolgröße verkleinern	107
		Fenster vergrößern	107
		Größe von Symbol oder Fenster wiederherstellen	108
		Bildlaufleisten nutzen	109
		Aktives Fenster schließen	110
	3.3	Menü aufrufen und Menübefehl auswählen	111
		Menü auswählen oder abbrechen	111
		Menübefehl oder Menüoption auswählen	113
		Systemmenü öffnen	113
		Arbeiten im Systemmenü	116
	3.4	Über Dialogfelder Eingaben vornehmen	117
		Im Dialogfeld bewegen	117

	Befehlsschaltflächen	118
	Textfelder	119
	Listenfelder	120
	Einzeilige Listenfelder	121
	Kontrollfelder	122
	Optionsfelder	123
	Dialogfeld schließen	124
3.5	Mit Anwendungen arbeiten	124
	Anwendung starten	125
	Zwischen Anwendungsfenstern umschalten	128
	Symbole und Anwendungsfenster anordnen	130
	Meldungen aus inaktiven Fenstern einsehen	131
	Anwendung beenden	132
3.6	Mit Dokumenten und Dateien arbeiten	132
	Dokument oder Datei öffnen	132
	Zwischen Dokumentfenstern umschalten	134
	Einfügestelle bewegen	134
	Text eingeben	135
	Eingabefehler korrigieren	135
	Text markieren	136
	Markierten Text bearbeiten	137
	Dokument oder Datei speichern	137

TEIL B SYSTEMVERWALTUNG MIT WINDOWS

Kapitel 4 Mit dem Programm-Manager Anwendungen ordnen 143

4.1	Aufgaben, Fensterelemente und Tastatur	145
	Anwendungen und Aufgaben	145
	Fensterbereiche und Fensterelemente	146
	Abkürzungstasten und Tastenfunktionen	149
4.2	Gruppensymbole und Gruppenfenster anordnen	149
	Gruppenfenster anordnen	150
	Symbole bei Änderung der Fenstergröße anordnen	151
	Symbole automatisch oder manuell anordnen	152
	Gruppenfenster öffnen	153

		Gruppenfenster zum Symbol verkleinern	153
	4.3	**Gruppe erstellen, ändern und löschen**	**154**
		Gruppe erstellen	154
		Eigenschaft einer Gruppe ändern	155
		Gruppe löschen	155
	4.4	**Gruppeninhalt ändern**	**156**
		Anwendung mit Setup hinzufügen	156
		Element zu einer Gruppe hinzufügen	158
		Eigenschaft eines Elements ändern	160
		Element in eine andere Gruppe kopieren	161
		Element einer Gruppe löschen	162
		Element in eine andere Gruppe verschieben	162
	4.5	**Anwendung starten und Programm-Manager beenden**	**163**
		Programm-Manager zum Symbol verkleinern	163
		Programm-Manager beenden	164
		Anwendung starten	164
		Zum Programm-Manager zurückkehren	167
Kapitel 5		**Datei-Manager – Verzeichnisse und Dateien verwalten**	**169**
	5.1	Aufgaben, Fensterelemente und Tastatur	171
		Anwendungen und Aufgaben	171
		Fensterbereiche und Fensterelemente	172
		Abkürzungstasten und Tastenfunktionen	175
	5.2	Verzeichnisstrukturen nutzen	177
		Laufwerk auswählen	178
		Verbindung zu einem Netzlaufwerk herstellen	178
		Verbindung zu einem Netzlaufwerk beenden	179
		Verzeichnisebene ausblenden	180
		Verzeichnisebene einblenden	181
		Verzeichnis auswählen	182
		Datei oder Verzeichnis suchen	184
		Statuszeile anzeigen	184
	5.3	Mit Verzeichnisfenstern arbeiten	185
		Verzeichnisfenster öffnen	185

	Offenes Verzeichnisfenster wählen	187
	Inhalt eines Verzeichnisfensters aktualisieren	187
	Verzeichnisfenster schließen	187
	Eine Datei oder ein Verzeichnis wählen	188
	Mehrere Dateien oder Verzeichnisse wählen	189
	Alle Dateien wählen	191
	Auswahl aufheben	191
	Umfang der Dateianzeige bestimmen	192
	Format der Dateianzeige bestimmen	194
	Reihenfolge von Dateien und Verzeichnissen bestimmen	195
	Weitere Anzeigeoptionen bestimmen	195
	Verzeichnisfenster aktualisieren	196
	Datei oder Verzeichnis suchen	196
5.4	**Fenster anordnen**	197
	Fenster überlappend anordnen	198
	Fenster nebeneinander anordnen	198
	Verzeichnisfenster teilen	198
5.5	**Anwendungen und Dokumente einsetzen**	199
	Anwendung starten	199
	Dokument verknüpfen, ändern und löschen	200
	Dokument öffnen	202
	Mit dem Befehl Ausführen starten	202
5.6	**Dateien und Verzeichnisse organisieren**	203
	Verzeichnis erstellen	204
	Dateien oder Verzeichnisse kopieren	205
	Dateien oder Verzeichnisse verschieben	206
	Dateien oder Verzeichnisse löschen	207
	Dateien oder Verzeichnisse umbenennen	207
	Dateiattribute festlegen	208
	Datei drucken	210
	Warnmeldungen unterdrücken	210
	Dokument öffnen	211
5.7	**Datenträger verwalten**	211
	Diskette formatieren	212
	Diskette oder Platte benennen	212
	Diskette kopieren	213
	Systemdiskette erstellen	214

Kapitel 6 Daten übertragen mit der Zwischenablage 215

6.1 Aufgaben, Fensterelemente und Tastatur 217
Anwendungen und Aufgaben 217
Fensterbereiche und Fensterelemente 218
Abkürzungstasten und Tastenfunktionen 220

6.2 Daten übertragen 221
Daten übertragen bei Windows-Programmen 221
Daten übertragen bei sonstigen Anwendungsprogrammen 222

6.3 Zwischenablage verwalten 224
Arbeitsspeicher freigeben 224
Zwischenablage anzeigen 224
Zwischenablage speichern und öffnen 225

Kapitel 7 Druckaufträge bearbeiten mit dem Druck-Manager 227

7.1 Aufgaben, Fensterelemente und Tastatur 229
Anwendungen und Aufgaben 229
Fensterbereiche und Fensterelemente 231
Abkürzungstasten und Tastenfunktionen 232

7.2 Mit dem Druck-Manager arbeiten 233
Druck-Manager aktivieren 233
Druckerwarteschlange anzeigen 234
Druckgeschwindigkeit ändern 234
Reihenfolge der Druckerwarteschlange ändern 235
Uhrzeit, Datum und Dateigröße anzeigen 236
Meldungen des Druck-Managers anzeigen 236
Druck anhalten und fortsetzen 237
Druck abbrechen 238
Drucken ohne Druck-Manager 238

7.3 Im Netzwerk drucken 239
Netzwerkstatus aktualisieren 239
Gesamte Netzwerk-Warteschlange anzeigen 240
Andere Netzwerk-Warteschlangen anzeigen 241
Druck-Manager übergehen 242

Inhaltsverzeichnis 11

Kapitel 8 Konfigurieren mit der Systemsteuerung 243

8.1 Aufgaben, Fensterelemente und Tastatur 245
Anwendungen und Aufgaben 245
Fensterbereiche und Fensterelemente 245
Abkürzungstasten und Tastenfunktionen 248

8.2 Symbole der Systemsteuerung auswählen 248

8.3 Desktop-Farben ändern 249
Farbschema wählen 249
Farbschema ändern 249
Benutzerdefinierte Farben erstellen 251
Farbschema entfernen 252

8.4 Weitere Desktop-Optionen ändern 253
Desktop-Muster wählen 253
Desktop-Muster ändern 253
Desktop-Muster erstellen 255
Desktop-Muster entfernen 255
Bildschirmschoner einsetzen 256
Benutzerdefinierte Desktop-Muster anzeigen 259
Blinkfrequenz des Cursors ändern 260
Ausrichtungsgitter ändern 261
Rahmenbreite ändern 261

8.5 Mit Druckern arbeiten 262
Drucker installieren 262
Druckertreiber hinzufügen 263
Druckeranschluß wählen 265
Druckereinstellung wählen 266
Standarddrucker bestimmen 267
Druck-Manager ein- und ausschalten 268
Fehlerwartezeit bestimmen 268
Verbindung zu Netzwerkdruckern herstellen und beenden 269
Drucker entfernen 271

8.6 Anschlüsse ändern 271

8.7 Netzwerk vorbereiten 273
Netzwerk-Optionen festlegen 273
Verbindung zu Netzwerkdruckern herstellen und beenden 274

8.8	Ländereinstellungen setzen		276
	Land wählen		277
	Sprache wählen		277
	Tastaturlayout bestimmen		278
	Maßsystem wählen		278
	Listentrennzeichen ändern		279
	Datumsformat ändern		279
	Kurzes Datumsformat ändern		280
	Langes Datumsformat ändern		281
	Währungsformat bestimmen		281
	Zeitformat ändern		282
	Zahlenformat bestimmen		283
8.9	Datum und Uhrzeit ändern		284
	Datum ändern		284
	Uhrzeit ändern		285
8.10	Schriftart hinzufügen und entfernen		285
	Schriftart hinzufügen		285
	Schriftart entfernen		287
	TrueType-Fonts verwenden		288
8.11	Tastatur- und Mauseinstellungen setzen		290
	Tastaturgeschwindigkeit bestimmen		290
	Mauseinstellungen ändern		291
8.12	Klänge und MIDI zuordnen		292
8.13	Erweiterte Optionen einstellen		298
	Gerätekonkurrenz verwalten		299
	Multitasking-Optionen einstellen		300
	Virtuellen Speicher zuordnen		301

TEIL C MIT ANWENDUNGEN ARBEITEN

Kapitel 9 Texte notieren mit dem Editor 303

9.1	Aufgaben, Fensterelemente und Tastatur	305
	Anwendungen und Aufgaben	305
	Fensterbereiche und Fensterelemente	305
	Abkürzungstasten und Tastenfunktionen	308

9.2		Text bearbeiten	309
		Text suchen	310
		Text kopieren, ausschneiden und einfügen	311
		Text löschen	313
		Gesamten Text markieren	313
		Bearbeitung rückgängig machen	314
9.3		Text formatieren	314
		Markierten Text formatieren	315
		Zeilen umbrechen	315
9.4		Text drucken	315
		Dokument drucken	316
		Kopf- und Fußzeilen drucken	317
		Ränder einstellen	318
		Drucker wechseln und Druckeroptionen ändern	318
9.5		Mit Dokumenten und Dateien arbeiten	319
		Dokument erstellen	320
		Textdatei öffnen	320
		Dokument speichern	321
		Uhrzeit und Datum einfügen	321
		Protokolldokument erstellen	322
Kapitel 10		**Die Uhr – Systemzeit anzeigen**	**325**
	10.1	Aufgaben und Anwendungen	327
	10.2	Uhrzeit einstellen	328
	10.3	Analoge oder digitale Anzeige wählen	329
	10.4	Anzeige individuell einstellen	330
Kapitel 11		**Mit dem Kalender Termine überwachen**	**333**
	11.1	Aufgaben, Fensterelemente und Tastatur	335
		Anwendungen und Aufgaben	335
		Fensterbereiche und Fensterelemente	337
		Abkürzungstasten und Tastenfunktionen	339
	11.2	Termine eingeben	339
		Eintrag eingeben	340
		Eintrag bearbeiten	341

Notiz eintragen ... 341

11.3 Tag oder Monat anzeigen ... 341
Tag anzeigen ... 342
Anderen Tag anzeigen ... 343
Monat anzeigen ... 344

11.4 Termine setzen ... 345
Wecker einstellen ... 346
Akustisches Signal abstellen ... 347
Vorzeitig klingeln ... 347
Wecker ausschalten ... 348
Weckereinstellung löschen ... 348

11.5 Kalender anpassen ... 348
Tagesansicht ändern ... 349
Besondere Uhrzeit hinzufügen und löschen ... 350
Datum markieren und Markierung entfernen ... 351

11.6 Kalenderdaten drucken ... 353
Termine drucken ... 353
Ränder einstellen ... 353
Kopf- und Fußzeilen drucken ... 354

11.7 Mit Kalenderdateien arbeiten ... 356
Kalenderdatei öffnen ... 356
Kalenderdatei speichern ... 356
Kalenderdatei mit Schreibschutz öffnen ... 357
Termineintrag löschen ... 357

Kapitel 12 Mit der Kartei Karteikarten verwalten ... 359

12.1 Aufgaben, Fensterelemente und Tastatur ... 361
Anwendungen und Aufgaben ... 361
Fensterbereiche und Fensterelemente ... 362
Abkürzungstasten und Tastenfunktionen ... 364

12.2 Karte eingeben und anzeigen ... 365
Karte eingeben ... 365
Karten anzeigen ... 368
Text suchen ... 371

12.3 Karte bearbeiten ... 372
Stichwortzeile ändern ... 373

	Text verschieben	374
	Text kopieren	374
	Bild einfügen	375
12.4	**Karteidaten drucken**	376
	Karteikarten drucken	376
	Ränder einstellen	376
	Kopf- und Fußzeilen drucken	377
12.5	**Mit Karteidateien arbeiten**	378
	Karteidatei öffnen	378
	Karteidatei speichern	379
	Karte wiederherstellen	379
	Karte löschen	379
	Karte duplizieren	380
	Karteigröße bestimmen	380
	Karteidateien zusammenführen	380
	Automatisch wählen	381
12.6	**Objekte verknüpfen und einbetten**	383
	Objekt in ein Kartei-Dokument einbetten	385
	Objekt mit einem Kartei-Dokument verknüpfen	393

Kapitel 13 Rechner – ein Taschenrechner 405

13.1	**Aufgaben, Fensterelemente und Tastatur**	407
	Anwendungen und Aufgaben	407
	Fensterbereiche und Fensterelemente	407
	Abkürzungstasten und Tastenfunktionen	409
13.2	**Mit dem Standardrechner arbeiten**	410
	Berechnungen durchführen	410
	Rechnerspeicher einsetzen	411
	Arbeiten mit der Zwischenablage	412
	Tasten und Funktionen des Standardrechners	413
13.3	**Den technisch-wissenschaftlichen Rechner einsetzen**	414
	Berechnungen durchführen	415
	Zahlenwerte umwandeln	415
	Kopieren und Einfügen in andere Zahlensysteme	416
	Statistische Aufgaben	417

13.4	Arbeiten mit erweiterten Rechnerfunktionen	419
	Operatoren einsetzen	419
	Funktionen für Zahlensysteme	420
	Statistikfunktionen	420
	Weitere Funktionen	421

Kapitel 14 Textverarbeitung mit Write 423

14.1	Aufgaben, Fensterelemente und Tastatur	425
	Anwendungen und Aufgaben	425
	Fensterbereiche und Fensterelemente	426
	Abkürzungstasten und Tastenfunktionen	428
14.2	Text erstellen und bearbeiten	429
	Text eingeben	430
	Text markieren	431
	Text kopieren, ausschneiden und einfügen	432
	Text suchen	434
	Text ersetzen	436
	Text aufsuchen	438
	Aktion zurücknehmen	439
14.3	Bilder einsetzen	440
	Bild kopieren, ausschneiden und einfügen	440
	Bildgröße ändern	441
	Bild verschieben	443
14.4	Zeichen und Absätze formatieren	444
	Schriftart wählen	445
	Schriftgrad wählen	446
	Schriftstil wählen	446
	Zeichen hoch- und tiefstellen	447
	Absatzmarken bearbeiten	448
	Absatz ausrichten	449
	Absatz einziehen	450
	Zeilenabstand bestimmen	453
14.5	Dokument formatieren	454
	Seitenlayout festlegen	455
	Kopfzeile, Fußzeile und Seitenzahl	456
	Tabulatoren setzen	458
	Trennzeichen einfügen	460
	Seiten automatisch umbrechen	460

		Seiten manuell umbrechen	462
	14.6	**Mit Write-Dateien arbeiten**	**463**
		Write-Datei öffnen	463
		Andere Dateiformate lesen	464
		Write-Datei speichern	466
		Andere Dateiformate speichern	467
		Sicherungskopie erstellen	469
	14.7	**Dokument drucken**	**470**
		Ganzes Dokument drucken	470
		Teile eines Dokuments drucken	470
		Drucker und Druckeroptionen wechseln	471
	14.8	**Objekte verknüpfen und einbetten**	**472**
		Objekt in ein Write-Dokument einbetten	474
		Objekt mit einem Write-Dokument verknüpfen	482
Kapitel 15		**Zeichnen mit Paintbrush**	**493**
	15.1	**Aufgaben, Fensterelemente und Tastatur**	**495**
		Anwendungen und Aufgaben	495
		Fensterbereiche und Fensterelemente	496
		Abkürzungstasten und Tastenfunktionen	498
	15.2	**Zeichnung erstellen**	**500**
		Einstellungen setzen	500
		Neue Zeichnung beginnen	502
		Hintergrund- und Vordergrundfarben bestimmen	502
		Strichbreite festlegen	504
		Zeichenhilfsmittel wählen und einsetzen	504
		Zeichenbereich vergrößern	507
		Zeichenbereich verkleinern	507
		Gesamten Bildschirm anzeigen	509
		Hilfsmittel ausblenden	509
		Aktionen zurücknehmen	510
	15.3	**Paintbrush-Utensilien einsetzen**	**511**
		Freihand-Schere	512
		Rechteck-Schere	512
		Sprühdose	513
		Texthilfsmittel	513
		Farbradierer	513

	Radierer	514
	Farbrolle	515
	Pinsel	516
	Bogen	517
	Linie	518
	Rechteck und gefülltes Rechteck	518
	Abgerundetes Rechteck und gefülltes abgerundetes Rechteck	519
	Kreis (Ellipse) und gefüllter Kreis (Ellipse)	520
	Vieleck und gefülltes Vieleck	521
15.4	Text eingeben	522
	Schriftart wählen	524
	Schriftgröße bestimmen	524
	Schriftstil wählen	525
	Text eingeben und bearbeiten	526
15.5	Zeichnung bearbeiten	527
	Bildausschnitt kopieren, ausschneiden und einfügen	527
	Bildausschnitt verschieben und kopieren mit der Maus	529
	Bildausschnitt schleifen	530
	Bildausschnitt speichern	530
	Bildausschnitt laden	531
15.6	Fortgeschrittene Bearbeitungsaufgaben	531
	Bildausschnitt spiegeln	532
	Bildausschnitt kippen	533
	Bildausschnitt verkleinern und vergrößern	534
	Farben umkehren im Bildausschnitt	535
	Farben definieren	536
	Definierte Farben speichern und laden	537
	Mit Vergrößerung arbeiten	539
	Cursorposition anzeigen	540
15.7	Mit Paintbrush-Dateien arbeiten	541
	Neue Zeichnung anlegen	541
	Paintbrush-Datei öffnen	542
	Microsoft-Paint-Datei konvertieren	543
	Paintbrush-Datei speichern	543
15.8	Zeichnung drucken	544
	Ganze Zeichnung drucken	545
	Teile einer Zeichnung drucken	546
	Zeichenränder setzen	547

	Kopf- und Fußzeilen drucken	548
	Drucker und Druckeroptionen wechseln	548
15.9	Objekte verknüpfen und einbetten	549
	Objekt aus einer Paintbrush-Zeichnung einbetten	550
	Objekt aus einer Paintbrush-Zeichnung verknüpfen	559

Kapitel 16 Mit Terminal Daten übertragen 571

16.1	Aufgaben, Fensterelemente und Tastatur	573
	Anwendungen und Aufgaben	573
	Fensterbereiche und Fensterelemente	573
	Abkürzungstasten und Tastenfunktionen	576
16.2	Verbindung vorbereiten	576
	Anforderungen an die Hardware	577
	Einstellungen beim Fernrechner	577
	Teilaufgaben einer Terminal-Sitzung	577
	Terminal-Sitzung starten	578
	Terminal-Fenster öffnen	579
	Telefonnummer eingeben	580
	Terminal-Emulation wählen	581
	Terminal-Einstellungen festlegen	582
	Datenübertragungs-Parameter setzen	584
	Modembefehle bestimmen	586
	Funktionstasten zuordnen	587
	Funktionstasten anzeigen und ausblenden	588
16.3	Dateien übertragen	589
	Verbindung herstellen	590
	Verbindungszeit anzeigen	590
	Dateiübertragung vorbereiten	590
	Übertragung von Textdateien vorbereiten	591
	Übertragung von Binärdateien vorbereiten	592
	Textdateien senden	593
	Textdateien empfangen	595
	Textdateien anzeigen	596
	Binärdateien senden	599
	Binärdateien empfangen	600
16.4	Im Terminal-Fenster arbeiten	601
	Text in die Zwischenablage kopieren	602
	Inhalt der Zwischenablage senden	602

	Markierten Text senden	602
	Gesamten Text markieren	602
	Puffer löschen	603
16.5	Texte drucken	603
	Drucker vorbereiten	603
	Empfangenen Text drucken	603
	Markierten Text drucken	605
16.6	Verbindung beenden	605
	Einstellungen speichern	605
	Verbindung zum Fernrechner beenden	606
	Terminal-Sitzung beenden	607
16.7	Auftretende Probleme lösen	607
	Probleme beim Verbindungsaufbau	608
	Probleme bei der Übertragung von Binärdateien	608
	Probleme bei der Übertragung von Textdateien	609
	Probleme beim Drucken	609

Kapitel 17 Zeichen finden mit der Zeichentabelle 611

17.1	Schriftart wählen	613
17.2	Schriftzeichen bestimmen und einfügen	614

Kapitel 18 Aufnahmen mit dem Klangrecorder 617

18.1	Mit Klangdateien arbeiten	619
18.2	Klangdatei aufzeichnen	622
18.3	Klangdatei wiedergeben	624
18.4	Klangdatei bearbeiten	626

Kapitel 19 Die Medien-Wiedergabe von Windows 631

19.1	Mit der Medien-Wiedergabe arbeiten	633
19.2	Ein Mediengerät auswählen	634
19.3	Mit Mediendateien arbeiten	636
	Mediendatei öffnen	636

	Medienwiedergabe beenden	637
19.4	Mediendatei wiedergeben	638
	Abspielen auf einem Mediengerät	638
	Skalenanzeige ändern	639

Kapitel 20 Mit Windows-Anwendungen arbeiten 641

20.1	Anwendungsprogramme und Windows	643
20.2	Windows-Anwendungen einrichten und starten	646
	Windows-Anwendungen einrichten	646
	Windows-Anwendung starten	663
20.3	Zwischen Windows-Anwendungen umschalten	670
20.4	Daten austauschen zwischen Windows-Anwendungen	673
	Datenaustausch über die Zwischenablage	673
	Datenaustausch mit DDE	677
	Datenaustausch mit OLE	677

Kapitel 21 Mit Nicht-Windows-Anwendungen arbeiten 679

21.1	Nicht-Windows-Anwendungen einrichten	681
	Einrichten mit dem SETUP-Programm	681
	Einrichten mit dem Programm-Manager	686
21.2	Mit PIF-Dateien arbeiten	688
	Mitgelieferte PIF-Datei verwenden	688
	PIF-Datei mit dem PIF-Editor erstellen oder ändern	689
	Mehrere PIF-Dateien einsetzen	691
	Standard-PIF-Datei verwenden	693
21.3	Nicht-Windows-Anwendungen starten und ausführen	694
	Nicht-Windows-Anwendungen starten	695
	Nicht-Windows-Anwendungen ausführen	705
	Optionen im erweiterten Modus von 386-PCs	706

21.4	Daten austauschen zwischen Nicht-Windows-Anwendungen	719
	Markierte Daten in die Zwischenablage kopieren	719
	Bildschirminhalt in die Zwischenablage kopieren	721
	Fensterinhalt in die Zwischenablage kopieren	722
	Inhalt der Zwischenablage einfügen	723
21.5	Mit TSR-Programmen arbeiten	725
	Ein TSR-Programm starten	726
	TSR-Programm mit DOS-Batch-Datei starten	727

Kapitel 22 Entspannung mit Solitär und Minesweeper 729

22.1	Tips zu Solitär	731
	Menübefehle	731
	Hinweise zum Spiel	732
22.2	Tips zu Minesweeper	735
	Menübefehle	736
	Hinweise zum Spiel	737

TEIL D MS WINDOWS FÜR FORTGESCHRITTENE

Kapitel 23 Objekte einbinden mit OLE 749

23.1	Daten austauschen	751
23.2	Mit OLE Anwendungen integrieren	752
	Spezialisierte Anwendungen	752
	Einbindung von Datenobjekten	753
23.3	Objekte einbetten	754
	Einbettung aus einer Client-Anwendung	755
	Einbettung aus einer Server-Anwendung	757
	Eingebettetes Objekt bearbeiten	759
23.4	Objekte verknüpfen	761
	Datenobjekt verknüpfen	762

	Verknüpftes Datenobjekt bearbeiten	763
	Verknüpfung des Objektes aktualisieren	764
	Mehrere Verknüpfungen herstellen	766
	Verknüpfung des Objektes lösen	766
	Verknüpfung des Objektes löschen	767
	Unterbrochene Verknüpfung wiederherstellen	767
23.5	Der Objekt-Manager	769
	Ganze Datei verpacken	771
	Teil einer Datei verpacken	778
	DOS-Befehl verpacken	779
	Objektsymbol ändern	781
	Objektbeschriftung ändern	785

Kapitel 24 Mit dem Recorder Eingaben automatisieren 787

24.1	Aufgaben, Fensterelemente und Tastatur	789
	Anwendungen und Aufgaben	789
	Fensterbereiche und Fensterelemente	790
	Abkürzungstasten und Tastenfunktionen	792
24.2	Makro aufzeichnen	792
	Aufzeichnung starten	792
	Tastenkombinationen zuordnen	794
	Makronamen und Beschreibung	796
	Regeln für die Aufzeichnung	796
24.3	Aufzeichnungsoptionen	797
	Tastatur und Maus	797
	Ort der Aufzeichnung	798
	Ort der Wiedergabe	798
	Makros verschachteln	799
24.4	Makro wiedergeben	799
	Makro mit Tastenkombination ausführen	800
	Makro mit Befehl ausführen	800
	Ausführung eines Makros anhalten	801
	Recorder-Fenster anzeigen	801
24.5	Mit Recorder-Dateien arbeiten	802
	Recorder-Datei öffnen	802

Recorder-Datei speichern 803
Makroeigenschaften ändern 804
Makro in Recorder-Datei löschen 805
Recorder-Dateien zusammenführen 805
Permanente Einstellungen 807
Wiedergabegeschwindigkeit wählen 807
Automatische Wiederholung 809
Unterbrechung abschalten 809
Tastenkombinationen ausschalten 809

Kapitel 25 Mit dem PIF-Editor Ressourcen anfordern 811

25.1 Aufgaben, Fensterelemente und Tastatur 813

Anwendungen und Aufgaben 813
Fensterbereiche und Fensterelemente 815
Abkürzungstasten und Tastenfunktionen 817

25.2 Mit PIF-Dateien arbeiten 818

PIF-Datei erstellen 818
PIF-Standardeinstellungen ändern 820
PIF-Datei bearbeiten 820

25.3 Optionen für den Standard-Modus 821

Programmdateiname angeben 823
Programmtitel angeben 823
Programmparameter setzen 823
Anfangsverzeichnis angeben 824
Bildschirmmodus setzen 824
Speicherbedarf bestimmen 825
XMS-Speicher reservieren 825
Übertragungsanschlüsse kontrollieren 826
Tastatur kontrollieren 826
Bildschirmdruck bestimmen 827
Programmumschaltung bestimmen 827
Fenster schließen bei Programmende 828
Bildschirminhalt löschen 828
Tastenkombinationen reservieren 828

25.4 Optionen für den erweiterten Modus von 386-PCs 829

Programmdateiname angeben 829

	Programmtitel bestimmen	830
	Programmparameter setzen	831
	Anfangsverzeichnis angeben	831
	Bildschirmmodus bestimmen	831
	Speicherbedarf für erweiterten Modus bestimmen	832
	EMS-Speicher bestimmen	833
	XMS-Speicher bestimmen	834
	Anzeige bestimmen	834
	Ausführung festlegen	835
	Fenster schließen bei Programmende	835
25.5	Weitere Optionen für den erweiterten Modus von 386-PCs	836
	Hintergrundpriorität bestimmen	837
	Vordergrundpriorität festlegen	838
	Leerlaufzeit erkennen	838
	EMS-Speicher sperren	838
	XMS-Speicher sperren	839
	HMA-Speicher verwenden	839
	Speicher für Anwendung sperren	840
	Anschlüsse überwachen	840
	Textmodus emulieren	841
	Bildschirmspeicher erhalten	841
	Daten schnell einfügen	842
	Anwendung schließen bei Beenden von Windows	842
	Tastenkombinationen reservieren	842
	Tastenkombination für Anwendung bestimmen	843

Kapitel 26 Microsoft Windows optimieren 847

26.1	Leistungsfaktoren bestimmen	849
26.2	Konventionellen Speicher freihalten	849
26.3	Expansionsspeicher (Expanded Memory)	850
26.4	Erweiterungsspeicher (Extended Memory)	850
26.5	Auslagerungsdateien nutzen	851
26.6	Cache mit SMARTDrive	852
26.7	RAM-Disk mit RAMDrive	852
26.8	Weitere Hinweise zur Optimierung	853
26.9	Probleme, Tips und Abhilfe	854

Kapitel 27 Windows für Workgroups 3.11 857

27.1 Microsoft Workgroup Add-On für Windows 859
27.2 Windows für Workgroups 3.11 einrichten 859
27.3 Windows für Workgroups konfigurieren 860

Kapitel 28 Verzeichnisse und Drucker im Netzwerk verwalten 867

28.1 Verzeichnisse freigeben 869
28.2 Mit freigegebenen Verzeichnissen verbinden 874
28.3 Drucker freigeben 877
28.4 Mit freigegebenen Druckern verbinden 881

Kapitel 29 Mail als elektronische Post 883

29.1 Mail einrichten 886
29.2 Bei Mail anmelden und abmelden 889
29.3 Nachricht senden 890
29.4 Nachricht lesen und beantworten 892
29.5 Adreßbuch verwenden 898
29.6 Mail-Optionen 901

Kapitel 30 Faxen mit PC Fax 903

30.1 PC Fax installieren 905
30.2 Fax-Nachricht senden 910
30.3 Fax-Nachricht empfangen 911
30.4 Sicherheitsfunktionen einsetzen 912

Kapitel 31 Planen mit Schedule+ 919

31.1 Mit Terminen arbeiten 922
31.2 Mit Aufgaben arbeiten 925
31.3 Schedule-Optionen einstellen 927
31.4 Zeitpläne von anderen Benutzern 930
31.5 Besprechungen einer Gruppe verwalten 932
31.6 Ressourcen verwalten 935

Kapitel 32 Weitere Netzwerk-Dienstprogramme 937

    32.1 Die Ablagemappe 939
    32.2 Das Telefon 946
    32.3 WinPopup 949
    32.4 WinMeter 951
    32.5 Netzwerkmonitor 952
    32.6 Remote Access 954

TEIL E ANHÄNGE

Anhang A Dateien SYSTEM.INI und WIN.INI 959
    A.1 Die Systemdatei SYSTEM.INI 959
    A.2 Die Systemdatei WIN.INI 965

Anhang B Zeichensätze und Sonderzeichen 971
    B.1 Der ANSI-Zeichensatz 971
    B.2 Sonderzeichen im ANSI-Zeichensatz 971
    B.3 OEM-Zeichensätze 973
    B.4 Sonderzeichen in OEM-Zeichensätzen 974

Anhang C Die Diskette zum Buch 977

Literaturverzeichnis 985

Stichwortverzeichnis 989

Vorwort

Microsoft Windows stellt für den *Anwender* eine einfach zu bedienende grafische Benutzeroberfläche dar. Mit Windows kann er Anwendungen ausführen, die ein gleiches *look and feel* aufweisen. Anwendungen werden damit leichter erlernbar und bedienbar.

Die *Einfachheit der Anwendung* hat zumindest bei früheren Windows-Versionen häufig zu einem Mißverständnis geführt. Die einfache Benutzung von Windows müsse wohl daher kommen, daß Windows selbst ein einfaches Programm ist, das für den professionellen Einsatz wenig taugt. Zudem sprechen die langen Ausführungszeiten auf weniger schnell getakteten Computern eine deutliche Sprache.

Weit gefehlt – niemand wird ernsthaft Windows auf einem mit 4 MHz getakteten Oldtimer mit einem CGA-Grafikadapter einsetzen wollen. Natürlich müssen die Hardware-Voraussetzungen gegeben sein – dann steht auch einem schnellen Arbeiten mit Windows nichts mehr im Wege. Der Einwand bezüglich langer Ausführungszeiten ist mit dem Einsatz von schnelleren und leistungsfähigeren Computern nicht mehr aktuell.

Der *fortgeschrittene Benutzer* sollte wissen, daß eine Abhängigkeit besteht zwischen geräteunabhängigen Programmen einerseits und der Leistungsfähigkeit andererseits. Bei Windows sollen einzelne Anwendungen nicht mehr aus Geschwindigkeitsgründen direkt in den Bildschirmspeicher schreiben. Die Ressourcen sind nunmehr aufgeteilt zwischen den miteinander konkurrierenden Windows-Anwendungen. Für die Zuteilung der Ressourcen ist allein Windows zuständig.

Ein *Programmierer* hat schon eher ein Gespür dafür, welche programmiertechnischen Kraftakte hinter einer komplexen Speicherverwaltung, Multitasking, Geräteunabhängigkeit, grafischen Programmierschnittstelle, Datenaustausch und grafischen Benutzeroberfläche stehen. Alles zusammen nicht als unabhängiges Betriebssystem, sondern auf der Grundlage von DOS. Das Betriebssystem DOS ist wenigstens noch für Dateiverwaltungsaufgaben zuständig.

Die *Einfachheit* beim Arbeiten mit Windows spricht daher eher für dessen *Leistungsfähigkeit*. Bisher waren Programme mit hoher Leistungsfähigkeit nicht gerade benutzerfreundlich. Leistungsvielfalt wird aber nur dann genutzt werden, wenn sie einfach zu erreichen und zu bedienen ist.

Gewinnen wird in jedem Fall der *Anwender* – noch nie war das Arbeiten mit einem DOS-Computer so einfach bei gleichzeitiger Ausnutzung der vorhandenen Leistungsreserven. Leistungsfähige Programme wie PageMaker, Ventura Publisher, Designer, Corel Draw und Word für Windows zeigen bereits heute die Leistungsvielfalt künftiger Anwendungsprogramme unter Windows auf.

Die neue Version Windows 3.1 ist gegenüber der Vorgängerversion noch leistungsfähiger und bedienungsfreundlicher geworden. Windows 3.1 ist ein Beispiel dafür, daß Leistungsfähigkeit und Bedienungsfreundlichkeit keine Gegensätze bleiben müssen.

Die Diskette zum Buch enthält Windows-Anwendungen, die einerseits der Entspannung dienen, aber auch aufzeigen, welche zahlreichen Möglichkeiten Windows dem Anwender bietet. Die beiliegende 5 1/4"-Diskette hat eine Speicherkapazität von 1,2 Mbyte.

Den Mitarbeiterinnen und Mitarbeitern des Verlages danke ich für die Sorgfalt und Hilfsbereitschaft bei der Veröffentlichung dieses Buches. Ihnen, lieber Leser, wünsche ich viel Freude beim Kennenlernen und Arbeiten mit der neuen Version von Microsoft Windows.

Dr. Gerhard Renner

Einleitung

Microsoft Windows unterstützt eine ganze Reihe von *Datenverarbeitungsaufgaben*. Dazu gehören nicht nur systemorientierte Aufgaben, sondern auch einfache Anwendungen. Insgesamt sind es *über 900 Teilaufgaben*, die den Anwender bei seiner Arbeit unterstützen. Viele Anwender werden bei weitem nicht jede Teilaufgabe nutzen – Sie sollten aber wissen, daß es sie gibt, wo Sie sie finden und mit welchen Schritten eine Teilaufgabe bearbeitet wird.

Dieses Buch will daher dem Leser einen Überblick geben über alle von Windows unterstützten Teilaufgaben. Die einzelnen Aufgaben und Anwendungen sind den folgenden *Themenbereichen* zugeordnet:

❐ Teil A – Einführung und Grundlagen

❐ Teil B – Systemverwaltung mit Windows

❐ Teil C – Mit Anwendungen arbeiten

❐ Teil D – MS Windows für Fortgeschrittene

❐ Teil E – Anhänge

Teil A Im *Teil A – Einführung und Grundlagen* lernen Sie neben einer *Einführung* in Windows die *grundlegenden Teilaufgaben bei Windows* kennen. Bei Windows wird jede Anwendung in einem eigenen Fenster abgebildet. Das Fenster kann verschoben oder in der Größe verändert werden. Die Befehle und Optionen einer Anwendung werden in einem Menü ausgewählt. Über ein Dialogfeld fordert Windows weitere Eingaben an. Die einheitliche Benutzeroberfläche erleichtert das Arbeiten mit Programmen und Dateien. Sie verringert den Lernaufwand bei einer neuen Anwendung.

Teil B Im *Teil B – Systemverwaltung mit Windows* werden Sie den Programm-Manager, den Datei-Manager, die Zwischenablage, den Druck-Manager und die Systemsteuerung kennenlernen.

Programm-Manager Mit dem *Programm-Manager* können Anwendungsprogramme zur besseren Übersicht Gruppen zugeordnet werden. Die Zuordnung von Programmen zu einer Gruppe kann nach aufgabenbezogenen oder beliebigen anderen Kriterien erfolgen. Eine

Datei-
Manager

Anwendung wird einfach durch Doppelklicken des Programmsymbols in ihrem Gruppenfenster aufgerufen. Es können jederzeit Gruppen hinzugefügt, geändert oder entfernt werden.

Mit dem *Datei-Manager* verwalten Sie die Dateien in Verzeichnissen auf einem Datenträger. Die Verzeichnisebenen einer Verzeichnisstruktur können ein- oder ausgeblendet werden. Die Dateien eines Verzeichnisses werden in einem eigenen Verzeichnisfenster angezeigt. Sie können mehrere Datenträger, Verzeichnisebenen oder Verzeichnisfenster anzeigen. Eine Anwendung kann auch vom Datei-Manager aus gestartet werden.

Zwischen-
ablage

Die *Zwischenablage* dient der Speicherung von aus einer Anwendung kopierten Daten. Die gespeicherten Daten können bei Bedarf in die gleiche oder in eine andere Anwendung eingefügt werden. Damit unterstützt die Zwischenablage neben dem Kopieren und Verschieben von Daten in einem Programm den Austausch von Daten zwischen verschiedenen Programmen. Der Inhalt der Zwischenablage kann in einer Datei gespeichert werden.

Druck-
Manager

Der *Druck-Manager* verwaltet die ihm übergebenen Druckaufträge in einer Druckerwarteschlange und leitet sie für den Ausdruck an den aktuellen Drucker weiter. Der Ausdruck von Druckaufträgen erfolgt im Hintergrundbetrieb. Die Ausgabe eines Druckauftrages kann jederzeit angehalten, fortgesetzt oder abgebrochen werden. In einem Netzwerk verwaltet der Druck-Manager die einzelnen Netzwerk-Warteschlangen.

System-
steuerung

Die Hardware- und Software-Optionen einer Systemkonfiguration werden mit der *Systemsteuerung* eingestellt. Zu den einstellbaren Optionen gehören Desktop-Farben, Desktop-Optionen, Drucker-Optionen, Einstellungen der Datenübertragungsanschlüsse, Netzwerk-Optionen, Länder-, Datums- und Uhrzeiteinstellungen, Schriftarten, Tastatur-, Maus- und Signaltoneinstellungen sowie Optionen für den erweiterten Modus von 386-PCs. Die Einstellungen für Treiber und Klang sind neu hinzugekommen.

Teil C

Im *Teil C – Mit Anwendungen arbeiten* werden Sie die Windows-Anwendungen Editor, Uhr, Kalender, Kartei, Rechner, Write, Paintbrush, Terminal, Zeichentabelle, Klangrecorder und Medien-Wiedergabe kennenlernen.

Editor

Der *Editor* eignet sich als Notizblock vor allem für einfachere Textverarbeitungsaufgaben. Bei diesen Aufgaben kommt es mehr

Einleitung

auf den Inhalt und weniger auf die Gestaltung eines Dokumentes an. Mit dem Editor können Sie Texte erstellen, bearbeiten und ausdrucken. Bei höheren Ansprüchen sollten Sie zu Write wechseln. Texte können zwischen dem Editor und anderen Anwendungen über die Zwischenablage ausgetauscht werden.

Uhr Wenn Sie stets die aktuelle Uhrzeit im Auge behalten wollen, sollten Sie die *Uhr* in einem Fenster anzeigen. Die Uhrzeit kann mit einer Analoguhr oder mit einer Digitaluhr angezeigt werden. Sie wird auch dann angezeigt, wenn die Uhr auf Symbolgröße verkleinert wird. Mit der Uhr und dem Terminkalender gewappnet dürfte es Ihnen schwerfallen, Termine zu versäumen – sofern Sie Ihre Systemzeit richtig eingestellt haben.

Kalender Der *Kalender* verwaltet Termine für berufliche und private Anlässe. In der Monatsanzeige erkennen Sie mit einem Blick, ob ein Tag von besonderer Bedeutung ist. Die Tagesanzeige bietet Raum für Termineinträge. Neben der Auswahl von geeigneten Zeitintervallen können einzelne Termine individuellen Zeitangaben zugeordnet werden. Bei Bedarf können Wecktermine eingestellt werden, bei denen ein akustisches Signal an den Termin erinnert.

Kartei Wenn Ihr Karteikasten es mit der Reihenfolge der Karten nicht so genau nimmt, sollten Sie es einmal mit der Anwendung *Kartei* versuchen. Die Windows-Kartei sorgt dafür, daß jede Karteidatei nach der Stichwortzeile jederzeit ordentlich sortiert ist. Der Textbereich kann nach Bedarf mit Text oder schwarzweißer Grafik gefüllt werden. Eine Kartei kann auch nach einem freien Suchtext im Textbereich durchforstet werden.

Rechner Der *Rechner* von Windows kann als einfacher Standardrechner oder als technisch-wissenschaftlicher Rechner eingesetzt werden. In letzterem Modus verfügt er neben den Standardrechnerfunktionen über Funktionen für den Umgang mit verschiedenen Zahlensystemen und über erweiterte Rechnerfunktionen. Hierzu gehören Operatoren, Funktionen für Zahlensysteme, Statistikfunktionen und weitere Funktionen.

Write Gegenüber dem Editor ist die Anwendung *Write* eine erweiterte Textverarbeitung für die Erstellung, Bearbeitung und Ausgabe von Texten. Zeichen, Absätze und ganze Dokumente können nach dem jeweiligen Bedarf formatiert werden. Mit Write können Texte und Bilder in ein Dokument integriert werden. Als Textverarbeitung unter Windows können Sie bereits am Bildschirm das Aussehen des gedruckten Dokumentes beurteilen.

Paintbrush	Die Windows-Anwendung *Paintbrush* dient der Erstellung, Bearbeitung und Ausgabe von ein- oder mehrfarbigen Zeichnungen. Über die Zwischenablage kann eine Zeichnung aus einer anderen Anwendung übernommen und bearbeitet werden. Die Bearbeitung erfolgt mit Utensilien, Farbenauswahl, Palette, Texthilfsmittel und Menüoptionen. Das Zeichenergebnis steht mit Hilfe der Zwischenablage einer anderen Anwendung zur Verfügung.
Terminal	Über die Windows-Anwendung *Terminal* kann Ihr Computer Verbindung mit der Außenwelt aufnehmen. Terminal unterstützt die Datenübertragung über ein Modem oder über eine direkte Verbindung zu einem anderen Computer. Es können verschiedene Terminal-Emulationen, Terminaleinstellungen und Übertragungsprotokolle gewählt werden. Neben Textdateien können mit Terminal auch Binärdateien gesendet und empfangen werden.
	Neu hinzugekommen sind die Anwendungen Zeichentabelle, Klangrecorder und Medien-Wiedergabe.
Zeichentabelle	Mit der *Zeichentabelle* können Zeichen oder Sonderzeichen, die auf der Tastatur nicht vorhanden sind, in ein Dokument einer Windows-Anwendung eingefügt werden.
Klangrecorder	Mit dem *Klangrecorder* können Sie Klangdateien wiedergeben, aufzeichnen oder bearbeiten. Die Klangdateien müssen im WAVE-Format vorliegen.
Medien-Wiedergabe	Die *Medien-Wiedergabe* dient dem Abspielen von Mediendateien. Über Medien-Hardware-Treiber werden Medien-Wiedergabegeräte angesteuert, beispielsweise Bildplattenspieler.
	Weiterhin werden das Arbeiten mit Windows-Anwendungen, mit Nicht-Windows-Anwendungen und im DOS-Fenster behandelt. Der Teil C endet mit Hinweisen zur Entspannung mit den Spielen Solitär und Minesweeper.
Teil D	Im *Teil D – MS Windows für Fortgeschrittene* werden Sie das neue Konzept *OLE* zum Einbinden und Verknüpfen von Objekten kennenlernen. Wir stellen die Anwendungen *Recorder* und *PIF-Editor* vor und behandeln Fragen zur Konfiguration und Optimierung von Windows.
Recorder	Mit dem *Recorder* können Sie Makros aufzeichnen und ausführen. Ein Makro enthält eine Folge von Tastendrücken und/oder Mausbewegungen. Ein Makro automatisiert Routineaufgaben und entlastet damit von wiederholten und gleichbleibenden

Einleitung

Arbeitsschritten. Aufgezeichnete Makros werden in Recorder-Dateien gespeichert. Bei einem Makro können die Beschreibung, Geschwindigkeit und Wiederholung der Wiedergabe geändert werden.

PIF-Editor Bei Programmen, die nicht für Windows konzipiert worden sind, können Standardeinstellungen mit dem *PIF-Editor* eingestellt werden. Nach dem Betriebsmodus von Windows werden Optionen für den Standardmodus, Optionen für den erweiterten Modus von 386-PCs und fortgeschrittene Optionen für den erweiterten Modus unterschieden. Die Optionen reichen von Bildschirm- und Speicherverwaltung bis hin zu Multitasking-Optionen.

Anhänge In den *Anhängen* sind die Standardwerte der Systemdateien SYSTEM.INI und WIN.INI aufgeführt. Es werden die Vor- und Nachteile bei der Verwendung des *ANSI-Zeichensatzes* und von *OEM-Zeichensätzen* aufgezeigt und die Verfahren zur Eingabe von Sonderzeichen dargestellt. Außerdem erhalten Sie Hinweise zum Umgang mit der Diskette zum Buch.

TEIL A

EINFÜHRUNG UND GRUNDLAGEN

KAPITEL 1

NEUE MERKMALE VON WINDOWS 3.1

Die neue Version Windows 3.1 bietet neben augenfälligen Neuerungen, wie True-Type-Fonts, Multimedia oder dem neuen Datei-Manager, zahlreiche Erweiterungen und Änderungen. Diese Merkmale machen sich beim Arbeiten mit der neuen Version erst nach und nach bemerkbar. So finden sich beispielsweise neue Menüoptionen für OLE zum Einbinden und Verknüpfen von Objekten.

1.1 Erweiterungen gegenüber Windows 3.0

Mit Windows 3.1 haben Windows-Anwendungen bei 80286- und 80386-Computern direkten Zugriff auf den gesamten installierten Arbeitsspeicher. Bei einem 80386-PC mit Erweiterungsspeicher (Extended Memory) kann ein Bereich der Festplatte wie Arbeitsspeicher eingesetzt werden. Das bedeutet, daß Sie mit mehr Anwendungen arbeiten können, als in den verfügbaren Arbeitsspeicher geladen werden kann. DOS-Anwendungen können im Multitasking-Betrieb in eigenen Fenstern ausgeführt werden. Der Real-Modus von Windows 3.0 ist nicht mehr verfügbar.

Änderungen *Neue und erweiterte Leistungsmerkmale* der Version *Windows 3.1* sind:

- neuer Datei-Manager
- TrueType-Fonts
- Einbetten und Verknüpfen von Objekten mit OLE
- Multimedia
- Ziehen und Ablegen (drag and drop)
- Online-Lernprogramm
- erweiterte Online-Hilfe
- verbesserte Druckerunterstützung
- benutzerfreundlicheres Setup
- bessere Unterstützung von Nicht-Windows-Anwendungen
- verbesserte Unterstützung von Netzwerken
- Zeichentabelle
- erweiterte Optionen für Desktop
- zusätzliche Einstellungen für serielle Anschlüsse
- erweiterte Standardisierung der Dialogfelder ÖFFNEN, SPEICHERN UNTER, DURCHSUCHEN und DRUCKERINSTALLATION
- Bibliothek von Symbolen in der Datei MORICONS.DLL
- geringerer Speicherbedarf beim Programm-Manager
- schnellerer Datei-Manager

- schnellere Ausführung von Nicht-Windows-Anwendungen im erweiterten Modus für 80386-PCs.
- beschleunigte Druckausgabe
- bessere Unterstützung des Plattencache mit SMARTDrive.

1.2 Der neue Datei-Manager

Gegenüber Windows 3.0 hat der Datei-Manager nicht nur sein Erscheinungsbild gewandelt – zahlreiche Verbesserungen der neuen Version des Datei-Managers werden einige Anwender zurückgewinnen, die ihr Glück bislang bei anderen leistungsstärkeren und benutzerfreundlicheren Datei-Managern gesucht haben.

Änderungen Die wesentlichen Verbesserungen des neuen Datei-Managers sind:

- geteiltes Fenster mit Verzeichnis- und Inhaltsangabe
- gleichzeitige Anzeige des Inhalts von mehreren Laufwerken und Verzeichnissen
- bedienungsfreundliche Bezeichnung von Fenstern, Laufwerken und Netzwerk-Pfaden
- verbesserte Netzwerk-Unterstützung zur Herstellung und Trennung von Netzwerkverbindungen
- detaillierte Informationen über verfügbare Speicherkapazität und Speicherausnutzung
- Quick-Formatierung (schnelle Formatierung) von Disketten ohne Verlassen von Windows
- Auswahl von Schriftarten für die Anzeige von Informationen

1.3 TrueType-Fonts

Mit der neuen Version Windows 3.1 stehen erstmals TrueType-Fonts für Windows zur Verfügung. TrueType-Fonts sind skalierbare Schriften, bei denen nach Bedarf ein gewünschter Schriftgrad eingestellt werden kann.

Beispielsweise verwenden Sie den Schriftgrad 10 Punkt für den Lauftext und 14 Punkt oder 16 Punkt für Überschriften. Hierzu wählen Sie einen passenden Schriftfont aus und stellen den gewünschten Schriftgrad ein.

Schriften   Da Schriftzeichen mit TrueType-Fonts auf einem Matrixdrucker oder Laserdrucker so ausgedruckt werden, wie sie auf dem Bildschirm erscheinen, müssen keine gesonderten Bildschirmschriften, Schriftkassetten oder ladbaren *Schriften* mehr erworben werden.

TrueType   Windows 3.1 verfügt über einen Satz von Schriftfonts, der den meisten Druckwünschen genügt. Es werden die *TrueType*-Schriftartenfamilien Arial, Courier New, Symbol, Times New Roman und Wingdings mitgeliefert. Es können bei Schriftartenherstellern weitere TrueType-Schriftfonts erworben werden.

1.4 Verknüpfen und Einbetten mit OLE

Windows 3.1 erweitert die Verfahren zum Datenaustausch um das neue Konzept OLE. Verfügbar waren bisher der Datenaustausch über die Zwischenablage von Windows und über den dynamischen Datenaustausch (dynamic data exchange, kurz: DDE).

OLE   Die Abkürzung OLE steht für »Object Linking and Embedding« oder übersetzt: Verknüpfen und Einbetten von Objekten. Beim Datenaustausch mit OLE werden die beiden folgenden Verfahren unterschieden:

❐ Objekte verknüpfen

❐ Objekte einbetten

Objekte verknüpfen

Verknüpfen   Bei der *Verknüpfung von Objekten* (object linking) wird ein Objekt erstellt und mit einem beliebigen Dokument verknüpft. Da nur ein Objekt vorhanden ist, wird Speicherplatz gespart. Die Information eines Objektes wird von mehreren Dokumenten verwendet.

In den Dokumenten wird nur die Verknüpfung zu dem verknüpften Objekt gespeichert. Da ein verknüpftes Objekt in einem

Dokument automatisch aktualisiert wird, müssen zu aktualisierende Objektdaten nicht mehr manuell ausgeschnitten und eingefügt werden – es ist stets die neueste Objektversion in den Dokumenten verfügbar, mit denen das Objekt verknüpft ist.

Objekte einbetten

Einbetten Bei der *Einbettung von Objekten* (object embedding) wird ein Objekt in ein beliebiges Dokument eingefügt. Im Gegensatz zur Verknüpfung wird das Objekt in ein Dokument eingebettet. Wenn Sie beispielsweise ein Zeichnungsobjekt in ein Textdokument einbetten, müssen Sie nicht mehr für eine Änderung der Zeichnung das Textverarbeitungsprogramm verlassen, das Zeichenprogramm starten und die Zeichenobjektdatei manuell laden. Es genügt nun die Auswahl des Zeichenobjektes, um das zugehörige Zeichenprogramm aufzurufen. Sie müssen sich nicht mehr an den Dateinamen erinnern, unter dem das Zeichenobjekt abgelegt ist.

OLE Windows 3.1 unterstützt OLE bei den Windows-Anwendungen Write, Kartei, Paintbrush und Klangrecorder. Weitere Windows-Programme werden in Kürze folgen. Bereits heute wird OLE von den Anwendungen Excel, Word für Windows, WordPerfect und Ami Professional unterstützt.

1.5 MS Windows goes Multimedia

Die neue Version Windows 3.1 unterstützt erstmalig das Einbinden von Multimedia-Funktionen in Dateien und Dokumenten. Die Multimedia-Funktionen ermöglichen das Arbeiten mit Klang, Grafik, Animation und Video.

Multimedia Die *Multimedia*-Funktionen von Windows 3.1 dienen der Ansteuerung von Multimedia-Geräten und Audio-Geräten, beispielsweise Audio-Adaptern und Geräten mit MIDI-Fähigkeiten. Die Abkürzung MIDI steht für Musical Instrument Digital Interface. MIDI-Daten können auf einem MIDI-Synthesizer ausgegeben werden. Es können unter anderem CD-ROM-Laufwerke angesteuert, Video-Aufgaben unterstützt, Präsentationen erstellt und Animationen ausgeführt werden.

Bei Windows werden die verfügbaren Multimedia-Funktionen unterstützt durch:

- Medien-Wiedergabe
- Klangrecorder
- erweiterte Systemsteuerung

Die Medien-Wiedergabe

Wiedergabe Mit der *Medien-Wiedergabe* werden Media-Dateien auf Media-Geräten ausgegeben. Zu den Media-Geräten gehören beispielsweise Audio-Adapter, CD-ROM-Laufwerke oder Bildplattenspieler. Mit Media-Dateien können Klänge, MIDI-Daten oder Animationen ausgegeben werden.

Der Klangrecorder

Recorder Der *Klangrecorder* unterstützt die Wiedergabe, das Aufzeichnen und die Bearbeitung von Klang-Dateien. Die Klang-Dateien müssen das WAVE-Format aufweisen. Die in Klang-Dateien abgelegten Klänge können Systemereignissen oder Anwendungsereignissen zugeordnet werden. Anwendungsprogramme müssen für die Einbindung von Klängen OLE unterstützen.

Erweiterte Systemsteuerung

Steuerung Die *Systemsteuerung* von Window ist um Einstellungen für Treiber und Klang erweitert.

Treiber Mit den *Treiber*-Einstellungen werden Gerätetreiber installiert oder entfernt. Hier können Sie beispielsweise Treiber für MIDI-Geräte einrichten.

Klang Bei den *Klang*-Einstellungen ordnen Sie Klänge Systemereignissen zu. Beispielsweise können Sie einen Klang bei Meldungen, beim Starten oder beim Beenden von Windows zuweisen.

KAPITEL 2

EINFÜHRUNG IN MICROSOFT WINDOWS

Die grafische Benutzeroberfläche Windows erleichtert das Arbeiten mit Ihrem Computer. Es können mehrere Anwendungsprogramme ausgeführt werden – Windows unterstützt Multitasking. Zwischen den Programmen können Daten übertragen werden. Mit der Hilfefunktion rufen Sie Hilfeinformationen ab. Der Speicher wird besser genutzt – die frühere Speichergrenze von 640 Kbyte ist überwunden.

2.1 Die grafische Benutzeroberfläche Windows
DOS, Microsoft Windows und OS/2

Windows Microsoft beschreibt *Windows* als eine grafische Betriebssystemerweiterung, die es erlaubt, Anwendungsprogramme innerhalb einer optisch ansprechend gestalteten Oberfläche zu benutzen. Microsoft Windows ist eine *Betriebssystemerweiterung*, da sie nicht das Betriebssystem DOS ersetzt, sondern DOS um eine anwenderfreundliche Benutzeroberfläche erweitert.

Windows ist eine *grafische* Betriebssystemerweiterung (Graphical User Interface, kurz: GUI), weil sie im Gegensatz zu einer textorientierten und befehlsgesteuerten Benutzeroberfläche eine menügesteuerte und grafische Benutzeroberfläche darstellt. Die *Einheitlichkeit in Gestaltung und Bedienung* von Windows-Anwendungen erleichtert das Erlernen und die Benutzung von Anwendungen.

DOS Die grafische Benutzeroberfläche Windows *erweitert* das zugrundeliegende Betriebssystem DOS. *DOS* ist ein Betriebssystem für die Betriebsarten single user und single tasking. Unter der *Single-user-Betriebsart* verstehen wir die Nutzung eines Computers durch einen einzelnen Benutzer. Die *Single-tasking-Betriebsart* bedeutet, daß zu einer Zeit nur eine Datenverarbeitungsaufgabe (task) bearbeitet werden kann.

Das Betriebssystem DOS ist zwar nur für den Single-user- und Single-tasking-Betrieb konzipiert; es unterstützt aber auch die Einrichtung von lokalen Netzwerken für mehrere Benutzer (LAN).

OS/2 Demgegenüber ist das Betriebssystem *OS/2* ein Single-user- und Multitasking-Betriebssystem. OS/2 unterstützt die gleichzeitige Bearbeitung von mehreren Aufgaben (multi tasking). Das Multitasking-Verfahren von OS/2 ist im Gegensatz zum Multitasking-Verfahren von Windows preemptiv (unterbrechungsgesteuert).

Multitasking Bei Windows wird *Multitasking* durch nonpreemptive Verfahren unterstützt. Eine Windows-Anwendung gibt über ihre Windowsprozedur die Steuerung an Windows ab. Bei Windows wird Multitasking durch Nachrichten (messages) gesteuert. Wenn eine Anwendung die Ablaufsteuerung nicht an Windows zurückgibt, kann Windows kein Multitasking durchführen, da es nicht unterbrechungsgesteuert arbeitet. Schlecht programmierte Windows-

Anwendungen sind demnach solche, die das Multitasking erschweren und ein erforderliches Ressourcen-Sharing ungenügend unterstützen.

Unix
Das Betriebssystem *Unix* und seine vielen Derivate sind Multiuser- und Multitasking-Betriebssysteme. Unix unterstützt die gleichzeitige Bearbeitung von mehreren Aufgaben durch mehrere Benutzer.

Benutzeroberflächen
Gemeinsam ist allen genannten Betriebssystemen der Trend zu *grafischen Benutzeroberflächen.* Die steigende Leistungsfähigkeit der Hardware und neue Entwicklungen im Software Engineering erlauben den Übergang von textorientierten zu grafischen Benutzeroberflächen. Für das Betriebssystem DOS ist Microsoft Windows die grafische Benutzeroberfläche. Windows ist nahezu identisch mit dem Presentation Manager von OS/2. Bei den Unix-Betriebssystemen gewinnen ebenfalls grafische Oberflächen wie X.11, X Window System, Motif, Open Look, Open Desktop und NextStep zunehmend an Bedeutung.

Entwicklung von Microsoft Windows

MIT
Die Entwicklung der Ideen und Konzepte, die Sie in Windows wiederfinden, beginnt nicht mit der Windows-Ankündigung von Microsoft am 10. November 1983. Die ersten Anfänge lassen sich zurückverfolgen – beispielsweise bis 1962 in Cambridge, Massachusetts. Am Massachusetts Institute of Technology (MIT) entwickelte der Doktorand Ivan Sutherland das Zeichenprogramm Sketchpad für seine Dissertation. Der Umgang mit Lichtstift, grafischem Bildschirm und interaktivem Dialog war damals beim Arbeiten mit Teletype-Terminals völlig ungewohnt.

Xerox
In Stanford, Kalifornien, erfand Douglas Engelbart am Stanford Research Institute (SRI) 1964 einen »X-Y Position Indicator for a Display System« – die Maus. 1969 bauten der Wissenschaftler Alan Kay und der Hardware-Designer Edward Cheadle den Tischcomputer FLEX mit Maus, Grafik und Fenstern. 1970 wechselte Kay zum Palo Alto Research Center von Xerox (PARC) und bildete 1971 die Learning Research Group. 1972 entwickelte er die Programmiersprache Smalltalk für Tischcomputer mit Maus und hochauflösender Grafik.

Die Forschungsgruppe um Larry Tesler fand heraus, daß es für den Benutzer einfacher war, zuerst die Information zu markieren

Die grafische Benutzeroberfläche Windows 51

und auszuwählen und erst dann aus einem Menü einen Befehl zu wählen. Bisher mußte man erst einen Befehl eingeben und dann die Daten auswählen, auf die der Befehl wirken sollte.

Xerox Star Ein erstes Produkt der Forschungsergebnisse zur Mensch-Maschine-Interaktion in Xerox PARC war 1974 der Rechner Alto. Es wurden etwa 2000 Computer zum Preis von 32.000 $ verkauft. 1977 kam als zweites Produkt der Xerox Star mit einem Preis von 16.595 $. Der Benutzer mußte keine Befehle mehr auswendig kennen; er brauchte sie nur in Menüs auszuwählen. Das Prinzip war: zuerst markieren und dann handeln. Die grafische Benutzerschnittstelle von Xerox PARC war seinerzeit revolutionär.

Apple Steve Jobs, der Mitbegründer von Apple, besuchte 1979 mit mehreren Ingenieuren Xerox PARC und war von Xerox Star und Smalltalk fasziniert. Larry Tesler wechselte anschließend zu Apple – sie entwickelten 1983 den Apple-Computer Lisa, in den zahlreiche Ideen und Konzepte von Xerox Star eingingen. Mit 10.000 $ war Lisa selbst damals zu teuer; Lisa konnte sich nicht lange am Markt behaupten. Den Durchbruch schaffte bei Apple erst der Macintosh für 2.495 $.

Microsoft Die Konzepte der grafischen Benutzerschnittstelle von Xerox PARC wurden von vielen anderen Gruppen aufgegriffen und weiterentwickelt. Microsoft begann 1982 mit der Entwicklung von geräteunabhängigen Grafikroutinen, dem Computer Graphics Interface (CGI). Mit den Microsoft-Compilern und dem CGI sollten Programmierer hardwareunabhängig verschiedene Drukker ansteuern können. Microsoft-Chairman Bill Gates meinte, daß mit einer grafischen Benutzeroberfläche Computer einfacher zu bedienen sein sollten. Nachdem von VisiCorp Pläne über eine grafische Betriebssystemumgebung VisiOn für DOS-Computer bekannt wurden, war für Bill Gates im Februar 1983 die Entscheidung gefallen: Microsoft wird Windows entwickeln.

Ziele Die *Ziele* für Windows waren: Multitasking, Geräteunabhängigkeit und die Ausführbarkeit von DOS-Programmen unter Windows. Mit diesen Zielen hatte sich Microsoft zahlreiche Probleme eingehandelt: Auf einem langsamen Intel-8088-Mikroprozessor, bei einer 640-Kbyte-Speichergrenze, einer damals typischen Speicherkapazität von 64 Kbyte und dem Single-tasking-Betriebssystem DOS ohne Grafikroutinen sollte eine grafische Betriebssystemerweiterung mit Multitasking und eigener Speicherverwaltung entwickelt werden – ein verrückter Plan und nahezu unmöglich.

GDI — Im Frühjahr 1983 wurden Arbeitsgruppen gebildet; die ersten Entwicklungen begannen. McGregor von Xerox PARC sorgte dafür, daß sich die Fenster nicht wie bei Xerox Star und Lisa überlappen sollten. Im September 1983 waren es bereits 15 Software-Designer und Programmierer. Nahezu ein Dutzend Computerhersteller (OEMs) unterzeichneten bereits Abkommen, Windows auf ihren Computern anzubieten. Das CGI wurde zum GDI (Graphical Device Interface) weiterentwickelt, das geräteunabhängige Grafiken und Schriften auf Drucker und Bildschirmen unterstützen sollte.

Im November wurde auf der Comdex eine vorläufige Version vorgestellt. Windows war für den Anwendungsprogrammierer interessant, da die Anwendungsentwicklung auf einem IBM PC erfolgen konnte und nicht – wie bei VisiOn von VisiCorp – ein VAX-System von DEC erforderlich war.

Entwicklung — Probleme während der Entwicklung verzögerten die geplante Auslieferung für den Mai 1984 bis zum 18. November 1985. Die Ausführbarkeit von DOS-Anwendungen und die Umstellung von Microsoft Pascal auf Microsoft C verzögerten die Arbeiten. Multitasking und Speicherverwaltung unter DOS stellten weitere Probleme dar. Microsoft wollte keine unfertige Version auf den Markt bringen.

Interessanterweise wurde Windows zwischen 1985 und 1987 vor allem für das Umschalten zwischen verschiedenen DOS-Anwendungen eingesetzt (task switching). Es gab damals noch keine leistungsfähigeren Windows-Anwendungen. Erst mit den Windows-Anwendungen PageMaker, Microsoft Excel und Windows Graph kamen die ersten Programme, die das Leistungsangebot von Windows nutzen konnten.

Windows 2.0 — Die Version Windows 2.0 war ein erheblicher Fortschritt. Hinter den visuellen Änderungen, beispielsweise dem Überlappen von Fenstern, verbargen sich viele interne Weiterentwicklungen. Die Tastaturunterstützung wurde mit Abkürzungstasten ausgebaut, die Bildschirmansteuerung verbessert und Expanded Memory unterstützt. Mehrere Dokumentfenster konnten nun in einem Anwendungsfenster erzeugt werden (multiple document interface).

Windows /386 — Die Version Windows/386 war eine spezielle Windows-Version für Computer mit dem Intel-80386-Mikroprozessor. Sie nutzte den virtuellen Modus des Prozessors für die Einrichtung von virtuellen Maschinen im Adreßraum des Prozessors.

Virtuelle   Beim Starten von Windows/386 erstellt der Virtual DOS Machine
Maschine   Manager (VDMM) eine *virtuelle Maschine* mit 640 Kbyte, kopiert Teile von DOS und eine spezielle Version Windows 2.0 in den Speicherbereich und übergibt die Steuerung an Windows 2.0. Beim Start einer Standardanwendung erstellt der VDMM eine neue virtuelle Maschine und kopiert DOS, Systemdaten und die Anwendung in den Speicherbereich. Die Größe des Speicherbereichs ist über eine PIF-Datei einstellbar.

Für jede neue Standardanwendung wird demnach eine neue virtuelle Maschine eingerichtet. Dagegen wird eine Windows-Anwendung in die erste virtuelle Maschine mit Windows 2.0 geladen. Das Multitasking-Verfahren von Windows/386 ist im Gegensatz zu Windows 2.0 preemptiv (unterbrechungsgesteuert). Windows/386 unterbricht timergesteuert eine Anwendung und übergibt die Ablaufsteuerung an die nächste virtuelle Maschine. Windows 2.0 unterstützt dagegen das nonpreemptive Multitasking-Verfahren.

Windows 3.0   Die Version Windows 3.0 hat viel dazu beigetragen, daß Anwender sich für die Vorteile einer grafischen Benutzeroberfläche interessieren, sich mit der einheitlichen Bedienung von Programmen vertraut machen und die Möglichkeiten des Datenaustausches zwischen verschiedenen Anwendungsprogrammen nutzen. Vor der Version Windows 3.0 wurde Windows häufig als einfacher Task-Switcher zur Umschaltung zwischen verschiedenen Anwendungsprogrammen eingesetzt.

Das auffälligste Merkmal von Windows 3.0 waren die dreidimensionalen Schaltflächen. Von der Funktionalität wichtiger, wenn auch von der Bedienung her nicht ganz überzeugend, war die Einführung von Programm-Manager und Datei-Manager. Die Task-Liste zum Umschalten zwischen Anwendungen, die Online-Hilfefunktion für Hilfeinformationen, die Überwindung der 640-Kbyte-Speichergrenze, der Zugriff auf Erweiterungsspeicher (extended memory), die verbesserte Unterstützung von Druckaufträgen, Datenfernübertragung und Netzwerken waren die wesentlichen Merkmale der Version 3.0. Mehr und mehr Anwender begannen vom Bedienungs- und Funktionsangebot von Windows Gebrauch zu machen.

Windows 3.1   Die zahlreichen und teilweise beachtlichen Erweiterungen der neuen Version Windows 3.1 gegenüber Windows 3.0 allein rechtfertigen das Update auf die Version. Ein neuer, wesentlich leistungsfähigerer und bedienungsfreundlicherer Datei-Manager, die Einführung von TrueType-Fonts für Bildschirm und Drucker, die neuen multimedialen Fähigkeiten von Windows und nicht zuletzt das Verknüpfen und Einbetten von Objekten mit OLE sind wichtige Schritte für den weiteren Erfolg von Windows zum Nutzen des Anwenders.

2.2 Windows installieren

Hardware- und Software-Voraussetzungen

Voraussetzungen

Die *Hardware-* und *Software-Voraussetzungen* für die Installation von Microsoft Windows 3.1 sind:

- MS-DOS ab Version 3.1.

- Standard-Modus: Computer mit Intel-80286-Mikroprozessor oder höher und Arbeitsspeicher ab 1 Mbyte (640 Kbyte konventioneller Arbeitsspeicher und 256 Kbyte Erweiterungsspeicher), 6,5 Mbyte freier Speicher auf Festplatte (empfohlen 9 Mbyte), mindestens ein Diskettenlaufwerk.

- Erweiterter Modus für 80386-PCs: Computer mit Intel-80386-Mikroprozessor oder höher und Arbeitsspeicher ab 2 Mbyte (640 Kbyte konventioneller Arbeitsspeicher und 1024 Kbyte Erweiterungsspeicher), 8 Mbyte freier Speicher auf Festplatte (empfohlen 10,5 Mbyte), mindestens ein Diskettenlaufwerk.

- von Windows unterstützter Bildschirmadapter.

- von Windows unterstützter Drucker (Option).

- von Windows unterstütztes, hayes-kompatibles Modem (Option).

- von Windows unterstützte Maus (empfohlene Option).

In der Hardware-Kompatibilitätsliste sind die Computer aufgeführt, die die Windows-Kompatibilitätstests bestanden haben. Windows 3.1 wird in der Betriebsart Standard-Modus oder erweiterter Modus für 80386-PCs ausgeführt. Der Real-Modus von Windows 3.0 wird nicht mehr unterstützt.

Für die Installation von Windows 3.1 stehen Ihnen zwei Verfahren zur Verfügung.

- Express-Installation
- Benutzergeführte Installation

Die Express-Installation

Bei der *Express-Installation* ermittelt das Setup-Programm von Windows die Hardware- und Software-Konfiguration Ihres Computers und installiert Windows eigenständig. Es sind nur einige wenige Fragen zu beantworten, beispielsweise zum verwendeten Drucker und Druckeranschluß und Ihr Name. Bei einem nicht ausreichenden Arbeitsspeicher schlägt das Setup-Programm eine Teilinstallation vor.

Vorhandene Anwendungsprogramme werden vom Setup-Programm für die Verwendung unter Windows eingerichtet. Bei späteren Systemänderungen kann unter Windows die Anwendung Windows-Setup ausgeführt werden.

Installieren Sie *installieren* Microsoft Windows mit dem Einrichtungsprogramm SETUP auf der Diskette 1:

1. Legen Sie die Diskette 1 von Windows in ein Diskettenlaufwerk ein, und verriegeln Sie das Laufwerk.
2. Melden Sie das verwendete Diskettenlaufwerk als aktuelles Laufwerk an. Für das Laufwerk A geben Sie beispielsweise ein:

   A:

   und drücken die EINGABE-Taste.
3. Geben Sie SETUP ein, und drücken Sie die EINGABE-Taste.
4. Wählen Sie Express-Setup, und folgen Sie den Anweisungen des Installationsprogramms SETUP.

Das Installationsprogramm konfiguriert Windows nach den ermittelten Informationen über Computer, Bildschirm, Maus, Tastatur, Land, Drucker und gegebenenfalls Netzwerk.

Die Windows-Umgebung und die Hardware-Konfiguration kann jederzeit mit dem Installationsprogramm SETUP, der Systemsteuerung oder über die Dateien WIN.INI und SYSTEM.INI geändert werden. Diese Systemdateien sollten nur von erfahrenen Anwendern geändert werden.

Die benutzergeführte Installation

Verwenden Sie nur als erfahrener Computeranwender die *benutzergeführte Installation*, da das Setup-Programm von Ihnen Entscheidungen über die gewünschte Konfiguration anfordert. Beispielsweise können Sie selbst entscheiden, ob das Setup-Programm oder Sie erforderliche Änderungen in den Systemdateien AUTOEXEC.BAT und CONFIG.SYS vornehmen und welche Komponenten von Windows einzurichten sind.

Abfragen Bei der benutzergeführten Installation werden die folgenden *Informationen* abgefragt:

- Verzeichnispfad zur Speicherung der Dateien für Windows
- verwendeter Computertyp
- Bildschirm
- Maus
- Tastatur
- Tastaturbelegung
- Drucker
- Druckeranschluß
- unter Windows auszuführende Anwendungsprogramme
- Eintragung in die beiden Systemdateien AUTOEXEC.BAT und CONFIG.SYS
- zu installierende Windows-Komponenten
- permanenter Speicher im erweiterten Modus
- Netzwerk

Bei späteren Systemänderungen kann unter Windows die Anwendung Windows-Setup ausgeführt werden.

Installieren	Sie *installieren* Microsoft Windows mit dem Einrichtungsprogramm SETUP auf der Diskette 1:

1. Legen Sie die Diskette 1 von Windows in ein Diskettenlaufwerk ein, und verriegeln Sie das Laufwerk.
2. Melden Sie das verwendete Diskettenlaufwerk als aktuelles Laufwerk an.
3. Geben Sie SETUP ein, und drücken Sie die EINGABE-Taste.
4. Wählen Sie das benutzerdefinierte Setup, und folgen Sie den Anweisungen des Installationsprogramms SETUP.

Das Installationsprogramm konfiguriert Windows nach den vom Benutzer angegebenen Konfigurationsanforderungen. Die Windows-Umgebung und die Hardware-Konfiguration kann jederzeit mit dem Installationsprogramm SETUP, der Systemsteuerung oder über die Systemdateien WIN.INI und SYSTEM.INI geändert werden.

Update von Windows 3.0

Bei einem Update von Windows 3.0 auf Windows 3.1 bleiben die bisherigen Einstellungen erhalten, beispielsweise Einstellungen für Gruppen, Desktop, Anwendungsprogramme und Schriftarten. Die Systemdateien von Windows, Gerätetreiber und Zubehör werden durch neue Versionen ersetzt.

Update	Ein *Update* bewirkt:

❐ Gruppen im Programm-Manager bleiben erhalten.

❐ Einstellungen der Systeminformationen bleiben erhalten.

❐ Aktualisierung der Treiber von Windows 3.0.

❐ Mit Windows 3.0 nicht gelieferte Treiber bleiben unverändert.

❐ Einstellungen für hohe Speicherbereiche (loadhigh, devicehigh) bleiben erhalten.

Wenn Sie eine frühere Version von Windows beibehalten wollen, ist die neue Version in einem gesonderten Verzeichnis anzulegen und der Suchpfad zu ändern. In keinem Fall dürfen von einer

Version die Dateien einer anderen Version aufgerufen werden können.

Windows im Netzwerk installieren

In einem Netzwerk sollte Windows von einem erfahrenen Netzwerkadministrator auf dem Netzwerk-Server installiert werden.

Netzwerk Windows kann in einem *Netzwerk* unterschiedlich installiert werden:

- Es werden alle Windows-Dateien auf Ihren Computer kopiert.
- Gemeinsam verwendete Dateien werden auf den Netzwerk-Server kopiert. Persönliche Dateien werden auf Ihren Computer kopiert.
- Es werden keine Windows-Dateien auf Ihren Computer kopiert, wenn keine Laufwerke vorhanden sind.

Verzeichnis Sie *installieren* Microsoft Windows von einem *Netzwerkverzeichnis* mit den folgenden Schritten:

1. Stellen Sie eine Netzwerkverbindung her.
2. Wechseln Sie zum Windows-Verzeichnis im Netzwerk.
3. Geben Sie `SETUP /N` ein.
4. Folgen Sie den Anweisungen zur Installation. Verwenden Sie möglichst das Express-Setup.

Server Sie *installieren* Microsoft Windows auf einem *Netzwerk-Server* wie folgt:

1. Legen Sie die Diskette 1 von Windows in ein Diskettenlaufwerk ein, und verriegeln Sie das Laufwerk.
2. Melden Sie das verwendete Diskettenlaufwerk als aktuelles Laufwerk an.
3. Geben Sie `SETUP /A` ein.
4. Folgen Sie den Anweisungen zur Installation. Geben Sie das Netzlaufwerk und das Verzeichnis an, in welches die Windows-Dateien übertragen werden sollen.

Die Datei SYSADMIN.WRI enthält für Netzwerkadministratoren Informationen zur Installation und Verwaltung von Windows in einem Netzwerk.

2.3 Mit Windows arbeiten

Windows starten

Starten   Sie *starten Windows* auf der Betriebssystemebene von DOS mit der Eingabe:

```
WIN
```

Es wird Windows geladen und das Fenster des Programm-Managers angezeigt.

Das vollständige *Aufrufformat* der Windows-Befehlszeile lautet:

```
WIN [Optionen] [Ausführungsbefehl]
```

Optionen   Mit der Option /s wird Windows im Standard-Modus ausgeführt. Mit der Option /3 wird Windows im erweiterten Modus von 386-PCs ausgeführt.

Befehl   Den *Ausführungsbefehl* verwenden Sie, wenn Windows nach dem Starten ein Anwendungsprogramm aufrufen oder einen Befehl ausführen soll. Sie rufen beispielsweise das unter Windows lauffähige Programm PROG1.EXE im Verzeichnis C:\PFADX mit den Parametern Par1 und Par2 auf mit:

```
WIN C:\PFADX\PROG1 Par1 Par2
```

Ein Dokument NOTIZ.TXT rufen Sie beispielsweise im Standard-Modus auf mit:

```
WIN /s NOTIZ.TXT
```

Die Betriebsarten von Windows

Betriebsarten   Microsoft Windows kann unter bestimmten Voraussetzungen in den zwei verschiedenen *Betriebsarten* Standard-Modus oder erweiterter Modus von 386-PCs ausgeführt werden. Der Real-Modus der Version Windows 3.0 wird nicht mehr unterstützt.

Sie können wie folgt feststellen, in welcher aktuellen Betriebsart Windows ausgeführt wird:

1. Öffnen Sie im Programm-Manager das Menü HILFE.
2. Wählen Sie die Option INFO.

Wenn Sie beim Aufruf von Windows die Betriebsart nicht mit einer Option festgelegt haben, bestimmt Windows selbst die Betriebsart nach der vorhandenen Konfiguration.

Standard-Modus

Den *Standard-Modus* können Sie auf einem Computer mit Intel-80286-Mikroprozessor oder höher und einem Arbeitsspeicher ab 1 Mbyte (640 Kbyte Arbeitsspeicher und 256 Kbyte Erweiterungsspeicher) ausführen. Für diese Computer fehlen die Voraussetzungen für die Betriebsart erweiterter Modus von 80386-PCs. Die Betriebsart Standard-Modus nutzt den Erweiterungsspeicher (extended memory) und unterstützt das Umschalten zwischen Programmen des Typs Nicht-Windows-Anwendungen. Bei zusätzlichem Arbeitsspeicher werden Anwendungen schneller ausgeführt.

Erweiterter Modus von 386-PCs

Den *erweiterten Modus von 80386-PCs* können Sie auf einem Computer mit Intel-80386-Mikroprozessor oder höher und einem Arbeitsspeicher ab 2 Mbyte (640 Kbyte Arbeitsspeicher und 1024 Kbyte Erweiterungsspeicher) ausführen. Die Betriebsart erweiterter Modus von 80386-PCs nutzt die virtuelle Speicheradressierung des Intel-80386-Mikroprozessors. Damit steht ein größerer virtueller Speicherbereich zur Verfügung als tatsächlich vorhanden ist. Die Betriebsart unterstützt Multitasking mit Programmen des Typs Nicht-Windows-Anwendungen und eine verbesserte Ablaufsteuerung. Die meisten Anwendungen können in Fenstern ausgeführt werden. Windows verwendet den Standard-Modus, wenn weniger als 2 Mbyte Arbeitsspeicher verfügbar sind.

Fenster, Maus und Tastatur

Fenster

Bei Windows wird jede Anwendung in einem eigenen Fenster abgebildet (siehe Bild 2.1). Sie können das *Fenster* verschieben oder in der Größe verändern. Die Befehle und Optionen einer Anwendung werden in einem *Menü* ausgewählt. Über ein *Dialogfeld* fordert Windows weitere Eingaben an.

Mit Windows arbeiten 61

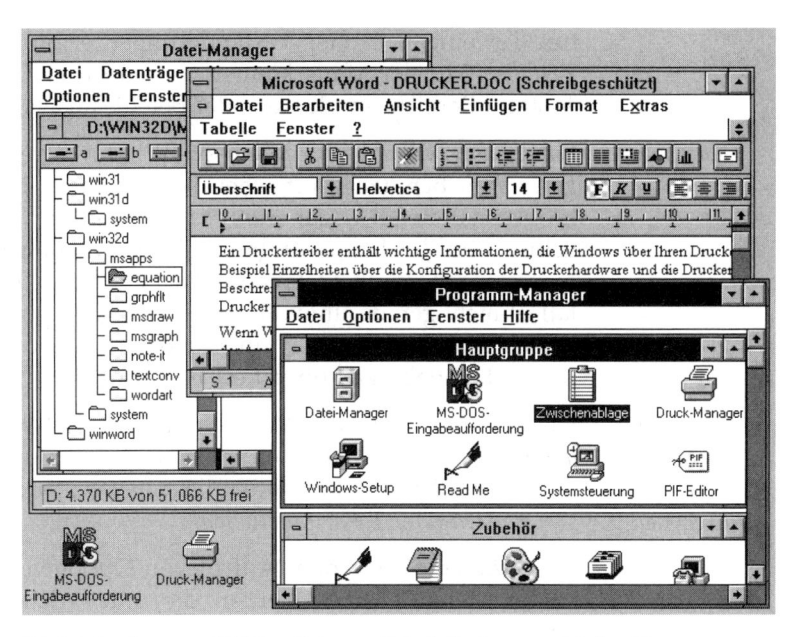

Bild 2.1: Fenster, Bildlaufleisten, Schaltflächen und Schnelltasten

Task-Liste   Die *einheitliche Benutzeroberfläche* erleichtert das Arbeiten mit Programmen und Dateien und verringert den Lernaufwand für eine neue Anwendung. Mit der *Task-Liste* schalten Sie auf einfache Weise zwischen verschiedenen Anwendungen um (siehe Bild 2.2).

Bild 2.2: Umschalten mit der Task-Liste

Maus und Tastatur   Windows können Sie mit der *Maus* oder mit der Tastatur bedienen. Vorteilhaft ist der kombinierte Einsatz von Maus und Tastatur. Texteingaben oder Textänderungen erfordern natürlich die *Tastatur*. Mit der Maus können Sie jedoch einfacher als mit der Tastatur Bereiche markieren oder Befehle auswählen.

Bedienung

Ein großer Vorteil von Microsoft Windows gegenüber anderen grafischen Benutzeroberflächen besteht darin, daß Sie Windows im Ausnahmefall sogar *nur über die Tastatur bedienen* können. Selbst beim Zeichenprogramm Paintbrush können Sie alle Mausbewegungen durch Tastenanschläge ersetzen. Dieser Ausnahmefall ist nicht gerade sinnvoll bei Desktop-Computern – Sie werden jedoch beim Arbeiten mit einem Notebook, Laptop oder Portable für die Bedienbarkeit über die Tastatur dankbar sein.

Schaltflächen

Tastenfunktionen

Die Bedienung mit der *Maus* erfolgt über *Schaltflächen* und *Bildlaufleisten*. Für das Arbeiten mit der Tastatur *verwenden* Sie statt der Schaltflächen und Bildlaufleisten nun *Schnelltasten*, *Abkürzungstasten* oder *Tastenfunktionen*.

Schnelltasten dienen dem Aufruf von Optionen oder Befehlen in einem Menü. Hierbei werden die unterstrichenen Buchstaben verwendet.

Abkürzungstasten

Bei einigen Menüs stehen für den Aufruf von Untermenüs, Befehlen oder Optionen *Abkürzungstasten* zur Verfügung. Abkürzungstasten stehen in einem Menü rechts neben dem Bezeichner. Abkürzungstasten und Schnelltasten finden Sie auch in Dialogfeldern für die Feldauswahl.

Windows-Fenster und Fensterelemente

Gegenüber einfachen textorientierten Benutzeroberflächen bieten die verschiedenen Elemente einer grafischen Benutzeroberfläche dem Benutzer eine Vielfalt von Informationen an. Der Benutzer kann das Informationsangebot nur nutzen, wenn er die Aufgaben und Funktionen der zahlreichen Fensterelemente kennt.

Typische Fenster

Auf den folgenden Seiten sind die Fenster und ihre typischen Fensterelemente der folgenden Windows-Anwendungen abgebildet:

- Allgemeines Windows-Fenster
- Programm-Manager
- Datei-Manager

Mit Windows arbeiten 63

- Zwischenablage
- Druck-Manager
- Systemsteuerung
- Uhr
- Editor
- Kalender
- Kartei
- Rechner
- Write
- Paintbrush
- Terminal
- Recorder
- PIF-Editor
- Zeichentabelle
- Klangrecorder
- Medien-Wiedergabe

Ausführliche Erläuterungen zu den anwendungsspezifischen Fensterbereichen und Fensterelementen finden Sie in den jeweiligen Abschnitten des Buches.

Fenster   Ein typisches *Windows-Fenster* besteht aus den Teilen Titelleiste, Menüleiste, Menü, Arbeitsbereich sowie horizontale und vertikale Bildlaufleiste (siehe Bild 2.3).

System-menü-Feld   Im *Systemmenü-Feld* können beim Arbeiten mit der Tastatur die Systemfunktionen *Fenster verschieben, auf Vollbild vergrößern, auf Symbolgröße verkleinern* und *Umschalten zur Task-Liste* aufgerufen werden.

Fenster-rahmen   Der *Fensterrahmen* begrenzt ein Anwendungsfenster oder ein Dokumentfenster. Der Fensterrahmen kann mit der Maus oder über das Systemmenü in seiner Größe verändert oder verschoben werden.

Titelleiste	In der *Titelleiste* wird der Name der Anwendung oder eines Dokuments angezeigt. Die Titelleiste des aktiven Fensters ist hervorgehoben.
Programmtitel	Der *Programmtitel* enthält bei einem Anwendungsfenster den Namen des Anwendungsprogramms und des Dokuments. Bei einem Dokumentfenster enthält er den Namen einer Programmgruppe, eines Verzeichnisses oder einer Datendatei.
Symbol-Feld	Mit der Schaltfläche *Symbol-Feld* wird das Anwendungsfenster zu einem Symbol verkleinert.
Vollbild-Feld	Mit der Schaltfläche *Vollbild-Feld* wird das Anwendungsfenster auf Bildschirmgröße vergrößert.
Menüleiste	Die *Menüleiste* zeigt die verfügbaren Menüs einer Anwendung an. Mit Hilfe der Menüleiste kann ein Menü oder eine Option angewählt werden.
Menü	Ein *Menü* wird aus einer Menüleiste ausgewählt und kann Untermenüs, Befehle oder Optionen enthalten.
Arbeitsbereich	Im *Arbeitsbereich* werden die Texte und Bilder eines Dokuments bearbeitet. Die Eingaben und Ausgaben einer Anwendung sind im allgemeinen auf den Arbeitsbereich begrenzt.
Cursorbalken	In einem Menü hebt der *Cursorbalken* die Menüauswahl hervor. Die Auswahl kann ein Untermenü, ein Befehl oder eine Option sein.
Mauszeiger	Der *Mauszeiger* zeigt die mit der Maus angefahrene Position an. Durch Klicken der Maustaste wird die Einfügemarke zu dieser Position geführt.
Bildlaufleiste	Mit der *horizontalen* und *vertikalen Bildlaufleiste* wird der Fensterinhalt verschoben, damit unsichtbare Teile außerhalb des Fensters eingesehen werden können.
Bildlaufpfeil, Bildlauffeld	Die *Bildlaufoptionen* können mit der Maus oder mit der Tastatur gewählt werden. Mit der Maus erfolgt der Bildlauf mit Hilfe der *Bildlaufpfeile* oder dem *Bildlauffeld* der *Bildlaufleiste*. Durch Ziehen des Bildlauffeldes in der Bildlaufleiste wird die Position im Dokument aufgesucht, die der Stellung des Bildlauffeldes in der Bildlaufleiste entspricht.
Hilfefunktion	Mit den *Hilfefunktionen* im Hilfemenü können bei einigen Anwendungen weitere Hilfeinformationen abgerufen werden.

Mit Windows arbeiten 65

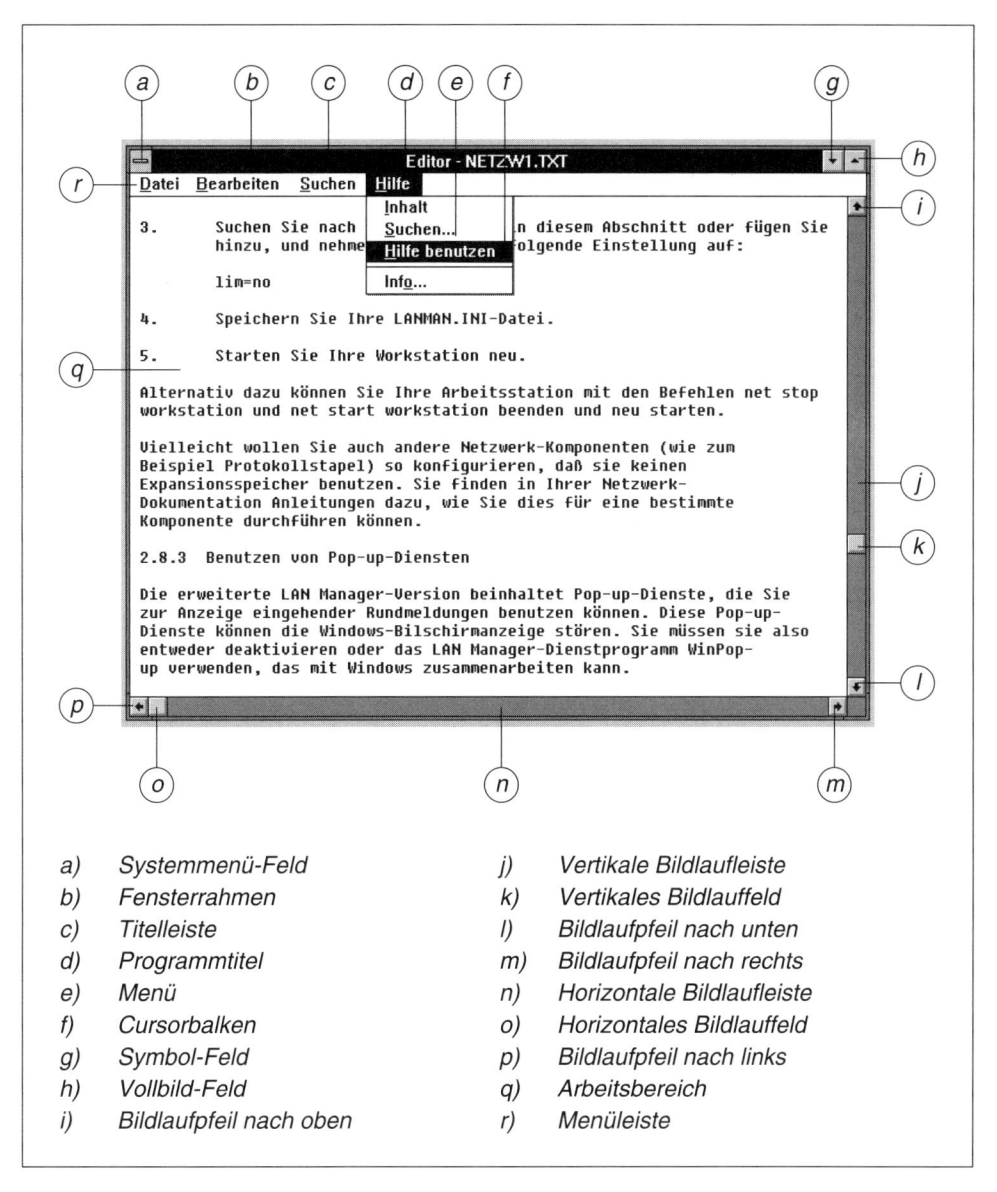

a) Systemmenü-Feld
b) Fensterrahmen
c) Titelleiste
d) Programmtitel
e) Menü
f) Cursorbalken
g) Symbol-Feld
h) Vollbild-Feld
i) Bildlaufpfeil nach oben
j) Vertikale Bildlaufleiste
k) Vertikales Bildlauffeld
l) Bildlaufpfeil nach unten
m) Bildlaufpfeil nach rechts
n) Horizontale Bildlaufleiste
o) Horizontales Bildlauffeld
p) Bildlaufpfeil nach links
q) Arbeitsbereich
r) Menüleiste

Bild 2.3: Bereiche und Elemente in einem Windows-Fenster

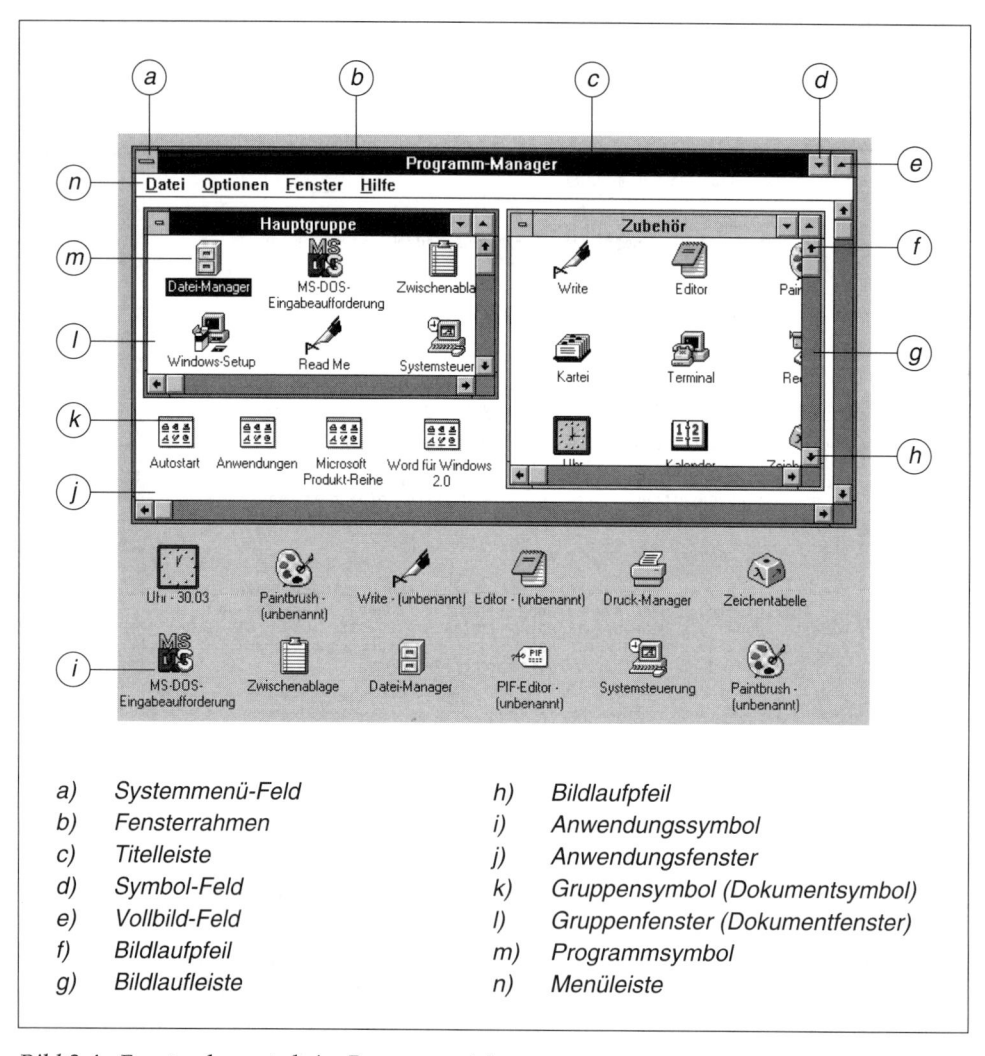

a) Systemmenü-Feld
b) Fensterrahmen
c) Titelleiste
d) Symbol-Feld
e) Vollbild-Feld
f) Bildlaufpfeil
g) Bildlaufleiste
h) Bildlaufpfeil
i) Anwendungssymbol
j) Anwendungsfenster
k) Gruppensymbol (Dokumentsymbol)
l) Gruppenfenster (Dokumentfenster)
m) Programmsymbol
n) Menüleiste

Bild 2.4: Fensterelemente beim Programm-Manager

Mit Windows arbeiten 67

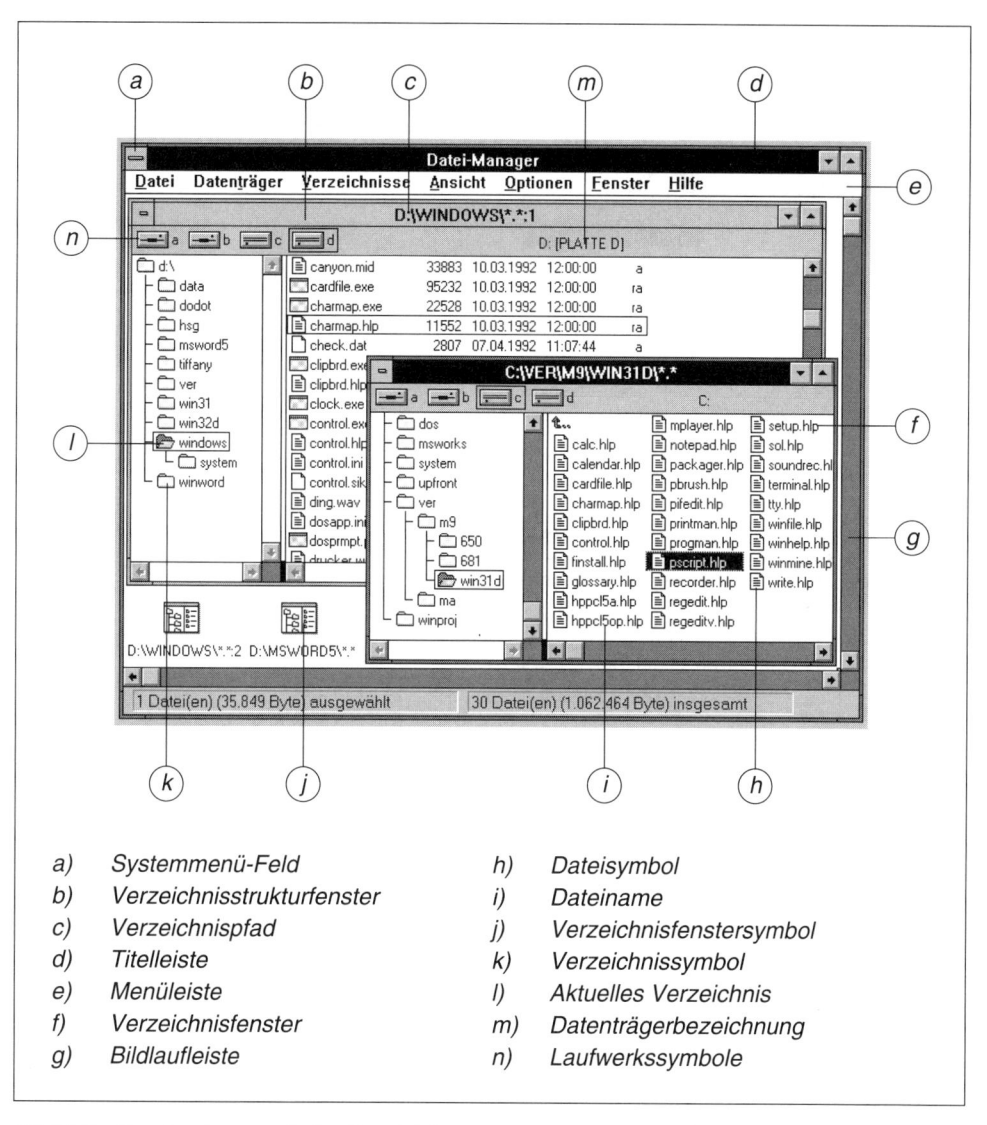

a) Systemmenü-Feld
b) Verzeichnisstrukturfenster
c) Verzeichnispfad
d) Titelleiste
e) Menüleiste
f) Verzeichnisfenster
g) Bildlaufleiste
h) Dateisymbol
i) Dateiname
j) Verzeichnisfenstersymbol
k) Verzeichnissymbol
l) Aktuelles Verzeichnis
m) Datenträgerbezeichnung
n) Laufwerkssymbole

Bild 2.5: Fensterelemente beim Datei-Manager

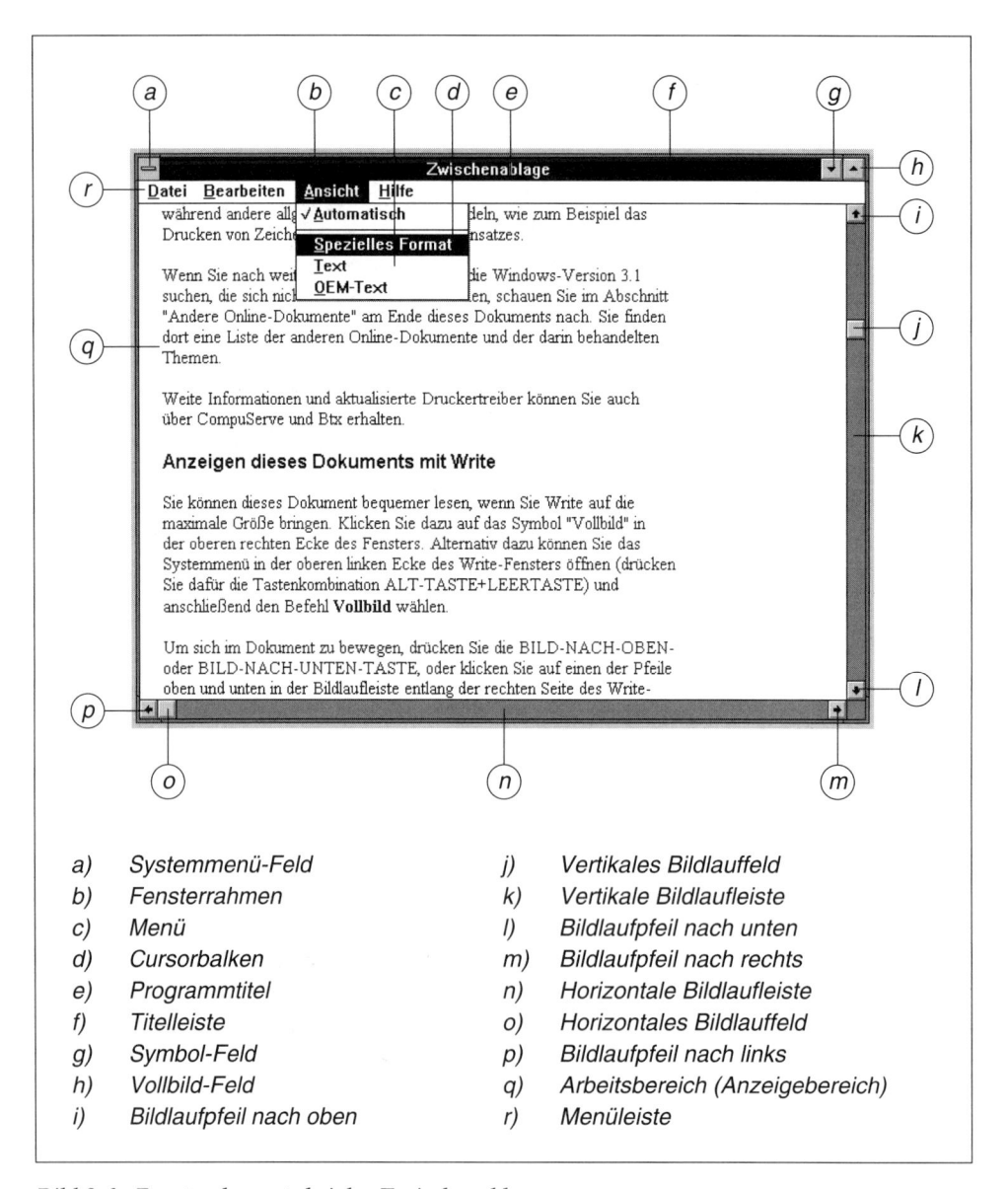

a)	Systemmenü-Feld	j)	Vertikales Bildlauffeld
b)	Fensterrahmen	k)	Vertikale Bildlaufleiste
c)	Menü	l)	Bildlaufpfeil nach unten
d)	Cursorbalken	m)	Bildlaufpfeil nach rechts
e)	Programmtitel	n)	Horizontale Bildlaufleiste
f)	Titelleiste	o)	Horizontales Bildlauffeld
g)	Symbol-Feld	p)	Bildlaufpfeil nach links
h)	Vollbild-Feld	q)	Arbeitsbereich (Anzeigebereich)
i)	Bildlaufpfeil nach oben	r)	Menüleiste

Bild 2.6: Fensterelemente bei der Zwischenablage

Mit Windows arbeiten 69

a) Systemmenü-Feld
b) Schaltflächen für Druckvorgang
c) Titelleiste
d) Programmtitel
e) Feld für Meldungen
f) Symbol-Feld
g) Vollbild-Feld
h) Vertikales Bildlauffeld
i) Vertikale Bildlaufleiste
j) Bildlaufpfeil nach unten
k) Arbeitsbereich (Anzeigebereich)
l) Dateiinformationszeile
m) Information Druckerwarteschlange
n) Menüleiste

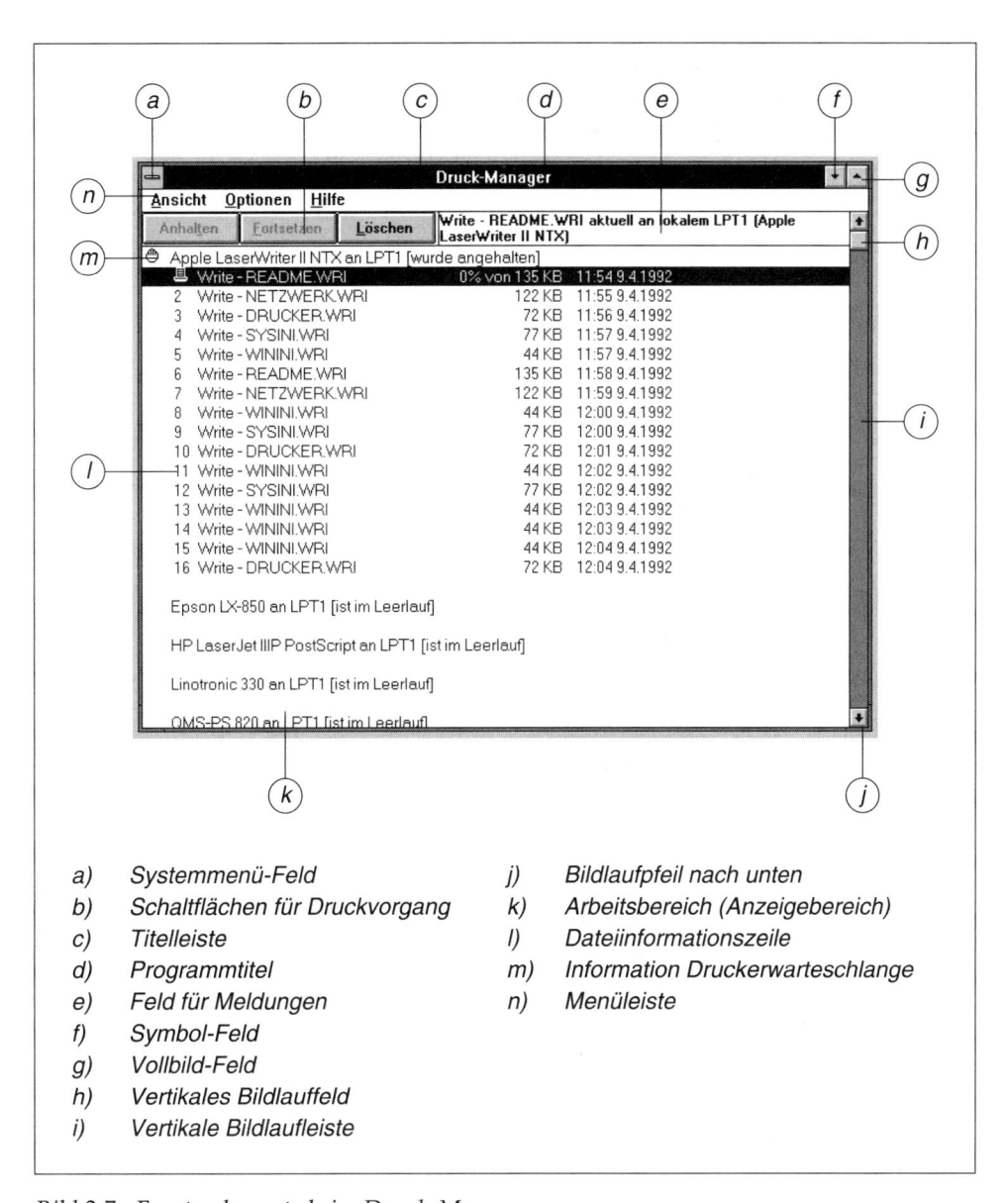

Bild 2.7: Fensterelemente beim Druck-Manager

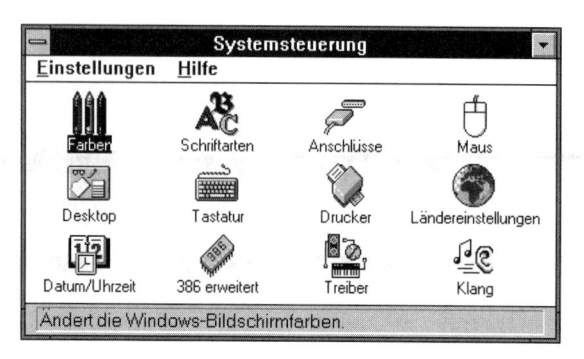

Bild 2.8: Das Fenster Systemsteuerung

Bild 2.9: Analoguhr

Bild 2.10: Digitaluhr

Mit Windows arbeiten 71

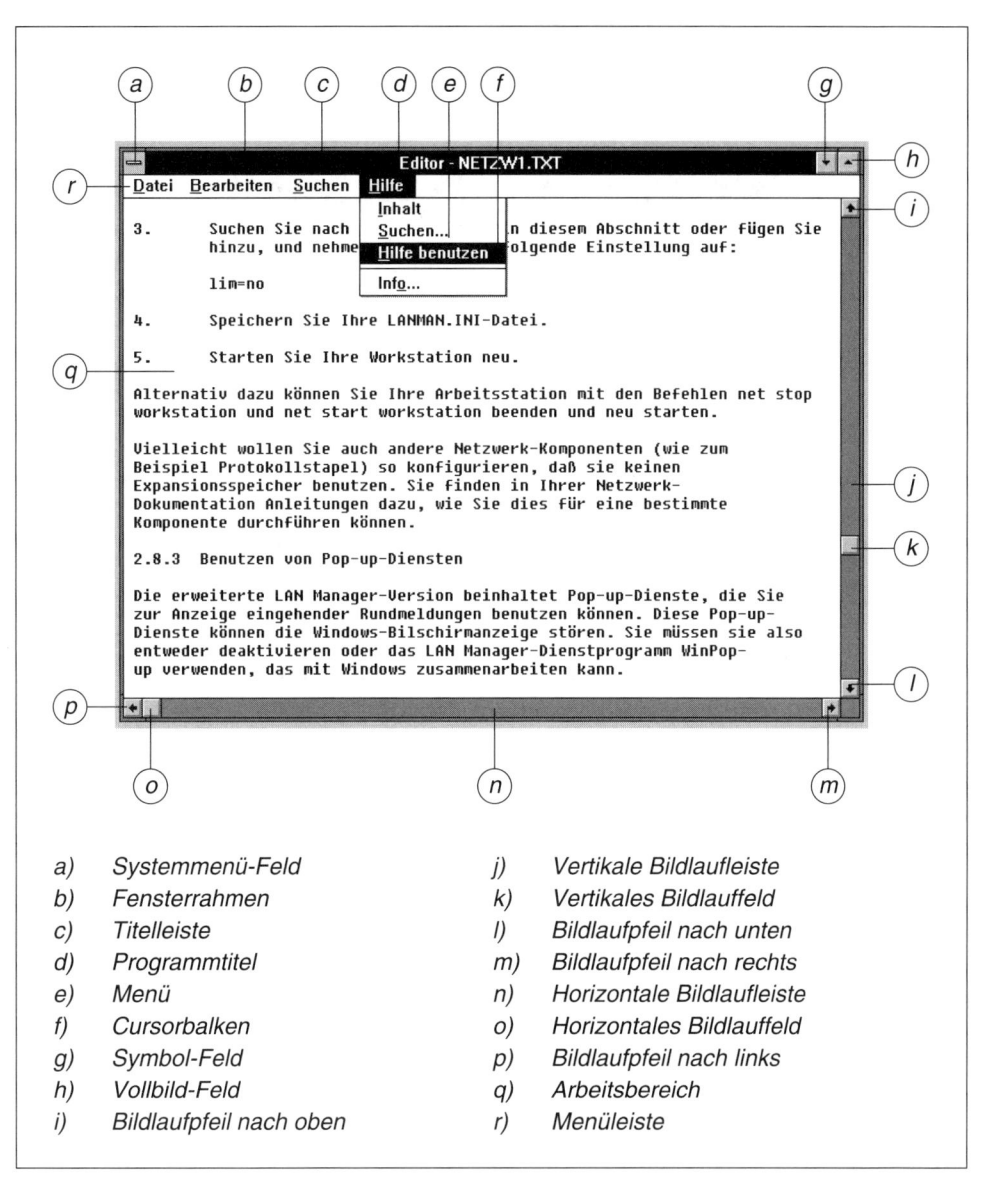

a) Systemmenü-Feld	j) Vertikale Bildlaufleiste
b) Fensterrahmen	k) Vertikales Bildlauffeld
c) Titelleiste	l) Bildlaufpfeil nach unten
d) Programmtitel	m) Bildlaufpfeil nach rechts
e) Menü	n) Horizontale Bildlaufleiste
f) Cursorbalken	o) Horizontales Bildlauffeld
g) Symbol-Feld	p) Bildlaufpfeil nach links
h) Vollbild-Feld	q) Arbeitsbereich
i) Bildlaufpfeil nach oben	r) Menüleiste

Bild 2.11: Fensterelemente beim Editor

Kapitel 2 — Einführung in Microsoft Windows

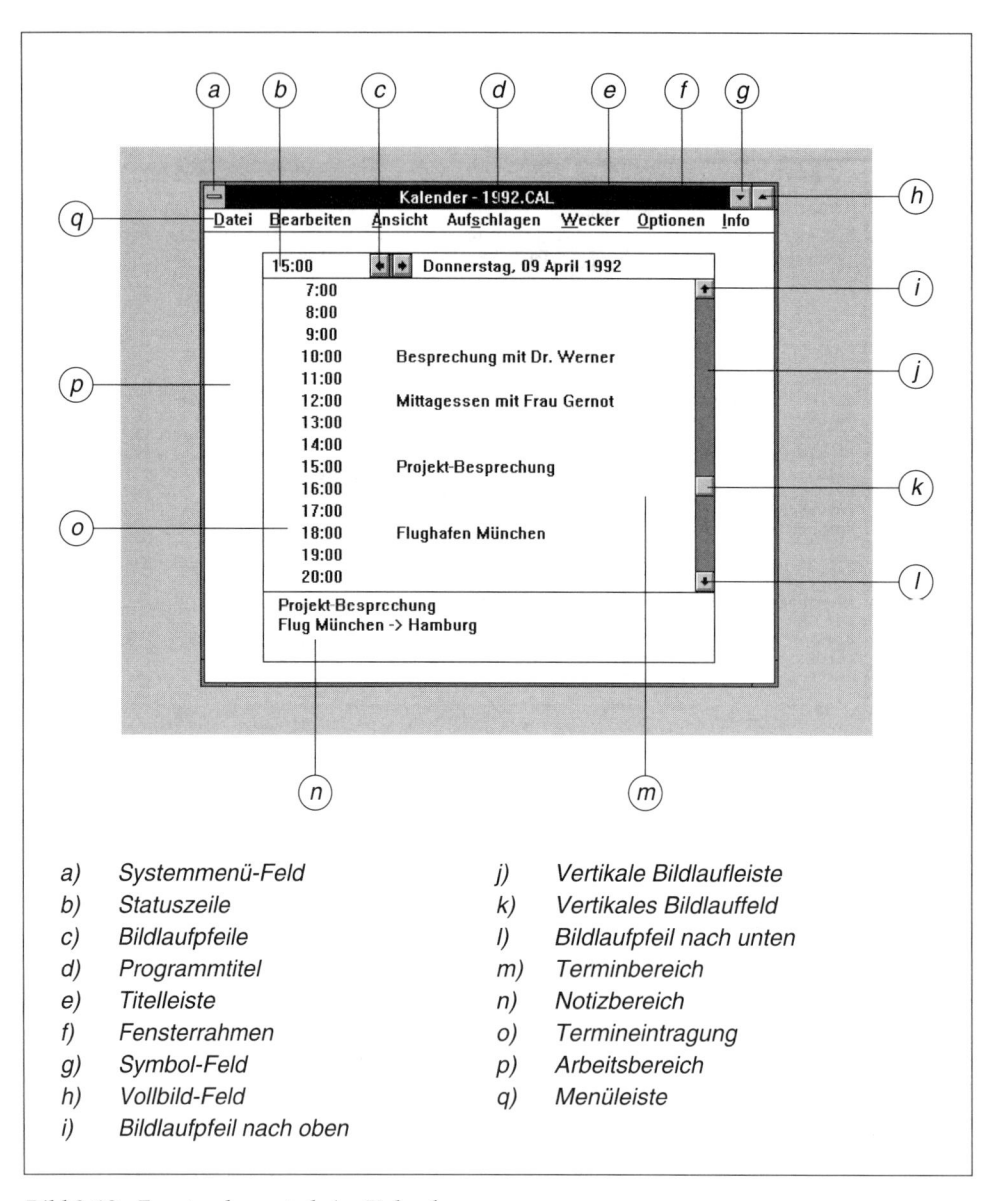

a) Systemmenü-Feld
b) Statuszeile
c) Bildlaufpfeile
d) Programmtitel
e) Titelleiste
f) Fensterrahmen
g) Symbol-Feld
h) Vollbild-Feld
i) Bildlaufpfeil nach oben
j) Vertikale Bildlaufleiste
k) Vertikales Bildlauffeld
l) Bildlaufpfeil nach unten
m) Terminbereich
n) Notizbereich
o) Termineintragung
p) Arbeitsbereich
q) Menüleiste

Bild 2.12: Fensterelemente beim Kalender

Mit Windows arbeiten 73

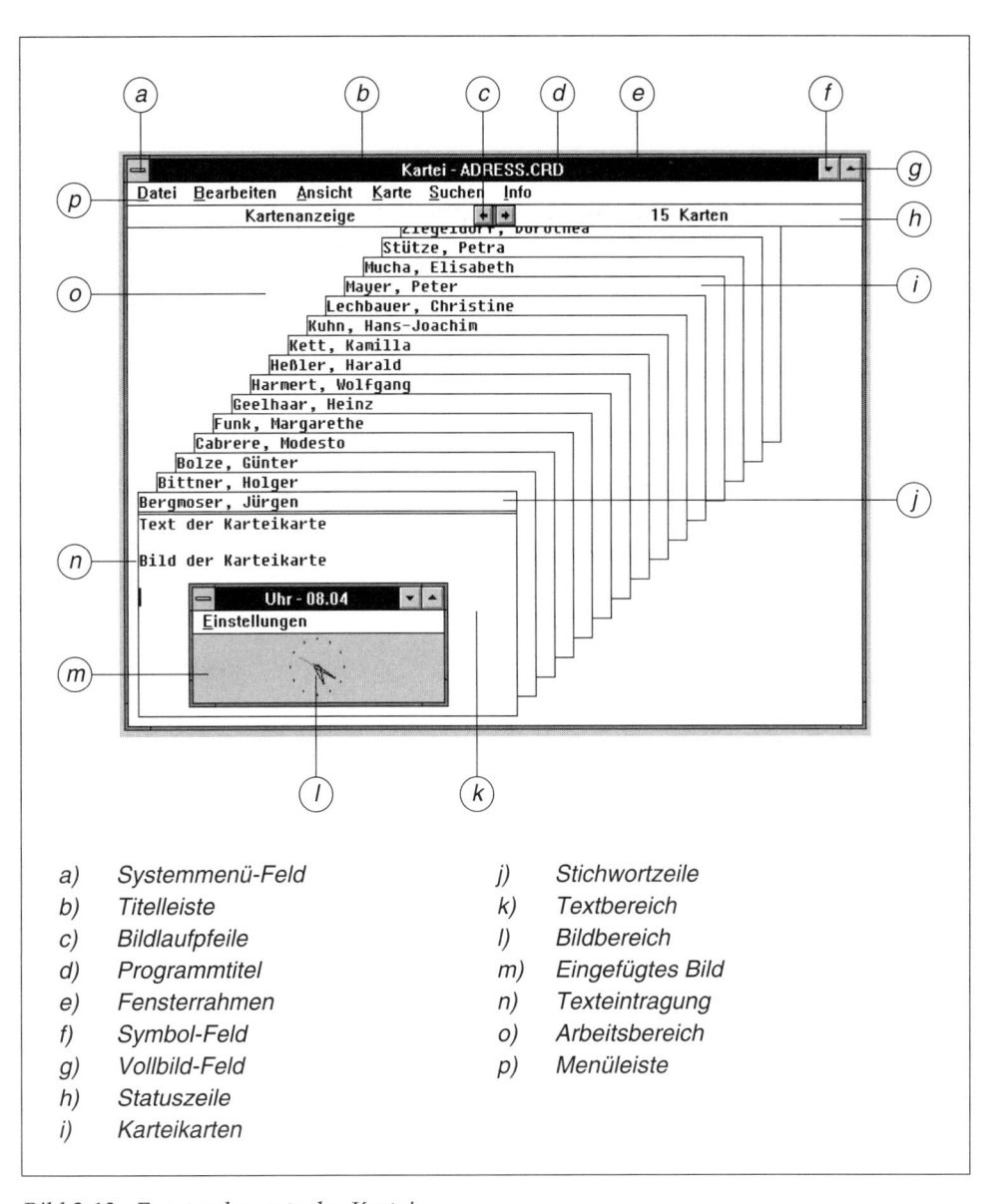

a) Systemmenü-Feld
b) Titelleiste
c) Bildlaufpfeile
d) Programmtitel
e) Fensterrahmen
f) Symbol-Feld
g) Vollbild-Feld
h) Statuszeile
i) Karteikarten
j) Stichwortzeile
k) Textbereich
l) Bildbereich
m) Eingefügtes Bild
n) Texteintragung
o) Arbeitsbereich
p) Menüleiste

Bild 2.13: Fensterelemente der Kartei

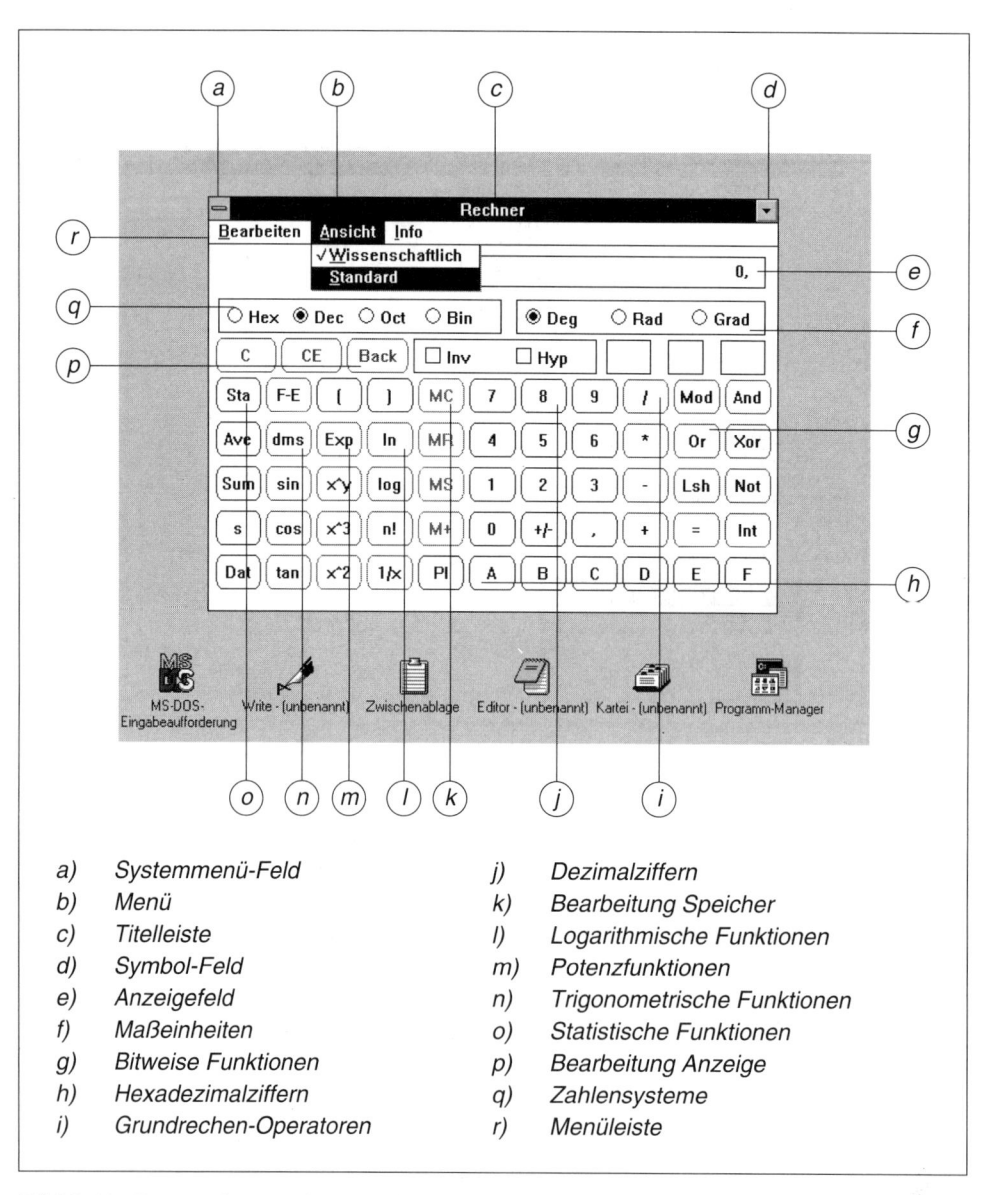

a) Systemmenü-Feld
b) Menü
c) Titelleiste
d) Symbol-Feld
e) Anzeigefeld
f) Maßeinheiten
g) Bitweise Funktionen
h) Hexadezimalziffern
i) Grundrechen-Operatoren
j) Dezimalziffern
k) Bearbeitung Speicher
l) Logarithmische Funktionen
m) Potenzfunktionen
n) Trigonometrische Funktionen
o) Statistische Funktionen
p) Bearbeitung Anzeige
q) Zahlensysteme
r) Menüleiste

Bild 2.14: Fensterelemente beim Rechner

Mit Windows arbeiten 75

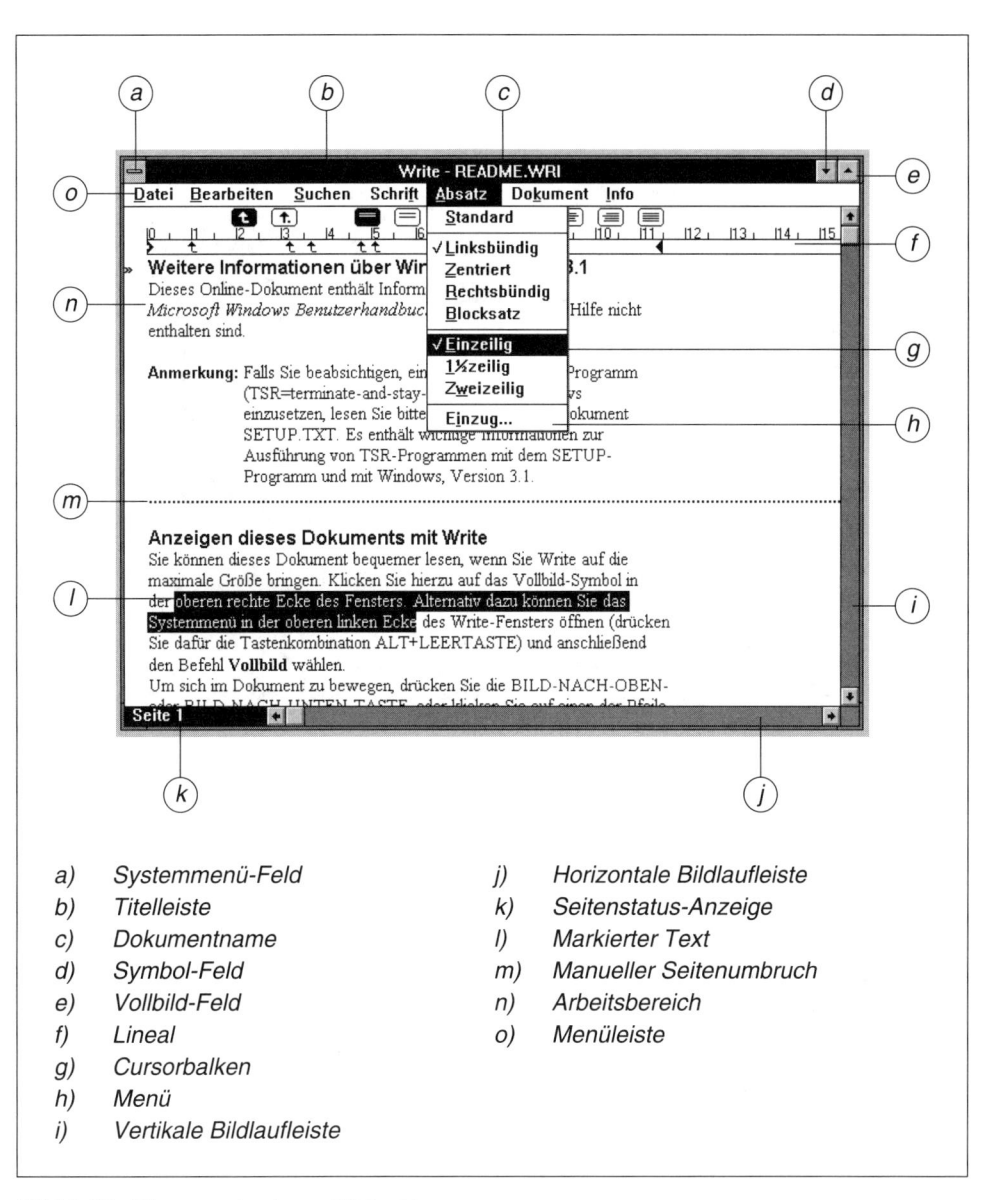

a) Systemmenü-Feld
b) Titelleiste
c) Dokumentname
d) Symbol-Feld
e) Vollbild-Feld
f) Lineal
g) Cursorbalken
h) Menü
i) Vertikale Bildlaufleiste
j) Horizontale Bildlaufleiste
k) Seitenstatus-Anzeige
l) Markierter Text
m) Manueller Seitenumbruch
n) Arbeitsbereich
o) Menüleiste

Bild 2.15: Elemente in einem Write-Fenster

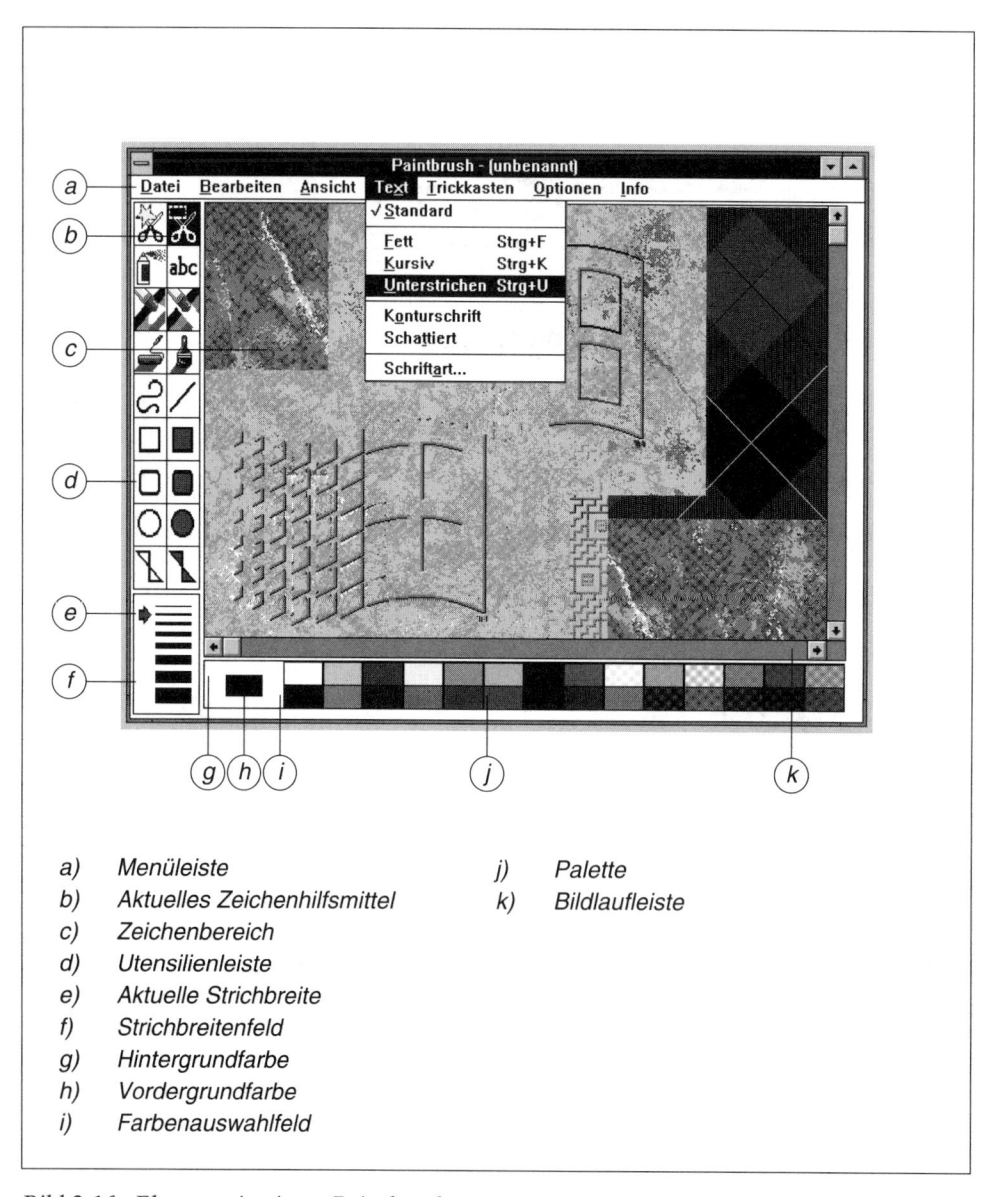

a) Menüleiste
b) Aktuelles Zeichenhilfsmittel
c) Zeichenbereich
d) Utensilienleiste
e) Aktuelle Strichbreite
f) Strichbreitenfeld
g) Hintergrundfarbe
h) Vordergrundfarbe
i) Farbenauswahlfeld
j) Palette
k) Bildlaufleiste

Bild 2.16: Elemente in einem Paintbrush-Fenster

Mit Windows arbeiten 77

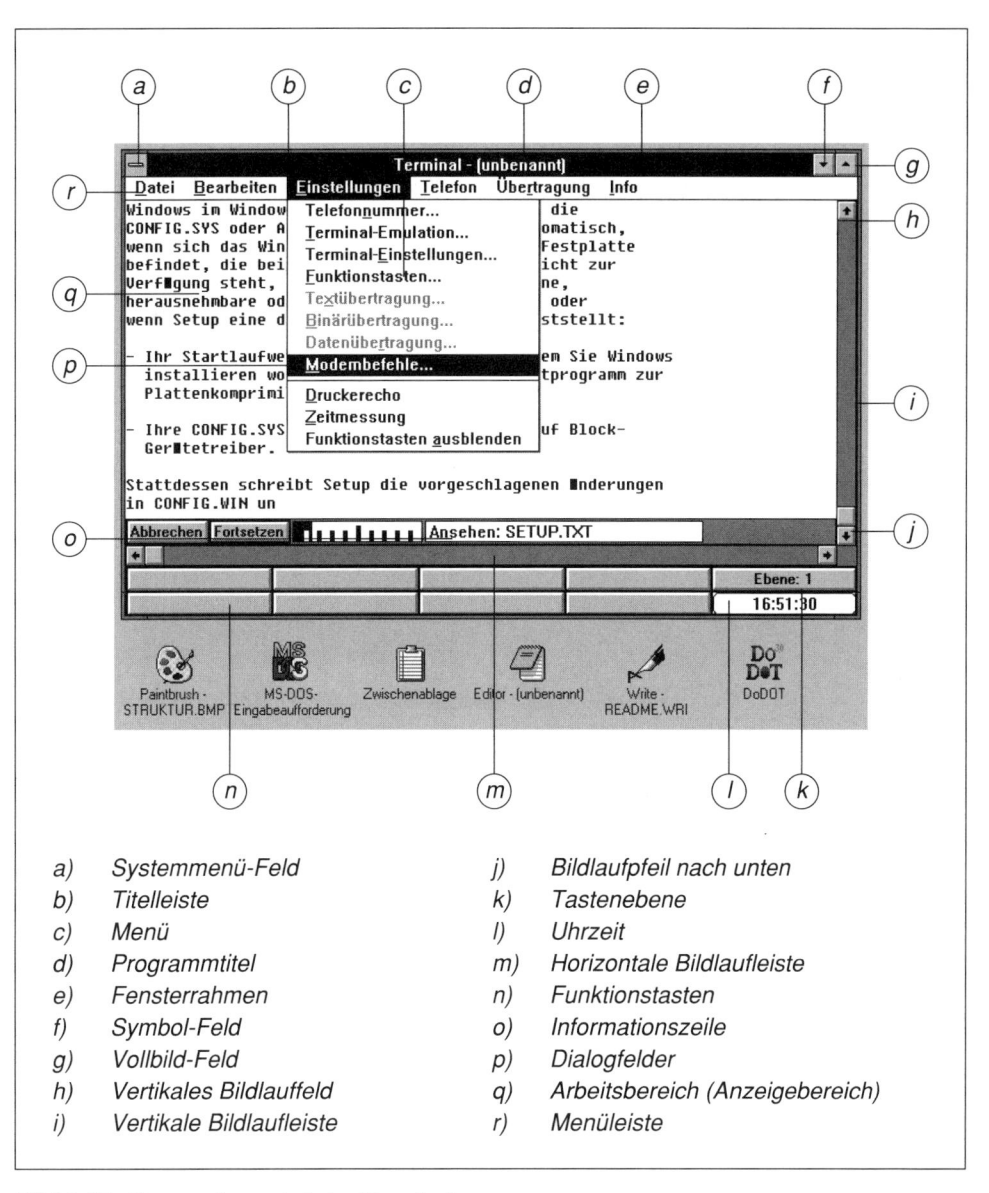

a)	Systemmenü-Feld	j)	Bildlaufpfeil nach unten
b)	Titelleiste	k)	Tastenebene
c)	Menü	l)	Uhrzeit
d)	Programmtitel	m)	Horizontale Bildlaufleiste
e)	Fensterrahmen	n)	Funktionstasten
f)	Symbol-Feld	o)	Informationszeile
g)	Vollbild-Feld	p)	Dialogfelder
h)	Vertikales Bildlauffeld	q)	Arbeitsbereich (Anzeigebereich)
i)	Vertikale Bildlaufleiste	r)	Menüleiste

Bild 2.17: Fensterelemente beim Terminal

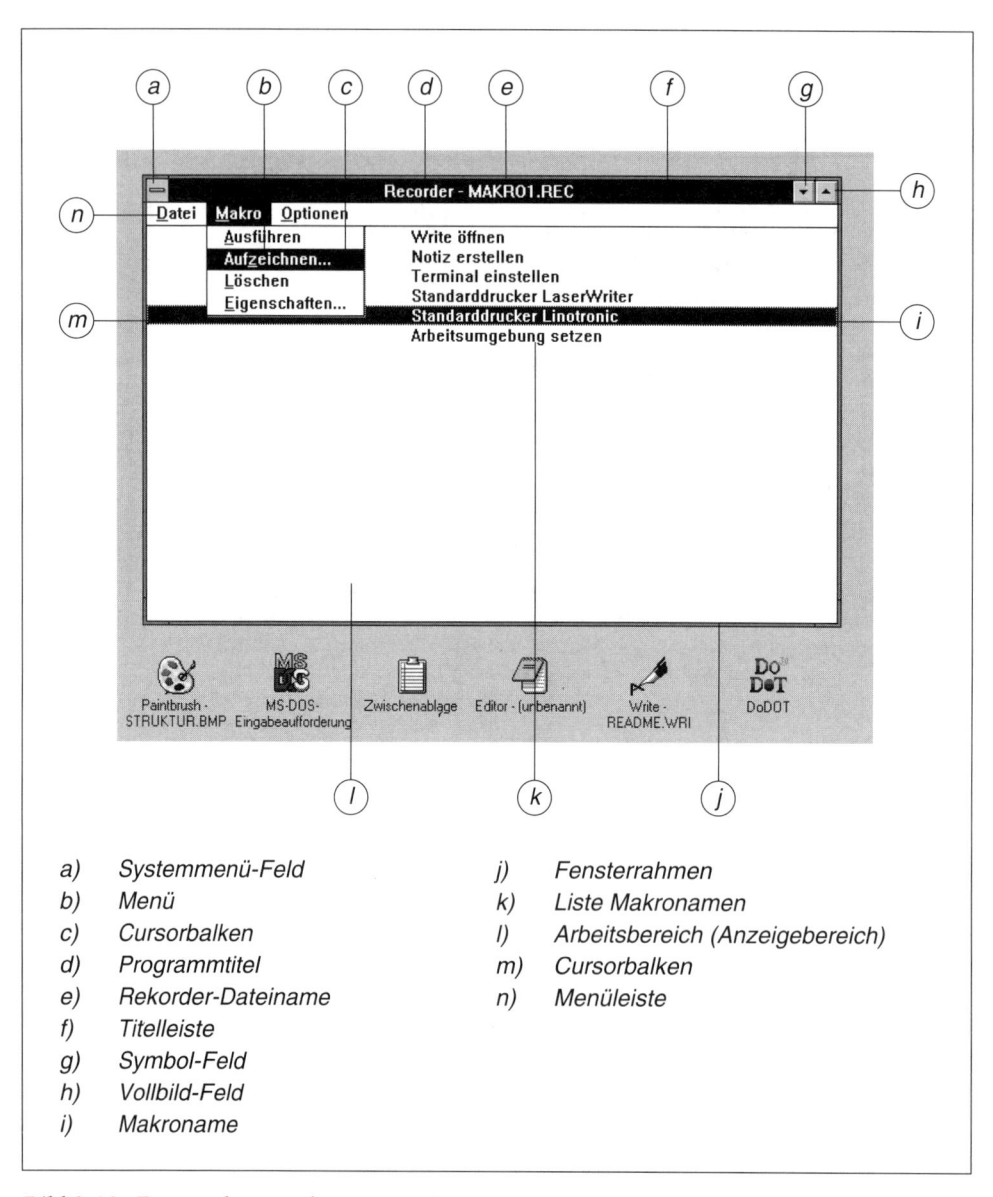

a) Systemmenü-Feld
b) Menü
c) Cursorbalken
d) Programmtitel
e) Rekorder-Dateiname
f) Titelleiste
g) Symbol-Feld
h) Vollbild-Feld
i) Makroname
j) Fensterrahmen
k) Liste Makronamen
l) Arbeitsbereich (Anzeigebereich)
m) Cursorbalken
n) Menüleiste

Bild 2.18: Fensterelemente beim Recorder

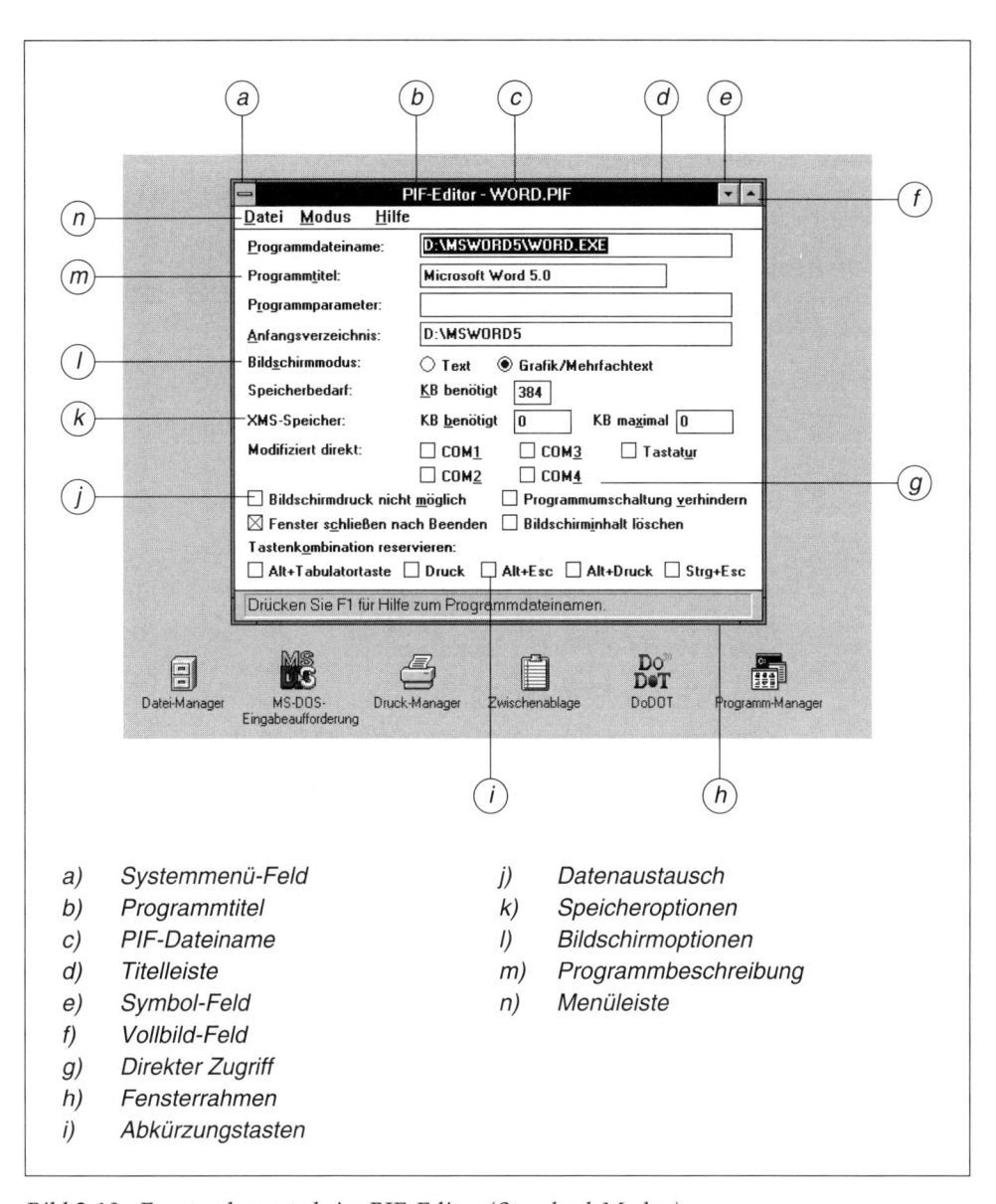

a) Systemmenü-Feld
b) Programmtitel
c) PIF-Dateiname
d) Titelleiste
e) Symbol-Feld
f) Vollbild-Feld
g) Direkter Zugriff
h) Fensterrahmen
i) Abkürzungstasten
j) Datenaustausch
k) Speicheroptionen
l) Bildschirmoptionen
m) Programmbeschreibung
n) Menüleiste

Bild 2.19: Fensterelemente beim PIF-Editor (Standard-Modus)

Bild 2.20: Die Zeichentabelle

Bild 2.21: Der Klangrecorder

Bild 2.22: Die Medien-Wiedergabe

Das Windows-Lernprogramm

Windows beenden

Beenden   Eine Sitzung mit *Windows beenden* Sie über das Menü DATEI im Programm-Manager:

1. Beenden Sie alle laufenden Anwendungen.
2. Wählen Sie im Menü DATEI des Programm-Managers den Befehl WINDOWS BEENDEN.
3. Wählen Sie im Dialogfeld WINDOWS BEENDEN die Schaltfläche OK (siehe Bild 2.23).

   Markieren Sie im Menü OPTIONEN die Option EINSTELLUNGEN BEIM BEENDEN SPEICHERN, wenn die während der Sitzung geänderten Einstellungen gespeichert werden sollen.

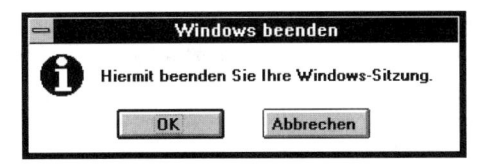

Bild 2.23: Windows beenden

2.4 Das Windows-Lernprogramm

Sie können die ersten Schritte mit dem Windows-Lernprogramm einüben. Das Lernprogramm macht Sie mit den Grundlagen für die Arbeit mit Windows vertraut.

Sie rufen das Lernprogramm mit den folgenden Schritten auf:

1. Wechseln Sie zum Programm-Manager.
2. Klicken Sie im Menü HILFE auf die Option WINDOWS-LERNPROGRAMM.

Den Inhalt des Lernprogramms ersehen Sie in Bild 2.24.

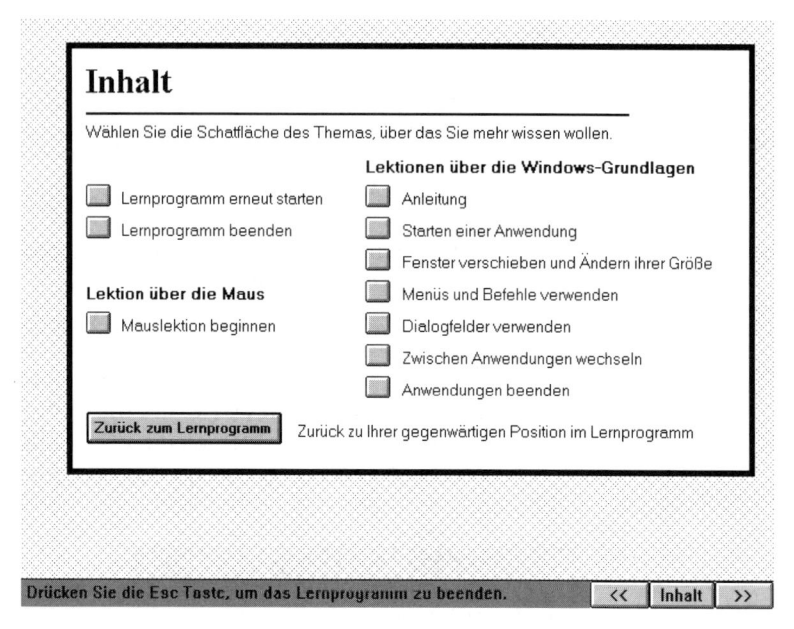

Bild 2.24: Das Lernprogramm

2.5 Die Hilfefunktion von Windows

Hilfefunktion aufrufen

Hilfemenü Einige Windows-Anwendungen bieten ein Hilfemenü in der Menüleiste an (siehe Bild 2.25). Über das *Hilfemenü* können Sie bei Bedarf weiterführende *Hilfeinformationen* abrufen.

Eine in einer Anwendung verfügbare Hilfefunktion kann mit verschiedenen Verfahren aufgerufen werden:

- Auswahl im Hilfemenü
- Mit der Taste F1
- Mit der Tastenkombination UMSCHALT+F1

Durchgehend unterstrichene Begriffe führen zu weiteren Informationsanzeigen (Bild 2.26).

Die Hilfefunktion von Windows 83

Bild 2.25: Hilfemenü in der Menüleiste

Bild 2.26: Unterstrichene Themen

Im *Hilfefenster* wird bei der *Markierung* eines unterbrochen unterstrichenen Begriffs ein Erläuterungsfenster angezeigt (siehe Bild 2.27).

```
┌─────────────────────────────────────────────────────────┐
│              Hilfe zum Programm-Manager           ▼ ▲   │
│ Datei  Bearbeiten  Lesezeichen  ?                       │
│ │Inhalt│ │Suchen│ │Zurück│ │Bisher│ │Glossar│           │
│ Gruppen erstellen und löschen                           │
│ Im Programm-Manager können Sie eine Gruppe erstellen,   │
│ damit Sie Ihre Anwendungsprogramme und Dokumente        │
│ besser verwalten können.                                │
│ Erstellen einer Gruppe                                  │
│ 1. Wählen Sie im Menü Datei den Befehl Neu.             │
│ 2. Markieren Sie die Option "Programmgruppe", und       │
│    wählen Sie dann die Schaltfläche "OK".               │
│ 3. Geben Sie eine Beschreibung für die Gruppe ein.      │
│    Diese Beschreibung wird in der Titelleiste des       │
│    Gruppenfensters und unterhalb des Gruppensymbols     │
│    angezeigt.                                           │
│ 4. Wählen Sie die Schaltfläche "OK".                    │
│    Der Programm-Manager erstellt eine .GRP-Datei für    │
│    die Gruppe. Sie können also das Feld Gruppendatei    │
│    frei lassen.                                         │
└─────────────────────────────────────────────────────────┘
```

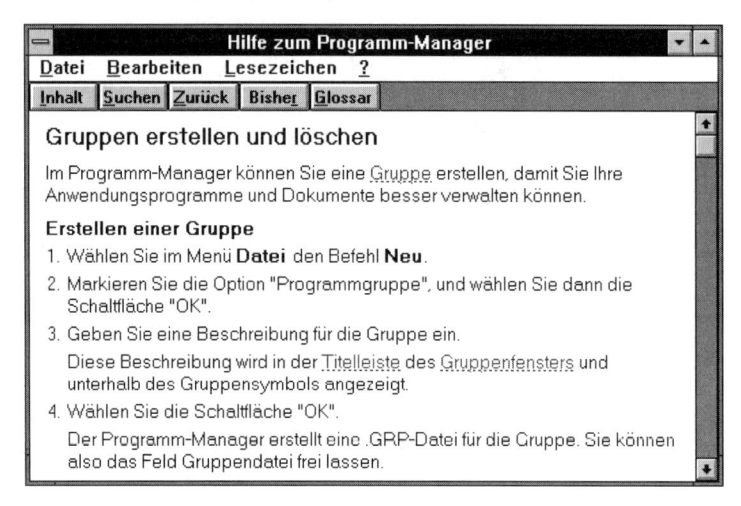

Bild 2.27: Begriffe nachschlagen

Hilfe-Befehle

Menüs   Im *Hilfefenster* der Hilfefunktion stehen die folgenden Menüs zur Verfügung:

❐ Menü Datei

❐ Menü Bearbeiten

❐ Menü Lesezeichen

❐ Menü Hilfe oder ?

Datei   Im Menü DATEI wird mit dem Befehl ÖFFNEN eine verfügbare Hilfedatei eröffnet. Mit dem Befehl THEMA DRUCKEN werden die Hilfeinformationen auf dem Drucker ausgegeben. Vor der Ausgabe kann der Drucker mit dem Befehl DRUCKEREINRICHTUNG eingerichtet werden. Mit dem Befehl BEENDEN verlassen Sie die Hilfefunktion.

Die Hilfefunktion von Windows

Bearbeiten	Sie verwenden das Menü BEARBEITEN für die Übertragung von Hilfeinformationen mit Hilfe der Zwischenablage. Mit dem Befehl KOPIEREN werden die Hilfeinformationen in die Zwischenablage kopiert. Mit dem Befehl ANMERKEN können kurze Notizen zu einem Hilfethema angefügt werden.
Lesezeichen	Im Menü LESEZEICHEN fügen Sie mit dem Befehl DEFINIEREN ein Lesezeichen ein. Definierte Lesezeichen werden mit ihrem Namen angezeigt und können über den Namen aufgesucht werden.
Hilfe	Sie verwenden das Menü HILFE oder ? zur Anzeige eines Hilfe-Index. Der Befehl HILFE BENUTZEN im Menü ? bringt eine Themenübersicht zur Benutzung der Hilfe auf den Bildschirm. Mit IMMER IM VORDERGRUND können Sie veranlassen, daß der Hilfe-Bildschirm ständig am Bildschirm vor allen anderen Anwendungsprogrammen angezeigt wird.

Hilfe-Tasten

Tasten	Zum Aufruf von Hilfeinformationen in einer Anwendung dienen die folgenden *Tasten*:

F1	Hilfe aufrufen oder Index für HILFE VERWENDEN anzeigen oder in einigen Windows-Anwendungen Hilfethema anzeigen
UMSCHALT+F1	Zeiger in Fragezeichen mit Pfeil ändern, um in einigen Windows-Anwendungen Hilfe zu einem Befehl, Bildschirmbereich oder einer Taste zu erhalten

Schaltflächen	Im Hilfefenster können Sie mit Hilfe von *Schaltflächen* Hilfeinformationen aufsuchen.

❐ Inhalt
Eine Hilfeübersicht für die Anwendung wird angezeigt.

❐ Suchen
Zeigt die Schlüsselwörter der Anwendungshilfe und erlaubt den direkten Wechsel zu einem bestimmten Hilfethema.

- Zurück
  Bringt Sie zum zuletzt eingesehenen Hilfethema zurück.
- Bisher
  Zeigt in einer Liste die 40 zuletzt gewählten Hilfethemen an.
- Pfeil nach links
  Bringt Sie zum vorher gewählten Hilfethema zurück.
- Pfeil nach rechts
  Bringt Sie zum nächsten Hilfethema eines zusammenhängenden Themenblocks.

Informationen suchen

Themen aufsuchen

Mit der Schaltfläche SUCHEN im Menü HILFE können Sie Informationen mit Hilfe von Begriffen aufsuchen:

1. Wählen Sie die Schaltfläche SUCHEN.
2. Geben Sie im Dialogfeld SUCHEN in das entsprechende Textfeld einen Suchbegriff ein (siehe Bild 2.28).

   Oder wählen Sie im Listenfeld einen Stichworteintrag aus.
3. Wählen Sie THEMEN AUFLISTEN.
4. In dem unteren Listenfeld werden die gefundenen Themen angezeigt. Markieren Sie ein Thema.
5. Wählen Sie GEHE ZU.

Der Suchbegriff muß nicht als ganzes Wort eingegeben werden. Die Hilfefunktion listet dann alle übereinstimmenden oder verwandten Stichwörter auf.

Begriffe aus einem Glossar erreichen Sie im Menü HILFE unter INHALT über die Schaltfläche GLOSSAR (siehe Bild 2.29).

Die Hilfefunktion von Windows

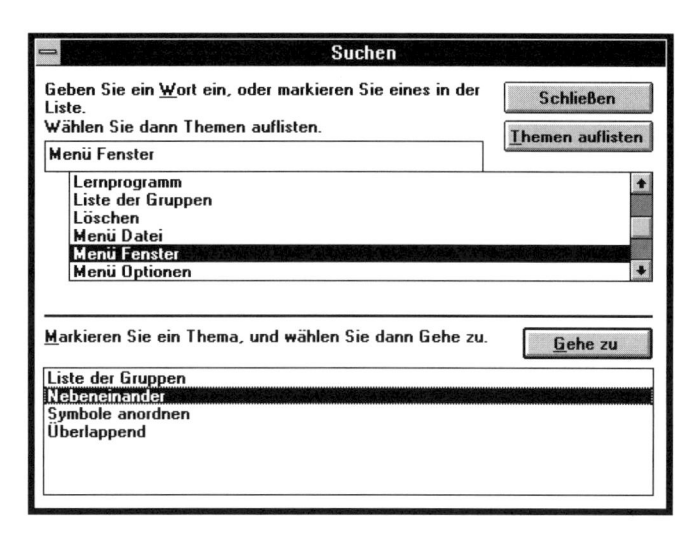

Bild 2.28: Hilfethema aufsuchen

Bild 2.29: Glossar aufsuchen

KAPITEL 3

GRUNDLEGENDE TEILAUFGABEN BEI WINDOWS

Bei Windows wird jede Anwendung in einem eigenen Fenster abgebildet. Das Fenster kann verschoben oder in der Größe verändert werden. Die Befehle und Optionen einer Anwendung werden in einem Menü ausgewählt. Über ein Dialogfeld fordert Windows weitere Eingaben an. Die einheitliche Benutzeroberfläche erleichtert das Arbeiten mit Programmen. Sie verringert den Lernaufwand bei einer neuen Anwendung.

3.1 Aufgaben, Fenster und Fensterelemente

Desktop, Fenster und Symbole

Desktop Bei Windows arbeiten Sie mit Fenstern auf einem Desktop. Der *Desktop* ist der verfügbare Bildschirmbereich, der bildlich die Oberfläche eines Schreibtisches darstellt. Auf dem Schreibtisch liegen Hilfsmittel und Arbeitsgegenstände bereit, mit deren Hilfe die verschiedenen Aufgaben bearbeitet werden. Bei Windows bearbeiten Sie *Anwendungsaufgaben* mit *Anwendungsprogrammen*.

Fenster Anwendungsprogramme werden auf dem Desktop jeweils in einem eigenen Fenster, dem *Anwendungsfenster*, dargestellt. Ein *Fenster* ist auf dem Desktop ein durch einen rechteckigen Fensterrahmen abgegrenzter Bereich, in dem Eingaben und Ausgaben für ein Programm erfolgen.

So wie Sie auf dem Schreibtisch Ihre Arbeitsmittel verschieben und beliebig anordnen können, steht es Ihnen frei, die geöffneten Fenster auf dem Desktop zu verschieben und neu anzuordnen. Nicht mehr unmittelbar benötigte Fenster können durch andere Fenster überlagert oder zu einem Symbol verkleinert werden.

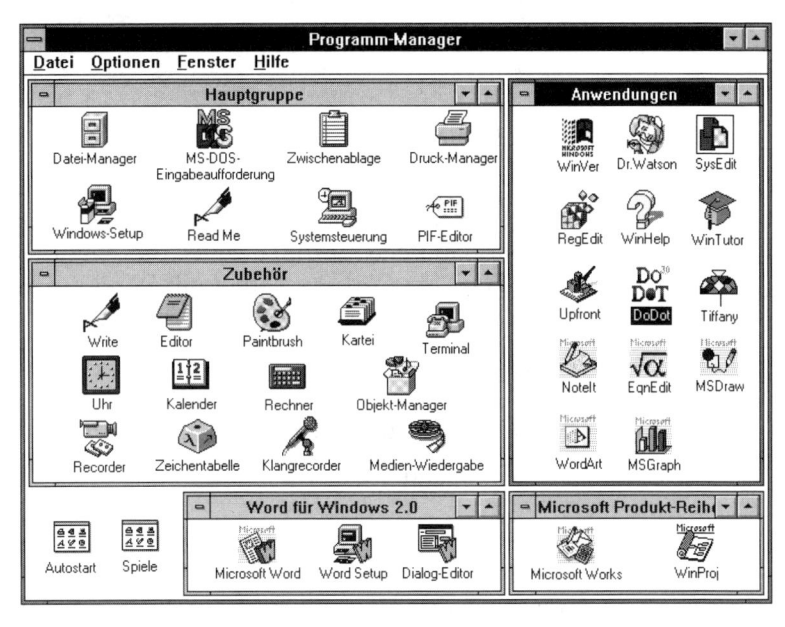

Bild 3.1: Programm-Manager nach dem Start von Windows (Beispiel)

92 Kapitel 3 – Grundlegende Teilaufgaben bei Windows

Beim Start von Windows wird das Anwendungsfenster des *Programm-Managers* auf dem Desktop eröffnet (siehe Bild 3.1). Die Bildinhalte sind abhängig von der verfügbaren Software und Hardware; sie sind daher bei verschiedenen Konfigurationen unterschiedlich.

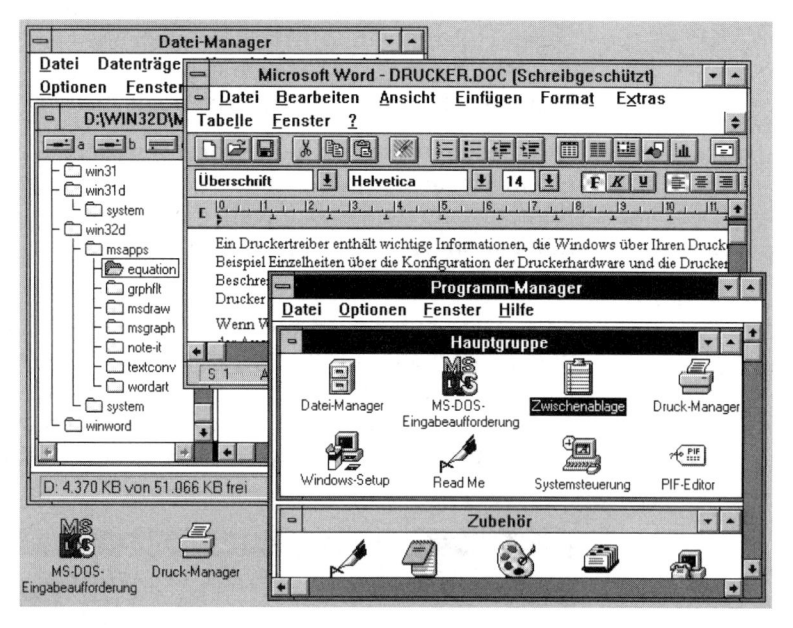

Bild 3.2: Anwendungsfenster, Dokumentfenster und Symbole

Vom Programm-Manager aus können Sie alle weiteren Anwendungsprogramme aufrufen und die vorgesehenen Aufgaben bearbeiten. Eine Arbeitssitzung mit Windows beenden Sie durch das Schließen des Fensters des Programm-Managers.

Fenster Bei Windows werden zwei Arten von *Fenstern* unterschieden:

❐ Anwendungsfenster

❐ Dokumentfenster

Anwendungsfenster Ein Anwendungsprogramm wird in einem Anwendungsfenster ausgeführt. Im *Anwendungsfenster* erfolgen alle Eingaben und Ausgaben des Anwendungsprogramms. Ein Anwendungsfenster

Aufgaben, Fenster und Fensterelemente 93

enthält eine Titelleiste mit dem Programmnamen, eine Menüleiste mit den Menüs und Optionen der Anwendung und einen Arbeitsbereich (siehe Bild 3.2).

Dokument- Anwendungsprogramme, die mit mehreren Dokumenten arbei-
fenster ten, können im Arbeitsbereich des Anwendungsfensters für jedes Dokument ein *Dokumentfenster* enthalten. Beispielsweise werden beim Programm-Manager Programmgruppen in Gruppenfenstern dargestellt (siehe Bild 3.3). Beim Datei-Manager können Verzeichnisse in Verzeichnisfenstern angezeigt werden. Gruppenfenster und Verzeichnisfenster sind Beispiele für Dokumentfenster im Arbeitsbereich von Anwendungsfenstern.

Symbole Ein Anwendungsprogramm kann in einem *Fenster* oder als *Symbol* ausgeführt werden. Wenn ein Anwendungsfenster auf dem Desktop nicht mehr benötigt wird, das Anwendungsprogramm aber nicht beendet werden soll, dann wird es zu einem Symbol verkleinert. Bei Bedarf kann das Symbol als Anwendungsfenster wiederhergestellt werden.

Bild 3.3: Anwendungs- und Dokumentfenster, Programmsymbole

Symbole Wir unterscheiden drei Arten von *Symbolen*:

- Programmsymbole
- Anwendungssymbole
- Dokumentsymbole

Programm-symbole Anwendungsprogramme werden in den Gruppenfenstern des Programm-Managers als *Programmsymbole* dargestellt (siehe Bild 3.3). Eine Anwendung starten Sie, indem Sie auf das Programmsymbol der zu startenden Anwendung doppelklicken.

Anwendungs-symbole Wenn das Anwendungsfenster einer ausgeführten Anwendung zu einem Symbol verkleinert werden soll, dann wird es als *Anwendungssymbol* dargestellt (siehe Bild 3.2).

Dokument-symbole Ein Dokumentfenster kann im Arbeitsbereich eines Anwendungsfensters zu einem *Dokumentsymbol* verkleinert werden (siehe Bilder 3.1 und 3.2).

Fensterbereiche und Fensterelemente

Fenster Ein typisches *Windows-Fenster* einer Anwendung sehen Sie in Bild 3.4. Es besteht aus den Teilen Titelleiste, Menüleiste, Menü, Arbeitsbereich sowie horizontale und vertikale Bildlaufleiste.

System-menü-Feld Im *Systemmenü-Feld* können beim Arbeiten mit der Tastatur die Systemfunktionen FENSTER VERSCHIEBEN, auf VOLLBILD VERGRÖSSERN, auf SYMBOLGRÖSSE VERKLEINERN und UMSCHALTEN ZUR TASK-LISTE aufgerufen werden.

Fenster-rahmen Der *Fensterrahmen* begrenzt ein Anwendungsfenster oder ein Dokumentfenster. Der Fensterrahmen kann mit der Maus oder über das Systemmenü in seiner Größe verändert oder verschoben werden.

Titelleiste In der *Titelleiste* wird der Name der Anwendung oder eines Dokuments angezeigt. Die Titelleiste des aktiven Fensters ist hervorgehoben.

Programm-titel Der *Programmtitel* enthält bei einem Anwendungsfenster den Namen des Anwendungsprogramms und des Dokuments. Bei einem Dokumentfenster enthält er den Namen einer Programmgruppe, eines Verzeichnisses oder einer Datendatei.

Symbol-Feld Mit der Schaltfläche *Symbol-Feld* wird das Anwendungsfenster zu einem Symbol verkleinert.

Aufgaben, Fenster und Fensterelemente 95

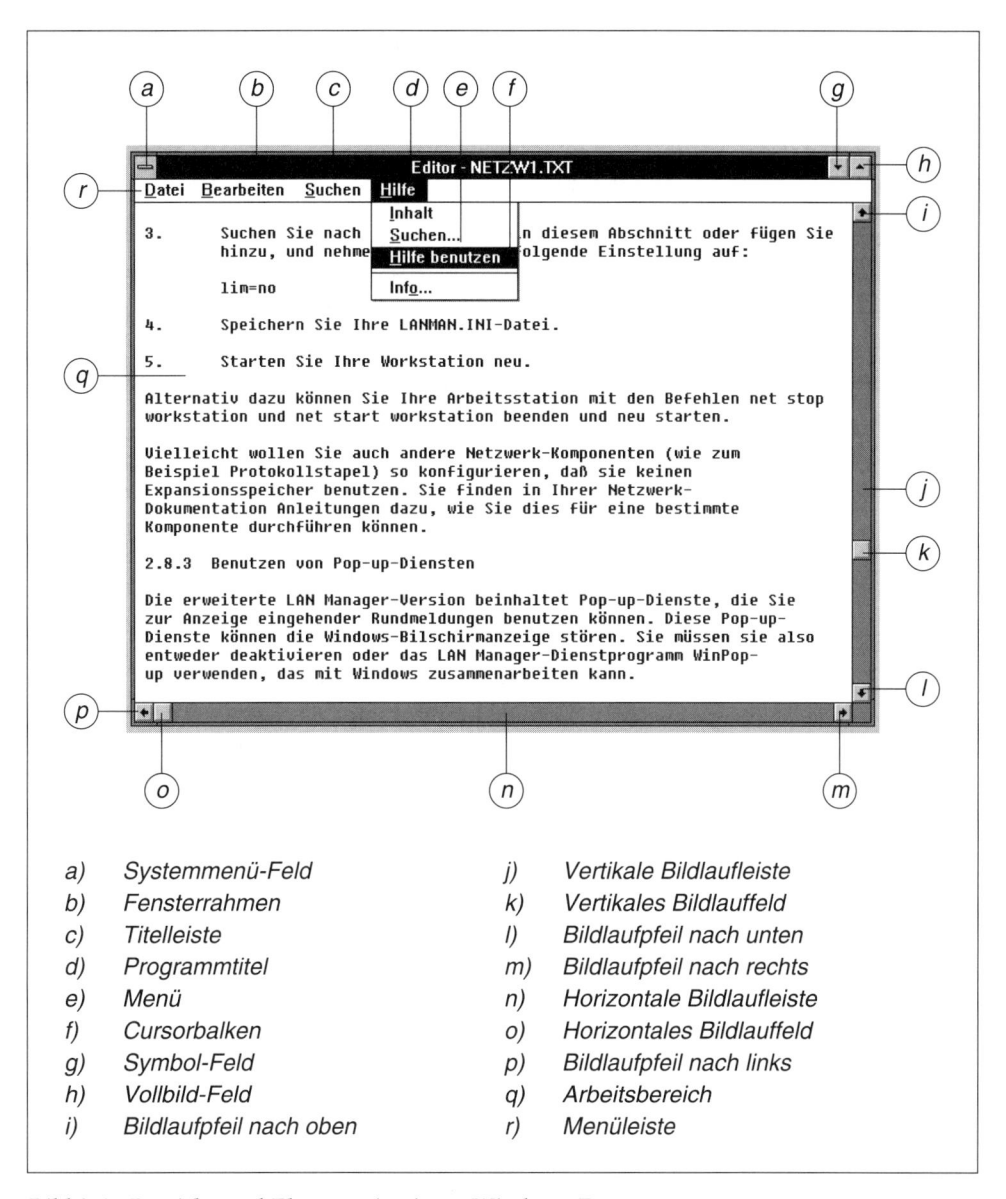

Bild 3.4: Bereiche und Elemente in einem Windows-Fenster

a) Systemmenü-Feld
b) Fensterrahmen
c) Titelleiste
d) Programmtitel
e) Menü
f) Cursorbalken
g) Symbol-Feld
h) Vollbild-Feld
i) Bildlaufpfeil nach oben
j) Vertikale Bildlaufleiste
k) Vertikales Bildlauffeld
l) Bildlaufpfeil nach unten
m) Bildlaufpfeil nach rechts
n) Horizontale Bildlaufleiste
o) Horizontales Bildlauffeld
p) Bildlaufpfeil nach links
q) Arbeitsbereich
r) Menüleiste

Vollbild-Feld   Mit der Schaltfläche *Vollbild-Feld* wird das Anwendungsfenster auf Bildschirmgröße vergrößert.

Menüleiste	Die *Menüleiste* zeigt die verfügbaren Menüs einer Anwendung an. Mit Hilfe der Menüleiste kann ein Menü oder eine Option angewählt werden.
Menü	Ein *Menü* wird aus einer Menüleiste ausgewählt und kann Untermenüs, Befehle oder Optionen enthalten.
Arbeitsbereich	Im *Arbeitsbereich* werden die Texte und Bilder eines Dokuments bearbeitet. Die Eingaben und Ausgaben einer Anwendung sind im allgemeinen auf den Arbeitsbereich begrenzt.
Cursorbalken	In einem Menü hebt der *Cursorbalken* die Menüauswahl hervor. Die Auswahl kann ein Untermenü, ein Befehl oder eine Option sein.
Mauszeiger	Der *Mauszeiger* zeigt die mit der Maus angefahrene Position an. Durch Klicken der Maustaste wird die Einfügemarke zu dieser Position geführt.
Bildlaufleiste	Mit der *horizontalen* und *vertikalen Bildlaufleiste* wird der Fensterinhalt verschoben, damit unsichtbare Teile außerhalb des Fensters eingesehen werden können.
Bildlaufpfeil, Bildlauffeld	Die *Bildlaufoptionen* können mit der Maus oder mit der Tastatur gewählt werden. Mit der Maus erfolgt der Bildlauf mit Hilfe der *Bildlaufpfeile* oder dem *Bildlauffeld* der *Bildlaufleiste*. Durch Ziehen des Bildlauffeldes in der Bildlaufleiste wird die Position im Dokument aufgesucht, die der Stellung des Bildlauffeldes in der Bildlaufleiste entspricht.
Hilfefunktion	Über die Hilfefunktionen im *Hilfemenü* einer Anwendung können bei einigen Anwendungsprogrammen weiterführende Hilfeinformationen abgerufen werden.

Grundlegende Teilaufgaben bei Windows

Die grundlegenden Teilaufgaben sind in allen Windows-Programmen verfügbar. Die zur Teilaufgabenlösung eingesetzten Befehle und Verfahren sind in allen Programmen gleich; sie gewährleisten die Einheitlichkeit der Arbeitsumgebung unter Windows.

Es werden die folgenden *Teilaufgaben* unterschieden:

- Mit Fenstern umgehen
- Menü aufrufen und Menübefehl auswählen

- Über Dialogfelder Eingaben vornehmen
- Mit Anwendungen arbeiten
- Mit Dokumenten und Dateien arbeiten

Allgemeine Abkürzungstasten und Tastenfunktionen

Die Tasten sind den folgenden Aufgabengruppen zugeordnet: *Cursorbewegung, Tasten für Dialogfelder, Text bearbeiten, Hilfeinformationen aufrufen, Menü markieren, Befehl auswählen, Systemtasten, Text markieren* und *Tasten für Fenster*.

Tasten für Cursorbewegung

Cursor Mit den folgenden Tasten bewegen Sie den *Cursor* (Einfügestelle) in einem Textfeld und bei der Textbearbeitung:

NACH-OBEN	Zeile nach oben
NACH-UNTEN	Zeile nach unten
NACH-RECHTS	Zeichen nach rechts
NACH-LINKS	Zeichen nach links
STRG+NACH-RECHTS	Wort nach rechts
STRG+NACH-LINKS	Wort nach links
POS1	Zum Zeilenanfang
ENDE	Zum Zeilenende
BILD-NACH-OBEN	Fenster nach oben
BILD-NACH-UNTEN	Fenster nach unten
STRG+POS1	Zum Dokumentanfang
STRG+ENDE	Zum Dokumentende

Tasten für Dialogfelder

Dialogfeld Die folgenden Tasten werden in einem *Dialogfeld* verwendet:

TABULATOR	Option wählen (von links nach rechts, von oben nach unten)

UMSCHALT+TABULATOR	Option wählen in umgekehrter Reihenfolge
ALT+Buchstabe	Mit Hilfe des unterstrichenen Buchstaben eine Option oder Gruppe wählen
RICHTUNG	Mit dem Balken-Cursor Option in Optionsgruppe markieren oder Cursor im Textfeld nach links, rechts, oben oder unten
POS1	Zum ersten Element in einem Listenfeld oder zum ersten Zeichen in einem Textfeld
ENDE	Zum letzten Element in einem Listenfeld oder zum letzten Zeichen in einem Textfeld
BILD-NACH-OBEN	Fenster nach oben in einem Listenfeld
BILD-NACH-UNTEN	Fenster nach unten in einem Listenfeld
ALT+NACH-UNTEN	Einzeiliges Listenfeld öffnen
ALT+NACH-OBEN, ALT+NACH-UNTEN	Element in einem einzeiligen Listenfeld markieren
LEER	Auswahl im Listenfeld markieren oder rückgängig machen oder ein Kontrollfeld markieren oder deaktivieren
STRG+KARET (^)	Die Auswahl aller Elemente in einer Liste aufheben (Ausnahme: aktuelle Auswahl)
UMSCHALT+RICHTUNG	Markierung in einem Textfeld erweitern
UMSCHALT+POS1	Markierung zum ersten Zeichen in einem Textfeld erweitern
UMSCHALT+ENDE	Markierung zum letzten Zeichen in einem Textfeld erweitern

EINGABE	Befehlsschaltfläche auswählen oder markiertes Element in einem Listenfeld auswählen und Befehl ausführen
ESC oder ALT+F4	Dialogfeld schließen, ohne den Befehl auszuführen (entspricht der Schaltfläche ABBRECHEN).

Tasten für Bearbeitung

Bearbeitung Die folgenden Tasten verwenden Sie für die *Bearbeitung* von Text:

RÜCK	Zeichen links von der Einfügestelle oder markierten Text löschen
ENTF	Zeichen rechts von der Einfügestelle löschen oder markierten Text löschen
UMSCHALT+ENTF	Markierten Text löschen und in Zwischenablage stellen
UMSCHALT+EINFG	Text aus Zwischenablage in aktives Fenster einfügen
STRG+EINFG	Markierten Text kopieren und in Zwischenablage stellen
ALT+RÜCK	Letzte Bearbeitung rückgängig machen

Tasten für Hilfe

Hilfe Zum Aufruf von *Hilfeinformationen* dienen die folgenden Tasten:

F1	Hilfe aufrufen oder Index für HILFE VERWENDEN anzeigen oder in einigen Windows-Anwendungen Hilfethema anzeigen
UMSCHALT+F1	Zeiger in Fragezeichen mit Pfeil ändern, um in einigen Windows-Anwendungen Hilfe zu einem

Befehl, Bildschirmbereich oder einer Taste zu erhalten

Tasten für Hilfefenster

Fenster   Für das Arbeiten mit *Hilfefenstern* dienen die folgenden Tasten:

TABULATOR	Zum nächsten Verzweigungsbegriff wechseln
UMSCHALT+TABULATOR	Zum vorherigen Verzweigungsbegriff wechseln
STRG+TABULATOR	Alle Verzweigungsbegriffe markieren oder Markierung entfernen
STRG+EINFG	Aktuelles Hilfethema in die Zwischenablage kopieren
UMSCHALT+EINFG	Inhalt der Zwischenablage in das Dialogfeld ANMERKUNG kopieren
ALT+F4	Hilfefunktion beenden

Tasten für Menüs

Menü   Sie markieren ein *Menü* oder wählen einen Befehl mit den folgenden Tasten:

ALT oder F10	Erstes Menü in Menüleiste markieren
Buchstabentaste	Mit Hilfe von unterstrichenem Buchstaben Menü wählen
ALT+Buchstabentaste	Mit Hilfe von unterstrichenem Buchstaben Menü öffnen
NACH-LINKS NACH-RECHTS	Im Menü bewegen und markieren
NACH-OBEN NACH-UNTEN	Menüelement markieren
EINGABE	Markiertes Menüelement wählen
ESC	Markiertes Menü verlassen

Aufgaben, Fenster und Fensterelemente

Systemtasten

System Die folgenden Tasten sind in *allen Fenstern* einsetzbar:

STRG+ESC	Zur Task-Liste umschalten
ALT+ESC	Zum nächsten Anwendungsfenster oder Symbol umschalten
ALT+TABULATOR	Zum nächsten Anwendungsfenster oder Symbol umschalten und als Symbol ausgeführte Anwendung wiederherstellen
DRUCK	Bildschirminhalt in Zwischenablage kopieren
ALT+DRUCK	Aktives Fenster in Zwischenablage kopieren
ALT+F4	Aktives Anwendungsfenster schließen
STRG+F4	Aktives Dokumentfenster schließen
F1	Hilfe aufrufen und Hilfeindex anzeigen
ALT+LEER	Systemmenü für Anwendungsprogramm öffnen
ALT+BINDESTRICH	Systemmenü für Dokumentfenster öffnen
RICHTUNGTASTE	Fenster verschieben oder Fenstergröße ändern

Tasten für Textmarkierung

Text markieren Die folgenden Tasten sind in den meisten Windows-Anwendungen zur *Markierung von Text* verfügbar:

UMSCHALT+NACH-LINKS UMSCHALT+NACH-RECHTS	Text zeichenweise nach links oder rechts markieren oder Markierung von Zeichen entfernen

UMSCHALT+NACH-UNTEN UMSCHALT+NACH-OBEN	Text zeilenweise nach oben oder unten markieren oder Markierung entfernen
UMSCHALT+BILD-NACH-OBEN	Text fensterweise nach oben markieren oder Markierung entfernen
UMSCHALT+BILD-NACH-UNTEN	Text fensterweise nach unten markieren oder Markierung entfernen
UMSCHALT+POS1	Text bis zum Zeilenanfang markieren
UMSCHALT+ENDE	Text bis zum Zeilenende markieren
STRG+UMSCHALT+NACH-LINKS	Vorhergehendes Wort markieren
STRG+UMSCHALT+NACH-RECHTS	Nächstes Wort markieren
STRG+UMSCHALT+POS1	Text bis zum Dokumentanfang markieren
STRG+UMSCHALT+ENDE	Text bis zum Dokumentende markieren

Tasten für Fenster

Fenster Die folgenden Tasten sind beim *Arbeiten mit Fenstern* verfügbar:

ALT+LEER	Systemmenü für Anwendungsfenster öffnen
ALT+BINDESTRICH	Systemmenü für Dokumentfenster öffnen
ALT+F4	Fenster schließen
ALT+ESC	Zum nächsten Anwendungsfenster oder Symbol umschalten
ALT+TABULATOR	Zum nächsten Anwendungsfenster oder Symbol umschalten und als Symbol ausgeführte Anwendung wiederherstellen
ALT+EINGABE	Zwischen Ausführung in einem Fenster und Vollbildanzeige

Mit Fenstern umgehen

	bei einer nicht speziell für Windows konzipierten Anwendung umschalten
RICHTUNG	Fenster verschieben nach Auswahl von VERSCHIEBEN im Systemmenü oder Fenstergröße ändern nach Auswahl von GRÖSSE ÄNDERN im Systemmenü

3.2 Mit Fenstern umgehen

Der Teilaufgabe *Mit Fenstern umgehen* sind folgende Arbeiten zugeordnet:

- Symbol oder Fenster auswählen
- Symbol, Fenster oder Dialogfeld verschieben
- Größe eines Fensters ändern
- Fenster auf Symbolgröße verkleinern
- Fenster vergrößern
- Größe von Symbol oder Fenster wiederherstellen
- Bildlaufleisten nutzen
- Aktives Fenster schließen

Symbol oder Fenster auswählen

Auswählen   In Windows werden Befehle an das aktive Symbol oder Fenster zur Ausführung weitergeleitet. Ein Symbol oder Fenster wird durch Auswahl aktiviert (siehe Bild 3.5).

Ein *Symbol* wählen Sie mit den folgenden Schritten aus:

Schrittfolge für die Maus:

1. Positionieren Sie den Mauszeiger auf dem Symbol.
2. Klicken Sie die linke Maustaste.

Schrittfolge für die Tastatur:

❐ Betätigen Sie so lange ALT+ESC, bis das gewünschte *Anwendungssymbol* aktiviert ist.

Oder betätigen Sie so lange STRG+F6, bis das gewünschte *Dokumentfenster* aktiviert ist.

Das aktive Symbol ist hervorgehoben (markiert).

Ein *Fenster* wählen Sie aus oder aktivieren es mit den folgenden Schritten:

Schrittfolge für die Maus:

❐ Klicken Sie innerhalb des Fensters (nicht auf die Schaltflächen SYMBOL oder VOLLBILD).

Schrittfolge für die Tastatur:

❐ Betätigen Sie so lange ALT+ESC, bis das gewünschte *Anwendungsfenster* aktiviert ist.

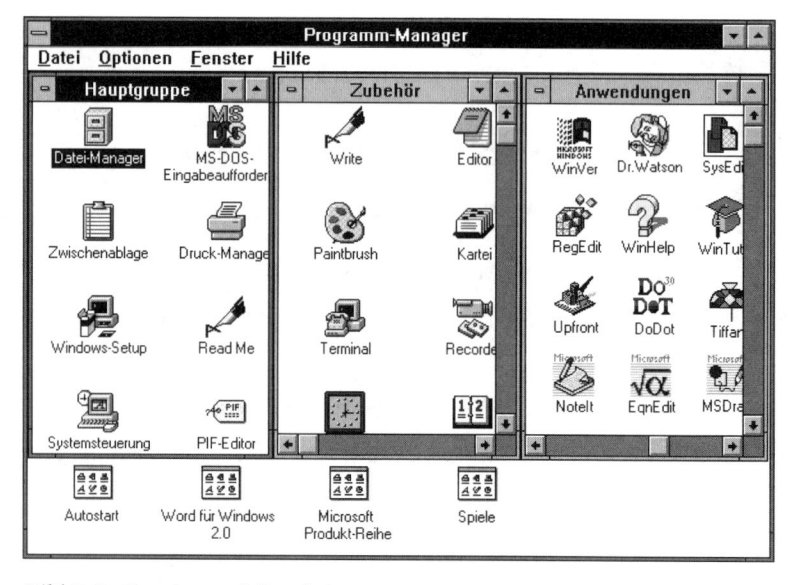

Bild 3.5: Fenster und Symbole

Oder betätigen Sie so lange STRG+F6, bis das gewünschte *Dokumentfenster* aktiviert ist.

Das aktive Fenster hat eine hervorgehobene Titelleiste.

Symbol, Fenster oder Dialogfeld verschieben

Verschieben   Sie *verschieben* ein Symbol, Fenster oder Dialogfeld mit den folgenden Schritten:

Schrittfolge für die Maus:

1. Ziehen Sie das Symbol oder die Titelleiste des Fensters oder des Dialogfeldes an die neue Stelle.
2. Lassen Sie die Maustaste los, wenn die gewünschte Position erreicht ist.

Schrittfolge für die Tastatur:

1. Wählen Sie das zu verschiebende Symbol, Fenster oder Dialogfeld.
2. Öffnen Sie das SYSTEMMENÜ (ALT+LEER für Anwendungsfenster, ALT+BINDESTRICH für Dokumentfenster).
3. Wählen Sie den Befehl VERSCHIEBEN. Der Zeiger wird zu einem Vierfachpfeil.
4. Verwenden Sie die RICHTUNG-Tasten zum Verschieben des Symbols, Fensters oder Dialogfeldes.
5. Drücken Sie die EINGABE-Taste, wenn die gewünschte Position erreicht ist.

Größe eines Fensters ändern

Größe   Auf dem Desktop kann die *Größe* der geöffneten Fenster bei Bedarf geändert werden (siehe Bild 3.6).

Schrittfolge für die Maus:

1. Wählen Sie das betreffende Fenster aus.

2. Zeigen Sie auf eine Ecke oder den Rahmen des Fensters. Der Zeiger wird zu einem Zweifachpfeil.

3. Ziehen Sie den Rahmen des Fensters, bis die gewünschte Größe erreicht ist. Es wird die betreffende Rahmenseite geändert.

   Oder ziehen Sie die Ecke des Fensters, bis die gewünschte Größe erreicht ist. Die anliegenden Rahmenseiten werden geändert.

4. Lassen Sie die Maustaste los.

Schrittfolge für die Tastatur:

1. Wählen Sie das betreffende Fenster aus.

2. Öffnen Sie das SYSTEMMENÜ (ALT+LEER für Anwendungsfenster, ALT+BINDESTRICH für Dokumentfenster).

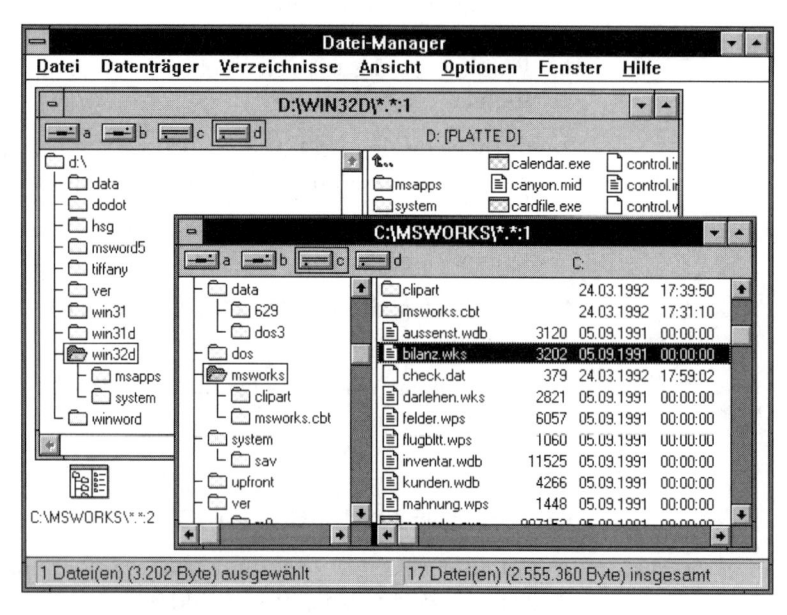

Bild 3.6: Größe eines Fensters ändern

3. Wählen Sie den Befehl GRÖSSE ÄNDERN. Der Zeiger wird zu einem Vierfachpfeil.

4. Bewegen Sie mit einer RICHTUNG-Taste den Zeiger auf den zu verschiebenden Rahmen.
5. Verschieben Sie den Rahmen mit der RICHTUNG-Taste.
6. Drücken Sie die EINGABE-Taste, wenn das Fenster die gewünschte Größe erreicht hat.

Fenster auf Symbolgröße verkleinern

Symbol Ein nicht benötigtes Anwendungsfenster oder Dokumentationsfenster kann mit den folgenden Schritten auf *Symbolgröße* verkleinert werden:

Schrittfolge für die Maus:

1. Wählen Sie das betreffende Fenster aus. Bei einem Dokumentfenster in Vollbildgröße muß zunächst die vorherige Größe wiederhergestellt werden.
2. Klicken Sie auf die Schaltfläche SYMBOL rechts in der Titelleiste des Fensters.

Schrittfolge für die Tastatur:

1. Wählen Sie das betreffende Fenster aus.
2. Öffnen Sie das SYSTEMMENÜ (ALT+LEER für Anwendungsfenster, ALT+BINDESTRICH für Dokumentfenster).
3. Wählen Sie den Befehl SYMBOL oder drücken Sie die Taste S.

Fenster vergrößern

Vergrößern Ein *Anwendungsfenster* kann bei Bedarf den gesamten Desktop-Bereich ausfüllen. Ein *Dokumentfenster* ist durch die Größe seines Anwendungsfensters beschränkt. Es kann das gesamte Anwendungsfenster mit Ausnahme der Menüleiste ausfüllen. Sie *vergrößern* mit den folgenden Schritten.

Schrittfolge für die Maus:

1. Wählen Sie das zu vergrößernde Fenster aus.
2. Klicken Sie auf die Schaltfläche VOLLBILD rechts in der Titelleiste des Fensters.

Schrittfolge für die Tastatur:

1. Wählen Sie das zu vergrößernde Fenster aus.
2. Öffnen Sie das SYSTEMMENÜ (ALT+LEER für Anwendungsfenster, ALT+BINDESTRICH für Dokumentfenster).
3. Wählen Sie den Befehl VOLLBILD. Ein maximal vergrößertes Dokumentfenster verdeckt alle anderen Dokumentfenster. Der Name des Dokumentfensters wird in der Titelleiste hinter dem Anwendungsnamen angezeigt.

Größe von Symbol oder Fenster wiederherstellen

Wiederherstellen

Die vorherige Position oder Größe eines Fensters, das durch ein Symbol dargestellt wird, kann mit den folgenden Schritten *wiederhergestellt* werden.

Schrittfolge für die Maus:

❏ Doppelklicken Sie auf das Symbol, dessen Fenster wiederhergestellt werden soll.

Schrittfolge für die Tastatur:

1. Markieren Sie ein Anwendungssymbol mit ALT+ESC.

   Oder markieren Sie ein Dokumentsymbol in einem Anwendungsfenster mit STRG+F6.
2. Öffnen Sie das SYSTEMMENÜ des Symbols (ALT+LEER für Anwendungsfenster, ALT+BINDESTRICH für Dokumentfenster).
3. Wählen Sie den Befehl WIEDERHERSTELLEN.

Die vorherige Position oder Größe eines Fensters kann wie folgt wiederhergestellt werden:

Schrittfolge für die Maus:

❏ Klicken Sie auf die Schaltfläche WIEDERHERSTELLEN im Fenster rechts oben.

Schrittfolge für die Tastatur:

1. Öffnen Sie das SYSTEMMENÜ (ALT+LEER für Anwendungsfenster, ALT+BINDESTRICH für Dokumentfenster).
2. Wählen Sie den Befehl WIEDERHERSTELLEN.

Bildlaufleisten nutzen

Bildlauf Fenster oder Dialogfelder können Bildlaufleisten haben, mit denen nicht sichtbare Fensterbereiche eingesehen werden können. Die Bildlaufleisten unterstützen die folgenden Bildlaufoptionen (siehe Bild 3.7):

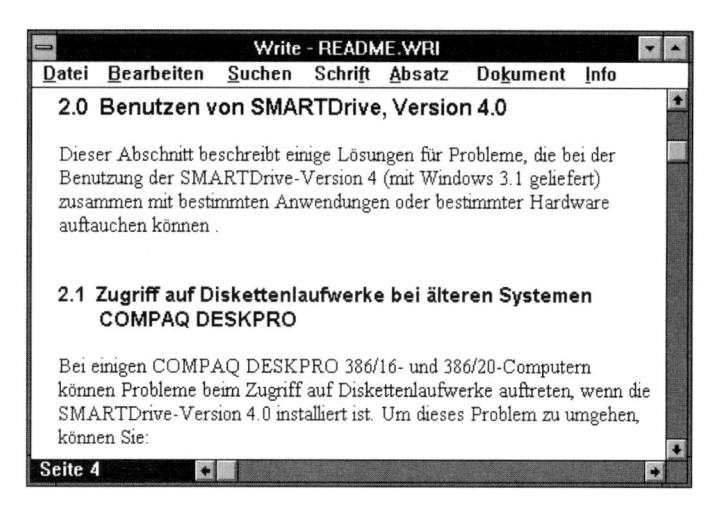

Bild 3.7: Bildlaufleisten in einem Anwendungsfenster

Schrittfolge für die Maus:

❏ Für einen *zeilenweisen* Bildlauf klicken Sie auf einen Bildlaufpfeil.

- Für einen *fensterweisen* Bildlauf klicken Sie auf die Bildlaufleiste neben dem Bildlauffeld.

- Für einen *kontinuierlichen* Bildlauf zeigen Sie auf einen Bildlaufpfeil und halten die Maustaste gedrückt.

- Einen Bildlauf zu einer *beliebigen Position* erreichen Sie durch Ziehen des Bildlauffeldes zur gewünschten Stelle.

Schrittfolge für die Tastatur:

- Drücken Sie die RICHTUNG-Taste für den gewünschten Bildlauf.

- Für einen *fensterweisen* Bildlauf drücken Sie für nach oben die NACH-OBEN-Taste, nach unten die NACH-UNTEN-Taste, nach links die STRG+BILD-NACH-UNTEN-Taste und nach rechts die STRG+BILD-NACH-OBEN-Taste.

- Für einen Bildlauf *nach oben im Fenster* drücken Sie in einem Listenfeld POS1 und in einem Dokument STRG+POS1.

- Für einen Bildlauf *nach unten im Fenster* drücken Sie in einem Listenfeld ENDE und in einem Dokument STRG+ENDE.

Aktives Fenster schließen

Schließen Ein aktives Anwendungsfenster, Dokumentfenster oder Dialogfeld *schließen* Sie mit den folgenden Schritten:

Schrittfolge für die Maus:

- Doppelklicken Sie auf das SYSTEMMENÜ-Feld.

  Oder wählen Sie den Befehl SCHLIESSEN im SYSTEMMENÜ.

Schrittfolge für die Tastatur:

- Drücken Sie ALT+F4.

Speichern Sie vor dem Schließen ein geändertes Dokument. Verwenden Sie für das Schließen eines Anwendungsfensters sicherheitshalber den Befehl BEENDEN im Menü DATEI.

3.3 Menü aufrufen und Menübefehl auswählen

Der Teilaufgabe *Menü aufrufen und Menübefehl auswählen* sind folgende Arbeiten zugeordnet:

- Menü auswählen oder abbrechen
- Menübefehl oder Menüoption auswählen
- Systemmenü öffnen
- Arbeiten im Systemmenü

Menü auswählen oder abbrechen

Menü In Windows bearbeiten Sie eine Aufgabe mit Befehlen, die Sie in den Menüs auswählen (siehe Bild 3.8).

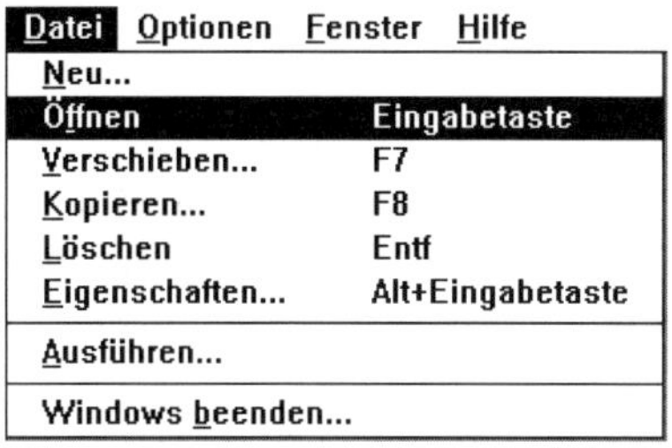

Datei	Optionen	Fenster	Hilfe
Neu...			
Öffnen		**Eingabetaste**	
Verschieben...		F7	
Kopieren...		F8	
Löschen		Entf	
Eigenschaften...		Alt+Eingabetaste	
Ausführen...			
Windows beenden...			

Bild 3.8: Befehle und Optionen in Menüs auswählen

Ein Beispiel für ein erweitertes Dateimenü einer Anwendung sehen Sie in Bild 3.9.

Auswählen Ein Menü *wählen* Sie mit den folgenden Schritten aus:

Schrittfolge für die Maus:

- Zeigen Sie in der Menüleiste auf den Namen des Menüs, und klicken Sie auf den Namen.

Schrittfolge für die Tastatur:

1. Drücken Sie ALT (oder F10), um zur Menüleiste zu wechseln.

```
Datei  Bearbeiten  Ansicht  Einfi
Neu...
Öffnen...                Strg+F12
Schließen
Speichern            Umschalt+F12
Speichern unter...            F12
Alles speichern
Datei-Manager...
Datei-Info...
Dokumentvorlage...
Seitenansicht
Drucken...   Strg+Umschalt+F12
Seriendruck...
Druckereinrichtung...
Beenden                    Alt+F4
1 C:\VER\M9\650\M9PIC.DOC
2 DRUCKER.DOC
```

Bild 3.9: Erweitertes Dateimenü einer Anwendung

2. Markieren Sie das Menü mit der NACH-LINKS- oder NACH-RECHTS-Taste.

3. Öffnen Sie das markierte Menü mit der EINGABE-Taste.

   Menüs mit einem unterstrichenen Buchstaben im Menünamen können mit der Tastenkombination ALT+Buchstabe markiert werden.

Abbrechen   Ein Menü *brechen* Sie mit den folgenden Schritten ab:

Schrittfolge für die Maus:

❐ Klicken Sie auf den Menünamen oder eine Stelle außerhalb des Menüs.

Schrittfolge für die Tastatur:

❐ Drücken Sie die ALT- oder F10-Taste. Sie kehren zum Arbeitsbereich der Anwendung zurück.

  Oder drücken Sie die ESC-Taste. Sie bleiben in der Menüleiste.

Menübefehl oder Menüoption auswählen

Auswählen Ein Menü enthält *Menüelemente*. Ein Element kann ein Befehl, ein Merkmal, eine Liste offener Fenster oder Dateien oder der Name eines Menüs sein, das weitere Elemente enthält.

Ein Element aus einem Menü *wählen* Sie aus einem markierten Menü mit den folgenden Schritten:

Schrittfolge für die Maus:

❒ Klicken Sie auf den Namen des Befehls oder auf den Namen des Menüelementes.

Schrittfolge für die Tastatur:

❒ Geben Sie den unterstrichenen Buchstaben im Namen des Befehls oder des Elementes ein.

Oder drücken Sie zur Markierung die NACH-OBEN- oder NACH-UNTEN-Taste. Drücken Sie die EINGABE-Taste.

❒ Ein *abgeblendetes Element* ist zur Zeit nicht verfügbar. *Auslassungspunkte* (...) weisen auf ein Dialogfeld, das zur Eingabe von Informationen auffordert.

❒ Ein *Häkchen* markiert einen aktiven Befehl oder ein gewähltes Merkmal.

❒ Eine Tastenkombination kann als *Abkürzungstasten* für die Ausführung eines Befehls verwendet werden.

❒ Ein *Dreieck* führt zu einem weiteren Menü mit zusätzlichen Menüelementen (siehe Bild 3.10).

Systemmenü öffnen

Systemmenü Ein *Systemmenü* (Steuerungsmenü) finden Sie bei einem Anwendungsfenster, Anwendungssymbol, Dokumentfenster, Dokumentsymbol und bei einigen Dialogfeldern. Das Verfahren zur Öffnung des Systemmenüs ist abhängig vom Fenstertyp (siehe Bild 3.11).

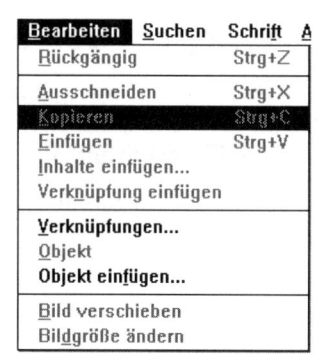

Bearbeiten	Suchen	Schrift A
Rückgängig		Strg+Z
Ausschneiden		Strg+X
Kopieren		**Strg+C**
Einfügen		Strg+V
Inhalte einfügen...		
Verknüpfung einfügen		
Verknüpfungen...		
Objekt		
Objekt einfügen...		
Bild verschieben		
Bildgröße ändern		

Bild 3.10: *Symbole in einem Menü*

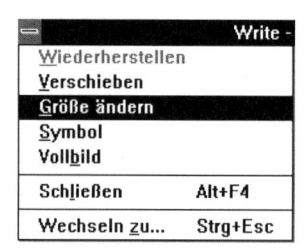

—	Write -
Wiederherstellen	
Verschieben	
Größe ändern	
Symbol	
Vollbild	
Schließen	Alt+F4
Wechseln zu...	Strg+Esc

Bild 3.11: *Befehle im Systemmenü*

Anwendung   Sie öffnen ein *Systemmenü* für ein *Anwendungsfenster* oder ein *Anwendungssymbol* wie folgt:

Schrittfolge für die Maus:

❐ Klicken Sie auf das Systemmenüfeld im Fenster oben links.

Oder klicken Sie auf das Anwendungssymbol.

Schrittfolge für die Tastatur:

1. Drücken Sie so lange ALT+ESC, bis das Anwendungsfenster markiert ist.

2. Drücken Sie die ALT+LEER-Taste.

   Schließen Sie das Menü mit der ALT-Taste, ohne ein Menüelement auszuwählen.

Dokument Sie öffnen ein *Systemmenü* für ein *Dokumentfenster* oder ein *Dokumentsymbol* mit folgenden Schritten:

Schrittfolge für die Maus:

❏ Klicken Sie auf das Systemmenüfeld im Dokumentfenster.

Oder klicken Sie auf das Dokumentsymbol.

Schrittfolge für die Tastatur:

1. Drücken Sie zur Markierung STRG+F6 oder STRG+TABULATOR.
2. Drücken Sie ALT+BINDESTRICH.

Schließen Sie das Menü mit der ALT-Taste, ohne ein Menüelement auszuwählen.

Dialogfeld Sie öffnen ein *Systemmenü* für ein *Dialogfeld* wie folgt:

Schrittfolge für die Maus:

❏ Klicken Sie auf das Systemmenüfeld im Dialogfeld.

Schrittfolge für die Tastatur:

❏ Drücken Sie die ALT+LEER-Taste.

Schließen Sie das Menü mit der ALT-Taste, ohne ein Menüelement auszuwählen.

Erweiterter Modus Sie öffnen ein *Systemmenü* im *erweiterten Modus von 386-PCs* bei einem nicht für Windows konzipierten Anwendungsprogramm wie folgt:

Schrittfolge für die Maus:

1. Schalten Sie mit ALT+ESC vom Anwendungsprogramm zu Windows zurück.
2. Klicken Sie zum Öffnen des Systemmenüs auf das Symbol.

Schrittfolge für die Tastatur:

1. Drücken Sie zur Markierung des Symbols ALT+ESC.
2. Drücken Sie die ALT+LEER-Taste.

Arbeiten im Systemmenü

Aufgaben im Systemmenü

Im geöffneten Systemmenü können mit den Befehlen folgende *Teilaufgaben* ausgeführt werden. Nicht in jedem Anwendungsprogramm stehen alle Menüelemente zur Verfügung.

- Mit WIEDERHERSTELLEN wird die vorherige Fenstergröße wiederhergestellt.
- Mit VERSCHIEBEN kann ein Fenster über die Tastatur verschoben werden.
- Mit GRÖSSE ÄNDERN kann die Fenstergröße über die Tastatur verändert werden.
- Mit SYMBOL verkleinern Sie das Fenster zu einem Symbol.
- Mit VOLLBILD wird ein Fenster auf maximale Größe gesetzt.
- Mit SCHLIESSEN wird das Fenster geschlossen.
- Mit WECHSELN ZU wechseln Sie zur Task-Liste.
- Mit NÄCHSTES wechseln Sie zwischen offenem Dokumentfenster und Symbol.
- Mit EINFÜGEN wird der Text aus der Zwischenablage in das aktive Dokument an der Cursorposition eingefügt (nicht für Windows konzipierte Anwendungen im Standard-Modus).
- Das Untermenü BEARBEITEN ist nur im erweiterten Modus von 386-PCs für nicht für Windows konzipierte Anwendungsprogramme verfügbar. Mit MARKIEREN wird mit der Tastatur Text für die Speicherung in der Zwischenablage markiert. Mit KOPIEREN wird markierter Text in die Zwischenablage kopiert.

    Mit EINFÜGEN wird der Text aus der Zwischenablage in das aktive Fenster an der Einfügestelle eingefügt. Mit BILDLAUF werden nicht sichtbare Informationen angezeigt. Mit EINSTEL-

LUNGEN wird ein Dialogfeld für Multitasking-Optionen oder für die Zuordnung von Systemressourcen angezeigt.

3.4 Über Dialogfelder Eingaben vornehmen

Windows fordert zusätzliche Informationen über ein Dialogfeld an. Der Teilaufgabe *Über Dialogfelder Eingaben vornehmen* sind folgende Arbeiten zugeordnet:

- Im Dialogfeld bewegen
- Befehlsschaltflächen
- Textfelder
- Listenfelder
- Einzeilige Listenfelder
- Kontrollfelder
- Optionsfelder
- Dialogfeld schließen

Im Dialogfeld bewegen

Dialogfeld Zwischen den Optionen in einem *Dialogfeld* wechseln Sie mit folgenden Schritten:

Schrittfolge für die Maus:

- Klicken Sie auf die gewünschte Option oder Gruppe.

Schrittfolge für die Tastatur:

1. Drücken Sie die TABULATOR-Taste, um sich vorwärts oder die UMSCHALT+TABULATOR-Taste, um sich rückwärts zu bewegen.

   Oder drücken Sie ALT+Buchstabe mit dem unterstrichenen Buchstaben.

2. Innerhalb einer Optionsgruppe bewegen Sie sich mit einer RICHTUNG-Taste.

Befehlsschaltflächen

Schalt- Über eine *Befehlsschaltfläche* wird eine Handlung sofort ausgeführt
flächen (siehe Bild 3.12).

Sie wählen eine Befehlsschaltfläche wie folgt:

Schrittfolge für die Maus:

❐ Klicken Sie auf die Befehlsschaltfläche.

Schrittfolge für die Tastatur:

1. Gehen Sie mit der TABULATOR-Taste zur Befehlsschaltfläche.
2. Wählen Sie die Befehlsschaltfläche mit der LEER- oder EINGABE-Taste aus.

   Oder drücken Sie ALT+Buchstabe mit dem unterstrichenen Buchstaben im Schaltflächennamen.

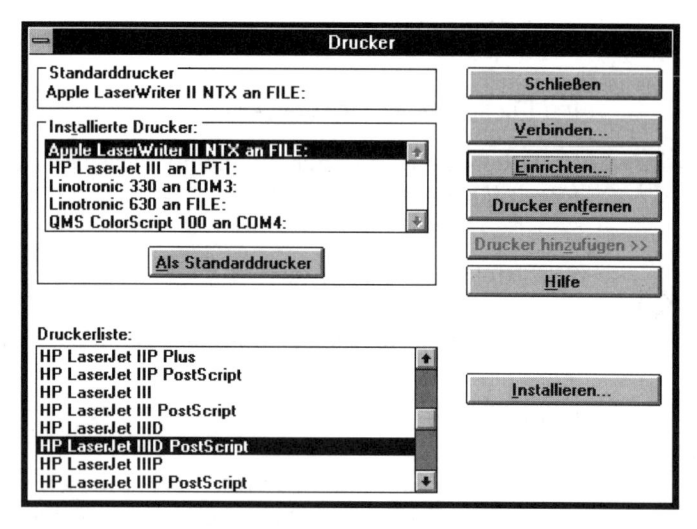

Bild 3.12: Dialogfeld mit Befehlsschaltflächen

❐ Ein *dunkler Rahmen* zeigt die ausgewählte Standardschaltfläche an.

- Eine *abgeblendete Schaltfläche* ist nicht verfügbar.
- *Auslassungspunkte* (...) weisen auf ein Dialogfeld zur Eingabe weiterer Informationen hin.
- Ein *doppeltes Größerzeichen* (>>) verweist auf ein Dialogfeld mit weiteren Optionen.

Sie schließen ein Dialogfeld ohne Ausführung mit dem Befehl ABBRECHEN oder mit der ESC-Taste.

Textfelder

Textfelder

In ein *Textfeld* kann bei der Einfügestelle Text eingegeben werden. Wenn das Feld bereits Text enthält, wird er markiert und durch den eingegebenen Text ersetzt. Text können Sie mit der ENTF- oder RÜCK-Taste löschen (Bild 3.13).

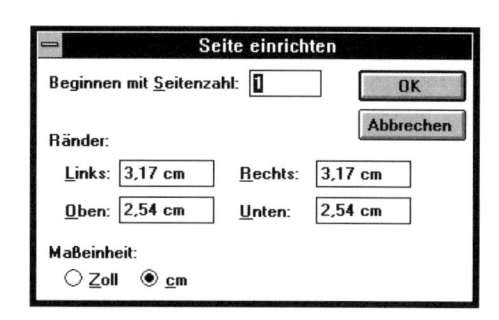

Bild 3.13: Textfelder in einem Dialogfeld

Sie wählen Text in einem Textfeld wie folgt aus:

Schrittfolge für die Maus:

- Ziehen Sie den Zeiger über den zu markierenden Text.
  Oder doppelklicken Sie, um Text wortweise zu markieren.

Schrittfolge für die Tastatur:

1. Suchen Sie mit einer RICHTUNG-Taste das erste zu markierende Zeichen auf.

2. Erweitern Sie die Markierung mit UMSCHALT+RICHTUNG.

Erweitern Sie die Markierung mit UMSCHALT+POS1 bis zum ersten Zeichen im Feld.

Erweitern Sie die Markierung mit UMSCHALT+ENDE bis zum letzten Zeichen im Feld.

Listenfelder

Listenfelder

Ein *Listenfeld* zeigt eine Gruppe verfügbarer Optionen an. Bei einigen Listenfeldern können mehrere Elemente ausgewählt werden.

Ein *einzelnes Element* wählen Sie in einem Listenfeld wie folgt aus:

Schrittfolge für die Maus:

1. Klicken Sie auf die Bildlaufpfeile, bis die Option sichtbar ist.
2. Klicken Sie auf das auszuwählende Element und wählen die gewünschte Befehlsschaltfläche.

Oder doppelklicken Sie auf das Element.

Schrittfolge für die Tastatur:

1. Suchen Sie mit einer RICHTUNG-Taste das gewünschte Element auf.

Oder drücken Sie den ersten Buchstaben des gewünschten Elements.

2. Drücken Sie zur Auswahl die EINGABE-Taste.

Mehrere Elemente wählen Sie in einem Listenfeld mit den folgenden Schritten aus:

Schrittfolge für die Maus:

❑ Klicken Sie auf jedes auszuwählende Element. Brechen Sie durch erneutes Klicken ab.

Schrittfolge für die Tastatur:

1. Markieren Sie mit einer RICHTUNG-Taste das erste Element.
2. Wählen Sie mit der LEER-Taste das Element aus.

   Sie machen eine Auswahl durch erneutes Drücken der LEER-Taste rückgängig.
3. Wiederholen Sie die Schritte 1 und 2 für jedes weitere Element.

Einzeilige Listenfelder

Einzeilige Listenfelder

In einem *einzeiligen Listenfeld* ist die aktuelle Auswahl hervorgehoben. Bei Markierung der Pfeilschaltfläche öffnet sich ein Fenster mit weiteren Optionen (Bild 3.14).

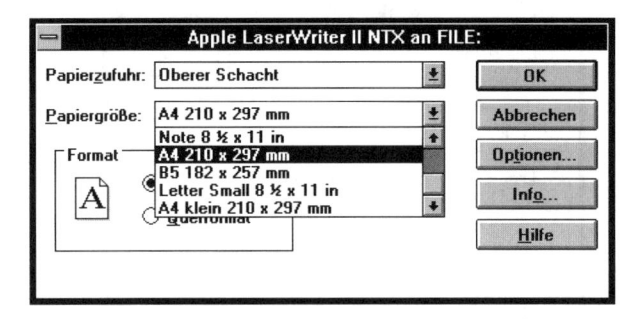

Bild 3.14: Einzeiliges Listenfeld öffnen

Ein einzeiliges Listenfeld öffnen Sie und markieren ein Element wie folgt:

Schrittfolge für die Maus:

1. Klicken Sie zum Öffnen des einzeiligen Listenfeldes auf den Pfeil rechts vom Kästchen.
2. Sie gelangen zum gewünschten Listenelement durch Klicken auf den Bildlaufpfeil oder Ziehen des Bildlauffeldes.
3. Klicken Sie zur Auswahl auf das Element.

Schrittfolge für die Tastatur:

1. Drücken Sie zum Öffnen des einzeiligen Listenfeldes die ALT+ NACH-UNTEN-Taste.
2. Markieren Sie ein Element mit der NACH-OBEN- oder NACH-UNTEN-Taste.
3. Wählen Sie das Element mit der ALT+NACH-OBEN- oder ALT+ NACH-UNTEN-Taste.

Kontrollfelder

Kontroll-felder
In einem *Kontrollfeld* können Optionen ein- oder ausgeschaltet werden. Eine eingeschaltete Option erhält ein X (siehe Bild 3.15). Eine nicht verfügbare Option ist abgeblendet.

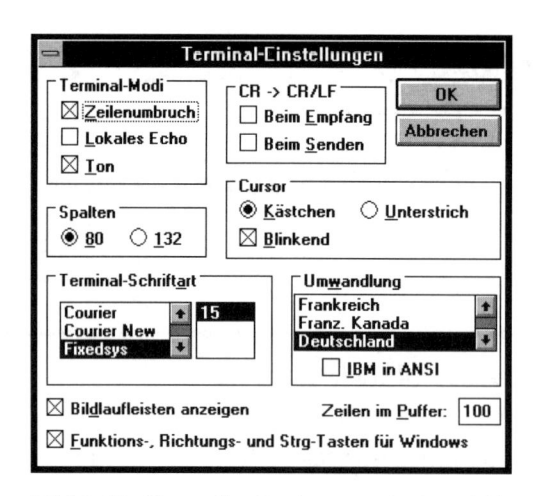

Bild 3.15: Kontroll-, Options- und Listenfelder

Sie schalten eine verfügbare Option in einem Kontrollfeld wie folgt ein oder aus:

Schrittfolge für die Maus:

❏ Klicken Sie zum Einschalten auf ein leeres Kontrollfeld.

Klicken Sie zum Ausschalten auf ein eingeschaltetes Kontrollfeld.

Schrittfolge für die Tastatur:

1. Gehen Sie durch Drücken der TABULATOR-Taste zu einem leeren Kontrollfeld.
2. Schalten Sie mit der LEER-Taste ein ausgeschaltetes Kontrollfeld ein.

Schalten Sie mit der LEER-Taste ein eingeschaltetes Kontrollfeld aus.

Oder schalten Sie eine Option mit ALT+Buchstabe bei einem Feld mit einem unterstrichenen Buchstaben ein oder aus.

Optionsfelder

Optionsfelder

Optionsfelder stehen in Dialogfeldern für einander ausschließende Optionen. Die ausgewählte Option erhält einen schwarzen Punkt (Bild 3.16). Nicht verfügbare Optionen einer *Optionsgruppe* sind abgeblendet.

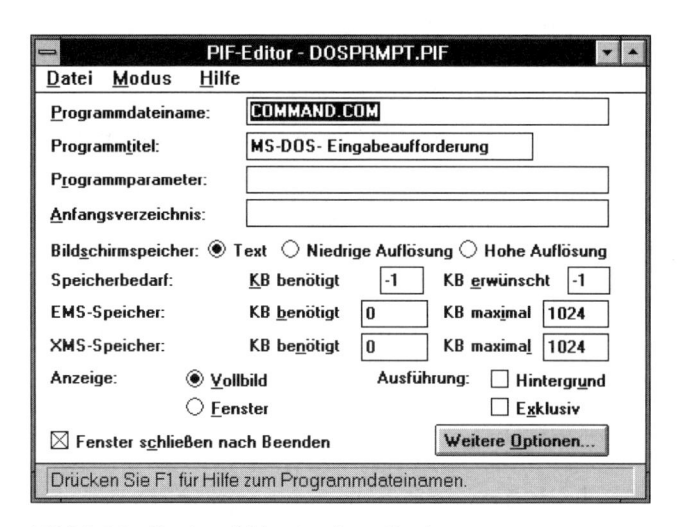

Bild 3.16: Optionsfelder in einer Optionsgruppe

Sie wählen ein Optionsfeld wie folgt aus:

Schrittfolge für die Maus:

❐ Klicken Sie auf das Optionsfeld.

Schrittfolge für die Tastatur:

1. Suchen Sie mit der TABULATOR-Taste die Optionsgruppe auf.
2. Markieren Sie mit einer RICHTUNG-Taste das Optionsfeld und wählen es mit der LEER-Taste aus.

Oder drücken Sie ALT+Buchstabe mit dem unterstrichenen Buchstaben im Optionsnamen.

Dialogfeld schließen

Dialogfeld schließen

Mit der Auswahl einer Befehlsschaltfläche wird das Dialogfeld geschlossen und der Befehl ausgeführt.

Sie *schließen ein Dialogfeld* ohne Ausführung des Befehls wie folgt:

Schrittfolge für die Maus:

❐ Klicken Sie auf ABBRECHEN.

Oder doppelklicken Sie auf das Systemmenüfeld.

Schrittfolge für die Tastatur:

❐ Drücken Sie die ESC-Taste.

Oder drücken Sie ALT+F4 zur Auswahl von SCHLIESSEN im Systemmenü, wenn das Dialogfeld keine Schaltfläche ABBRECHEN hat.

3.5 Mit Anwendungen arbeiten

Der Teilaufgabe *Mit Anwendungen arbeiten* sind folgende Arbeiten zugeordnet:

Mit Anwendungen arbeiten 125

- Anwendung starten
- Zwischen Anwendungsfenstern umschalten
- Symbole und Anwendungsfenster anordnen
- Meldungen aus inaktiven Fenstern einsehen
- Anwendung beenden

Anwendung starten

Anwendung starten In Windows können Sie ein Anwendungsprogramm mit einem der folgenden *vier Verfahren* starten:

- Starten im Programm-Manager
- Starten im Datei-Manager
- Starten mit dem Befehl Ausführen
- Starten im DOS-Fenster

Programm-Manager Sie starten ein Anwendungsprogramm im *Programm-Manager*, wenn das Programm einer Gruppe im Programm-Manager zugeordnet ist. Für den Start wird das *Programmsymbol* des Programms im *Gruppenfenster* ausgewählt. Ein Dokument erscheint im Arbeitsbereich einer Anwendung, wenn es mit dem Programmsymbol verknüpft ist. Sie starten ein Anwendungsprogramm aus einem Gruppenfenster im Programm-Manager mit den folgenden Schritten (siehe Bild 3.17):

Schrittfolge für die Maus:

1. Öffnen Sie das Fenster des Programm-Managers und das Gruppenfenster mit dem gewünschten Programmsymbol des Anwendungsprogramms.
2. Doppelklicken Sie auf das Programmsymbol.

Schrittfolge für die Tastatur:

1. Öffnen Sie das Fenster des Programm-Managers und das Gruppenfenster mit dem gewünschten Programmsymbol des Anwendungsprogramms.

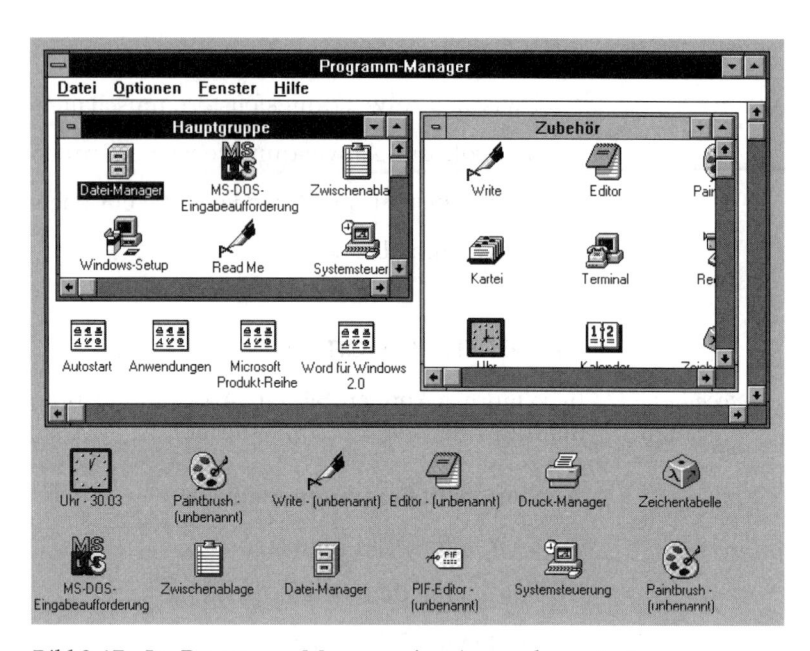

Bild 3.17: Im Programm-Manager eine Anwendung starten

2. Wählen Sie das Programmsymbol mit den RICHTUNG-Tasten aus.

3. Drücken Sie die EINGABE-Taste.

Oder wählen Sie den Befehl ÖFFNEN im Menü DATEI.

Datei-Manager

Sie starten ein Anwendungsprogramm im *Datei-Manager* durch Öffnen der Programmdatei im Verzeichnisfenster. Eine Programmdatei ist an der Dateiendung COM, EXE, BAT oder PIF erkennbar.

Sie starten ein Anwendungsprogramm aus einem Verzeichnisfenster im Datei-Manager wie folgt:

Schrittfolge für die Maus:

1. Starten Sie den Datei-Manager, und öffnen Sie das Verzeichnisfenster, das die Programmdatei enthält.

2. Doppelklicken Sie auf den Dateinamen des Anwendungsprogramms.

Schrittfolge für die Tastatur:

1. Starten Sie den Datei-Manager und öffnen das Verzeichnisfenster, das die Programmdatei enthält.
2. Markieren Sie mit den RICHTUNG-Tasten den Dateinamen des Anwendungsprogramms.
3. Drücken Sie die EINGABE-Taste.

Oder wählen Sie den Befehl ÖFFNEN im Menü DATEI.

Befehl Ausführen

Ein Anwendungsprogramm kann mit dem Befehl AUSFÜHREN gestartet werden. Wenn auf die Programmdatei nicht im aktuellen Pfad zugegriffen werden kann, muß die Pfadangabe der Programmdatei eingegeben werden (siehe Bild 3.18).

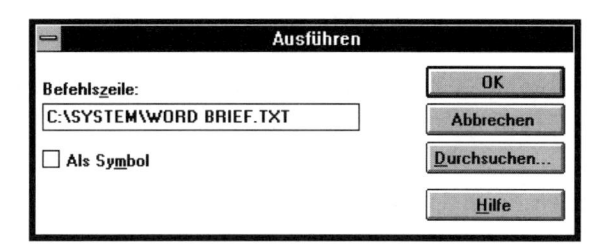

Bild 3.18: Starten mit dem Befehl Ausführen

Sie starten ein Anwendungsprogramm mit dem Befehl AUSFÜHREN mit den folgenden Schritten:

1. Wählen Sie den Befehl AUSFÜHREN im Menü DATEI im Programm-Manager oder Datei-Manager.
2. Geben Sie den Pfadnamen der Programmdatei und eine vorhandene Namenerweiterung an. Bei vielen Programmen kann der Name des zu bearbeitenden Dokuments als Parameter angegeben werden.
3. Wählen Sie das Kontrollfeld ALS SYMBOL, wenn das Anwendungsfenster beim Start zu einem Symbol verkleinert werden soll.
4. Wählen Sie OK oder drücken Sie die EINGABE-Taste.

DOS-Fenster   Ein DOS-Dienstprogramm oder ein Anwendungsprogramm kann im *DOS-Fenster* unter Windows gestartet werden. Einige Dienstprogramme, beispielsweise CHKDSK /F, Undelete-Programme, Platten-Komprimierungs-Programme und Optimierungs-Programme, sollten nicht unter Windows ausgeführt werden, da sie interne Speicherbereiche zur Dateiverwaltung ändern. Führen Sie diese Programme außerhalb von Windows unter DOS aus.

Sie *starten* ein Programm im DOS-Fenster unter Windows wie folgt:

Schrittfolge für die Maus:

❏ .Doppelklicken Sie auf das DOS-Symbol im Hauptgruppenfenster.

Schrittfolge für die Tastatur:

❏ Wählen Sie mit den RICHTUNG-Tasten das DOS-Symbol aus. Betätigen Sie die EINGABE-Taste.

Sie *beenden* das Arbeiten im DOS-Fenster mit:

❏ Geben Sie `exit` ein, und drücken Sie die EINGABE-Taste. Sie kehren zu Windows zurück.

Zwischen Anwendungsfenstern umschalten

Umschalten   Wenn auf dem Desktop mehrere *Anwendungsfenster* geöffnet sind, kann von dem aktiven Fenster zu einem inaktiven Fenster umgeschaltet werden.

Hierzu *aktivieren* Sie das gewünschte Fenster wie folgt:

Schrittfolge für die Maus:

❏ Klicken Sie im gewünschten inaktiven Fenster auf eine beliebige Stelle.

Mit Anwendungen arbeiten 129

Schrittfolge für die Tastatur:

❐ Drücken Sie so lange ALT+ESC, bis das gewünschte Fenster aktiviert ist.

Ein aktives Fenster hat eine hervorgehobene Titelleiste.

Task-Liste Das Umschalten zwischen nicht sichtbaren Fenstern wird durch die *Task-Liste* erleichtert (Bild 3.19).

Sie schalten mit der Task-Liste wie folgt um:

Schrittfolge für die Maus:

1. Rufen Sie die Task-Liste durch Doppelklicken im Desktop an einer beliebigen Stelle auf.

Bild 3.19: Umschalten mit der Task-Liste

Oder wählen Sie den Befehl WECHSELN im SYSTEMMENÜ.

2. Doppelklicken Sie im Listenfeld der Task-Liste auf den Anwendungsnamen.

Oder markieren Sie den Anwendungsnamen und wählen dann WECHSELN ZU.

Schrittfolge für die Tastatur:

1. Rufen Sie die Task-Liste durch Drücken von STRG+ESC auf.

Oder wählen Sie den Befehl WECHSELN im SYSTEMMENÜ.

2. Markieren Sie die Anwendung mit der NACH-OBEN- oder NACH-UNTEN-Taste. Drücken Sie die EINGABE-Taste.

Symbol öffnen

Sie können mit folgenden Schritten zu einem *Anwendungssymbol* wechseln und das Anwendungsfenster öffnen:

Schrittfolge für die Maus:

❐ Doppelklicken Sie auf das Anwendungssymbol.

Schrittfolge für die Tastatur:

1. Markieren Sie das Anwendungssymbol mit ALT+ESC.
2. Öffnen Sie mit ALT+LEER das Systemmenü für das Anwendungssymbol.
3. Wählen Sie mit der EINGABE-Taste den Befehl WIEDERHERSTELLEN im SYSTEMMENÜ.

Symbole und Anwendungsfenster anordnen

Fenster

Beim Arbeiten mit *mehreren Fenstern* kann der Überblick leicht verlorengehen, wenn einzelne Fenster verdeckt werden und nicht mehr sichtbar sind. Sie können *Fenster* so anordnen, daß durch Überlappung die Titelleiste jedes Fensters sichtbar bleibt oder alle Fenster nebeneinander angeordnet werden wie folgt:

Schrittfolge für die Maus:

1. Doppelklicken Sie zur Anzeige der Task-Liste auf den Desktop.

    Oder wählen Sie den Befehl WECHSELN ZU im SYSTEMMENÜ der Anwendung.

2. Wählen Sie den Befehl ÜBERLAPPEND. Die Fenster werden einander überlappend angeordnet.

    Oder wählen Sie den Befehl NEBENEINANDER. Die Fenster werden nebeneinander angeordnet.

Schrittfolge für die Tastatur:

1. Drücken Sie die STRG+ESC-Taste.

   Oder wählen Sie den Befehl WECHSELN ZU im SYSTEMMENÜ der Anwendung.

2. Wählen Sie den Befehl ÜBERLAPPEND. Die Fenster werden einander überlappend angeordnet.

   Oder wählen Sie den Befehl NEBENEINANDER. Die Fenster werden nebeneinander angeordnet.

Symbole Sie können verstreute *Symbole* wie folgt gleichmäßig anordnen:

Schrittfolge für die Maus:

1. Doppelklicken Sie zur Anzeige der Task-Liste auf den Desktop.

   Oder wählen Sie den Befehl WECHSELN ZU im SYSTEMMENÜ der Anwendung.

2. Wählen Sie den Befehl SYMBOLE ANORDNEN.

Schrittfolge für die Tastatur:

1. Drücken Sie die STRG+ESC-Taste.

   Oder wählen Sie den Befehl WECHSELN ZU im SYSTEMMENÜ der Anwendung.

2. Wählen Sie den Befehl SYMBOLE ANORDNEN.

Meldungen aus inaktiven Fenstern einsehen

Meldungen Bei einer *Status-* oder *Fehlermeldung* einer inaktiven Anwendung erfolgt ein Signalton und die Titelleiste des Fensters oder das Anwendungssymbol blinkt.

Sie sehen eine Meldung wie folgt ein:

❐ Wählen Sie das Anwendungsfenster oder das Anwendungssymbol. Die Meldung wird angezeigt.

Anwendung beenden

Beenden Sie *beenden* eine Anwendung mit:

- Wählen Sie den Befehl BEENDEN im Menü DATEI der Anwendung (Standardverfahren).
  Oder wählen Sie den Befehl SCHLIESSEN im SYSTEMMENÜ.
  Oder doppelklicken Sie auf das Systemmenüfeld.

Sie beenden eine nicht für Windows konzipierte Anwendung mit:

- Wählen Sie den Befehl BEENDEN der Anwendung.
  Oder geben Sie im DOS-Fenster `exit` ein.

3.6 Mit Dokumenten und Dateien arbeiten

Der Teilaufgabe *Mit Dokumenten und Dateien arbeiten* sind die folgenden Arbeiten zugeordnet:

- Dokument oder Datei öffnen
- Zwischen Dokumentfenstern umschalten
- Einfügestelle bewegen
- Text eingeben
- Eingabefehler korrigieren
- Text markieren
- Markierten Text bearbeiten
- Dokument oder Datei speichern

Dokument oder Datei öffnen

Öffnen Bevor eine Datei bearbeitet werden kann, muß sie von der Anwendung eröffnet werden.

Sie *öffnen* ein Dokument oder eine Datei zur Bearbeitung wie folgt (siehe Bild 3.20):

Schrittfolge für die Maus:

1. Wählen Sie den Befehl ÖFFNEN im Menü DATEI der Anwendung.
2. Wählen Sie das Listenfeld VERZEICHNISSE.
3. Doppelklicken Sie auf das Verzeichnis, welches die Datei enthält.
4. Wählen Sie die Datei im Listenfeld DATEIEN.
5. Doppelklicken Sie auf den Dateinamen.

   Oder wählen Sie OK.

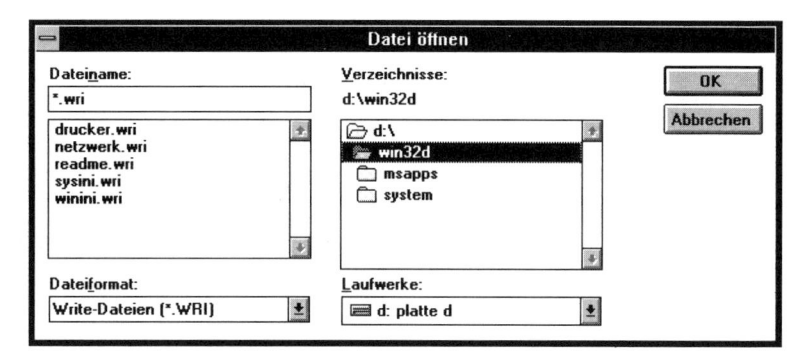

```
┌─────────────────── Datei öffnen ───────────────────┐
│ Dateiname:              Verzeichnisse:     ┌──────┐│
│ *.wri                   d:\win32d          │  OK  ││
│ ┌───────────────┐       ┌──────────────┐   └──────┘│
│ │ drucker.wri   │       │ 📂 d:\       │   ┌──────┐│
│ │ netzwerk.wri  │       │   📂 win32d  │   │Abbre-││
│ │ readme.wri    │       │     📁 msapps│   │chen  ││
│ │ sysini.wri    │       │     📁 system│   └──────┘│
│ │ winini.wri    │       │              │           │
│ └───────────────┘       └──────────────┘           │
│ Dateiformat:            Laufwerke:                 │
│ Write-Dateien (*.WRI)   💾 d: platte d             │
└────────────────────────────────────────────────────┘
```

Bild 3.20: Dialogfeld Datei öffnen

Schrittfolge für die Tastatur:

1. Wählen Sie den Befehl ÖFFNEN im Menü DATEI der Anwendung.
2. Gehen Sie mit der TABULATOR-Taste zum Listenfeld VERZEICHNISSE.
3. Wählen Sie mit der NACH-OBEN- und NACH-UNTEN-Taste das Verzeichnis, welches die gesuchte Datei enthält. Drücken Sie die EINGABE-Taste.
4. Gehen Sie mit der UMSCHALT+TABULATOR-Taste zum Listenfeld DATEIEN und wählen die Datei.
5. Wählen Sie OK.

Zwischen Dokumentfenstern umschalten

Umschalten Bei einigen Anwendungen können Sie mit mehreren Dokumentfenstern arbeiten.

Sie *schalten* zwischen den Dokumentfenstern *um* mit folgenden Schritten:

Schrittfolge für die Maus:

❐ Klicken Sie im Dokumentfenster, zu dem Sie wechseln wollen.

Oder wählen Sie das Dokument im Menü FENSTER der Anwendung.

Schrittfolge für die Tastatur:

❐ Markieren Sie das gewünschte Dokument mit STRG+F6.

Oder wählen Sie den Befehl NÄCHSTES im SYSTEMMENÜ.

Oder wählen Sie das Dokument im Menü FENSTER der Anwendung.

Einfügestelle bewegen

Einfügestelle Sie bewegen die *Einfügestelle* in einem Textfenster wie folgt:

Schrittfolge für die Maus:

1. Verschieben Sie den Mauscursor an die gewünschte Position.
2. Klicken Sie die linke Maustaste.

Schrittfolge für die Tastatur:

❐ Drücken Sie die RICHTUNG-Tasten.

Text eingeben

Eingeben Die Vorgehensweise zur Texteingabe, Fehlerkorrektur und Textbearbeitung ist bei allen Windows-Anwendungen gleich. Eine *Texteingabe* erfolgt an der Einfügestelle.

Bei einem *neuen Dokument* geben Sie Text ein mit:

❐ Beginnen Sie mit der Texteingabe.

Oder bewegen Sie die Einfügestelle mit der EINGABE-Taste für Zeilenschaltung oder mit der LEER-Taste für Leerzeichen an die gewünschte Position.

In ein *vorhandenes Dokument* geben Sie den Text wie folgt ein:

Schrittfolge für die Maus:

❐ Klicken Sie auf die gewünschte Position, und beginnen Sie mit der Texteingabe.

Schrittfolge für die Tastatur:

❐ Gehen Sie mit den RICHTUNG-Tasten zur gewünschten Position, und beginnen Sie mit der Texteingabe.

Eingabefehler korrigieren

Korrigieren Sie *korrigieren* Eingabefehler bei der Textbearbeitung mit den folgenden Verfahren:

❐ Sie *löschen* mit der RÜCK-Taste ein Zeichen links von der Einfügestelle oder den markierten Text.

❐ Sie *löschen* mit der ENTF-Taste ein Zeichen rechts von der Einfügestelle oder den markierten Text.

❐ Sie fügen Text an der Einfügestelle ein.

Text markieren

Markieren Vor der Auswahl eines Befehls im Menü BEARBEITEN einer Anwendung markieren Sie den zu bearbeitenden Text (siehe Bild 3.21).

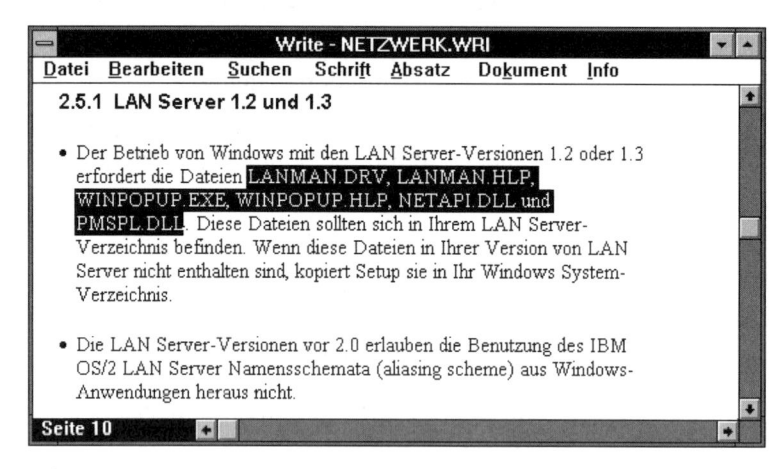

Bild 3.21: Text markieren

Sie *markieren Text* wie folgt:

Schrittfolge für die Maus:

1. Zeigen Sie auf das erste zu markierende Zeichen.
2. Ziehen Sie die Einfügestelle zum letzten zu markierenden Zeichen.
3. Lassen Sie die Maustaste los.

   Eine Markierung machen Sie durch Klicken im Dokument rückgängig.

Schrittfolge für die Tastatur:

1. Bewegen Sie mit den RICHTUNG-Tasten die Einfügestelle zum ersten zu markierenden Zeichen.

Mit Dokumenten und Dateien arbeiten

2. Halten Sie die UMSCHALT-Taste gedrückt, und bewegen Sie mit den RICHTUNG-Tasten die Einfügestelle zum letzten zu markierenden Zeichen.

3. Lassen Sie die Tasten los.

Eine Markierung machen Sie mit einer RICHTUNG-Taste rückgängig.

Markierten Text bearbeiten

Bearbeiten   Bei vielen Anwendungen sind zur *Bearbeitung* eines markierten Textes im Menü BEARBEITEN die folgenden Optionen verfügbar:

- Mit dem Befehl AUSSCHNEIDEN (UMSCHALT+ENTF) löschen Sie den markierten Text und stellen ihn in die Zwischenablage.
- Mit dem Befehl KOPIEREN (STRG+EINFG) kopieren Sie den markierten Text in die Zwischenablage.
- Sie ersetzen den markierten Text durch neuen Text, indem Sie den neuen Text eingeben.
- Mit der ENTF- oder RÜCK-Taste löschen Sie den markierten Text, ohne ihn in der Zwischenablage zu speichern.
- Mit dem Befehl WIDERRUFEN (ALT+RÜCK) machen Sie die vorherige Bearbeitung rückgängig.
- Mit dem Befehl EINFÜGEN (UMSCHALT+EINFG) fügen Sie Text aus der Zwischenablage in das aktive Fenster ein.

Dokument oder Datei speichern

Speichern   Bei vielen Anwendungen können Sie ein Dokument oder eine Datei im Menü DATEI mit zwei Verfahren speichern (siehe Bild 3.22).

Sie *speichern* mit dem Befehl SPEICHERN unter dem *gleichen Namen* mit:

- Wählen Sie den Befehl SPEICHERN im Menü DATEI.

Speichern unter Sie speichern ein Dokument oder eine Datei mit dem Befehl SPEICHERN UNTER unter einem *anderen Namen* mit:

1. Wählen Sie den Befehl SPEICHERN UNTER im Menü DATEI.

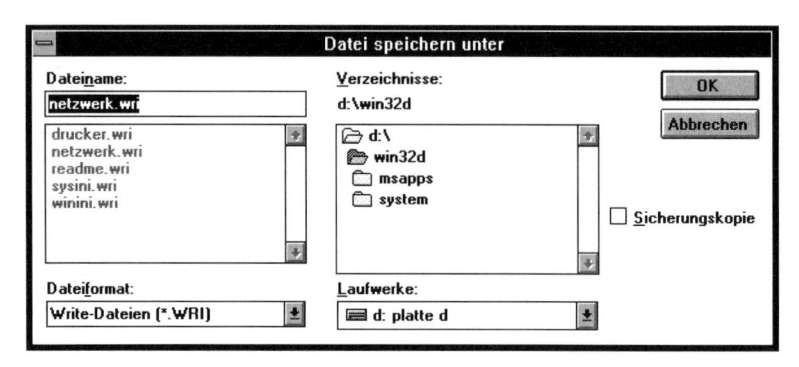

Bild 3.22: Dialogfeld Datei speichern unter

2. Markieren Sie im Listenfeld VERZEICHNISSE das Verzeichnis, in dem die Datei gespeichert werden soll.

   Für die Speicherung der Datei im aktuellen Verzeichnis muß das Listenfeld VERZEICHNISSE nicht gewählt werden.

3. Geben Sie im Textfeld DATEINAME den Dateinamen ein. Eine Namenserweiterung und eine Pfadangabe kann eingegeben werden. Einige Anwendungen vergeben eigene Namenserweiterungen.

4. Wählen Sie OK.

TEIL B

SYSTEMVERWALTUNG MIT WINDOWS

KAPITEL 4

MIT DEM PROGRAMM-MANAGER ANWENDUNGEN ORDNEN

Mit dem Programm-Manager können Anwendungsprogramme zur besseren Übersicht Gruppen zugeordnet werden. Die Zuordnung von Programmen zu einer Gruppe kann nach aufgabenbezogenen oder beliebigen anderen Kriterien erfolgen. Eine Anwendung wird einfach durch Doppelklicken des Programmsymbols in ihrem Gruppenfenster aufgerufen. Es können jederzeit Gruppen hinzugefügt, geändert oder entfernt werden.

4.1 Aufgaben, Fensterelemente und Tastatur

Anwendungen und Aufgaben

Der *Programm-Manager* hat beim Arbeiten mit Windows eine zentrale Aufgabe. Beim Starten von Windows wird der Programm-Manager geöffnet. Vom Programm-Manager aus starten Sie Anwendungsprogramme oder rufen Systemprogramme auf.

Ein *Anwendungsprogramm* wird gestartet, indem Sie mit der Maus auf das zugehörige Programmsymbol in einem Gruppenfenster doppelklicken. Der Programm-Manager wird so lange ausgeführt, bis die Sitzung mit Windows beendet wird.

Zur besseren Orientierung können Anwendungsprogramme verschiedenen *Gruppen* zugeordnet werden. Die *Programmsymbole* sind dann übersichtlich in verschiedenen *Gruppenfenstern* verfügbar. Sie können jederzeit neue Gruppen bilden oder die Zuordnung von Anwendungsprogrammen zu Gruppen bei Bedarf ändern.

Windows verfügt über einige vordefinierte Gruppen, denen mitgelieferte Systemanwendungen, Zubehöranwendungen und Windows-Anwendungen zugeordnet sind.

Haupt-gruppe — Die *Hauptgruppe* enthält die Programmsymbole der Systemanwendungen Datei-Manager, Systemsteuerung, Druck-Manager, Zwischenablage, DOS-Eingabeaufforderung, PIF-Editor und Windows-Setup.

Zubehör — Die Gruppe *Zubehör* enthält die Windows-Anwendungen Write, Paintbrush und Terminal sowie die Zubehöranwendungen Editor, Uhr, Kalender, Kartei, Rechner, Recorder, Objekt-Manager, Zeichentabelle, Medien-Wiedergabe und Klangrecorder.

Windows-Anwendung — In der Gruppe *Windows-Anwendungen* finden Sie die beim Setup eingerichteten vorhandenen Windows-Anwendungen.

Andere Anwendung — In der Gruppe *Andere Anwendungen* finden Sie beim Setup eingerichtete vorhandene Anwendungen, die nicht für Windows konzipiert sind.

Spiele — Die Gruppe *Spiele* enthält die Programmsymbole für die beiden mitgelieferten Spiele Solitär und Minesweeper.

Weitere Gruppen — Bei Bedarf können Sie *weitere Gruppen* einrichten und Anwendungen zuordnen.

Fenster	Beim Programm-Manager werden zwei *Arten von Fenstern* unterschieden:

- Anwendungsfenster
- Gruppenfenster (Dokumentfenster)

Der Programm-Manager wird wie jede andere Anwendung in einem eigenen *Anwendungsfenster* ausgeführt. Im Anwendungsfenster des Programm-Managers wird jede Gruppe in einem *Gruppenfenster* oder als Gruppensymbol dargestellt. Ein Gruppenfenster ist ein Dokumentfenster.

Symbole Beim Programm-Manager werden zwei *Arten von Symbolen* unterschieden:

- Gruppensymbole
- Programmsymbole

Ein Gruppenfenster kann zu einem *Gruppensymbol* verkleinert werden. Gruppensymbole werden durch ihren Namen voneinander unterschieden. Eine Anwendung wird in einem Gruppenfenster als *Programmsymbol* dargestellt. Sie starten eine Anwendung durch Doppelklicken auf ihr Programmsymbol.

Teilaufgaben Es werden beim Programm-Manager die folgenden *Teilaufgaben* unterschieden:

- Gruppensymbole und Gruppenfenster anordnen
- Gruppe erstellen und löschen
- Gruppeninhalt ändern
- Anwendung starten und Programm-Manager beenden

Fensterbereiche und Fensterelemente

Fenster Ein typisches Fenster des *Programm-Managers* sehen Sie in Bild 4.1. Es besteht aus den Teilen Titelleiste, Menüleiste, Arbeitsbereich, Gruppenfenster, Programmsymbole und Gruppensymbole.

Aufgaben, Fensterelemente und Tastatur 147

a)	Systemmenü-Feld	h)	Bildlaufpfeil
b)	Fensterrahmen	i)	Anwendungssymbol
c)	Titelleiste	j)	Anwendungsfenster
d)	Symbol-Feld	k)	Gruppensymbol (Dokumentsymbol)
e)	Vollbild-Feld	l)	Gruppenfenster (Dokumentfenster)
f)	Bildlaufpfeil	m)	Programmsymbol
g)	Bildlaufleiste	n)	Menüleiste

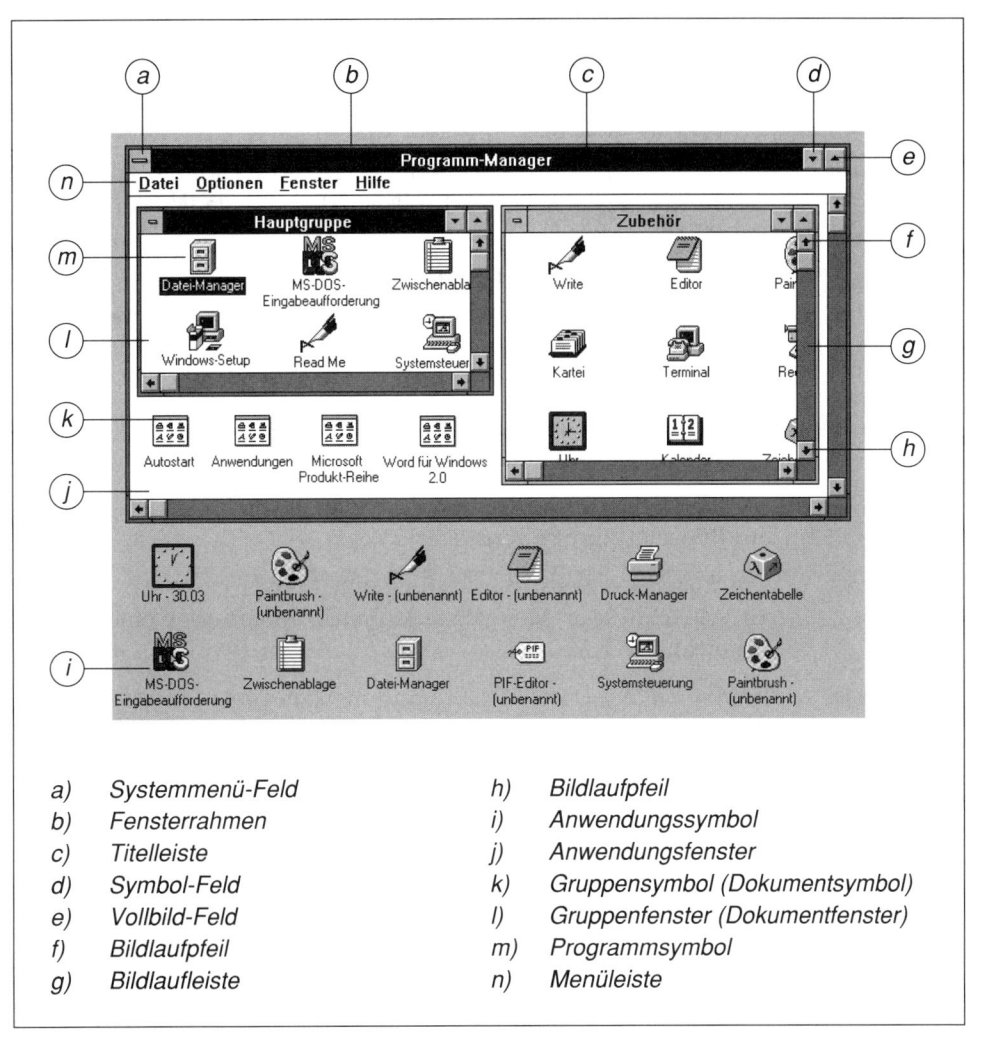

Bild 4.1: Fensterelemente beim Programm-Manager

System-menü-Feld Im *Systemmenü-Feld* können beim Arbeiten mit der Tastatur die Systemfunktionen *Fenster verschieben, auf Vollbild vergrößern, auf Symbolgröße verkleinern* und *Umschalten zur Task-Liste* aufgerufen werden.

Fenster-rahmen	Der *Fensterrahmen* begrenzt ein Anwendungsfenster oder ein Dokumentfenster. Der Fensterrahmen kann mit der Maus oder über das Systemmenü in seiner Größe verändert oder verschoben werden.
Titelleiste	In der *Titelleiste* wird der Name der Anwendung oder eines Dokuments angezeigt. Die Titelleiste des aktiven Fensters ist hervorgehoben.
Programm-titel	Der *Programmtitel* enthält bei einem Anwendungsfenster den Namen des Anwendungsprogramms und des Dokuments. Bei einem Dokumentfenster enthält er den Namen einer Programmgruppe, eines Verzeichnisses oder einer Datendatei.
Symbol-Feld	Mit der Schaltfläche *Symbol-Feld* wird das Anwendungsfenster zu einem Symbol verkleinert.
Vollbild-Feld	Mit der Schaltfläche *Vollbild-Feld* wird das Anwendungsfenster auf Bildschirmgröße vergrößert.
Menüleiste	Die *Menüleiste* zeigt die verfügbaren Menüs einer Anwendung an. Mit Hilfe der Menüleiste kann ein Menü oder eine Option angewählt werden.
Fenster	Im *Anwendungsfenster* des Programm-Managers wird jede Gruppe in einem *Gruppenfenster* oder als Gruppensymbol dargestellt.
Symbol	Das Anwendungsfenster einer Anwendung kann zu einem *Anwendungssymbol* verkleinert werden.
Gruppen-fenster	Eine Gruppe wird im Anwendungsfenster des Programm-Managers in einem *Gruppenfenster* dargestellt.
Gruppen-symbol	Ein Gruppenfenster kann zu einem *Gruppensymbol* verkleinert werden. Gruppensymbole werden durch ihren Namen voneinander unterschieden.
Programm-symbol	Eine Anwendung wird in einem Gruppenfenster als *Programmsymbol* dargestellt.
Bildlaufleiste	Mit der *horizontalen* und *vertikalen Bildlaufleiste* wird der Fensterinhalt verschoben, damit unsichtbare Teile außerhalb des Fensters eingesehen werden können.
Bildlaufpfeil, Bildlauffeld	Die *Bildlaufoptionen* können mit der Maus oder mit der Tastatur gewählt werden. Mit der Maus erfolgt der Bildlauf mit Hilfe der *Bildlaufpfeile* oder dem *Bildlauffeld* der *Bildlaufleiste*. Durch Ziehen

	des Bildlauffeldes in der Bildlaufleiste wird die Position im Dokument aufgesucht, die der Stellung des Bildlauffeldes in der Bildlaufleiste entspricht.
Hilfefunktion	Über die Hilfefunktionen im *Hilfemenü* einer Anwendung können bei einigen Anwendungsprogrammen weiterführende Hilfeinformationen abgerufen werden.

Abkürzungstasten und Tastenfunktionen

Abkürzungstasten	Bei einigen Menüs des Programm-Managers stehen für den Aufruf von Untermenüs, Befehlen oder Optionen *Abkürzungstasten* zur Verfügung. Abkürzungstasten stehen in einem Menü rechts neben dem Bezeichner. Ein unterstrichener Buchstabe steht für eine Abkürzungstaste. Abkürzungstasten finden Sie auch in Dialogfeldern für die Feldauswahl.
Tasten	Im *Programm-Manager* sind folgende *Tasten* verfügbar:

RICHTUNG	Zwischen Elementen einer Gruppe bewegen
STRG+F6 oder STRG+TABULATOR	Zwischen Gruppenfenstern und -symbolen bewegen
EINGABE	Markiertes Programm starten
UMSCHALT+F4	Offene Fenster nebeneinander anordnen
UMSCHALT+F5	Offene Fenster überlappend anordnen
STRG+F4	Aktives Gruppenfenster schließen
ALT+F4	Windows beenden

4.2 Gruppensymbole und Gruppenfenster anordnen

Der Teilaufgabe *Gruppensymbole und Gruppenfenster anordnen* sind folgende Arbeiten zugeordnet:

❐ Gruppenfenster anordnen

- Symbole bei Änderung der Fenstergröße anordnen
- Symbole automatisch oder manuell anordnen
- Gruppenfenster öffnen
- Gruppenfenster zu Symbol verkleinern

Gruppenfenster anordnen

Gruppen-
fenster

Sie können *Gruppenfenster* so anordnen, daß durch Überlappung die Titelleiste jedes Fensters sichtbar bleibt oder alle Fenster nebeneinander angeordnet werden:

- Wählen Sie den Befehl ÜBERLAPPEND im Menü FENSTER. Die Fenster werden einander überlappend mit sichtbarer Titelleiste angeordnet (siehe Bild 4.2).

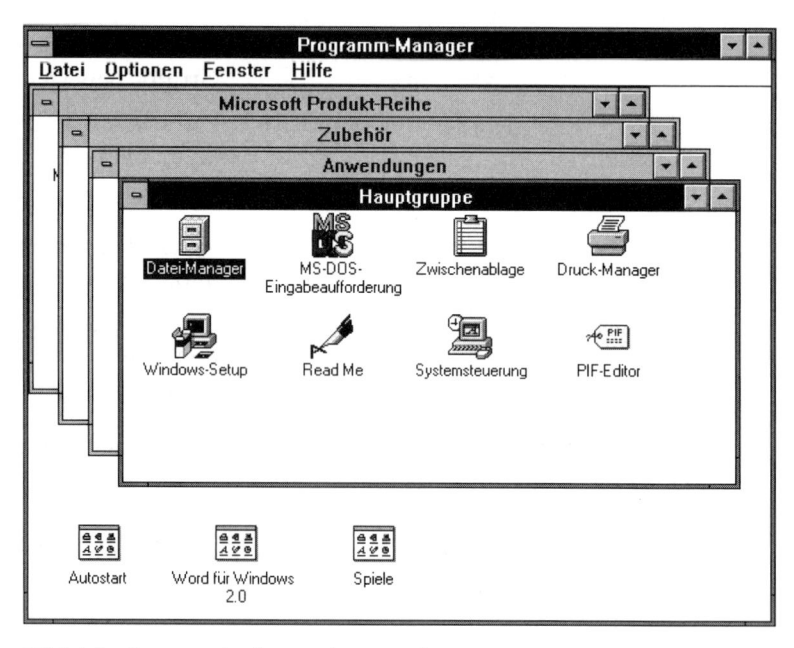

Bild 4.2: Fenster überlappend angeordnet

Oder wählen Sie den Befehl NEBENEINANDER im Menü FENSTER. Die Fenster werden ohne Überlappung nebeneinander angeordnet (siehe Bild 4.3).

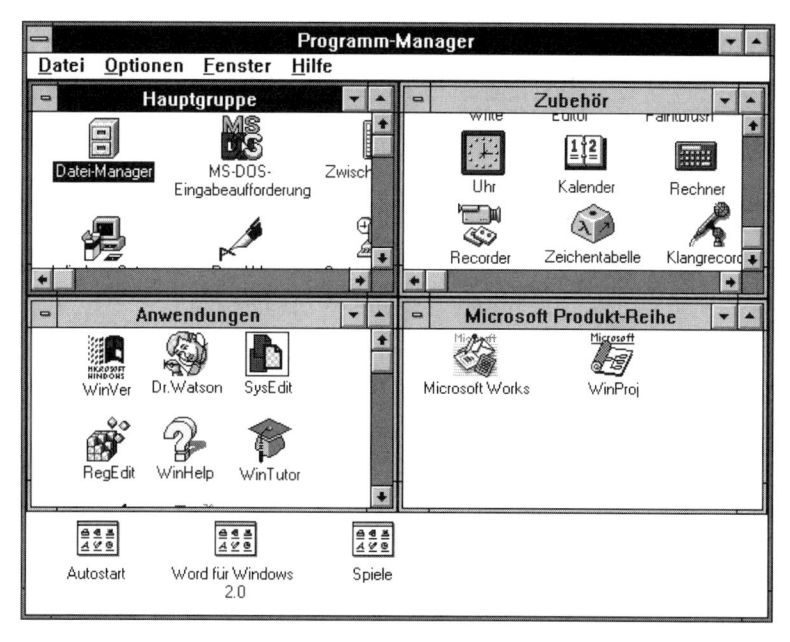

Bild 4.3: Fenster nebeneinander angeordnet

Symbole bei Änderung der Fenstergröße anordnen

Fenstergröße   Nach einer Änderung der *Größe* eines Gruppenfensters sind häufig einige Symbole verdeckt.

Sie können Symbole nach einer Änderung erneut folgendermaßen *anordnen*:

❐ Wählen Sie den Befehl SYMBOLE ANORDNEN im Menü FENSTER.

Sie können dem Programm-Manager das Anordnen von Symbolen überlassen:

- Wählen Sie den Befehl AUTOMATISCH ANORDNEN im Menü OPTIONEN.

Das automatische Anordnen wird durch erneutes Wählen des Befehls abgeschaltet.

Symbole automatisch oder manuell anordnen

Anordnen

Das *Anordnen* von Symbolen kann automatisch durch den Programm-Manager oder manuell durch den Benutzer erfolgen.

Sie ordnen *Gruppensymbole automatisch* an mit:

1. Wählen Sie ein Gruppensymbol.
2. Wählen Sie den Befehl SYMBOLE ANORDNEN im Menü FENSTER.

Sie ordnen *Gruppensymbole manuell* wie folgt an:

Schrittfolge für die Maus:

- Ziehen Sie das Gruppensymbol an die neue Position.

Schrittfolge für die Tastatur:

1. Wählen Sie ein Symbol.
2. Öffnen Sie das Systemmenü des Gruppensymbols mit ALT+BINDESTRICH.
3. Wählen Sie den Befehl VERSCHIEBEN.
4. Verschieben Sie das Symbol mit den RICHTUNG-Tasten.
5. Drücken Sie die EINGABE-Taste.

Sie ordnen *Programmsymbole manuell* mit den folgenden Schritten an:

Schrittfolge für die Maus:

❏ Ziehen Sie das Programmsymbol an die neue Position.

Schrittfolge für die Tastatur:

1. Wählen Sie das Gruppenfenster, in dem die Programmsymbole angeordnet werden sollen.
2. Wählen Sie den Befehl SYMBOLE ANORDNEN im Menü FENSTER.

Gruppenfenster öffnen

Öffnen   Sie *öffnen* ein Gruppenfenster, bevor Sie eine Anwendung oder ein Dokument darin auswählen.

Sie öffnen ein Gruppenfenster wie folgt:

Schrittfolge für die Maus:

❏ Doppelklicken Sie auf das Gruppensymbol.

Schrittfolge für die Tastatur:

❏ Markieren Sie das Gruppensymbol mit STRG+F6 oder STRG+TABULATOR. Drücken Sie die EINGABE-Taste.

Oder wählen Sie einen Gruppennamen aus der Liste im Menü FENSTER.

Gruppenfenster zum Symbol verkleinern

Verkleinern   Ein Gruppenfenster kann nicht geschlossen, aber zu einem Symbol *verkleinert* werden.

Schrittfolge für die Maus:

❏ Klicken Sie auf die Schaltfläche SYMBOL.

Schrittfolge für die Tastatur:

1. Öffnen Sie das Systemmenü mit ALT+BINDESTRICH.
2. Wählen Sie den Befehl SYMBOL.

4.3 Gruppe erstellen, ändern und löschen

Der Teilaufgabe *Gruppe erstellen und löschen* sind folgende Arbeiten zugeordnet:

- Gruppe erstellen
- Eigenschaft einer Gruppe ändern
- Gruppe löschen

Gruppe erstellen

Erstellen Sie organisieren Ihre Anwendungen und Dokumente durch ihre Zuordnung zu Gruppen.

Eine neue Gruppe *erstellen* Sie mit (siehe Bild 4.4):

1. Wählen Sie den Befehl NEU im Menü DATEI.
2. Wählen Sie die Option PROGRAMMGRUPPE und dann OK.
3. Geben Sie eine Beschreibung der neuen Gruppe ein. Die Beschreibung wird in der Titelleiste des Gruppenfensters und unter dem Gruppensymbol angezeigt.

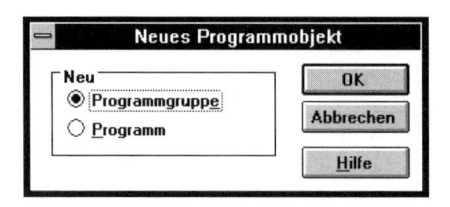

Bild 4.4: Dialogfeld Neues Programmobjekt

Gruppe erstellen, ändern und löschen

4. Wählen Sie OK.

   Im Feld GRUPPENDATEI muß kein Eintrag erfolgen, da der Programm-Manager automatisch eine GRP-Datei für die neue Gruppe erstellt.

Eigenschaft einer Gruppe ändern

Ändern   Sie *ändern* die Eigenschaften einer Gruppe mit:

1. Verkleinern Sie ein offenes Gruppenfenster zu einem Symbol.
2. Wählen Sie das Gruppensymbol.
3. Wählen Sie den Befehl EIGENSCHAFTEN im Menü DATEI.
4. Geben Sie in das Feld BESCHREIBUNG die Änderung ein.
5. Wählen Sie OK (siehe Bild 4.5).

Gruppe löschen

Löschen   Beim *Löschen* einer Gruppe wird das Gruppenfenster entfernt; die Anwendungen der Gruppe bleiben auf dem Datenträger erhalten.

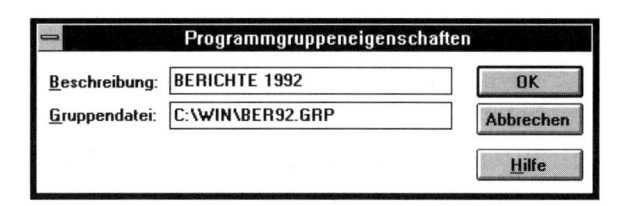

Bild 4.5: Dialogfeld Programmgruppeneigenschaften

Sie *löschen* eine Gruppe mit:

1. Klicken Sie auf das zu löschende Gruppenfenster oder Gruppensymbol.

   Oder wählen Sie das Gruppenfenster oder Gruppensymbol mit STRG+F6 oder STRG+TABULATOR.

2. Wählen Sie den Befehl LÖSCHEN im Menü DATEI, oder drücken Sie die ENTF-Taste.
3. Wählen Sie JA.

4.4 Gruppeninhalt ändern

Der Teilaufgabe *Gruppeninhalt ändern* sind die folgenden Arbeiten zugeordnet:

- Anwendung mit Setup hinzufügen
- Element zu einer Gruppe hinzufügen
- Eigenschaft eines Elements ändern
- Element in eine andere Gruppe kopieren
- Element einer Gruppe löschen
- Element in eine andere Gruppe verschieben

Anwendung mit Setup hinzufügen

Setup   Eine Anwendung kann mit *Windows-Setup* einer Gruppe *hinzugefügt* werden:

1. Starten Sie in der Hauptgruppe die Anwendung Windows-Setup.
2. Wählen Sie im Menü OPTION den Befehl ANWENDUNGSPROGRAMME EINRICHTEN.
3. Wählen Sie eine Option, ob Windows nach Anwendungsprogrammen suchen soll, oder ob Sie ein Programm eingeben möchten. Klicken Sie auf OK.
4. Markieren Sie im Listenfeld, ob Windows alle Festplatten durchsuchen soll bzw. welche Festplatten durchsucht werden sollen.

Oder geben Sie den Pfad und Namen der gewünschten Anwendung ein, und wählen Sie im unteren Listenfeld, in welche Gruppe das Programm eingefügt werden soll. Falls

Gruppeninhalt ändern 157

Sie den entsprechenden Pfad nicht kennen, können Sie durch Klicken auf die Schaltfläche DURCHSUCHEN nach der Anwendung suchen lassen.

5. Markieren Sie im linken Feld die einzufügenden Anwendungen.

   Oder klicken Sie auf die Schaltfläche ALLE HINZUFÜGEN.

6. Übertragen Sie mit der Schaltfläche HINZUFÜGEN die markierten Anwendungen in das rechte Listenfeld.

   Oder machen Sie mit der Schaltfläche ENTFERNEN die Übertragung rückgängig.

7. Wählen Sie OK.

   Die Anwendung wird der Gruppe *Anwendungen* oder *Andere Anwendungen* hinzugefügt (siehe Bild 4.6 bis Bild 4.8).

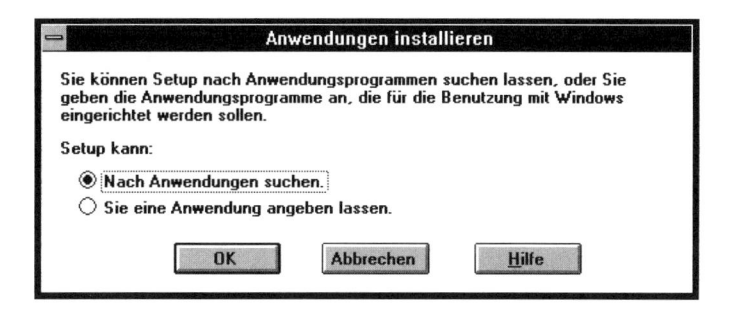

Bild 4.6: Dialogfeld Anwendungen installieren

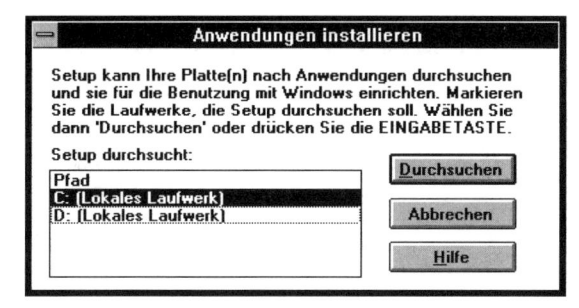

Bild 4.7: Dialogfeld zum Durchsuchen der Laufwerke

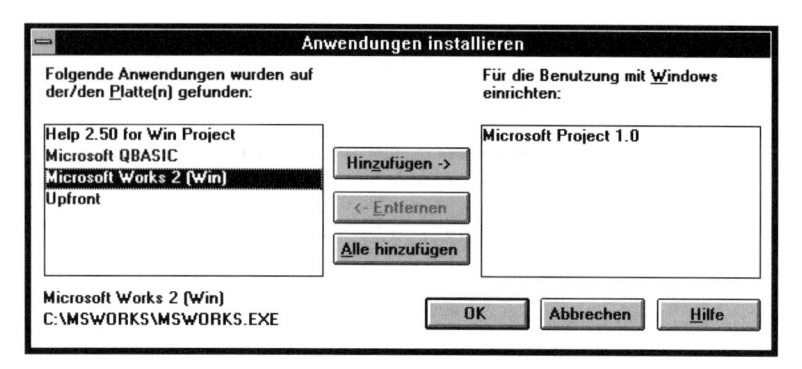

Bild 4.8: Dialogfeld für hinzugefügte Anwendungen

Element zu einer Gruppe hinzufügen

Hinzufügen   Ein neues Programm können Sie einer Gruppe *hinzufügen*. Sie können auch ein Dokument einer Gruppe hinzufügen und mit einer Anwendung verknüpfen. Mit der Auswahl eines Dokuments startet Windows das zugehörige Programm und öffnet das Dokument.

Sie *fügen* ein Programm oder ein Dokument einer Gruppe folgendermaßen *hinzu*:

1. Öffnen Sie das Gruppenfenster, in dem die Einfügung erfolgen soll.
2. Wählen Sie den Befehl NEU im Menü DATEI.

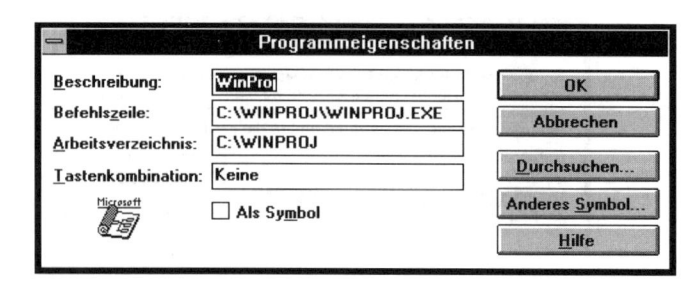

Bild 4.9: Dialogfeld Programmeigenschaften

3. Wählen Sie PROGRAMM und OK.

4. Tragen Sie eine Beschreibung des Programms in das Textfeld BESCHREIBUNG ein. Sie erscheint unter dem Symbol.

5. Tragen Sie den Namen der Programmdatei in das Textfeld BEFEHLSZEILE ein. Der vollständige Pfadname und die Dateinamenserweiterung sind erforderlich, wenn der Zugriff nicht im aktuellen Verzeichnis erfolgt (siehe Bild 4.9).

   Oder wählen Sie die Schaltfläche DURCHSUCHEN. Wählen Sie in der Liste der verfügbaren Dateien und Verzeichnisse aus. Wählen Sie OK (siehe Bild 4.10).

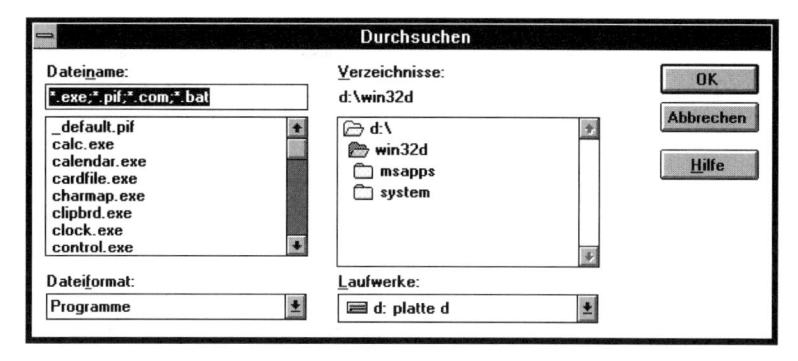

Bild 4.10: Dialogfeld Durchsuchen

6. Zur Verknüpfung eines Dokuments mit dem Programm drücken Sie nach dem Dateinamen des Programms die LEER-Taste und geben den Dokumentnamen ein. Der vollständige Pfadname und die Dateinamenserweiterung sind erforderlich, wenn der Zugriff nicht im aktuellen Verzeichnis erfolgt.

7. Für die Zuordnung eines anderen Symbols wählen Sie ANDERES SYMBOL. Suchen Sie das gewünschte Symbol auf, und wählen Sie OK.

8. Wählen Sie OK.

   Ein Beispiel für die Bildung einer Gruppe sehen Sie in Bild 4.11.

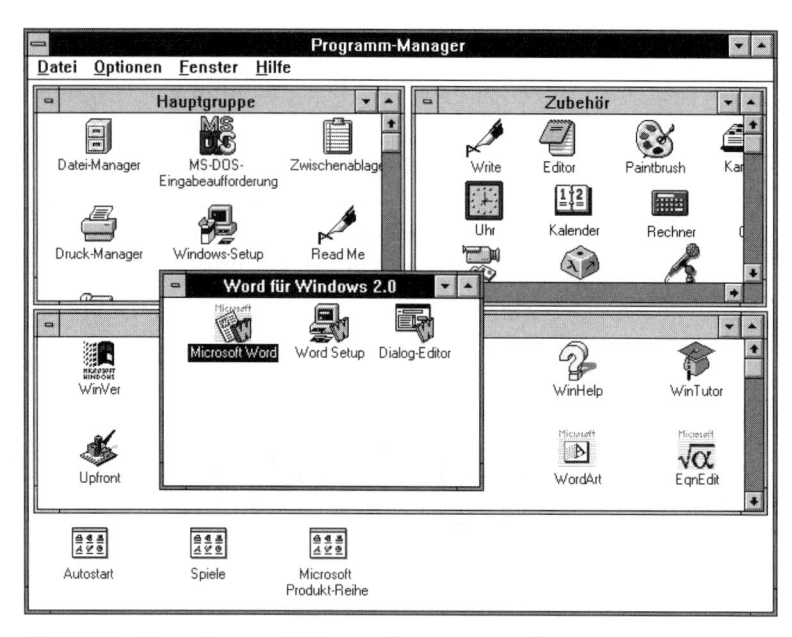

Bild 4.11: Neue Gruppe bilden und eine Anwendung zuordnen

Eigenschaft eines Elements ändern

Ändern Sie *ändern* die Beschreibung, den Namen einer Programmdatei, den Namen eines verknüpften Dokuments oder das Symbol für ein Gruppenelement folgendermaßen:

1. Wählen Sie das Programmsymbol.
2. Wählen Sie den Befehl EIGENSCHAFTEN im Menü DATEI.

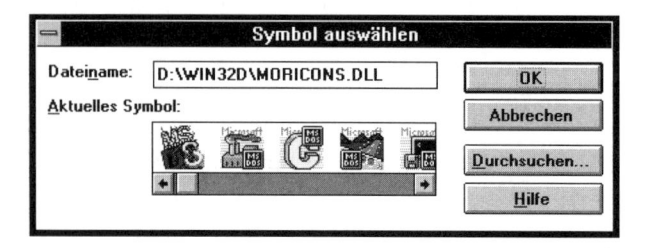

Bild 4.12: Weitere Symbole

Gruppeninhalt ändern

3. Nehmen Sie die Änderungen vor.
4. Wählen Sie OK.

Wenn Sie einer Anwendung ein anderes Symbol zuordnen wollen, finden Sie weitere Symbole in der Datei MORICONS.DLL (siehe Bild 4.12).

Element in eine andere Gruppe kopieren

Kopieren   Sie *kopieren* ein Programmsymbol in eine andere Gruppe mit folgenden Schritten:

Schrittfolge für die Maus:

1. Öffnen Sie das Gruppenfenster, welches das zu kopierende Programm enthält.

   Oder öffnen Sie das Zielfenster und das Quellfenster, wenn das Programmsymbol an eine bestimmte Stelle kopiert werden soll.

2. Ziehen Sie bei gedrückter STRG-Taste das Programmsymbol in das Symbol oder Fenster der Zielgruppe.

3. Lassen Sie die Maustaste und die STRG-Taste los. Ein verknüpftes Dokument wird mit dem Programm kopiert.

Schrittfolge für die Tastatur:

1. Öffnen Sie das Gruppenfenster, welches das zu kopierende Programm enthält.

2. Markieren Sie mit den RICHTUNG-Tasten das Programmsymbol.

3. Wählen Sie den Befehl KOPIEREN im Menü DATEI.

4. Markieren Sie den Namen der Zielgruppe.

   Zum Kopieren des Programms in der gleichen Gruppe markieren Sie den Namen der Quellgruppe.

5. Wählen Sie OK.

Element einer Gruppe löschen

Löschen Beim Löschen eines Elements einer Gruppe wird nicht die Datei, sondern die Zuordnung zu der Gruppe entfernt.

Sie *löschen* ein Programm mit:

1. Öffnen Sie das Gruppenfenster, welches das zu löschende Element enthält.
2. Wählen Sie das Programmsymbol aus.
3. Wählen Sie den Befehl LÖSCHEN im Menü DATEI, oder drücken Sie die ENTF-Taste.
4. Wählen Sie JA.

Element in eine andere Gruppe verschieben

Verschieben Sie *verschieben* ein Element in eine andere Gruppe mit folgenden Schritten (siehe Bild 4.13):

Schrittfolge für die Maus:

1. Öffnen Sie das Gruppenfenster, welches das zu verschiebende Programm enthält.
2. Ziehen Sie das Programmsymbol in das Symbol oder Fenster der Zielgruppe.
3. Lassen Sie die Maustaste los.

   Ein mit dem Programm verknüpftes Dokument wird mit dem Programm verschoben.

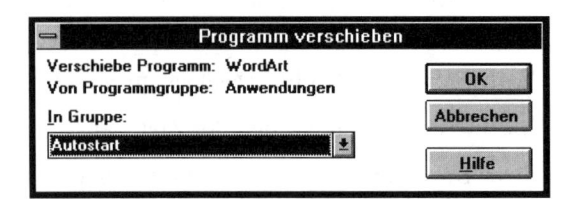

Bild 4.13: Dialogfeld Programm verschieben

Schrittfolge für die Tastatur:

1. Öffnen Sie das Gruppenfenster, welches das zu verschiebende Programm enthält.
2. Markieren Sie das Programmsymbol mit den RICHTUNG-Tasten.
3. Wählen Sie den Befehl VERSCHIEBEN im Menü DATEI.
4. Markieren Sie den Namen der Gruppe, in die das Programm verschoben werden soll.
5. Wählen Sie OK.

4.5 Anwendung starten und Programm-Manager beenden

Der Teilaufgabe *Anwendung starten und Programm-Manager beenden* sind folgende Arbeiten zugeordnet:

❏ Programm-Manager zum Symbol verkleinern
❏ Programm-Manager beenden
❏ Anwendung starten
❏ Zum Programm-Manager zurückkehren

Programm-Manager zum Symbol verkleinern

Verkleinern Mit dem Start einer Anwendung können Sie das Fenster des Programm-Managers auf Symbolgröße *verkleinern* lassen:

1. Wählen Sie den Befehl SYMBOL NACH PROGRAMMSTART im Menü OPTIONEN.

   Sie nehmen die Option durch erneute Auswahl zurück.

Programm-Manager beenden

Beenden Während der Ausführung von Anwendungen läuft der Programm-Manager im Hintergrund weiter. Den *Programm-Manager beenden* Sie nur, wenn die Ausführung von *Windows* beendet werden soll (siehe Bild 4.14).

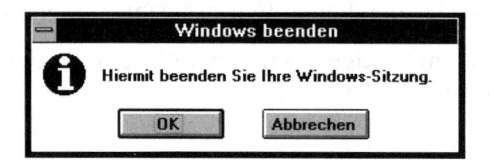

Bild 4.14: Dialogfeld Windows beenden

Sie *beenden* den Programm-Manager und Windows mit folgenden Schritten:

1. Beenden Sie alle laufenden Anwendungen.
2. Zur Speicherung der aktuellen Anordnung der Gruppenfenster und Gruppensymbole im Programm-Manager markieren Sie im Menü OPTIONEN die Option EINSTELLUNGEN BEIM BEENDEN SPEICHERN.
3. Wählen Sie den Befehl BEENDEN im Menü DATEI. Windows fordert Sie zur Bestätigung auf.
4. Wählen Sie OK.

Anwendung starten

Anwendung starten In Windows können Sie ein Anwendungsprogramm mit folgenden verschiedenen Methoden *starten*:

- Starten im Programm-Manager
- Starten im Datei-Manager
- Starten mit dem Befehl Ausführen
- Starten im DOS-Fenster

Programm-   Sie starten ein Anwendungsprogramm im *Programm-Manager*,
Manager   wenn das Programm einer Gruppe im Programm-Manager zugeordnet ist. Für den Start wird das *Programmsymbol* des Programms im *Gruppenfenster* ausgewählt. Ein Dokument erscheint im Arbeitsbereich einer Anwendung, wenn es mit dem Programmsymbol verknüpft ist.

Sie starten ein Anwendungsprogramm aus einem Gruppenfenster im Programm-Manager wie folgt:

Schrittfolge für die Maus:

1. Öffnen Sie das Fenster des Programm-Managers und das Gruppenfenster mit dem gewünschten Programmsymbol des Anwendungsprogramms.

2. Doppelklicken Sie auf das Programmsymbol.

Schrittfolge für die Tastatur:

1. Öffnen Sie das Fenster des Programm-Managers und das Gruppenfenster mit dem gewünschten Programmsymbol des Anwendungsprogramms.

2. Wählen Sie das Programmsymbol mit den RICHTUNG-Tasten aus.

3. Drücken Sie die EINGABE-Taste.

Oder wählen Sie den Befehl ÖFFNEN im Menü DATEI.

Datei-   Sie starten ein Anwendungsprogramm im *Datei-Manager* durch
Manager   Öffnen der Programmdatei im Verzeichnisfenster. Eine Programmdatei ist an der Dateiendung COM, EXE, BAT oder PIF erkennbar.

Sie starten ein Anwendungsprogramm aus einem Verzeichnisfenster im Datei-Manager mit den folgenden Schritten:

Schrittfolge für die Maus:

1. Starten Sie den Datei-Manager, und öffnen Sie das Verzeichnisfenster, das die Programmdatei enthält.

2. Doppelklicken Sie auf den Dateinamen des Anwendungsprogramms.

Schrittfolge für die Tastatur:

1. Starten Sie den Datei-Manager, und öffnen Sie das Verzeichnisfenster, das die Programmdatei enthält.
2. Markieren Sie mit den RICHTUNG-Tasten den Dateinamen des Anwendungsprogramms.
3. Drücken Sie die EINGABE-Taste.

Oder wählen Sie den Befehl ÖFFNEN im Menü DATEI.

Befehl Ausführen

Ein Anwendungsprogramm kann mit dem Befehl AUSFÜHREN gestartet werden. Wenn auf die Programmdatei nicht im aktuellen Pfad zugegriffen werden kann, muß die Pfadangabe der Programmdatei angegeben werden.

Sie starten ein Anwendungsprogramm mit dem Befehl AUSFÜHREN mit (siehe Bild 4.15):

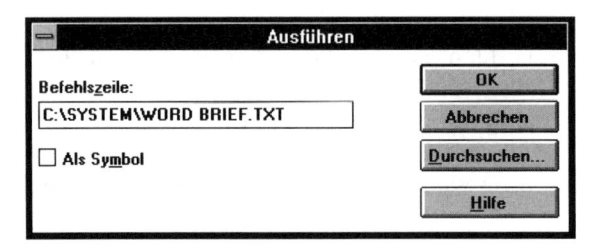

Bild 4.15: Dialogfeld Ausführen

1. Wählen Sie den Befehl AUSFÜHREN im Menü DATEI im Programm-Manager oder Datei-Manager.
2. Geben Sie den Pfadnamen der Programmdatei und eine vorhandene Namenserweiterung an. Bei vielen Programmen kann der Name des zu bearbeitenden Dokuments als Parameter angegeben werden.

3. Wählen Sie das Kontrollfeld ALS SYMBOL, wenn das Anwendungsfenster beim Start zu einem Symbol verkleinert werden soll.

4. Wählen Sie OK oder drücken die EINGABE-Taste.

Wichtig! Ein DOS-Dienstprogramm oder ein Anwendungsprogramm kann im *DOS-Fenster* unter Windows gestartet werden. Einige Dienstprogramme, beispielsweise CHKDSK /F, Undelete-Programme, Platten-Komprimierungs-Programme und Optimierungs-Programme, sollten nicht unter Windows ausgeführt werden, da sie interne Speicherbereiche zur Dateiverwaltung verändern. Führen Sie diese Programme außerhalb von Windows unter DOS aus.

Sie *starten* ein Programm im DOS-Fenster unter Windows wie folgt:

Schrittfolge für die Maus:

❑ Doppelklicken Sie auf das DOS-Symbol im Hauptgruppenfenster.

Schrittfolge für die Tastatur:

❑ Wählen Sie mit den RICHTUNG-Tasten das DOS-Symbol aus. Betätigen Sie die EINGABE-Taste.

Sie *beenden* das Arbeiten im DOS-Fenster mit:

❑ Geben Sie `exit` ein und drücken die EINGABE-Taste. Sie kehren zu Windows zurück.

Zum Programm-Manager zurückkehren

Zurück-
kehren
Zum Starten einer anderen Anwendung oder zum Beenden von Windows kehren Sie mit den folgenden Schritten zum Programm-Manager zurück:

Schrittfolge für die Maus:

❏ Klicken Sie auf das Fenster des Programm-Managers.

Oder doppelklicken Sie auf das Symbol des Programm-Managers.

Schrittfolge für die Tastatur:

❏ Wählen Sie mit ALT+TABULATOR das Fenster des Programm-Managers.

Oder zeigen Sie mit STRG+ESC die Task-Liste an. Wählen Sie den Programm-Manager aus der Liste der Anwendungen.

KAPITEL 5

DATEI-MANAGER – VERZEICHNISSE UND DATEIEN VERWALTEN

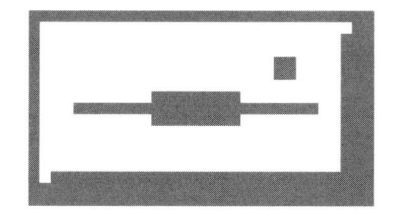

Mit dem Datei-Manager verwalten Sie die Dateien in Verzeichnissen auf einem Datenträger. Die Verzeichnisebenen einer Verzeichnisstruktur können ein- oder ausgeblendet werden. Die Dateien eines Verzeichnisses werden in einem eigenen Verzeichnisfenster angezeigt. Sie können mehrere Datenträger, Verzeichnisebenen oder Verzeichnisfenster anzeigen. Eine Anwendung kann auch vom Datei-Manager aus gestartet werden.

5.1 Aufgaben, Fensterelemente und Tastatur

Anwendungen und Aufgaben

Mit dem *Datei-Manager* organisieren Sie Dateien in Verzeichnissen auf den verfügbaren Datenträgern. Der Datei-Manager ersetzt das MS-DOS-Fenster früherer Windows-Versionen. Vom Datei-Manager aus können auch Anwendungsprogramme gestartet werden.

Beim Datei-Manager unterscheiden wir zwei *Arten von Fenstern*:

- Verzeichnisstrukturfenster
- Verzeichnisfenster

Der Datei-Manager wird wie jede andere Anwendung in einem eigenen Anwendungsfenster ausgeführt. Verzeichnisstrukturfenster und Verzeichnisfenster sind Dokumentfenster des Datei-Managers.

Drag and Drop Mit der Maus lassen sich Dateien und Verzeichnisse einfach und benutzerfreundlich verschieben. Dateien lassen sich mit der Maus in andere Verzeichnisse ziehen.

Verzeichnisstrukturfenster Das *Verzeichnisstrukturfenster* stellt die Verzeichnisstruktur eines Datenträgers (Diskette oder Platte) dar. Die *Verzeichnisstruktur* wird durch Verzeichnissymbole und Verzeichnisnamen abgebildet. In das Stammverzeichnis (\) werden Unterverzeichnisse und Dateien eingetragen. Ein Unterverzeichnis kann Dateien und weitere Unterverzeichnisse enthalten.

Verzeichnisfenster In einem *Verzeichnisfenster* wird der Verzeichnisinhalt eines ausgewählten Verzeichnisses angezeigt. Der *Verzeichnisinhalt* wird durch Dateisymbole, Dateinamen und Unterverzeichnisnamen abgebildet. In einem Verzeichnisfenster werden Unterverzeichnisse und Dateien ausgewählt.

Eine Anwendung kann im Verzeichnisfenster des Datei-Managers durch Doppelklicken auf ein Programmsymbol gestartet werden. Ein Verzeichnisfenster kann zu einem *Verzeichnisfenstersymbol* verkleinert werden.

Symbole Beim Datei-Manager unterscheiden wir drei *Arten von Symbolen*:

- Laufwerkssymbole

❏ Verzeichnissymbole

❏ Dateisymbole

Laufwerks-symbole
Die *Laufwerkssymbole* stehen für die angeschlossenen Datenträgerlaufwerke (Diskettenlaufwerke, Festplattenlaufwerke, RAM-Laufwerke, Netzwerklaufwerke, CD-ROM-Laufwerke). Neben dem Laufwerkssymbol steht die Laufwerksbezeichnung. Das Laufwerkssymbol des aktuellen Laufwerks ist hervorgehoben.

Verzeichnis-symbole
Die *Verzeichnissymbole* stehen für die Verzeichnisse eines Datenträgers. Neben dem Verzeichnissymbol steht der Verzeichnisname. Die Verzeichnisse sind nach dem Verzeichnisnamen alphabetisch angeordnet. Das aktuelle Verzeichnis ist hervorgehoben. Ein Pluszeichen (+) in einem Verzeichnissymbol zeigt an, daß in dem Verzeichnis weitere Unterverzeichnisse enthalten sind.

Datei-symbole
Die vier *Dateisymbole* stehen für Verzeichnisse, Programm- oder Stapelverarbeitungsdateien (EXE, COM, PIF, BAT), Dokumentdateien (einer Anwendung zugeordnete Datei) und sonstige Dateien.

Teilaufgaben
Wir unterscheiden beim Datei-Manager die folgenden *Teilaufgaben*:

❏ Verzeichnisstrukturen nutzen

❏ Mit Verzeichnisfenstern arbeiten

❏ Fenster anordnen

❏ Anwendungen und Dokumente einsetzen

❏ Dateien und Verzeichnisse organisieren

❏ Datenträger verwalten

❏ Dateien verknüpfen

Fensterbereiche und Fensterelemente

Fenster
Ein typisches Fenster des *Datei-Managers* sehen Sie in Bild 5.1. Es besteht aus den Teilen Titelleiste, Menüleiste, Verzeichnisstrukturfenster, Verzeichnisfenster, Verzeichnisfenstersymbole, Laufwerkssymbole, Verzeichnissymbole und Dateisymbole.

Aufgaben, Fensterelemente und Tastatur 173

a)	Systemmenü-Feld	h)	Dateisymbol
b)	Verzeichnisstrukturfenster	i)	Dateiname
c)	Verzeichnispfad	j)	Verzeichnisfenstersymbol
d)	Titelleiste	k)	Verzeichnissymbol
e)	Menüleiste	l)	Aktuelles Verzeichnis
f)	Verzeichnisfenster	m)	Datenträgerbezeichnung
g)	Bildlaufleiste	n)	Laufwerkssymbole

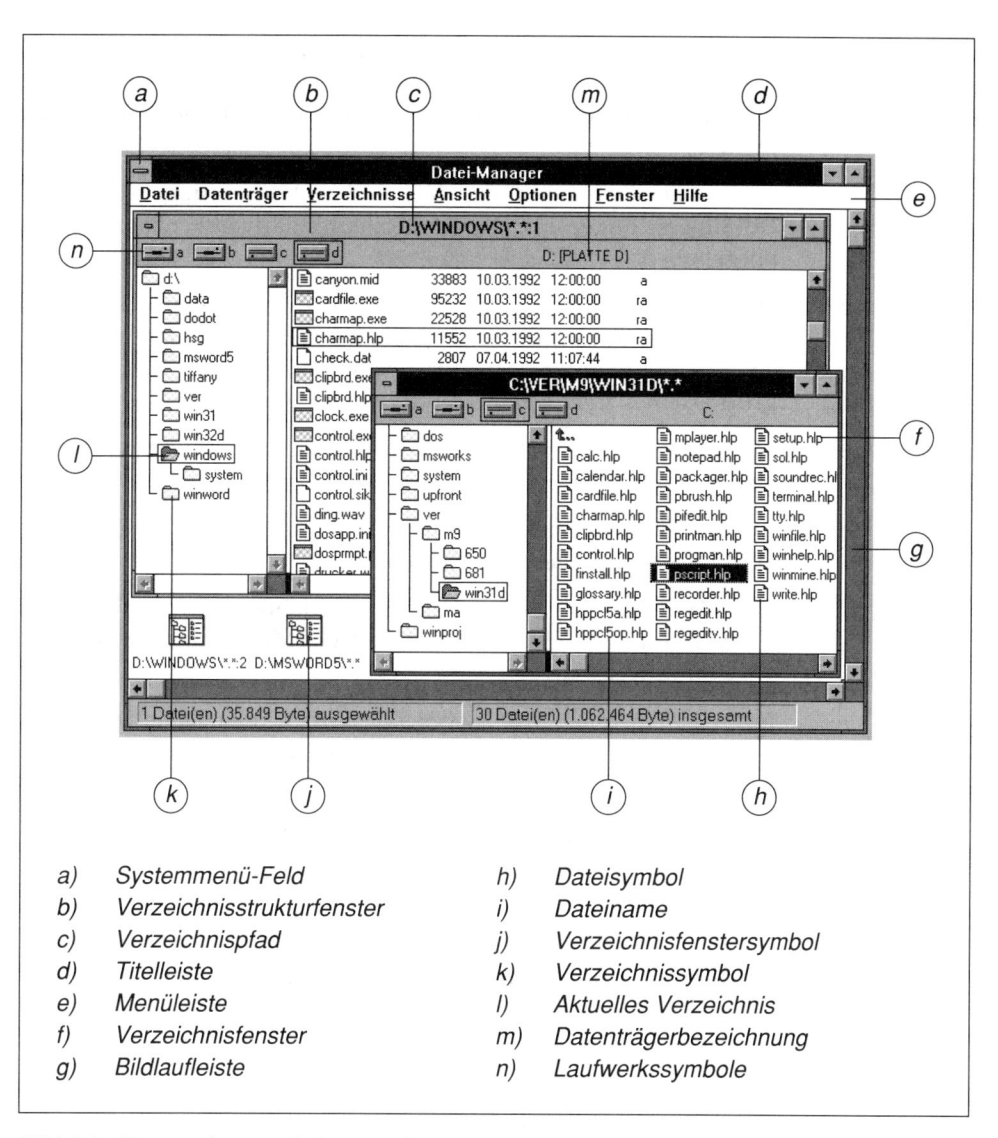

Bild 5.1: Fensterelemente beim Datei-Manager

System-   Im *Systemmenü-Feld* können beim Arbeiten mit der Tastatur die
menü-Feld   Systemfunktionen *Fenster verschieben, auf Vollbild vergrößern, auf
            Symbolgröße verkleinern* und *Umschalten zur Task-Liste* aufgerufen
            werden.

Fenster-rahmen	Der *Fensterrahmen* begrenzt ein Anwendungsfenster oder ein Dokumentfenster. Der Fensterrahmen kann mit der Maus oder über das Systemmenü in seiner Größe verändert oder verschoben werden.
Titelleiste	In der *Titelleiste* wird der Name der Anwendung oder eines Dokuments angezeigt. Die Titelleiste des aktiven Fensters ist hervorgehoben.
Programm-titel	Der *Programmtitel* enthält bei einem Anwendungsfenster den Namen des Anwendungsprogramms und des Dokuments. Bei einem Dokumentfenster enthält er den Namen einer Programmgruppe, eines Verzeichnisses oder einer Datendatei.
Symbol-Feld	Mit der Schaltfläche *Symbol-Feld* wird das Anwendungsfenster zu einem Symbol verkleinert.
Vollbild-Feld	Mit der Schaltfläche *Vollbild-Feld* wird das Anwendungsfenster auf Bildschirmgröße vergrößert.
Menüleiste	Die *Menüleiste* zeigt die verfügbaren Menüs einer Anwendung an. Mit Hilfe der Menüleiste können ein Menü oder eine Option angewählt werden.
Anwendung	Im Arbeitsbereich des *Anwendungsfensters* des Datei-Managers werden die Verzeichnisstrukturfenster und Verzeichnisfenster dargestellt.
Symbol	Das Anwendungsfenster einer Anwendung kann zu einem *Anwendungssymbol* verkleinert werden.
Verzeichnis-struktur-fenster	Das *Verzeichnisstrukturfenster* stellt die Verzeichnisstruktur eines Datenträgers (Diskette oder Platte) dar. Die *Verzeichnisstruktur* wird durch Verzeichnissymbole und Verzeichnisnamen abgebildet.
Verzeichnis-fenster	In einem *Verzeichnisfenster* wird der Verzeichnisinhalt eines ausgewählten Verzeichnisses angezeigt. Der *Verzeichnisinhalt* wird durch Dateisymbole, Dateinamen und Unterverzeichnisnamen abgebildet. Der Verzeichnispfad eines Verzeichnisfensters wird in der Titelleiste angezeigt.
Laufwerks-symbole	Die *Laufwerkssymbole* stehen für die angeschlossenen Datenträgerlaufwerke. Neben dem Laufwerkssymbol steht die Laufwerksbezeichnung.

Verzeichnis- symbole	Die *Verzeichnissymbole* stehen für die Verzeichnisse eines Datenträgers. Neben dem Verzeichnissymbol steht der Verzeichnisname.
Datei- symbole	Die vier *Dateisymbole* stehen für die vier Dateiarten Verzeichnisse, Programm- oder Stapelverarbeitungsdateien, Dokumentdateien und sonstige Dateien. Neben dem Dateisymbol steht der Dateiname.
Bildlaufleiste	Mit der *horizontalen* und *vertikalen Bildlaufleiste* wird der Fensterinhalt verschoben, damit unsichtbare Teile außerhalb des Fensters eingesehen werden können.
Bildlaufpfeil, Bildlauffeld	Die *Bildlaufoptionen* können mit der Maus oder mit der Tastatur gewählt werden. Mit der Maus erfolgt der Bildlauf mit Hilfe der *Bildlaufpfeile* oder dem *Bildlauffeld* der *Bildlaufleiste*. Durch Ziehen des Bildlauffeldes in der Bildlaufleiste wird die Position im Dokument aufgesucht, die der Stellung des Bildlauffeldes in der Bildlaufleiste entspricht.
Hilfefunktion	Über die Hilfefunktionen im *Hilfemenü* einer Anwendung können bei einigen Anwendungsprogrammen weiterführende Hilfeinformationen abgerufen werden.

Den *Datei-Manager* rufen Sie in der Hauptgruppe des Programm-Managers auf.

Abkürzungstasten und Tastenfunktionen

Abkürzungs- tasten	Bei einigen Menüs des Datei-Managers stehen für den Aufruf von Untermenüs, Befehlen oder Optionen *Abkürzungstasten* zur Verfügung. Abkürzungstasten stehen in einem Menü rechts neben dem Bezeichner. Ein unterstrichener Buchstabe steht für eine Abkürzungstaste. Abkürzungstasten finden Sie auch in Dialogfeldern für die Feldauswahl.
Tasten	Im *Datei-Manager* können Tasten für *Verzeichnisstrukturfenster* und *Verzeichnisfenster* eingesetzt werden.

Tasten für Verzeichnisstrukturfenster

Verzeichnis- struktur	Es sind folgende Abkürzungstasten im *Verzeichnisstrukturfenster* verfügbar:

TABULATOR	Zwischen der Verzeichnisstruktur und den Laufwerkssymbolen wechseln
NACH-OBEN NACH-UNTEN	Verzeichnis über oder unter dem aktuellen Verzeichnis auswählen
NACH-LINKS NACH-RECHTS	Zwischen Laufwerkssymbolen im Laufwerksbereich wechseln
NACH-RECHTS	Erstes Unterverzeichnis im aktuellen Verzeichnis auswählen
NACH-LINKS	Nächste Verzeichnisebene über dem aktuellen Verzeichnis auswählen
STRG+NACH-OBEN	Vorheriges Verzeichnis auf derselben Ebene auswählen
STRG+NACH-UNTEN	Nächstes Verzeichnis auf derselben Ebene auswählen
BILD-NACH-OBEN	Verzeichnis ein Fenster über dem aktuellen Verzeichnis auswählen
BILD-NACH-UNTEN	Verzeichnis ein Fenster unter dem aktuellen Verzeichnis auswählen
POS1	Stammverzeichnis auswählen
ENDE	Letztes Verzeichnis in Liste auswählen
Buchstabe	Nächstes Verzeichnis auswählen, dessen Name mit dem angegebenen Buchstaben beginnt
STRG+Laufwerksbuchstabe	Laufwerkssymbol wählen, das mit dem angegebenen Buchstaben übereinstimmt
EINGABE	Verzeichnis öffnen oder Laufwerk auswählen

Tasten für Verzeichnisfenster

Verzeichnis   Im *Verzeichnisfenster* können Sie folgende Abkürzungstasten einsetzen:

RICHTUNG	Cursor bewegen oder anderes Element auswählen
UMSCHALT+RICHTUNG	Mehrere Elemente auswählen
BILD-NACH-OBEN	Datei oder Verzeichnis ein Fenster über der aktuellen Auswahl auswählen
BILD-NACH-UNTEN	Datei oder Verzeichnis ein Fenster unter der aktuellen Auswahl auswählen
POS1	Erste Datei oder erstes Verzeichnis in Liste auswählen
ENDE	Letzte Datei oder letztes Verzeichnis in Liste auswählen
STRG+#	Alle Elemente in Liste auswählen
STRG+^	Auswahl aller Elemente in Liste aufheben
UMSCHALT+F8	Balken-Cursor ein- oder ausschalten
Buchstabe	Nächste Datei oder nächstes Verzeichnis mit Hilfe von angegebenen Buchstaben auswählen
LEER	Nichtbenachbarte Elemente wählen oder Auswahl aufheben
EINGABE	Verzeichnis öffnen oder Programm ausführen

5.2 Verzeichnisstrukturen nutzen

Wir ordnen der Teilaufgabe *Verzeichnisstrukturen nutzen* folgende Arbeiten zu:

- Laufwerk auswählen
- Verbindung zu einem Netzlaufwerk herstellen
- Verbindung zu einem Netzlaufwerk beenden

- Netzwerkserver durchsuchen
- Verzeichnisebene ausblenden
- Verzeichnisebene einblenden
- Verzeichnis auswählen
- Datei oder Verzeichnis suchen
- Statuszeile anzeigen

Laufwerk auswählen

Laufwerk Sie wählen ein *Laufwerk* aus und zeigen die Verzeichnisstruktur des Datenträgers wie folgt an:

Schrittfolge für die Maus:

- Klicken Sie auf das Laufwerkssymbol des gewünschten Laufwerks.

Schrittfolge für die Tastatur:

1. Wechseln Sie mit der TABULATOR-Taste zu den Laufwerkssymbolen. Verschieben Sie mit den RICHTUNG-Tasten den Balken-Cursor zum gewünschten Laufwerk.
2. Drücken Sie die EINGABE-Taste.

   Oder drücken Sie STRG+Laufwerksbuchstabe.

Verbindung zu einem Netzlaufwerk herstellen

Netzlaufwerk verbinden Mit den folgenden Schritten stellen Sie die *Verbindung* zu einem *Netzlaufwerk* her (siehe Bild 5.2):

1. Wählen Sie im Menü DATENTRÄGER den Befehl NETZWERKVERBINDUNGEN.
2. Es erscheint das Dialogfeld NETZWERKVERBINDUNGEN mit dem Feld LAUFWERK, in dem der Buchstabe für das verfügbare Laufwerk steht.

Verzeichnisstrukturen nutzen 179

3. Geben Sie den Netzwerkpfadnamen und gegebenenfalls das Kennwort in den entsprechenden Feldern ein. Sollte ein anderes Laufwerk erforderlich sein, so wählen Sie eines oder geben Sie den Laufwerksbuchstaben ein.

    Einige Netzwerke bieten die Möglichkeit, mit Hilfe der Schaltfläche DURCHSUCHEN das richtige Laufwerk zu ermitteln. Bei einigen anderen Netzwerken ist diese Schaltfläche nicht verfügbar.

4. Wählen Sie die Schaltfläche VERBINDEN. Windows speichert diese Verbindung bei jedem Neustart, wenn Sie nicht die UMSCHALT-Taste beim Verbinden gedrückt halten.

5. Wählen Sie die Schaltfläche SCHLIESSEN, wenn Sie mit der Einrichtung der Netzwerkverbindung fertig sind.

Bild 5.2: Arbeiten mit Netzlaufwerken

Verbindung zu einem Netzlaufwerk beenden

Netzlaufwerk abtrennen   Sie *beenden* in einem Netzwerk die *Verbindung* zu einem *Netzlaufwerk* mit:

1. Wählen Sie im Menü DATENTRÄGER den Befehl NETZWERK-VERBINDUNGEN.
2. Im Dialogfeld NETZWERKVERBINDUNGEN wählen Sie im Feld AKTUELLE VERBINDUNGEN das Netzwerk aus, zu dem die Verbindung unterbrochen werden soll.
3. Drücken Sie die Schaltfläche TRENNEN.
4. Wählen Sie die Schaltfläche SCHLIESSEN.

Verzeichnisebene ausblenden

Ausblenden Sie *blenden* die Unterverzeichnisse eines Verzeichnisses mit den folgenden Schritten *aus*:

Schrittfolge für die Maus:

❐ Mit einem Doppelklick auf das Verzeichnissymbol oder auch auf den Namen des Verzeichnisses blenden Sie die Unterverzeichnisse aus.

Beim Start des Datei-Managers ist der besseren Übersicht halber nur das Stammverzeichnis eingeblendet (siehe Bild 5.3).

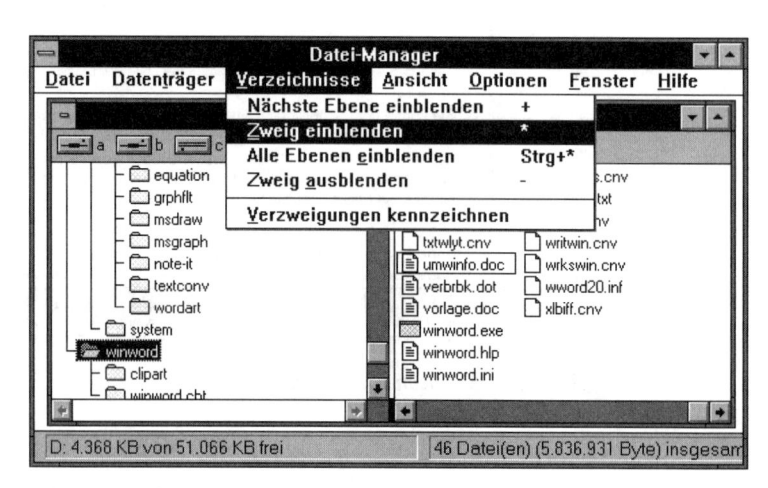

Bild 5.3: Menü Verzeichnisse

Verzeichnisstrukturen nutzen 181

Schrittfolge für die Tastatur:

1. Markieren Sie mit den Richtungstasten den Namen des Verzeichnisses, dessen Unterverzeichnisse ausgeblendet werden sollen.
2. Wählen Sie im Menü VERZEICHNISSE den Befehl ZWEIG AUSBLENDEN.

Oder drücken Sie die BINDESTRICH-Taste.

Verzeichnisebene einblenden

Einblenden Sie *blenden* die ausgeblendeten Unterverzeichnisse eines Verzeichnisses *ein* mit den folgenden Schritten (siehe Bild 5.4):

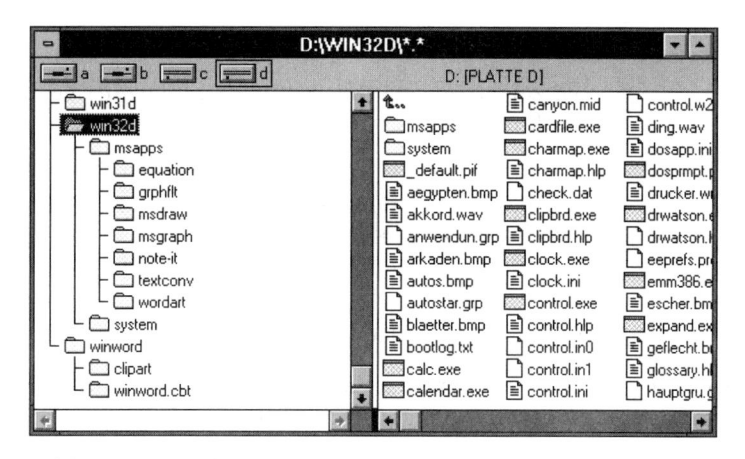

Bild 5.4: Verzeichnisse ein- und ausblenden

Schrittfolge für die Maus:

❒ Klicken Sie auf das Verzeichnissymbol oder auf den Namen des Verzeichnisses. Die ausgeblendeten Unterverzeichnisse werden angezeigt.

Das Plus-Zeichen wird nur angezeigt, wenn Sie vorher im Menü VERZEICHNISSE den Befehl VERZWEIGUNGEN KENNZEICHNEN gewählt haben.

Schrittfolge für die Tastatur:

1. Markieren Sie mit den Richtungstasten den Namen des Verzeichnisses, dessen Unterverzeichnisse eingeblendet werden sollen.
2. Wählen Sie den Befehl NÄCHSTE EBENE EINBLENDEN im Menü VERZEICHNISSE.

Oder drücken Sie die PLUS-Taste (+).

Sie zeigen *einen ausgeblendeten Verzeichniszweig* an mit:

1. Markieren Sie das Verzeichnis, das eingeblendet werden soll.
2. Wählen Sie den Befehl ZWEIG EINBLENDEN im Menü VERZEICHNISSE.

Sie zeigen *alle ausgeblendeten Verzeichniszweige* einer Verzeichnisstruktur an mit:

❐ Wählen Sie den Befehl ALLE EBENEN EINBLENDEN im Menü VERZEICHNISSE.

Verzeichnis auswählen

Verzeichnis wählen

In einer Verzeichnisstruktur eines Datenträgers *wählen* Sie ein *Verzeichnis* wie folgt aus (siehe Bild 5.5):

Schrittfolge für die Maus:

❐ Klicken Sie auf den Verzeichnisnamen.

Schrittfolge für die Tastatur:

❐ Wählen Sie ein Verzeichnis mit den folgenden Tastenfunktionen aus:

Mit NACH-OBEN/NACH-UNTEN wählen Sie ein Verzeichnis oberhalb oder unterhalb des aktuellen Verzeichnisses.

Mit NACH-RECHTS wählen Sie das erste Unterverzeichnis im aktuellen Verzeichnis.

Mit NACH-LINKS gelangen Sie zur nächsten Verzeichnisebene über dem aktuellen Verzeichnis.

Zu einem vorhergehenden Verzeichnis auf derselben Verzeichnisebene gelangen Sie mit STRG+NACH-OBEN.

Zum nächsten Verzeichnis auf derselben Verzeichnisebene gelangen Sie mit STRG+NACH-UNTEN.

Mit BILD-NACH-OBEN wechseln Sie zum Verzeichnis ein Fenster über dem aktuellen Verzeichnis.

Mit BILD-NACH-UNTEN wechseln Sie zum Verzeichnis ein Fenster unter dem aktuellen Verzeichnis.

Mit POS1 gelangen Sie zum Stammverzeichnis.

Mit ENDE gelangen Sie zum letzten Verzeichnis in der Liste.

Mit der Buchstaben-Taste wechseln Sie zum Verzeichnis, dessen Verzeichnisname mit dem angegebenen Buchstaben beginnt.

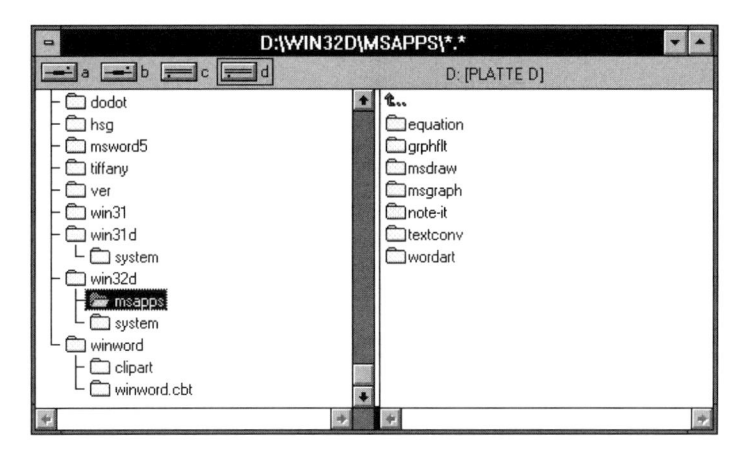

Bild 5.5: Verzeichnis auswählen

Datei oder Verzeichnis suchen

Suchen Sie *suchen* eine Datei oder ein Verzeichnis mit:

1. Markieren Sie das Laufwerkssymbol für den zu durchsuchenden Datenträger.
2. Markieren Sie das zu durchsuchende Verzeichnis.
3. Wählen Sie den Befehl SUCHEN im Menü DATEI.
4. Tragen Sie den Dateinamen oder den Verzeichnisnamen in das Textfeld SUCHEN NACH ein. Sie können zur Bildung von Dateigruppen oder Verzeichnisgruppen die Platzhalterzeichen * und ? verwenden.
5. Wenn der gesamte Datenträger und nicht nur das ausgewählte Verzeichnis durchsucht werden soll, geben Sie den Laufwerksbuchstaben ein.

    Wählen Sie vorher das Verzeichnis, von dem aus die Suche erfolgen soll.
6. Wählen Sie OK.

Die gefundenen Dateien und Verzeichnisse werden in einem Fenster angezeigt. Sie können auf das Suchergebnis die Befehle des Menüs DATEI verwenden.

Sie starten gefundene Anwendungen oder laden gefundene Dokumente mit:

❐ Doppelklicken Sie auf den Dateinamen einer Anwendung oder eines verknüpften Dokuments.

Statuszeile anzeigen

Statuszeile Sie zeigen die *Statuszeile* im Verzeichnisstruktur-Fenster an mit:

❐ Wählen Sie STATUSZEILE im Menü OPTIONEN.

   In der Statuszeile wird die Anzahl der auf dem Laufwerk verfügbaren Bytes angezeigt. Für ein Netzwerklaufwerk wird auch der Netzwerkpfad für das Laufwerk angegeben.

Mit Verzeichnisfenstern arbeiten 185

5.3 Mit Verzeichnisfenstern arbeiten

Wir ordnen der Teilaufgabe *Mit Verzeichnisfenstern arbeiten* folgende Arbeiten zu:

- Verzeichnisfenster öffnen
- Offenes Verzeichnisfenster wählen
- Inhalt eines Verzeichnisfensters ersetzen
- Verzeichnisfenster schließen
- Eine Datei oder ein Verzeichnis wählen
- Mehrere Dateien oder Verzeichnisse wählen
- Alle Dateien wählen
- Auswahl aufheben
- Umfang der Dateianzeige bestimmen
- Format der Dateianzeige bestimmen
- Reihenfolge von Dateien und Verzeichnissen bestimmen
- Weitere Anzeigeoptionen bestimmen
- Verzeichnisfenster aktualisieren
- Dateien oder Verzeichnisse suchen

Verzeichnisfenster öffnen

Verzeichnisfenster öffnen

Sie müssen zur Anzeige des Inhaltes eines Verzeichnisses ein *Verzeichnisfenster öffnen* (siehe Bild 5.6). Es können mehrere Verzeichnisfenster geöffnet werden.

Beispiele für Verzeichnisfenster ohne oder mit allen Dateiangaben sehen Sie in Bild 5.6 und Bild 5.7.

Sie öffnen ein Verzeichnisfenster mit den folgenden Schritten:

Schrittfolge für die Maus:

- Doppelklicken Sie auf den Verzeichnisnamen.

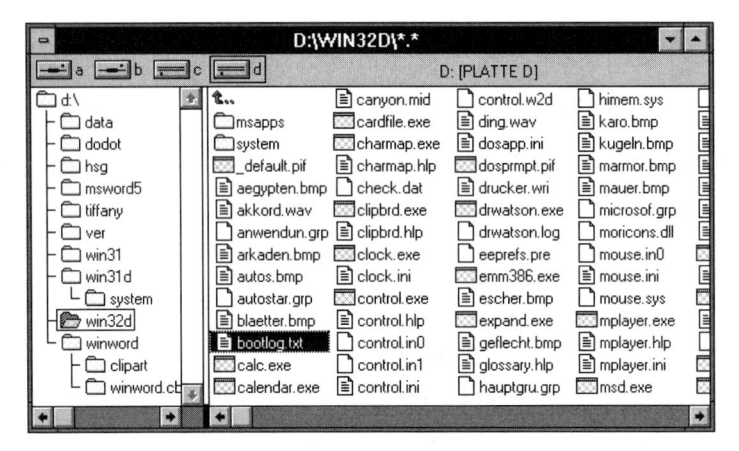

186 Kapitel 5 – Datei-Manager – Verzeichnisse und Dateien verwalten

Bild 5.6: Verzeichnisfenster ohne alle Dateiangaben

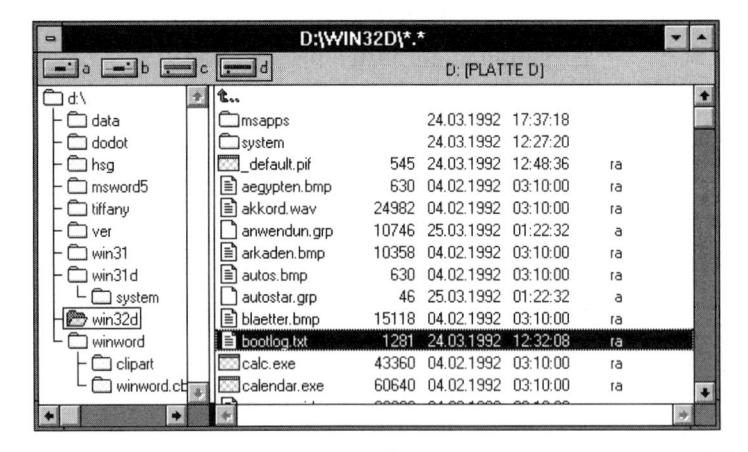

Bild 5.7: Verzeichnisfenster mit allen Dateiangaben

Schrittfolge für die Tastatur:

1. Markieren Sie das zu öffnende Verzeichnis.
2. Drücken Sie die EINGABE-Taste.

   Oder wählen Sie den Befehl ÖFFNEN im Menü DATEI.

Mit Verzeichnisfenstern arbeiten

Es werden alle Dateien und Unterverzeichnisse im Verzeichnisfenster angezeigt. Die Symbole links von den Dateinamen stehen für den Dateityp. Das Laufwerk und der Verzeichnispfad werden in der Titelleiste angegeben.

Offenes Verzeichnisfenster wählen

Offen Ein *offenes Verzeichnisfenster wählen* Sie wie folgt:

Schrittfolge für die Maus:

❐ Klicken Sie im gewünschten Verzeichnisfenster.

Schrittfolge für die Tastatur:

❐ Wählen Sie mit STRG+F6 das gewünschte Verzeichnisfenster.
Oder wählen Sie das Verzeichnis im Menü FENSTER.

Inhalt eines Verzeichnisfensters aktualisieren

Inhalt Den *Inhalt* eines Verzeichnisfensters *aktualisieren* Sie durch ein neues Verzeichnis mit:

❐ Wählen Sie den Befehl AKTUALISIEREN im Menü FENSTER.

Die nun geöffneten Verzeichnisse aktualisieren den Inhalt des aktiven Verzeichnisfensters.

Verzeichnisfenster schließen

Schließen Sie *schließen ein* aktives Verzeichnisfenster wie folgt:

Schrittfolge für die Maus:

❐ Doppelklicken Sie auf das Systemmenüfeld.

Schrittfolge für die Tastatur:

1. Drücken Sie ALT-BINDESTRICH.
2. Wählen Sie den Befehl SCHLIESSEN im SYSTEMMENÜ.

Eine Datei oder ein Verzeichnis wählen

Einfache Auswahl

In einem Verzeichnisfenster *wählen* Sie *eine* Datei oder ein Verzeichnis mit den folgenden Schritten aus:

Schrittfolge für die Maus:

❐ Klicken Sie auf den auszuwählenden Dateinamen oder Verzeichnisnamen.

Schrittfolge für die Tastatur:

❐ Verwenden Sie für die Auswahl die folgenden Tastenfunktionen:

❐ Mit NACH-OBEN/NACH-UNTEN wählen Sie eine Datei oder ein Verzeichnis über oder unter der aktuellen Auswahl.

❐ Mit BILD-NACH-OBEN wählen Sie eine Datei oder ein Verzeichnis ein Fenster über der aktuellen Auswahl.

❐ Mit BILD-NACH-UNTEN wählen Sie eine Datei oder ein Verzeichnis ein Fenster unter der aktuellen Auswahl.

❐ Mit der ENDE-Taste wählen Sie die letzte Datei oder das letzte Verzeichnis in der Liste.

❐ Mit der POS1-Taste wählen Sie die erste Datei oder das erste Verzeichnis in der Liste.

❐ Mit einer Buchstaben-Taste wählen Sie die nächste Datei oder das nächste Verzeichnis, dessen Name mit dem angegebenen Buchstaben beginnt.

Mehrere Dateien oder Verzeichnisse wählen

Mehrfache Auswahl

In einem Verzeichnisfenster wählen Sie eine *Gruppe* von Dateien oder Verzeichnissen mit den folgenden Schritten aus (siehe Bild 5.8):

Schrittfolge für die Maus:

1. Klicken Sie auf die erste Datei oder das erste Verzeichnis der Gruppe.
2. Halten Sie die UMSCHALT-Taste gedrückt, und klicken Sie auf das letzte Element der Gruppe.

Schrittfolge für die Tastatur:

❏ Wählen Sie die Gruppe mit UMSCHALT+RICHTUNG.

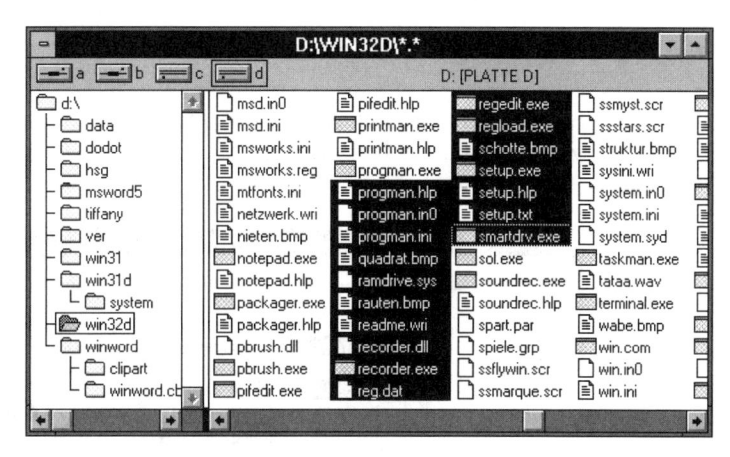

Bild 5.8: Zusammenhängende Gruppe markieren

Sie wählen *zusätzliche Gruppen* von Dateien oder Verzeichnissen wie folgt aus:

Kapitel 5 – Datei-Manager – Verzeichnisse und Dateien verwalten

Schrittfolge für die Maus:

1. Halten Sie die STRG-Taste gedrückt, und klicken Sie auf das erste Element der nächsten Gruppe.
2. Halten Sie STRG+UMSCHALT gedrückt, und klicken Sie auf das letzte Element der nächsten Gruppe.

Schrittfolge für die Tastatur:

1. Drücken Sie UMSCHALT+F8. Der Cursorbalken blinkt.
2. Gehen Sie mit den RICHTUNG-Tasten zum ersten Element der nächsten Gruppe.
3. Markieren Sie mit der LEER-Taste das erste Element der nächsten Gruppe.
4. Markieren Sie mit den UMSCHALT+RICHTUNG-Tasten die anderen Elemente der Gruppe.
5. Drücken Sie am Ende UMSCHALT+F8.

Sie wählen *nicht aufeinanderfolgende* Dateien oder Verzeichnisse wie folgt aus (siehe Bild 5.9):

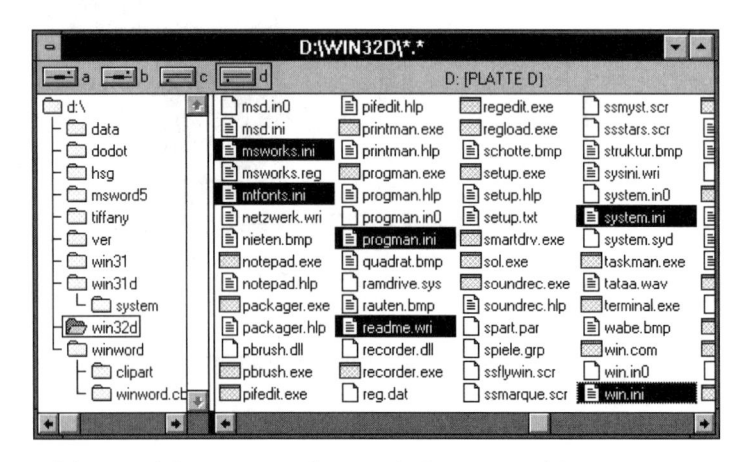

Bild 5.9: Nicht zusammenhängende Gruppe markieren

Mit Verzeichnisfenstern arbeiten

Schrittfolge für die Maus:

❑ Halten Sie die STRG-Taste gedrückt, und klicken Sie auf das zu markierende Element.

Schrittfolge für die Tastatur:

1. Drücken Sie UMSCHALT+F8. Der Cursorbalken blinkt.
2. Gehen Sie mit den RICHTUNG-Tasten zu einem Element.
3. Markieren Sie mit der LEER-Taste das Element.
4. Drücken Sie am Ende UMSCHALT+F8.

Alle Dateien wählen

Alle Dateien   In einem Verzeichnisfenster wählen Sie *alle Dateien* aus mit:

❑ Wählen Sie den Befehl DATEIEN AUSWÄHLEN im Menü DATEI.

In der Dialogbox DATEIEN AUSWÄHLEN lassen Sie im Feld DATEIEN *.* stehen, und drücken Sie die Schaltfläche AUSWÄHLEN, oder drücken Sie STRG+#.

Sie heben die vorherige Auswahl auf mit:

❑ Wählen Sie die Schaltfläche AUSWAHL AUFHEBEN in der Dialogbox.

Oder drücken Sie STRG+^.

Auswahl aufheben

Aufheben   Die Auswahl für ein *einzelnes gewähltes Element* heben Sie wie folgt auf:

Schrittfolge für die Maus:

❏ Halten Sie die STRG-Taste gedrückt, und klicken Sie auf das ausgewählte Element.

Schrittfolge für die Tastatur:

❏ Halten Sie UMSCHALT+F8 gedrückt, gehen Sie zum Element, und betätigen Sie die LEER-Taste.

Die Auswahl für *alle ausgewählten Elemente* heben Sie wie folgt auf:

Schrittfolge für die Maus:

❏ Klicken Sie auf ein nicht ausgewähltes Element.

Schrittfolge für die Tastatur:

❏ Wählen Sie den Befehl DATEI AUSWÄHLEN im Menü DATEI.

Mit dem Buchstaben A wählen Sie die Option AUSWAHL AUFHEBEN.

Umfang der Dateianzeige bestimmen

Dateiumfang

Die im Verzeichnisfenster angezeigten Elemente können wie folgt bestimmt werden (siehe Bild 5.10):

1. Wählen Sie den Befehl ANGABEN AUSWÄHLEN im Menü ANSICHT.

2. Wählen Sie eine der folgenden Optionen und dann OK.

   In der Option NAME geben Sie die Datei an, deren Anzeige verändert werden soll. Die Platzhalterzeichen * und ? können eingesetzt werden.

Mit Verzeichnisfenstern arbeiten

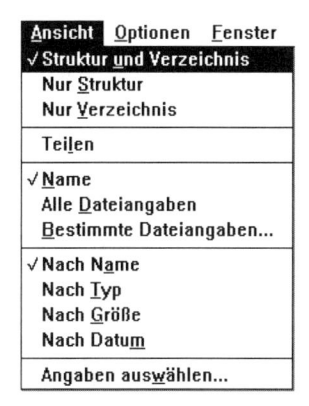

```
Ansicht  Optionen  Fenster
√ Struktur und Verzeichnis
  Nur Struktur
  Nur Verzeichnis
  Teilen
√ Name
  Alle Dateiangaben
  Bestimmte Dateiangaben...
√ Nach Name
  Nach Typ
  Nach Größe
  Nach Datum
  Angaben auswählen...
```

Bild 5.10: Menü für Dateianzeige

❐ Mit DATEITYP bestimmen Sie den angezeigten Dateityp.

❐ Mit VERZEICHNISSE werden die in allen Verzeichnissen enthaltenen Verzeichnisse angezeigt.

❐ Mit PROGRAMME werden alle Dateien mit den Erweiterungen EXE, COM, PIF oder BAT angezeigt.

❐ Mit DOKUMENTE werden Dokumentdateien angezeigt.

❐ Mit ANDERE DATEIEN wählen Sie andere Dateien aus.

❐ Mit VERSTECKTE/SYSTEMDATEIEN ANZEIGEN werden alle versteckten Dateien oder Systemdateien angezeigt (siehe Bild 5.11).

Über die Tastatur kann mit STRG+^ die Auswahl aufgehoben werden.

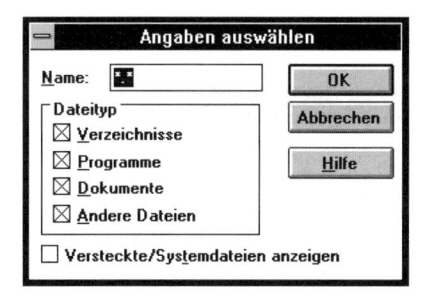

Bild 5.11: Dialogfeld Angaben auswählen

Wenn das Verzeichnisstruktur-Fenster aktiv ist, gelten die gewählten Optionen für alle nachfolgend geöffneten Verzeichnisfenster.

Format der Dateianzeige bestimmen

Anzeige-format
Das Anzeigeformat der für eine Datei angezeigten Informationen legen Sie im Menü ANSICHT fest:

❐ Wählen Sie im Menü ANSICHT die Option NACH NAME. Es werden die Dateinamen und Verzeichnisnamen angezeigt.

Oder wählen Sie im Menü ANSICHT die Option ALLE DATEIANGABEN. Es werden Name, Größe, Datum der letzten Bearbeitung und Dateiattribute angezeigt.

Oder wählen Sie im Menü ANSICHT die Option BESTIMMTE DATEIANGABEN (siehe Bild 5.12). Sie können die Ansichtoptionen selbst wählen.

❐ Mit der Option NACH GRÖSSE wird die Größe jeder Datei in Bytes angezeigt.

❐ Mit NACH DATUM wird das Datum, an dem die Datei zuletzt bearbeitet wurde, angegeben.

❐ Im Dialogfenster BESTIMMTE DATEIANGABEN kann die Uhrzeit, zu der die Datei zuletzt bearbeitet wurde, angezeigt werden.

❐ Mit DATEIATTRIBUTE können Zugriffsattribute für eine Datei gesetzt werden (A für Archiv, S für System, H für Versteckt und R für Schreibgeschützt oder Nur-Lesen). Außerdem kann mit dem Schaltfeld VERSTECKTE/SYSTEMDATEIEN die Anzeige von versteckten Dateien und von Systemdateien ein- oder ausgeschaltet werden.

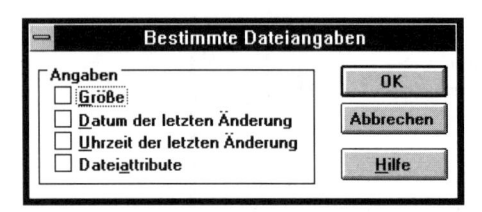

Bild 5.12: Dialogfeld Bestimmte Dateiangaben

Wenn das Verzeichnisstruktur-Fenster aktiv ist, gelten die gewählten Optionen für alle nachfolgend geöffneten Verzeichnisfenster.

Reihenfolge von Dateien und Verzeichnissen bestimmen

Reihenfolge Die *Reihenfolge* der angezeigten Dateien und Verzeichnisse bestimmen Sie im Menü ANSICHT:

- Wählen Sie im Menü ANSICHT die Option NACH NAME.
  Oder wählen Sie im Menü ANSICHT die Option NACH TYP.
  Oder wählen Sie im Menü ANSICHT eine andere Ansicht.
- Mit der Option NAME werden die Dateien in alphabetischer Reihenfolge nach Dateinamen sortiert.
- Mit NACH TYP werden die Dateien zuerst nach der Namenserweiterung und dann nach dem Dateinamen sortiert.
- Mit der Option GRÖSSE werden die Dateien von der größten zur kleinsten Dateigröße sortiert.
- Mit NACH DATUM werden die Dateien nach dem Datum der letzten Bearbeitung sortiert, beginnend mit dem neuesten Datum.
- Im Menü OPTIONEN können Sie mit EINSTELLUNGEN BEIM BEENDEN SPEICHERN die gewählten Optionen für die folgenden Sitzungen abspeichern.

Wenn das Verzeichnisstruktur-Fenster aktiv ist, gelten die gewählten Optionen für alle nachfolgend geöffneten Verzeichnisfenster.

Weitere Anzeigeoptionen bestimmen

Weitere Optionen Sie können im Menü OPTIONEN *weitere Optionen* für die Anzeige im Verzeichnisfenster wählen:

- Wählen Sie die Option SCHRIFTART im Menü OPTIONEN.

Oder wählen Sie die Option STATUSZEILE im Menü OPTIONEN. Im Verzeichnisfenster wird unten eine Statuszeile angezeigt.

Oder wählen Sie die Option SYMBOL NACH PROGRAMMSTART im Menü OPTIONEN. Das Fenster des Datei-Managers wird bei Ausführung einer Anwendung zu einem Symbol verkleinert.

Verzeichnisfenster aktualisieren

Aktualisieren Sie *aktualisieren* die Angaben in einem Fenster des Datei-Managers mit:

❏ Wählen Sie den Befehl AKTUALISIEREN im Menü FENSTER.

Datei oder Verzeichnis suchen

Suchen Sie *suchen* eine Datei oder ein Verzeichnis mit (siehe Bild 5.13):

1. Markieren Sie das Laufwerkssymbol für den zu durchsuchenden Datenträger.

2. Markieren Sie das zu durchsuchende Verzeichnis.

3. Wählen Sie den Befehl SUCHEN im Menü DATEI.

4. Tragen Sie den Dateinamen oder den Verzeichnisnamen in das Textfeld SUCHEN NACH ein. Sie können zur Bildung von Dateigruppen oder Verzeichnisgruppen die Platzhalterzeichen * und ? verwenden.

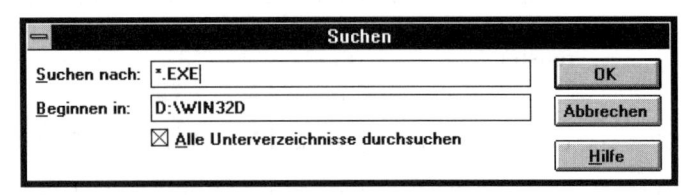

Bild 5.13: Dialogfeld Suchen

5. Geben Sie im Feld BEGINNEN IN den Pfad bis dahin an, wo die Suche beginnen soll. Markieren Sie die Schaltfläche ALLE UNTERVERZEICHNISSE DURCHSUCHEN.

6. Wählen Sie OK.

Die gefundenen Dateien und Verzeichnisse werden in einem Fenster angezeigt (siehe Bild 5.14). Sie können auf das Suchergebnis die Befehle des Menüs DATEI verwenden.

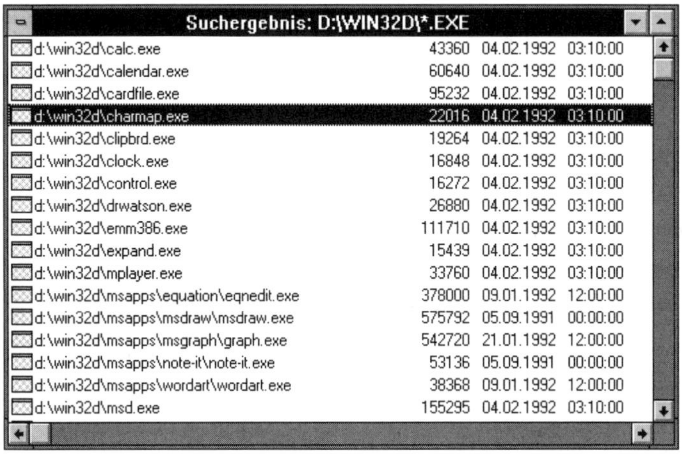

```
Suchergebnis: D:\WIN32D\*.EXE
d:\win32d\calc.exe              43360  04.02.1992  03:10:00
d:\win32d\calendar.exe          60640  04.02.1992  03:10:00
d:\win32d\cardfile.exe          95232  04.02.1992  03:10:00
d:\win32d\charmap.exe           22016  04.02.1992  03:10:00
d:\win32d\clipbrd.exe           19264  04.02.1992  03:10:00
d:\win32d\clock.exe             16848  04.02.1992  03:10:00
d:\win32d\control.exe           16272  04.02.1992  03:10:00
d:\win32d\drwatson.exe          26880  04.02.1992  03:10:00
d:\win32d\emm386.exe           111710  04.02.1992  03:10:00
d:\win32d\expand.exe            15439  04.02.1992  03:10:00
d:\win32d\mplayer.exe           33760  04.02.1992  03:10:00
d:\win32d\msapps\equation\eqnedit.exe   378000  09.01.1992  12:00:00
d:\win32d\msapps\msdraw\msdraw.exe      575792  05.09.1991  00:00:00
d:\win32d\msapps\msgraph\graph.exe      542720  21.01.1992  12:00:00
d:\win32d\msapps\note-it\note-it.exe     53136  05.09.1991  00:00:00
d:\win32d\msapps\wordart\wordart.exe     38368  09.01.1992  12:00:00
d:\win32d\msd.exe              155295  04.02.1992  03:10:00
```

Bild 5.14: Fenster mit Suchergebnis

Sie *starten* gefundene Anwendungen oder laden gefundene Dokumente mit:

❐ Doppelklicken Sie auf den Dateinamen einer Anwendung oder eines verknüpften Dokuments.

5.4 Fenster anordnen

Wir ordnen der Teilaufgabe *Fenster anordnen* folgende Arbeiten zu:

❏ Fenster überlappend anordnen

❏ Fenster nebeneinander anordnen

Fenster überlappend anordnen

Überlappend   Sie können *Fenster* so anordnen, daß durch *Überlappung* die Titelleiste jedes Fensters sichtbar bleibt:

❏ Wählen Sie den Befehl ÜBERLAPPEND im Menü FENSTER. Die Fenster werden einander überlappend mit sichtbarer Titelleiste angeordnet.

Fenster nebeneinander anordnen

Neben-   Sie können *Fenster* so anordnen, daß alle Fenster *nebeneinander*
einander   angezeigt werden:

❏ Wählen Sie den Befehl NEBENEINANDER im Menü FENSTER. Die Fenster werden ohne Überlappung nebeneinander angeordnet.

Verzeichnisfenster teilen

Teilen   Verzeichnisfenster sind durch eine senkrechte Linie, den Fensterteiler, in zwei Hälften geteilt. Diese Teilung läßt sich sich verändern, zum Beispiel um einen besseren Überblick eine größere Zahl von Dateien im Verzeichnis zu gewinnen.

Sie teilen das Verzeichnisfenster wie folgt:

Schrittfolge für die Maus:

1. Setzen Sie den Mauszeiger auf den Fensterteiler.

   Der Mauszeiger ändert sein Aussehen zu einem Doppelpfeil, der das Verschieben des Fensterteilers ermöglicht.

2. Halten Sie die Maustaste gedrückt, und ziehen Sie den Mauszeiger dorthin, wo der Fensterteiler stehen soll.

3. Lassen Sie die Maustaste los.

Schrittfolge für die Tastatur:

1. Im Menü ANSICHT wählen Sie den Befehl TEILEN.

   Dadurch wechselt der Cursor sein Aussehen zu einem Balken-Cursor.

2. Der Balken-Cursor läßt sich dann mit den Richtungstasten verschieben.

   Mit der ESC-Taste können Sie den Balken-Cursor in einen normalen Cursor zurückverwandeln.

5.5 Anwendungen und Dokumente einsetzen

Wir ordnen der Teilaufgabe *Anwendungen und Dokumente einsetzen* folgende Arbeiten zu:

- Anwendung starten
- Dokument verknüpfen
- Dokument öffnen
- Anwendungen mit dem Befehl AUSFÜHREN starten

Anwendung starten

Starten Sie starten ein Anwendungsprogramm im *Datei-Manager* durch Öffnen der Programmdatei im Verzeichnisfenster. Eine Programmdatei ist an der Dateiendung COM, EXE, BAT oder PIF erkennbar.

Sie *starten* ein Anwendungsprogramm aus einem Verzeichnisfenster im Datei-Manager mit dem folgenden Verfahren:

Schrittfolge für die Maus:

1. Starten Sie den Datei-Manager, und öffnen Sie das Verzeichnisfenster, das die Programmdatei enthält.

2. Doppelklicken Sie auf den Dateinamen des Anwendungsprogramms.

Schrittfolge für die Tastatur:

1. Starten Sie den Datei-Manager, und öffnen Sie das Verzeichnisfenster, das die Programmdatei enthält.
2. Markieren Sie mit den RICHTUNG-Tasten den Dateinamen des Anwendungsprogramms.
3. Drücken Sie die EINGABE-Taste.

Oder wählen Sie den Befehl ÖFFNEN im Menü DATEI.

Sie können mit dem Befehl SYMBOL NACH PROGRAMMSTART im Menü OPTIONEN das Fenster des Datei-Managers beim Starten einer Anwendung zu einem Symbol verkleinern.

Dokument verknüpfen, ändern und löschen

Verknüpfen

Dokumente können Sie mit Anwendungen *verknüpfen*. Beim Öffnen eines Dokuments wird dann die zugehörige Anwendung gestartet und das verknüpfte Dokument geladen. Der Verknüpfung von Dokumenten mit Anwendungen liegt die Namenserweiterung der Dokumentdateien zugrunde.

Sie verknüpfen ein Dokument mit (siehe Bild 5.15):

1. Öffnen Sie ein Verzeichnisfenster, welches ein Dokument mit der gewünschten Dateinamenserweiterung enthält.
2. Markieren Sie den Dateinamen.
3. Wählen Sie den Befehl VERKNÜPFEN im Menü DATEI.
4. Tragen Sie in das Textfeld den Dateinamen der Anwendung ein. Für den Zugriff auf eine Anwendung, die nicht im aktuellen Verzeichnis steht, ist der vollständige Pfadname anzugeben.
5. Wählen Sie OK.

Anwendungen und Dokumente einsetzen 201

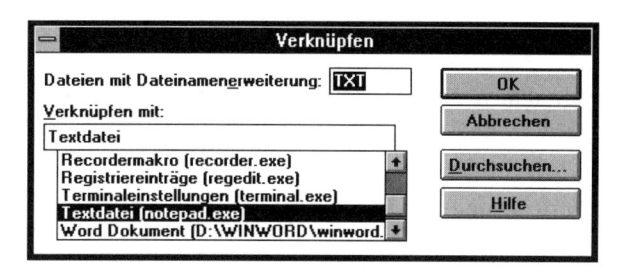

Bild 5.15: Dialogfeld Verknüpfen

Ändern   Sie *ändern* Verknüpfungen wie folgt:

1. Markieren Sie im Verzeichnisfenster eine Datei mit der Erweiterung, deren Verknüpfung Sie ändern möchten. Vergewissern Sie sich vorher, ob die Datei auch verknüpft ist.
2. Im Menü DATEI wählen Sie den Befehl VERKNÜPFEN. Daraufhin wird das Dialogfeld VERKNÜPFEN angezeigt.
3. Die Dateinamenserweiterung der gewählten Datei erscheint im Feld DATEIEN MIT DATEINAMENERWEITERUNG.
4. Wählen Sie im Feld VERKNÜPFEN MIT die Anwendung, die Sie mit der Dateinamenserweiterung verknüpfen wollen.
5. Wählen Sie OK.

Löschen   Wenn Verknüpfungen entfernt werden sollen, weil es zum Beispiel das Ursprungsprogramm nicht mehr gibt, dann können Sie Verknüpfungen löschen.

Sie löschen eine Verknüpfung folgendermaßen:

1. Markieren Sie im Verzeichnisfenster die Datei, deren Verknüpfung Sie aufheben wollen.
2. Im Menü DATEI wählen Sie dann den Befehl VERKNÜPFEN.
3. Im Dialogfeld VERKNÜPFEN wählen Sie aus dem Listenfeld den Eintrag KEINE.
4. Wählen Sie OK.

Dokument öffnen

Öffnen   Sie *öffnen* ein Dokument im Verzeichnisfenster mit dem folgenden Verfahren:

Schrittfolge für die Maus:

1. Verknüpfen Sie das Dokument mit der zugehörigen Anwendung.
2. Doppelklicken Sie auf das Dokument, und starten Sie die damit verknüpfte Anwendung.

   Oder ziehen Sie das Dokument auf die Anwendung, mit der es eröffnet werden soll.

Schrittfolge für die Tastatur:

1. Verknüpfen Sie das Dokument mit der zugehörigen Anwendung.
2. Markieren Sie das Dokument.
3. Wählen Sie den Befehl ÖFFNEN im Menü DATEI.

   Oder drücken Sie die EINGABE-Taste.

Anwendungen mit dem Befehl Ausführen starten

Ausführen   Sie *starten* mit dem Befehl AUSFÜHREN eine Anwendung und öffnen ein Dokument wie folgt (siehe Bild 5.16):

1. Wählen Sie den Befehl AUSFÜHREN im Menü DATEI.
2. Geben Sie den Dateinamen der Anwendung ein. Der vollständige Pfadname ist anzugeben, wenn auf die Anwendung nicht im aktuellen Verzeichnis zugegriffen werden kann.
3. Zum Öffnen eines Dokuments geben Sie nach dem Dateinamen der Anwendung ein Leerzeichen und den Namen des Dokuments ein.

4. Wählen Sie das Kontrollfeld ALS SYMBOL zum Verkleinern des Anwendungsfensters beim Start zu einem Symbol.
5. Wählen Sie OK.

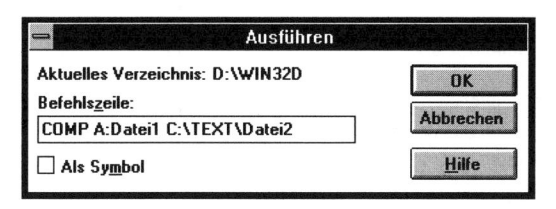

Bild 5.16: Dialogfeld Ausführen

5.6 Dateien und Verzeichnisse organisieren

Wir ordnen der Teilaufgabe *Dateien und Verzeichnisse organisieren* folgende Arbeiten zu (siehe Bild 5.17):

- Verzeichnis erstellen
- Dateien oder Verzeichnisse kopieren
- Dateien oder Verzeichnisse verschieben
- Dateien oder Verzeichnisse löschen
- Dateien oder Verzeichnisse umbenennen
- Dateiattribute festlegen
- Datei drucken
- Warnmeldungen unterdrücken
- Dokument öffnen

Kapitel 5 – Datei-Manager – Verzeichnisse und Dateien verwalten

```
Datei  Datenträger  Verzeichnisse  Ansicht
Öffnen                Eingabetaste
Verschieben...        F7
Kopieren...           F8
Löschen...            Entf
Umbenennen...
Eigenschaften...      Alt+Eingabetaste
Ausführen...
Drucken...
Verknüpfen...
Verzeichnis erstellen...
Suchen...
Dateien auswählen...
Beenden
```

Bild 5.17: *Dateien verwalten*

Verzeichnis erstellen

Erstellen   Sie *erstellen* ein neues Verzeichnis wie folgt (siehe Bild 5.18):

1. Wählen Sie das Verzeichnisfenster, in dem das neue Verzeichnis erstellt werden soll.

2. Wählen Sie den Befehl VERZEICHNIS ERSTELLEN im Menü DATEI.

3. Geben Sie den Verzeichnisnamen an, und wählen Sie OK.

   Der Verzeichnispfad ist anzugeben, wenn das Verzeichnis nicht im aktuellen Verzeichnis erstellt werden soll.

```
             Verzeichnis erstellen
Aktuelles Verzeichnis: D:\DATA          [  OK  ]
Name: [                    ]            [Abbrechen]
                                         [ Hilfe ]
```

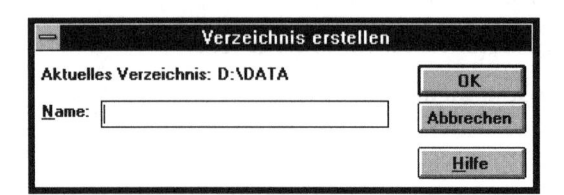

Bild 5.18: *Dialogfeld Verzeichnis erstellen*

Dateien und Verzeichnisse organisieren 205

Dateien oder Verzeichnisse kopieren

Kopieren Es können eine Datei oder mehrere Dateien von einem Quellverzeichnis zu einem Zielverzeichnis oder zu einem anderen Laufwerk *kopiert* werden. Eine Datei oder ein Verzeichnis kann in das Verzeichnisstruktur-Fenster, zu einem anderen Verzeichnisfenster, zu einem Verzeichnissymbol oder zu einem Laufwerkssymbol kopiert werden (siehe Bild 5.19).

Sie kopieren eine Datei oder ein Verzeichnis mit den folgenden Schritten:

Schrittfolge für die Maus:

1. Wählen Sie die zu kopierende Datei oder das zu kopierende Verzeichnis. Eine Datei kann nur aus einem Verzeichnisfenster kopiert werden. Das Quell- und das Zielverzeichnis müssen sichtbar sein.

2. Halten Sie die STRG-Taste gedrückt und ziehen das Element zum Zielverzeichnis.

   Oder ziehen Sie das Symbol oder den Namen zu einem Laufwerkssymbol. Beim Kopieren eines Verzeichnisses werden alle Dateien und Unterverzeichnisse mitkopiert.

3. Bestätigen Sie mit JA.

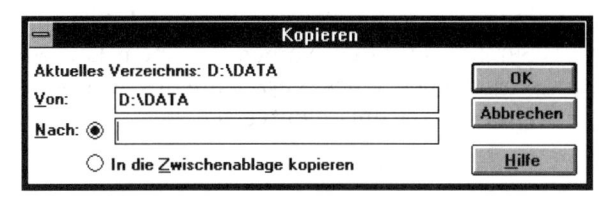

Bild 5.19: Dialogfeld Kopieren

Schrittfolge für die Tastatur:

1. Wählen Sie die zu kopierenden Dateien oder Verzeichnisse. Es können Dateien nur in einem Verzeichnisfenster ausgewählt werden.

2. Wählen Sie den Befehl KOPIEREN im Menü DATEI.
3. Geben Sie in das Textfeld NACH den Pfadnamen des Ziels ein.
4. Wählen Sie die Schaltfläche OK. Beim Kopieren eines Verzeichnisses werden alle Dateien und Unterverzeichnisse mitkopiert.

Dateien oder Verzeichnisse verschieben

Verschieben Sie können ein Verzeichnis oder mehrere Verzeichnisse von einem Quellverzeichnis zu einem Zielverzeichnis oder zu einem anderen Laufwerk *verschieben*. Eine Datei oder ein Verzeichnis kann in das Verzeichnisstruktur-Fenster, zu einem anderen Verzeichnisfenster, zu einem Verzeichnissymbol oder zu einem Laufwerkssymbol verschoben werden.

Sie verschieben eine Datei oder ein Verzeichnis mit dem folgenden Verfahren:

Schrittfolge für die Maus:

1. Wählen Sie die Datei oder das Verzeichnis aus. Sie können Dateien nur aus einem Verzeichnisfenster verschieben. Das Quell- und das Zielverzeichnis müssen sichtbar sein.
2. Ziehen Sie das Element zum Zielverzeichnis.

   Oder halten Sie die ALT-Taste gedrückt, und ziehen Sie das Symbol oder den Namen zu einem Laufwerkssymbol. Beim Verschieben eines Verzeichnisses werden alle Dateien und Unterverzeichnisse mitverschoben.
3. Bestätigen Sie mit JA.

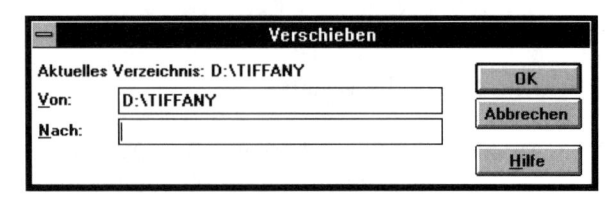

Bild 5.20: Dialogfeld Verschieben

Schrittfolge für die Tastatur:

1. Wählen Sie die Dateien oder Verzeichnisse aus. Sie können Dateien nur in einem Verzeichnisfenster auswählen.
2. Wählen Sie den Befehl VERSCHIEBEN im Menü DATEI.
3. Geben Sie in das Textfeld NACH den Pfadnamen des Ziels ein.
4. Wählen Sie die Schaltfläche OK (siehe Bild 5.20).

Beim Verschieben eines Verzeichnisses werden alle Dateien und Unterverzeichnisse mitverschoben.

Dateien oder Verzeichnisse löschen

Löschen Beim *Löschen* eines Verzeichnisses entfernt der Datei-Manager die Dateien und Verzeichnisse innerhalb des ausgewählten Verzeichnisses. Gelöschte Dateien und Verzeichnisse können in Windows nicht wiederhergestellt werden.

Sie *löschen* Dateien oder Verzeichnisse mit:

1. Markieren Sie die zu löschenden Dateien oder Verzeichnisse. Sie können Dateien nur in einem Verzeichnisfenster markieren.
2. Wählen Sie den Befehl LÖSCHEN im Menü DATEI.
3. Wählen Sie OK zum Entfernen der im Textfeld aufgeführten Dateien.

   Sie können vor dem Löschen einen anderen Dateinamen oder Verzeichnisnamen eingeben.
4. Bestätigen Sie mit JA.

Dateien oder Verzeichnisse umbenennen

Umbenennen Der Name einer Datei oder eines Verzeichnisses kann *umbenannt* werden. Sie können auch einer Gruppe von Dateien eine andere Namenserweiterung zuordnen (siehe Bild 5.21).

Sie benennen eine *Datei* oder ein *Verzeichnis* wie folgt um:

1. Markieren Sie die Datei oder das Verzeichnis, die/das umbenannt werden soll. Es können nur Dateien in einem Verzeichnisfenster markiert werden.
2. Wählen Sie den Befehl UMBENENNEN im Menü DATEI.
3. Tragen Sie den neuen Namen ein.
4. Wählen Sie OK. Der Datei-Manager fragt nach, ob eine bestehende Datei mit dem gleichen Namen durch die neue Datei ersetzt werden soll.

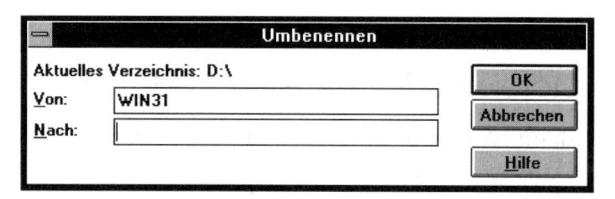

Bild 5.21: Dialogfeld Umbenennen

Sie geben folgendermaßen einer *Dateigruppe* neue Dateinamen:

1. Markieren Sie die Dateien der Dateigruppe. Es können nur Dateien in einem Verzeichnisfenster markiert werden.
2. Wählen Sie den Befehl UMBENENNEN im Menü DATEI.
3. Verwenden Sie für den neuen Dateinamen die Platzhalterzeichen ? und *.
4. Wählen Sie OK.

Dateiattribute festlegen

Attribute   *Dateiattribute* werden zur Begrenzung des Zugriffs auf eine Datei eingesetzt. Die gesetzten Dateiattribute einer Datei werden mit dem Befehl ALLE DATEIANGABEN im Menü ANZEIGE im Verzeichnisfenster angezeigt.

Sie setzen Dateiattribute mit folgenden Schritten (siehe Bild 5.22):

1. Öffnen oder wählen Sie das Verzeichnisfenster mit den gewünschten Dateien.

Dateien und Verzeichnisse organisieren 209

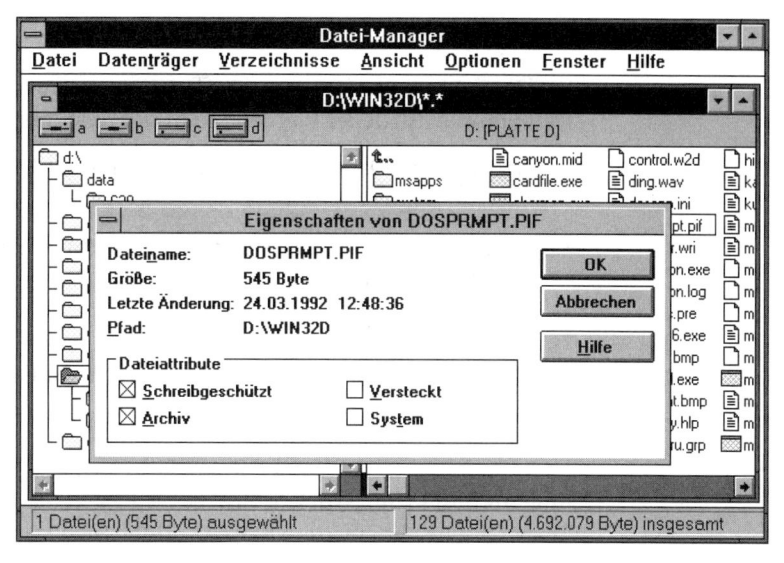

Bild 5.22: Dialogfeld Eigenschaften ändern

2. Markieren Sie die Datei oder die Dateien.
3. Wählen Sie den Befehl EIGENSCHAFTEN im Menü DATEI.
4. Setzen Sie die gewünschten Attribute, und beenden Sie mit OK.

❐ Das Attribut A für ARCHIV steht in der Attributspalte für veränderte Datei. Das Attribut wird bei der Sicherung mit BACKUP oder XCOPY zurückgesetzt.

❐ Das Attribut S für SYSTEM steht für eine Systemdatei, die nicht im Verzeichnisfenster angezeigt wird. Sie wird nur nach der Wahl von UNSICHTBARE/SYSTEMDATEIEN ANZEIGEN im Dialogfeld ANGABEN AUSWÄHLEN angezeigt.

❐ Das Attribut H für VERSTECKT steht für eine nicht im Verzeichnisfenster angezeigte Datei. Sie wird nur nach der Wahl von VERSTECKTE/SYSTEMDATEIEN ANZEIGEN im Dialogfeld ANGABEN AUSWÄHLEN angezeigt.

❐ Das Attribut R für SCHREIBGESCHÜTZT oder Nur-Lesen verhindert Schreibzugriffe auf die Datei. Die Datei kann nur gelesen werden.

Datei drucken

Drucken Im Datei-Manager können nur Textdateien ausgedruckt werden. Den Standarddrucker wählen Sie in der Systemsteuerung.

Sie *drucken* eine Datei mit den folgenden Schritten:

1. Öffnen oder wählen Sie das Verzeichnisfenster mit der zu druckenden Textdatei.
2. Wählen Sie die zu druckende Datei.
3. Wählen Sie den Befehl DRUCKEN im Menü DATEI.
4. Wählen Sie OK.

Eine andere Datei drucken Sie durch Eingabe des Namens in das Textfeld. Für eine weitere Kopie wählen Sie DRUCKEN erneut.

Warnmeldungen unterdrücken

Meldungen Sie *unterdrücken Warnmeldungen* wie folgt:

1. Wählen Sie BESTÄTIGEN im Menü OPTIONEN.
2. Wählen Sie im Listenfeld BESTÄTIGUNG EINHOLEN, und bestätigen Sie mit OK.

   Im Listenfeld stehen Ihnen die folgenden Felder zur Auswahl (siehe Bild 5.23):

   ❐ Die Option LÖSCHEN VON DATEIEN zeigt eine Warnmeldung vor dem Löschen einer Datei an.

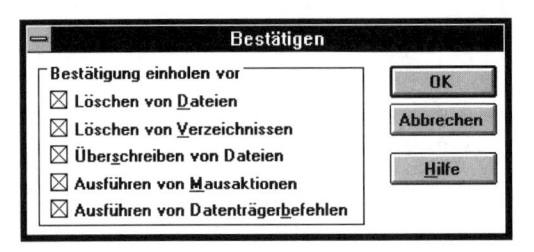

Bild 5.23: Dialogfeld Bestätigen

Datenträger verwalten

❏ Die Option LÖSCHEN VON VERZEICHNISSEN zeigt eine Warnmeldung vor dem Löschen eines Verzeichnisses an.

❏ Die Option ÜBERSCHREIBEN VON DATEIEN zeigt eine Warnmeldung vor dem Überschreiben einer vorhandenen Datei an.

❏ Die Option AUSFÜHREN VON MAUSAKTIONEN zeigt eine Warnmeldung vor der Ausführung einer Maushandlung zum Kopieren oder Verschieben an.

3. Bestätigen Sie mit OK.

Dokument öffnen

Öffnen Sie *öffnen* im Verzeichnisfenster ein *Dokument* mit dem folgenden Verfahren:

Schrittfolge für die Maus:

1. Verknüpfen Sie das Dokument mit der zugehörigen Anwendung.

2. Doppelklicken Sie auf das Dokument zum Starten der verknüpften Anwendung.

   Oder ziehen Sie das Dokument auf die Anwendung, mit der es geöffnet werden soll.

Schrittfolge für die Tastatur:

1. Verknüpfen Sie das Dokument mit der zugehörigen Anwendung.

2. Markieren Sie das zu öffnende Dokument.

3. Wählen Sie den Befehl ÖFFNEN im Menü DATEI.

   Oder drücken Sie die EINGABE-Taste.

5.7 Datenträger verwalten

Wir ordnen der Teilaufgabe *Datenträger verwalten* die folgenden Arbeiten zu:

❏ Diskette formatieren

❏ Diskette oder Platte benennen

❏ Diskette kopieren

❏ Systemdiskette erstellen

Diskette formatieren

Formatieren Sie *formatieren* eine Diskette mit den folgenden Schritten:

1. Legen Sie die zu formatierende Diskette in ein Diskettenlaufwerk ein.
2. Wählen Sie den Befehl DATENTRÄGER FORMATIEREN im Menü DATENTRÄGER (siehe Bild 5.24).

Bild 5.24: Menü Datenträger

3. Wählen Sie im Feld DATENTRÄGER den Buchstaben für das Laufwerk mit der zu formatierenden Diskette. Ihnen stehen die Optionen SYSTEMDATENTRÄGER und QUICKFORMAT zur Auswahl.
4. Tragen Sie unter OPTIONEN im Textfeld BEZEICHNUNG den Namen für den Datenträger ein (Länge des Namens bis zu 11 Zeichen).
5. Wählen Sie OK.

Diskette oder Platte benennen

Benennen Zur *Benennung* von Datenträgern (Disketten, Fest- und Wechselplatten) können Sie einen Datenträgernamen zuordnen.

Datenträger verwalten

Sie ordnen einen Datenträgernamen zu mit:

1. Wählen Sie das Laufwerkssymbol für die betreffende Diskette oder Platte.
2. Wählen Sie den Befehl DATENTRÄGER BENENNEN im Menü DATENTRÄGER.
3. Geben Sie im Dialogfeld DATENTRÄGER BENENNEN im Textfeld den neuen Datenträgernamen an. Der Name kann bis zu 11 Zeichen enthalten.
4. Wählen Sie OK.

Diskette kopieren

Kopieren

Beim *Kopieren* von Daten ist zu unterscheiden zwischen dem *dateiweisen* Kopieren von Dateien und Verzeichnissen einerseits und dem *spurweisen* Kopieren von gesamten Disketten andererseits.

- Für ein *dateiweises Kopieren* verwenden Sie den Befehl KOPIEREN im Menü DATEI.
- Ein *spurweises Kopieren* von ganzen Disketten ist nur möglich, wenn die Quelldiskette und die Zieldiskette das gleiche Aufzeichnungsformat aufweisen. Ist dies nicht der Fall, muß das Kopieren dateiweise mit dem Befehl KOPIEREN und den Platzhalterzeichen *.* erfolgen.

Sie *kopieren* eine gesamte *Diskette* spurweise mit:

1. Legen Sie die Quelldiskette in das Quellaufwerk ein. Bei mehreren Laufwerken legen Sie zusätzlich die Zieldiskette in das Ziellaufwerk ein.
2. Markieren Sie für die Quelldiskette das zugehörige Laufwerkssymbol.
3. Wählen Sie den Befehl DATENTRÄGER KOPIEREN im Menü DATENTRÄGER.

4. Geben Sie im Dialogfeld DATENTRÄGER KOPIEREN den Namen des Quelldatenträgers und des Zieldatenträgers an, und wählen Sie dann OK.

Nach dem Kopieren sind alle bisher auf der Zieldiskette gespeicherten Daten überschrieben.

Beim Verwenden von nur einem Laufwerk für das Quell- und das Ziellaufwerk folgen Sie den Anweisungen zum Diskettenwechsel.

Systemdiskette erstellen

Systemdiskette
Eine *Systemdiskette* enthält die zum Starten des Computers erforderlichen Betriebssystemdateien.

Sie erstellen eine Systemdiskette beim Formatieren einer Diskette mit den folgenden Schritten:

1. Wählen Sie das Laufwerkssymbol, welches die DOS-Betriebssystemdateien enthält.

2. Legen Sie die zu formatierende Systemdiskette in das Laufwerk ein.

3. Wählen Sie den Befehl SYSTEMDATENTRÄGER ERSTELLEN im Menü DATENTRÄGER.

4. Bei mehreren Laufwerken wählen Sie im Dialogfeld SYSTEMDATENTRÄGER ERSTELLEN den Laufwerksbuchstaben für das Laufwerk mit der zu formatierenden Diskette. Wählen Sie dann OK (siehe Bild 5.25).

Nach der Formatierung sind vorher auf der Diskette gespeicherte Informationen überschrieben.

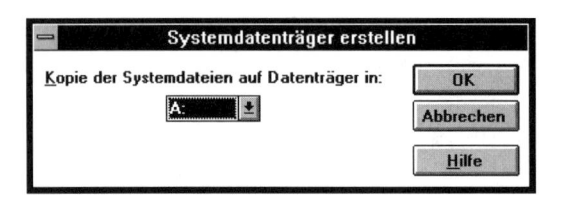

Bild 5.25: Systemdiskette erstellen

KAPITEL 6

DATEN ÜBERTRAGEN MIT DER ZWISCHENABLAGE

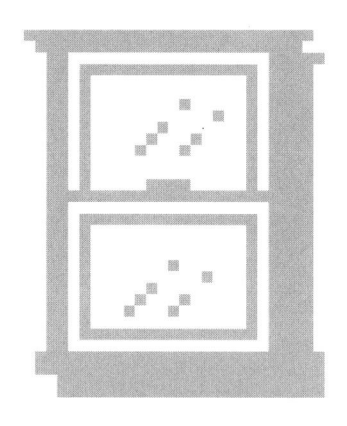

Die Zwischenablage dient der Speicherung von aus einer Anwendung kopierten Daten. Die gespeicherten Daten können bei Bedarf in eine Anwendung eingefügt werden. Damit unterstützt die Zwischenablage neben dem Kopieren und Verschieben von Daten in einem Programm den Austausch von Daten zwischen verschiedenen Programmen. Der Inhalt der Zwischenablage kann in einer Datei gespeichert werden.

6.1 Aufgaben, Fensterelemente und Tastatur

Anwendungen und Aufgaben

Mit der *Zwischenablage* können Daten aus einem Anwendungsprogramm zwischengespeichert und in ein anderes Anwendungsprogramm übertragen werden. Die Zwischenablage speichert aus Anwendungen ausgeschnittene oder kopierte Daten; sie kann die gespeicherten Daten in die gleiche Anwendung an unterschiedlichen Stellen oder in verschiedene andere Anwendungen einfügen.

Bei *Windows-Anwendungen* können die Daten durch Ausschneiden oder Kopieren in der Zwischenablage gespeichert werden. Es können auch der ganze Desktop oder einzelne Fenster übertragen werden.

Bei den *sonstigen Anwendungen*, die nicht für Windows konzipiert und in einem Fenster ausführbar sind, können ein Bereich, ein Fenster oder der Desktop in die Zwischenablage kopiert werden. Bei einer Vollbildanwendung wird der ganze Bildschirminhalt in der Zwischenablage gespeichert.

Sie können außerdem Informationen zwischen Dateien austauschen.

Aufgaben Die Zwischenablage rufen Sie in der Hauptgruppe des Programm-Managers auf. Beim Arbeiten mit der Zwischenablage sind die einzelnen *Teilaufgaben* den folgenden Aufgabengruppen für die Übertragung von Daten und die Verwaltung der Zwischenablage zugeordnet:

- Daten übertragen bei Windows-Programmen
- Daten übertragen bei sonstigen Anwendungsprogrammen
- Arbeitsspeicher freigeben
- Zwischenablage anzeigen
- Zwischenablage speichern und öffnen

Menüs Die Teilaufgaben der Zwischenablage werden mit den Befehlen und Optionen der *Menüs* DATEI, BEARBEITEN, ANSICHT und HILFE durchgeführt.

Fensterbereiche und Fensterelemente

Fenster	Ein typisches Fenster der *Zwischenablage* sehen Sie in Bild 6.1. Es besteht aus den Teilen Titelleiste, Menüleiste, Menü, Arbeitsbereich sowie horizontale und vertikale Bildlaufleiste.
Systemmenü-Feld	Im *Systemmenü-Feld* können beim Arbeiten mit der Tastatur die Systemfunktionen *Fenster verschieben, auf Vollbild vergrößern, auf Symbolgröße verkleinern* und *Umschalten zur Task-Liste* aufgerufen werden.
Fensterrahmen	Der *Fensterrahmen* begrenzt ein Anwendungsfenster oder ein Dokumentfenster. Der Fensterrahmen kann mit der Maus oder über das Systemmenü in seiner Größe verändert oder verschoben werden.
Titelleiste	In der *Titelleiste* wird der Name der Anwendung oder eines Dokuments angezeigt. Die Titelleiste des aktiven Fensters ist hervorgehoben.
Programmtitel	Der *Programmtitel* enthält bei einem Anwendungsfenster den Namen des Anwendungsprogramms und des Dokuments. Bei einem Dokumentfenster enthält er den Namen einer Programmgruppe, eines Verzeichnisses oder einer Datendatei.
Symbol-Feld	Mit der Schaltfläche *Symbol-Feld* wird das Anwendungsfenster zu einem Symbol verkleinert.
Vollbild-Feld	Mit der Schaltfläche *Vollbild-Feld* wird das Anwendungsfenster auf Bildschirmgröße vergrößert.
Menüleiste	Die *Menüleiste* zeigt die verfügbaren Menüs einer Anwendung an. Mit Hilfe der Menüleiste kann ein Menü oder eine Option angewählt werden.
Menü	Ein *Menü* wird aus einer Menüleiste ausgewählt und kann Untermenüs, Befehle oder Optionen enthalten.
Arbeitsbereich	Im *Arbeitsbereich* der Zwischenablage werden die Texte oder Bilder eines Dokuments angezeigt.
Cursorbalken	In einem Menü hebt der *Cursorbalken* die Menüauswahl hervor. Die Auswahl kann ein Untermenü, ein Befehl oder eine Option sein.

Aufgaben, Fensterelemente und Tastatur 219

a)	Systemmenü-Feld	
b)	Fensterrahmen	
c)	Menü	
d)	Cursorbalken	
e)	Programmtitel	
f)	Titelleiste	
g)	Symbol-Feld	
h)	Vollbild-Feld	
i)	Bildlaufpfeil nach oben	
j)	Vertikales Bildlauffeld	
k)	Vertikale Bildlaufleiste	
l)	Bildlaufpfeil nach unten	
m)	Bildlaufpfeil nach rechts	
n)	Horizontale Bildlaufleiste	
o)	Horizontales Bildlauffeld	
p)	Bildlaufpfeil nach links	
q)	Arbeitsbereich (Anzeigebereich)	
r)	Menüleiste	

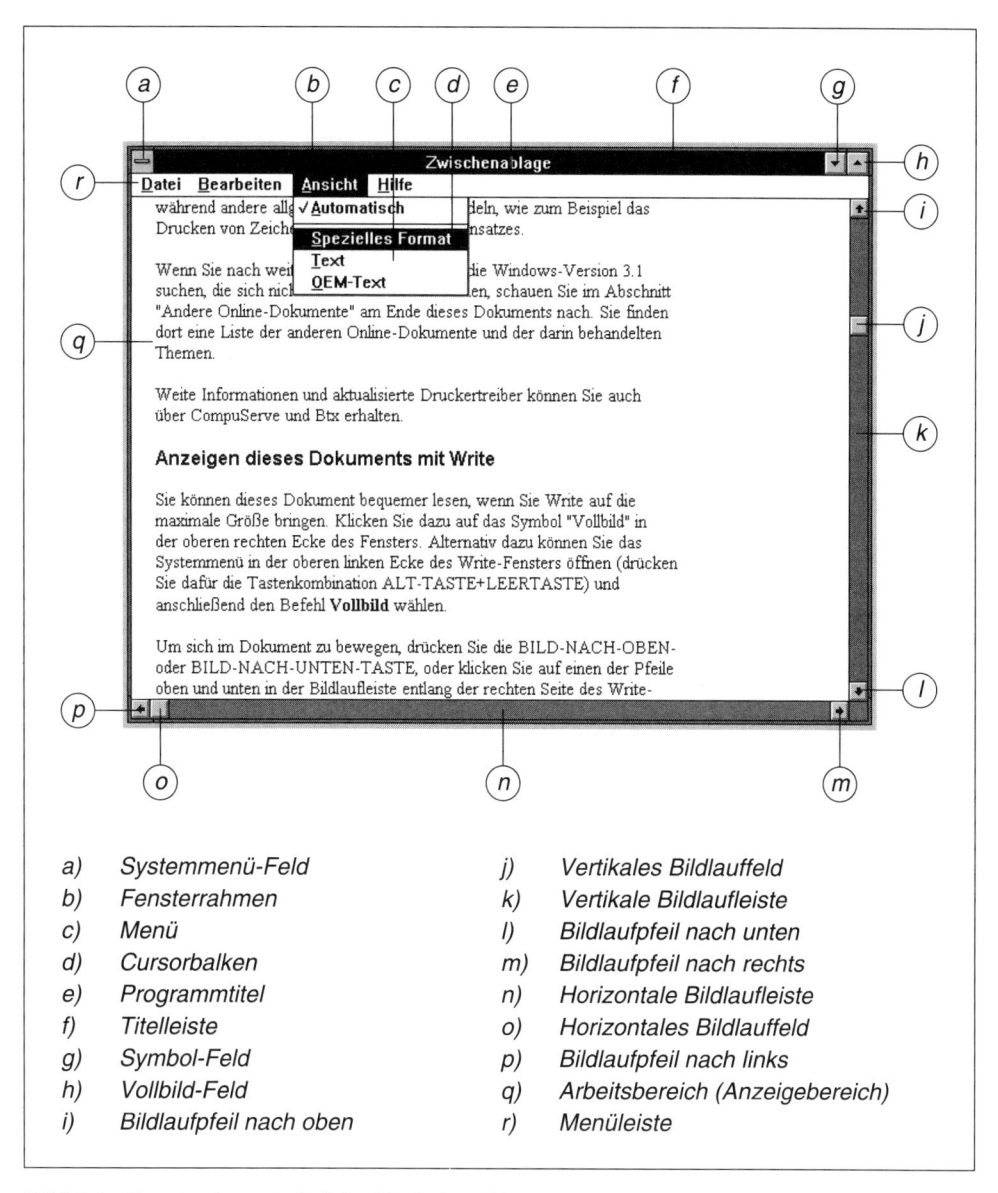

Bild 6.1: Fensterelemente bei der Zwischenablage

Bildlaufleiste	Mit der *horizontalen* und *vertikalen Bildlaufleiste* wird der Fensterinhalt verschoben, damit unsichtbare Teile außerhalb des Fensters eingesehen werden können.
Bildlaufpfeil, Bildlauffeld	Die *Bildlaufoptionen* können mit der Maus oder mit der Tastatur gewählt werden. Mit der Maus erfolgt der Bildlauf mit Hilfe der *Bildlaufpfeile* oder dem *Bildlauffeld* der *Bildlaufleiste*. Durch Ziehen des Bildlauffeldes in der Bildlaufleiste wird die Position im Dokument aufgesucht, die der Stellung des Bildlauffeldes in der Bildlaufleiste entspricht.
Hilfefunktion	Über die Hilfefunktionen im *Hilfemenü* einer Anwendung können bei einigen Anwendungsprogrammen weiterführende Hilfeinformationen abgerufen werden.

Abkürzungstasten und Tastenfunktionen

Abkürzungstasten	Bei einigen Menüs der Zwischenablage stehen für den Aufruf von Untermenüs, Befehlen oder Optionen *Abkürzungstasten* zur Verfügung. Abkürzungstasten stehen in einem Menü rechts neben dem Bezeichner. Ein unterstrichener Buchstabe steht für eine Abkürzungstaste.
Tasten	Abkürzungstasten finden Sie auch in Dialogfeldern für die Feldauswahl. Für die Zwischenablage sind die folgenden *Tasten* verfügbar:

UMSCHALT+ENTF	Markierung in Windows-Anwendung ausschneiden und in Zwischenablage stellen
STRG+EINFG	Markierung in Windows-Anwendung kopieren und in Zwischenablage stellen
UMSCHALT+EINFG oder STRG+V	Inhalt der Zwischenablage in ein Windows-Dokument einfügen
ENTF	Inhalt der Zwischenablage löschen
DRUCK	Bildschirminhalt in Zwischenablage kopieren
ALT+DRUCK	Aktives Fenster in Zwischenablage kopieren

ALT+ESC	Zum nächsten Anwendungsfenster oder Symbol umschalten
STRG+ESC	Dialogfeld der Task-Liste öffnen

6.2 Daten übertragen

Aufgaben Die Übertragung von Daten bei Windows-Programmen wird durch Windows unterstützt. Bei Anwendungsprogrammen, die nicht für Windows konzipiert sind, ist die Unterstützung nicht vorhanden. Es werden daher bei der Übertragung von Daten die folgenden *Teilaufgaben* unterschieden:

❐ Daten übertragen bei Windows-Programmen

❐ Daten übertragen bei sonstigen Anwendungsprogrammen

Daten übertragen bei Windows-Programmen

Windows-Programme Bei vielen Windows-Programmen stehen die Befehle AUSSCHNEIDEN, KOPIEREN und EINFÜGEN für die Übertragung von Daten zwischen Dokumenten und Anwendungen zur Verfügung (siehe Bild 6.2).

Während der Ausführung von Windows-Programmen übertragen Sie Daten folgendermaßen:

1. Markieren Sie die zu übertragenden Daten.

2. Wählen Sie den Befehl KOPIEREN im Menü BEARBEITEN für das Kopieren von Daten.

   Oder wählen Sie den Befehl AUSSCHNEIDEN im Menü BEARBEITEN für das Umstellen von Daten.

3. Positionieren Sie die Einfügestelle am Übertragungsziel.

   Oder wechseln Sie zu einem anderen Dokument oder einer anderen Anwendung, und positionieren Sie dort die Einfügestelle.

4. Wählen Sie den Befehl EINFÜGEN im Menü BEARBEITEN.

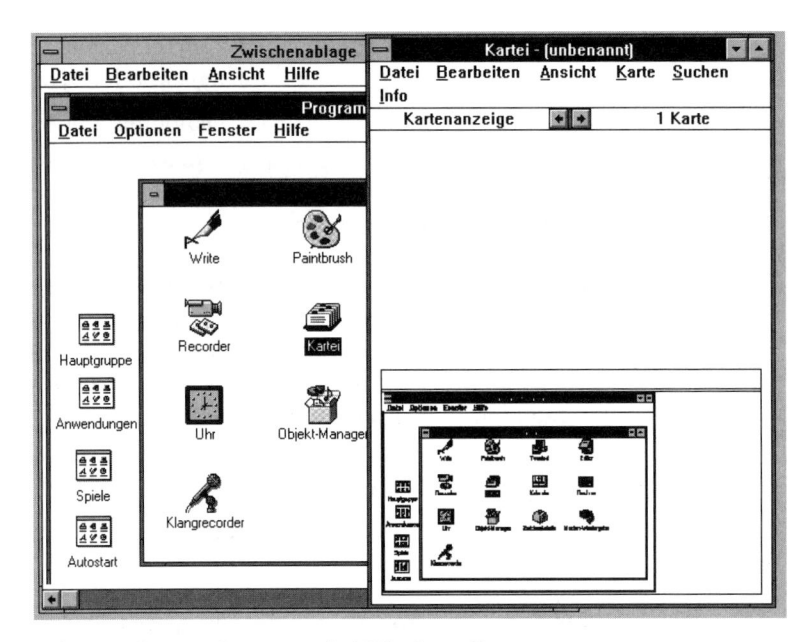

Bild 6.2: Daten übertragen bei Windows-Programmen

Daten übertragen bei sonstigen Anwendungsprogrammen

Wenn Ihr Computer im erweiterten Modus von 386-PCs läuft, enthält das Systemmenü zusätzliche Befehle. Diese Befehle unterstützen die Übertragung von Informationen zwischen den Anwendungen.

Bei Ausführung einer Anwendung in einem *Fenster* kann ein markierter Bereich, das Fenster oder der gesamte Bildschirm in die Zwischenablage *kopiert* werden. Es kann nur Text übertragen werden.

Bereich Sie *kopieren* einen *markierten Bereich* wie folgt:

1. Markieren Sie den gewünschten Bereich.
2. Wählen Sie den Befehl BEARBEITEN im SYSTEMMENÜ.
3. Wählen Sie KOPIEREN.

Fenster   Sie *kopieren* den *Inhalt des Fensters* in die Zwischenablage mit den folgenden Schritten:

❑ Drücken Sie die Tastenkombination ALT+DRUCK.

Bildschirm   Sie *kopieren* den *Inhalt des Bildschirms* in die Zwischenablage wie folgt:

❑ Drücken Sie die DRUCK-Taste. Im Grafikmodus werden keine Daten kopiert.

Vollbild   Das *Einfügen von Daten* in eine *Vollbildanwendung* erfolgt mit den folgenden Schritten:

1. Kopieren Sie die gewünschten Daten in die Zwischenablage.
2. Starten Sie die Anwendung.
3. Bewegen Sie die Einfügestelle zu der Einfügeposition.
4. Wechseln Sie mit ALT+ESC zu einer anderen Windows-Anwendung oder einem anderen Symbol.
5. Wählen Sie das Systemmenü für das Symbol der Zielanwendung.
6. Wählen Sie den Befehl EINFÜGEN im SYSTEMMENÜ.

   Oder wählen Sie den Befehl BEARBEITEN im SYSTEMMENÜ, wenn die Anwendung im erweiterten Modus von 386-PCs ausgeführt wird. Wählen Sie danach EINFÜGEN.

Fenster   Das *Einfügen von Daten* in eine Anwendung, welche in einem *Fenster* ausgeführt wird, erfolgt mit den folgenden Schritten:

1. Kopieren Sie die gewünschten Daten in die Zwischenablage.
2. Starten Sie die Anwendung, oder wählen Sie sie aus.
3. Bewegen Sie die Einfügestelle zu der Einfügeposition.
4. Wählen Sie den Befehl BEARBEITEN im SYSTEMMENÜ.
5. Wählen Sie EINFÜGEN.

6.3 Zwischenablage verwalten

Aufgaben

Bei der Verwaltung der Zwischenablage werden die folgenden *Teilaufgaben* unterschieden:

- Arbeitsspeicher freigeben
- Zwischenablage anzeigen
- Zwischenablage speichern und öffnen

Arbeitsspeicher freigeben

Speicher freigeben

Durch Löschen des Inhalts der Zwischenablage können Sie *Arbeitsspeicher freigeben*.

Sie löschen den Inhalt der Zwischenablage folgendermaßen:

1. Starten oder öffnen Sie die Zwischenablage.
2. Wählen Sie den Befehl LÖSCHEN im Menü BEARBEITEN.

Zwischenablage anzeigen

Anzeigeformate

Für die Übertragung von Daten zwischen Anwendungen speichert die Zwischenablage die Daten in mehreren Formaten.

Sie *zeigen* den Inhalt der *Zwischenablage* in einem anderen Format an durch:

- Wählen Sie das Menü ANSICHT.

    Es stehen zur Auswahl AUTOMATISCH oder BITMAP; wählen Sie BITMAP.

Sie kehren zum ursprünglich angezeigten Format zurück durch:

- Wählen Sie AUTOMATISCH im Menü ANSICHT.

Zwischenablage speichern und öffnen

Der Inhalt der *Zwischenablage* kann in eine Datei gespeichert und von dort wieder eingelesen werden (siehe Bild 6.3).

Speichern Sie *speichern* den Inhalt der Zwischenablage in einer Datei mit folgenden Schritten:

1. Wählen Sie den Befehl SPEICHERN UNTER im Menü DATEI.
2. Wählen Sie einen Dateinamen.
3. Wählen Sie OK.

Bild 6.3: Zwischenablage Menü Datei

Öffnen Sie *öffnen* eine Datei und lesen den Inhalt in die Zwischenablage ein mit den Schritten:

1. Wählen Sie den Befehl ÖFFNEN im Menü DATEI.
2. Geben Sie einen Dateinamen ein.
3. Wählen Sie OK.

Kapitel 7

Druckaufträge bearbeiten mit dem Druck-Manager

Der Druck-Manager verwaltet die ihm übergebenen Druckaufträge in einer Druckerwarteschlange und leitet sie für den Ausdruck an den aktuellen Drucker weiter. Der Ausdruck erfolgt im Hintergrundbetrieb. Die Ausgabe eines Druckauftrages kann jederzeit angehalten, fortgesetzt oder abgebrochen werden. In einem Netzwerk verwaltet der Druck-Manager die einzelnen Netzwerk-Warteschlangen.

7.1 Aufgaben, Fensterelemente und Tastatur

Anwendungen und Aufgaben

Beim Drucken mit einer Windows-Anwendung wird die Druckdatei dem *Druck-Manager* zur Bearbeitung übergeben. Der Druck-Manager verwaltet die Druckaufträge in einer *Druckerwarteschlange* und druckt die Druckaufträge im Hintergrund aus.

Die *Druckausgabe* hängt vom Ausgabegerät sowie von den eingesetzten Schriftarten und Schriftauszeichnungen ab. Eine druckende Windows-Anwendung verwendet die *Druckertreiber* von Windows. Eine nicht für Windows konzipierte Anwendung verwendet die eigenen Druckertreiber.

Der Druck-Manager kann zwei *Arten von Druckerwarteschlangen* verwalten:

❏ Lokale Druckerwarteschlange

❏ Netzwerk-Warteschlange

Druckerwarteschlange Bei einer *lokalen Druckerwarteschlange* werden von Windows-Anwendungen erstellte Druckaufträge auf einem lokal angeschlossenen Drucker ausgegeben. Die *Netzwerk-Warteschlange* betrifft die Druckerwarteschlange des Netzwerk-Servers. Sie wird vom Netzwerk-Druck-Manager verwaltet. Für das Arbeiten mit Netzwerk-Warteschlangen muß ein Windows-Netzwerktreiber installiert werden.

Aufgaben Den Druck-Manager rufen Sie in der Hauptgruppe des Programm-Managers auf. Beim Arbeiten mit dem Druck-Manager sind die einzelnen *Teilaufgaben* den folgenden Aufgabengruppen zugeordnet:

❏ Mit dem Druck-Manager arbeiten

❏ Im Netzwerk drucken

Menüs Die Teilaufgaben des Druck-Managers werden mit den Befehlen und Optionen der *Menüs* ANSICHT, OPTIONEN und HILFE durchgeführt.

230 Kapitel 7 – Druckaufträge bearbeiten mit dem Druck-Manager

a) Systemmenü-Feld
b) Schaltflächen für Druckvorgang
c) Titelleiste
d) Programmtitel
e) Feld für Meldungen
f) Symbol-Feld
g) Vollbild-Feld
h) Vertikales Bildlauffeld
i) Vertikale Bildlaufleiste
j) Bildlaufpfeil nach unten
k) Arbeitsbereich (Anzeigebereich)
l) Dateiinformationszeile
m) Information Druckerwarteschlange
n) Menüleiste

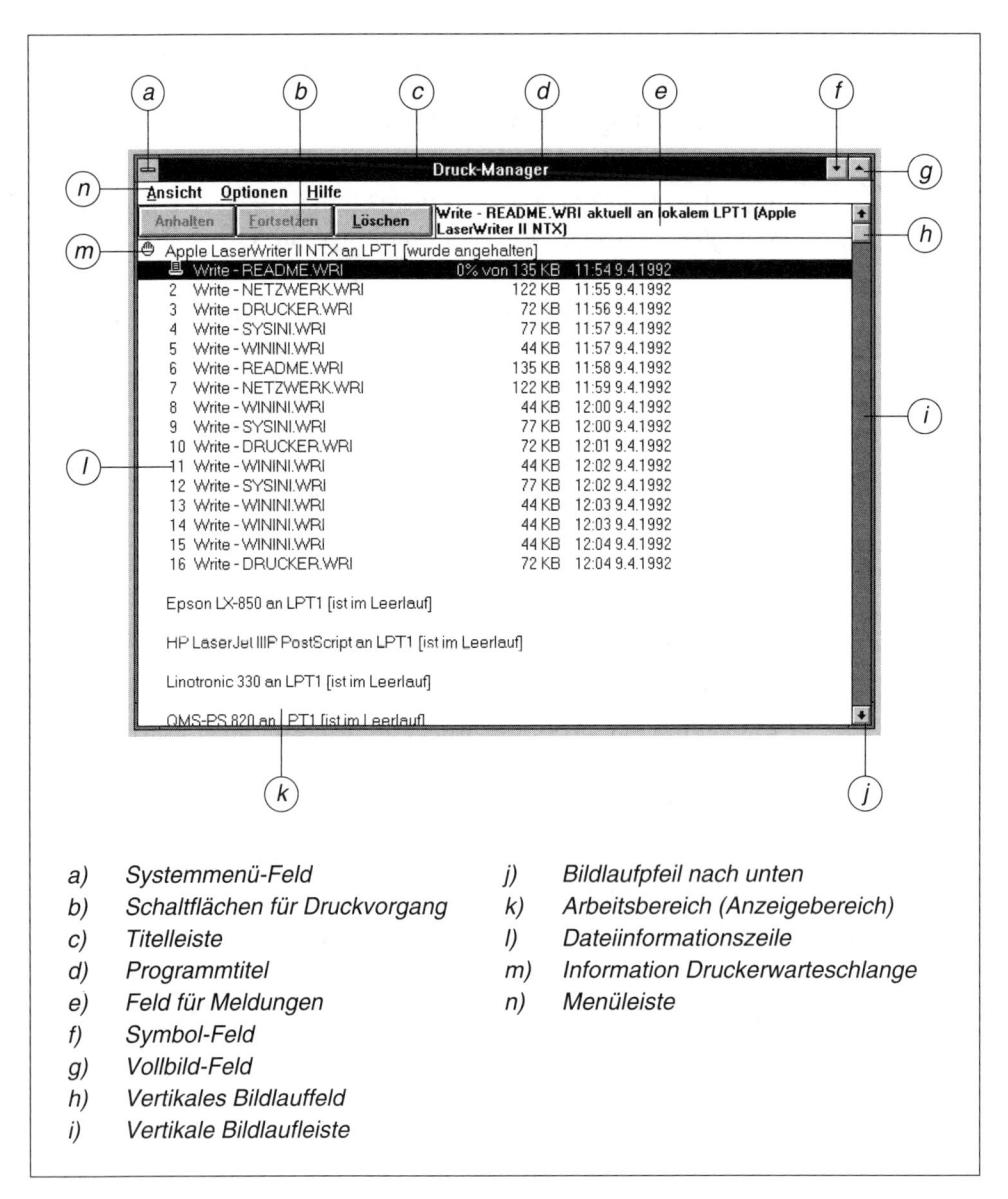

Bild 7.1: Fensterelemente beim Druck-Manager

Fensterbereiche und Fensterelemente

Fenster	Ein typisches Fenster des *Druck-Managers* sehen Sie in Bild 7.1. Es besteht aus den Teilen Titelleiste, Menüleiste, Menü, Arbeitsbereich sowie horizontale und vertikale Bildlaufleiste.
System-menü-Feld	Im *Systemmenü-Feld* können beim Arbeiten mit der Tastatur die Systemfunktionen Fenster verschieben, auf Vollbild vergrößern, auf Symbolgröße verkleinern und Umschalten zur Task-Liste aufgerufen werden.
Fenster-rahmen	Der *Fensterrahmen* begrenzt ein Anwendungsfenster oder ein Dokumentfenster. Der Fensterrahmen kann mit der Maus oder über das Systemmenü in seiner Größe verändert oder verschoben werden.
Titelleiste	In der *Titelleiste* wird der Name der Anwendung oder eines Dokuments angezeigt. Die Titelleiste des aktiven Fensters ist hervorgehoben.
Programm-titel	Der *Programmtitel* enthält bei einem Anwendungsfenster den Namen des Anwendungsprogramms und des Dokuments. Bei einem Dokumentfenster enthält er den Namen einer Programmgruppe, eines Verzeichnisses oder einer Datendatei.
Symbol-Feld	Mit der Schaltfläche *Symbol-Feld* wird das Anwendungsfenster zu einem Symbol verkleinert.
Vollbild-Feld	Mit der Schaltfläche *Vollbild-Feld* wird das Anwendungsfenster auf Bildschirmgröße vergrößert.
Menüleiste	Die *Menüleiste* zeigt die verfügbaren Menüs einer Anwendung an. Mit Hilfe der Menüleiste kann ein Menü oder eine Option angewählt werden.
Menü	Ein *Menü* wird aus einer Menüleiste ausgewählt und kann Untermenüs, Befehle oder Optionen enthalten.
Arbeits-bereich	Im *Arbeitsbereich* des Druck-Managers werden die Druckdateien angezeigt.
Schalt-flächen	Mit den Schaltflächen ANHALTEN, FORTSETZEN und LÖSCHEN kann der Druckvorgang gesteuert werden.
Meldungen	In diesem Feld werden *Meldungen* zum Druckstatus angezeigt.

Druckerwarteschlange	In der *Informationszeile für die Druckerwarteschlange* werden der Druckername, der Druckeranschluß und der aktuelle Druckerstatus angezeigt.
Dateiinformationszeile	Die *Informationszeile für eine Datei* einer Druckerwarteschlange zeigt an: die Position in der Warteschlange, die Bezeichnung des Druckauftrages, die Dateigröße in Kilobyte sowie Datum und Uhrzeit der Dateiübergabe an den Druck-Manager. Während der Druckausgabe wird der bereits gedruckte Dateianteil in Prozent angegeben.
Bildlaufleiste	Mit der *horizontalen* und *vertikalen Bildlaufleiste* wird der Fensterinhalt verschoben, damit unsichtbare Teile außerhalb des Fensters eingesehen werden können.
Bildlaufpfeil, Bildlauffeld	Die *Bildlaufoptionen* können mit der Maus oder mit der Tastatur gewählt werden. Mit der Maus erfolgt der Bildlauf mit Hilfe der *Bildlaufpfeile* oder dem *Bildlauffeld* der *Bildlaufleiste*. Durch Ziehen des Bildlauffeldes in der Bildlaufleiste wird die Position im Dokument aufgesucht, die der Stellung des Bildlauffeldes in der Bildlaufleiste entspricht.
Hilfefunktion	Über die Hilfefunktionen im *Hilfemenü* einer Anwendung können bei einigen Anwendungsprogrammen weiterführende Hilfeinformationen abgerufen werden.

Abkürzungstasten und Tastenfunktionen

Abkürzungstasten	Bei einigen Menüs des Druck-Managers stehen für den Aufruf von Untermenüs, Befehlen oder Optionen *Abkürzungstasten* zur Verfügung. Abkürzungstasten stehen in einem Menü rechts neben dem Bezeichner. Ein unterstrichener Buchstabe steht für eine Abkürzungstaste. Abkürzungstasten finden Sie auch in Dialogfeldern für die Feldauswahl.
Tasten	Beim Druck-Manager sind die folgenden *Tasten* verfügbar:

ALT+L	Datei aus der Druckerwarteschlange löschen
ALT+T	Druckvorgang anhalten
ALT+F	Druckvorgang fortsetzen

STRG+NACH-OBEN STRG+NACH-UNTEN	In lokaler Druckerwarteschlange markierte Datei nach oben oder unten verschieben
ALT	Menüleiste markieren
STRG+ESC	Dialogfeld der Task-Liste öffnen

7.2 Mit dem Druck-Manager arbeiten

Der Teilaufgabe *Mit dem Druck-Manager arbeiten* sind die folgenden Arbeiten zugeordnet:

- Druck-Manager aktivieren
- Druckerwarteschlange anzeigen
- Druckgeschwindigkeit ändern
- Reihenfolge der Druckerwarteschlange ändern
- Uhrzeit, Datum und Dateigröße anzeigen
- Meldungen des Druck-Managers anzeigen
- Druck anhalten und fortsetzen
- Druck abbrechen
- Drucken ohne Druck-Manager

Druck-Manager aktivieren

Aktivieren Den Druck-Manager von Windows *aktivieren* Sie mit der Systemsteuerung:

1. Starten Sie die Systemsteuerung.
2. Wählen Sie das Drucker-Symbol.
3. Wählen Sie das Kontrollfeld DRUCK-MANAGER VERWENDEN.
4. Wählen Sie SCHLIESSEN.

Zum Deaktivieren des Druck-Managers schalten Sie das Kontrollfeld DRUCK-MANAGER VERWENDEN aus.

Druckerwarteschlange anzeigen

Anzeigen Beim Ausdruck auf einem lokalen Drucker wird das Symbol des Druck-Managers *angezeigt*. Beim Ausdruck auf einem Netzwerkdrucker wird das Symbol nicht angezeigt.

Die Druckerwarteschlange zeigen Sie folgendermaßen an:

❒ Öffnen Sie das Symbol des Druck-Managers.

Im Fenster des Druck-Managers wird der aktuelle Status aller aktiven Druckerwarteschlangen angezeigt. Es werden die Druckerwarteschlangen von lokalen Druckern und von Netzwerkdruckern dargestellt.

Druckgeschwindigkeit ändern

Priorität Für die Ausgabe von Druckdateien stellt der Druck-Manager drei Geschwindigkeiten (Prioritäten) zur Verfügung (siehe Bild 7.2).

Sie drucken Dateien mit *niedriger Druckgeschwindigkeit*:

❒ Wählen Sie im Menü OPTIONEN die Option NIEDRIGE PRIORITÄT.

Andere Anwendungen werden nun schneller ausgeführt.

Sie drucken Dateien mit *mittlerer Druckgeschwindigkeit*:

❒ Wählen Sie im Menü OPTIONEN die Option MITTLERE PRIORITÄT.

Andere Anwendungen und der Druck-Manager werden gleich schnell ausgeführt.

Mit dem Druck-Manager arbeiten 235

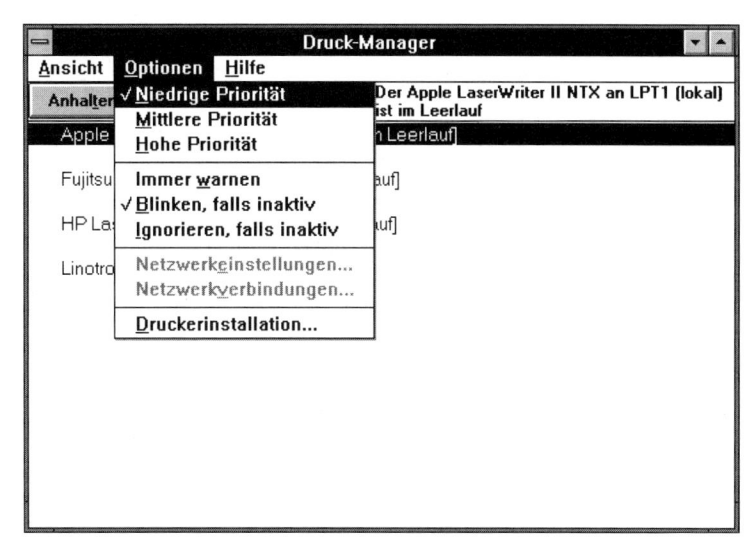

Bild 7.2: Menü Optionen

Sie drucken Dateien mit *hoher Druckgeschwindigkeit*:

❐ Wählen Sie im Menü OPTIONEN die Option HOHE PRIORITÄT.

Die Ausführungsgeschwindigkeit der Anwendungen wird zugunsten der Druckaufträge weiter verringert.

Reihenfolge der Druckerwarteschlange ändern

Reihenfolge In einer lokalen Druckerwarteschlange kann die Position einer noch nicht im Druck befindlichen Druckdatei verändert werden. Eine Änderung der *Reihenfolge* von Druckdateien ist bei Druckerwarteschlangen im Netzwerk nicht möglich.

Sie ändern die Reihenfolge von Druckdateien in einer lokalen Warteschlange folgendermaßen:

Schrittfolge für die Maus:

1. Ziehen Sie die Druckdatei in der Druckerwarteschlange nach oben oder nach unten.

2. Lassen Sie nach erfolgter Positionierung der Datei die Maustaste los.

Schrittfolge für die Tastatur:

1. Wählen Sie die Druckdatei, und drücken Sie zum Verschieben STRG+NACH-OBEN oder STRG+NACH-UNTEN.
2. Lassen Sie die jeweils gedrückte Tastenkombination los.

Wenn im Dialogfeld NETZWERKOPTIONEN die Option NETZWERKANZEIGE AKTUALISIEREN ausgeschaltet ist, wird der Netzwerkdrucker als lokale Warteschlange behandelt. In diesem Fall kann die Reihenfolge der noch nicht im Druck befindlichen Druckdateien geändert werden.

Uhrzeit, Datum und Dateigröße anzeigen

Anzeige Die *Anzeige* von *Uhrzeit*, *Datum* und *Dateigröße* kann wie folgt ein- oder ausgeschaltet werden:

❒ Wählen Sie im Menü ANSICHT die Option UHRZEIT/DATUM ANZEIGEN oder DATEIGRÖSSE ANZEIGEN.

Bei der Option UHRZEIT/DATUM ANZEIGEN beziehen sich die Zeitangaben auf die Absendezeit der Datei an den Druck-Manager.

Meldungen des Druck-Managers anzeigen

Meldungen Sie stellen die Optionen für die Anzeige von *Meldungen* des Druck-Managers folgendermaßen ein:

❒ Wählen Sie eine Option im Menü OPTIONEN.

❒ Bei der Option IMMER WARNEN wird eine Meldung sofort angezeigt.

❒ Bei der Option BLINKEN, FALLS INAKTIV ertönt bei einer Meldung das Warnsignal, und das Symbol oder die Titelleiste des

Mit dem Druck-Manager arbeiten

Druck-Managers blinkt, wenn das Fenster inaktiv ist. Das Blinken dauert an bis zur Aktivierung des Fensters oder Wiederherstellung vom Symbol zum Fenster.

❐ Mit der Option IGNORIEREN, FALLS INAKTIV werden Meldungen ignoriert, wenn das Fenster des Druck-Managers inaktiv oder auf Symbolgröße verkleinert ist. Die Meldung sehen Sie nach Aktivierung des Fensters des Druck-Managers ein oder nach Wiederherstellung der Fenstergröße vom Symbol aus.

Druck anhalten und fortsetzen

In einer lokalen Druckerwarteschlange kann die Ausgabe einer Druckdatei angehalten und fortgesetzt werden. Bei Druckerwarteschlangen in einem Netzwerk muß die Netzwerksoftware diese Teilaufgaben unterstützen.

Anhalten Ein *Anhalten der Druckausgabe* erreichen Sie mit den folgenden Schritten:

1. Wählen Sie in einer lokalen Warteschlange den Drucker oder in einer Netzwerk-Warteschlange die Informationszeile für die Druckdatei.

2. Wählen Sie die Schaltfläche ANHALTEN.

   Oder drücken Sie ALT+T.

   In der markierten Informationszeile wird das Anhalten angezeigt.

Fortsetzen Ein *Fortsetzen der Druckausgabe* erreichen Sie folgendermaßen:

1. Wählen Sie in einer lokalen Warteschlange den Drucker oder in einer Netzwerk-Warteschlange die Informationszeile für die Druckdatei.

2. Wählen Sie die Schaltfläche FORTSETZEN.

   Oder drücken Sie ALT+F.

   In der markierten Informationszeile wird das Fortsetzen der Druckausgabe angezeigt.

Druck abbrechen

Abbrechen In einer lokalen Druckerwarteschlange kann die Ausgabe einer Druckdatei jederzeit *abgebrochen* werden. In einem Netzwerk muß diese Teilaufgabe von der Netzwerksoftware unterstützt werden.

Sie *löschen* in der Druckerwarteschlange eine *Druckdatei* wie folgt:

1. Wählen Sie die Informationszeile für die Datei.
2. Wählen Sie die Schaltfläche LÖSCHEN.

   Oder drücken Sie ALT+L.
3. Bestätigen Sie mit OK.

Sie löschen in allen Druckerwarteschlangen *alle Druckdateien* folgendermaßen:

1. Wählen Sie im Menü ANSICHT den Befehl BEENDEN.
2. Bestätigen Sie mit OK.

Drucken ohne Druck-Manager

Ohne Druck-Manager Bei der Druckausgabe ohne den Druck-Manager wird die Druckdatei von der Anwendung direkt an den Drucker übertragen.

Sie drucken *ohne* den *Druck-Manager* mit den folgenden Schritten:

1. Öffnen Sie die Systemsteuerung.
2. Wählen Sie das Drucker-Symbol.
3. Deaktivieren Sie das Kontrollfeld DRUCK-MANAGER VERWENDEN.

   Zur Aktivierung des Druck-Managers wird das Kontrollfeld DRUCK-MANAGER VERWENDEN erneut eingesetzt.
4. Wählen Sie OK.

Bei der Druckausgabe ohne Druck-Manager kann bei einem lokalen Drucker erst nach der Druckausgabe und bei einem Netzwerkdrucker erst nach dem Absenden weitergearbeitet werden.

7.3 Im Netzwerk drucken

Der Teilaufgabe *Im Netzwerk drucken* sind die folgenden Arbeiten zugeordnet:

- Netzwerkstatus aktualisieren
- Gesamte Netzwerk-Warteschlange anzeigen
- Andere Netzwerk-Warteschlangen anzeigen
- Druck-Manager übergehen

Netzwerkstatus aktualisieren

Netzwerk-status

In einem Netzwerk aktualisiert der Druck-Manager bei Ausführung in einem Fenster den Status der Netzwerk-Warteschlange automatisch (siehe Bild 7.3).

Sie können den *Netzwerkstatus* wie folgt *manuell aktualisieren*:

- Wählen Sie im Menü ANSICHT die Option AKTUALISIEREN.

Der Status der Netzwerk-Warteschlange wird vom Druck-Manager wie folgt ignoriert:

1. Wählen Sie im Menü OPTIONEN die Option NETZWERKEINSTELLUNGEN.
2. Deaktivieren Sie das Kontrollfeld NETZWERKANZEIGE AKTUALISIEREN.

   Bei ausgeschalteter Option wird der Netzwerkdrucker als lokale Druckerwarteschlange behandelt.
3. Wählen Sie OK.

Bild 7.3: Netzwerkstatus aktualisieren

Gesamte Netzwerk-Warteschlange anzeigen

Gesamte Warteschlange

Bei der Ausgabe auf einem *Netzwerkdrucker* zeigt der Druck-Manager nur die an diesen Drucker gesendeten Dateien an. Die Netzwerksoftware muß die Anzeige der gesamten *Netzwerk-Warteschlange* unterstützen (siehe Bild 7.4).

Für einen Netzwerkdrucker zeigen Sie die gesamte *Druckerwarteschlange* mit den folgenden Schritten an:

1. Wählen Sie die Informationszeile für den Netzwerkdrucker.
2. Wählen Sie im Menü ANSICHT die Option AUSGEWÄHLTE NETZWERK-WARTESCHLANGE.

   Es wird die gesamte Warteschlange für den ausgewählten Drucker angezeigt.
3. Wählen Sie SCHLIESSEN.

   Die Anzeige wird nicht aktualisiert.

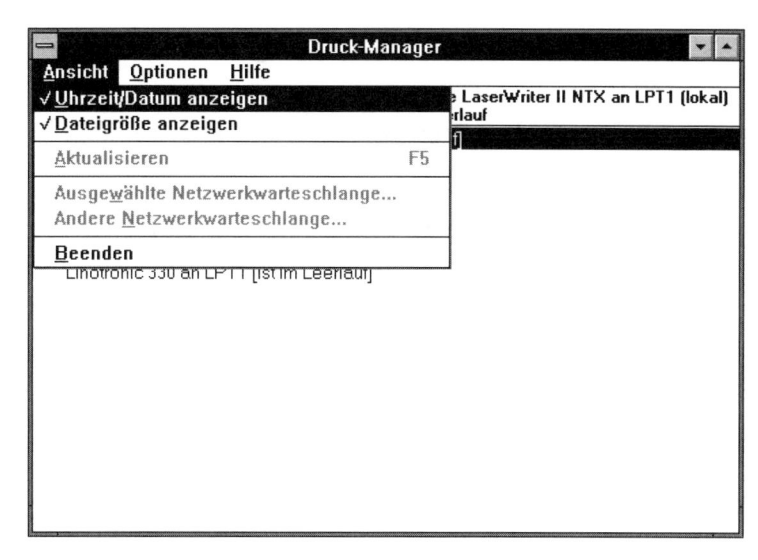

Bild 7.4: Menü Ansicht

Andere Netzwerk-Warteschlangen anzeigen

Andere Warteschlangen

Manche Netzwerksoftware ermöglicht dem Druck-Manager die Anzeige der Netzwerk-Warteschlangen für *andere* mit dem Netzwerk verbundene *Drucker*. Mit der Systemsteuerung stellen Sie die Verbindung mit einem anderen Netzwerk her.

Sie zeigen die Druckerwarteschlange eines nicht verbundenen Druckers wie folgt an:

1. Wählen Sie im Menü ANSICHT die Option ANDERE NETZWERK-WARTESCHLANGE.

2. Tragen Sie in das Textfeld NETZWERK-WARTESCHLANGE den Namen der Netzwerk-Warteschlange ein.

3. Wählen Sie ANSICHT.

   Die Statusinformationen über die Warteschlange werden über dem Textfeld angezeigt.

4. Wählen Sie SCHLIESSEN.

   Die Anzeige wird nicht aktualisiert.

Druck-Manager übergehen

Ohne Manager

In einem Netzwerk kann die Druckausgabe *ohne Druck-Manager* schneller ausgeführt werden. Statt den Druck-Manager mit der Systemsteuerung auszuschalten, kann er mit einer Netzwerk-Option übergangen werden. Sie können sich dann über den Status der Netzwerk-Warteschlange informieren und die Druckdateien auf dem lokalen Drucker verwalten.

Den Druck-Manager übergehen Sie folgendermaßen:

1. Wählen Sie im Menü OPTIONEN die Option NETZWERKEINSTELLUNGEN.
2. Wählen Sie das Feld NETZWERKAUFTRÄGE DIREKT DRUCKEN.
3. Wählen Sie OK.

KAPITEL 8

KONFIGURIEREN MIT DER SYSTEMSTEUERUNG

Die Hardware- und Software-Optionen einer Systemkonfiguration werden mit der Systemsteuerung eingestellt. Zu den einstellbaren Optionen gehören Desktop-Farben, Desktop-Optionen, Drucker-Optionen, Einstellungen der Datenübertragungsanschlüsse, Netzwerk-Optionen, Länder-, Datums- und Uhrzeiteinstellungen, Schriftarten, Tastatur-, Maus- und Signaltoneinstellungen sowie Optionen für den erweiterten Modus von 386-PCs.

8.1 Aufgaben, Fensterelemente und Tastatur

Anwendungen und Aufgaben

Mit der *Systemsteuerung* ändern Sie die Systemkonfiguration durch die Auswahl von verfügbaren Hardware- und Software-Optionen.

Die Systemsteuerung rufen Sie in der Hauptgruppe des Programm-Managers auf. Beim Arbeiten mit der Systemsteuerung sind die einzelnen *Teilaufgaben* den folgenden Aufgabengruppen zugeordnet:

- Symbole der Systemsteuerung auswählen
- Desktop-Farben ändern
- Weitere Desktop-Optionen ändern
- Mit Druckern arbeiten
- Anschlüsse ändern
- Netzwerk vorbereiten
- Ländereinstellungen setzen
- Datum und Uhrzeit ändern
- Schriftart hinzufügen und entfernen
- Tastatur- und Mauseinstellungen setzen
- Klang bestimmen
- Erweiterte Optionen von 386-PCs wählen
- MIDI-Treiber installieren und entfernen

Menüs Die Teilaufgaben der Systemsteuerung werden mit den Befehlen und Optionen der *Menüs* EINSTELLUNGEN und HILFE durchgeführt.

Fensterbereiche und Fensterelemente

Fenster Das *Fenster* der Systemsteuerung sehen Sie in Bild 8.1. Es enthält die Symbole der Programmoptionen. Die Optionen werden mit der Maus durch Doppelklicken auf die Symbole oder mit der Tastatur über das Menü EINSTELLUNGEN aufgerufen.

Farben   Das Symbol *Farben* steht für die Optionen zur Einstellung der Farben für den Desktop, die Fenster und Fensterelemente. Es können ein Farbschema gewählt oder benutzerdefinierte Farben erstellt werden.

Bild 8.1: Das Fenster Systemsteuerung

Schriftart   Das Symbol *Schriftarten* steht für das Hinzufügen oder Entfernen von Schriftarten. Hierbei geht es um Schriftarten für den Drucker oder für den Bildschirm. Die Schriftarten werden bei Windows mitgeliefert oder von Drittherstellern als ladbare Schriftarten angeboten.

Anschlüsse   Das Symbol *Anschlüsse* steht für die Optionen zur Konfiguration der Datenübertragungsanschlüsse und für die Bestimmung des aktiven Druckers. Zur Konfiguration gehört die Festlegung der Übertragungsparameter.

Maus   Das Symbol *Maus* steht für die Optionen zur Einstellung der Maus. Hierzu gehören die Festlegung der Geschwindigkeit beim Ziehen der Maus, das Doppelklicken mit einer Maustaste und die Zuordnung der linken und rechten Maustaste.

Desktop   Das Symbol *Desktop* steht für die Optionen zur Auswahl von Desktop-Mustern, der Blinkgeschwindigkeit des Cursors und der Änderungen von Ausrichtungsgitter und Rahmenbreite. Ein Desktop-Muster kann ausgewählt oder neu erstellt werden.

Netzwerk	Das Symbol *Netzwerk* ist nur bei einem installierten Netzwerk verfügbar. Hier werden die Netzwerk-Optionen festgelegt und die Verbindung zu Netzwerkdruckern hergestellt oder beendet. Die Verwaltung der Netzwerk-Warteschlangen erfolgt durch den Netzwerk-Druck-Manager.
Drucker	Das Symbol *Drucker* steht für die Optionen zur Konfiguration von angeschlossenen Druckern. Hierzu gehören die Installation von Druckern, das Hinzufügen und Auswählen von Druckertreibern, die Zuordnung von Druckeranschlüssen, die Bestimmung der Druckereinstellungen sowie die Festlegung des aktiven Druckers für einen Anschluß und des Standarddruckers.
Ländereinstellungen	Das Symbol *Ländereinstellungen* steht für die Optionen zur Auswahl von Land, Sprache, Tastaturlayout, Maßsystem, Listentrennzeichen sowie Datumsformat, Währungsformat, Zeitformat und Zahlenformat. Windows-Anwendungen verwenden die Formatangaben bei Anzeigen.
Tastatur	Das Symbol *Tastatur* steht für die Einstellung der Tastaturgeschwindigkeit von Langsam bis Schnell. Die Tastaturgeschwindigkeit legt fest, wie häufig ein Tastendruck bei gedrückter Taste generiert wird (Wiederholungsfrequenz).
Datum/ Uhrzeit	Das Symbol *Datum/Uhrzeit* dient der Einstellung oder Änderung des Systemdatums oder der Systemuhrzeit. Die korrekte Einstellung von Systemdatum und Systemuhrzeit ist nicht nur wichtig für die Windows-Anwendungen Uhr und Kalender, sondern auch für die Zeiteintragungen bei der Dateiverwaltung.
Klang	Das Symbol *Klang* steht für die Option zur Auswahl eines bestimmten Signaltons. Windows meldet eine unzulässige Aktion mit einem Warnsignal, dessen Signalton bei Bedarf ein- oder ausgeschaltet werden kann.
Treiber	Über das Symbol *Treiber* können Gerätetreiber eingerichtet und entfernt werden. Hier werden unter anderem MIDI-Geräte mit ihrem MIDI-Treiber installiert.
386-PC	Das Symbol *386 erweitert* ist nur bei einem 386-PC verfügbar. Zu den Optionen des erweiterten Modus von 386-PCs gehören die Einstellungen zur Gerätekonkurrenz bei gleichzeitigem Zugriff auf Peripheriegeräte sowie die Zuordnung von Ressourcen für Anwendungen, die im Vordergrund und im Hintergrund ausgeführt werden.

Abkürzungstasten und Tastenfunktionen

Abkürzungs-tasten Bei einigen Menüs der Systemsteuerung stehen für den Aufruf von Untermenüs, Befehlen oder Optionen *Abkürzungstasten* zur Verfügung. Abkürzungstasten stehen in einem Menü rechts neben dem Bezeichner. Ein unterstrichener Buchstabe steht für eine Abkürzungstaste. Abkürzungstasten finden Sie auch in Dialogfeldern für die Feldauswahl.

Tasten Für die Systemsteuerung sind folgende *Tasten* verfügbar:

ALT+A	Aktiven Drucker zum Standarddrucker im Dialogfeld DRUCKER wählen
NACH-RECHTS NACH-LINKS	Bildlauffeld in den Dialogfeldern DESKTOP, MAUS und TASTATUR verschieben
STRG+ESC	Dialogfeld der Task-Liste öffnen
ALT+ESC	Zum nächsten Anwendungsfenster oder Anwendungssymbol, einschließlich Vollbildanwendungen umschalten
ALT+LEER	Systemmenü für ein Anwendungsfenster öffnen

8.2 Symbole der Systemsteuerung auswählen

Symbole In der Systemsteuerung sind die Optionen *Symbole* der Systemsteuerung zugeordnet.

Sie wählen ein Symbol folgendermaßen aus:

Schrittfolge für die Maus:

❏ Doppelklicken Sie auf das Symbol.

Schrittfolge für die Tastatur:

1. Wählen Sie das Symbol mit den RICHTUNG-Tasten.

2. Drücken Sie die EINGABE-Taste.

Oder wählen Sie einen Befehl im Menü EINSTELLUNGEN.

8.3 Desktop-Farben ändern

Der Teilaufgabe *Desktop-Farben ändern* werden folgende Arbeiten zugeordnet:

- Farbschema wählen
- Farbschema ändern
- Benutzerdefinierte Farben erstellen
- Farbschema entfernen

Farbschema wählen

Wählen Ein neues Farbschema *wählen* Sie wie folgt aus (siehe Bild 8.2):

1. Wählen Sie das Farben-Symbol im Systemsteuerung-Fenster.
2. Wählen Sie im Listenfeld FARBSCHEMATA das Farbschema.
3. Wählen Sie OK.

Farbschema ändern

Ändern Sie *ändern* ein Farbschema mit folgenden Schritten (siehe Bild 8.3):

1. Wählen Sie das Farben-Symbol im Systemsteuerung-Fenster.
2. Wählen Sie ein Farbschema.
3. Wählen Sie die Option FARBPALETTE.
4. Klicken Sie links im Beispielbildschirm auf das Element, dessen Farbe geändert werden soll.

   Oder wählen Sie das Element im einzeiligen Listenfeld BILDSCHIRMELEMENT.

Bild 8.2: Dialogfeld Farben

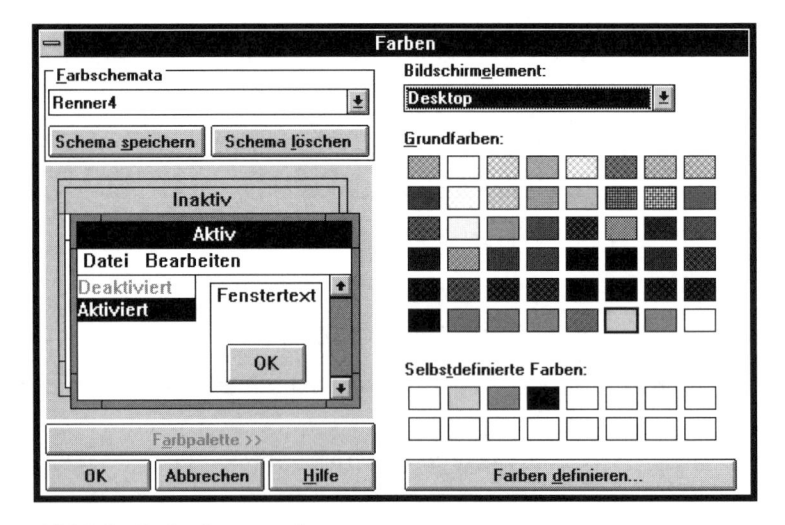

Bild 8.3: Farbschema ändern

5. Wählen Sie in der Palette GRUNDFARBEN oder SELBSTDEFINIERTE FARBEN eine neue Farbe. Sie erstellen eine neue Farbe mit der Option FARBEN DEFINIEREN und durch Hinzufügen mit der Option SELBSTDEFINIERTE FARBEN.

Desktop-Farben ändern 251

6. Wählen Sie die Farbe für ein weiteres Bildschirmelement aus einer der beiden Paletten.

7. Wählen Sie die Option SCHEMA SPEICHERN, wenn die Farbauswahl unter dem gleichen oder einem neuen Schemanamen gespeichert werden soll.

8. Wählen Sie die Option OK oder ABBRECHEN.

Benutzerdefinierte Farben erstellen

Farben definieren Sie können mit der Systemsteuerung eigene *Farben definieren* und der Palette SELBSTDEFINIERTE FARBEN hinzufügen (siehe Bild 8.4).

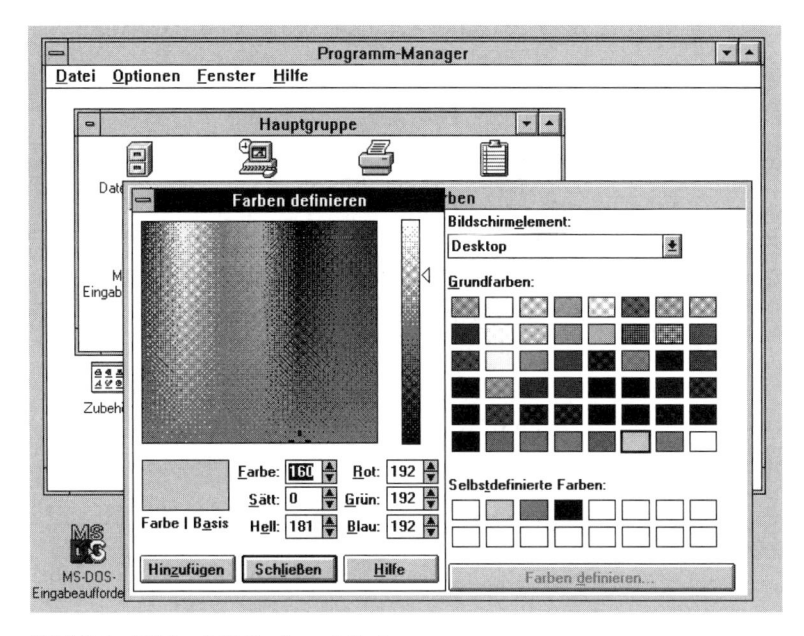

Bild 8.4: Dialogfeld Farben definieren

Sie *erstellen* benutzerdefinierte Farben folgendermaßen:

1. Wählen Sie das Farben-Symbol im Systemsteuerung-Fenster.
2. Wählen Sie die Option FARBPALETTE.

3. Wählen Sie die Option FARBEN DEFINIEREN.

4. Verschieben Sie den Cursor zur Farbdefinition im Farbfeld und zum Einstellen der Helligkeit im Helligkeitsfeld.

   Oder klicken Sie zur Änderung der Werte mit der Maus auf die Bildlaufpfeile.

   Oder geben Sie eine Zahl in den Feldern ROT, GRÜN und BLAU oder in den Feldern FARBE, SÄTT (Sättigung) oder HELL (Helligkeit) ein.

   Die selbstdefinierte Farbe wird auf der linken Seite des Feldes FARBE/BASIS angezeigt. Auf der rechten Feldseite wird die Basisfarbe angezeigt, die der selbstdefinierten Farbe am ähnlichsten ist. Sie können zur Verwendung der Basisfarbe auf die rechte Seite klicken oder ALT+A drücken.

5. Wählen Sie in der Palette SELBSTDEFINIERTE FARBEN ein Feld für die Farbe.

6. Fügen Sie mit HINZUFÜGEN die Farbe der Palette SELBSTDEFINIERTE FARBEN hinzu.

7. Definieren Sie bei Bedarf weitere Farben, die der Palette hinzugefügt werden sollen.

8. Beenden Sie mit SCHLIESSEN das Dialogfeld FARBEN DEFINIEREN.

9. Wählen Sie die neue Farbe aus der Palette SELBSTDEFINIERTE FARBEN.

Farbschema entfernen

Entfernen Sie *entfernen* ein Farbschema mit folgenden Schritten:

1. Wählen Sie im Systemsteuerung-Fenster das Farben-Symbol.

2. Wählen Sie im Listenfeld FARBSCHEMATA das zu entfernende Farbschema.

3. Wählen Sie SCHEMA LÖSCHEN. Ein Standardfarbschema kann nicht gelöscht werden.

4. Bestätigen Sie mit JA.

8.4 Weitere Desktop-Optionen ändern

Der Teilaufgabe *Weitere Desktop-Optionen ändern* werden folgende Arbeiten zugeordnet:

- Desktop-Muster wählen
- Desktop-Muster ändern
- Desktop-Muster erstellen
- Desktop-Muster entfernen
- Bildschirmschoner einsetzen
- Benutzerdefinierte Desktop-Muster anzeigen
- Blinkfrequenz des Cursors ändern
- Ausrichtungsgitter ändern
- Rahmenbreite ändern

Desktop-Muster wählen

Wählen   Sie *wählen* ein Desktop-Muster wie folgt (siehe Bild 8.5):

1. Wählen Sie im Systemsteuerung-Fenster das Desktop-Symbol.
2. Wählen Sie im Listenfeld NAME ein Muster.

   Die Desktop-Farbe entspricht der Hintergrundfarbe und die Farbe des Fenstertext-Bildschirmelements der Vordergrundfarbe. Die Farben sind einstellbar.
3. Wählen Sie OK.

Desktop-Muster ändern

Ändern   Ein Desktop-Muster *ändern* Sie mit folgenden Schritten (siehe Bild 8.6):

1. Wählen Sie im Systemsteuerung-Fenster das Desktop-Sinnbild.

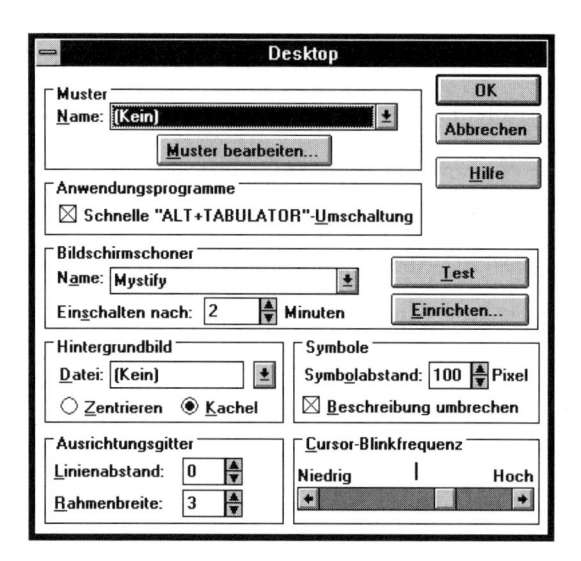

Bild 8.5: Desktop-Muster wählen

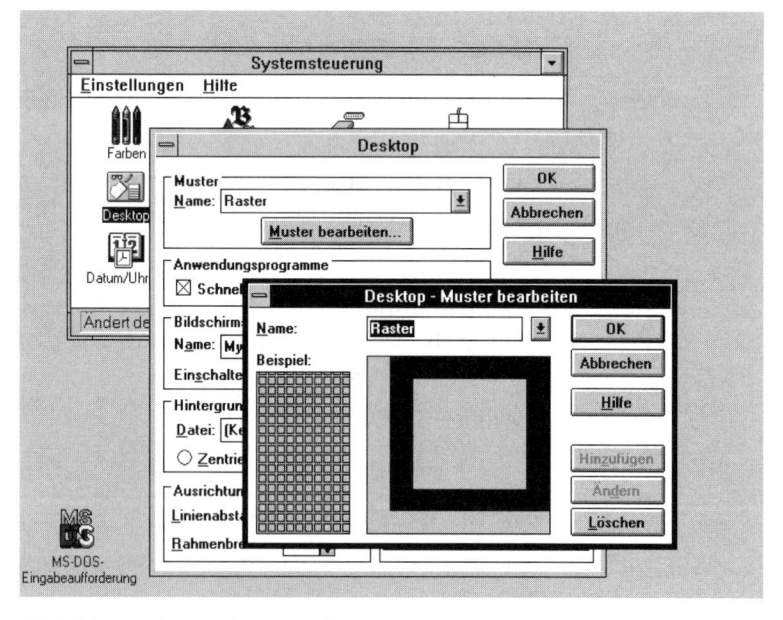

Bild 8.6: Desktop-Muster ändern

Weitere Desktop-Optionen ändern 255

2. Wählen Sie MUSTER BEARBEITEN.
3. Wählen Sie im Listenfeld NAME ein Desktop-Muster.
4. Klicken Sie zur Erstellung des Musters im Bearbeitungsfeld. Sie können ein Muster nicht über die Tastatur ändern.
5. Speichern Sie mit ÄNDERN das geänderte Muster unter demselben Namen.
6. Wählen Sie OK.

Desktop-Muster erstellen

Erstellen   Ein neues Desktop-Muster *erstellen* Sie mit folgenden Schritten:

1. Wählen Sie im Systemsteuerung-Fenster das Desktop-Symbol.
2. Wählen Sie KEIN im einzeiligen Listenfeld MUSTER.
3. Wählen Sie MUSTER BEARBEITEN.
4. Mit Klicken im Bearbeitungsfeld erstellen Sie das gewünschte Muster. Ein Muster kann nicht über die Tastatur erstellt werden.
5. Tragen Sie einen Namen in das Textfeld NAME ein.
6. Mit HINZUFÜGEN fügen Sie das neue Muster der Liste der verfügbaren Muster hinzu.
7. Wählen Sie OK.

Desktop-Muster entfernen

Entfernen   Ein Desktop-Muster *entfernen* Sie folgendermaßen:

1. Wählen Sie im Systemsteuerung-Fenster das Desktop-Symbol.
2. Wählen Sie MUSTER BEARBEITEN.
3. Wählen Sie im einzeiligen Listenfeld NAME ein Muster.
4. Wählen Sie LÖSCHEN.

5. Bestätigen Sie mit JA.
6. Wählen Sie OK.

Bildschirmschoner einsetzen

Es sind Bildschirmschoner im Programmpaket von Windows 3.1 enthalten. Reichen diese Ihnen nicht aus, finden Sie im Microsoft Entertainment Pack eine reiche Auswahl – allerdings gehört dieses Pack nicht zum Lieferumfang von Windows 3.1.

Der Teilaufgabe *Bildschirmschoner einsetzen* sind folgende Arbeiten zugeordnet:

- ❏ Bildschirmschoner auswählen
- ❏ Bildschirmschoner testen
- ❏ Bildschirmschoner einrichten
- ❏ Kennwort für Bildschirmschoner festlegen

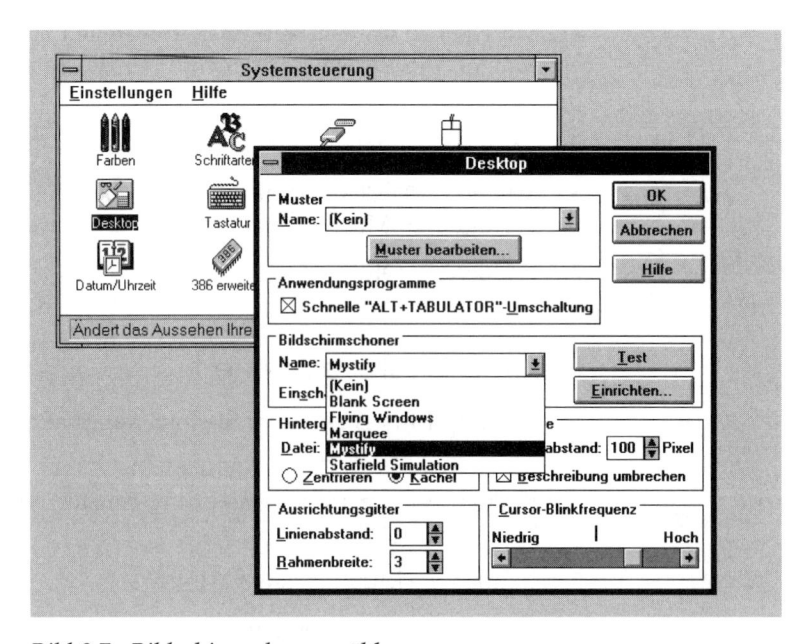

Bild 8.7: Bildschirmschoner wählen

Mit den folgenden Schritten wählen Sie einen Bildschirmschoner aus (siehe Bild 8.7):

1. Wählen Sie das Desktop-Symbol in der Systemsteuerung.
2. Im Dialogfeld DESKTOP klicken Sie auf den nach unten weisenden Pfeil in der Optionsgruppe BILDSCHIRMSCHONER im Feld NAME. Damit öffnen Sie das Listenfeld.
3. Wählen Sie einen Bildschirmschoner.
4. Geben Sie im Feld EINSCHALTEN NACH über den Bildlaufpfeil die Zeit ein, nach der sich der Bildschirmschoner einschaltet, wenn nicht am Computer gearbeitet wird. Oder geben Sie die Zeit in Minuten ein.
5. Wählen Sie Ok.

Testen Sie *testen* die Einrichtung eines Bildschirmschoners mit den folgenden Schritten:

1. Wählen Sie das Desktop-Symbol in der Systemsteuerung.
2. Wählen Sie im Dialogfeld DESKTOP im Feld BILDSCHIRMSCHONER den Bildschirmschoner, den Sie verwenden wollen.
3. Wählen Sie die Schaltfläche TEST.

Der Bildschirmschoner wird angezeigt.

4. Um zu Windows zurückzukehren, bewegen Sie die Maus, oder drücken Sie eine beliebige Taste.

Einrichten Sie *richten* einen Bildschirmschoner mit den folgenden Schritten *ein*:

1. Wählen Sie das Desktop-Symbol in der Systemsteuerung.
2. Im Dialogfeld DESKTOP wählen Sie den Bildschirmschoner, den Sie verwenden wollen.
3. Wählen Sie die Schaltfläche EINRICHTEN.

4. Im Dialogfeld EINRICHTEN können Sie beispielsweise die Geschwindigkeit von Bewegungsabläufen sowie andere Parameter verändern.

Über die Schaltfläche HILFE oder die Taste F1 erhalten Sie weitergehende Hinweise.

5. Wählen Sie zweimal OK.

Kennwort einrichten

Wenn Sie Ihren Bildschirmschoner gegen eine Veränderung schützen wollen, können Sie ein *Kennwort* einrichten.

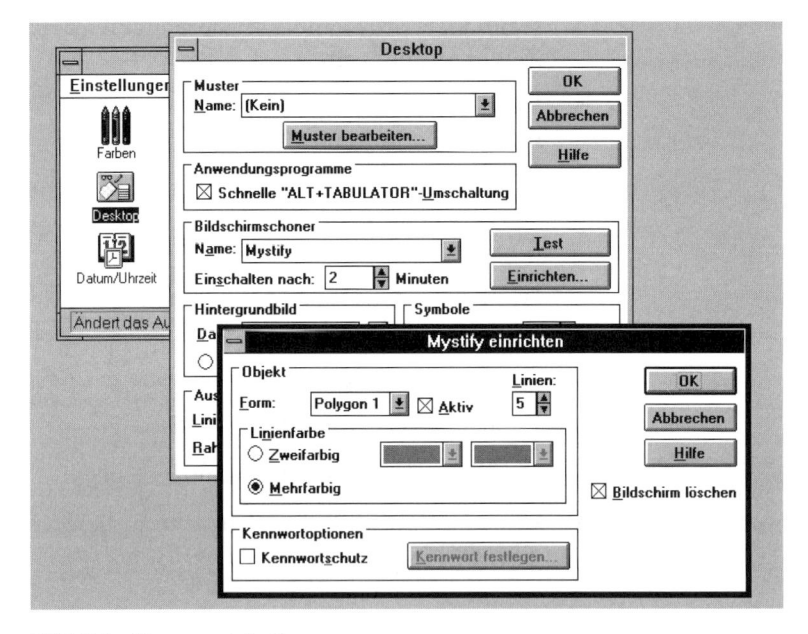

Bild 8.8: Kennwort festlegen

Ein Kennwort richten Sie folgendermaßen ein (siehe Bild 8.8):

1. Wählen Sie das Desktop-Symbol in der Systemsteuerung.

2. Wählen Sie im Dialogfenster aus dem Feld BILDSCHIRMSCHONER den Bildschirmschoner aus, den Sie verwenden wollen.

3. Drücken Sie die Schaltfläche EINRICHTEN.

4. Im Dialogfeld EINRICHTEN aktivieren Sie das Kontrollkästchen KENNWORTSCHUTZ.

5. Im Dialogfeld KENNWORT ÄNDERN geben Sie im Feld ALTES KENNWORT Ihr altes Kennwort ein. Entsprechend verfahren Sie im Feld NEUES KENNWORT. Ein Kennwort kann bis zu 20 Zeichen lang sein.

6. Geben Sie im Feld KENNWORTBESTÄTIGUNG noch einmal Ihr neues Kennwort ein, und wählen Sie OK.

7. Wählen Sie im Dialogfeld DESKTOP noch einmal OK.

Kennwort ausschalten

Wenn Sie kein Kennwort mehr verwenden wollen, kann das Kennwort ausgeschaltet werden.

Ein Kennwort schalten Sie wie folgt aus:

1. Wählen Sie das Desktop-Symbol in der Systemsteuerung.

2. Wählen Sie aus dem Dialogfeld DESKTOP im Feld BILDSCHIRMSCHONER den gewünschten Bildschirmschoner aus.

3. Drücken Sie die Taste EINRICHTEN.

4. Im Dialogfeld EINRICHTEN deaktivieren Sie das Kontrollkästchen KENNWORTSCHUTZ, und wählen Sie OK.

5. Wählen Sie im Dialogfeld DESKTOP ebenfalls OK.

Benutzerdefinierte Desktop-Muster anzeigen

Muster anzeigen

Im Desktop-Hintergrund kann ein benutzerdefiniertes *Hintergrundbild angezeigt* werden. Das Bild ist in einer BMP-Datei im Windows-Verzeichnis gespeichert.

Sie zeigen ein benutzerdefiniertes Hintergrundbild folgendermaßen an (siehe Bild 8.9):

1. Wählen Sie im Systemsteuerung-Fenster das Desktop-Symbol.

2. Wählen Sie im Listenfeld DATEI der Gruppe HINTERGRUNDBILD das Bitmap-Bild.

3. Wählen Sie die Option ZENTRIEREN.

   Das Hintergrundbild wird in der Desktop-Mitte angezeigt.

   Oder wählen Sie die Option KACHEL aus. Das Hintergrundbild wird mehrfach angezeigt.

4. Wählen Sie OK.

Ein ausgewähltes Muster wird von einem Hintergrundbild überlagert.

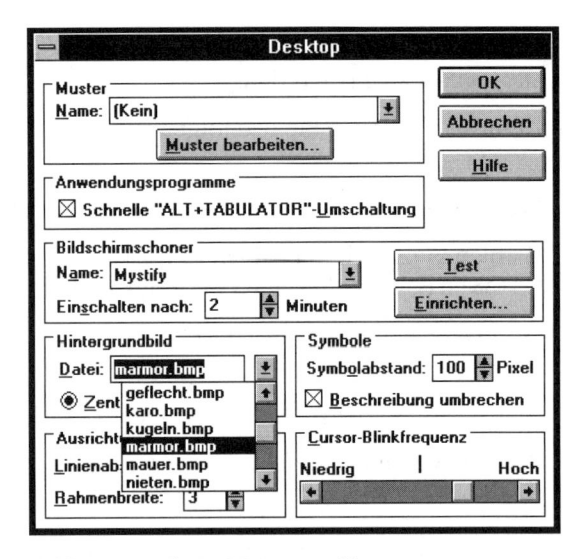

Bild 8.9: Desktop-Muster wählen

Blinkfrequenz des Cursors ändern

Cursor Sie ändern die Blinkfrequenz des Cursors folgendermaßen:

Schrittfolge für die Maus:

1. Wählen Sie im Systemsteuerung-Fenster das Desktop-Symbol.

2. Verschieben Sie das Bildlauffeld nach SCHNELL oder LANGSAM.

   Oder klicken Sie auf den Bildlaufpfeil.

3. Wählen Sie OK.

Schrittfolge für die Tastatur:

1. Wählen Sie im Systemsteuerung-Fenster das Desktop-Symbol.
2. Drücken Sie die NACH-RECHTS- oder NACH-LINKS-Taste.
3. Wählen Sie OK.

Ausrichtungsgitter ändern

Ausrichtung   Durch Aktivierung des *Ausrichtungsgitters* wird die Anzeige von Fenstern und Symbolen auf dem Desktop ausgerichtet. Die Größe und Position richten sich nach dem Gitterabstand.

Sie bestimmen den Gitterabstand mit den folgenden Schritten:

1. Wählen Sie im Systemsteuerung-Fenster das Desktop-Symbol.
2. Klicken Sie neben LINIENABSTAND auf die Bildlaufpfeile nach oben oder unten.

   Oder geben Sie eine Zahl (0–49) ein. Der Gitterabstand ändert sich um jeweils 8 Pixel. Das Ausrichtungsgitter wird mit dem Wert 0 ausgeschaltet.
3. Wählen Sie OK.

Rahmenbreite ändern

Rahmenbreite   Die *Rahmenbreite* der Fenster kann mit Ausnahme der Fenster mit fester Größe geändert werden.

Sie ändern die Rahmenbreite mit den folgenden Schritten:

1. Wählen Sie im Systemsteuerung-Fenster das Desktop-Symbol.
2. Klicken Sie neben RAHMENBREITE auf die Bildlaufpfeile nach oben oder unten.

   Oder geben Sie die gewünschte Zahl (1–50) ein. Die kleinste Rahmenbreite wird mit dem Wert 1 eingestellt.
3. Wählen Sie OK.

8.5 Mit Druckern arbeiten

Der Teilaufgabe *Mit Druckern arbeiten* sind die folgenden Arbeiten zugeordnet:

- Drucker installieren
- Druckertreiber hinzufügen
- Druckeranschluß wählen
- Druckereinstellung wählen
- Standarddrucker bestimmen
- Druck-Manager ein- und ausschalten
- Fehlerwartezeit bestimmen
- Verbindung zu Netzwerkdruckern herstellen und beenden
- Drucker entfernen

Drucker installieren

Installieren   Einen neuen *Drucker installieren* Sie folgendermaßen:

1. Übertragen Sie von der Diskette die betreffende Druckertreiber-Datei.
2. Wählen Sie den Anschluß, dem der Drucker zugeordnet werden soll.
3. Wählen Sie einen Drucker, der mit dem Druckertreiber verwendet werden soll.

Mit Druckern arbeiten 263

4. Wählen Sie die erforderlichen Druckereinstellungen.
5. Aktivieren Sie den Drucker für einen Anschluß.
6. Bestimmen Sie den Drucker als Standarddrucker für Windows.
7. Legen Sie bei Aufforderung durch die Systemsteuerung die Diskette mit den Schriftart-Dateien ein.
8. Wählen Sie OK.

Druckertreiber hinzufügen

Hinzufügen Es können die mit Windows und von anderen Herstellern gelieferten Druckertreiber eingesetzt werden.

Sie *fügen* einen *Druckertreiber* mit folgenden Schritten *hinzu*:

1. Wählen Sie im Systemsteuerung-Fenster das Drucker-Symbol.
2. Wählen Sie DRUCKER HINZUFÜGEN (siehe Bild 8.10).

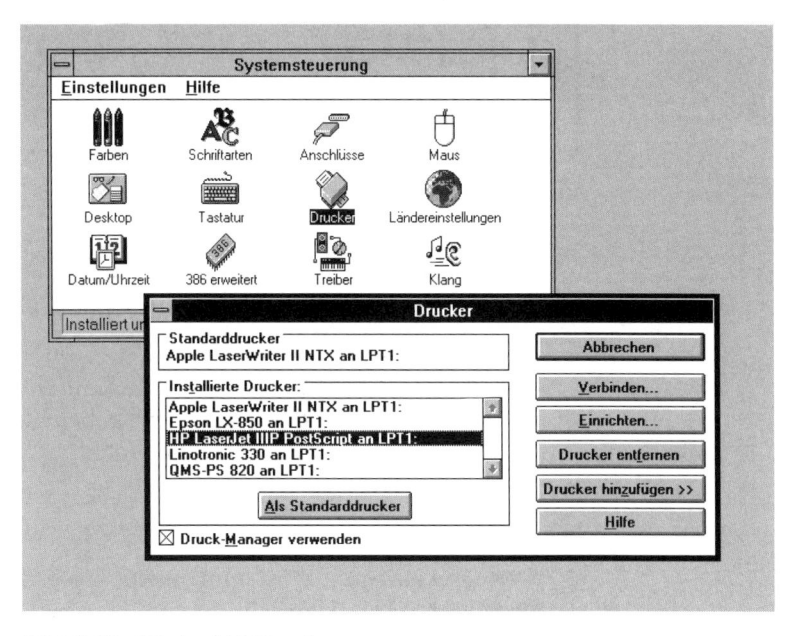

Bild 8.10: Dialogfeld Drucker

3. Wählen Sie im Feld DRUCKERLISTE den für Windows zu installierenden Drucker. Im Feld DRUCKERLISTE sind die mit Windows gelieferten Druckertreiber aufgeführt. Wenn der Drucker nicht enthalten ist, kann ein Druckertreiber für einen Drucker gewählt werden, der vom betreffenden Drucker emuliert wird. Einen vorhandenen Druckertreiber, der nicht in der Liste geführt wird, wählen Sie im Feld DRUCKERLISTE mit NICHT AUFGEFÜHRTER ODER AKTUALISIERTER DRUCKER (siehe Bild 8.11).

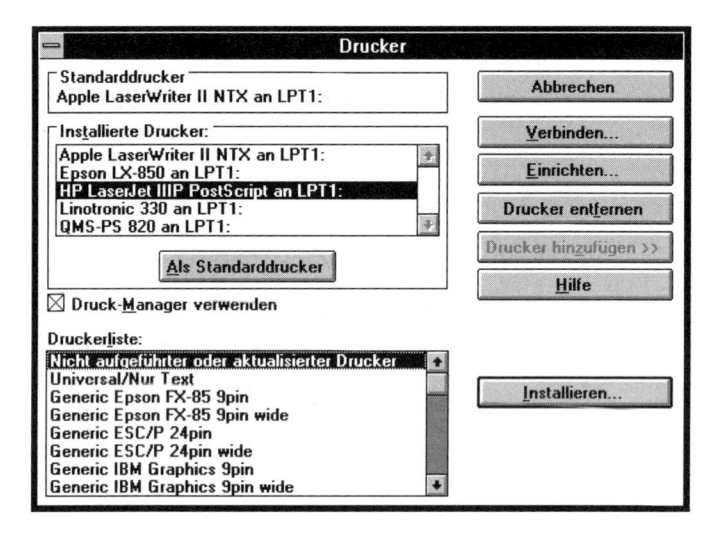

Bild 8.11: Druckerliste wählen

4. Wählen Sie INSTALLIEREN. Wenn der Drucker bereits installiert ist, wird ihm die nächste freie Schnittstelle zugewiesen.

5. Legen Sie bei Wahl eines neuen Druckertreibers die Diskette mit der Druckertreiber-Datei in das Laufwerk A ein. Für ein anderes Laufwerk oder Verzeichnis geben Sie den Laufwerksbuchstaben oder den Verzeichnispfad in das Textfeld ein (siehe Bild 8.12).

6. Wählen Sie OK.

   Der Druckername wird nun in der Liste der für Windows installierten Drucker geführt.

Mit Druckern arbeiten 265

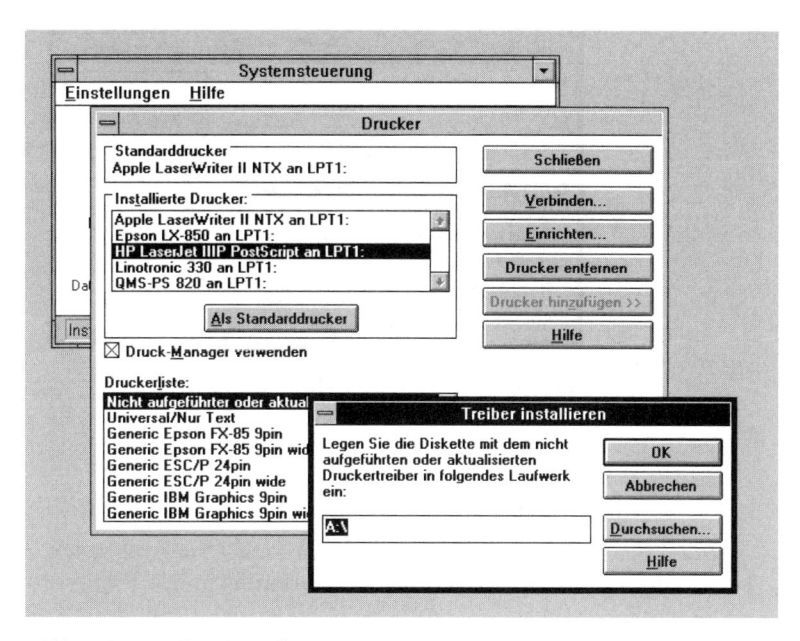

Bild 8.12: Treiber installieren

Druckeranschluß wählen

Anschluß   Einen *Druckeranschluß* für einen Drucker wählen Sie mit den folgenden Schritten (siehe Bild 8.13):

1. Wählen Sie im Systemsteuerung-Fenster das Drucker-Symbol.
2. Wählen Sie den Drucker im Feld INSTALLIERTE DRUCKER.
3. Wählen Sie VERBINDEN.

    Geben Sie unter ANSCHLÜSSE den Anschluß (LPT, COM oder EPT) für den Drucker an. Bei einem seriellen Anschluß (COM) muß der Anschluß konfiguriert werden. Wählen Sie FILE für die Druckausgabe in eine Datei.

4. Wählen Sie OK.

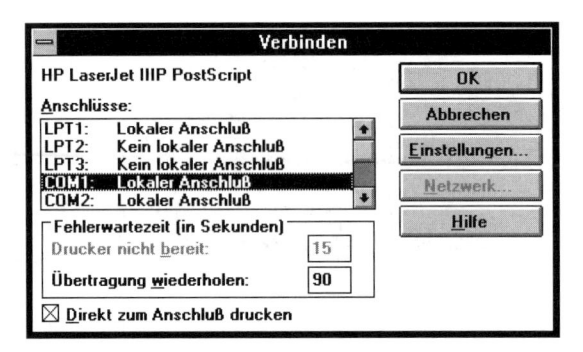

Bild 8.13: Dialogfeld Drucker – Verbinden

Druckereinstellung wählen

Drucker-
einstellung

Bei einigen Druckern müssen *Druckeroptionen* eingestellt werden (beispielsweise Seitenorientierung, Papiergröße, Grafikauflösung).

Sie wählen Druckeroptionen mit den folgenden Schritten aus:

1. Wählen Sie im Systemsteuerung-Fenster das Drucker-Symbol.
2. Wählen Sie im Feld INSTALLIERTE DRUCKER den Druckertreiber.
3. Wählen Sie EINRICHTEN (siehe Bild 8.14).
4. Wählen Sie die gewünschten Optionen (siehe Bild 8.15 und 8.16).

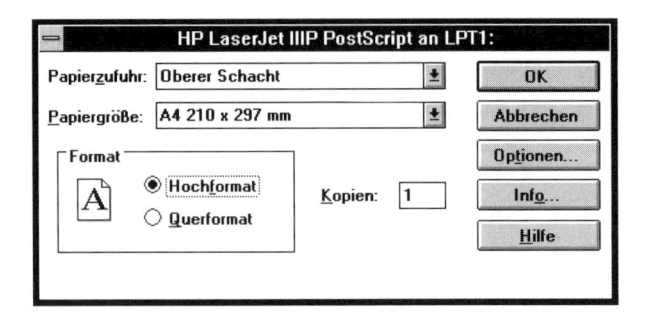

Bild 8.14: Drucker einrichten

Mit Druckern arbeiten 267

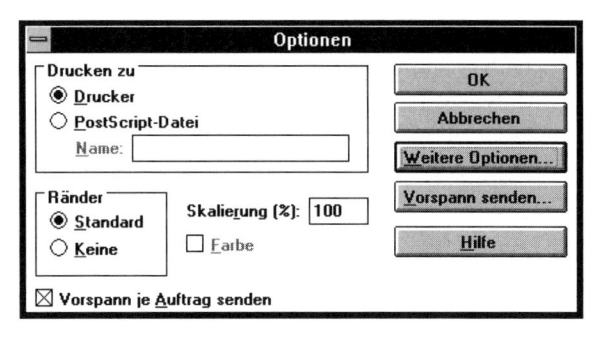

Bild 8.15: Optionen für Drucker

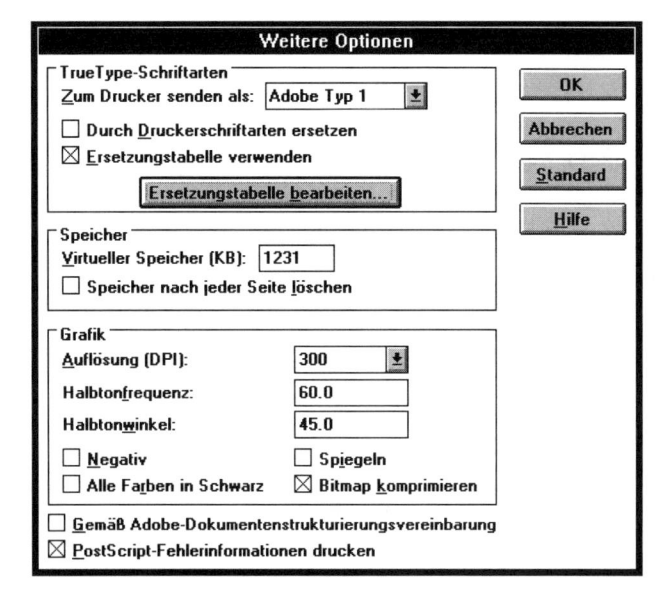

Bild 8.16: Weitere Optionen

Standarddrucker bestimmen

Standard- Für Druckausgaben unter Windows können Sie einen *Standard-*
drucker *drucker* bestimmen.

Sie bestimmen einen Standarddrucker folgendermaßen:

1. Wählen Sie im Systemsteuerung-Fenster das Drucker-Symbol. Unter Standarddrucker wird der von Windows und Windows-Anwendungen als Standarddrucker verwendete Drucker angezeigt.
2. Doppelklicken Sie im Feld INSTALLIERTE DRUCKER auf den gewünschten Drucker, der aktiviert werden soll.

   Oder wählen Sie einen Drucker, und drücken Sie ALT+A.
3. Wählen Sie SCHLIESSEN.

Der als Standarddrucker gewählte aktive Drucker muß einem Anschluß zugeordnet sein.

Druck-Manager ein- und ausschalten

Druck-Manager

Druckausgaben können mit oder ohne Druck-Manager erfolgen. Den Druck-Manager *schalten* Sie folgendermaßen *ein* oder *aus*:

1. Wählen Sie im Systemsteuerung-Fenster das Drucker-Symbol.
2. Markieren oder deaktivieren Sie das Kontrollfeld DRUCK-MANAGER VERWENDEN.
3. Wählen Sie anschließend SCHLIESSEN.

Bei ausgeschaltetem Druck-Manager können Sie erst nach erfolgter Druckausgabe weiterarbeiten. Bei Einsatz eines Netzwerkdruckers kann die Druckausgabe auch bei eingeschaltetem Druck-Manager ohne den Manager erfolgen.

Fehlerwartezeit bestimmen

Fehlerwartezeit

Mit den *Fehlerwartezeit-Optionen* legen Sie die Wartezeit bis zur Meldung von Druckerstörungen fest.

Sie wählen eine Fehlerwartezeit-Option mit den folgenden Schritten aus:

1. Wählen Sie im Systemsteuerung-Fenster das Drucker-Symbol.

Mit Druckern arbeiten 269

2. Wählen Sie im Feld INSTALLIERTE DRUCKER den Drucker.
3. Wählen Sie VERBINDEN.
4. Wählen Sie die gewünschte Fehlerwartezeit-Option (siehe Bild 8.17).

   Mit der Option DRUCKER NICHT BEREIT legen Sie die Wartezeit fest, nach der Windows den nicht betriebsbereiten Drucker meldet. Die Option ÜBERTRAGUNG WIEDERHOLEN bestimmt die Wartezeit für den Empfang der auszugebenden Zeichen, nach der Windows eine fehlerhafte Übertragung meldet.

5. Wählen Sie OK und anschließend SCHLIESSEN.

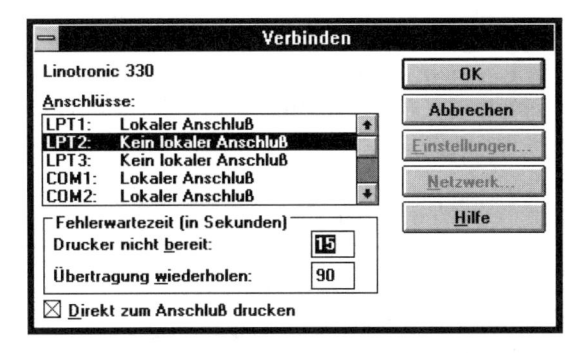

Bild 8.17: Fehlerwartezeit einstellen

Verbindung zu Netzwerkdruckern herstellen und beenden

Netzwerk-drucker Mit der Systemsteuerung können Sie eine Verbindung mit *Netzwerkdruckern* herstellen oder beenden (siehe Bild 8.18).

Verbinden Sie stellen eine *Verbindung* mit einem Netzwerkdrucker mit den folgenden Schritten her:

1. Wählen Sie im Systemsteuerung-Fenster das Drucker-Symbol.
2. Wählen Sie die VERBINDEN und danach die Schaltfläche NETZWERK. Die Schaltfläche ist abgeblendet, wenn keine Netzwerkverbindung besteht.

3. Wählen Sie im einzeiligen Listenfeld ANSCHLUSS einen Anschluß.

4. Tragen Sie im Textfeld NETZWERKPFAD den Pfad für den Drucker ein.

   Oder suchen Sie mit der Schaltfläche DURCHSUCHEN nach Druckern im Netzwerk, wählen einen Drucker im Feld RESSOURCE und wählen dann OK. Bei einem Netzwerk, das ein Durchsuchen von Dateien und Verzeichnissen nicht unterstützt, ist die Schaltfläche abgeblendet.

5. Geben Sie gegebenenfalls das Kennwort ein. Die Eingabe wird nicht angezeigt.

6. Wählen Sie VERBINDEN zur Herstellung der Verbindung mit dem Netzwerkdrucker. Bei einer bestehenden Verbindung mit einem anderen Netzwerkdrucker fordert die Systemsteuerung zur Trennung der Verbindung auf.

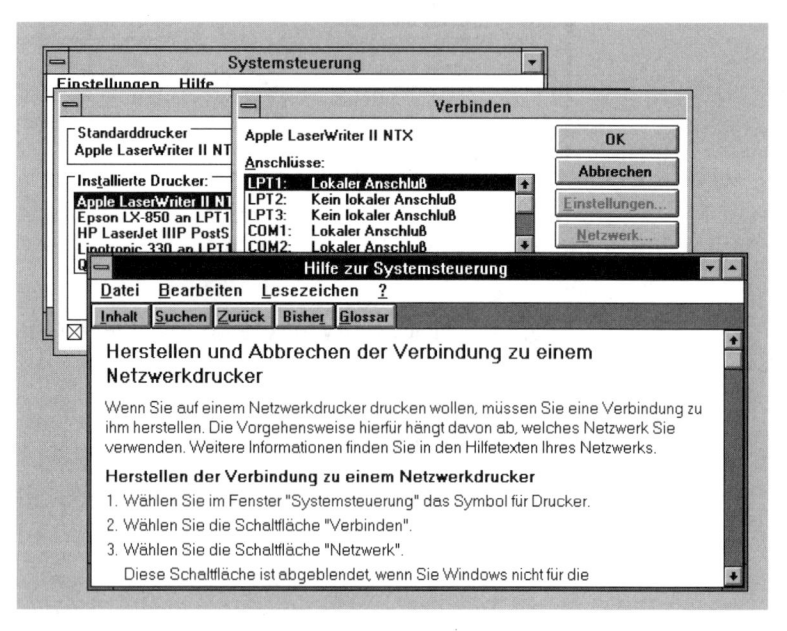

Bild 8.18: Netzwerkdrucker verbinden

Abtrennen   Sie *trennen eine Verbindung* zu einem Netzwerkdrucker wie folgt:

1. Wählen Sie im Systemsteuerung-Fenster das Drucker-Symbol.
2. Wählen Sie VERBINDEN und danach die Schaltfläche NETZWERK. Die Schaltfläche ist abgeblendet, wenn keine Netzwerkverbindung besteht.
3. Wählen Sie AKTUELLE DRUCKERANSCHLÜSSE.
4. Wählen Sie die Schaltfläche TRENNEN.

Drucker entfernen

Entfernen   Sie *entfernen* einen unter Windows installierten *Drucker* mit den folgenden Schritten:

1. Wählen Sie im Systemsteuerung-Fenster das Drucker-Symbol.
2. Wählen Sie im Feld INSTALLIERTE DRUCKER den Drucker.
3. Wählen Sie DRUCKER ENTFERNEN.
4. Bestätigen Sie mit JA.
5. Wählen Sie SCHLIESSEN.

Die Druckertreiberdatei wird aus dem Windows-Verzeichnis entfernt, wenn kein anderer Drucker diese Druckertreiberdatei verwendet. Es werden nicht die zugehörigen Schriftarten entfernt.

8.6 Anschlüsse ändern

Ein serieller Anschluß muß für die Datenübertragung konfiguriert werden.

Sie setzen die Einstellungen für die *Konfiguration* folgendermaßen:

1. Wählen Sie im Systemsteuerung-Fenster das Anschlüsse-Symbol.
2. Wählen Sie für den jeweiligen COM-Anschluß das Symbol (siehe Bild 8.19), und klicken Sie auf EINSTELLUNGEN.

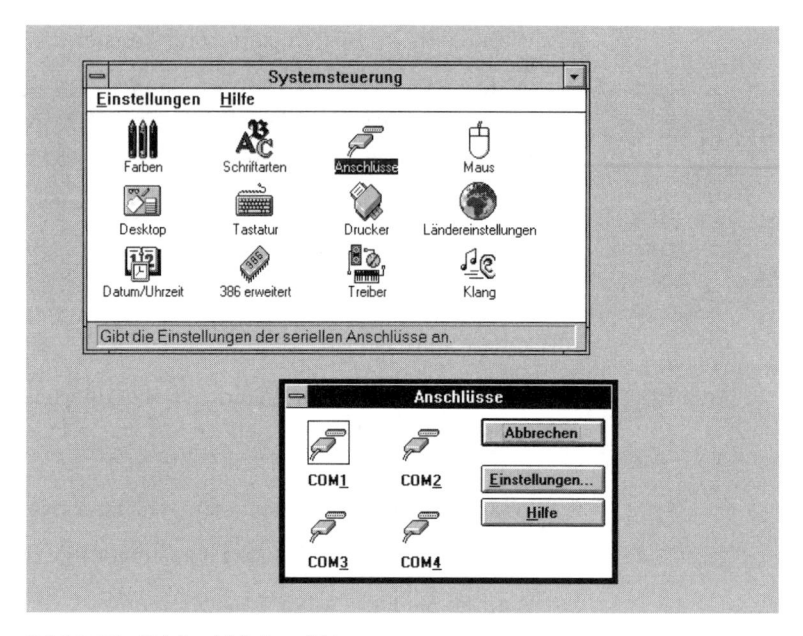

Bild 8.19: Dialogfeld Anschlüsse

3. Bestimmen Sie die Optionen für den Anschluß (siehe Bild 8.20).

   Bestätigen Sie mit OK.

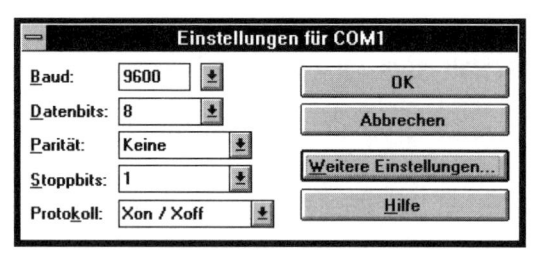

Bild 8.20: Dialogfeld Einstellungen

❐ Mit der Option BAUD bestimmen Sie die Übertragungsgeschwindigkeit.

Netzwerk vorbereiten 273

❐ Mit DATENBITS wird die Anzahl der Datenbits festgesetzt.

❐ Mit PARITÄT wird die Methode zur Fehlererkennung bestimmt.

❐ Die Option STOPPBITS steht für die Anzahl der Stoppbits.

❐ Die Option PROTOKOLL bestimmt das Handshaking-Protokoll.

4. Mit der Schaltfläche WEITERE EINSTELLUNGEN können Sie die Ein-/Ausgabe-Adresse und den IRQ (Unterbrechungsanforderung) für die jeweilige serielle Schnittstelle festlegen (siehe Bild 8.21).

Bild 8.21: Weitere Einstellungen

8.7 Netzwerk vorbereiten

Der Teilaufgabe *Netzwerk vorbereiten* sind folgende Arbeiten zugeordnet:

❐ Netzwerk-Optionen festlegen
❐ Verbindung zu Netzwerkdruckern herstellen und beenden

Netzwerk-Optionen festlegen

Das Netzwerk-Symbol und der Netzwerk-Befehl werden nur bei einer bestehenden Netzwerk-Verbindung angezeigt.

Sie legen *Netzwerk-Optionen* mit folgenden Schritten fest (siehe Bild 8.22):

1. Wählen Sie im Systemsteuerung-Fenster das Netzwerk-Symbol. Mit Hilfe des angezeigten Dialogfeldes kann die Anmeldung und Abmeldung zu einem Netzwerk erfolgen, die Benutzerkennung oder Paßwörter geändert werden und können Meldungen an andere Benutzer weitergeleitet werden.
2. Wählen Sie die gewünschten Optionen aus.

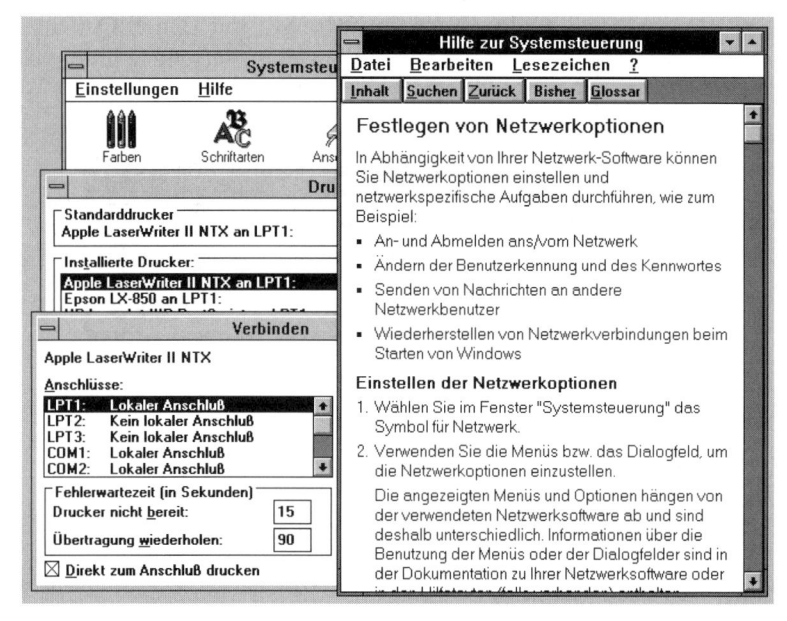

Bild 8.22: Netzwerk-Optionen festlegen

Verbindung zu Netzwerkdruckern herstellen und beenden

Netzwerk-drucker Die Verbindung zu *Netzwerkdruckern* kann hergestellt und getrennt werden.

Das *Herstellen einer Verbindung* zu einem Netzwerkdrucker wird mit den folgenden Schritten durchgeführt (siehe Bild 8.23):

1. Wählen Sie im Systemsteuerung-Fenster das Drucker-Symbol.

Netzwerk vorbereiten 275

2. Wählen Sie die Schaltfläche VERBINDEN.

   Wenn keine Verbindung zu einem Netzwerk besteht, ist die Schaltfläche abgeblendet.

3. Wählen Sie die Schaltfläche NETZWERK.

4. Tragen Sie den Netzwerkpfad für den Drucker ein.

   Oder wählen Sie für die Suche nach Netzwerkdruckern die Funktion DURCHSUCHEN. Wählen Sie im Feld RESSOURCE einen Drucker, und wählen Sie dann OK. Bei einem Netzwerk, welches das Durchsuchen von Dateien und Verzeichnissen nicht unterstützt, ist diese Schaltfläche abgeblendet.

5. Wählen Sie die Schaltfläche VERBINDEN.

6. Der neue Drucker wird im Listenfeld AKTUELLE DRUCKVERBINDUNGEN hinzugefügt.

7. Wählen Sie die Schaltfläche SCHLIESSEN.

8. Wählen Sie OK.

9. Wählen Sie im Feld DRUCKER die Schaltfläche SCHLIESSEN.

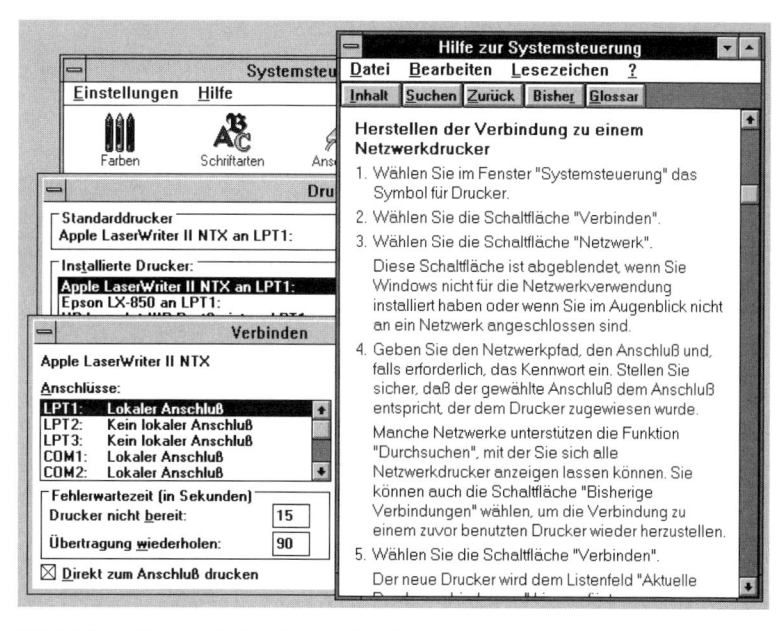

Bild 8.23: Netzwerkdrucker verbinden

Sie *brechen* eine Verbindung wie folgt *ab*:

1. Wählen Sie das Drucker-Symbol im Systemsteuerung-Fenster.
2. Wählen Sie die Schaltfläche VERBINDEN.
3. Wählen Sie die Schaltfläche NETZWERK im Dialogfeld VERBINDEN.
4. Wählen Sie im Listenfeld AKTUELLE DRUCKVERBINDUNGEN den abzutrennenden Drucker.
5. Wählen Sie die Schaltfläche TRENNEN.
6. Wählen Sie die Schaltfläche SCHLIESSEN.
7. Wählen Sie OK.
8. Wählen Sie im Feld DRUCKER die Schaltfläche SCHLIESSEN.

8.8 Ländereinstellungen setzen

Der Teilaufgabe *Ländereinstellungen setzen* sind folgende Arbeiten zugeordnet (siehe Bild 8.24):

- Land wählen
- Sprache wählen
- Tastaturlayout bestimmen
- Maßsystem wählen
- Listentrennzeichen ändern
- Datumsformat ändern
- Kurzes Datumsformat ändern
- Langes Datumsformat ändern
- Währungsformat bestimmen
- Zeitformat ändern
- Zahlenformat bestimmen

Ländereinstellungen setzen

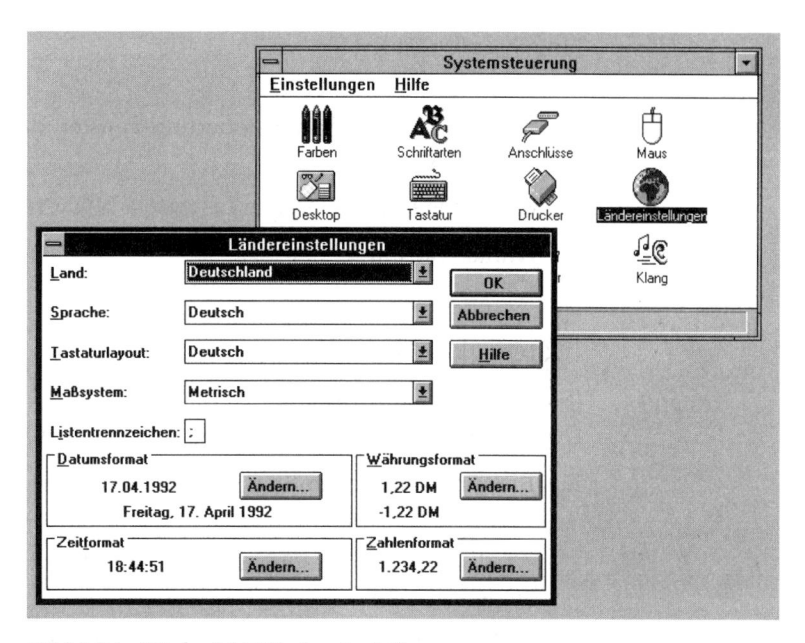

Bild 8.24: Dialogfeld Ländereinstellungen

Land wählen

Land Bei der Auswahl eines Landes stellt Windows die dem *Land* zugeordneten Ländereinstellungen automatisch ein.

Sie wählen ein *Land* folgendermaßen aus:

1. Wählen Sie im Systemsteuerung-Fenster das Ländereinstellungen-Symbol.
2. Wählen Sie im einzeiligen Listenfeld LAND ein Land.
3. Wählen Sie OK.

Sprache wählen

Sprache Verschiedene Sprachen verwenden unterschiedliche Zeichen und Symbole. Die Auswahl einer *Sprache* bestimmt das Verfahren für das Sortieren von Textfolgen und die Umwandlung von Großbuchstaben.

Eine *Sprache* wählen Sie wie folgt aus:

1. Wählen Sie im Systemsteuerung-Fenster das Ländereinstellungen-Symbol.
2. Wählen Sie im einzeiligen Listenfeld SPRACHE eine Sprache.
3. Wählen Sie OK.

Tastaturlayout bestimmen

Tastatur Das Layout einer *Tastatur* ist für viele Länder unterschiedlich. Das Layout legt fest, wie Windows Tasteneingaben interpretiert.

Ein *Tastaturlayout* bestimmen Sie folgendermaßen:

1. Wählen Sie im Systemsteuerung-Fenster das Ländereinstellungen-Symbol.
2. Wählen Sie im einzeiligen Listenfeld TASTATURLAYOUT ein Tastaturlayout.
3. Wählen Sie OK.

Maßsystem wählen

Maßsystem Für Windows-Anwendungen kann das englische oder metrische *Maßsystem* verwendet werden.

Sie wählen ein *Maßsystem* wie folgt:

1. Wählen Sie im Systemsteuerung-Fenster das Ländereinstellungen-Symbol.
2. Wählen Sie im Listenfeld MASSYSTEM das englische oder metrische Maßsystem.
3. Wählen Sie OK.

Listentrennzeichen ändern

Trennzeichen Das *Listentrennzeichen* ändern Sie mit den folgenden Schritten:

1. Wählen Sie im Systemsteuerung-Fenster das Ländereinstellungen-Symbol.
2. Wählen Sie im Feld LISTENTRENNZEICHEN ein Symbol aus.
3. Wählen Sie OK.

Datumsformat ändern

Datums- Für Windows-Anwendungen ist das Datumsformat einstellbar
format (siehe Bild 8.25).

Sie ändern das *Datumsformat* wie folgt:

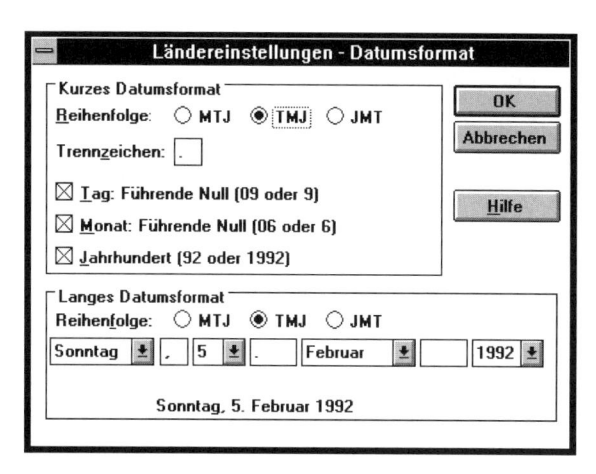

Bild 8.25: Dialogfeld Datumsformat

1. Wählen Sie im Systemsteuerung-Fenster das Ländereinstellungen-Symbol. Es werden im Feld DATUMSFORMAT die aktuellen langen und kurzen Datumsformate angezeigt.

2. Wählen Sie die Schaltfläche ÄNDERN in der Gruppe DATUMS-FORMAT.

3. Wählen Sie die Optionen für das kurze Datumsformat (Zahlen für Monat, Tag und Jahr).

4. Wählen Sie die Optionen für das lange Datumsformat (Zahlen und Text für Monat, Tag und Jahr).

5. Wählen Sie zweimal OK.

Kurzes Datumsformat ändern

Kurzes Format

Die Anzeige des *kurzen Datumsformats* kann für einige Windows-Anwendungen geändert werden.

Sie ändern das Format mit den folgenden Schritten:

1. Wählen Sie im Systemsteuerung-Fenster das Ländereinstellungen-Symbol. Es wird im Feld DATUMSFORMAT das aktuelle kurze Datumsformat angezeigt.

2. Wählen Sie die Schaltfläche ÄNDERN in der Gruppe DATUMS-FORMAT.

3. Wählen Sie die Optionen im Feld KURZES DATUMSFORMAT.

- Die Option REIHENFOLGE bestimmt die Anordnung von Monat (M), Tag (T) und Jahr (J).

- Mit TRENNZEICHEN bestimmen Sie das Symbol zwischen der Anzeige von Tag, Monat und Jahr.

- Mit TAG: FÜHRENDE NULL wird einer einstelligen Tagesanzeige eine führende Null vorangestellt.

- Mit MONAT: FÜHRENDE NULL wird einer einstelligen Monatsanzeige eine führende Null vorangestellt.

- Die Option JAHRHUNDERT steht für eine vierstellige Jahresanzeige.

4. Wählen Sie zweimal OK.

Langes Datumsformat ändern

Langes Format

Für einige Windows-Anwendungen kann die Anzeige des *langen Datumsformats* geändert werden.

Sie ändern die Anzeige wie folgt:

1. Wählen Sie im Systemsteuerung-Fenster das Ländereinstellungen-Symbol.

    Es wird im Feld DATUMSFORMAT das aktuelle lange Datumsformat angezeigt.

2. Wählen Sie die Schaltfläche ÄNDERN in der Gruppe DATUMSFORMAT.

3. Wählen Sie die Optionen im Feld LANGES DATUMSFORMAT.

    Die Option REIHENFOLGE bestimmt die Anordnung von Monat (M), Tag (T) und Jahr (J).

4. Wählen Sie zweimal OK.

Währungsformat bestimmen

Währungsformat

Bei einigen Windows-Anwendungen kann die Anzeige des *Währungsformats* eingestellt werden (siehe Bild 8.26).

Sie bestimmen die Anzeige für das Währungsformat wie folgt:

1. Wählen Sie im Systemsteuerung-Fenster das Ländereinstellungen-Symbol.

2. Wählen Sie die Schaltfläche ÄNDERN in der Gruppe WÄHRUNGSFORMAT.

3. Stellen Sie die betreffenden Optionen ein.

    ❐ Die Option SYMBOLSTELLUNG bestimmt die Stellung und den Abstand des Währungssymbols relativ zum Betrag.

    ❐ Mit NEGATIV werden negative Beträge angezeigt. Mit SYMBOL bestimmen Sie das Währungssymbol.

    ❐ DEZIMALSTELLEN steht für die Anzahl der nach dem Dezimalkomma angezeigten Stellen.

4. Wählen Sie zweimal OK.

Bild 8.26: Dialogfeld Währungsformat

Zeitformat ändern

Zeitformat Das *Zeitformat* für die Anzeige der Uhrzeit kann bei einigen Windows-Anwendungen bestimmt werden (siehe Bild 8.27).

Sie ändern das Zeitformat mit den folgenden Schritten:

1. Wählen Sie im Systemsteuerung-Fenster das Ländereinstellungen-Symbol.

2. Wählen Sie die Schaltfläche ÄNDERN in der Gruppe ZEITFORMAT.

3. Wählen Sie die Optionen.

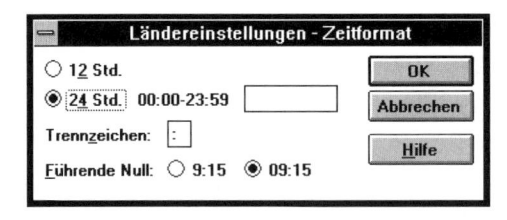

Bild 8.27: Dialogfeld Zeitformat

- Mit der Option 12 STD. oder 24 STD. bestimmen Sie eine 12- oder 24-Stunden-Anzeige.

- Mit TRENNZEICHEN bestimmen Sie das Symbol zum Trennen von Stunden, Minuten und Sekunden.

❏ Die Option FÜHRENDE NULL stellt einer einstelligen Stundenangabe eine Null voran.

4. Wählen Sie zweimal OK.

Zahlenformat bestimmen

Zahlenformat Bei Windows-Anwendungen kann das *Zahlenformat* eingestellt werden (siehe Bild 8.28).

Sie legen das Zahlenformat wie folgt fest:

1. Wählen Sie im Systemsteuerung-Fenster das Ländereinstellungen-Symbol.
2. Wählen Sie die Schaltfläche ÄNDERN in der Gruppe ZAHLENFORMAT.
3. Wählen Sie die gewünschten Optionen.

❏ Die Option 1000ER-TRENNZEICHEN bestimmt das Symbol zur Trennung der Tausenderstellen.

❏ Mit DEZIMALTRENNZEICHEN bestimmen Sie das Symbol zur Trennung von Dezimalstellen und ganzzahligem Anteil.

❏ Die Option DEZIMALSTELLEN definiert die Anzahl der angezeigten Dezimalstellen.

❏ Mit FÜHRENDE NULL wird bei Zahlen kleiner als Eins eine führende Null vorangestellt.

4. Wählen Sie zweimal OK.

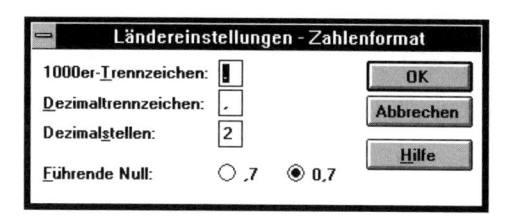

Bild 8.28: Dialogfeld Zahlenformat

8.9 Datum und Uhrzeit ändern

Der Teilaufgabe *Datum und Uhrzeit ändern* werden die folgenden Arbeiten zugeordnet (siehe Bild 8.29):

❐ Datum ändern

❐ Uhrzeit ändern

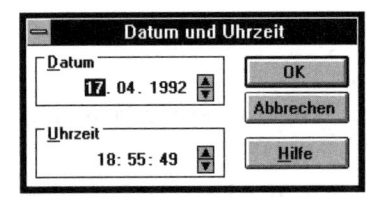

Bild 8.29: Dialogfeld Datum & Uhrzeit

Datum ändern

Eine Datumsänderung ist beim Windows-Zubehör und bei Windows-Anwendungen wirksam.

Sie *ändern* das *Datum* mit den folgenden Schritten:

1. Wählen Sie im Systemsteuerung-Fenster das Datum/Uhrzeit-Symbol.

   Das Datum wird entsprechend den Optionen der Ländereinstellungen angezeigt.

2. Wählen Sie den zu ändernden Teil des Datums.

3. Geben Sie den neuen Wert an.

   Oder klicken Sie auf den Bildlaufpfeil.

4. Wählen Sie OK.

Uhrzeit ändern

Uhrzeit   Eine geänderte *Uhrzeit* ist beim Windows-Zubehör und bei Windows-Anwendungen wirksam.

Sie ändern die Uhrzeit wie folgt:

1. Wählen Sie im Systemsteuerung-Fenster das Datum/Uhrzeit-Symbol.

   Die Uhrzeit wird entsprechend den Optionen der Ländereinstellungen angezeigt.

2. Wählen Sie den zu ändernden Teil der Uhrzeit.
3. Geben Sie den neuen Wert an.

   Oder klicken Sie auf den Bildlaufpfeil.

4. Wählen Sie OK.

8.10 Schriftart hinzufügen und entfernen

Der Teilaufgabe *Schriftart hinzufügen und entfernen* werden folgende Arbeiten zugeordnet:

- Schriftart hinzufügen
- Schriftart entfernen
- TrueType-Fonts verwenden

Schriftart hinzufügen

Bei Windows können über die Systemsteuerung neue Schriftarten eingesetzt werden (siehe Bild 8.30).

Sie fügen *neue Schriftarten* folgendermaßen hinzu:

1. Wählen Sie im Systemsteuerung-Fenster das Schriftarten-Symbol.

Bild 8.30: Dialogfeld Schriftarten

Die mit Windows installierten Schriftarten werden im Dialogfeld angezeigt. Um welche Schriftarten es sich handelt, erfahren Sie durch die in Klammern stehenden Bezeichnungen.

2. Wählen Sie die Schaltfläche HINZUFÜGEN.

3. Im Dialogfeld SCHRIFTARTEN HINZUFÜGEN wählen Sie das Laufwerk, von dem Sie Schriftarten laden wollen.

4. Wählen Sie das Verzeichnis, in das die Schriftarten eingefügt werden sollen.

5. Wählen Sie aus der Liste der Schriftarten die Schriftarten aus, die Sie hinzufügen möchten, oder drücken Sie die Schaltfläche ALLE AUSWÄHLEN.

6. Wählen Sie OK.

7. Im Dialogfeld SCHRIFTARTEN wählen Sie SCHLIESSEN.

Ladbare Schriftarten werden mit einem Installationsprogramm eingerichtet (siehe Bild 8.31).

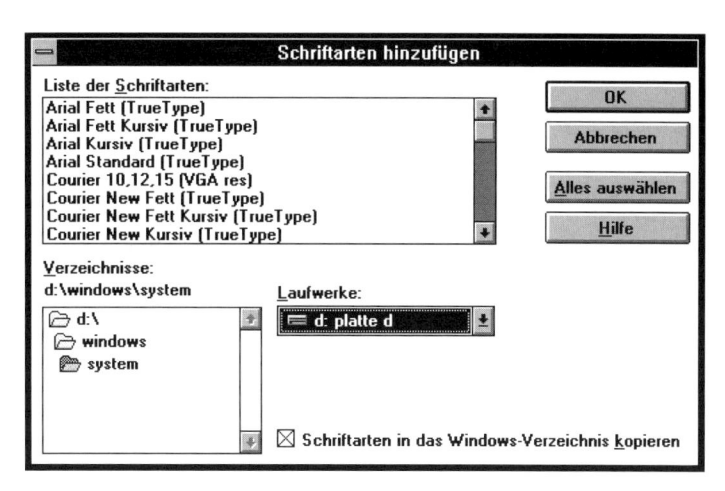

Bild 8.31: Dialogfeld Installationsprogramm

Schriftart entfernen

Schriftart entfernen Eine nicht verwendete, installierte Schriftart sollte entfernt werden, da sie Arbeitsspeicher beansprucht.

Sie *entfernen* eine installierte *Schriftart* wie folgt:

1. Wählen Sie im Systemsteuerung-Fenster das Schriftarten-Symbol.

   Die mit Windows installierten Schriftarten werden im Feld SCHRIFTARTEN angezeigt.

2. Wählen Sie die zu entfernende Schriftart.
3. Wählen Sie LÖSCHEN.
4. Wählen Sie OK.

   Die Schriftart wird aus Windows entfernt; die Schriftart-Datei wird nicht gelöscht.

Die Schriftart Helvetica sollte nicht entfernt werden, da sie für die meisten Windows-Dialogfelder verwendet wird.

TrueType-Fonts verwenden

Windows bietet folgende Schriftarten an:

- *Bildschirmschriftarten*, mit denen Text dargestellt wird, der in Programmfenstern erscheint – in festgelegten Größen.
- *Plotterschriften*, die in jeder beliebigen Größe dargestellt werden können.
- *TrueType-Schriftarten*, die in beliebiger Größe darstellbar sind. Diese Schriften sehen beim Druck ebenso aus, wie auf dem Bildschirm.
- Außerdem sind die eingebauten *Druckerschriftarten* verfügbar.

TrueType-Schriften Bei der Verwendung von TrueType-Schriften haben Sie den Vorteil, daß die Buchstaben auf dem Bildschirm genauso aussehen wie auf dem Ausdruck. Die TrueType-Schriften wurden automatisch bei der Einrichtung von Windows mit installiert. Zusätzliche TrueType-Schriftarten können Sie über die Systemsteuerung mit Hilfe der Option SCHRIFTARTEN nachträglich hinzufügen.

TrueType-Schriften erkennen Sie am Zusatz TT im Dialogfeld SCHRIFTART.

Optionen Truetype-Schriften haben einen hohen Speicherbedarf. Sie sollten daher die nicht unbedingt benötigten Schriften aus dem Arbeitsspeicher entfernen. Sollten Sie nur TrueType-Schriften verwenden wollen, dann können Sie auch die anderen Schriftarten ausschalten. Diese werden dann nicht mehr im Dialogfeld SCHRIFTARTEN aufgeführt.

Einrichten Mit den folgenden Schritten schalten Sie die *TrueType-Schriften* ein oder aus:

1. Wählen Sie das Schriftarten-Symbol in der Systemsteuerung.
2. Im Dialogfeld SCHRIFTARTEN wählen Sie die Schaltfläche TRUETYPE.

Schriftart hinzufügen und entfernen

3. Deaktivieren Sie im Dialogfeld TRUETYPE-SCHRIFTARTEN das Kontrollkästchen TRUETYPE-SCHRIFTARTEN VERWENDEN, um TrueType-Schriftarten auszuschalten.

   Aktivieren Sie das Kontrollkästchen NUR TRUETYPE-SCHRIFTARTEN IN ANWENDUNGEN ANZEIGEN, um ausschließlich True-Type-Schriftarten zu verwenden (siehe Bild 8.32).

4. Wählen Sie OK.

   Die Änderung in den Schriftarten wird erst aktiv, nachdem Sie Windows erneut gestartet haben.

5. Wählen Sie die Schaltfläche NEUSTART.

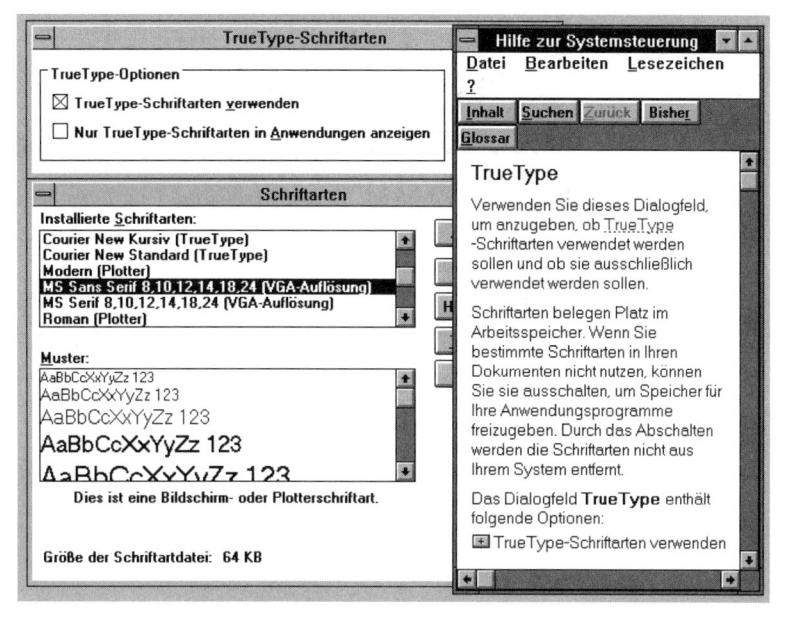

Bild 8.32: TrueType-Schriftarten verwenden

Den Unterschied zwischen einer herkömmlichen Bitmap-Schrift und einer TrueType-Schrift sehen Sie in Bild 8.33.

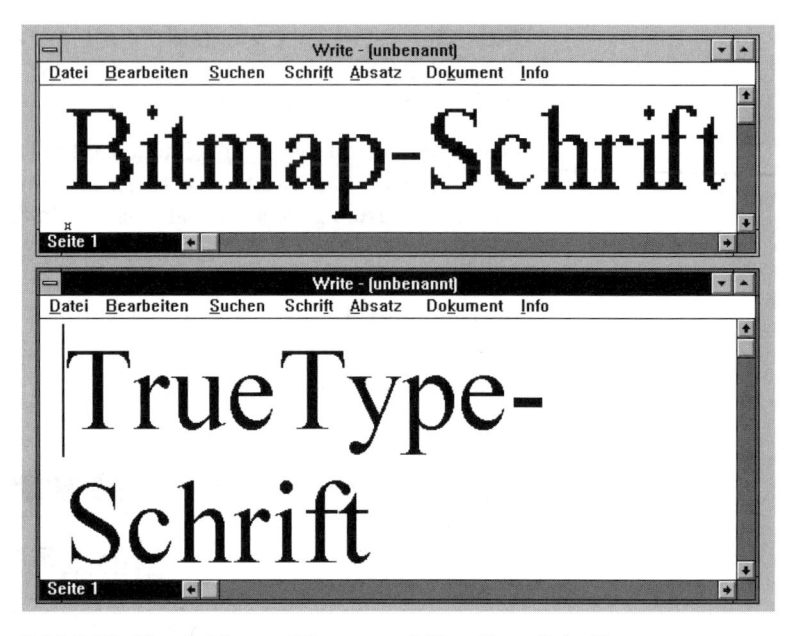

Bild 8.33: Vergleich von Bitmap- und TrueType-Schriften

8.11 Tastatur- und Mauseinstellungen setzen

Der Teilaufgabe *Tastatur- und Mauseinstellungen setzen* werden die folgenden Arbeiten zugeordnet:

❏ Tastaturgeschwindigkeit bestimmen

❏ Mauseinstellungen ändern

Tastaturgeschwindigkeit bestimmen

Tastatur Die Wiederholungsgeschwindigkeit beim Drücken einer Taste der *Tastatur* stellen Sie mit den folgenden Schritten ein (siehe Bild 8.34):

1. Wählen Sie das Symbol TASTATUR in der Systemsteuerung.

2. Im Dialogfeld TASTATUR ziehen Sie das Bildlauffeld VERZÖGE-RUNG in Richtung LANG oder KURZ oder klicken Sie auf den entsprechenden Bildlaufpfeil.

3. Ziehen Sie das Bildlauffeld WIEDERHOLRATE in Richtung HOCH oder NIEDRIG oder klicken Sie auf den entsprechenden Bildlaufpfeil.

4. Sollten Sie sich über das Ergebnis Ihrer Änderung nicht im Klaren sein, so gehen Sie auf das Testfeld und halten Sie eine beliebige Taste der Tastatur gedrückt. Ändern Sie die Position der Bildlauffelder, bis eine zufriedenstellende Verzögerung und Wiederholrate eingestellt ist.

5. Wählen Sie OK.

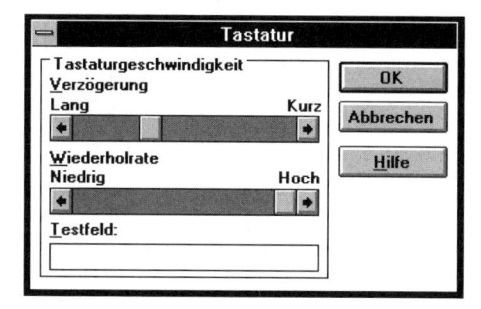

Bild 8.34: Dialogfeld Tastatur

Mauseinstellungen ändern

Maus Mit der Systemsteuerung können die Einstellungen der *Maus* wie folgt geändert werden (siehe Bild 8.35):

1. Wählen Sie im Systemsteuerung-Fenster das Maus-Symbol.
2. Bestimmen Sie die Optionen, und wählen Sie OK.

❐ Mit der Option MAUSZEIGERGESCHWINDIGKEIT bestimmen Sie die Geschwindigkeit des Mauszeigers auf dem Bildschirm. Ziehen Sie das Bildlauffeld nach LANGSAM oder SCHNELL, oder drücken Sie die NACH-RECHTS- oder NACH-LINKS-Taste.

❐ Mit DOPPELKLICKGESCHWINDIGKEIT wird der Zeitabstand für das Doppelklicken einer Maustaste eingestellt. Ziehen Sie das Bildlauffeld nach LANGSAM oder SCHNELL, oder drücken Sie die NACH-RECHTS- oder NACH-LINKS-Taste. Wenn im Testfeld beim Doppelklicken eine andere Farbe erscheint, hat Windows das Doppelklicken erkannt.

❐ Die Option LINKE/RECHTE TASTE VERTAUSCHEN wechselt die Funktionen der linken und rechten Maustaste.

❐ Über das Kontrollfeld MAUSSPUR können Sie bei der Arbeit mit einem LCD-Bildschirm eine bessere Darstellung des Mauszeigers erreichen.

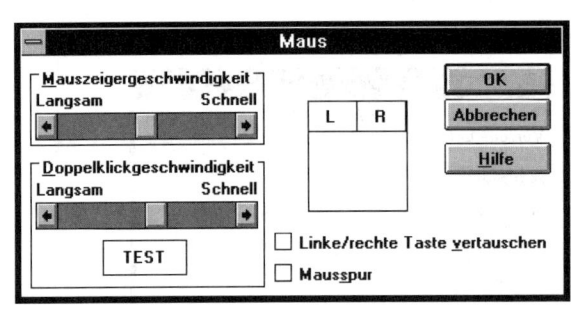

Bild 8.35: Dialogfeld Maus

8.12 Klänge und MIDI zuordnen

MIDI-Treiber können Sie installieren, wenn Ihr Computer mit einem MIDI-Adapter (Musical Instrument Digital Interface) ausgestattet ist. Mit Hilfe von MIDI kann Ihr Rechner mit Klang- und MIDI-Geräten zusammenarbeiten (siehe Bild 8.36).

Windows hat während der Installation das MIDI-Setup für gebräuchliche Audio-Karten- und Synthesizer-Kombinationen durchgeführt. Diese Setups sind die Voraussetzung für guten Klang. Mit dem MIDI-Mapper können Sie ein anderes MIDI-Setup anwählen oder erstellen. Außerdem können Sie Patch- oder Kanal- und Tastenzuweisungen verändern.

Klänge und MIDI zuordnen 293

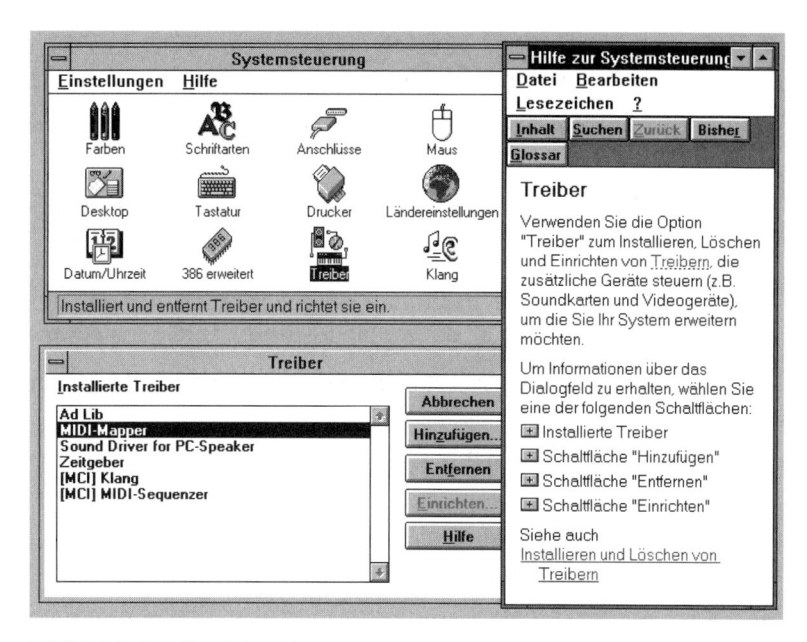

Bild 8.36: Treiber hinzufügen

Wenn Sie MIDI-Synthesizer verwenden, die dem Standard-MIDI nicht entsprechen, müssen Sie auf jeden Fall ein neues MIDI-Setup erstellen.

Auswählen Wenn Sie die Medien-Wiedergabe verwenden, ist das MIDI-Setup für den Synthesizer, der die Datei spielen wird, auszuwählen.

Sie *wählen* ein *MIDI-Setup* mit den folgenden Schritten aus:

1. Wählen Sie das MIDI-Mapper-Symbol in der Systemsteuerung.

2. Im Dialogfeld MIDI-MAPPER wählen Sie aus der Liste NAME das entsprechende Setup aus.

3. Drücken Sie die Schaltfläche SCHLIESSEN.

Setup Ihr Synthesizer sollte so eingerichtet sein, daß er MIDI-Meldungen über mehrere MIDI-Kanäle empfangen kann. Außerdem sollten Sie feststellen, ob Sie einen Base-Level-Synthesizer oder einen

Extended-Level-Synthesizer zur Verfügung haben. Diese Angabe müssen Sie in den folgenden Schritten verwenden.

Zur *Erstellung* eines *MIDI-Setups* gehen Sie wie folgt vor:

1. Erstellen Sie eine Keymap für Schlaginstrumente.
2. Erstellen Sie zwei Patchmaps.

   Eine Patchmap ist erforderlich für die melodischen Instrumente, die zweite ist für die Schlaginstrumente zu erstellen.
3. Legen Sie die Kanalzuordnung für Ihren Synthesizer fest.

Keymap   Zur Erstellung einer *Keymap* gehen Sie folgendermaßen vor:

1. Wählen Sie das MIDI-Mapper-Symbol in der Systemsteuerung.
2. Aktivieren Sie die Option KEYMAPS unter ANZEIGEN.
3. Drücken Sie die Schaltfläche NEU.
4. Im Dialogfeld NEU-MIDI-KAYMAP geben Sie in die Felder NAME und BESCHREIBUNG einen Namen und eine Beschreibung für die Keymap ein.

   Die Optionen im Dialogfeld MIDI-MAP haben die folgende Bedeutung:

   ❑ SRC KEY # listet MIDI-Tasten auf, die in einer MIDI-Datei in MIDI-Nachrichten vorkommen können. Die Werte sind in der Auflistung nicht änderbar.

   ❑ SCR KEY NAME zeigt, wie in der Standard-MIDI-Spezifikation definiert, die Namen der mit den Quelltasten verbundenen Schlaginstrumente an. Diese Namen sind Orientierungspunkte, wenn Sie eine Keymap für Schlaginstrumente erstellen.

   ❑ DEST KEY # legt die Taste fest, die auf Ihrem Synthesizer gespielt wird, wenn die Quelltastennummer von einem Anwendungsprogramm gesendet oder in einer MIDI-Datei gefunden wird. Eine Zieltaste ändern Sie, indem Sie das Feld DEST KEY # wählen und dann die entspechende Zieltastennummer aus-

Klänge und MIDI zuordnen

wählen. Sie können auch eine Tastennummer auswählen und dann die neue Nummer eingeben.

5. Wählen Sie OK.

   Das Dialogfeld für die neue Keymap listet Schlaginstrumente für die Tasten 35 bis 81 auf.

6. Passen Sie die Tabelle auf die Zieltasten Ihres Synthesizers an.

7. Wählen Sie OK.

8. Im Dialogfeld bestätigen Sie mit JA, um die Änderungen zu speichern.

9. Drücken Sie im Dialogfeld MIDI-MAPPER die Schaltfläche SCHLIESSEN.

Patchmap   Eine *Patchmap* erstellen Sie mit den folgenden Schritten:

1. Wählen Sie das MIDI-Mapper-Symbol in der Systemsteuerung.

2. Wählen Sie aus dem Dialogfeld MIDI-MAPPER unter ANZEIGEN die Option PATCHMAPS.

3. Drücken Sie die Schaltfläche NEU.

4. Im Menüfeld NEU:MIDI-PATCHMAP geben Sie in das Feld NAME den Namen für Ihre Patchmap an; im Feld BESCHREIBUNG geben Sie eine Erläuterung ein.

5. Wählen Sie OK.

   Ein Dialogfeld für die neue Patchmap mit den Klängen für die Quellpatches 0 bis 127 erscheint.

6. Beginnen die Patchnummern in Ihrem Dialogfeld bei 1 und nicht bei 0, wählen Sie die Schaltfläche 1-BASIERTE PATCHNUMMERN.

7. Weisen Sie den Quellpatches jeweils ein Zielpatch, eine Lautstärke und eine Keymap zu.

   Im Dialogfeld MIDI-PATCHMAP stehen Ihnen die folgenden Optionen zur Verfügung:

- SRC PATCH # – die Patchnummern werden aufgelistet, die in einer MIDI-Datei in MIDI-Meldungen vorkommen können. Sie können die Werte nicht ändern.

  SRC PATCH NAME – Es werden die Standardklänge oder Standardinstrumente aufgelistet, die für melodische Kanäle mit Quellpatchnummern verbunden sind. Diese Namen sind für Sie Bezugspunkte, wenn Sie eine Patchmap für melodische Instrumente erstellen. Bei einer Patchmap für Schlaginstrumente können Sie diese Namen ignorieren.

- DEST PATCH # – Die vom Synthesizer verwendeten Patchnummern, die im Feld DEST PATCH # stehen, werden spezifiziert, sofern sie mit den Klängen oder Instrumenten übereinstimmen. Sie ändern eine Zielpatch, in dem Sie das Feld DEST PATCH # auswählen und dann auf den Bildlaufpfeil klicken bis die gewünschte Zielpatchnummer erscheint. Eine weitere Möglichkeit, die Zielpatchnummer einzugeben, besteht darin, daß Sie die Nummer auswählen und dann die neue Nummer eingeben. Erstellen Sie eine Patchmap für Schlaginstrumente, ändern Sie alle Zielpatchnummern, damit sie den Patchnummern entsprechen, die Ihr Synthesizer für Schlaginstrumente verwendet.

- LAUTSTÄRKE % – Sie geben die Lautstärke für das Zielpatch ein. Der Wert wird als Prozentsatz der MIDI-Lautstärkenachricht angegeben. Sie können im Feld LAUTSTÄRKE % mit Hilfe eines Bildlaufpfeiles den gewünschten Prozentanteil auswählen. Für die Erhöhung der Lautstärke verwenden Sie Werte über 100.

- KEYMAP-NAME – Spezifiziert die Keymap, die mit dem Patch verwendet wird. Sie öffnen die Liste KEYMAP-NAME und wählen die gewünschte Keymap aus. Erstellen Sie eine Patchmap für Schlaginstrumente, geben Sie für alle Quellpatches den Keymap-Namen an, den Sie für Schlaginstrumente erstellt haben.

Bei einer Patchmap für melodische Instrumente gibt es einige Besonderheiten. Sollte Ihr Synthesizer Klänge nicht nach der Standard-MIDI-Definition haben, wählen Sie für den dem Klang entsprechenden Patch eine Keymap, welche die Tasten so zuweist, daß die Klänge sauber wiedergegeben werden.

Klänge und MIDI zuordnen 297

8. Wählen Sie OK.

9. Geben Sie im Dialogfeld JA ein.

10. Im Dialogfeld MIDI-Mapper wählen Sie die Schaltfläche SCHLIESSEN.

Sie benötigen zwei Patchmaps, wenn die Patchliste Ihres Synthesizers nicht mit den Patch-Definitionen der Standard-MIDI übereinstimmt.

Kanalzuordnung
Nachdem Sie die erforderlichen Patchmaps und Keymaps erstellt haben, können Sie die *Kanalzuordnung* (channel mapping) festlegen.

Der MIDI-Mapper bietet 16 Kanäle zur Auswahl. Die Standard-MIDI verwenden die Kanäle 13 bis 16 für Base-Level-Synthesizer. Die Kanäle 13 bis 15 sind melodische Kanäle; der Kanal 16 ist für Schlaginstrumente (Percussion) reserviert. Die Kanäle 1 bis 10 sind für Extended-Level-Synthesizer vorgesehen. Dabei sind die Kanäle 1 bis 9 melodische Kanäle; der Kanal 10 ist für Schlaginstrumente reserviert.

Die *Kanäle* ordnen Sie folgendermaßen zu:

1. Wählen Sie das MIDI-Mapper-Symbol in der Systemsteuerung.

2. Im Dialogfeld MIDI-MAPPER wählen Sie unter ANZEIGEN die Option SETUPS.

3. Drücken Sie die Schaltfläche NEU.

4. Im Dialogfeld NEU:MIDI-SETUP geben Sie in den Feldern NAME und BESCHREIBUNG den Namen und die Beschreibung des Setups ein.

5. Drücken Sie OK.

6. Im Dialogfeld für das neue Setup geben Sie für jeden von Ihrem Syntesizer verwendeten Quellkanal einen Zielkanal, einen Anschlußnamen und eine Patchmap an.

Ihnen stehen zur Spezifikation folgende *Optionen* zur Verfügung:

❐ SRC CHAN – Listet die MIDI-Quellkanäle auf, die in einem Anwendungsprogramm oder in einer MIDI-Datei in einer MIDI-Meldung vorkommen können. Die Werte können nicht verändert werden.

❐ DEST CHAN – Spezifiziert den Kanal, den Ihr Syntehsizer verwenden wird, um die Klänge auf dem Quellkanal zu spielen. Der Standardwert entspricht dem des Quellkanals.

❐ AKTIV – Spezifiziert, ob MIDI-Informationen eines Kanals zum ausgewählten Anschluß gesendet werden. Für die Änderung der Einstellung klicken Sie auf das Kontrollkästchen AKTIV.

Oder drücken Sie die Tab-Taste, bis das Kontrollkästchen aktiviert ist. Drücken Sie dann die Leertaste.

Ändern Sie *ändern* Keymaps, Patchmaps und Setups wie folgt:

1. Wählen Sie in der Systemsteuerung das MIDI-Mapper-Symbol.
2. Im Dialogfeld MIDI-MAPPER wählen Sie unter ANZEIGEN aus, ob Sie Keymaps, Patchmaps oder Setups ändern wollen.
3. Öffnen Sie die Liste NAME, wählen Sie den Namen aus, und drücken Sie BEARBEITEN.
4. Im Dialogfeld BEARBEITEN verändern Sie die entsprechenden Parameter.
5. Wählen Sie OK.
6. Zur Speicherung der Änderungen wählen Sie im Dialogfeld OK.
7. Im Dialogfeld MIDI-MAPPER drücken Sie SCHLIESSEN.

8.13 Erweiterte Optionen einstellen

Es werden der Teilaufgabe *Optionen für den erweiterten Modus von 386-PCs einstellen* folgende Arbeiten zugeordnet:

❐ Gerätekonkurrenz verwalten

❏ Multitasking-Optionen einstellen

❏ Virtuellen Speicher zuordnen

Gerätekonkurrenz verwalten

Bei der Ausführung von mehreren Windows-Anwendungen und von nicht speziell für Windows konzipierten Anwendungen kann ein mehrfacher Zugriff auf ein Gerät, beispielsweise beim Drukker oder Modem, eintreten.

Das Verfahren beim Auftreten einer *Gerätekonkurrenz* kann wie folgt bestimmt werden (siehe Bild 8.37):

1. Wählen Sie im Systemsteuerung-Fenster das 386-erweitert-Symbol.

2. Wählen Sie den Anschluß für das betreffende Gerät.

3. Stellen Sie die Gerätekonkurrenz-Optionen ein, und wählen Sie OK.

Die Gerätekonkurrenz-Optionen sind bei nicht speziell für Windows konzipierten Anwendungen wirksam. Bei Windows-Anwendungen verwaltet Windows die installierten Geräte.

❏ Bei der Option IMMER WARNEN zeigt Windows stets eine Warnmeldung an, wenn auf ein bereits verwendetes Gerät zugegriffen wird (Standardeinstellung).

❏ Mit NIE WARNEN wird bei einem Zugriff auf ein bereits verwendetes Gerät keine Warnmeldung angezeigt. Diese Option sollte nur gewählt werden, wenn ein gleichzeitiger Zugriff ausgeschlossen ist oder das Gerät zwischen Anwendungen umschalten kann.

❏ Die Option LEERLAUFZEIT bestimmt die Wartezeit bis zu einem Zugriff durch eine andere Anwendung (1 bis 999 Sekunden).

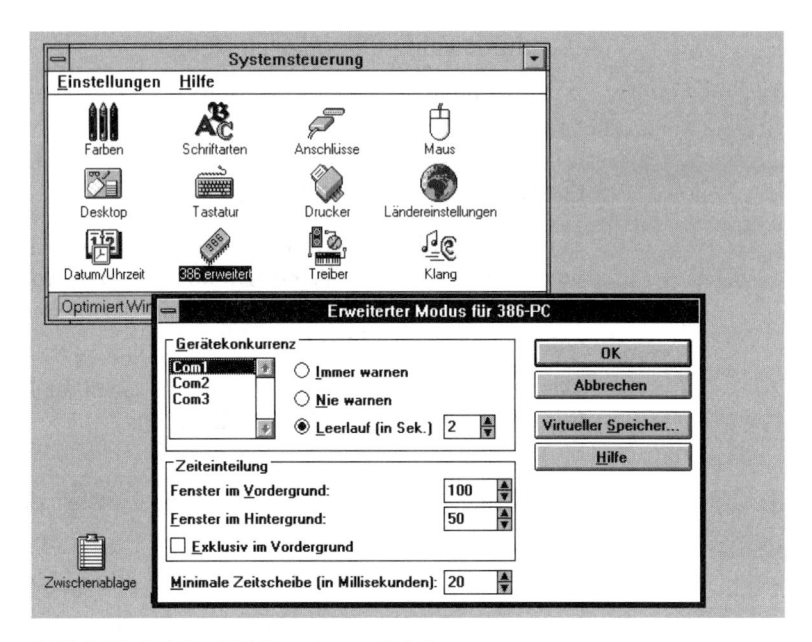

Bild 8.37: Dialogfeld Erweiterter Modus

Multitasking-Optionen einstellen

Multitasking Bei Windows können bei gleichzeitiger Ausführung von Windows-Anwendungen und von nicht speziell für Windows konzipierten Anwendungen *Multitasking-Optionen* für die Zeiteinteilung bei der Verwendung von Ressourcen bestimmt werden.

Sie stellen die Multitasking-Optionen wie folgt ein:

1. Wählen Sie im Systemsteuerung-Fenster das 386-erweitert-Symbol.

2. Bestimmen Sie die ZEITEINTEILUNG-Optionen, und wählen Sie OK.

 ❐ Die Option FENSTER IM VORDERGRUND bestimmt die Prozessorzeit der im Vordergrund ausgeführten Windows-Anwendung im Verhältnis zu den im Hintergrund ausgeführten, nicht speziell für Windows konzipierten Anwendungen (Wertebereich 1 bis 10.000).

- Mit der Option FENSTER IM HINTERGRUND wird die Prozessorzeit der im Hintergrund ausgeführten Windows-Anwendungen im Verhältnis zu der im Vordergrund ausgeführten aktiven Anwendung bestimmt (Wertebereich 1 bis 10.000).

- Mit der Option EXKLUSIV IM VORDERGRUND erhält eine aktive Anwendung im Vordergrund die gesamte Prozessorzeit zugeteilt.

- Die Option MINIMALE ZEITSCHEIBE bestimmt die Ausführungszeit einer Anwendung in Millisekunden, bevor Windows die Prozessorsteuerung an eine andere Anwendung übergibt (Wertebereich 1 bis 1000 Millisekunden).

Virtuellen Speicher zuordnen

Windows stellt für 386-PCs virtuellen Speicher als Auslagerungsdatei auf der Festplatte zur Verfügung.

Sie richten mit den folgenden Schritten *virtuellen Speicher* ein:

1. Wählen Sie in der Hauptgruppe das Systemsteuerung-Symbol.

2. Wählen Sie das 386-erweitert-Symbol.

3. Wählen Sie die Schaltfläche VIRTUELLER SPEICHER im Dialogfeld ERWEITERTER MODUS FÜR 386-PC (siehe Bild 8.38).

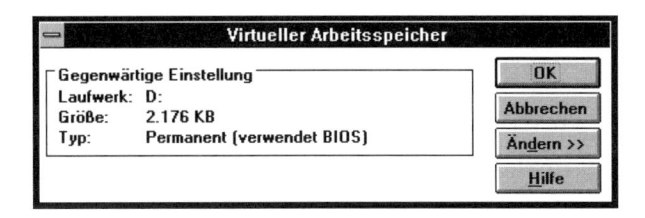

Bild 8.38: Dialogfeld Virtueller Arbeitsspeicher

4. Tragen Sie einen Wert für die gewünschte Größe des virtuellen Speichers ein (siehe Bild 8.39).

5. Wählen Sie OK.

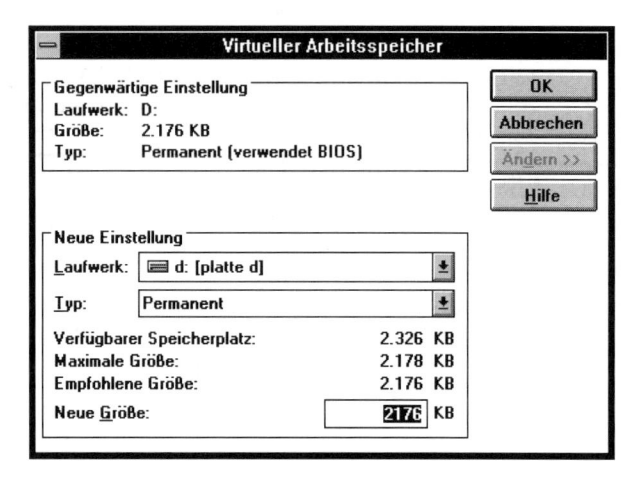

Bild 8.39: Virtuellen Speicher ändern

Kapitel 9

Texte notieren mit dem Editor

Der Editor eignet sich vor allem für einfachere Textverarbeitungsaufgaben. Bei diesen Aufgaben kommt es mehr auf den Inhalt und weniger auf die Gestaltung eines Dokumentes an. Mit dem Editor können Sie Texte erstellen, bearbeiten und ausdrucken. Bei höheren Ansprüchen sollten Sie zu Write wechseln. Es können Texte zwischen dem Editor und anderen Anwendungen über die Zwischenablage ausgetauscht werden.

9.1 Aufgaben, Fensterelemente und Tastatur

Anwendungen und Aufgaben

Der Editor ist ein einfacher Texteditor, mit dem Texte erstellt, bearbeitet und ausgedruckt werden können. Im Vergleich mit der Windows-Anwendung Write kann der Editor nur Texte verarbeiten und keine Bilder aufnehmen. Wenn Sie Zeichen, Absätze oder ganze Dokumente formatieren wollen, dann sollten Sie vom Editor zur Anwendung Write übergehen.

Den Editor rufen Sie in der Gruppe ZUBEHÖR des Programm-Managers auf. Beim Arbeiten mit dem Editor sind die einzelnen *Teilaufgaben* den folgenden Aufgabengruppen zugeordnet:

- Text bearbeiten
- Text formatieren
- Text drucken
- Mit Dokumenten und Dateien arbeiten

Menüs   Die Teilaufgaben des Editors werden mit den Befehlen und Optionen der *Menüs* DATEI, BEARBEITEN, SUCHE und HILFE durchgeführt.

Fensterbereiche und Fensterelemente

Fenster   Ein typisches Fenster des *Editors* sehen Sie in Bild 9.1. Es besteht aus den Teilen Titelleiste, Menüleiste, Menü, Arbeitsbereich sowie horizontale und vertikale Bildlaufleiste.

System-menü-Feld   Im *Systemmenü-Feld* können beim Arbeiten mit der Tastatur die Systemfunktionen *Fenster verschieben, auf Vollbild vergrößern, auf Symbolgröße verkleinern* und *Umschalten zur Task-Liste* aufgerufen werden.

Fensterrahmen   Der *Fensterrahmen* begrenzt ein Anwendungsfenster oder ein Dokumentfenster. Der Fensterrahmen kann mit der Maus oder über das Systemmenü in seiner Größe verändert oder verschoben werden.

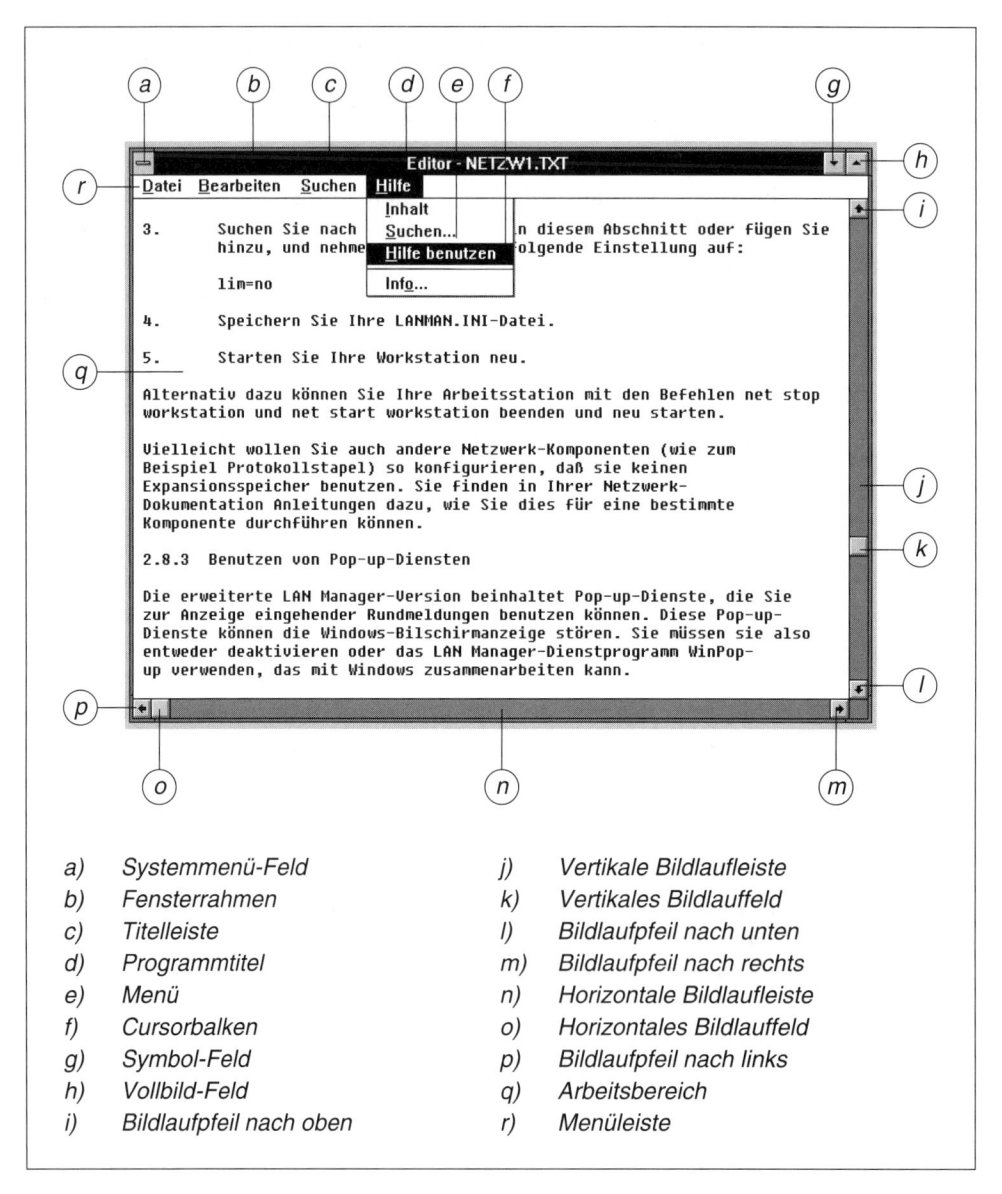

a) Systemmenü-Feld
b) Fensterrahmen
c) Titelleiste
d) Programmtitel
e) Menü
f) Cursorbalken
g) Symbol-Feld
h) Vollbild-Feld
i) Bildlaufpfeil nach oben
j) Vertikale Bildlaufleiste
k) Vertikales Bildlauffeld
l) Bildlaufpfeil nach unten
m) Bildlaufpfeil nach rechts
n) Horizontale Bildlaufleiste
o) Horizontales Bildlauffeld
p) Bildlaufpfeil nach links
q) Arbeitsbereich
r) Menüleiste

Bild 9.1: Fensterelemente beim Editor

Titelleiste   In der *Titelleiste* wird der Name der Anwendung oder eines Dokuments angezeigt. Die Titelleiste des aktiven Fensters ist hervorgehoben.

Programm-titel	Der *Programmtitel* enthält bei einem Anwendungsfenster den Namen des Anwendungsprogramms und des Dokuments. Bei einem Dokumentfenster enthält er den Namen einer Programmgruppe, eines Verzeichnisses oder einer Datendatei.
Symbol-Feld	Mit der Schaltfläche *Symbol-Feld* wird das Anwendungsfenster zu einem Symbol verkleinert.
Vollbild-Feld	Mit der Schaltfläche *Vollbild-Feld* wird das Anwendungsfenster auf Bildschirmgröße vergrößert.
Menüleiste	Die *Menüleiste* zeigt die verfügbaren Menüs einer Anwendung an. Mit Hilfe der Menüleiste kann ein Menü oder eine Option angewählt werden.
Menü	Ein *Menü* wird aus einer Menüleiste ausgewählt und kann Untermenüs, Befehle oder Optionen enthalten.
Arbeitsbereich	Im *Arbeitsbereich* wird der Text des geladenen Dokuments bearbeitet. Die Eingaben und Ausgaben einer Anwendung sind im allgemeinen auf den Arbeitsbereich begrenzt.
Cursorbalken	In einem Menü hebt der *Cursorbalken* die Menüauswahl hervor. Die Auswahl kann ein Untermenü, ein Befehl oder eine Option sein.
Mauszeiger	Der *Mauszeiger* zeigt die mit der Maus angefahrene Position an. Durch Klicken der Maustaste wird die Einfügemarke zu dieser Position geführt.
Bildlaufleiste	Mit der *horizontalen* und *vertikalen Bildlaufleiste* wird der Fensterinhalt verschoben, damit unsichtbare Teile außerhalb des Fensters eingesehen werden können.
Bildlaufpfeil, Bildlauffeld	Die *Bildlaufoptionen* können mit der Maus oder mit der Tastatur gewählt werden. Mit der Maus erfolgt der Bildlauf mit Hilfe der *Bildlaufpfeile* oder dem *Bildlauffeld* der *Bildlaufleiste*. Durch Ziehen des Bildlauffeldes in der Bildlaufleiste wird die Position im Dokument aufgesucht, die der Stellung des Bildlauffeldes in der Bildlaufleiste entspricht.
Hilfefunktion	Über die Hilfefunktionen im *Hilfemenü* einer Anwendung können bei einigen Anwendungsprogrammen weiterführende Hilfeinformationen abgerufen werden.

Abkürzungstasten und Tastenfunktionen

Abkürzungs-tasten

Bei einigen Menüs des Editors stehen für den Aufruf von Untermenüs, Befehlen oder Optionen *Abkürzungstasten* zur Verfügung. Abkürzungstasten stehen in einem Menü rechts neben dem Bezeichner. Ein unterstrichener Buchstabe steht für eine Abkürzungstaste. Abkürzungstasten finden Sie auch in Dialogfeldern für die Feldauswahl.

Tasten

Im Editor sind folgende *Tasten* für das *Bewegen der Einfügestelle* und zur *Markierung von Text* verfügbar.

Einfügestelle bewegen

Bewegen

Zur *Bewegung der Einfügestelle* können die folgenden Abkürzungstasten eingesetzt werden:

NACH-OBEN	Eine Zeile nach oben
NACH-UNTEN	Eine Zeile nach unten
NACH-RECHTS	Ein Zeichen nach rechts
NACH-LINKS	Ein Zeichen nach links
STRG+NACH-RECHTS	Ein Wort nach rechts
STRG+NACH-LINKS	Ein Wort nach links
POS1	Zum Zeilenanfang
ENDE	Zum Zeilenende
BILD-NACH-OBEN	Ein Fenster nach oben
BILD-NACH-UNTEN	Ein Fenster nach unten
STRG+POS1	Zum Dokumentanfang
STRG+ENDE	Zum Dokumentende

Text markieren

Markieren

Die folgenden Abkürzungstasten sind zur *Markierung von Text* verfügbar:

UMSCHALT+NACH-RECHTS	Text zeichenweise nach links oder
UMSCHALT+NACH-LINKS	rechts markieren
	oder Markierung aufheben

UMSCHALT+NACH-UNTEN UMSCHALT+NACH-OBEN	Text zeilenweise nach oben oder unten markieren oder Markierung aufheben
UMSCHALT+BILD-NACH-OBEN	Text fensterweise nach oben markieren oder Markierung aufheben
UMSCHALT+BILD-NACH-UNTEN	Text fensterweise nach unten markieren oder Markierung aufheben
UMSCHALT+POS1	Text bis zum Zeilenanfang markieren
UMSCHALT+ENDE	Text bis zum Zeilenende markieren
STRG+UMSCHALT+NACH-LINKS	Vorheriges Wort markieren
STRG+UMSCHALT+NACH-RECHTS	Nächstes Wort markieren
STRG+UMSCHALT+POS1	Text bis Dokumentanfang markieren
STRG+UMSCHALT+ENDE	Text bis Dokumentende markieren

9.2 Text bearbeiten

Der Teilaufgabe *Text bearbeiten* sind folgende Arbeiten zugeordnet (siehe Bild 9.2):

- ❏ Text suchen
- ❏ Text kopieren, ausschneiden und einfügen
- ❏ Text löschen
- ❏ Gesamten Text markieren
- ❏ Bearbeitung rückgängig machen

Teilaufgaben zur Textverarbeitung

Die Teilaufgaben *Einfügestelle bewegen*, *Text eingeben*, *Eingabefehler korrigieren*, *Text markieren*, *markierten Text bearbeiten* sowie *Datei öffnen* und *speichern* gehören zu den grundlegenden Teilaufgaben von Windows, die bei allen Textverarbeitungsaufgaben gleich

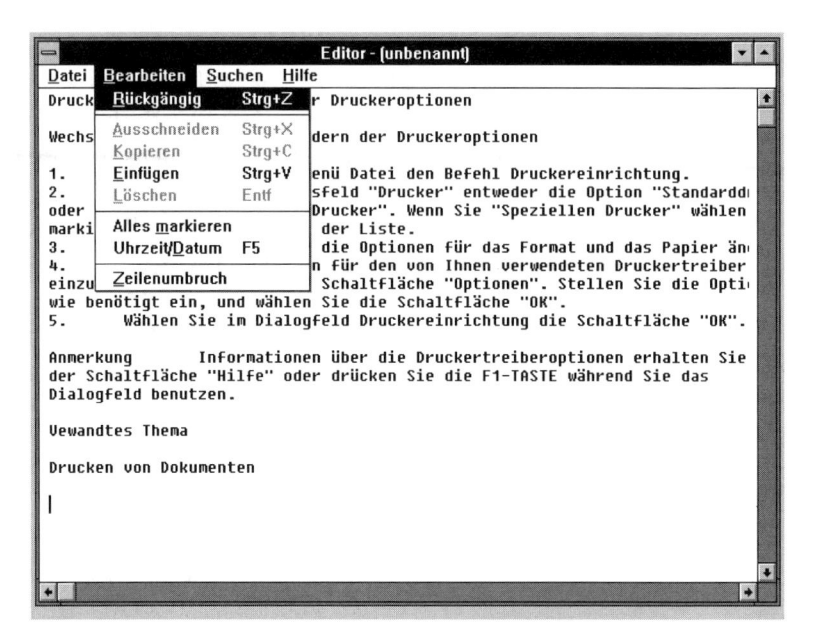

Bild 9.2: Menü Bearbeiten

sind. Die genannten Teilaufgaben finden Sie im Abschnitt *Mit Dokumenten und Daten arbeiten* im Kapitel *Grundlegende Teilaufgaben bei Windows* detailliert ausgeführt.

Text suchen

Suchen In einem Text können einzelne Zeichen oder Zeichenfolgen gesucht werden. Die *Suche* kann an einer beliebigen Stelle im Dokument erfolgen; sie kann nach oben oder nach unten fortgeführt werden. Sie können bestimmen, ob für die Suche die Groß- und Kleinschreibung berücksichtigt werden soll (siehe Bild 9.3).

Sie *suchen* Text mit:

1. Führen Sie die Einfügestelle an die Position, ab der die Suche beginnen soll.
2. Wählen Sie im Menü SUCHEN den Befehl SUCHEN.
3. Geben Sie den Suchtext ein.

Text bearbeiten 311

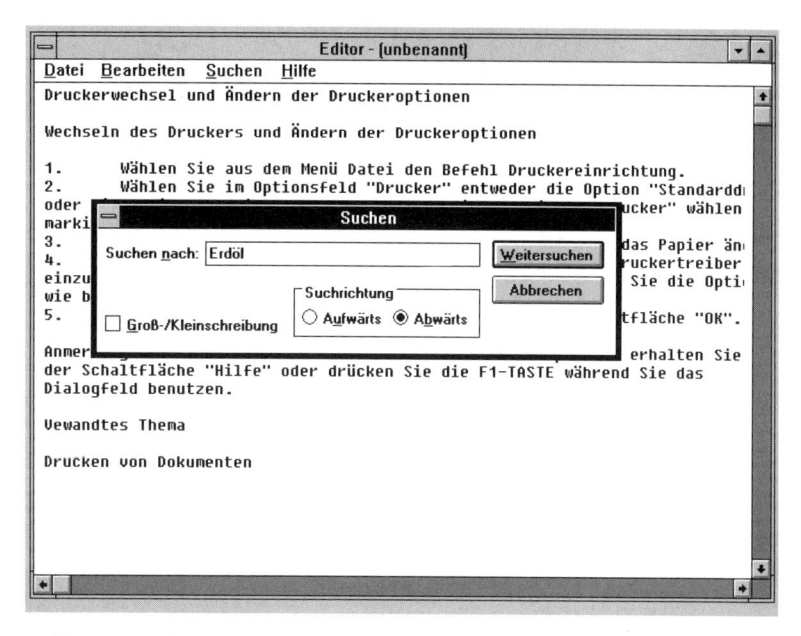

Bild 9.3: *Dialogfeld Suchen*

4. Wählen Sie die Option GROSS-/KLEINSCHREIBUNG, wenn eine Übereinstimmung mit der Groß-/Kleinschreibung gefordert ist.

5. Wählen Sie AUFWÄRTS oder ABWÄRTS für die Suchrichtung.

6. Wählen Sie OK.

7. Für eine Wiederholung der Suche wählen Sie im Menü SUCHEN den Befehl WEITERSUCHEN, oder drücken Sie die F3-Taste.

Der im Text gefundene Suchtext ist markiert.

Text kopieren, ausschneiden und einfügen

Vor der Textbearbeitung muß der zu bearbeitende Text markiert werden. Die Teilaufgaben *Kopieren*, *Ausschneiden* und *Entfernen* führen Sie mit den folgenden Schritten aus (siehe Bild 9.4):

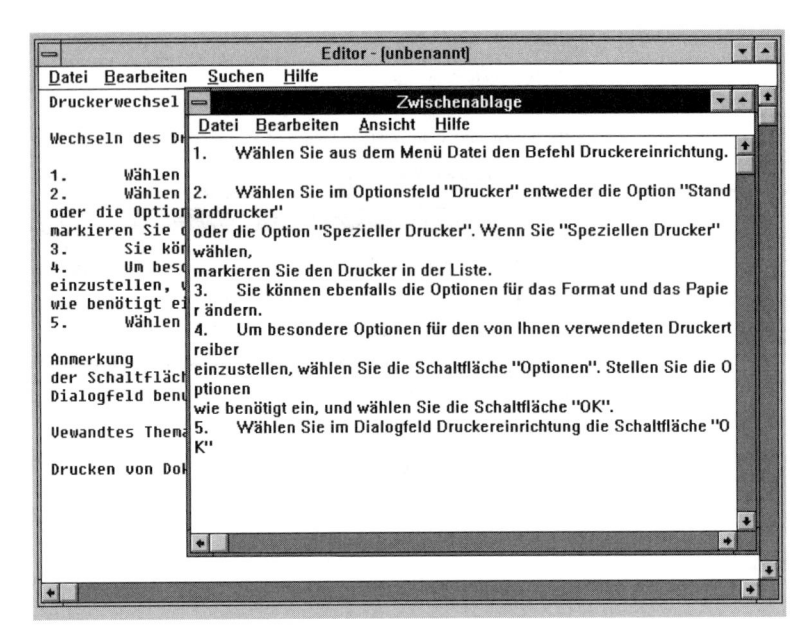

Bild 9.4: Teilaufgabe Kopieren

Kopieren   Sie *kopieren* Text mit:

1. Markieren Sie den zu kopierenden Text.
2. Wählen Sie im Menü BEARBEITEN den Befehl KOPIEREN.
3. Bewegen Sie die Einfügestelle an die Zielposition.
4. Wählen Sie im Menü BEARBEITEN den Befehl EINFÜGEN.

Schneiden   Sie *schneiden* Text *aus* mit:

1. Markieren Sie den auszuschneidenden Text.
2. Wählen Sie im Menü BEARBEITEN den Befehl AUSSCHNEIDEN.

Einfügen   Sie *fügen* Text *ein* mit:

1. Markieren Sie den einzufügenden Text und kopieren ihn in die Zwischenablage.

2. Bewegen Sie die Einfügestelle an die Zielposition.

3. Wählen Sie im Menü BEARBEITEN den Befehl EINFÜGEN.

Wiederholen Sie die Schritte 2 und 3 für jede weitere Einfügung.

Ein markierter Text wird durch eine Texteingabe ersetzt.

Text löschen

Löschen   Es können einzelne Zeichen oder Zeichenfolgen in einem Text *gelöscht* werden.

Sie *löschen einzelne Textzeichen* wie folgt:

❐ Löschen Sie mit der RÜCK-Taste das Zeichen links von der Einfügestelle.

Oder löschen Sie mit der ENTF-Taste das Zeichen an der Einfügestelle.

Mehrere Zeichen löschen Sie folgendermaßen:

1. Markieren Sie die zu löschende Zeichenfolge.

2. Drücken Sie die RÜCK- oder die ENTF-Taste.

Oder wählen Sie im Menü BEARBEITEN den Befehl AUSSCHNEIDEN. Der gelöschte Text wird in die Zwischenablage gestellt.

Oder wählen Sie im Menü BEARBEITEN den Befehl LÖSCHEN. Der gelöschte Text wird nicht in die Zwischenablage gestellt.

Gesamten Text markieren

Markieren   Die *Markierung* von Text ist für die Textbearbeitung und für den Datenaustausch über die Zwischenablage erforderlich.

Den *gesamten Text* eines Dokuments *markieren* Sie mit den folgenden Schritten (siehe Bild 9.5):

❐ Wählen Sie im Menü BEARBEITEN den Befehl ALLES MARKIEREN.

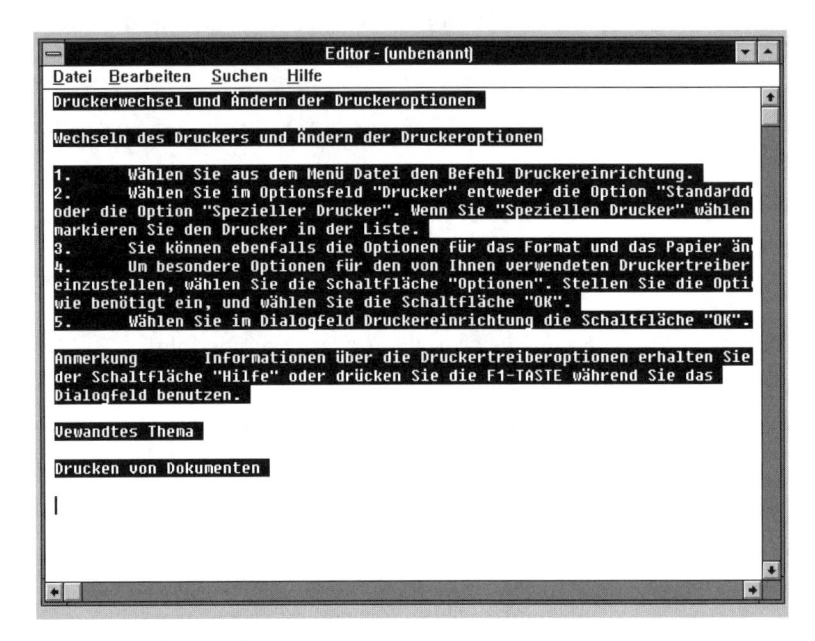

Bild 9.5: Alles markieren

Bearbeitung rückgängig machen

Rückgängig   Eine Bearbeitung machen Sie *rückgängig* mit:

❐ Wählen Sie im Menü BEARBEITEN den Befehl RÜCKGÄNGIG.

Die Teilaufgabe *Korrektur von Eingabefehlern* finden Sie im Abschnitt *Mit Dokumenten und Dateien arbeiten* im Kapitel *Grundlegende Teilaufgaben bei Windows* ausgeführt.

9.3 Text formatieren

Der Teilaufgabe *Text formatieren* werden folgende Arbeiten zugeordnet:

- Markierten Text formatieren
- Zeilen umbrechen

Markierten Text formatieren

Formatieren Für die *Formatierung* von markiertem Text verwenden Sie die folgenden Tastenfunktionen:

- Mit der LEER-Taste fügen Sie eine *Leerstelle* ein.
- Mit der EINGABE-Taste beenden Sie eine Zeile (*Zeilenschaltung*).
- Mit der TABULATOR-Taste *rücken* Sie den Text *ein*.
- Mit der TABULATOR-Taste fügen Sie eine *Tabulatorposition* ein.
- Mit der EINGABE-Taste fügen Sie *Leerzeilen* ein.
- Sie *teilen* eine Zeile mit der EINGABE-Taste an der Einfügestelle.
- Zwei Zeilen werden *zusammengefügt*, indem die Einfügestelle an den Anfang der zweiten Zeile geführt und die RÜCK-Taste gedrückt wird.

Zeilen umbrechen

Umbruch Der *automatische Zeilenumbruch* wird mit dem folgenden Schritt durchgeführt:

- Wählen Sie im Menü BEARBEITEN den Befehl ZEILENUMBRUCH.

Der Umbruch wird durch die erneute Wahl des Befehls abgeschaltet.

9.4 Text drucken

Der Teilaufgabe *Text drucken* sind folgende Arbeiten zugeordnet:

- Dokument drucken

- Kopf- und Fußzeilen drucken
- Ränder einstellen
- Drucker wechseln und Druckeroptionen ändern

Windows verwendet für den Ausdruck den Standarddrucker. Der Standarddrucker kann mit dem Befehl DRUCKEREINRICHTUNG im Menü DATEI gewechselt werden.

Dokument drucken

Drucken Das aktuelle Dokument *drucken* Sie wie folgt (siehe Bild 9.6):

- Wählen Sie im Menü DATEI den Befehl DRUCKEN.

Beim Ausdruck verwendet Windows für die Ränder sowie für die Kopf- und Fußzeilen die Einstellungen des Dialogfeldes SEITE EINRICHTEN. Die Einstellungen ändern Sie im Menü DATEI mit dem Befehl SEITE EINRICHTEN.

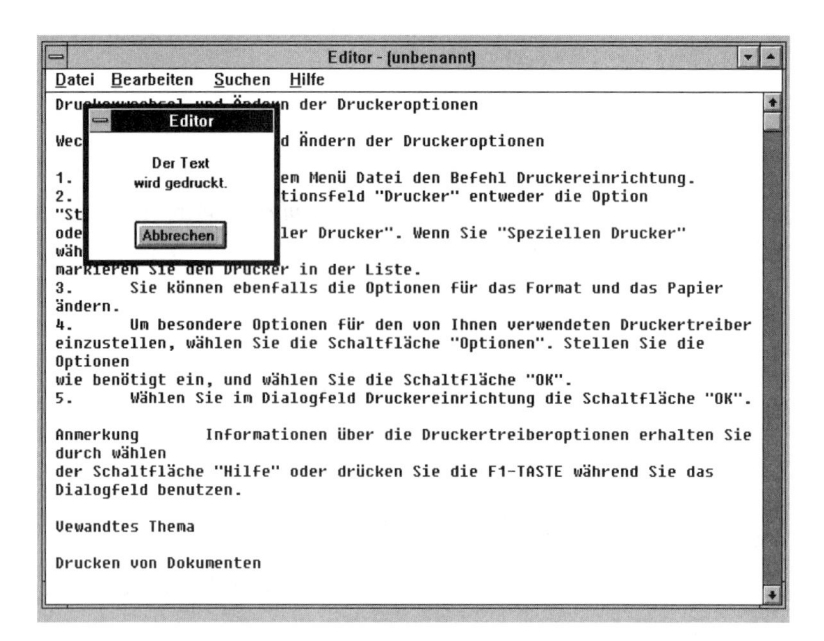

Bild 9.6: Datei drucken

Kopf- und Fußzeilen drucken

Kopf- und Fußzeilen Bei einem gedruckten Textdokument kann eine *Kopf- und Fußzeile* hinzugefügt werden (siehe Bild 9.7).

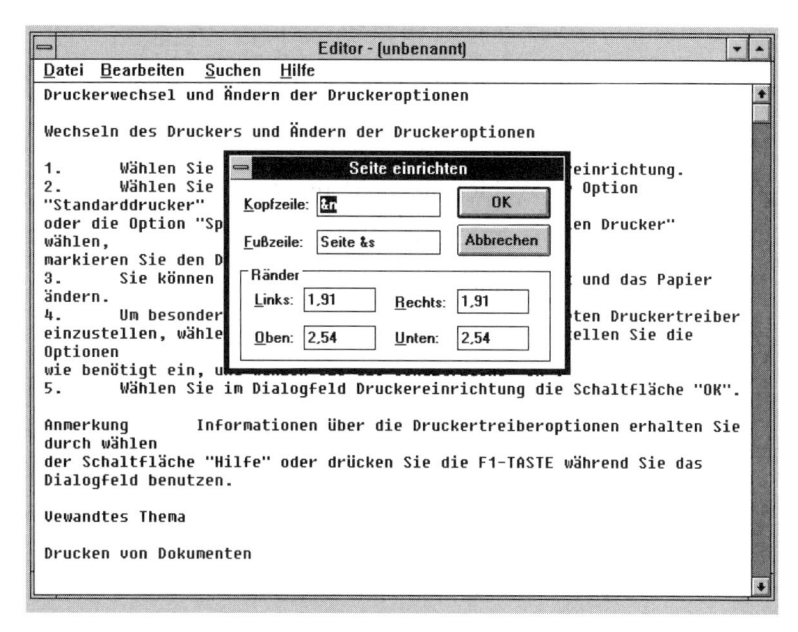

Bild 9.7: Dialogfeld Seite einrichten

Sie fügen eine Kopf- und Fußzeile wie folgt ein:

1. Wählen Sie im Menü DATEI den Befehl SEITE EINRICHTEN.
2. Geben Sie den Text der Kopf- oder Fußzeile ein. Bei Bedarf verwenden Sie die folgenden Codes:

   &d steht für das aktuelle Datum.

   &s steht für die aktuelle Seitenzahl.

   &n steht für den aktuellen Dateinamen.

   &l steht für linksbündige Ausrichtung.

   &r steht für rechtsbündige Ausrichtung.

   &z steht für zentrierte Ausrichtung.

&u steht für die aktuelle Uhrzeit.

3. Wählen Sie OK.

Ränder einstellen

Ränder Die *Ränder* für das zu druckende Dokument stellen Sie mit den folgenden Schritten ein:

1. Wählen Sie im Menü DATEI den Befehl SEITE EINRICHTEN.
2. Geben Sie die Ränder ein.
3. Wählen Sie OK.

Drucker wechseln und Druckeroptionen ändern

Für die Ausgabe können ein anderer Drucker eingesetzt oder die Druckeroptionen geändert werden.

Drucker Sie wechseln den *Drucker* wie folgt:

1. Wählen Sie im Menü DATEI den Befehl DRUCKEREINRICHTUNG.
2. Wählen Sic den Standarddrucker oder einen anderen Drukker im Listenfeld.
3. Wählen Sie OK.

Optionen Sie ändern die *Druckeroptionen* mit den folgenden Schritten (siehe Bild 9.8):

1. Wählen Sie im Menü DATEI den Befehl DRUCKEREINRICHTUNG.
2. Klicken Sie auf die Schaltfläche OPTIONEN.
3. Wählen Sie die gewünschten Optionen und anschließend OK.
4. Wählen Sie OK.

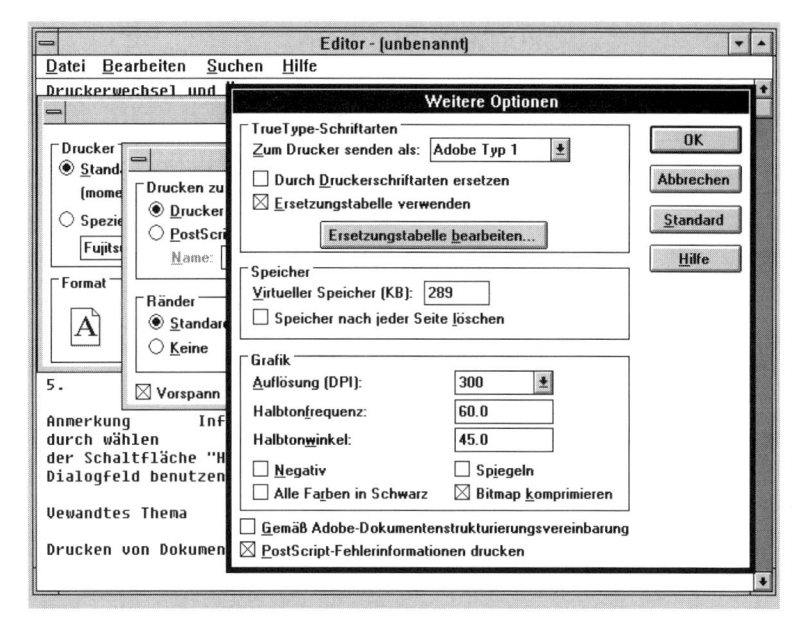

Bild 9.8: Dialogfeld Weitere Optionen

9.5 Mit Dokumenten und Dateien arbeiten

Der Teilaufgabe *Mit Dokumenten und Dateien arbeiten* werden folgende Arbeiten zugeordnet:

- Dokument erstellen
- Textdatei öffnen
- Dokument speichern
- Uhrzeit und Datum einfügen
- Protokolldokument erstellen

Einzelne Teilaufgaben finden Sie im Abschnitt *Mit Dokumenten und Dateien arbeiten* im Kapitel *Grundlegende Teilaufgaben bei Windows* näher ausgeführt.

Dokument erstellen

Erstellen Ein *neues Dokument* beginnen Sie wie folgt:

❒ Wählen Sie im Menü DATEI den Befehl NEU.

Textdatei öffnen

Öffnen Eine *vorhandene Textdatei* im ASCII-Format öffnen Sie mit den folgenden Schritten (siehe Bild 9.9):

1. Wählen Sie im Menü DATEI den Befehl ÖFFNEN.
2. Geben Sie den Namen der Textdatei ein.
3. Wählen Sie OK.

Der Editor bearbeitet nur Dateien mit einer Dateigröße von bis zu ca. 50 Kbyte.

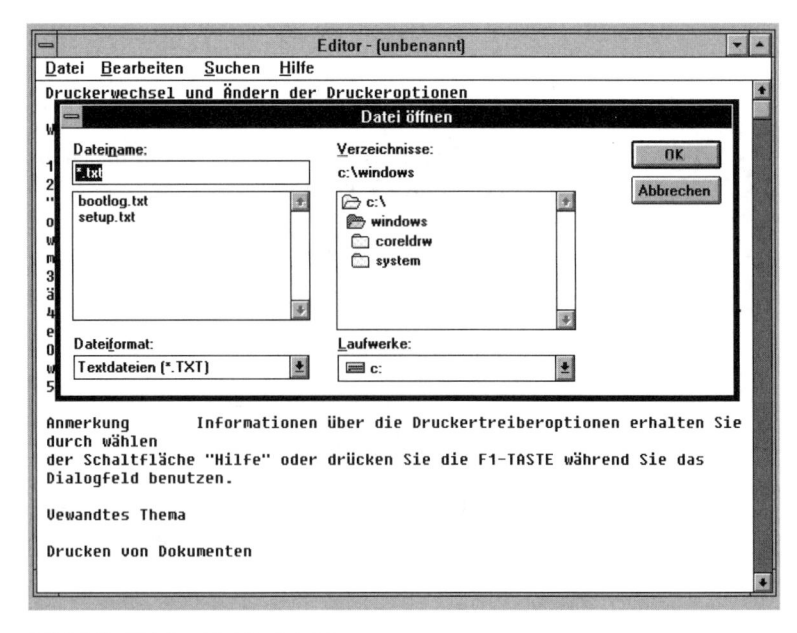

Bild 9.9: Dialogfeld Datei öffnen

Mit Dokumenten und Dateien arbeiten 321

Dokument speichern

Speichern   Ein Dokument können Sie unter dem gleichen Namen oder unter einem anderen Namen speichern (siehe Bild 9.10). Windows ordnet einer Editordatei die Dateinamenserweiterung TXT zu.

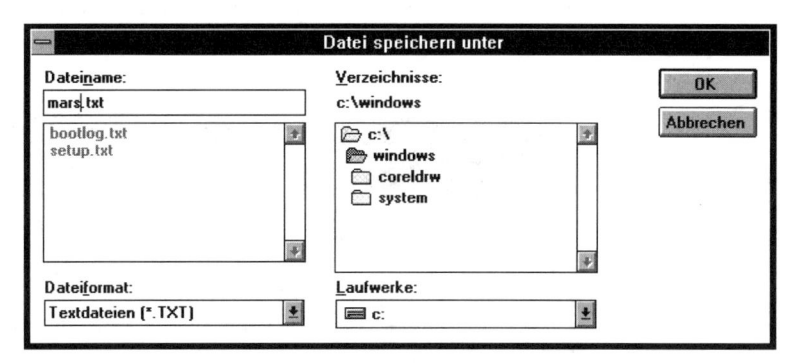

Bild 9.10: Dialogfeld Datei speichern unter

Sie *speichern* ein Dokument unter dem *gleichen Namen* wie folgt:

❐   Wählen Sie im Menü DATEI den Befehl SPEICHERN.

Sie *speichern* ein Dokument unter einem *anderen Namen* mit den folgenden Schritten:

1. Wählen Sie im Menü DATEI den Befehl SPEICHERN UNTER.
2. Geben Sie einen Dateinamen ein.
3. Wählen Sie OK.

Uhrzeit und Datum einfügen

Zeit und Datum   In ein Dokument können die *Uhrzeit* und das *Datum* eingefügt werden.

Sie fügen die Zeitangaben mit den folgenden Schritten ein (siehe Bild 9.11):

1. Öffnen Sie das Dokument.
2. Bewegen Sie die Einfügestelle an die Einfügeposition.

   Oder markieren Sie den Text, der durch das Datum und die Uhrzeit ersetzt werden soll.
3. Wählen Sie im Menü BEARBEITEN den Befehl UHRZEIT/DATUM.

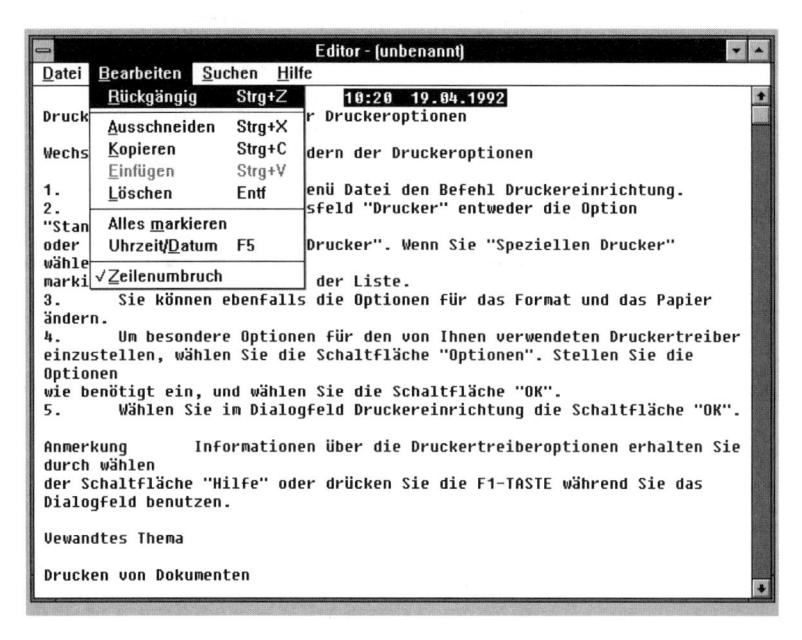

Bild 9.11: Uhrzeit und Datum einfügen

Protokolldokument erstellen

Protokoll   Ein als *Protokoll* verwendbares Dokument erstellen Sie wie folgt:

1. Schreiben Sie an den linken Rand in der ersten Zeile .LOG.

   Bei jedem Öffnen des Dokuments wird die aktuelle Systemzeit und das aktuelle Systemdatum am Ende des Dokuments hinzugefügt.

2. Bearbeiten Sie den Text bei Bedarf.

3. Wählen Sie im Menü DATEI den Befehl SPEICHERN UNTER.

Mit der Systemsteuerung können das Systemdatum und die Systemzeit eingestellt werden.

Kapitel 10

Die Uhr – Systemzeit anzeigen

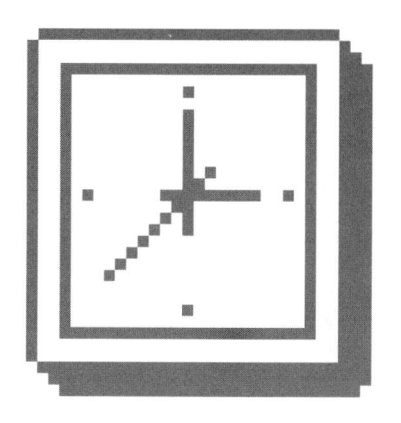

Wenn Sie stets die aktuelle Uhrzeit im Auge behalten wollen, sollten Sie die Uhr in einem Fenster anzeigen. Die Uhrzeit kann mit einer Analoguhr oder mit einer Digitaluhr angezeigt werden. Sie wird auch dann angezeigt, wenn die Uhr auf Symbolgröße verkleinert wird. Mit der Uhr und dem Terminkalender gewappnet dürfte es Ihnen schwerfallen, Termine zu versäumen – sofern Sie Ihre Systemzeit richtig eingestellt haben.

10.1 Aufgaben und Anwendungen

Mit der Windows-Anwendung *Uhr* wird die aktuelle *Systemzeit* angezeigt. Da das Fenster nach Bedarf in der Größe verändert und positioniert werden kann, ist die Uhrzeit stets mit einem Blick einsehbar. In Verbindung mit dem Kalender können einfachere Aufgaben zur Terminüberwachung durchgeführt werden. Wenn beim Kalender eine Weckzeit eingestellt worden ist, wird der Benutzer bei Erreichen der Weckzeit von Windows an den Termin erinnert.

Sie können die Uhrzeit auch dann ablesen, wenn das Fenster zu einem Symbol verkleinert wird. Die Anzeige der Uhrzeit wird auch beim Symbol aktualisiert, wenn andere Anwendungen ausgeführt werden – ein einfacher Nachweis von Multitasking bei Windows.

Das Uhr-Symbol finden Sie in der Gruppe Zubehör. Sie starten die Uhr mit einem Doppelklick auf das Symbol.

Bei der Uhr sind zwei verschiedene *Anzeigeformate* verfügbar:

❐ Analoganzeige

❐ Digitalanzeige

Analog   Bei der *Analoganzeige* wird die Uhrzeit mit einem runden Ziffernblatt analog dargestellt.

Digital   Bei der *Digitalanzeige* erfolgt die Anzeige der Uhrzeit digital in Stunden, Minuten und Sekunden.

Die Uhrzeit ist nur dann aktuell, wenn die *Systemzeit* des Computers richtig eingestellt worden ist. Eine Korrektur der Systemzeit nehmen Sie mit der Windows-Anwendung Systemsteuerung vor.

Aufgaben   Die Uhr rufen Sie in der Gruppe Zubehör des Programm-Managers auf.

Beim Arbeiten mit der Uhr werden die folgenden *Teilaufgaben* unterschieden:

❐ Uhrzeit einstellen

❐ Analoge oder digitale Anzeige wählen

❐ Anzeige individuell einstellen

Menüs   Die Anwendung Uhr stellt neben dem Systemmenü das *Menü* EINSTELLUNGEN für die Auswahl des Anzeigeformates bereit.

10.2 Uhrzeit einstellen

Die Anwendung Uhr zeigt die Systemzeit des Computers an. Bei falsch eingestellter *Systemzeit* korrigieren Sie die *Einstellung* mit der Systemsteuerung.

Bild 10.1: Menü Einstellungen für die Uhr

Sie *stellen die Uhr* wie folgt ein (siehe Bild 10.1):

1. Rufen Sie in der Hauptgruppe des Programm-Managers die Anwendung Systemsteuerung auf.

2. Wählen Sie im Systemsteuerung-Fenster das Datum/Uhrzeit-Symbol.

Die Uhrzeit wird entsprechend den Optionen der Ländereinstellungen angezeigt.

3. Wählen Sie den zu ändernden Teil der Uhrzeit.
4. Geben Sie den neuen Wert an.

   Oder klicken Sie auf den Bildlaufpfeil.
5. Wählen Sie OK.

10.3 Analoge oder digitale Anzeige wählen

Bei der Anwendung Uhr können Sie unter den *Anzeigeformaten* Analoganzeige oder Digitalanzeige auswählen.

Analog Das Anzeigeformat *Analoganzeige* stellen Sie wie folgt ein (siehe Bild 10.2):

❐ Wählen Sie im Menü EINSTELLUNGEN die Option ANALOG.

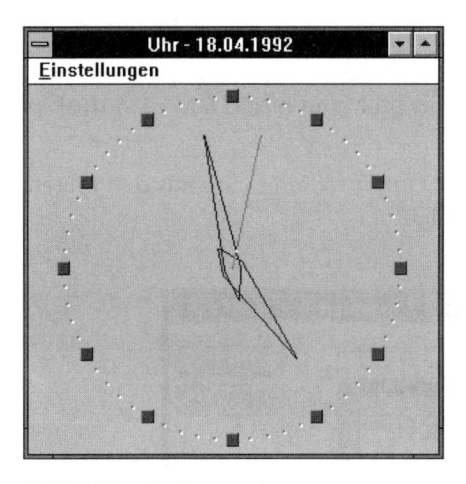

Bild 10.2: Analoganzeige

Digital Das Anzeigeformat *Digitalanzeige* stellen Sie folgendermaßen ein (siehe Bild 10.1):

☐ Wählen Sie im Menü EINSTELLUNGEN die Option DIGITAL.

10.4 Anzeige individuell einstellen

Für die Anzeige der Uhr können individuell eingestellt werden:

☐ Sekunden

☐ Datum

☐ Schriftart

☐ Titelleiste

☐ Vordergrund

Sekunden   Zur Anzeige von *Sekunden* gehen Sie wie folgt vor:

☐ Wählen Sie im Menü EINSTELLUNGEN die Option SEKUNDEN.

Datum   Zur Anzeige des *Datums* gehen Sie folgendermaßen vor:

☐ Wählen Sie im Menü EINSTELLUNGEN die Option DATUM.

Schriftart   Eine andere *Schriftart* wählen Sie mit den folgenden Schritten aus (siehe Bild 10.3):

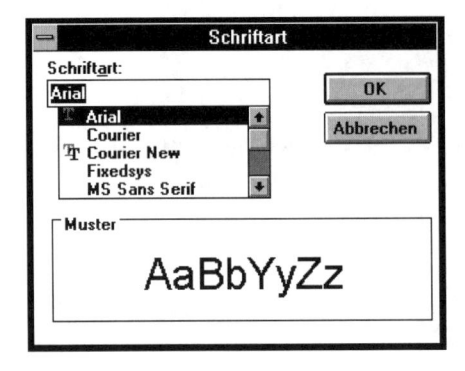

Bild 10.3: Dialogfeld Schriftart

1. Wählen Sie im Menü EINSTELLUNGEN die Option DIGITAL.
2. Wählen Sie im Menü EINSTELLUNGEN die Option SCHRIFTART.

   Im Dialogfenster SCHRIFTART wählen Sie aus dem Listenfeld SCHRIFTARTEN die gewünschte Schriftart aus.

   Im Listenfeld MUSTER wird die gewählte Schriftart angezeigt.
3. Wählen Sie OK.

Die Schriftart kann nur für die digitale Anzeige geändert werden.

Titelleiste   Die Anzeige der *Titelleiste* kann ein- oder ausgeschaltet werden. Die Umschaltung nehmen Sie folgendermaßen vor (siehe Bild 10.4):

❐ Wählen Sie im Menü EINSTELLUNGEN die Option OHNE TITELLEISTE.

Nach einem Doppelklick auf die Uhr wird die Titelleiste wieder angezeigt.

Bild 10.4: Uhr ohne Titelleiste

Vordergrund   Sie können festlegen, daß das Fenster der Uhr stets im VORDERGRUND angezeigt wird.

Die Einstellung für die Vordergrundanzeige nehmen Sie folgendermaßen vor.

❐ Wählen Sie im Systemmenü der Uhr die Option IMMER IM VORDERGRUND.

Kapitel 11

Mit dem Kalender Termine überwachen

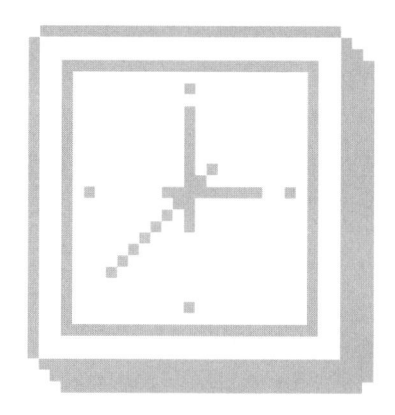

Der Kalender verwaltet Termine für berufliche und private Anlässe. In der Monatsanzeige erkennen Sie, ob ein Tag von besonderer Bedeutung ist. Die Tagesanzeige bietet Raum für Termineinträge. Neben der Auswahl von Zeitintervallen können Termine individuellen Zeitangaben zugeordnet werden. Bei Bedarf können Wecktermine eingestellt werden, bei denen ein akustisches Signal an den Termin erinnert.

11.1 Aufgaben, Fensterelemente und Tastatur

Anwendungen und Aufgaben

Mit der Anwendung *Kalender* in der Gruppe Zubehör können Sie Kalender- und Termindaten verwalten. Hierzu können Kalender- und Termineinträge beliebigen Uhrzeiten und Tagen zugeordnet werden.

Mit der Einstellung von Weckterminen können einfachere Aufgaben der Terminüberwachung unterstützt werden. Wenn bei einem Termineintrag eine Weckzeit eingestellt worden ist, wird Windows bei Erreichen der Weckzeit den Benutzer an den Termin erinnern.

Beim Kalender stehen zwei verschiedene *Ansichtsformate* zur Verfügung:

- Tagesansicht
- Monatsansicht

Tagesansicht   Bei der *Tagesansicht* wird ein ganzer Tag angezeigt. In diesem Format können Termineinträge und Notizeinträge vorgenommen werden (siehe Bild 11.1).

Monats-   Bei der *Monatsansicht* wird ein ganzer Monat dargestellt. Bei die-
ansicht   sem Format können Tage markiert und aufgesucht werden (siehe Bild 11.2).

Aufgaben   Den Kalender rufen Sie in der Gruppe Zubehör des Programm-Managers auf.

Beim Arbeiten mit dem Kalender sind die einzelnen *Teilaufgaben* den folgenden Aufgabengruppen zugeordnet:

- Termine eingeben
- Tag oder Monat anzeigen
- Termine setzen
- Kalender anpassen
- Kalenderdaten drucken
- Mit Kalenderdateien arbeiten

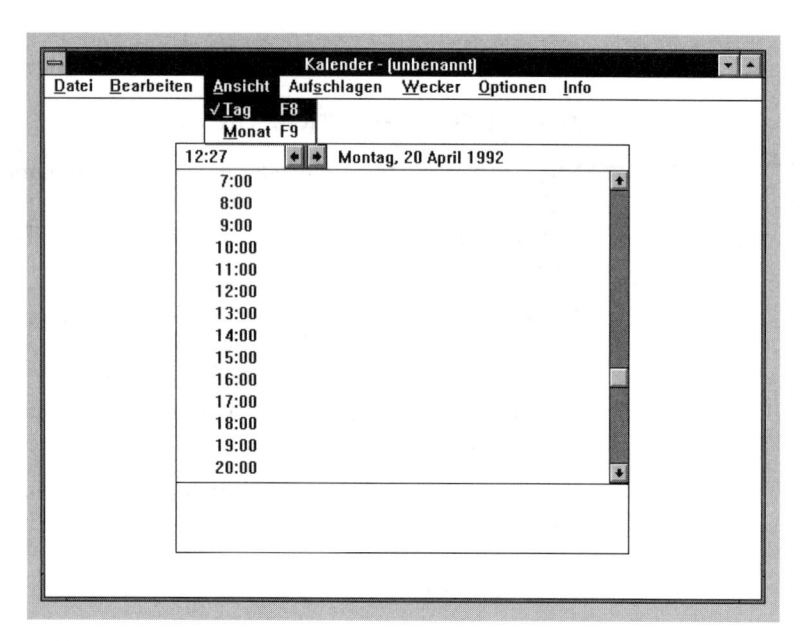

Bild 11.1: Tagesansicht

Bild 11.2: Monatsansicht

Aufgaben, Fensterelemente und Tastatur 337

Menüs Die Teilaufgaben des Kalenders werden mit den Befehlen und Optionen der *Menüs* DATEI, BEARBEITEN, ANSICHT, AUFSCHLAGEN, WECKER und OPTIONEN durchgeführt.

Fensterbereiche und Fensterelemente

Fenster Ein typisches Fenster des *Kalenders* sehen Sie in Bild 11.3. Es besteht aus den Teilen Titelleiste, Menüleiste, Menü, Arbeitsbereich, Terminbereich und Notizbereich.

System-menü-Feld Im *Systemmenü-Feld* können beim Arbeiten mit der Tastatur die Systemfunktionen *Fenster verschieben, auf Vollbild vergrößern, auf Symbolgröße verkleinern* und *Umschalten zur Task-Liste* aufgerufen werden.

Fenster-rahmen Der *Fensterrahmen* begrenzt ein Anwendungsfenster oder ein Dokumentfenster. Der Fensterrahmen kann mit der Maus oder über das Systemmenü in seiner Größe verändert oder verschoben werden.

Titelleiste In der *Titelleiste* wird der Name der Anwendung oder eines Dokuments angezeigt. Die Titelleiste des aktiven Fensters ist hervorgehoben.

Programm-titel Der *Programmtitel* enthält bei einem Anwendungsfenster den Namen des Anwendungsprogramms und des Dokuments. Bei einem Dokumentfenster enthält er den Namen einer Programmgruppe, eines Verzeichnisses oder einer Datendatei.

Symbol-Feld Mit der Schaltfläche *Symbol-Feld* wird das Anwendungsfenster zu einem Symbol verkleinert.

Vollbild-Feld Mit der Schaltfläche *Vollbild-Feld* wird das Anwendungsfenster auf Bildschirmgröße vergrößert.

Menüleiste Die *Menüleiste* zeigt die verfügbaren Menüs einer Anwendung an. Mit Hilfe der Menüleiste kann ein Menü oder eine Option angewählt werden.

Menü Ein *Menü* wird aus einer Menüleiste ausgewählt und kann Untermenüs, Befehle oder Optionen enthalten.

Arbeits-bereich Im *Arbeitsbereich* des Kalenders werden der Terminbereich und der Notizbereich angezeigt.

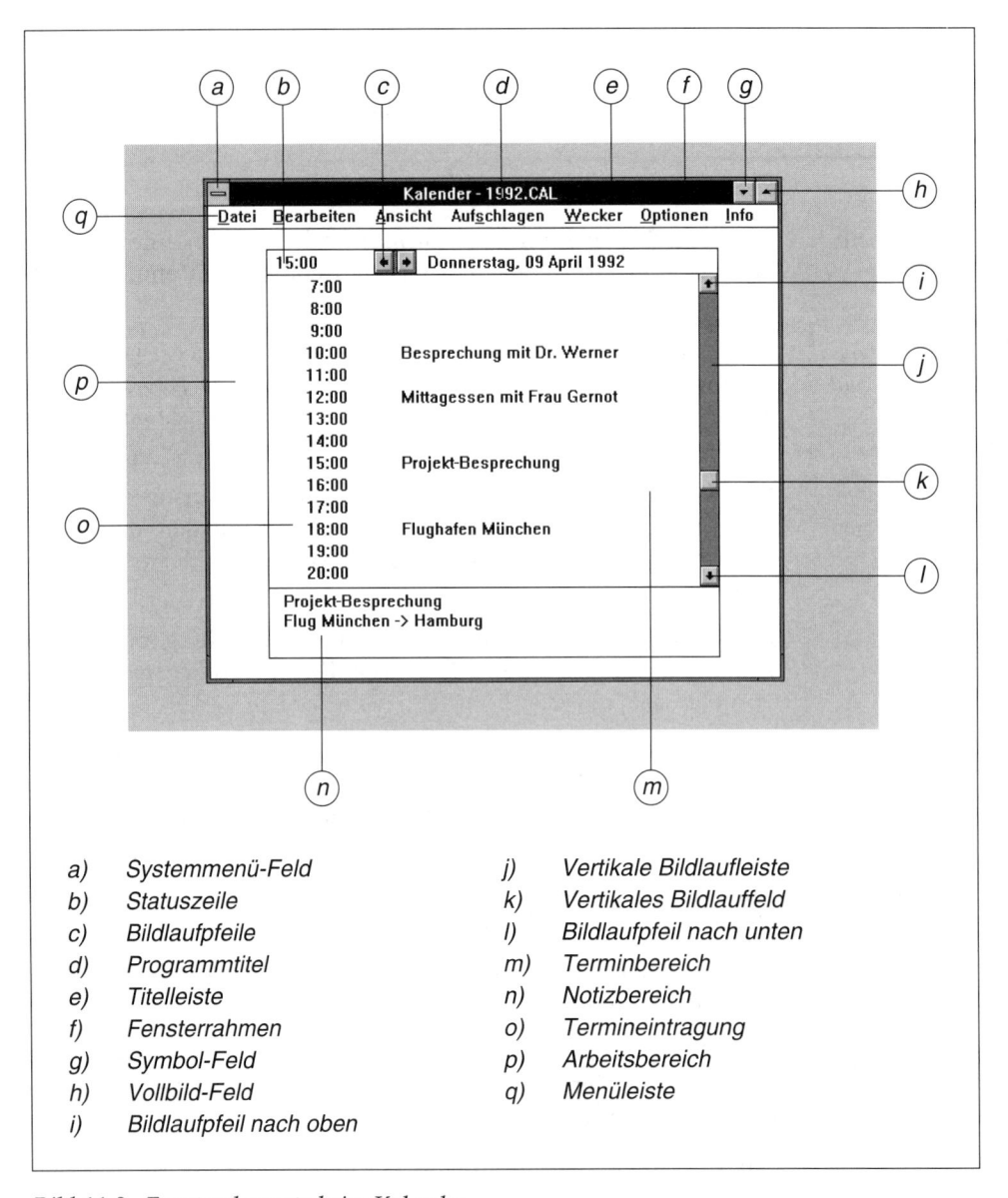

Bild 11.3: Fensterelemente beim Kalender

a)	Systemmenü-Feld	j)	Vertikale Bildlaufleiste
b)	Statuszeile	k)	Vertikales Bildlauffeld
c)	Bildlaufpfeile	l)	Bildlaufpfeil nach unten
d)	Programmtitel	m)	Terminbereich
e)	Titelleiste	n)	Notizbereich
f)	Fensterrahmen	o)	Termineintragung
g)	Symbol-Feld	p)	Arbeitsbereich
h)	Vollbild-Feld	q)	Menüleiste
i)	Bildlaufpfeil nach oben		

Termin-
bereich

Im *Terminbereich* des Kalenders erfolgen die Termineintragungen. Die Eintragungen können vordefinierten und frei wählbaren Zeiten zugeordnet werden.

Notiz-bereich	Im *Notizbereich* des Kalenders können Notizen für einen Tag eingetragen werden, die keiner Zeitangabe zugeordnet sind.
Bildlaufleiste	Mit der *horizontalen* und *vertikalen Bildlaufleiste* wird der Fensterinhalt verschoben, damit unsichtbare Teile außerhalb des Fensters eingesehen werden können.
Bildlaufpfeil, Bildlauffeld	Die *Bildlaufoptionen* können mit der Maus oder der Tastatur gewählt werden. Mit der Maus erfolgt der Bildlauf mit Hilfe der *Bildlaufpfeile* oder dem *Bildlauffeld* der *Bildlaufleiste*. Durch Ziehen des Bildlauffeldes in der Bildlaufleiste wird die Position im Dokument aufgesucht, die der Stellung des Bildlauffeldes in der Bildlaufleiste entspricht.

Abkürzungstasten und Tastenfunktionen

Abkürzungs-tasten	Bei einigen Menüs des Kalenders stehen für den Aufruf von Untermenüs, Befehlen oder Optionen *Abkürzungstasten* zur Verfügung. Abkürzungstasten stehen in einem Menü rechts neben dem Bezeichner. Ein unterstrichener Buchstabe steht für eine Abkürzungstaste. Abkürzungstasten finden Sie auch in Dialogfeldern für die Feldauswahl.
Tasten	Für die Bewegung der Einfügestelle zur Eingabe von Terminen sind beim Kalender die folgenden *Tasten* verfügbar:

EINGABE	Nächste Uhrzeit
NACH-OBEN	Vorherige Uhrzeit
NACH-UNTEN	Nächste Uhrzeit
BILD-NACH-OBEN	Vorheriger Bildschirm
BILD-NACH-UNTEN	Nächster Bildschirm
STRG+POS1	Anfangszeit
STRG+ENDE	12 Stunden nach Anfangszeit

11.2 Termine eingeben

Für die Eingabe von Terminen wechseln Sie zur Tagesanzeige und geben bei der gewünschten Uhrzeit den Eintrag ein.

Der Teilaufgabe *Termine eingeben* werden die drei folgenden Arbeiten zugeordnet:

Kapitel 11 – Mit dem Kalender Termine überwachen

- ❏ Eintrag eingeben
- ❏ Eintrag bearbeiten
- ❏ Notiz eintragen

Eintrag eingeben

Eingeben Einen *Eintrag* geben Sie im Terminbereich ein mit:

1. Führen Sie die Einfügestelle zu der gewünschten Uhrzeit.

   Benutzen Sie den Bildlauf oder die RICHTUNG-Taste, wenn die Uhrzeit nicht angezeigt wird.

2. Geben Sie den Text ein.

   Es können bis zu 80 Zeichen eingegeben werden. Bei Überschreitung wird eine Warnmeldung angezeigt (siehe Bild 11.4).

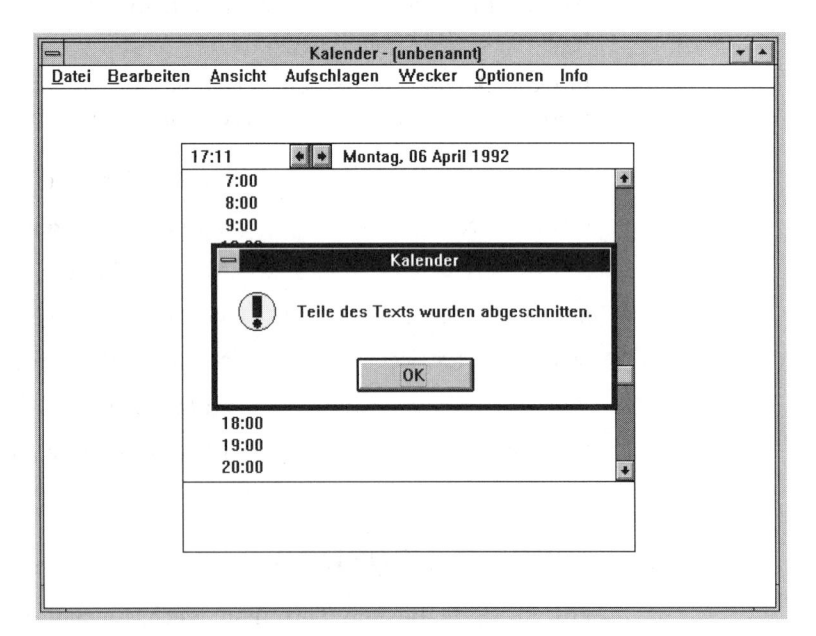

Bild 11.4: Warnmeldung bei unzulässiger Eingabe

Sie können über den Befehl BESONDERE UHRZEIT im Menü OPTIONEN neben den vorgegebenen Uhrzeiten eigene Uhrzeiten hinzufügen.

Eintrag bearbeiten

Bearbeiten   Einen *Kalendereintrag bearbeiten* Sie wie jeden anderen Text in einem Textfeld. Die einzelnen Teilaufgaben zur Bearbeitung und Korrektur sind im Abschnitt *Mit Dokumenten und Dateien arbeiten* im Kapitel *Grundlegende Teilaufgaben bei Windows* detailliert beschrieben.

Notiz eintragen

Notiz eintragen   Im Notizbereich des Kalenders können *Notizen eingetragen* werden, die keiner Zeitangabe zugeordnet sind:

1. Führen Sie die Einfügestelle in den Notizbereich unten im Kalender.

   Sie wechseln zwischen Terminbereich und Notizbereich mit der TABULATOR-Taste.

2. Geben Sie die Notiz ein. Es können bis zu drei Zeilen eingegeben werden; am rechten Zeilenrand erfolgt bei weiterer Eingabe ein automatischer Zeilenumbruch.

11.3 Tag oder Monat anzeigen

Der Kalender stellt die beiden Anzeigeformate *Tagesanzeige* und *Monatsanzeige* zur Verfügung.

Der Teilaufgabe *Tag oder Monat anzeigen* sind die folgenden Arbeiten zugeordnet:

- Tag anzeigen
- Anderen Tag anzeigen
- Monat anzeigen

Tag anzeigen

Tag anzeigen

Bei der *Tagesansicht* wird ein ganzer Tag angezeigt (siehe Bild 11.5). In diesem Format können Termineinträge und Notizeinträge vorgenommen werden.

Das Anzeigeformat *Tagesansicht* aktivieren Sie in der Monatsanzeige mit den folgenden Schritten:

1. Wählen Sie im Menü ANSICHT die Option TAG.

   Oder doppelklicken Sie mit der Maus auf das Datum.

   Oder suchen Sie mit den RICHTUNG-Tasten das gewünschte Datum auf.

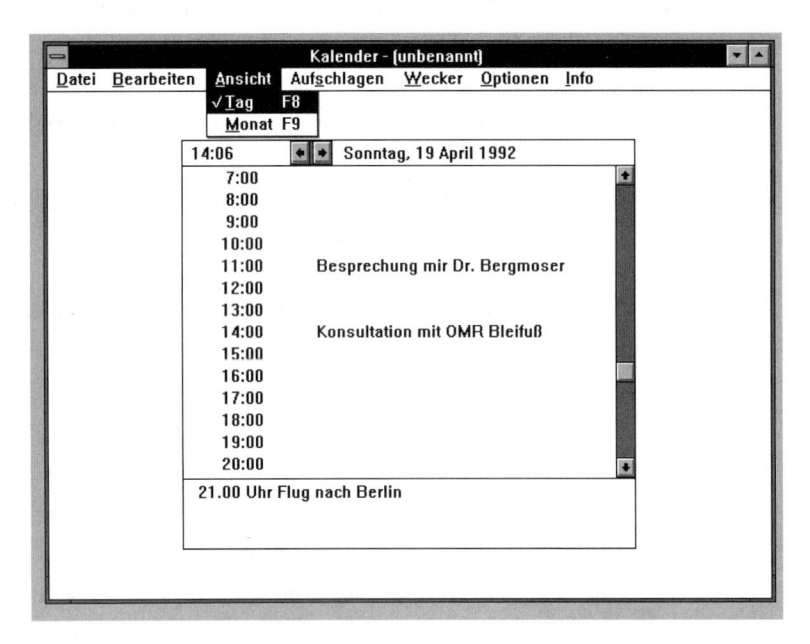

Bild 11.5: Typische Tagesansicht

Anderen Tag anzeigen

Anderen Tag anzeigen

Einen *anderen Tag* können Sie in der Monatsansicht durch Doppelklicken auf das Datum aufsuchen. Sie können hierzu auch das Menü AUFSCHLAGEN einsetzen.

Sie zeigen in der *Tagesansicht* den *vorherigen Tag* an mit:

- Wählen Sie für die Anzeige im Menü AUFSCHLAGEN den Befehl VORHERGEHENDER.

  Oder klicken Sie in der Statuszeile auf den linken Bildlaufpfeil.

  Oder drücken Sie die STRG+BILD-NACH-OBEN-Taste.

Sie zeigen den *nächsten Tag* an mit:

- Wählen Sie im Menü AUFSCHLAGEN den Befehl NÄCHSTER.

  Oder klicken Sie in der Statuszeile auf den rechten Bildlaufpfeil.

  Oder drücken Sie die STRG+BILD-NACH-UNTEN-Taste.

Sie kehren zum *heutigen Tag* zurück mit:

- Wählen Sie im Menü AUFSCHLAGEN den Befehl HEUTE.

Einen *bestimmten Kalendertag* suchen Sie auf mit (siehe Bild 11.6):

1. Wählen Sie im Menü AUFSCHLAGEN den Befehl DATUM.
2. Geben Sie in das Dialogfeld den Tag im Format TT.MM.JJJJ ein.
3. Wählen Sie OK.

In der *Monatsansicht* zeigen Sie mit den Befehlen VORHERGEHENDER, NÄCHSTER und HEUTE den entsprechenden Monat an.

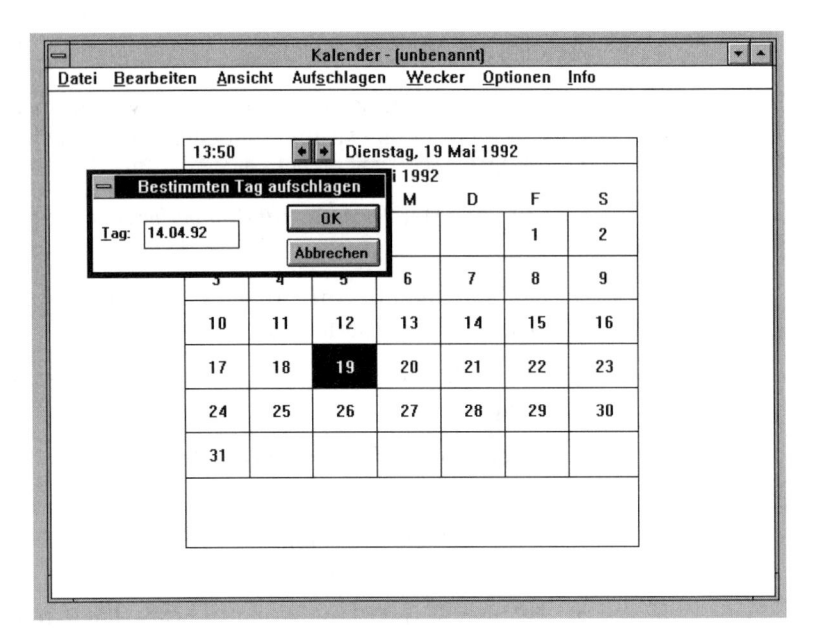

Bild 11.6: Bestimmten Tag aufschlagen

Monat anzeigen

Monat anzeigen

Bei der *Monatsansicht* wird ein ganzer Monat dargestellt (siehe Bild 11.7). Bei diesem Format können Tage markiert und aufgesucht werden.

Das Anzeigeformat *Monatsansicht* aktivieren Sie in der Tagesansicht mit:

❐ Wählen Sie im Menü ANSICHT die Option MONAT.

Oder doppelklicken Sie mit der Maus auf das Datum in der Statuszeile.

Mit Klick auf die Bildlaufpfeile neben der Uhrzeit springen Sie einen Monat weiter oder zurück.

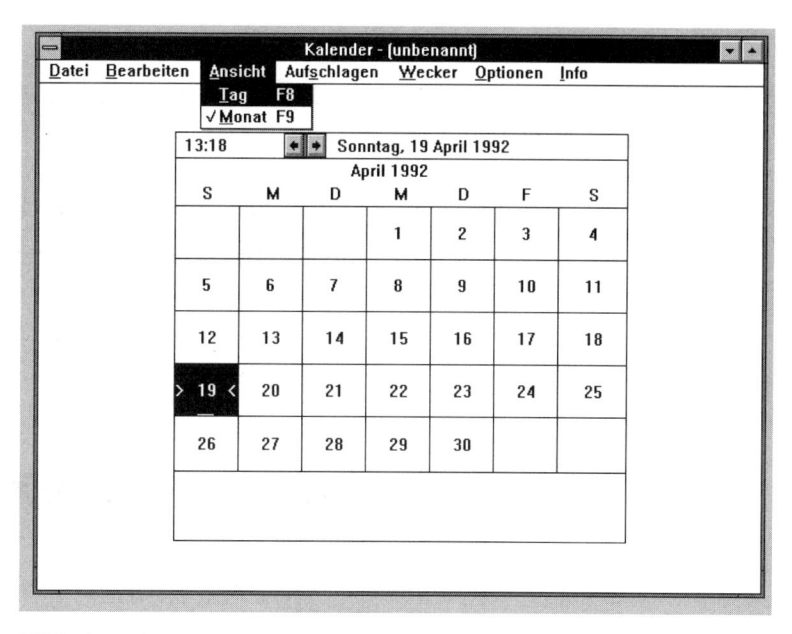

Bild 11.7: Option Monatsanzeige

11.4 Termine setzen

Der Teilaufgabe *Termine setzen* werden die folgenden Arbeiten zugeordnet:

❏ Wecker einstellen

❏ Akustisches Signal abstellen

❏ Vorzeitig klingeln

❏ Wecker ausschalten

❏ Weckereinstellung löschen

Wecker einstellen

Einstellen Mit dem Wecker des Kalenders können Sie *Wecktermine einstellen* (siehe Bild 11.8):

1. Führen Sie die Einfügestelle zu der gewünschten Uhrzeit.
2. Wählen Sie im Menü WECKER den Befehl STELLEN.

Bei Erreichen des Wecktermins erinnert Sie Windows an den Wecktermin visuell durch ein Dialogfeld, durch Blinken der Titelleiste des Kalenders oder Blinken des Symbols.

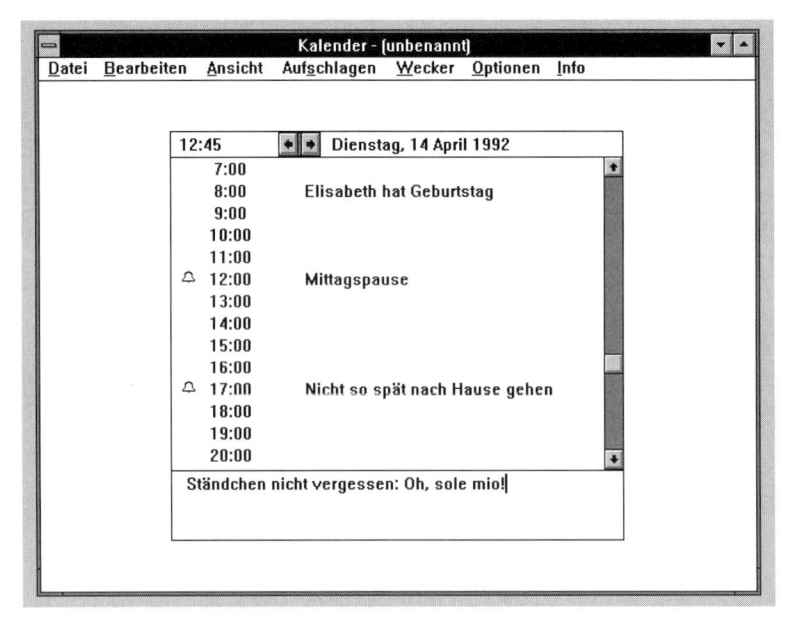

Bild 11.8: Wecktermine einstellen

Beim Kalender können Wecktermine für beliebig viele Termineintragungen eingestellt werden.

Akustisches Signal abstellen

Signal abstellen An einen Wecktermin erinnert Sie Windows visuell und akustisch.

Das *akustische Signal* können Sie wie folgt *abstellen*:

1. Wählen Sie im Menü WECKER den Befehl OPTIONEN.
2. Heben Sie im Dialogfenster die Markierung im Kontrollfeld AKUSTISCHES SIGNAL auf.
3. Wählen Sie OK.

Vorzeitig klingeln

Vorzeitig klingeln Sie können den Wecker bis zu zehn Minuten vor dem Wecktermin *vorzeitig klingeln* lassen (siehe Bild 11.9).

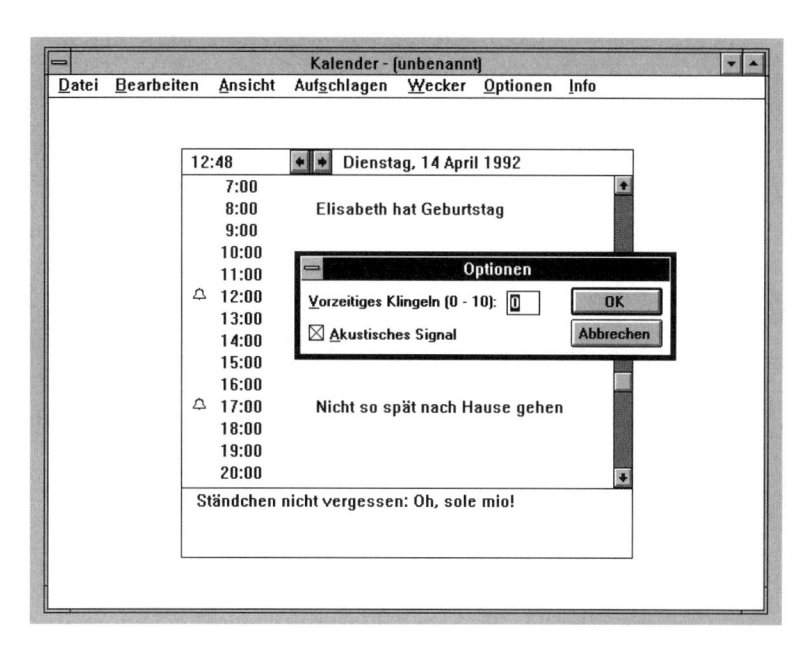

Bild 11.9: Dialogfeld Optionen

Den Wecker *stellen* Sie wie folgt *vorzeitig ein*:

1. Wählen Sie im Menü WECKER den Befehl OPTIONEN.
2. Geben Sie im Dialogfeld OPTIONEN in das Feld VORZEITIGES KLINGELN eine Zahl zwischen 0 bis 10 ein.
3. Wählen Sie OK.

Wecker ausschalten

Wecker ausschalten

Bei Erreichen eines Wecktermins erinnert Sie Windows an den Wecktermin. Der Wecker klingelt und blinkt solange, bis Sie ihn abstellen.

Sie *schalten* den Wecker folgendermaßen *aus*:

1. Öffnen Sie das Kalenderfenster.

    Oder vergrößern Sie das Kalendersymbol.
2. Wählen Sie im angezeigten Fenster OK.

Weckereinstellung löschen

Einstellung löschen

Einen beim Kalender eingestellten *Wecktermin* können Sie jederzeit mit den folgenden Schritten *löschen*:

1. Suchen Sie die Uhrzeit auf, für die ein Wecktermin eingestellt ist.
2. Wählen Sie im Menü WECKER den Befehl STELLEN. Neben dem Befehl wird das Häkchen entfernt.

11.5 Kalender anpassen

In der Tagesanzeige und Monatsanzeige des Kalenders können einzelne Einstellungen angepaßt werden. Der Teilaufgabe *Kalender anpassen* werden die folgenden Arbeiten zugeordnet:

- Tagesansicht ändern
- Uhrzeit hinzufügen und löschen
- Datum markieren und Markierung entfernen

Tagesansicht ändern

Tages-
ansicht
Bei der *Tagesansicht* können das Zeitintervall, das Zeitformat und die Anfangszeit eingestellt werden.

Sie ändern die Einstellungen im Dialogfeld TAGESEINSTELLUNGEN mit den folgenden Schritten (siehe Bild 11.10):

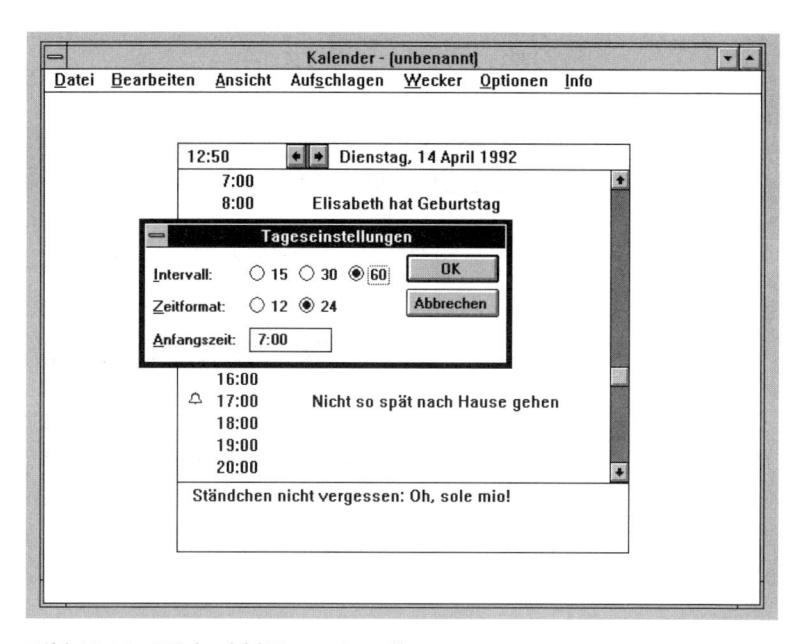

Bild 11.10: Dialogfeld Tageseinstellungen

1. Wählen Sie im Menü OPTIONEN die Option TAGESEINSTELLUNGEN.
2. Wählen Sie die gewünschten Optionen im Dialogfeld TAGESEINSTELLUNGEN.

- Mit INTERVALL bestimmen Sie die Zeitintervalle zwischen den angezeigten Uhrzeiten (Werte: 15, 30 und 60 Minuten).
- Mit ZEITFORMAT kann zwischen dem 24-Stunden- und dem 12-Stunden-Format gewählt werden.
- Mit ANFANGSZEIT bestimmen Sie die erste anzuzeigende Uhrzeit.

3. Wählen Sie OK.

Besondere Uhrzeit hinzufügen und löschen

Uhrzeit einstellen

Unabhängig von den angezeigten Uhrzeiten können Sie mit den folgenden Schritten eine *besondere Uhrzeit einstellen* (siehe Bild 11.11):

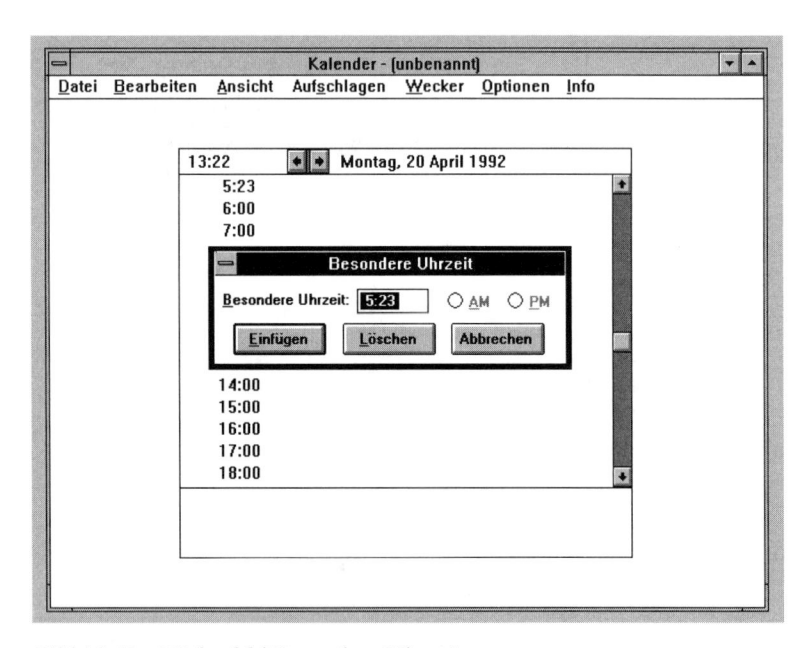

Bild 11.11: Dialogfeld Besondere Uhrzeit

1. Wählen Sie im Menü OPTIONEN den Befehl BESONDERE ZEIT.
2. Geben Sie im Dialogfeld BESONDERE ZEIT im Feld BESONDERE UHRZEIT die Uhrzeit ein.

3. Wählen Sie beim 12-Stunden-Format zwischen AM und PM.
4. Wählen Sie EINFÜGEN.

Uhrzeit löschen Eine gesondert eingestellte *Uhrzeit löschen* Sie beim Kalender wie folgt:

1. Führen Sie die Einfügestelle auf die zu löschende Uhrzeit.
2. Wählen Sie im Menü OPTIONEN den Befehl BESONDERE UHRZEIT.
3. Wählen Sie im Dialogfeld BESONDERE UHRZEIT die Schaltfläche LÖSCHEN.

Datum markieren und Markierung entfernen

Markieren In der Monatsansicht können einzelne Tage durch *Markierung* besonders hervorgehoben werden. Hierzu stehen fünf verschiedene *Symbole* zur Verfügung (siehe Bild 11.12).

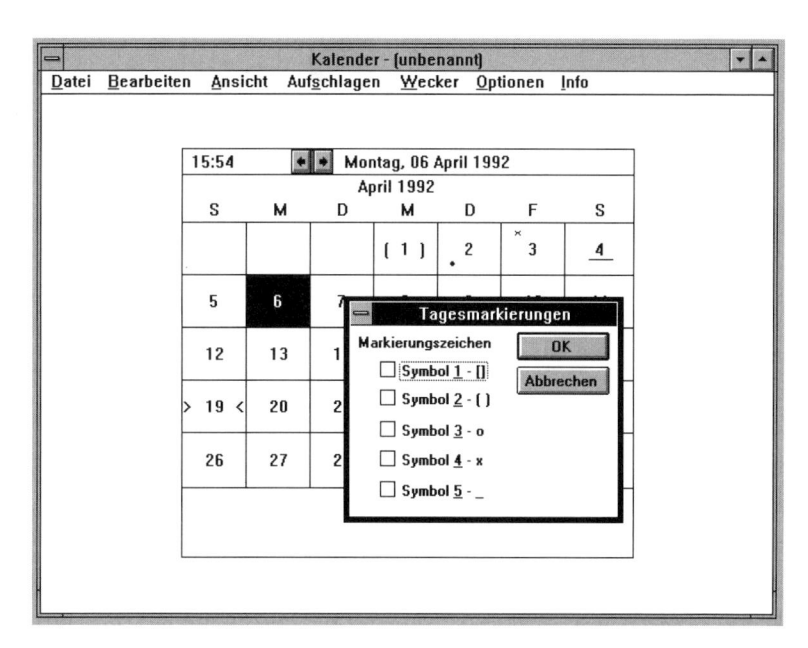

Bild 11.12: Tagesmarkierungen

Markieren   Sie *markieren ein Datum* mit den folgenden Schritten:

1. Wählen Sie das zu markierende Datum.
2. Wählen Sie im Menü OPTIONEN den Befehl TAG MARKIEREN.
3. Wählen Sie im Dialogfeld TAGESMARKIERUNGEN ein Markierungssymbol aus.
4. Wählen Sie OK.

Ein Beispiel für markierte Tage in der Monatsanzeige sehen Sie in Bild 11.13.

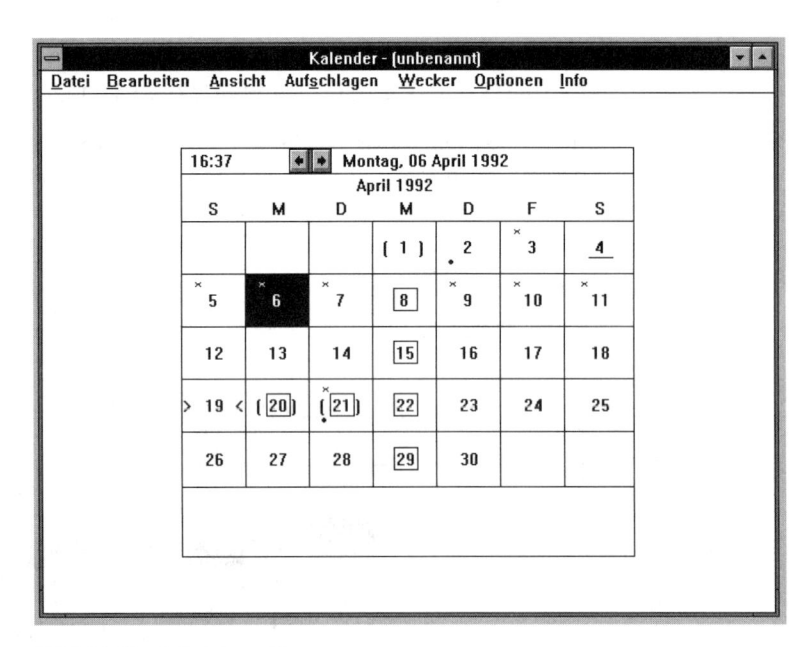

Bild 11.13: Markierte Tage

Entfernen   Eine *Markierung entfernen* Sie wie folgt:

1. Wählen Sie das markierte Datum.
2. Wählen Sie im Menü OPTIONEN den Befehl TAG MARKIEREN.

3. Löschen Sie im Dialogfeld TAGESMARKIERUNGEN im Kontrollfeld das X.
4. Wählen Sie OK.

11.6 Kalenderdaten drucken

Der Teilaufgabe *Kalenderdaten drucken* werden die drei folgenden Arbeiten zugeordnet:

- Termine drucken
- Ränder einstellen
- Kopf- und Fußzeilen drucken

Windows verwendet für den Ausdruck den Standarddrucker. Der Standarddrucker kann mit dem Befehl DRUCKEREINRICHTUNG im Menü DATEI gewechselt werden.

Termine drucken

Drucken   Kalenderdaten *drucken* Sie mit den folgenden Schritten (siehe Bild 11.14):

1. Wählen Sie im Menü DATEI den Befehl DRUCKEN.
2. Geben Sie im Dialogfeld DRUCKEN den Druckumfang an.
3. Wählen Sie OK.

Beim Ausdruck verwendet Windows für die Ränder sowie für die Kopf- und Fußzeilen die Einstellungen des Dialogfeldes SEITE EINRICHTEN. Die Einstellungen ändern Sie im Menü DATEI mit dem Befehl SEITE EINRICHTEN.

Ränder einstellen

Ränder   Die *Ränder* für die zu druckenden Kalenderdaten stellen Sie wie folgt ein:

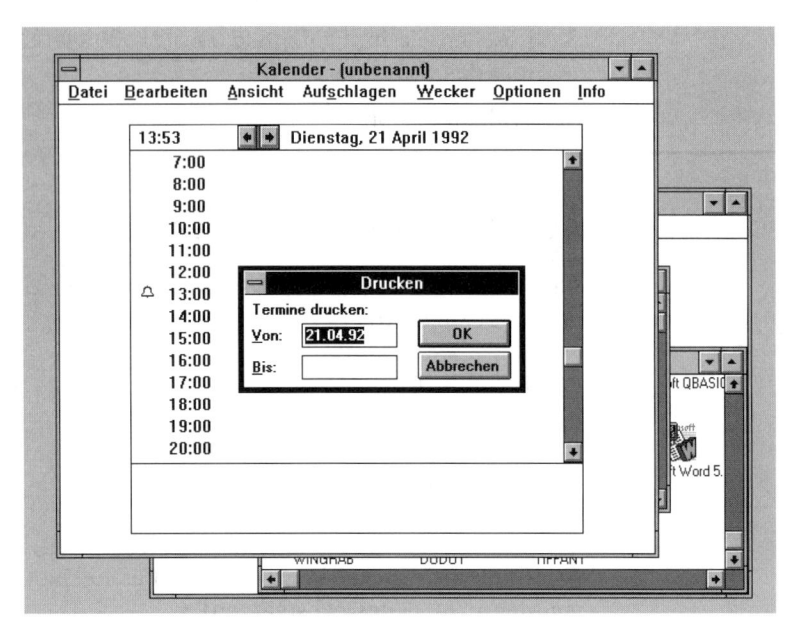

Bild 11.14: Dialogfeld Drucken

1. Wählen Sie im Menü DATEI den Befehl SEITE EINRICHTEN.
2. Geben Sie im Dialogfeld SEITE EINRICHTEN die Ränder ein (siehe Bild 11.15).
3. Wählen Sie OK.

Kopf- und Fußzeilen drucken

Kopf- und Fußzeilen

Bei einem Terminausdruck kann eine *Kopf- und Fußzeile* hinzugefügt werden (siehe Bild 11.15).

Sie fügen eine Kopf- und Fußzeile mit den folgenden Schritten ein:

1. Wählen Sie im Menü DATEI den Befehl SEITE EINRICHTEN.
2. Geben Sie im Dialogfeld SEITE EINRICHTEN den Text der Kopf- oder Fußzeile ein. Bei Bedarf verwenden Sie die folgenden Codes:

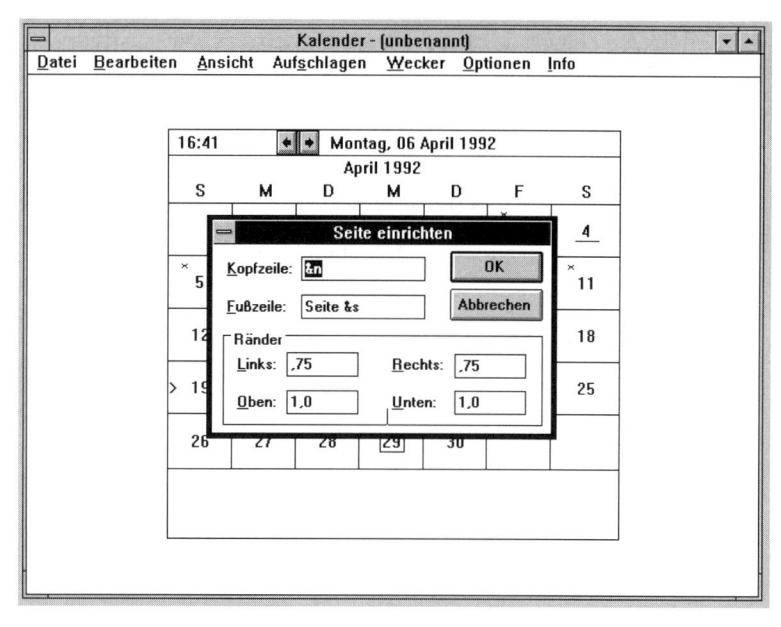

Bild 11.15: *Dialogfeld Seite einrichten*

&d steht für das aktuelle Datum.

&s steht für die aktuelle Seitenzahl.

&n steht für den aktuellen Dateinamen.

&l steht für linksbündige Ausrichtung.

&r steht für rechtsbündige Ausrichtung.

&z steht für zentrierte Ausrichtung.

&u steht für die aktuelle Uhrzeit.

3. Wählen Sie OK.

11.7 Mit Kalenderdateien arbeiten

Der Teilaufgabe *Mit Kalenderdateien arbeiten* werden die folgenden Arbeiten zugeordnet:

- Kalenderdatei öffnen
- Kalenderdatei speichern
- Kalenderdatei mit Schreibschutz öffnen
- Termineintrag löschen

Kalenderdatei öffnen

Öffnen

Eine *Kalenderdatei* öffnen Sie folgendermaßen:

1. Wählen Sie im Menü DATEI den Befehl ÖFFNEN.
2. Geben Sie den Namen der Kalenderdatei ein.
3. Wählen Sie OK.

Kalenderdatei speichern

Speichern

Eine Kalenderdatei können Sie unter dem gleichen Namen oder unter einem anderen Namen *speichern*. Windows fügt Kalenderdateien automatisch die Dateinamenserweiterung CAL hinzu.

Sie *speichern* eine Kalenderdatei folgendermaßen unter dem *gleichen Namen*:

- Wählen Sie im Menü DATEI den Befehl SPEICHERN.

Sie speichern eine Kalenderdatei unter einem *anderen Namen* mit den folgenden Schritten:

1. Wählen Sie im Menü DATEI den Befehl SPEICHERN UNTER.
2. Geben Sie einen Dateinamen ein.
3. Wählen Sie OK.

Kalenderdatei mit Schreibschutz öffnen

Schreib-schutz
Für das Arbeiten mit Kalenderdateien in einem Netzwerk empfiehlt sich das Öffnen mit *Schreibschutz*, damit Daten nicht versehentlich von anderen Benutzern geändert werden.

Sie öffnen eine Kalenderdatei mit Schreibschutz wie folgt:

1. Wählen Sie im Menü DATEI den Befehl ÖFFNEN.
2. Bestimmen Sie den Namen der Kalenderdatei.
3. Markieren Sie das Kontrollfeld SCHREIBGESCHÜTZT.
4. Wählen Sie OK.

Termineintrag löschen

Eintrag löschen
Beim Kalender können ein oder mehrere nicht mehr benötigte *Termineinträge gelöscht* werden (siehe Bild 11.16).

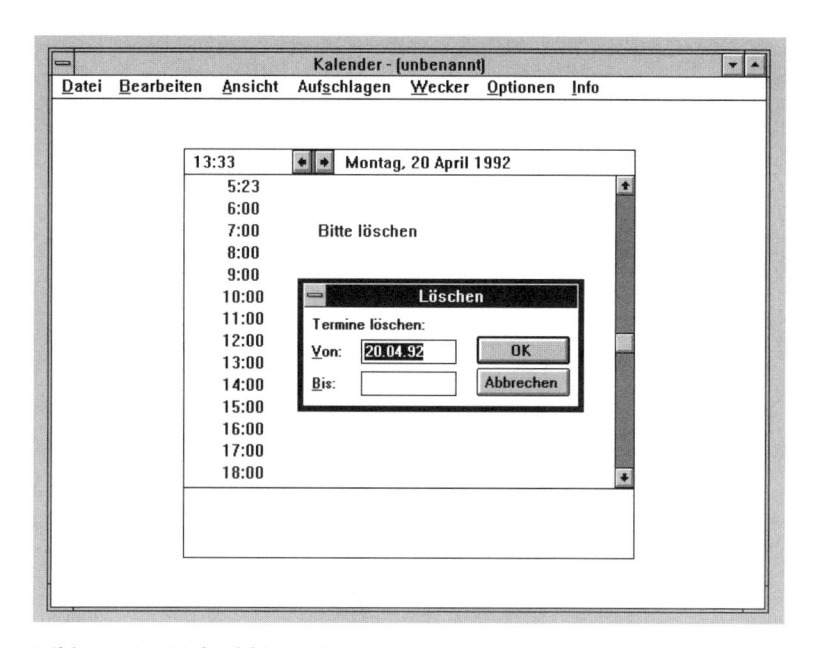

Bild 11.16: Dialogfeld Löschen

Sie löschen einen oder mehrere Termineinträge wie folgt:

1. Öffnen Sie die Kalenderdatei mit den zu löschenden Einträgen.
2. Wählen Sie im Menü BEARBEITEN den Befehl LÖSCHEN.
3. Bestimmen Sie im Dialogfeld LÖSCHEN den Umfang der zu löschenden Termineinträge.
4. Wählen Sie OK.

Kapitel 12

Mit der Kartei Karteikarten
verwalten

Wenn Ihr Karteikasten es mit der Reihenfolge der Karten nicht so genau nimmt, sollten Sie es einmal mit der Anwendung Kartei versuchen. Die Windows-Kartei sorgt dafür, daß eine Karteidatei nach der Stichwortzeile jederzeit ordentlich sortiert ist. Der Textbereich kann nach Bedarf mit Text oder Grafik gefüllt werden. Eine Kartei kann auch nach einem Suchtext im Textbereich durchforstet werden.

12.1 Aufgaben, Fensterelemente und Tastatur

Anwendungen und Aufgaben

Die Windows-Anwendung *Kartei* unterstützt einfache Aufgaben der Datenverwaltung. Die Kartei ist eine automatisierte Variante eines manuellen Karteikastens mit dem wesentlichen Unterschied, daß die Karteikarten ohne Zutun stets alphabetisch nach der Stichwortzeile sortiert sind.

Die Anwendung Kartei eignet sich insbesondere für die Datenverwaltung von Adressen und Telefonnummern, die Sie sonst mühsam in Karteikästen verwalten. Die Anwendung Kartei kann neben beliebigen Texten auch schwarzweiße Bilder verwalten.

Die Kartei kennt zwei verschiedene *Ansichtsformate*:

- Kartenansicht
- Listenansicht

Karte   Bei der *Kartenansicht* werden die Karten hintereinander versetzt angezeigt.

Liste   Bei der *Listenansicht* werden nur die Stichwortzeilen der Karten in alphabetischer Reihenfolge dargestellt.

Aufgaben   Die Kartei rufen Sie in der Gruppe Zubehör des Programm-Managers auf. Beim Arbeiten mit der Kartei ordnen wir die einzelnen *Teilaufgaben* den folgenden Aufgabengruppen zu:

- Karte eingeben und anzeigen
- Karte bearbeiten
- Karteidaten drucken
- Mit Karteidateien arbeiten

Menüs   Die Teilaufgaben der Kartei werden mit den Befehlen und Optionen der *Menüs* DATEI, BEARBEITEN, ANSICHT, KARTE, SUCHEN und INFO durchgeführt.

Fensterbereiche und Fensterelemente

Fenster	Ein typisches Fenster der *Kartei* sehen Sie in Bild 12.1. Es besteht aus den Teilen Titelleiste, Menüleiste, Menü, Arbeitsbereich, Statuszeile, Stichwortzeile, Textbereich und Bildbereich.
System-menü-Feld	Im *Systemmenü-Feld* können beim Arbeiten mit der Tastatur die Systemfunktionen *Fenster verschieben, auf Vollbild vergrößern, auf Symbolgröße verkleinern* und *Umschalten zur Task-Liste* aufgerufen werden.
Fenster-rahmen	Der *Fensterrahmen* begrenzt ein Anwendungsfenster oder ein Dokumentfenster. Der Fensterrahmen kann mit der Maus oder über das Systemmenü in seiner Größe verändert oder verschoben werden.
Titelleiste	In der *Titelleiste* wird der Name der Anwendung oder eines Dokuments angezeigt. Die Titelleiste des aktiven Fensters ist hervorgehoben.
Programm-titel	Der *Programmtitel* enthält bei einem Anwendungsfenster den Namen des Anwendungsprogramms und des Dokuments. Bei einem Dokumentfenster enthält er den Namen einer Programmgruppe, eines Verzeichnisses oder einer Datendatei.
Symbol-Feld	Mit der Schaltfläche *Symbol-Feld* wird das Anwendungsfenster zu einem Symbol verkleinert.
Vollbild-Feld	Mit der Schaltfläche *Vollbild-Feld* wird das Anwendungsfenster auf Bildschirmgröße vergrößert.
Menüleiste	Die *Menüleiste* zeigt die verfügbaren Menüs einer Anwendung an. Mit Hilfe der Menüleiste kann ein Menü oder eine Option angewählt werden.
Menü	Ein *Menü* wird aus einer Menüleiste ausgewählt und kann Untermenüs, Befehle oder Optionen enthalten.
Arbeits-bereich	Im *Arbeitsbereich* der Kartei wird in der Kartenanzeige die Karteikarte mit der Stichwortzeile, dem Textbereich und Bildbereich angezeigt. In der Listenanzeige werden im Arbeitsbereich die geordneten Stichwortzeilen der Karteikarten dargestellt.
Statuszeile	In der *Statuszeile* werden Karteiinformationen und Bildlaufpfeile angezeigt.

Aufgaben, Fensterelemente und Tastatur 363

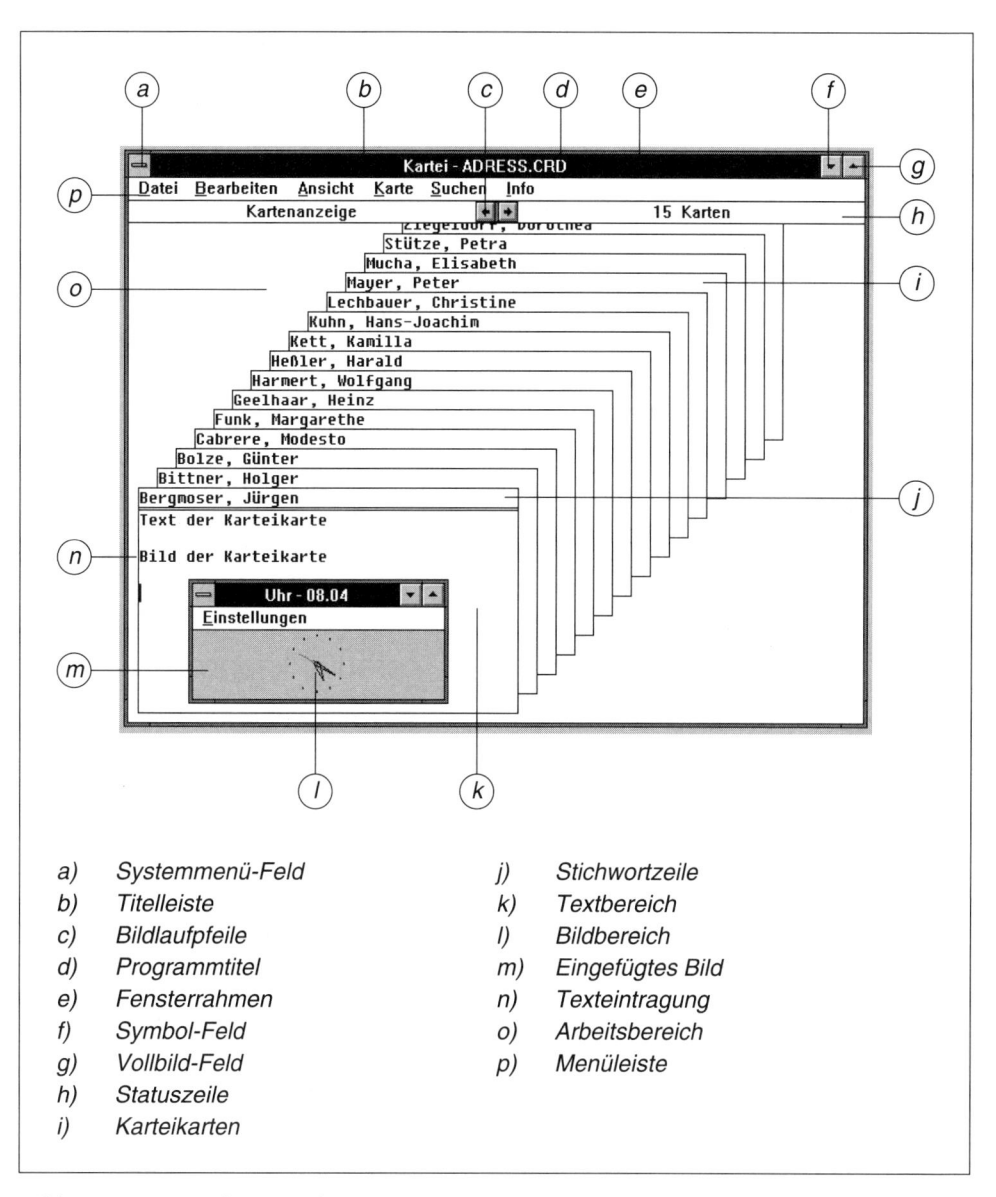

a) Systemmenü-Feld	j) Stichwortzeile
b) Titelleiste	k) Textbereich
c) Bildlaufpfeile	l) Bildbereich
d) Programmtitel	m) Eingefügtes Bild
e) Fensterrahmen	n) Texteintragung
f) Symbol-Feld	o) Arbeitsbereich
g) Vollbild-Feld	p) Menüleiste
h) Statuszeile	
i) Karteikarten	

Bild 12.1: Fensterelemente der Kartei

Stichwort-zeile	Die Anwendung Kartei sortiert die Karteikarten alphabetisch nach dem Text in der *Stichwortzeile*.
Textbereich	Der *Textbereich* liegt unter der Stichwortzeile einer Karteikarte. In den Textbereich können beliebige Texte eingetragen werden.
Bildbereich	Eine Karteikarte kann Text und ein schwarzweißes Bild im *Bildbereich* aufnehmen. Der Bildbereich kann im Textbereich beliebig positioniert werden.
Bildlaufleiste	Mit der *horizontalen* und *vertikalen Bildlaufleiste* wird der Fensterinhalt verschoben, damit unsichtbare Teile außerhalb des Fensters eingesehen werden können.
Bildlaufpfeil, Bildlauffeld	Die *Bildlaufoptionen* können mit der Maus oder mit der Tastatur gewählt werden. Mit der Maus erfolgt der Bildlauf mit Hilfe der *Bildlaufpfeile* oder dem *Bildlauffeld* der *Bildlaufleiste*. Durch Ziehen des Bildlauffeldes in der Bildlaufleiste wird die Position im Dokument aufgesucht, die der Stellung des Bildlauffeldes in der Bildlaufleiste entspricht.

Abkürzungstasten und Tastenfunktionen

Abkürzungs-tasten	Bei einigen Menüs der Kartei stehen für den Aufruf von Untermenüs, Befehlen oder Optionen *Abkürzungstasten* zur Verfügung. Abkürzungstasten stehen in einem Menü rechts neben dem Bezeichner. Ein unterstrichener Buchstabe steht für eine Abkürzungstaste. Abkürzungstasten finden Sie auch in Dialogfeldern für die Feldauswahl.
Tasten	Für das Durchsehen der Karten einer Kartei können folgende *Tasten* verwendet werden:

BILD-NACH-UNTEN	Bei Kartenansicht nächste Karte anzeigen oder bei Listenansicht nächste Seite anzeigen
BILD-NACH-OBEN	Bei Kartenansicht vorherige Karte anzeigen oder bei Listenansicht vorherige Seite anzeigen

STRG+POS1	Erste Karte vorn anzeigen
STRG+ENDE	Letzte Karte vorn anzeigen
NACH-UNTEN	Bei Listenansicht nächste Karte markieren
NACH-OBEN	Bei Listenansicht vorherige Karte markieren

12.2 Karte eingeben und anzeigen

Beim Anlegen einer Kartei tragen Sie Karteidaten in leere Karteikarten ein. Eine leere Karteikarte erstellen Sie durch einfaches Hinzufügen. Die Karteikarten werden nach dem Inhalt der Stichwortzeile sortiert. Die Größe einer Karteikarte ist vorgegeben.

Der Teilaufgabe *Karte eingeben und anzeigen* werden die folgenden Arbeiten zugeordnet:

- Karte eingeben
- Karten anzeigen
- Text suchen

Karte eingeben

Beim erstmaligen Starten der Anwendung Kartei wird ein Karteifenster mit einer einzelnen leeren Karteikarte angezeigt (siehe Bild 12.2).

Leere Karte   Eine *leere Karteikarte* füllen Sie mit den folgenden Schritten aus:

1. Wählen Sie im Menü BEARBEITEN den Befehl STICHWORT.

   Oder doppelklicken Sie auf die Stichwortzeile.

   Oder drücken Sie die Taste F6.

2. Geben Sie in das Feld STICHWORTZEILE den Stichworttext ein (siehe Bild 12.3).

3. Wählen Sie OK.

4. Geben Sie im Textbereich der Karte den gewünschten Text ein. Der Text wird am Zeilenende automatisch umbrochen.

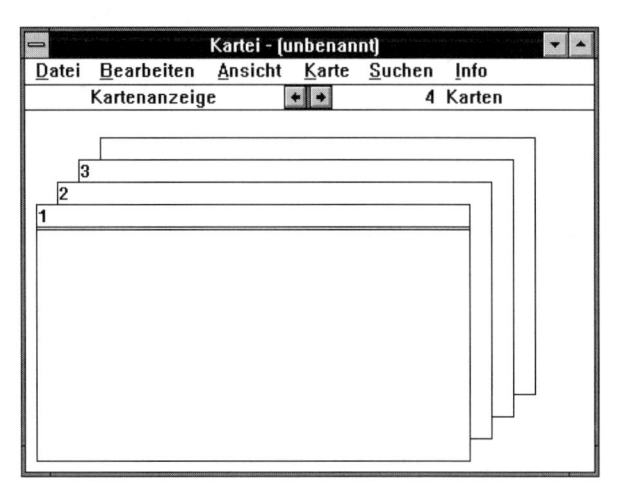

Bild 12.2: Leere Karteikarten

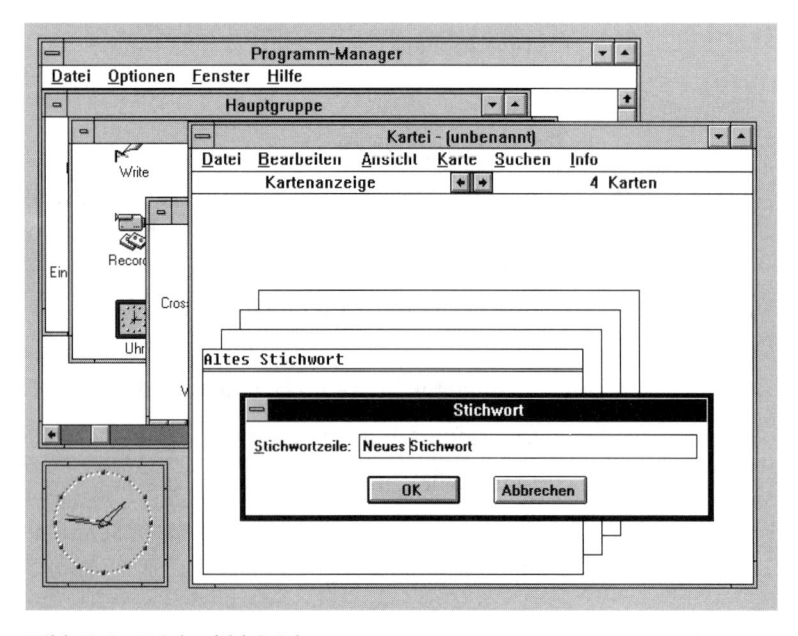

Bild 12.3: Dialogfeld Stichwort

Neue Karte   Eine *neue Karteikarte* fügen Sie folgendermaßen hinzu:

1. Wählen Sie im Menü KARTE den Befehl HINZUFÜGEN.

   Oder drücken Sie die Taste F7.

2. Geben Sie im Dialogfeld HINZUFÜGEN in das Feld HINZU-FÜGEN den Text für die Stichwortzeile ein (siehe Bild 12.4).

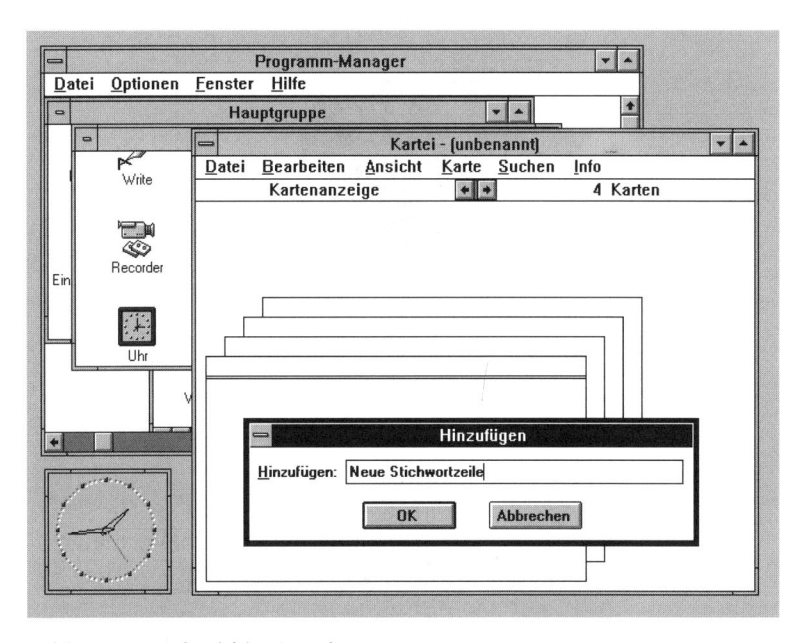

Bild 12.4: Dialogfeld Hinzufügen

3. Wählen Sie OK.

   Die neue Karte wird vorn angezeigt.

4. Geben Sie im Textbereich der Karte den gewünschten Text ein.

   Oder fügen Sie im Bildbereich ein Bild ein (siehe Bild 12.5).

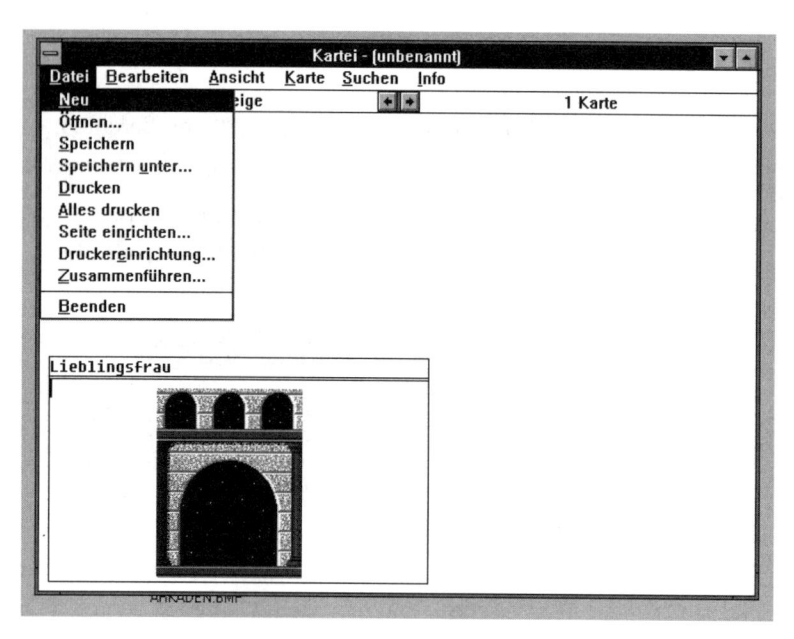

Bild 12.5: Neue Karte mit Bild

Karten anzeigen

Anzeigen   Eine Kartei kann mit den Ansichtsformaten *Kartenansicht* oder *Listenansicht* dargestellt werden:

- Bei der *Kartenansicht* werden die Karten hintereinander versetzt angezeigt.

- Bei der *Listenansicht* werden nur die Stichwortzeilen der Karten in alphabetischer Reihenfolge dargestellt.

Liste   Die *Listenansicht* aktivieren Sie wie folgt (siehe Bild 12.6):

- Wählen Sie im Menü ANSICHT die Option LISTE.

Zum Rollen durch die Listenansicht können die Tasten NACH-UNTEN oder NACH-OBEN eingesetzt werden.

Karte eingeben und anzeigen 369

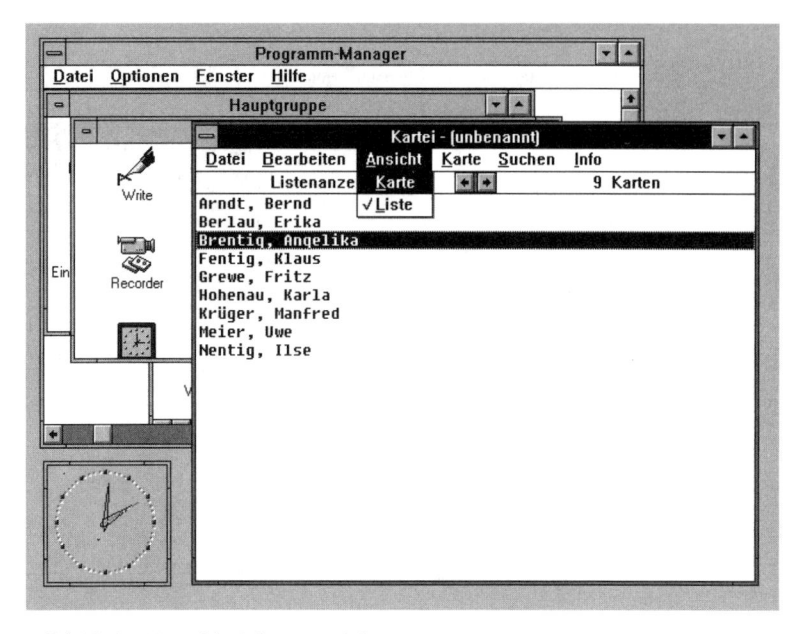

Bild 12.6: Kartei in Listenansicht

Karten   Die *Kartenansicht* aktivieren Sie folgendermaßen (siehe Bild 12.7):

❏ Wählen Sie im Menü ANSICHT die Option KARTEN.

Verwenden Sie zum Bewegen durch die Karteikarten die verfügbaren Tastenfunktionen.

Aufsuchen   Eine *bestimmte Karteikarte suchen* Sie mit den folgenden Schritten auf (siehe Bild 12.8):

1. Wählen Sie im Menü SUCHEN den Befehl GEHE ZU.

   Oder drücken Sie die Taste F4.

   Oder klicken Sie auf die sichtbare Stichwortzeile.

   Oder halten Sie die STRG-Taste gedrückt, und geben Sie den ersten Buchstaben der Stichwortzeile ein.

2. Geben Sie im Dialogfeld GEHE ZU den Anfang des Stichwortes an.

3. Wählen Sie OK.

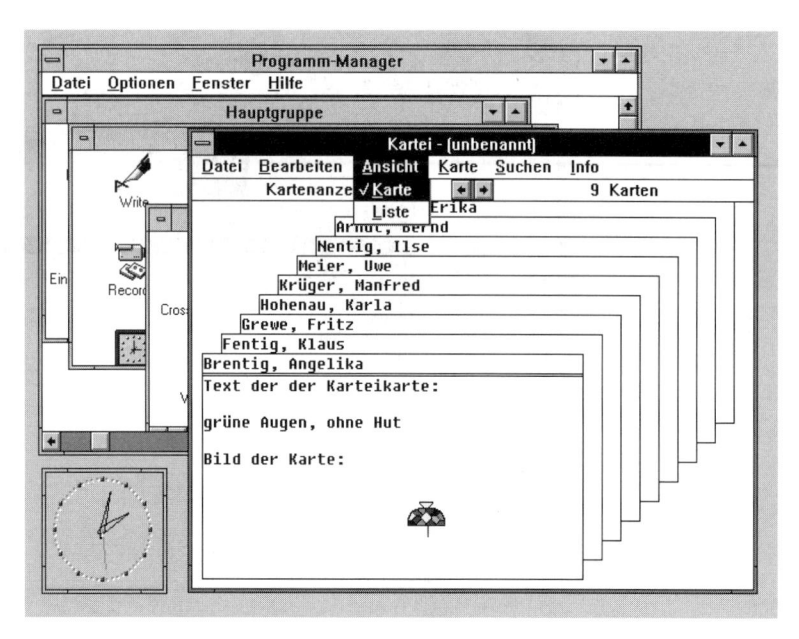

Bild 12.7: Kartei in Kartenansicht

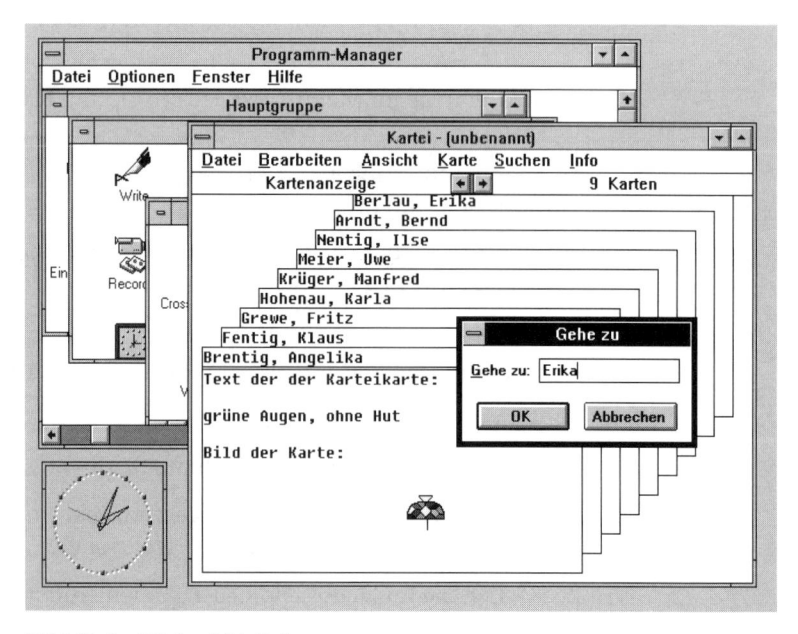

Bild 12.8: Dialogfeld Gehe zu

Text suchen

Text suchen

Es kann nach beliebigem Text im Textbereich der Karteikarten einer Karteidatei gesucht werden. Die *Suche* kann ab einer beliebigen Karte beginnen. Bei der Suche wird die Groß- und Kleinschreibung des Suchtextes nicht berücksichtigt. Es sei denn, Sie aktivieren das Schaltfeld GROSS-/KLEINSCHREIBUNG durch einen Mausklick.

Sie *suchen Text* mit den folgenden Schritten auf:

1. Bringen Sie die Karte, ab der die Suche beginnen soll, in den Vordergrund.
2. Wählen Sie im Menü SUCHEN den Befehl SUCHEN.
3. Geben Sie im Dialogfeld SUCHEN in das Feld SUCHEN NACH den Suchtext ein, und legen Sie im Feld SUCHRICHTUNG die Richtung durch Klick auf die Schaltpunkte AUFWÄRTS oder ABWÄRTS fest (siehe Bild 12.9).

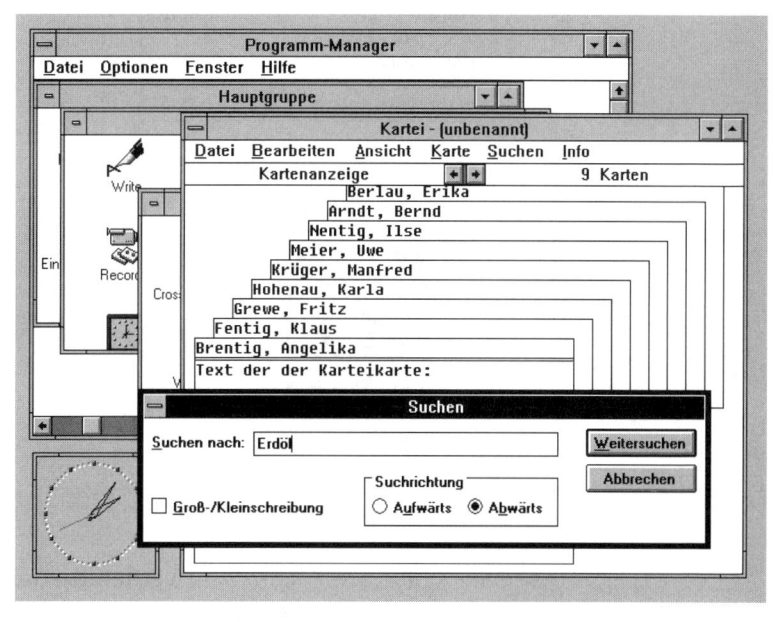

Bild 12.9: Dialogfeld Suchen

4. Wählen Sie OK.

5. Setzen Sie bei Bedarf die Suche fort.

   Drücken Sie hierzu die Taste WEITERSUCHEN im Dialogfeld SUCHEN.

12.3 Karte bearbeiten

Den Text einer Karteikarte bearbeiten Sie wie jeden anderen Text in einem Textfeld. Die einzelnen Teilaufgaben zur Bearbeitung und Korrektur sind im Abschnitt *Mit Dokumenten und Dateien arbeiten* im Kapitel *Grundlegende Teilaufgaben bei Windows* detailliert beschrieben.

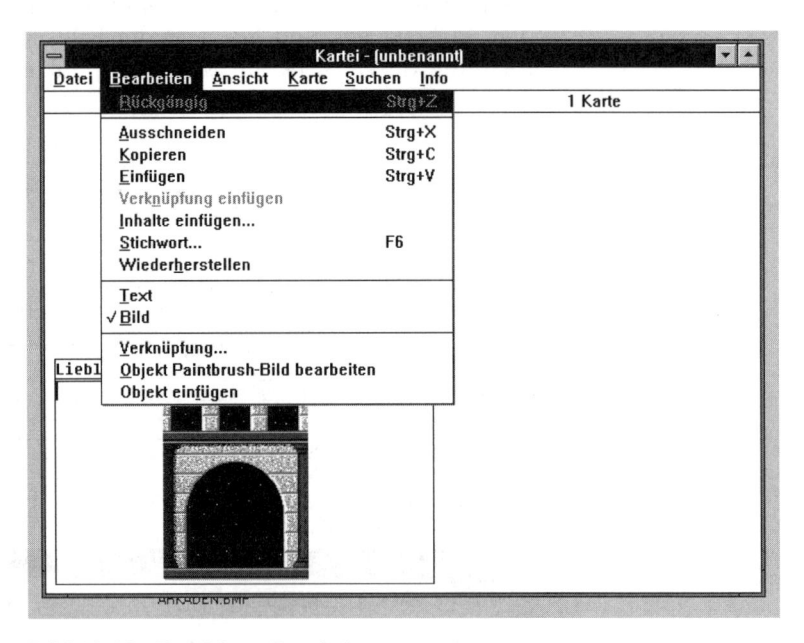

Bild 12.10: Das Menü Bearbeiten

Der Teilaufgabe *Karte bearbeiten* werden die folgenden Arbeiten zugeordnet (siehe Bild 12.10):

❐ Stichwortzeile ändern

Karte bearbeiten

- Text verschieben
- Text kopieren
- Bild einfügen

Stichwortzeile ändern

Stichwort- Die Karteikarten werden nach dem Inhalt der Stichwortzeile
zeile ändern alphabetisch angeordnet. Sie bearbeiten den Text in der *Stichwortzeile* mit:

1. Bringen Sie die betreffende Karte in den Vordergrund.
2. Wählen Sie im Menü BEARBEITEN den Befehl STICHWORT.

   Oder doppelklicken Sie auf die Stichwortzeile.

   Oder drücken Sie die Taste F6.
3. Geben Sie im Dialogfeld STICHWORT im Feld STICHWORTZEILE den neuen Text ein (siehe Bild 12.11).

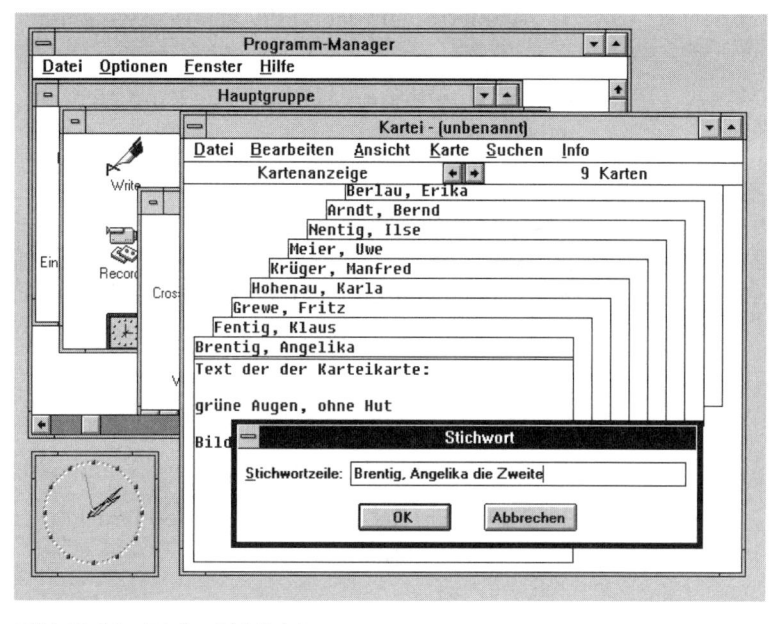

Bild 12.11: Dialogfeld Stichwort

4. Wählen Sie OK.

Die Karte wird nach ihrem geänderten Stichworttext in die Kartei eingeordnet.

Text verschieben

Text verschieben

Es kann *Text* von einer Karte zu einer anderen Karte mit Hilfe der Zwischenablage *verschoben* werden.

Sie verschieben Text zwischen verschiedenen Karten mit den folgenden Schritten:

1. Markieren Sie den zu verschiebenden Text.
2. Wählen Sie im Menü BEARBEITEN den Befehl AUSSCHNEIDEN.
3. Holen Sie die Karte, auf die der Text verschoben werden soll, in den Vordergrund.
4. Führen Sie die Einfügestelle im Textbereich der Karte an die Zielposition.
5. Wählen Sie im Menü BEARBEITEN den Befehl EINFÜGEN.

Ein Text aus der Zwischenablage kann nicht in die Stichwortzeile eingefügt werden.

Text kopieren

Text kopieren

Es kann *Text* von einer Karte zu einer anderen Karte mit Hilfe der Zwischenablage einmal oder mehrmals *kopiert* werden.

Sie kopieren Text wie folgt:

1. Markieren Sie den zu kopierenden Text.
2. Wählen Sie im Menü BEARBEITEN den Befehl KOPIEREN.
3. Holen Sie die Karte, auf die der Text kopiert werden soll, in den Vordergrund.

4. Führen Sie die Einfügestelle im Textbereich der Karte an die Zielposition.
5. Wählen Sie im Menü BEARBEITEN den Befehl EINFÜGEN.

Ein Text aus der Zwischenablage kann nicht in die Stichwortzeile eingefügt werden.

Bild einfügen

Bild einfügen

In eine Kartei kann ein *Bild* aus der Zwischenablage *eingefügt* werden. Beispielsweise kann aus der Anwendung Paintbrush ein Bild eingefügt werden. In einer Karteidatei können nur schwarzweiße Bilder abgelegt werden. Beim Einfügen eines Farbbildes wird das Bild in ein schwarzweißes Bild umgewandelt.

Sie fügen ein Bild in eine Karteikarte mit den folgenden Schritten ein:

1. Kopieren Sie das einzufügende Bild in die Zwischenablage.
2. Starten Sie die Anwendung Kartei, und holen Sie die Karteikarte, in die das Bild eingefügt werden soll, in den Vordergrund.
3. Wählen Sie im Menü BEARBEITEN den Befehl BILD.
4. Wählen Sie im Menü BEARBEITEN den Befehl EINFÜGEN. Das Bild wird oben links angezeigt.
5. Ziehen Sie mit der Maus oder mit den RICHTUNG-Tasten das Bild an die Zielposition.
6. Wählen Sie nach dem Einfügen des Bildes im Menü BEARBEITEN den Befehl TEXT.

Bei einem größeren Bild wird nur ein Teil im Bildbereich angezeigt. Der sichtbare Bildanteil kann mit den RICHTUNG-Tasten verschoben werden.

12.4 Karteidaten drucken

Der Teilaufgabe *Karteidaten drucken* werden die folgenden Arbeiten zugeordnet:

- Karteikarten drucken
- Ränder einstellen
- Kopf- und Fußzeilen drucken

Windows verwendet für den Ausdruck den Standarddrucker. Der Standarddrucker kann mit dem Befehl DRUCKEREINRICHTUNG im Menü DATEI gewechselt werden.

Karteikarten drucken

Eine Karte   Eine *Karteikarte drucken* Sie mit den folgenden Schritten aus:

1. Bringen Sie die zu druckende Karte in den Vordergrund.
2. Wählen Sie im Menü DATEI den Befehl DRUCKEN.

Alle Karten   Sie *drucken alle Karteikarten* einer Karteidatei mit den folgenden Schritten aus:

- Wählen Sie im Menü DATEI den Befehl ALLES DRUCKEN.

Ränder einstellen

Ränder   Die *Ränder* für die zu druckenden Karteikarten stellen Sie folgendermaßen ein (siehe Bild 12.12):

1. Wählen Sie im Menü DATEI den Befehl SEITE EINRICHTEN.
2. Geben Sie im Dialogfeld SEITE EINRICHTEN die Ränder ein.
3. Wählen Sie OK.

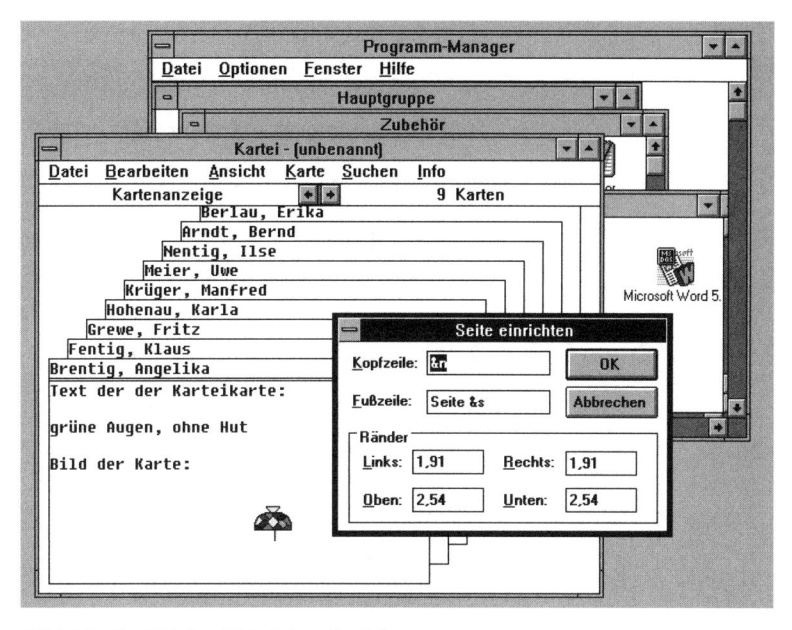

Bild 12.12: Dialogfeld Seite einrichten

Kopf- und Fußzeilen drucken

Kopf- und Fußzeilen Bei einem Kartenausdruck kann eine *Kopf- und Fußzeile* hinzugefügt werden.

Sie fügen mit den folgenden Schritten eine Kopf- und Fußzeile ein:

1. Wählen Sie im Menü DATEI den Befehl SEITE EINRICHTEN.

2. Geben Sie im Dialogfeld SEITE EINRICHTEN den Text der Kopf- oder Fußzeile ein. Bei Bedarf verwenden Sie die folgenden Codes:

&d steht für das aktuelle Datum.

&s steht für die aktuelle Seitenzahl.

&n steht für den aktuellen Dateinamen.

&l steht für linksbündige Ausrichtung.

&r steht für rechtsbündige Ausrichtung.

&z steht für zentrierte Ausrichtung.

&u steht für die aktuelle Uhrzeit.

3. Wählen Sie OK.

12.5 Mit Karteidateien arbeiten

Der Teilaufgabe *Mit Karteidateien arbeiten* werden die folgenden Arbeiten zugeordnet:

- Karteidatei öffnen
- Karteidatei speichern
- Karte wiederherstellen
- Karte löschen
- Karte duplizieren
- Karteigröße bestimmen
- Karteidateien zusammenführen
- Automatisch wählen

Karteidatei öffnen

Öffnen Eine *Karteidatei* öffnen Sie wie folgt:

1. Wählen Sie im Menü DATEI den Befehl ÖFFNEN.
2. Suchen Sie im Dialogfenster das richtige Verzeichnis auf, wählen Sie das Format, und geben Sie den Namen der Karteidatei ein.
3. Wählen Sie OK.

Karteidatei speichern

Speichern Eine Karteidatei können Sie unter dem gleichen Namen oder unter einem anderen Namen *speichern*. Windows fügt Karteidateien automatisch die Dateinamenserweiterung CRD hinzu.

Sie *speichern* eine Karteidatei unter dem *gleichen Namen* mit den folgenden Schritten:

❏ Wählen Sie im Menü DATEI den Befehl SPEICHERN.

Sie speichern eine Karteidatei unter einem *anderen Namen* folgendermaßen:

1. Wählen Sie im Menü DATEI den Befehl SPEICHERN UNTER.
2. Geben Sie einen Dateinamen ein.
3. Wählen Sie OK.

Karte wiederherstellen

Wiederherstellen Änderungen einer Karte können vor dem Speichern durch *Wiederherstellen* zurückgenommen werden.

Sie nehmen Änderungen einer Karte folgendermaßen zurück:

❏ Wählen Sie im Menü BEARBEITEN den Befehl WIEDERHERSTELLEN.

Karte löschen

Löschen Eine einzelne *Karte* kann aus einer Kartendatei *gelöscht* werden.

Sie löschen eine einzelne Karte mit den folgenden Schritten:

1. Holen Sie die zu löschende Karte in den Vordergrund.

2. Wählen Sie im Menü KARTE den Befehl LÖSCHEN. Bestätigen Sie im Dialogfeld die Absicht.

Der Befehl LÖSCHEN steht Ihnen erst zur Verfügung, wenn Sie bereits eine Karte eingefügt haben.

3. Wählen Sie OK.

Eine gelöschte Karte kann nicht wiederhergestellt werden.

Karte duplizieren

Duplizieren Eine neue Karte kann durch Hinzufügen oder Duplizieren erstellt werden. Sie ziehen *Duplizieren* vor, wenn bei der neuen Karte der Inhalt nur geringfügig geändert werden muß.

Sie duplizieren eine Karte mit den folgenden Schritten:

1. Holen Sie die zu duplizierende Karte in den Vordergrund.
2. Wählen Sie im Menü KARTE den Befehl DUPLIZIEREN.

Karteigröße bestimmen

Karteigröße Die maximale Anzahl an Karteikarten einer Karteidatei hängt ab von der verfügbaren *Arbeitsspeicherkapazität* und vom Textumfang der einzelnen Karten.

Die *Anzahl an Karteikarten* einer Karteidatei wird in der Statuszeile angezeigt.

Karteidateien zusammenführen

Zusammen- Sie können mehrere Karteien einrichten und bei Bedarf einzelne
führen Karteien zusammenlegen.

Die Karteikarten von *zwei Karteidateien* führen Sie folgendermaßen zusammen:

1. Öffnen Sie die Karteidatei, die mit einer anderen zusammengeführt werden soll.

Mit Karteidateien arbeiten 381

2. Wählen Sie im Menü DATEI den Befehl ZUSAMMENFÜHREN.

3. Bestimmen Sie im Dialogfeld DATEI ZUSAMMENFÜHREN die Datei, die mit der eröffneten Datei zusammengeführt werden soll (siehe Bild 12.13).

4. Wählen Sie OK.

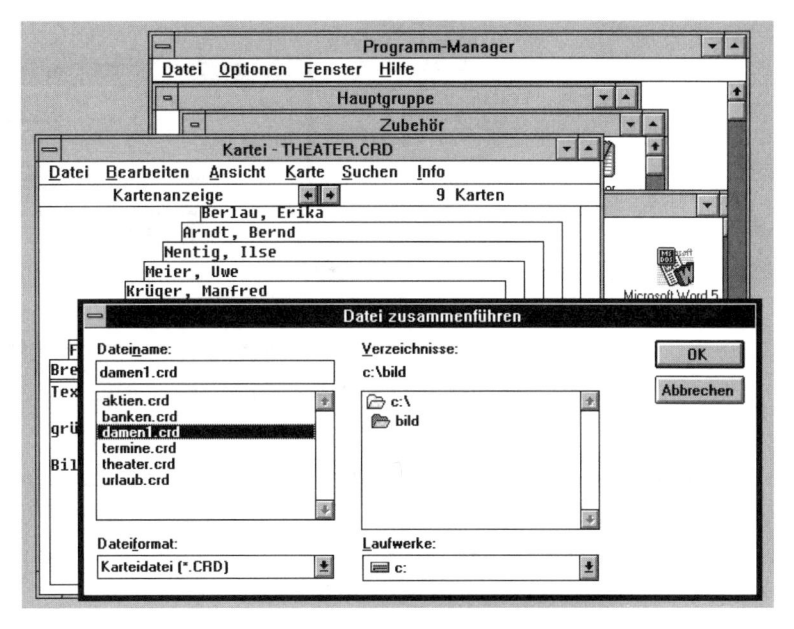

Bild 12.13: Dialogfeld Datei zusammenführen

Die Karteikarten der zusammengeführten Karteidateien werden nach der Stichwortzeile alphabetisch sortiert. Die Ergebnisdatei kann mit dem Befehl SPEICHERN UNTER mit einem neuen Dateinamen gespeichert werden.

Automatisch wählen

Wenn Sie über ein Hayes-Modem oder ein Hayes-kompatibles Modem verfügen, kann eine auf einer Karteikarte gespeicherte Telefonnummer automatisch angewählt werden (siehe Bild 12.14).

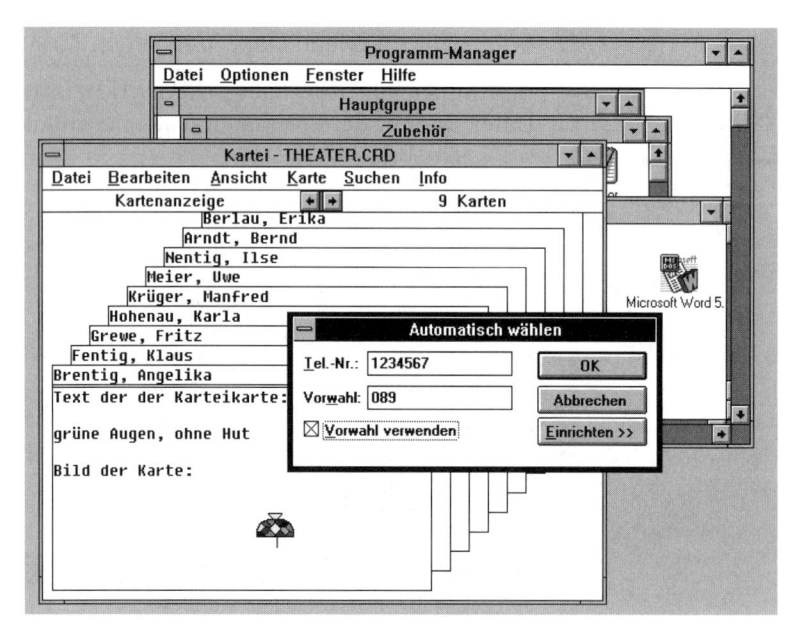

Bild 12.14: Dialogfeld Automatisch wählen

Wählen   Sie *wählen* eine *Telefonnummer* mit den folgenden Schritten:

1. Holen Sie die Karteikarte mit der gewünschten Telefonnummer in den Vordergrund.
2. Wählen Sie im Menü KARTE den Befehl AUTOMATISCH WÄHLEN.
3. Es wird das Dialogfeld AUTOMATISCH WÄHLEN angezeigt.

   Überprüfen Sie die Telefonangaben in den Feldern.

   ❐ Wählen Sie die Schaltfläche EINRICHTEN, wenn das Modem noch eingerichtet werden muß. Sie wird im Dialogfeld AUTOMATISCH WÄHLEN mit den Einstellungsoptionen angezeigt (siehe Bild 12.15).

   ❐ Markieren Sie im Feld WÄHLSYSTEM die Option TON bei einem Tonwählsystem oder die Option IMPULS bei einem Impulswählsystem.

❐ Im Feld ANSCHLUSS bestimmen Sie den Modemanschluß.

❐ Im Feld BAUD legen Sie die Übertragungsrate für das Modem fest.

4. Bestimmen oder ändern Sie bei Bedarf im Feld VORWAHL die Telefonvorwahl.

5. Wählen Sie OK.

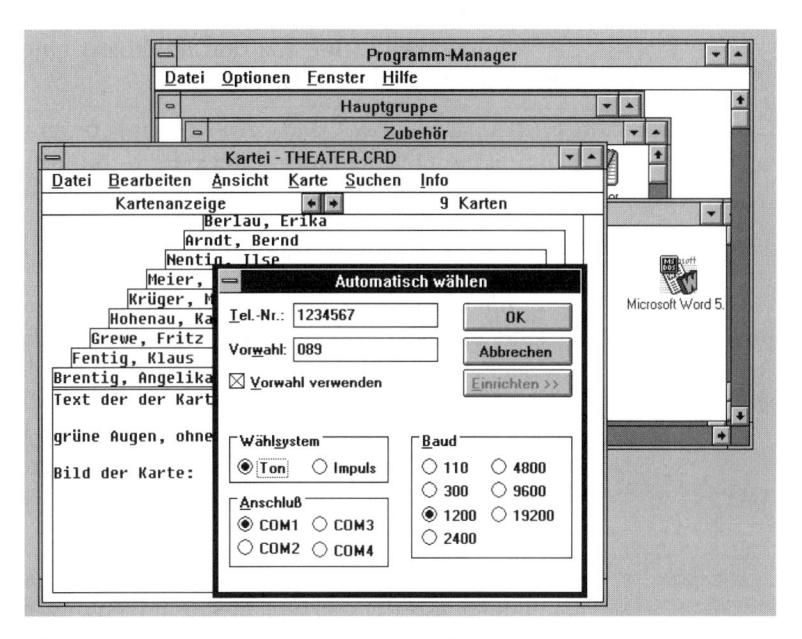

Bild 12.15: Optionen für Modem installieren

12.6 Objekte verknüpfen und einbetten

Die Methode *Objekte verknüpfen und einbetten* (Object Linking and Embedding, kurz: OLE) dient dem Austausch und der gemeinsamen Verwendung von Daten zwischen unterschiedlichen Anwendungsprogrammen. Beim Einbetten oder Verknüpfen von Objekten bleiben Informationen darüber erhalten, mit welchem Anwendungsprogramm das Objekt erstellt oder bearbeitet wird.

Nach der Art der *Unterstützung von OLE* durch Anwendungsprogramme werden unterschieden:

- Server-Anwendungen
- Client-Anwendungen

Server *Server-Anwendungen* sind Anwendungsprogramme, mit denen Objekte erstellt und in Dokumente anderer Anwendungsprogramme (Client-Anwendungen) eingebettet oder verknüpft werden können. Die Datei, aus der ein Objekt eingebettet oder verknüpft wird, heißt *Quelldatei*.

Client *Client-Anwendungen* sind Anwendungsprogramme, in deren Dokumente Objekte eingebettet oder verknüpft werden können, die von anderen Anwendungsprogrammen (Server-Anwendungen) erstellt oder bearbeitet werden. Die Datei, in die ein Objekt eingebettet oder mit der es verknüpft wird, heißt *Zieldatei*.

Einbetten Beim *Einbetten eines Objektes* wird das Objekt aus einer Quelldatei in eine Zieldatei kopiert. Im Gegensatz zum Einfügen über die Zwischenablage bleiben Informationen über das Anwendungsprogramm erhalten, mit dem das Objekt bearbeitet werden kann. Zur Bearbeitung des Objektes müssen Sie lediglich das Objekt in der Zieldatei markieren; das Anwendungsprogramm zur Bearbeitung wird dann geöffnet. Die Bearbeitung eines Objektes erfolgt innerhalb der Zieldatei, ohne sie zu verlassen.

Nach dem Einbetten eines Objektes besteht keine Verbindung zur Quelldatei, aus der das Objekt stammt. Änderungen des Objektes in der Quelldatei werden daher in der Zieldatei nicht aktualisiert.

Verknüpfen Beim *Verknüpfen eines Objektes* wird das Objekt nicht aus einer Quelldatei in eine Zieldatei kopiert. Es wird eine Referenz des Objektes zur Quelldatei hergestellt, aus der das Objekt stammt. Änderungen des Objektes in der Quelldatei werden daher in der Zieldatei aktualisiert. Eine Bearbeitung des Objektes in der Zieldatei führt ebenfalls zur Veränderung des Objektes in der Quelldatei.

Kartei Die Windows-Anwendung *Kartei* kann nur als Client-Anwendung eingesetzt werden. Sie kann Objekte aufnehmen, die von einer Server-Anwendung bereitgestellt werden.

Für die Änderung von Objekten, die mit der Kartei verknüpft oder die eingebettet sind, ist ein Löschen oder Kopieren nicht mehr erforderlich. Nunmehr wird aus einer Anwendung heraus das Anwendungsprogramm zur Bearbeitung eines eingebetteten oder verknüpften Objektes aufgerufen.

Objekt in ein Kartei-Dokument einbetten

Die Einbettung von Objekten in ein Dokument eines Anwendungsprogramms, das OLE unterstützt, kann in der Client-Anwendung oder in der Server-Anwendung durchgeführt werden.

Es werden daher die beiden folgenden Verfahren unterschieden:

❐ Einbettung aus der Client-Anwendung

❐ Einbettung aus einer Server-Anwendung

Client   Bei der Einbettung aus der Client-Anwendung beginnen Sie die Einbettung in der Anwendung Kartei (Client-Anwendung). Die Server-Anwendung wird aus der Client-Anwendung heraus aufgerufen.

Server   Bei der Einbettung aus einer Server-Anwendung beginnen Sie die Einbettung in der Server-Anwendung, mit der das Objekt erstellt oder bearbeitet wird. Sie wechseln dann zur Anwendung Kartei (Client-Anwendung) und fügen das mit der Server-Anwendung erstellte Objekt ein.

Als Beispiel einer Einbettung eines Objekts in die Windows-Anwendung Kartei soll ein Zeichenobjekt aus der Windows-Anwendung Paintbrush eingebettet werden.

Einbettung aus der Client-Anwendung

Client   Bei der *Einbettung* eines Zeichenobjektes *aus der Client-Anwendung* Kartei gehen Sie mit den folgenden Schritten vor:

1. Öffnen Sie die Karteikarte, in der das Zeichenobjekt eingebettet werden soll (siehe Bild 12.16).

2. Positionieren Sie die Einfügemarke in der Client-Anwendung Kartei.

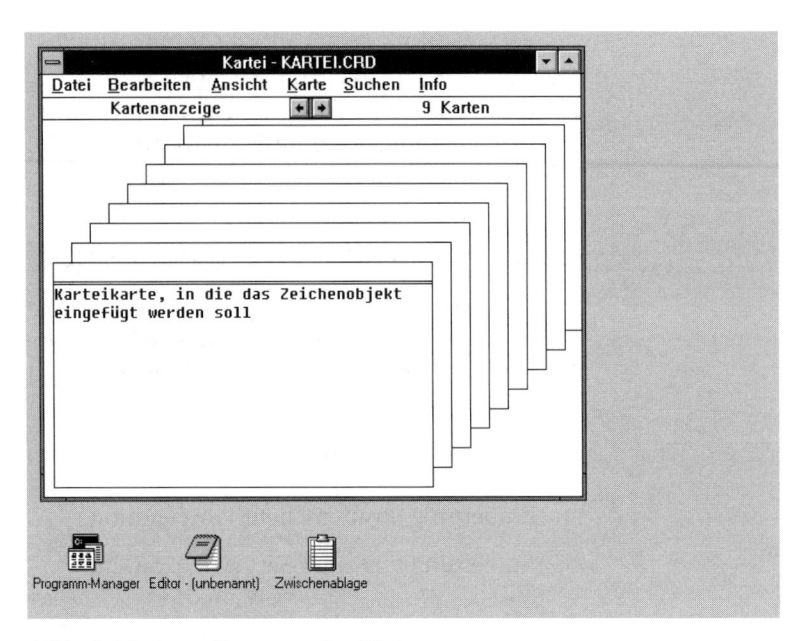

Bild 12.16: Karteikarte vor der Einbettung

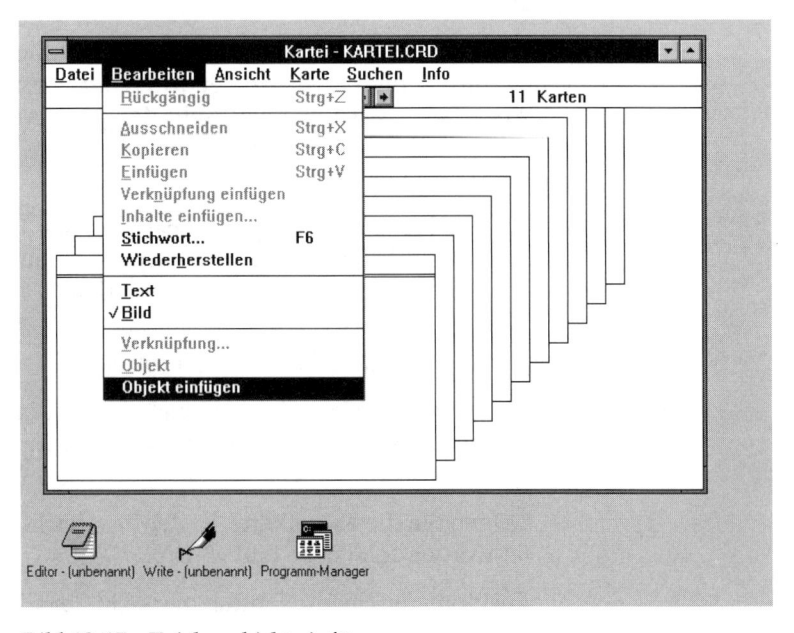

Bild 12.17: Zeichenobjekt einfügen

Bei der Anwendung Kartei wird ein Zeichenobjekt an der linken oberen Ecke der Karteikarte eingefügt.

3. Wählen Sie bei der Kartei im Menü BEARBEITEN den Befehl BILD.

4. Wählen Sie im Menü BEARBEITEN den Befehl OBJEKT EINFÜGEN (siehe Bild 12.17).

   Es wird das Dialogfeld NEUES OBJEKT EINFÜGEN angezeigt. Es listet die Anwendungsprogramme auf, die das Einbetten und Verknüpfen von Objekten unterstützen.

5. Markieren Sie den Eintrag PAINTBRUSH-BILD (siehe Bild 12.18).

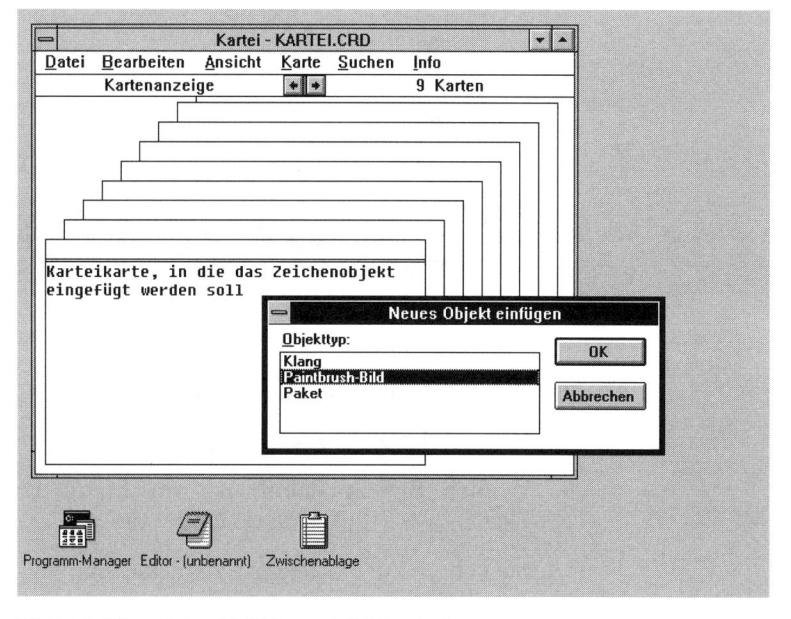

Bild 12.18: Dialogfeld Neues Objekt einfügen

6. Wählen Sie OK.

   Die Server-Anwendung Paintbrush wird gestartet.

7. Erstellen Sie ein neues Zeichenobjekt, oder öffnen Sie im Menü BEARBEITEN mit dem Befehl EINFÜGEN AUS ein bestehendes Zeichenobjekt (siehe Bild 12.19).

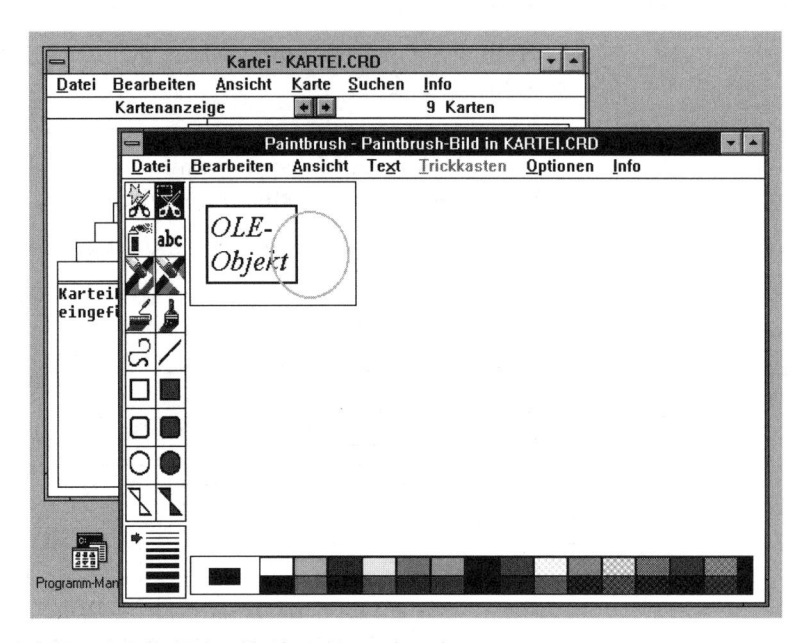

Bild 12.19: Zeichenobjekt in Paintbrush

8. Wählen Sie im Menü DATEI den Befehl AKTUALISIEREN.

   Es wird das Zeichenobjekt in die Karteikarte eingefügt.

9. Wählen Sie in Paintbrush im Menü DATEI den Befehl BEENDEN & ZURÜCK ZU (DATEINAME).

   Sie kehren zur Karteikarte zurück (siehe Bild 12.20).

Einbettung aus einer Server-Anwendung

Server Bei der *Einbettung* eines Zeichenobjektes *aus einer Server-Anwendung* in die Anwendung Kartei gehen Sie mit den folgenden Schritten vor:

Objekte verknüpfen und einbetten

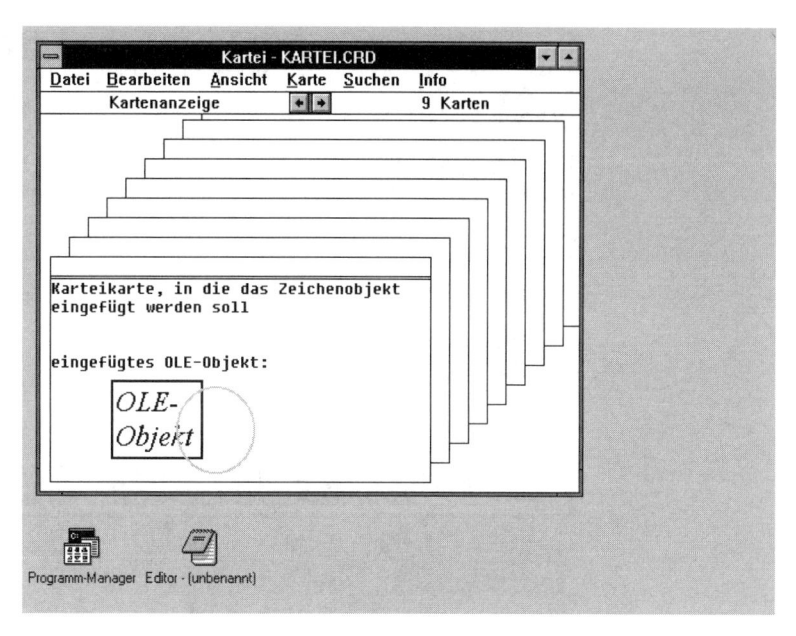

Bild 12.20: Zeichenobjekt in der Karteikarte

1. Öffnen Sie die Server-Anwendung Paintbrush.
2. Erstellen Sie ein neues Zeichenobjekt, oder laden Sie ein vorhandenes Zeichenobjekt.
3. Markieren Sie das Zeichenobjekt (siehe Bild 12.21).
4. Wählen Sie im Menü BEARBEITEN den Befehl KOPIEREN.

   Das Zeichenobjekt wird in die Zwischenablage kopiert.
5. Speichern Sie bei Bedarf das Zeichenobjekt mit dem Befehl SPEICHERN im Menü DATEI.
6. Wechseln Sie zur Karteikarte, in der das Zeichenobjekt eingebettet werden soll.
7. Wählen Sie bei Kartei zum Einbetten im Menü BEARBEITEN den Befehl BILD.
8. Wählen Sie im Menü BEARBEITEN den Befehl EINFÜGEN.

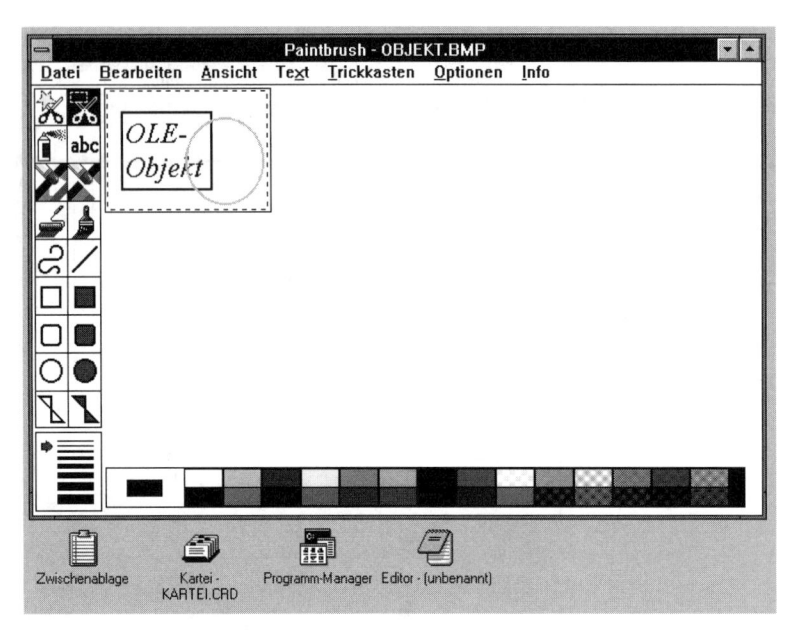

Bild 12.21: Markiertes Zeichenobjekt in Paintbrush

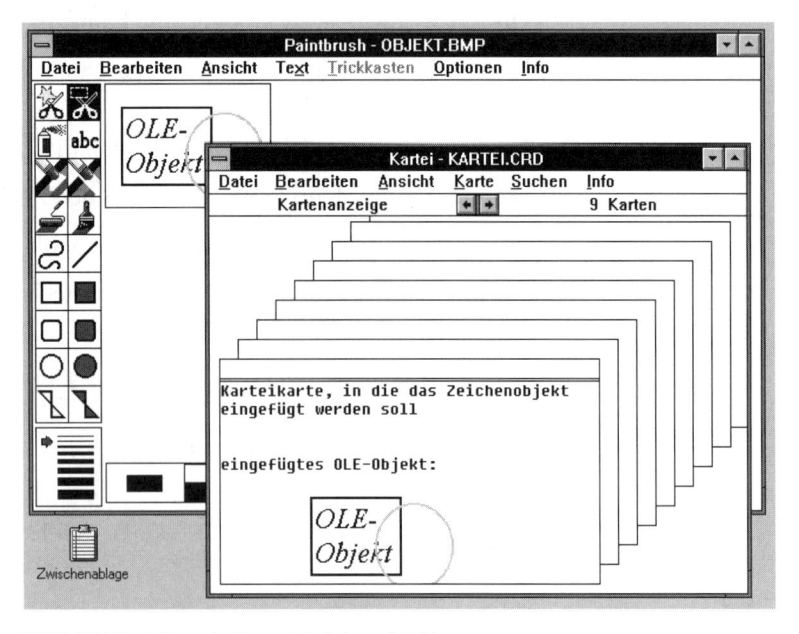

Bild 12.22: Eingebettetes Zeichenobjekt

Objekte verknüpfen und einbetten 391

Das Zeichenobjekt wird auf der Karteikarte angezeigt (siehe Bild 12.22).

Eingebettetes Objekt bearbeiten

Bearbeiten   Ein auf einer Karteikarte eingebettetes Zeichenobjekt *bearbeiten* Sie mit den folgenden Schritten:

Schrittfolge für die Maus:

1. Wählen Sie bei der Anwendung Kartei im Menü BEARBEITEN den Befehl BILD.
2. Doppelklicken Sie auf das eingebettete Zeichenobjekt der Karteikarte.

   Die Server-Anwendung Paintbrush wird gestartet.
3. Bearbeiten Sie in der Server-Anwendung Paintbrush das Zeichenobjekt (siehe Bild 12.23).

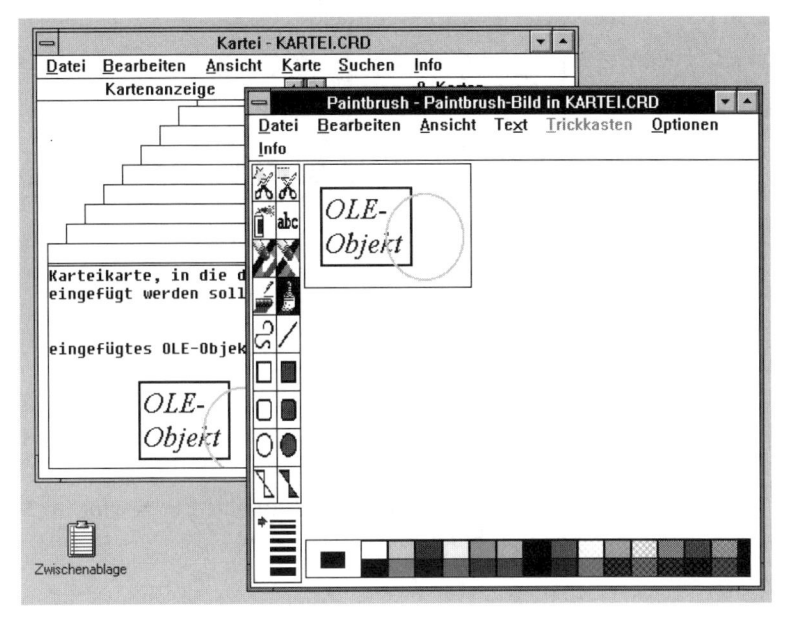

Bild 12.23: Zeichenobjekt bearbeiten

4. Wählen Sie in der Server-Anwendung Paintbrush im Menü DATEI den Befehl AKTUALISIEREN.

Das in der Karteikarte eingebettete Zeichenobjekt wird aktualisiert.

5. Wählen Sie in Paintbrush im Menü DATEI den Befehl BEENDEN & ZURÜCK ZU (DATEINAME) (siehe Bild 12.24).

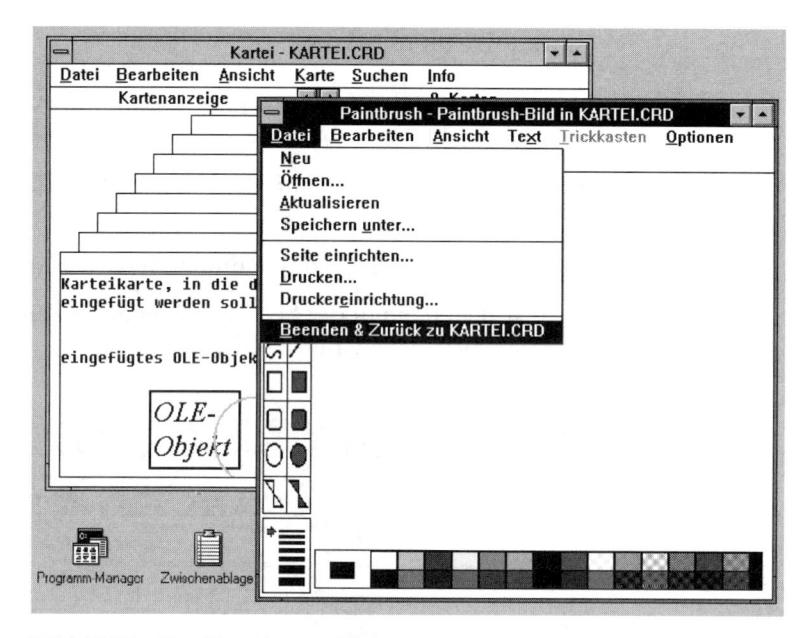

Bild 12.24: Zur Kartei zurückkehren

Die Server-Anwendung Paintbrush wird beendet. Sie kehren zur Karteikarte zurück.

Schrittfolge für die Tastatur:

1. Wählen Sie bei der Anwendung Kartei im Menü BEARBEITEN den Befehl BILD.

2. Wählen Sie bei der Anwendung Kartei im Menü BEARBEITEN den Befehl PAINTBRUSH-BILD BEARBEITEN.

   Die Server-Anwendung Paintbrush wird gestartet.

3. Bearbeiten Sie in der Server-Anwendung Paintbrush das Zeichenobjekt.

4. Wählen Sie in der Server-Anwendung Paintbrush im Menü DATEI den Befehl AKTUALISIEREN.

   Das in der Karteikarte eingebettete Zeichenobjekt wird aktualisiert.

5. Wählen Sie in Paintbrush im Menü DATEI den Befehl BEENDEN & ZURÜCK ZU (DATEINAME).

   Die Server-Anwendung Paintbrush wird beendet. Sie kehren zur Karteikarte zurück.

Objekt mit einem Kartei-Dokument verknüpfen

Bei der Verknüpfung eines Objektes mit einem Kartei-Dokument wird das Objekt nicht in die Zieldatei kopiert, sondern in der Zieldatei eine Kopie des Objektes der Quelldatei angezeigt. Ein zu verknüpfendes Objekt muß vorher gespeichert sein.

Teilaufgaben   Bei der *Verknüpfung* von Objekten einer Server-Anwendung in ein Dokument einer Client-Anwendung werden die folgenden *Teilaufgaben* unterschieden:

- Objekt verknüpfen
- Verknüpftes Objekt bearbeiten
- Verknüpfung aktualisieren
- Mehrere Verknüpfungen herstellen
- Verknüpfung lösen
- Verknüpfung löschen
- Unterbrochene Verknüpfung wiederherstellen

Objekt verknüpfen

Verknüpfen Sie *verknüpfen* ein Zeichenobjekt der Server-Anwendung Paintbrush mit einer Karteikarte der Client-Anwendung Kartei mit den folgenden Schritten:

1. Öffnen Sie die Server-Anwendung Paintbrush.
2. Erstellen Sie ein neues Zeichenobjekt oder laden Sie ein vorhandenes Zeichenobjekt, das mit der Zieldatei Kartei verknüpft werden soll.
3. Speichern Sie bei Bedarf das neue oder bearbeitete Zeichenobjekt.
4. Markieren Sie das zu verknüpfende Zeichenobjekt (siehe Bild 12.25).

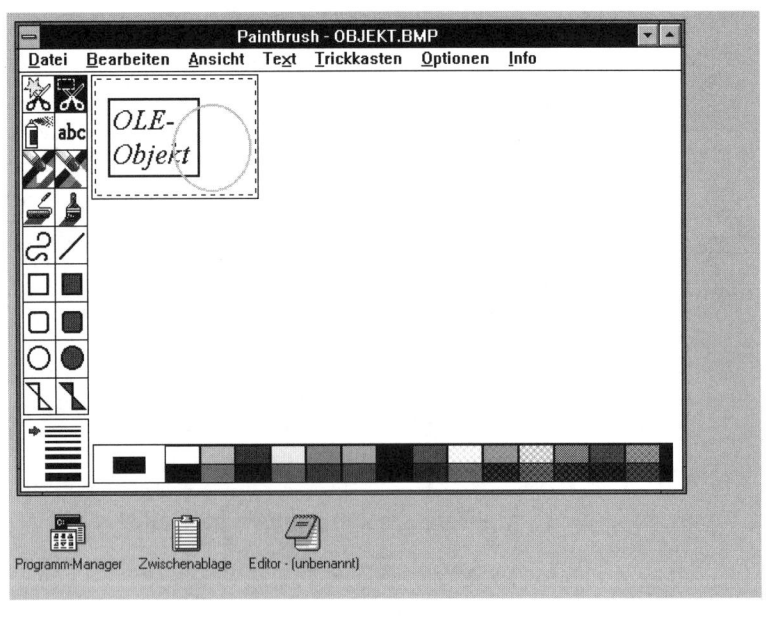

Bild 12.25: Zu verknüpfendes Objekt markieren

5. Wählen Sie im Menü BEARBEITEN den Befehl KOPIEREN.

Objekte verknüpfen und einbetten 395

Das Zeichenobjekt wird in die Zwischenablage kopiert.

6. Wechseln Sie zur Karteikarte, mit der das Zeichenobjekt verknüpft werden soll.

7. Wählen Sie bei der Anwendung Kartei im Menü BEARBEITEN den Befehl BILD.

8. Positionieren Sie die Einfügemarke in der Client-Anwendung Kartei.

Bei der Anwendung Kartei wird ein Zeichenobjekt an der linken oberen Ecke der Karteikarte eingefügt.

9. Wählen Sie im Menü BEARBEITEN den Befehl VERKNÜPFUNG EINFÜGEN (siehe Bild 12.26).

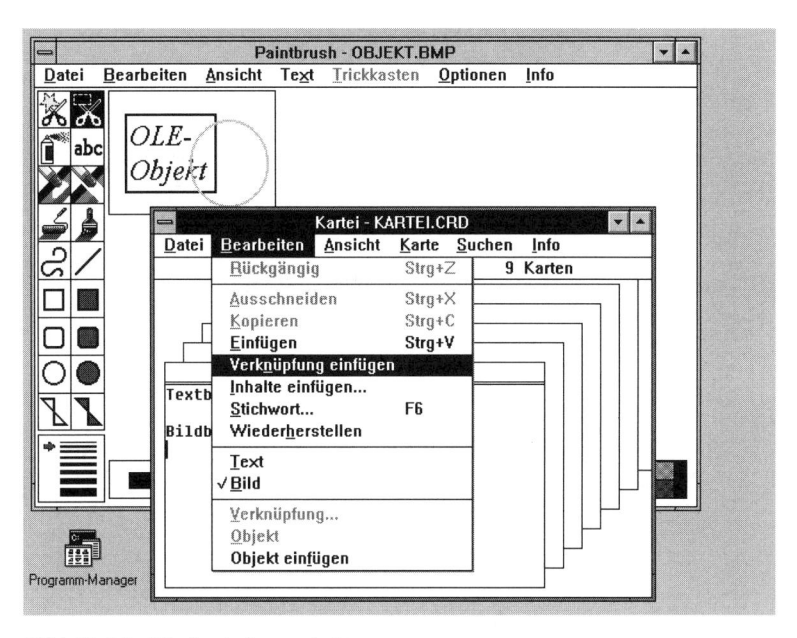

Bild 12.26: Verknüpfung einfügen

Die Quelldatei der Server-Anwendung Paintbrush enthält das Zeichenobjekt, das mit der Karteikarte der Client-Anwendung Kartei verknüpft ist (siehe Bild 12.27).

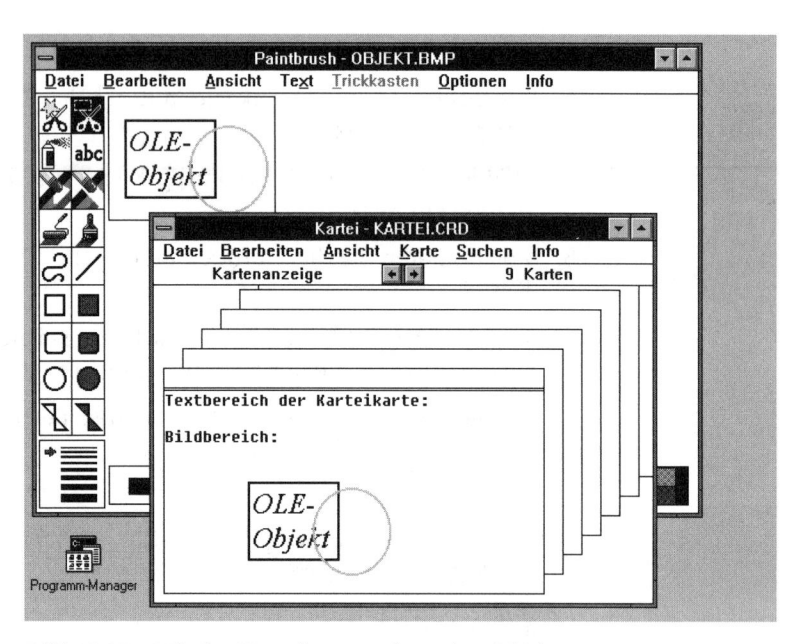

Bild 12.27: Mit der Karteikarte verknüpftes Objekt

Verknüpftes Objekt bearbeiten

Bearbeiten Ein mit einer Karteikarte verknüpftes Zeichenobjekt *bearbeiten* Sie mit den folgenden Schritten:

Schrittfolge für die Maus:

1. Wählen Sie bei der Anwendung Kartei im Menü BEARBEITEN den Befehl BILD.

2. Doppelklicken Sie auf das verknüpfte Zeichenobjekt der Karteikarte.

   Die Server-Anwendung Paintbrush wird gestartet.

3. Bearbeiten Sie in der Server-Anwendung Paintbrush das Zeichenobjekt.

4. Wählen Sie in der Server-Anwendung Paintbrush im Menü DATEI den Befehl SPEICHERN.

Objekte verknüpfen und einbetten 397

5. Wählen Sie in Paintbrush im Menü DATEI den Befehl BEENDEN.

Die Server-Anwendung Paintbrush wird beendet. Sie kehren zur Karteikarte zurück.

Schrittfolge für die Tastatur:

1. Wählen Sie bei der Anwendung Kartei im Menü BEARBEITEN den Befehl BILD.

Wechseln Sie zwischen den Menüs mit den RICHTUNG-Tasten.

2. Wählen Sie bei der Anwendung Kartei im Menü BEARBEITEN den Befehl PAINTBRUSH-BILD BEARBEITEN.

Die Server-Anwendung Paintbrush wird gestartet.

3. Bearbeiten Sie in der Server-Anwendung Paintbrush das Zeichenobjekt.

4. Wählen Sie in der Server-Anwendung Paintbrush im Menü DATEI den Befehl SPEICHERN.

5. Wählen Sie in Paintbrush im Menü DATEI den Befehl BEENDEN.

Die Server-Anwendung Paintbrush wird beendet. Sie kehren zur Karteikarte zurück.

Bei manueller Aktualisierung wird das geänderte Zeichenobjekt nur nach einer Aktualisierung angezeigt.

Verknüpfung aktualisieren

Aktualisieren Verknüpfte Objekte können mit den beiden folgenden Verfahren *aktualisiert* werden:

❐ automatische Aktualisierung

❐ manuelle Aktualisierung

Automatisch Die Einstellungen für eine *automatische Aktualisierung* nehmen Sie mit den folgenden Schritten vor:

1. Öffnen Sie die Karteikarte, mit der das Zeichenobjekt verknüpft ist.
2. Wählen Sie im Menü BEARBEITEN den Befehl VERKNÜPFUNG.

Es wird das Dialogfeld VERKNÜPFUNG angezeigt (siehe Bild 12.28).

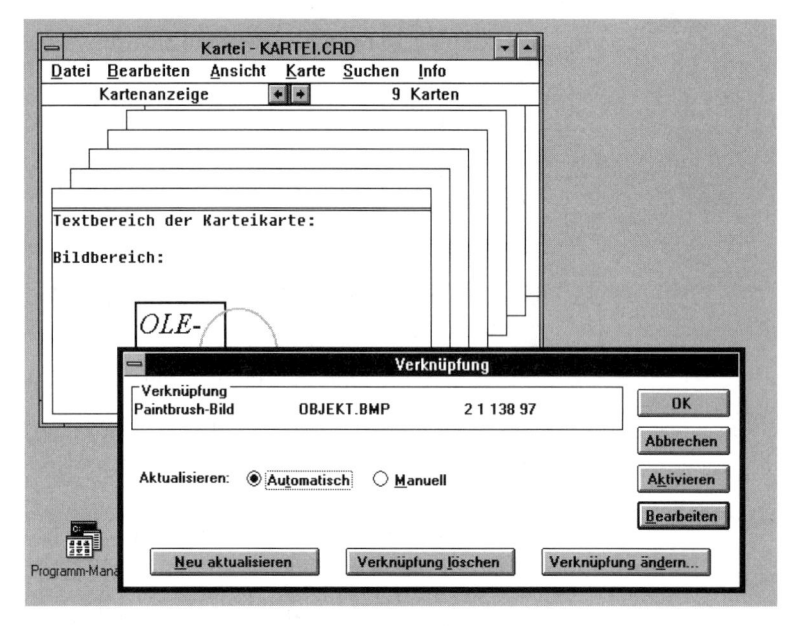

Bild 12.28: *Automatische Verknüpfung*

3. Markieren Sie die Verknüpfungen, deren Status verändert werden soll.
4. Wählen Sie die Option AUTOMATISCH oder MANUELL.
5. Wählen Sie OK.

Manuell   Die Einstellungen für eine *manuelle Aktualisierung* nehmen Sie mit den folgenden Schritten vor:

1. Öffnen Sie die Karteikarte, mit der das Zeichenobjekt verknüpft ist.

Objekte verknüpfen und einbetten

2. Wählen Sie im Menü BEARBEITEN den Befehl VERKNÜPFUNG.

   Es wird das Dialogfeld VERKNÜPFUNG angezeigt (siehe Bild 12.29).

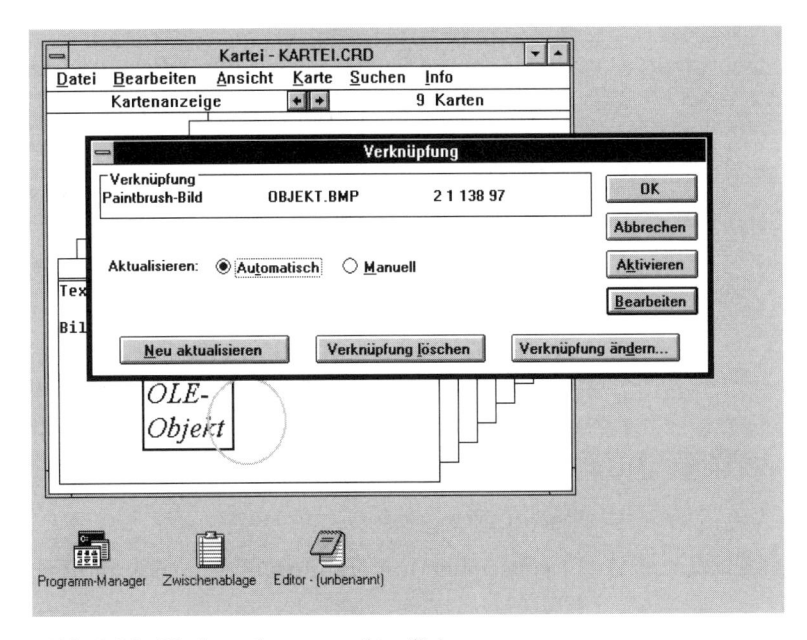

Bild 12.29: Verknüpfung neu aktualisieren

3. Markieren Sie die Verknüpfungen, deren Status verändert werden soll.
4. Wählen Sie die Schaltfläche NEU AKTUALISIEREN.
5. Wählen Sie OK.

Mehrere Verknüpfungen herstellen

Mehrere verknüpfte Objekte können mit den beiden folgenden Verfahren erstellt werden:

❐ Objekt verknüpfen

❐ bestehende Verknüpfung kopieren

Kopieren   Das *Kopieren* einer bestehenden Verknüpfung nehmen Sie mit den folgenden Schritten vor:

1. Öffnen Sie die Karteikarte mit einem verknüpften Zeichenobjekt, das kopiert werden soll.
2. Markieren Sie das verknüpfte Zeichenobjekt.
3. Öffnen Sie die Karteikarte, mit der das Objekt verknüpft werden soll.
4. Wählen Sie bei der Anwendung Kartei im Menü BEARBEITEN den Befehl BILD.
5. Positionieren Sie die Einfügemarke in der Client-Anwendung Kartei.

    Bei der Anwendung Kartei wird ein Zeichenobjekt an der linken oberen Ecke der Karteikarte eingefügt.
6. Wählen Sie im Menü BEARBEITEN den Befehl EINFÜGEN.

Verknüpfung lösen

Lösen   Eine bestehende Verknüpfung *lösen* Sie mit den folgenden Schritten:

1. Öffnen Sie die Karteikarte, mit der das Zeichenobjekt verknüpft ist.
2. Wählen Sie bei der Anwendung Kartei im Menü BEARBEITEN den Befehl BILD.
3. Markieren Sie das Zeichenobjekt.
4. Wählen Sie im Menü DATEI den Befehl VERKNÜPFUNG.

    Es wird das Dialogfeld VERKNÜPFUNG angezeigt.
5. Wählen Sie die Schaltfläche VERKNÜPFUNG LÖSEN.
6. Wählen Sie OK.

Verknüpfung löschen

Löschen   Eine bestehende Verknüpfung *löschen* Sie mit den folgenden Schritten:

1. Öffnen Sie die Karteikarte, mit der das Zeichenobjekt verknüpft ist.
2. Wählen Sie bei der Anwendung Kartei im Menü BEARBEITEN den Befehl BILD.
3. Markieren Sie das Zeichenobjekt.
4. Drücken Sie die ENTF-Taste.

Unterbrochene Verknüpfung wiederherstellen

Wieder-   Eine unterbrochene Verknüpfung können Sie mit den folgenden
herstellen   Schritten *wiederherstellen*:

1. Öffnen Sie die Datei mit dem Zeichenobjekt, dessen Verknüpfung geändert werden soll.
2. Markieren Sie das Zeichenobjekt.
3. Wählen Sie im Menü BEARBEITEN den Befehl VERKNÜPFUNG.

   Es wird das Dialogfeld VERKNÜPFUNG angezeigt.
4. Wählen Sie die Schaltfläche VERKNÜPFUNG ÄNDERN.

   Das Dialogfeld VERKNÜPFUNG ÄNDERN wird angezeigt (siehe Bild 12.30).
5. Wählen Sie im Listenfeld DATEINAME den Namen der Datei, zu der die Verknüpfung wiederhergestellt werden soll.
6. Wählen Sie OK.

   Es wird das Dialogfeld VERKNÜPFUNG angezeigt (siehe Bild 12.31). Der Name der neuen Quelldatei ist markiert.
7. Wählen Sie OK.

   Das Dialogfeld wird geschlossen. Das neu verknüpfte Objekt wird in der Zieldatei angezeigt (siehe Bild 12.32).

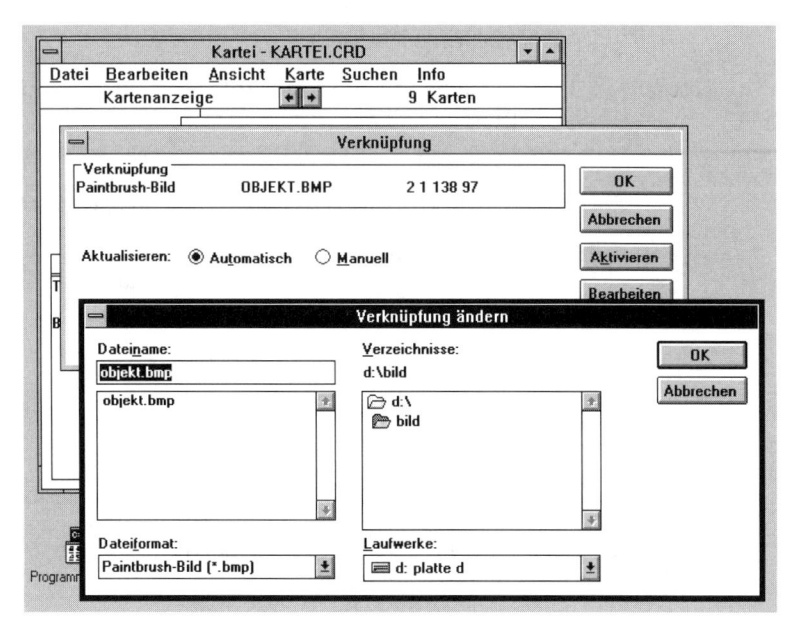

Bild 12.30: Dialogfeld Verknüpfung ändern

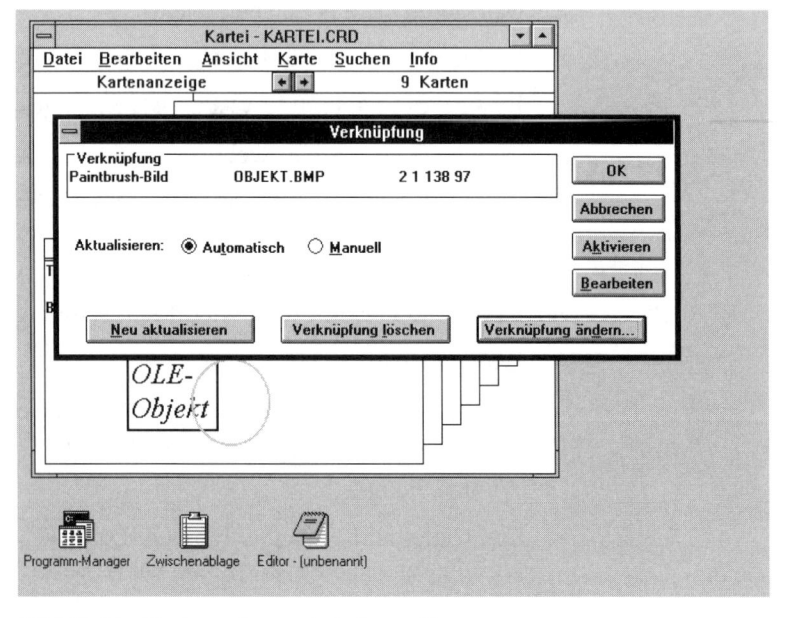

Bild 12.31: Verknüpfung wiederherstellen

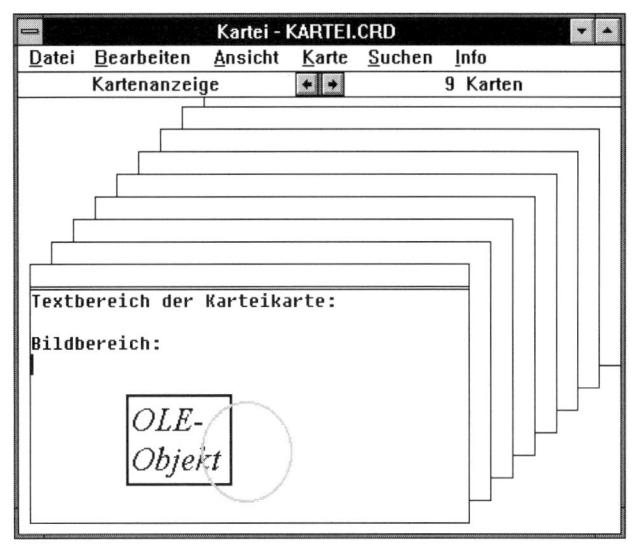

Bild 12.32: Objekt mit wiederhergestellter Verknüpfung

KAPITEL 13

RECHNER – EIN TASCHENRECHNER

Der Rechner von Windows kann als einfacher Standardrechner oder als technisch-wissenschaftlicher Rechner eingesetzt werden. In letzterem Modus verfügt er neben den Standardrechnerfunktionen über Funktionen für den Umgang mit verschiedenen Zahlensystemen und über erweiterte Rechnerfunktionen. Hierzu gehören Operatoren, Funktionen für Zahlensysteme, Statistikfunktionen und weitere Funktionen.

13.1 Aufgaben, Fensterelemente und Tastatur

Anwendungen und Aufgaben

Die Windows-Anwendung *Rechner* unterstützt einfache und umfangreichere Rechenaufgaben. Der Rechner ist in zwei verschiedenen Ausführungen einsetzbar:

❏ Standardrechner

❏ Technisch-wissenschaftlicher Rechner

Standard   Der *Standardrechner* ist ein Taschenrechner für einfache Rechenaufgaben. Er stellt hierzu Grundrechenfunktionen bereit.

Wissenschaft   Den *technisch-wissenschaftlichen Rechner* setzen Sie für anspruchsvollere Rechenaufgaben ein.

Der Taschenrechner unterstützt das Rechnen mit verschiedenen Zahlensystemen und stellt neben den Grundrechenoperationen Funktionen für binäre, logarithmische, exponentielle, trigonometrische und statistische Aufgaben zur Verfügung. Die Größe der beiden Rechner ist vorgegeben und kann nicht verändert werden.

Aufgaben   Den Rechner rufen Sie in der Gruppe Zubehör des Programm-Managers auf. Beim Arbeiten mit dem Rechner werden die einzelnen *Teilaufgaben* den folgenden Aufgabengruppen zugeordnet:

❏ Mit dem Standardrechner arbeiten

❏ Den technisch-wissenschaftlichen Rechner einsetzen

❏ Arbeiten mit erweiterten Rechnerfunktionen

Menüs   Die Teilaufgaben des Rechners werden mit den Befehlen und Optionen der *Menüs* BEARBEITEN, ANSICHT und INFO sowie mit den Schaltflächen im Arbeitsbereich durchgeführt.

Fensterbereiche und Fensterelemente

Fenster   Ein typisches Fenster des *Rechners* sehen Sie in Bild 13.1. Es besteht aus den Teilen Titelleiste, Menüleiste, Menü und Arbeitsbereich mit Anzeigefeld und Schaltflächen.

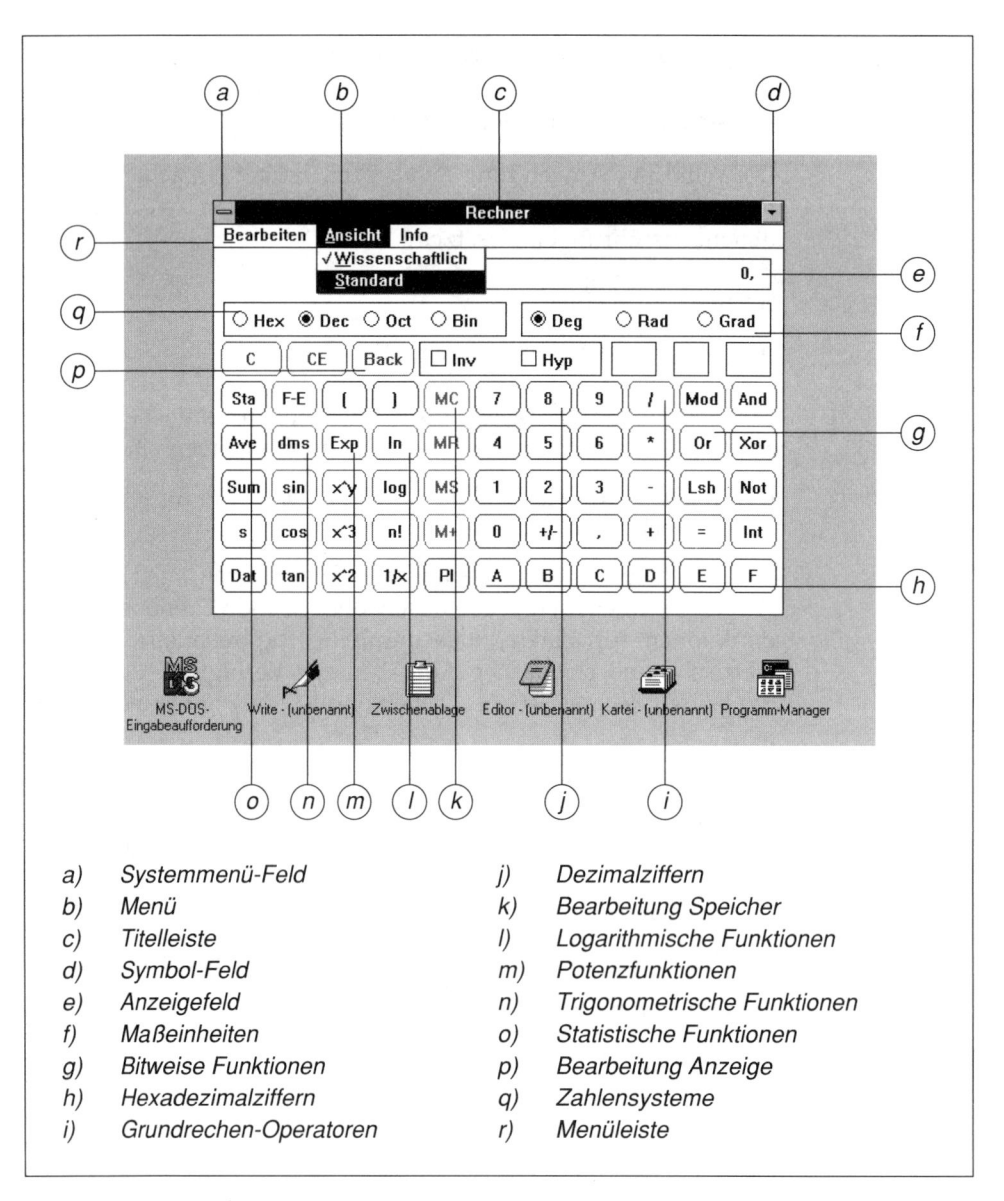

a) Systemmenü-Feld
b) Menü
c) Titelleiste
d) Symbol-Feld
e) Anzeigefeld
f) Maßeinheiten
g) Bitweise Funktionen
h) Hexadezimalziffern
i) Grundrechen-Operatoren
j) Dezimalziffern
k) Bearbeitung Speicher
l) Logarithmische Funktionen
m) Potenzfunktionen
n) Trigonometrische Funktionen
o) Statistische Funktionen
p) Bearbeitung Anzeige
q) Zahlensysteme
r) Menüleiste

Bild 13.1: Fensterelemente beim Rechner

System- menü-Feld	Im *Systemmenü-Feld* können beim Arbeiten mit der Tastatur die Systemfunktionen *Fenster verschieben, auf Vollbild vergrößern, auf Symbolgröße verkleinern* und *Umschalten zur Task-Liste* aufgerufen werden.
Fenster- rahmen	Der *Fensterrahmen* begrenzt ein Anwendungsfenster oder ein Dokumentfenster. Der Fensterrahmen kann mit der Maus oder über das Systemmenü in seiner Größe verändert oder verschoben werden.
Titelleiste	In der *Titelleiste* wird der Name der Anwendung oder eines Dokuments angezeigt. Die Titelleiste des aktiven Fensters ist hervorgehoben.
Programm- titel	Der *Programmtitel* enthält bei einem Anwendungsfenster den Namen des Anwendungsprogramms und des Dokuments. Bei einem Dokumentfenster enthält er den Namen einer Programmgruppe, eines Verzeichnisses oder einer Datendatei.
Symbol-Feld	Mit der Schaltfläche *Symbol-Feld* wird das Anwendungsfenster zu einem Symbol verkleinert.
Menüleiste	Die *Menüleiste* zeigt die verfügbaren Menüs einer Anwendung an. Mit Hilfe der Menüleiste kann ein Menü oder eine Option angewählt werden.
Menü	Ein *Menü* wird aus einer Menüleiste ausgewählt und kann Untermenüs, Befehle oder Optionen enthalten.
Arbeits- bereich	Im *Arbeitsbereich* des Rechners werden das Anzeigefeld und die Schaltflächen angezeigt.

Abkürzungstasten und Tastenfunktionen

Abkürzungs- tasten	Bei einigen Menüs des Rechners stehen für den Aufruf von Untermenüs, Befehlen oder Optionen *Abkürzungstasten* zur Verfügung. Abkürzungstasten stehen in einem Menü rechts neben dem Bezeichner. Ein unterstrichener Buchstabe steht für eine Abkürzungstaste. Abkürzungstasten finden Sie auch in Dialogfeldern für die Feldauswahl.
Tasten	Der Rechner kann mit der *Maus* und über die *Tastatur* bedient werden. Die Tastenkombinationen und Abkürzungstasten sind

den Gruppen *Standardrechnerfunktionen* und *erweiterte Rechnerfunktionen des technisch-wissenschaftlichen Rechners* zugeordnet.

13.2 Mit dem Standardrechner arbeiten

Der Teilaufgabe *Mit dem Standardrechner arbeiten* werden die folgenden Arbeiten zugeordnet:

- Berechnungen durchführen
- Rechnerspeicher einsetzen
- Arbeiten mit der Zwischenablage
- Tasten und Funktionen des Standardrechners

Das Fenster des Standardrechners sehen Sie in Bild 13.2.

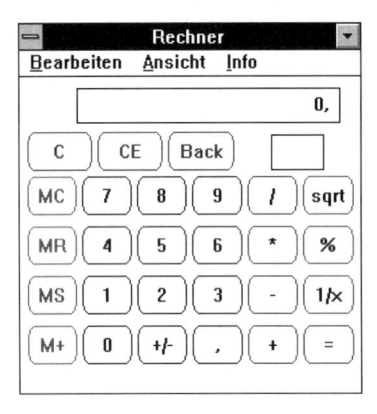

Bild 13.2: Fenster des Standardrechners

Berechnungen durchführen

Den Rechner bedienen Sie mit der *Maus*, indem Sie auf die Schaltflächen klicken. Beim Arbeiten mit der *Tastatur* verwenden Sie die den Schaltflächen zugeordneten Tastenfunktionen. Die Zahlen und Operatoren können über das normale Tastenfeld oder über das numerische Tastenfeld eingegeben werden. Das

Mit dem Standardrechner arbeiten

numerische Tastenfeld ist nur bei gedrückter NUM-FESTSTELL-Taste einsetzbar.

Rechnen Einfache *Berechnungen* führen Sie mit den folgenden Schritten durch:

1. Geben Sie die erste Zahl ein. Sie erscheint im Anzeigefeld.
2. Wählen Sie die gewünschte Rechenoperation.
3. Geben Sie die nächste Zahl ein.
4. Geben Sie bei Bedarf weitere Zahlen und Operatoren ein.
5. Berechnen Sie das Ergebnis durch Drücken der GLEICHHEITS-ZEICHEN-Taste (=) oder der EINGABE-Taste. Das Ergebnis wird im Anzeigefeld ausgegeben.

Korrektur Falsche Eingaben *korrigieren* Sie mit der RÜCK-Taste oder mit den Schaltflächen BACK und CE (F10). Löschen Sie eine bisherige Berechnung mit der Schaltfläche C oder der ESC-Taste. Hierzu sind folgende *Tastenfunktionen* verfügbar:

= oder EINGABE	Ergebnis berechnen
F9	Vorzeichen des angezeigten Wertes ändern (+/-)
. oder ,	Dezimalpunkt einfügen
RÜCK oder NACH-LINKS	Letzte Ziffer löschen (BACK)
ENTF	Angezeigten Wert löschen (CE)
ESC	Aktuelle Berechnung löschen (C)

Rechnerspeicher einsetzen

Speicher Sie können Zwischen- oder Ergebniswerte im Rechnerspeicher ablegen. Für das Arbeiten mit dem *Rechnerspeicher* sind folgende *Tastenfunktionen* verfügbar:

STRG+C	Alle Werte im Speicher löschen (MC)

STRG+R	Wert im Speicher anzeigen (MR)
STRG+M	Angezeigten Wert speichern (MS)
STRG+P	Angezeigten Wert zum gespeicherten Wert addieren (M+)

Im Statusfeld unter dem Anzeigefeld wird ein M angezeigt, wenn ein Wert im Speicher abgelegt ist.

Arbeiten mit der Zwischenablage

Ablage Werte und Ergebnisse können über die *Zwischenablage* mit anderen Anwendungen ausgetauscht werden.

Sie kopieren den Wert im Anzeigefeld wie folgt *in die Zwischenablage*:

❏ Wählen Sie im Menü BEARBEITEN den Befehl KOPIEREN.

Oder verwenden Sie die Tastenkombination STRG+C.

Sie kopieren einen Wert *aus der Zwischenablage* in das Anzeigefeld wie folgt:

❏ Wählen Sie im Menü BEARBEITEN den Befehl EINFÜGEN.

Oder verwenden Sie die Tastenkombination STRG+V.

Beim Einfügen aus der Zwischenablage wird jedes Zeichen so behandelt, als wäre es über die Tastatur eingegeben.

Einige Zeichen werden als *Tastenfunktionen* interpretiert:

:c Alle Werte im Speicher löschen (entspricht STRG+L)

:e Zahleneingabe in technisch-wissenschaftlicher Notation (entspricht EXP)

:m Angezeigten Wert speichern (entspricht STRG+M)

:p Angezeigten Wert zum gespeicherten Wert addieren (entspricht STRG+P)

Mit dem Standardrechner arbeiten

:q Aktuelle Berechnung löschen (entspricht ESC-Taste)

:r Wert im Speicher anzeigen (entspricht STRG+R)

:   Ein Doppelpunkt vor einem Buchstaben bedeutet, daß der Buchstabe als Tastenkombination STRG+Buchstabe interpretiert wird. Ein Doppelpunkt vor einer Zahl wird als zugehörige Funktionstaste interpretiert.

\\ Ein umgekehrter Schrägstrich (backslash) hat die Bedeutung des Rechnerschalters DAT, der der ENTF-Taste zugeordnet ist.

Tasten und Funktionen des Standardrechners

Funktionen Die folgende Tabelle enthält alle *Tasten* und *Tastenfunktionen* des Standardrechners:

Taste	Funktion
+	Addieren
-	Subtrahieren
*	Multiplizieren
/	Dividieren
SQRT	Quadratwurzel des angezeigten Wertes berechnen (SQRT)
%	Prozentsatz berechnen
r	Kehrwert des angezeigten Wertes berechnen (1/X)
= oder EINGABE	Ergebnis berechnen
F9	Vorzeichen des angezeigten Wertes ändern (+/-)
. oder ,	Dezimalpunkt einfügen
RÜCK oder NACH-LINKS	Letzte Ziffer löschen (BACK)
ENTF	Angezeigten Wert löschen (CE)
+/-	Vorzeichen ändern
ESC	Aktuelle Berechnung löschen (C)
STRG+C	Alle Werte im Speicher löschen (MC)

STRG+R	Wert im Speicher anzeigen (MR)
STRG+M	Angezeigten Wert speichern (MS)
STRG+P	Angezeigten Wert zum gespeicherten Wert addieren (M+)

13.3 Den technisch-wissenschaftlichen Rechner einsetzen

Der Teilaufgabe *Den technisch-wissenschaftlichen Rechner einsetzen* werden die folgenden Arbeiten zugeordnet:

- Berechnungen durchführen
- Zahlenwerte umwandeln
- Kopieren und Einfügen in andere Zahlensysteme
- Statistische Aufgaben

Weitere Rechnerfunktionen werden in einem gesonderten Abschnitt behandelt. Das Fenster des Rechners sehen Sie in Bild 13.3.

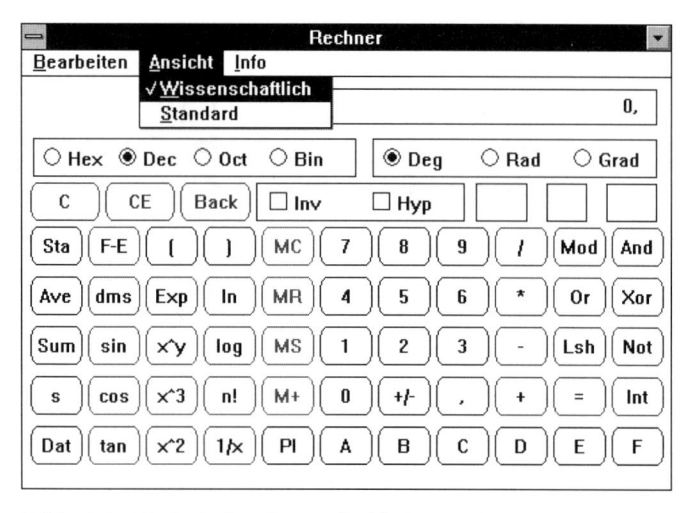

Bild 13.3: Technisch-wissenschaftlicher Rechner

Den technisch-wissenschaftlichen Rechner einsetzen 415

Der *technisch-wissenschaftliche Rechner* unterstützt das Rechnen mit verschiedenen Zahlensystemen und stellt neben den Grundrechenoperationen Funktionen für binäre, logarithmische, exponentielle, trigonometrische und statistische Aufgaben zur Verfügung.

Den *technisch-wissenschaftlichen Rechner* wählen Sie mit den folgenden Schritten aus:

❐ Wählen Sie im Menü ANZEIGE die Option WISSENSCHAFTLICH.

Berechnungen durchführen

Rechnen   *Berechnungen* führen Sie wie folgt durch:

1. Geben Sie die erste Zahl ein. Sie erscheint im Anzeigefeld.
2. Wählen Sie die gewünschte Rechenoperation.
3. Geben Sie die nächste Zahl ein.
4. Geben Sie bei Bedarf weitere Zahlen und Operatoren ein.
5. Berechnen Sie das Ergebnis durch Drücken der GLEICHHEITSZEICHEN-Taste (=) oder der EINGABE-Taste. Das Ergebnis wird im Anzeigefeld ausgegeben.

Die Verfahren beim Standardrechner zur Eingabekorrektur sind verfügbar.

Zahlenwerte umwandeln

Zahlensysteme   Neben dem Dezimalsystem sind die weiteren *Zahlensysteme* Binärsystem, Oktalsystem und Hexadezimalsystem verfügbar.

Die *Wertebereiche* für die Zahlensysteme sind:

Dezimal $\qquad$ -9.9999999999999e-307 bis 9.9999999999999e+307

Hexadezimal $\qquad$ $-2^{31}-1$ bis $2^{31}-1$

Oktal	$-2^{31}-1$ bis $2^{31}-1$
Binär	$-2^{31}-1$ bis $2^{31}-1$

Bei der Umwandlung verwendet der Rechner nur ganzzahlige Werte.

Umwandeln — Sie wandeln einen Wert in ein anderes *Zahlensystem* mit den folgenden Schritten um:

1. Geben Sie den umzuwandelnden Wert ein.
2. Markieren Sie die Schaltfläche des Zielzahlensystems.
3. Markieren Sie die Maßeinheit für die Ergebnisanzeige. Das Ergebnis erscheint im Anzeigefeld.

Funktionen — Für die Umwandlung von Zahlen sind folgende *Tastenfunktionen* verfügbar:

F2	Zahl in 32-Bit-Darstellung anzeigen (DWORD)
F3	Untere 16 Bit anzeigen (WORD)
F4	Untere 8 Bit anzeigen (BYTE)
F5	Zum Hexadezimalsystem umschalten (HEX)
F6	Zum Dezimalsystem umschalten (DEC)
F7	Zum Oktalsystem umschalten (OCT)
F8	Zum Binärsystem umschalten (BIN)

Kopieren und Einfügen in andere Zahlensysteme

Kopieren und Einfügen — Eine in die Zwischenablage kopierte Zahl wird als Text gespeichert.

Einen Wert aus einem beliebigen Zahlensystem *fügen* Sie aus der Zwischenablage in den Rechner mit den folgenden Schritten *ein*:

1. Kopieren Sie den Wert in die Zwischenablage.
2. Öffnen Sie den technisch-wissenschaftlichen Rechner.
3. Wählen Sie das gewünschte Zahlensystem.
4. Wählen Sie im Menü BEARBEITEN den Befehl EINFÜGEN.

Statistische Aufgaben

Statistik   Mit dem technisch-wissenschaftlichen Rechner können Sie den *Durchschnittswert*, den *Summenwert* und die *Standardabweichung* berechnen.

Sie führen eine *statistische Berechnung* mit den folgenden Schritten durch:

1. Wählen Sie die Schaltfläche STA.

    Es wird das *Statistikfeld* angezeigt (siehe Bild 13.4).

2. Positionieren Sie das Statistikfeld so, daß ein Zugriff auf die gewünschten Schaltflächen möglich ist.

3. Geben Sie den ersten Wert ein.

    Beim Klicken mit der *Maus* auf die Schaltflächen des Rechners wird der Rechner automatisch aktiviert und der Wert im Anzeigefenster angezeigt. Beim Arbeiten mit der *Tastatur* wählen Sie vor der Werteingabe die Schaltfläche RET.

4. Übertragen Sie mit der Schaltfläche DAT den Wert in das Statistikfeld.

5. Geben Sie jede weitere Zahl ein, und übertragen Sie sie mit der Schaltfläche DAT in das Statistikfeld.

6. Wählen Sie die gewünschte Statistikfunktion.

    Hierbei steht die Schaltfläche AVE für die Funktion *Durchschnitt*, SUM für *Summe* und S für *Standardabweichung*. Das Ergebnis wird im Anzeigefeld ausgegeben.

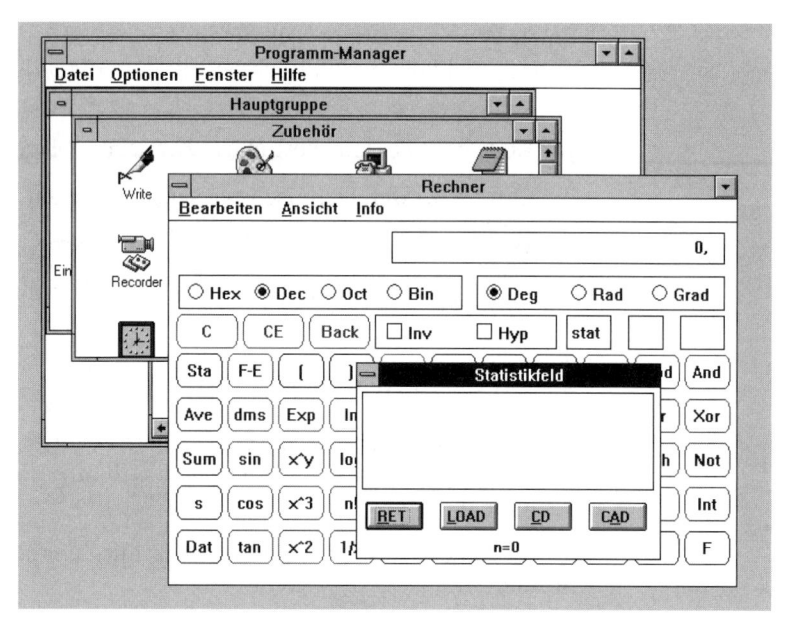

Bild 13.4: Das Fenster Statistikfeld

Statistik- Im *Statistikfeld* sind für die Eingabe von Werten folgende Schaltfeld   flächen verfügbar:

RET	Zum Rechner wechseln
LOAD	Im Statistikfeld markierte Zahl in das Anzeigefeld bringen
CD	Im Statistikfeld markierte Zahl löschen
CAD	Alle Zahlen im Statistikfeld löschen

Funktionen Es sind folgende *Tastenfunktionen* verfügbar:

EINFG	Angezeigten Wert in das Statistikfeld übertragen (DAT)
STRG+S	Statistikfeld aktivieren (STA)

STRG+T	Summe der Werte im Statistikfeld berechnen (SUM)
STRG+A	Mittelwert der Werte im Statistikfeld berechnen (AVE)
STRG+D	Standardabweichung berechnen (S)

13.4 Arbeiten mit erweiterten Rechnerfunktionen

Wir ordnen der Teilaufgabe *Arbeiten mit erweiterten Rechnerfunktionen* die folgenden Arbeiten zu:

- Operatoren einsetzen
- Funktionen für Zahlensysteme
- Statistikfunktionen
- Weitere Funktionen

Den Teilaufgaben werden alle Tastenfunktionen für den technisch-wissenschaftlichen Rechner zugeordnet. Die Tastenfunktionen und Schaltflächen des Standardrechners sind nicht aufgeführt.

Operatoren einsetzen

Operatoren Bei den *Operatoren* stehen die folgenden Tastenfunktionen und Schaltflächen zur Verfügung:

(	Neue Klammerebene öffnen
)	Aktuelle Klammerebene schließen
&	Bitweise Und-Verknüpfung (AND)
;	Integer-Wert anzeigen (INT)
<	Binärweises Verschieben nach links (LSH, left shift)

%	Restwert bei ganzzahliger Division (MOD)
~	Bitweise Negation (NOT)
|	Bitweise Oder-Verknüpfung (OR)
^	Bitweise Exklusiv-Oder-Verknüpfung (XOR)

Funktionen für Zahlensysteme

Zahlensysteme

Für die *Umwandlung von Zahlen* stehen die folgenden Tastenfunktionen und Schaltflächen zur Verfügung:

F2	Zahl in 32-Bit-Darstellung anzeigen (DWORD)
F3	Untere 16 Bit anzeigen (WORD)
F4	Untere 8 Bit anzeigen (BYTE)
F5	Zum Hexadezimalsystem umschalten (HEX)
F6	Zum Dezimalsystem umschalten (DEC)
F7	Zum Oktalsystem umschalten (OCT)
F8	Zum Binärsystem umschalten (BIN)

Statistikfunktionen

Statistikfunktionen

Für *statistische Aufgaben* stehen die folgenden Tastenfunktionen und Schaltflächen zur Verfügung:

EINFG	Angezeigten Wert in das Statistikfeld übertragen (DAT)
STRG+S	Statistikfeld aktivieren (STA)

Arbeiten mit erweiterten Rechnerfunktionen 421

STRG+T	Summe der Werte im Statistikfeld berechnen (SUM)
STRG+A	Mittelwert der Werte im Statistikfeld berechnen (AVE)
STRG+D	Standardabweichung berechnen (S)

Weitere Funktionen

Weitere Funktionen   Bei *weiteren Funktionen* für binäre, logarithmische, exponentielle und trigonometrische Aufgaben stehen die folgenden Tastenfunktionen und Schaltflächen zur Verfügung:

o	Kosinus des angezeigten Wertes berechnen (COS)
F2	Nach Altgrad für trigonometrische Eingaben umschalten (DEG)
m	Angezeigte Zahl in das Format Grad-Minute-Sekunde umwandeln (DMS)
x	Zahleneingabe in technisch-wissenschaftlicher Notation (EXP)
v	Technisch-wissenschaftliche Notation ein- oder ausschalten (F-E)
F4	Nach Neugrad für trigonometrische Eingaben umschalten (GRAD)
h	Hyperbelfunktion für die Funktionen sin, cos und tan setzen (HYP)
i	Umkehrfunktion setzen (INV)
n	Natürlichen Logarithmus berechnen (LN)

L	Dekadischen Logarithmus berechnen (LOG)
!	Fakultät der angezeigten Zahl berechnen (N!)
p	Wert von pi anzeigen (PI)
F3	Nach Bogenmaß für trigonometrische Eingaben umschalten (RAD)
s	Sinus der angezeigten Zahl berechnen (SIN)
t	Tangens der angezeigten Zahl berechnen (TAN)
y	Potenz x^y berechnen (X^Y)
x^2	Quadrat der angezeigten Zahl berechnen (X^2)
#	Dritte Potenz der angezeigten Zahl berechnen (X^3)

KAPITEL 14

TEXTVERARBEITUNG MIT WRITE

Gegenüber dem Editor ist Windows-Write eine erweiterte Textverarbeitung für die Erstellung, Bearbeitung und Ausgabe von Texten. Zeichen, Absätze und ganze Dokumente können nach dem jeweiligen Bedarf formatiert werden. Mit Write können Texte und Bilder in ein Dokument integriert werden. Als Textverarbeitung unter Windows können Sie bereits am Bildschirm das Aussehen des gedruckten Dokumentes beurteilen.

14.1 Aufgaben, Fensterelemente und Tastatur

Anwendungen und Aufgaben

Mit der Windows-Anwendung *Write* werden *Dokumente* erstellt, bearbeitet und ausgegeben. Write-Dokumente können Texte und Bilder enthalten. Ein weiterer Unterschied zu der einfachen Textverarbeitung mit dem Editor besteht darin, daß Zeichen, Absätze und ganze Dokumente nach Bedarf formatiert werden können.

Zu der *Formatierung* von Zeichen, Absätzen und Dokumenten gehören die Festlegung der *Zeichenformatierung* Schriftart, Schriftgrad und Schriftstil, die Bestimmung der *Absatzformatierung* Ausrichtung, Einzug und Zeilenabstand sowie die *Formatierung des ganzen Dokumentes* mit Seitenlayout, Kopf- und Fußzeilen, Seitennummern, Tabulatoren und Seitenumbruch.

Über die *Zwischenablage* können Texte durch einfaches Kopieren und Einfügen aus anderen Anwendungsprogrammen eingefügt oder in andere Dateien übertragen werden. Mit Write können Textdateien mit verschiedenen Dateiformaten geöffnet und gespeichert werden.

Write unterstützt die Integration von *Texten* und *Bildern* in einem Dokument. Farbige Bilder werden als schwarzweiße Grafiken eingefügt. Das Bild kann horizontal verschoben und in seiner Größe verändert werden.

Aufgaben   Beim Arbeiten mit Write sind die einzelnen Teilaufgaben den folgenden *Aufgabengruppen* für die Erstellung, Bearbeitung und Ausgabe von Dokumenten zugeordnet:

- Text erstellen und bearbeiten
- Bilder einsetzen
- Zeichen und Absätze formatieren
- Dokument formatieren
- Mit Write-Dateien arbeiten
- Dokument drucken

Menüs	Die Teilaufgaben der Write-Anwendung werden mit den Optionen und Befehlen der *Menüs* DATEI, BEARBEITEN, SUCHEN, SCHRIFT, ABSATZ und DOKUMENT durchgeführt.

Fensterbereiche und Fensterelemente

Fenster	Ein typisches *Write-Fenster* sehen Sie in Bild 14.1. Es besteht aus den Teilen Titelleiste, Menüleiste, Menü, Arbeitsbereich, Lineal sowie horizontale und vertikale Bildlaufleiste.
System-menü-Feld	Im *Systemmenü-Feld* können beim Arbeiten mit der Tastatur die Systemfunktionen *Fenster verschieben, auf Vollbild vergrößern, auf Symbolgröße verkleinern* und *Umschalten zur Task-Liste* aufgerufen werden.
Titelleiste	In der *Titelleiste* wird der Name der Anwendung angezeigt. Die Titelleiste des aktiven Fensters ist hervorgehoben.
Dokument-name	Der *Dokumentname* ist der Name des im Write-Fenster geöffneten Dokuments.
Symbol-Feld	Mit der Schaltfläche *Symbol-Feld* wird das Anwendungsfenster zu einem Symbol verkleinert.
Vollbild-Feld	Mit der Schaltfläche *Vollbild-Feld* wird das Anwendungsfenster auf Bildschirmgröße vergrößert.
Lineal	Im *Lineal* sind Symbole für die Anzeige und das Setzen von Absatzeinzügen, Absatzausrichtung, Zeilenabstand und Tabulatoren verfügbar.
Menüleiste	Die *Menüleiste* zeigt die verfügbaren Menüs der Write-Anwendung an. In der Menüleiste kann ein Menü angewählt werden.
Menü	Ein *Menü* wird aus einer Menüleiste ausgewählt und kann Untermenüs, Befehle oder Optionen enthalten.
Arbeits-bereich	Im *Arbeitsbereich* werden die Texte und Bilder eines Dokuments bearbeitet. Der Bereich kann durch Ausschalten des Lineals vergrößert werden.
Markierter Text	Vor der Bearbeitung muß der zu bearbeitende *Text* markiert werden. Die Optionen im Menü BEARBEITEN erfordern einen markierten Text.

Aufgaben, Fensterelemente und Tastatur 427

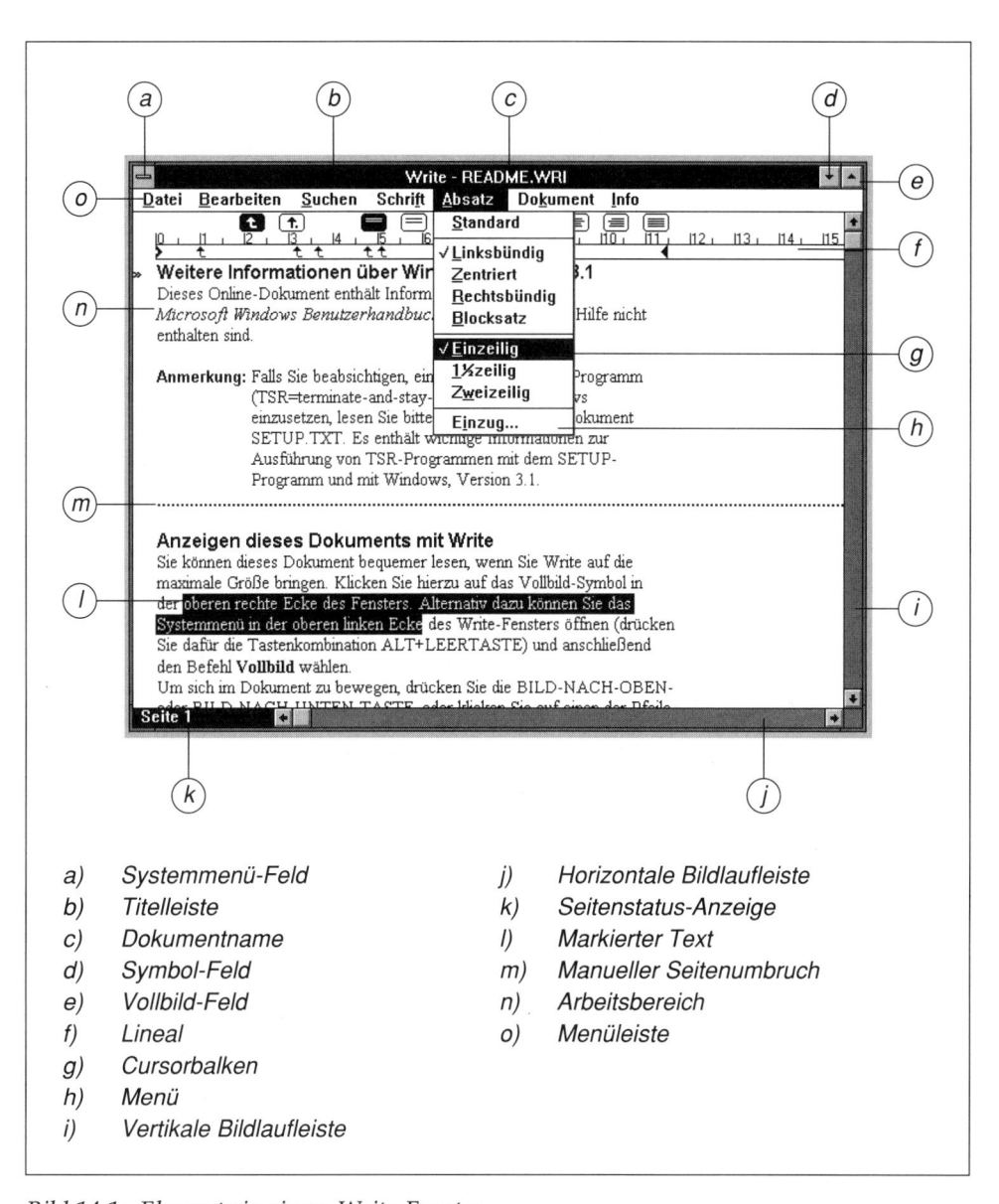

a) Systemmenü-Feld
b) Titelleiste
c) Dokumentname
d) Symbol-Feld
e) Vollbild-Feld
f) Lineal
g) Cursorbalken
h) Menü
i) Vertikale Bildlaufleiste
j) Horizontale Bildlaufleiste
k) Seitenstatus-Anzeige
l) Markierter Text
m) Manueller Seitenumbruch
n) Arbeitsbereich
o) Menüleiste

Bild 14.1: Elemente in einem Write-Fenster

Seitenstatus-Anzeige	Die *Seitenstatus-Anzeige* zeigt die Seitenzahl des angezeigten Textteils an. Die Anzeige wird mit einem Seitenumbruch aktualisiert.
Manueller Seitenumbruch	Die Linie für den *manuellen Seitenumbruch* zeigt einen Seitenumbruch an, der manuell erstellt worden ist. Der Seitenumbruch kann automatisch oder manuell durchgeführt werden.
Cursorbalken	In einem Menü hebt der *Cursorbalken* die Menüauswahl hervor. Die Auswahl kann ein Untermenü, ein Befehl oder eine Option sein.
Mauszeiger	Der *Mauszeiger* zeigt die mit der Maus angefahrene Position an. Durch Klicken der Maustaste wird die Einfügemarke zu dieser Position geführt.
Bildlaufleiste	Mit der *horizontalen* und *vertikalen Bildlaufleiste* wird der Fensterinhalt verschoben, damit unsichtbare Teile außerhalb des Fensters eingesehen werden können.

Abkürzungstasten und Tastenfunktionen

Abkürzungstasten	Bei einigen Menüs von Write stehen für den Aufruf von Untermenüs, Befehlen oder Optionen *Abkürzungstasten* zur Verfügung. Abkürzungstasten stehen in einem Menü rechts neben dem Bezeichner. Ein unterstrichener Buchstabe steht für eine Abkürzungstaste. Abkürzungstasten finden Sie auch in Dialogfeldern für die Feldauswahl.
Bewegen	Neben den Tasten zur Markierung und Bearbeitung von Text kann man sich mit den folgenden Tasten *im Text bewegen*. Die SCHNELL-Taste ist die Zahl 5 auf dem numerischen Tastenfeld.

STRG+NACH-RECHTS	Zum nächsten Wort
STRG+NACH-LINKS	Zum vorherigen Wort
SCHNELL+NACH-RECHTS	Zum nächsten Satz
SCHNELL+NACH-LINKS	Zum vorherigen Satz
POS1	Zum Zeilenanfang
ENDE	Zum Zeilenende
SCHNELL+NACH-UNTEN	Zum nächsten Absatz

SCHNELL+NACH-OBEN	Zum vorherigen Absatz
STRG+BILD-NACH-UNTEN	Zum Ausschnittende
STRG+BILD-NACH-OBEN	Zum Ausschnittanfang
SCHNELL+BILD-NACH-UNTEN	Zur nächsten Seite
SCHNELL+BILD-NACH-OBEN	Zur vorherigen Seite
STRG+POS1	Zum Textanfang
STRG+ENDE	Zum Textende

Rückgängig Sie machen *Aktionen rückgängig* mit:

STRG+Z	Letzte Aktion widerrufen

Sonstige *Sonstige Tastenfunktionen* sind:

STRG+EINGABE	Seitenumbruch einfügen
STRG+X	Markierten Abschnitt ausschneiden und in die Zwischenablage stellen
STRG+C	Markierten Abschnitt in die Zwischenablage kopieren
STRG+V	Inhalt der Zwischenablage in das Dokument einfügen
ALT+DRUCK	Bildschirmfenster in die Zwischenablage kopieren

14.2 Text erstellen und bearbeiten

Der Teilaufgabe *Text erstellen und bearbeiten* sind folgende Arbeiten zugeordnet:

- Text eingeben
- Text markieren

- Text kopieren, ausschneiden und einfügen
- Text suchen
- Text ersetzen
- Text aufsuchen
- Aktion zurücknehmen

Text eingeben

Eingeben Sie können mit Write Texte erstellen, bearbeiten, ausgeben, speichern und laden.

Einen *neuen Text* geben Sie wie folgt ein:

1. Öffnen Sie im Programm-Manager das Gruppenfenster ZUBEHÖR.
2. Laden Sie die Anwendung Write durch Doppelklicken des Symbols.

   Oder markieren Sie die Anwendung Write und wählen im Menü DATEI den Befehl ÖFFNEN.
3. Geben Sie Text ein.

Es wird das Write-Fenster mit einem leeren Arbeitsbereich angezeigt. Beim Speichern wird der vorläufige Dokumentname (UNBENANNT) durch den angegebenen Dateinamen ersetzt.

Die *Einfügemarke* (senkrechter Strich) zeigt auf die Stelle im Arbeitsbereich, an der neuer Text eingegeben wird. Die *Endemarke* (Kreis mit Kreuz) zeigt das Dokumentende an. Der *Mauszeiger* zeigt die mit der Maus angefahrene Position an.

Am Zeilenende führt Write automatisch einen Zeilenumbruch durch. Einen Absatz beenden Sie mit der EINGABE-Taste. Schreibfehler werden mit der RÜCK-Taste oder mit der ENTF-Taste korrigiert.

Text markieren

Markieren Vor einer Bearbeitung erfordern die meisten Befehle die Markierung des zu bearbeitenden Textes. Die Vorgehensweise zur *Markierung* von Text mit der *Maus* oder mit der *Tastatur* ist bei den grundlegenden Teilaufgaben bei Windows dargestellt.

Maus Am einfachsten erfolgt die *Markierung mit der Maus*, indem der Mauszeiger zum Anfang des zu markierenden Textes geführt, die Maustaste gedrückt und der Mauszeiger zum Textende gezogen wird (siehe Bild 14.2).

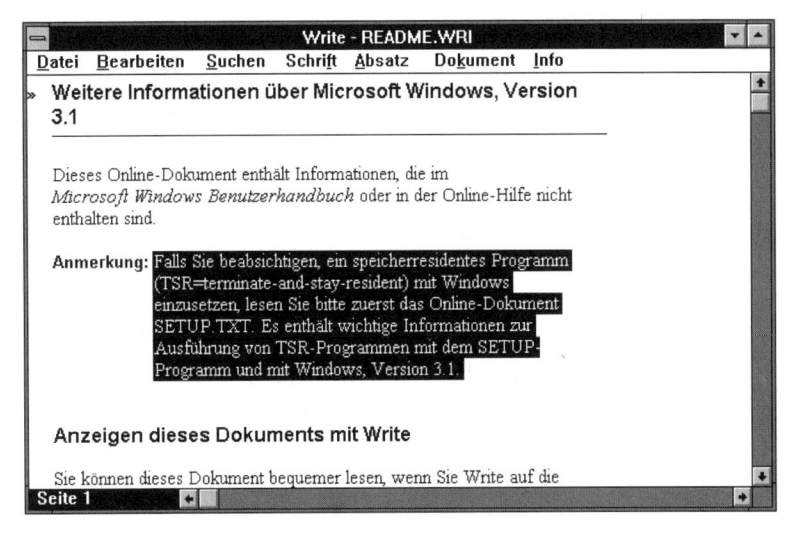

Bild 14.2: Text markieren

Markierungsbereich Ein weiteres Markierungsverfahren verwendet den Markierungsbereich der Anwendung Write. Der *Markierungsbereich* liegt am linken Rand des Arbeitsbereiches. Der *Mauszeiger* wird im Arbeitsbereich durch einen nach links oben weisenden Pfeil und im Markierungsbereich durch einen nach rechts oben weisenden Pfeil dargestellt.

Markieren Sie *markieren Text* mit Hilfe des Markierungsbereichs wie folgt:

- Zur *zeilenweisen Markierung* führen Sie den Mauszeiger im Markierungsbereich neben die zu markierende Zeile und klicken einmal die Maustaste.

- Zur *mehrfachen zeilenweisen Markierung* führen Sie den Mauszeiger im Markierungsbereich neben die erste zu markierende Zeile und ziehen ihn bei gedrückter Maustaste über die zu markierenden Zeilen.

- Zur *absatzweisen Markierung* führen Sie den Mauszeiger im Markierungsbereich neben eine Zeile des zu markierenden Absatzes und doppelklicken die Maustaste.

- Zur *mehrfachen absatzweisen Markierung* führen Sie den Mauszeiger im Markierungsbereich neben eine Zeile des ersten zu markierenden Absatzes und ziehen ihn nach Doppelklicken bei gedrückter Maustaste über die zu markierenden Absätze.

- Zur Markierung eines *Bereichs* markieren Sie zunächst eine Zeile oder einen Absatz. Führen Sie dann bei gedrückter UMSCHALT-Taste den Mauszeiger im Markierungsbereich zur letzten Zeile oder zum letzten Absatz und klicken die Maustaste. Es werden alle dazwischen liegenden Zeilen markiert.

- Zur Markierung des *ganzen Dokuments* führen Sie den Mauszeiger in den Markierungsbereich und klicken bei gedrückter STRG-Taste die Maustaste.

Sie *entfernen* eine Markierung durch Klicken mit der Maustaste.

Text kopieren, ausschneiden und einfügen

Das Kopieren, Ausschneiden und Einfügen von Textteilen kann mit der Maus oder mit der Tastatur durchgeführt werden.

Kopieren   Beim *Kopieren* wird der kopierte Textabschnitt in der Zwischenablage gespeichert und an die Zielposition kopiert. Der kopierte Ausschnitt bleibt erhalten.

Schrittfolge für die Maus:

1. Markieren Sie den zu kopierenden Textabschnitt.
2. Führen Sie den Mauszeiger zur Zielposition.

3. Halten Sie die ALT-Taste gedrückt, und klicken Sie die Maustaste.

Schrittfolge für die Tastatur:

1. Markieren Sie den zu kopierenden Textabschnitt.
2. Wählen Sie im Menü BEARBEITEN den Befehl KOPIEREN.
3. Positionieren Sie die Einfügemarke am Kopierziel.

   Oder markieren Sie den zu ersetzenden Textabschnitt.
4. Wählen Sie im Menü BEARBEITEN den Befehl EINFÜGEN.

Umstellen Beim *Umstellen* wird der Textabschnitt in der Zwischenablage gespeichert. Im Arbeitsbereich wird der markierte Textabschnitt ausgeschnitten und an die Zielposition kopiert.

Schrittfolge für die Maus:

1. Markieren Sie den umzustellenden Textabschnitt.
2. Führen Sie den Mauszeiger zur Zielposition.
3. Halten Sie die UMSCHALT+ALT-Tastenkombination gedrückt, und klicken Sie die Maustaste.

Schrittfolge für die Tastatur:

1. Markieren Sie den umzustellenden Textabschnitt.
2. Wählen Sie im Menü BEARBEITEN den Befehl AUSSCHNEIDEN.
3. Positionieren Sie die Einfügemarke am Umstellungsziel.

   Oder markieren Sie den zu ersetzenden Textabschnitt.
4. Wählen Sie im Menü BEARBEITEN den Befehl EINFÜGEN.

Ausschneiden Beim *Ausschneiden* wird der kopierte Textabschnitt in der Zwischenablage gespeichert. Im Arbeitsbereich wird der markierte Textabschnitt ausgeschnitten.

1. Markieren Sie den auszuschneidenden Textabschnitt.
2. Drücken Sie STRG+X.

Einfügen Der durch Kopieren oder Ausschneiden in der Zwischenablage gespeicherte Textabschnitt kann beliebig oft in das gleiche Dokument oder in ein anderes Dokument an verschiedenen Stellen *eingefügt* werden.

Schrittfolge für die Maus:

1. Führen Sie den Mauszeiger zur Zielposition.
2. Drücken Sie STRG+V.

Schrittfolge für die Tastatur:

1. Positionieren Sie die Einfügemarke an der Einfügeposition.

   Oder markieren Sie den zu ersetzenden Textabschnitt.
2. Wählen Sie im Menü BEARBEITEN den Befehl EINFÜGEN.

Text suchen

Suchen Zum Anzeigen oder Bearbeiten von Textabschnitten wird die Teilaufgabe *Text suchen* eingesetzt (siehe Bild 14.3).

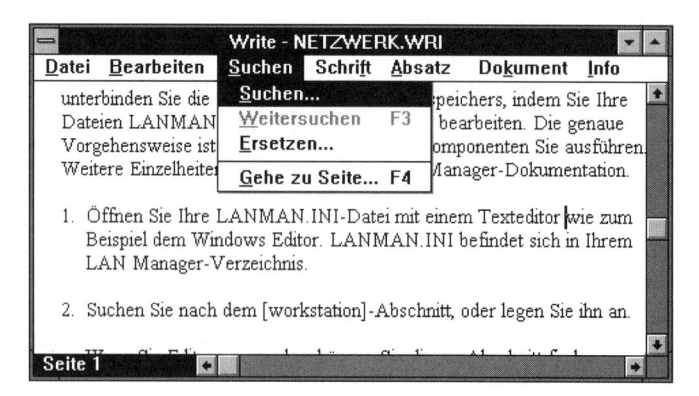

Bild 14.3: Menü Suchen

Sie suchen Zeichenfolgen von bis zu 255 Zeichen mit den folgenden Schritten:

1. Führen Sie die Einfügemarke zu der Position, ab der die Suche beginnen soll.
2. Wählen Sie im Menü SUCHEN den Befehl SUCHEN. Das Dialogfeld SUCHEN wird angezeigt (siehe Bild 14.4).

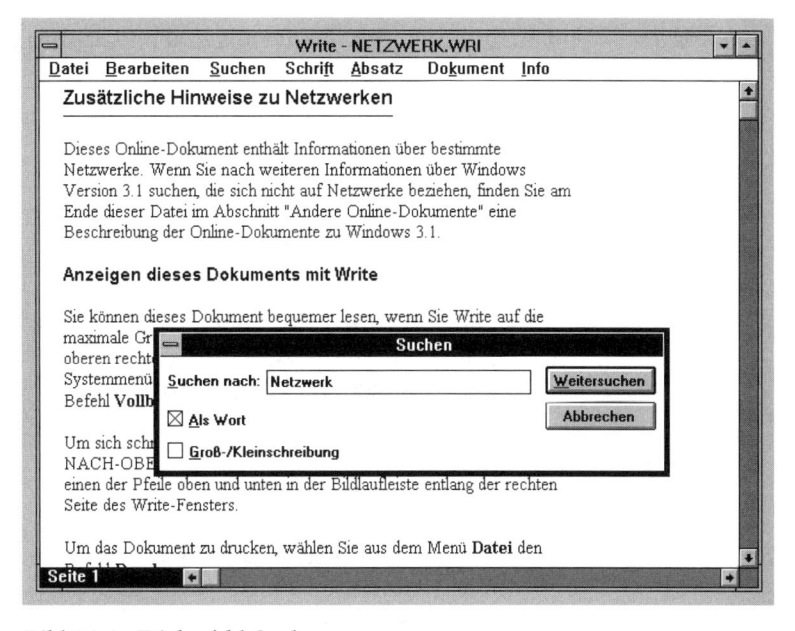

Bild 14.4: Dialogfeld Suchen

3. Geben Sie im Feld SUCHEN NACH den Suchtext ein.
4. Markieren Sie das Feld ALS WORT, wenn der Suchtext als ganzes Wort und nicht als Wortteil gesucht werden soll.
5. Markieren Sie das Feld GROSS-/KLEINSCHREIBUNG, wenn die Groß-/Kleinschreibung beim Suchtext berücksichtigt werden soll.
6. Beginnen Sie die Suche mit der EINGABE-Taste oder mit dem Feld WEITERSUCHEN. Der erste gefundene Suchtext wird im Dokument markiert.

7. Klicken Sie auf WEITERSUCHEN zur Fortsetzung der Suche.
8. Bei erfolgloser Suche wird eine Meldung angezeigt.

Schließen Sie das Dialogfeld SUCHEN mit der ESC-Taste oder mit der Schaltfläche ABBRECHEN.

Die Suche beginnt an der Einfügemarke oder am Ende eines markierten Absatzes. Die Suche wird bei Erreichen des Textendes am Textanfang bis zum Suchbeginn fortgesetzt.

Platzhalter   Im Suchtext können Sie die folgenden *Platzhalterzeichen* einsetzen:

?	Beliebiges Zeichen an der Stelle im Suchtext
^w	Beliebige Anzahl von Leerzeichen im Suchtext
^t	Tabulatorzeichen
^p	Absatzmarke
^d	Manueller Seitenumbruch

Die Suche muß nicht mit dem Dialogfeld SUCHEN wiederholt werden. Für die Fortsetzung der Suche kann im Menü SUCHEN der Befehl WEITERSUCHEN eingesetzt werden.

Text ersetzen

Ersetzen   Bei der Bearbeitung eines Dokumentes kann ein Textabschnitt durch einen Ersatztext ersetzt werden. Hierzu wird der zu ersetzende Textabschnitt aufgesucht und durch den neuen Text *ersetzt*. Die Ersetzung kann wiederholt werden. Die Ersetzung kann automatisch oder manuell durchgeführt werden.

Sie *ersetzen Text* mit den folgenden Schritten:

1. Führen Sie die Einfügemarke zu der Position, ab der die Suche nach dem zu ersetzenden Text beginnen soll.

   Oder markieren Sie einen Textbereich, in dem der Textabschnitt ersetzt werden soll.

2. Wählen Sie im Menü SUCHEN den Befehl ERSETZEN. Das Dialogfeld ERSETZEN wird angezeigt (siehe Bild 14.5).

Text erstellen und bearbeiten 437

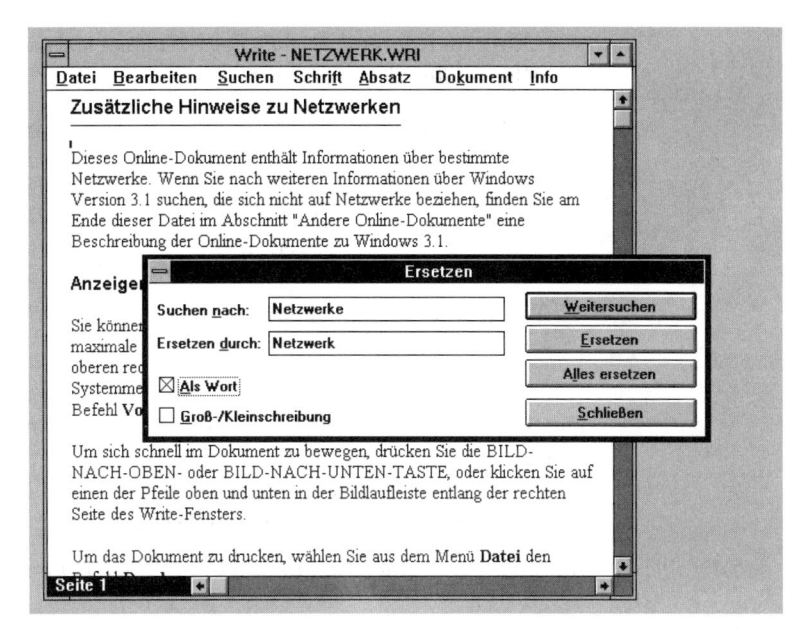

Bild 14.5: Dialogfeld Ersetzen

3. Geben Sie im Feld SUCHEN NACH den zu ersetzenden Suchtext ein.
4. Geben Sie im Feld ERSETZEN DURCH den neuen Text ein.
5. Markieren Sie das Feld ALS WORT, wenn der Suchtext als ganzes Wort und nicht als Wortteil gesucht werden soll.
6. Markieren Sie das Feld GROSS-/KLEINSCHREIBUNG, wenn die Groß-/Kleinschreibung beim Suchtext berücksichtigt werden soll.
7. Beginnen Sie die Suche mit der EINGABE-Taste oder durch Auswahl des Feldes WEITERSUCHEN, ERSETZEN oder ALLES ERSETZEN.

    Der erste gefundene Suchtext wird im Dokument markiert.
8. Markieren Sie das Feld WEITERSUCHEN für die Fortsetzung der Suche.

    Oder markieren Sie das Feld ERSETZEN zum Ersetzen des Suchtextes.

Oder markieren Sie das Feld ALLES ERSETZEN zum Ersetzen aller Suchtexte im Dokument.

Oder markieren Sie das Feld ERSETZEN IN MARKIERUNG zum Ersetzen aller Suchtexte im markierten Textbereich. Die Schaltfläche wird nur bei einer vorhandenen Markierung angezeigt.

9. Bei erfolgloser Suche wird eine Meldung angezeigt.

Schließen Sie das Dialogfeld ERSETZEN mit der ESC-Taste oder mit der Schaltfläche SCHLIESSEN.

Die Suche beginnt an der Einfügemarke oder am Ende eines markierten Absatzes. Die Suche wird bei Erreichen des Textendes am Textanfang fortgesetzt bis zum Suchbeginn. Bei einem markierten Textbereich bleibt die Suche auf die Markierung beschränkt.

Platzhalter Im Suchtext können Sie die folgenden *Platzhalterzeichen* einsetzen:

?	Beliebiges Zeichen an der Stelle im Suchtext
^w	Beliebige Anzahl von Leerzeichen im Suchtext
^t	Tabulatorzeichen
^p	Absatzmarke
^d	Manueller Seitenumbruch

Die Suche muß nicht mit dem Dialogfeld ERSETZEN wiederholt werden. Für die Fortsetzung der Suche kann im Menü SUCHEN der Befehl WEITERSUCHEN eingesetzt werden.

Text aufsuchen

Aufsuchen Eine *Textstelle* im Dokument können Sie aufsuchen durch:

- Bewegen im Dokument mit der Bildlaufleiste
- Suchen nach einem Textabschnitt
- Gehen zu einer Seite

Seite Eine *bestimmte Seite suchen* Sie mit den folgenden Schritten auf:

1. Wählen Sie im Menü SUCHEN den Befehl GEHE ZU SEITE.

   Oder drücken Sie die Abkürzungstaste F4.

2. Geben Sie im Dialogfeld GEHE ZU im Feld SEITE die Seitenzahl ein (siehe Bild 14.6).

3. Wählen Sie OK.

Die Seiten des Dokuments müssen bereits umgebrochen sein.

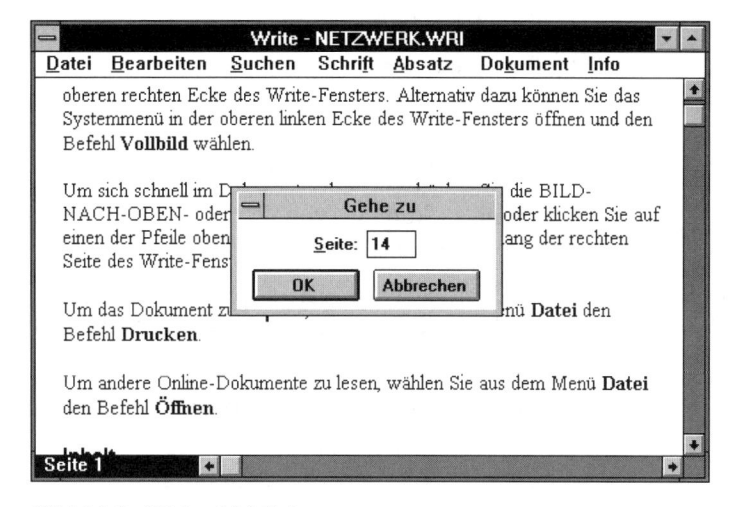

Bild 14.6: Dialogfeld Gehe zu

Aktion zurücknehmen

Korrekturen Kleinere Textkorrekturen werden mit der RÜCK-Taste und der ENTF-Taste vorgenommen. Für umfangreichere Korrekturaufgaben werden die Verfahren *Text ausschneiden*, *umstellen* und *ersetzen* eingesetzt.

Widerrufen Eine *Aktion* wird wie folgt *zurückgenommen*:

❏ Wählen Sie im Menü BEARBEITEN den Befehl RÜCKGÄNGIG.

   Oder drücken Sie die Abkürzungstaste STRG+Z.

14.3 Bilder einsetzen

Mit der Anwendung Write können Bilder aus anderen Anwendungen über die Zwischenablage in ein Dokument eingefügt werden.

Der Teilaufgabe *Bilder einsetzen* sind folgende Arbeiten zugeordnet:

- Bild kopieren, ausschneiden und einfügen
- Bildgröße ändern
- Bild verschieben

Bild kopieren, ausschneiden und einfügen

In einem Dokument von Write können Bilder kopiert, ausgeschnitten und eingefügt werden.

Kopieren — Beim *Kopieren* wird das kopierte Bild in der Zwischenablage gespeichert und an die Zielposition kopiert. Das kopierte Bild bleibt erhalten.

Sie kopieren ein Bild mit den folgenden Schritten:

1. Markieren Sie das zu kopierende Bild.
2. Wählen Sie im Menü BEARBEITEN den Befehl KOPIEREN.

   Oder führen Sie in einer anderen Anwendung den Befehl aus, mit dem das Bild in die Zwischenablage gestellt wird.
3. Öffnen Sie das Write-Dokument, in das das Bild kopiert werden soll.
4. Positionieren Sie die Einfügemarke am Kopierziel.
5. Wählen Sie im Menü BEARBEITEN den Befehl EINFÜGEN.

Umstellen — Beim *Umstellen* in einem Write-Dokument wird das Bild in der Zwischenablage gespeichert. Im Arbeitsbereich wird das markierte Bild ausgeschnitten und an die Zielposition kopiert.

Sie stellen ein Bild folgendermaßen um:

1. Markieren Sie das umzustellende Bild.
2. Wählen Sie im Menü BEARBEITEN den Befehl AUSSCHNEIDEN.
3. Positionieren Sie die Einfügemarke am Umstellungsziel.
4. Wählen Sie im Menü BEARBEITEN den Befehl EINFÜGEN.

Ausschneiden

Beim *Ausschneiden* wird das kopierte Bild in der Zwischenablage gespeichert. Im Arbeitsbereich wird das markierte Bild ausgeschnitten.

Sie schneiden ein Bild folgendermaßen aus:

1. Markieren Sie das auszuschneidende Bild.
2. Drücken Sie STRG+X.

Einfügen

Das durch Kopieren oder Ausschneiden in der Zwischenablage gespeicherte Bild kann beliebig oft in das gleiche Dokument oder in andere Dokumente an verschiedenen Stellen *eingefügt* werden.

Sie fügen ein Bild wie folgt ein:

1. Öffnen Sie das Write-Dokument, in das das Bild kopiert werden soll.
2. Positionieren Sie die Einfügemarke an der Einfügeposition.
3. Wählen Sie im Menü BEARBEITEN den Befehl EINFÜGEN.

Ein Bild wird in ein Write-Dokument am linken Rand eingefügt. Write stellt ein Bild in der Auflösung des gewählten Druckers dar.

Bildgröße ändern

Bildgröße

Die *Größe* eines in ein Write-Dokument eingefügten Bildes kann mit der Maus oder der Tastatur verändert werden.

Sie ändern die Bildgröße mit den folgenden Schritten:

Schrittfolge für die Maus:

1. Klicken Sie zur Markierung das in der Größe zu verändernde Bild.
2. Wählen Sie im Menü BEARBEITEN den Befehl BILDGRÖSSE ÄNDERN.

   Der Cursor wird zu einem Rechteck; es wird ein Rahmen angezeigt.
3. Führen Sie ohne gedrückte Maustaste den Cursor zum linken, rechten oder unteren Rahmenrand.
4. Führen Sie mit der Maus den Cursor nach innen zur Verkleinerung und nach außen zur Vergrößerung.
5. Beenden Sie die Größenänderung durch Klicken der Maustaste, oder brechen Sie mit der ESC-Taste ab.

Schrittfolge für die Tastatur:

1. Markieren Sie das in der Größe zu verändernde Bild durch Verschieben der Einfügemarke mit der NACH-OBEN- oder NACH-UNTEN-Taste.
2. Wählen Sie im Menü BEARBEITEN den Befehl BILDGRÖSSE ÄNDERN.

   Der Cursor wird zu einem Rechteck; es wird ein Rahmen angezeigt.
3. Verschieben Sie den Cursor mit der NACH-LINKS-, NACH-RECHTS- oder NACH-UNTEN-Taste.
4. Führen Sie mit den RICHTUNG-Tasten den Cursor nach innen zur Verkleinerung oder nach außen zur Vergrößerung.
5. Beenden Sie die Größenänderung mit der EINGABE-Taste, oder brechen Sie mit der ESC-Taste ab.

Bilder einsetzen

Im Write-Fenster werden links unten die horizontalen und vertikalen Änderungswerte angezeigt. Das Bildseitenverhältnis bleibt erhalten, wenn beide Werte übereinstimmen.

Bild verschieben

Verschieben Neben den Teilaufgaben *Kopieren* und *Umstellen* kann ein Bild horizontal *verschoben* werden.

Sie verschieben ein Bild wie folgt:

Schrittfolge für die Maus:

1. Markieren Sie das zu verschiebende Bild.
2. Wählen Sie im Menü BEARBEITEN den Befehl BILD VERSCHIEBEN.

   Der Cursor wird zu einem Rechteck; es wird ein Rahmen angezeigt.
3. Verschieben Sie ohne gedrückte Maustaste den Rahmen nach links oder rechts.
4. Beenden Sie die Verschiebung durch Klicken der Maustaste, oder brechen Sie mit der ESC-Taste ab.

Schrittfolge für die Tastatur:

1. Markieren Sie das zu verschiebende Bild durch Verschieben der Einfügemarke mit der NACH-OBEN- oder NACH-UNTEN-Taste.
2. Wählen Sie im Menü BEARBEITEN den Befehl BILD VERSCHIEBEN.

   Der Cursor wird zu einem Rechteck; es wird ein Rahmen angezeigt.
3. Verschieben Sie den Rahmen mit der NACH-LINKS- oder NACH-RECHTS-Taste.
4. Beenden Sie die Verschiebung mit der EINGABE-Taste, oder brechen Sie mit der ESC-Taste ab.

14.4 Zeichen und Absätze formatieren

Mit der Anwendung Write können die Zeichen und Absätze eines Dokuments sowie das Layout formatiert werden:

- Die *Formatierung von Zeichen* betrifft die verwendete Schriftart, den Schriftgrad und den Schriftstil (siehe Bild 14.7).

- Zur *Formatierung eines Absatzes* gehören die Ausrichtung, Einzüge und Zeilenabstand. Write verwendet für die Bildschirmanzeige eine Schrift, die der auf dem Drucker eingesetzten Schrift entspricht.

- Zur *Formatierung des ganzen Dokuments* gehören das Layout, Kopf- und Fußzeilen, Seitenzahlen, Tabulatoren und der Umbruch.

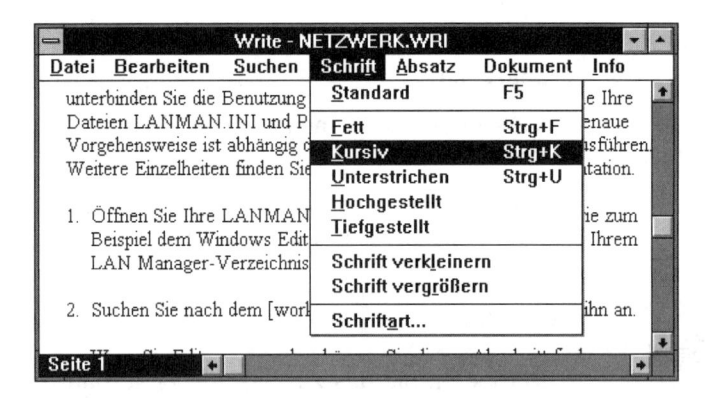

Bild 14.7: Menü Schrift

Der Teilaufgabe *Zeichen und Absätze formatieren* werden folgende Arbeiten zugeordnet:

- Schriftart wählen
- Schriftgrad wählen
- Schriftstil wählen
- Zeichen hoch- und tiefstellen

Zeichen und Absätze formatieren 445

- Absatzmarken bearbeiten
- Absatz ausrichten
- Absatz einziehen
- Zeilenabstand bestimmen

Schriftart wählen

Schriftart Write verwendet in der Regel die Standardschriftart des Standarddruckers. Die verfügbaren Schriftarten sind durch den verwendeten Drucker vorgegeben. Die zu verwendende *Schriftart* kann für einzelne Zeichen des Dokuments bestimmt werden.

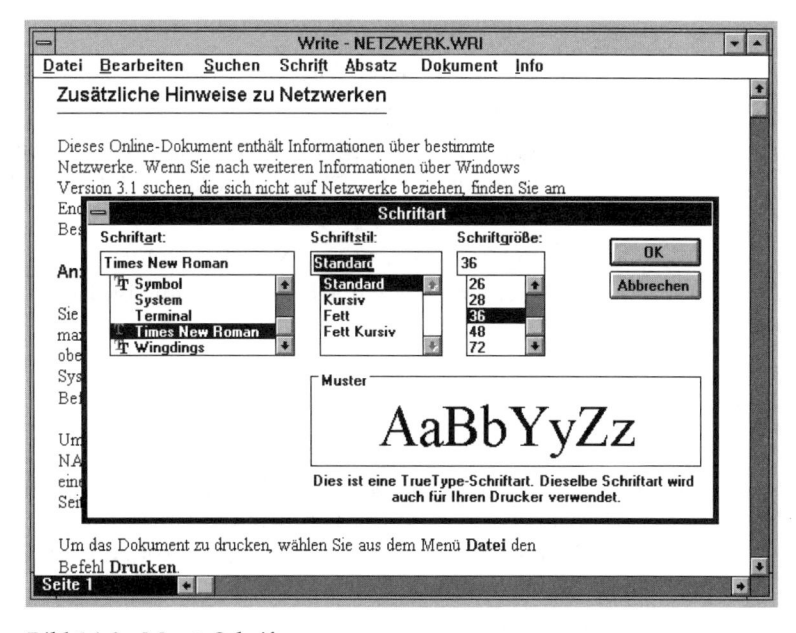

Bild 14.8: Menü Schrift

Sie wählen eine Schriftart mit den folgenden Schritten:

1. Führen Sie die Einfügemarke an die Stelle, ab der die neue Schriftart eingesetzt werden soll.

Oder markieren Sie einen Textteil, dessen Schriftart geändert werden soll.

2. Wählen Sie im Menü SCHRIFT mit der Option SCHRIFTART eine neue Schriftart (siehe Bild 14.8).

3. Wählen Sie OK.

Schriftgrad wählen

Schriftgrad Mit dem *Schriftgrad* wird die Größe der Schriftzeichen festgelegt.

Sie wählen den Schriftgrad mit den folgenden Schritten:

1. Führen Sie die Einfügemarke an die Stelle, ab der der neue Schriftgrad eingesetzt werden soll.

   Oder markieren Sie einen Textteil, dessen Schriftgrad geändert werden soll.

2. Wählen Sie im Menü SCHRIFT den neuen Schriftgrad mit den Optionen SCHRIFT VERKLEINERN oder SCHRIFT VERGRÖSSERN (siehe Bild 14.8).

   Oder wählen Sie im Menü SCHRIFT mit der Option SCHRIFT-ART einen neuen Schriftgrad (siehe Bild 14.9).

   Wählen Sie OK.

Schriftstil wählen

Schriftstil Bei Write sind für eine Schriftart und einen Schriftgrad die *Schriftstile* Standard, Fett, Kursiv, Unterstrichen, Hochgestellt und Tiefgestellt verfügbar. Schriftstile können auch kombiniert eingesetzt werden.

Sie wählen einen Schriftstil wie folgt:

1. Führen Sie die Einfügemarke an die Stelle, ab der der neue Schriftstil eingesetzt werden soll.

Zeichen und Absätze formatieren 447

Oder markieren Sie einen Textteil, dessen Schriftstil geändert werden soll.

2. Wählen Sie im Menü SCHRIFT den neuen Schriftstil.

Die eingesetzten Schriftstile werden mit der Option STANDARD zurückgesetzt.

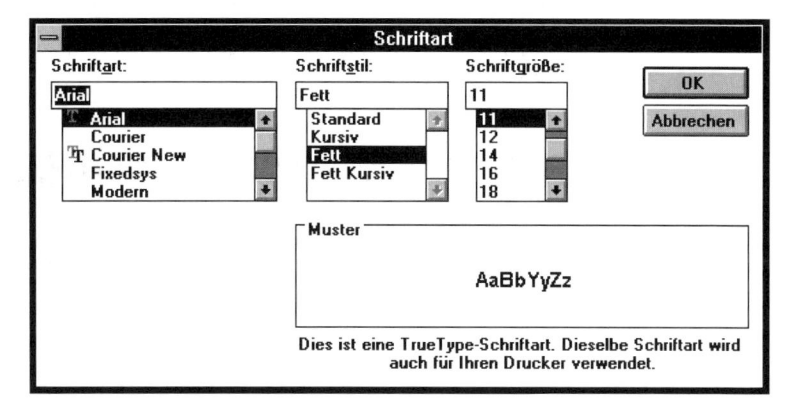

```
┌─────────────────────────────────────────────────────────┐
│                      Schriftart                         │
│ Schriftart:        Schriftstil:      Schriftgröße:      │
│ ┌──────────┐       ┌──────────┐      ┌────┐   ┌──────┐  │
│ │Arial     │       │Fett      │      │11  │   │  OK  │  │
│  T Arial             Standard          11       ┌──────┐│
│    Courier           Kursiv            12       Abbrechen│
│  Tr Courier New      Fett              14               │
│    Fixedsys         Fett Kursiv        16               │
│    Modern                              18               │
│                                                         │
│   ┌ Muster ──────────────────────────────────────────┐  │
│   │                                                  │  │
│   │              AaBbYyZz                            │  │
│   │                                                  │  │
│   │  Dies ist eine TrueType-Schriftart. Dieselbe Schriftart wird │
│   │         auch für Ihren Drucker verwendet.         │  │
│   └──────────────────────────────────────────────────┘  │
└─────────────────────────────────────────────────────────┘
```

Bild 14.9: Dialogfeld Schriftart

Zeichen hoch- und tiefstellen

Hoch- und Tiefstellen

Hoch- oder tiefgestellte Zeichen werden verkleinert und höher oder tiefer in bezug auf die Grundlinie dargestellt.

Sie stellen mit den folgenden Schritten Zeichen hoch oder tief:

1. Führen Sie die Einfügemarke an die Stelle, ab der der neue Schriftstil eingesetzt werden soll.

   Oder markieren Sie einen Textteil, dessen Schriftstil geändert werden soll.

2. Wählen Sie im Menü SCHRIFT den neuen Schriftstil mit den Optionen HOCHGESTELLT oder TIEFGESTELLT.

Absatzmarken bearbeiten

Absatzmarke   Ein Absatz wird durch eine unsichtbare *Absatzmarke* abgeschlossen. Die Marke kennzeichnet einen Absatz und ermöglicht die Formatierung des Absatzes (siehe Bild 14.10).

Setzen   Sie *setzen* eine Absatzmarke wie folgt:

1. Drücken Sie am Absatzende die EINGABE-Taste.
2. Drücken Sie für jede Leerzeile zwischen zwei Absätzen die EINGABE-Taste.

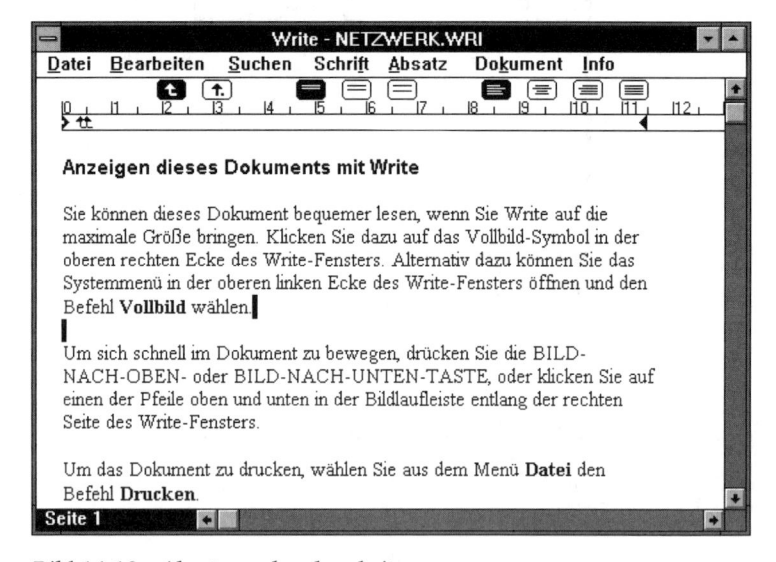

Bild 14.10: Absatzmarken bearbeiten

Entfernen   Sie *entfernen* Absatzmarken mit den folgenden Schritten:

1. Führen Sie die Einfügemarke an den Beginn des folgenden Absatzes.
2. Betätigen Sie die RÜCK-Taste.

    Oder drücken Sie zweimal die RÜCK-Taste zur Entfernung einer Leerzeile.

Sie können eine Absatzmarke wie jedes andere Zeichen kopieren und verschieben.

Absatz ausrichten

Ausrichten Ein *Absatz* kann linksbündig, rechtsbündig, zentriert oder im Blocksatz *ausgerichtet* werden.

Sie richten einen Absatz wie folgt aus:

1. Führen Sie die Einfügemarke in den auszurichtenden Absatz.
2. Wählen Sie im Menü ABSATZ den Ausrichtungsbefehl LINKSBÜNDIG, ZENTRIERT, RECHTSBÜNDIG oder BLOCKSATZ.

Die Ausrichtung eines Absatzes kann auch mit dem *Lineal* erfolgen (siehe Bild 14.11).

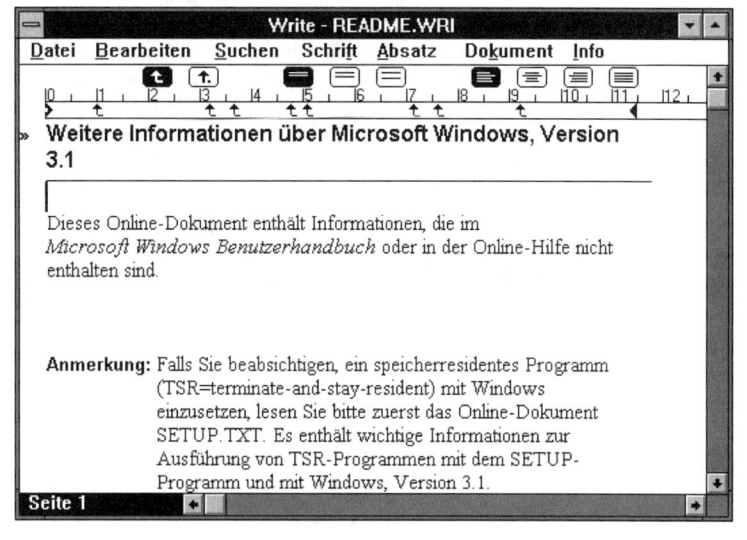

Bild 14.11: Eingeblendetes Lineal

Einen Absatz richten Sie mit dem Lineal folgendermaßen aus:

1. Blenden Sie im Menü DOKUMENT mit dem Befehl LINEAL EIN im oberen Fensterrand das Lineal ein.
2. Führen Sie die Einfügemarke in den auszurichtenden Absatz.
3. Klicken Sie im Lineal das entsprechende Ausrichtungssymbol (eines der ersten vier Symbole von rechts).

Absatz einziehen

Einziehen

Der Text eines Absatzes wird zwischen dem aktuellen linken und rechten Rand angeordnet. Die Randeinstellungen werden im Seitenlayout festgelegt. Mit einem *Absatzeinzug* kann ein Absatz vom linken oder rechten Rand eingerückt oder nur die erste Absatzzeile eingezogen werden (siehe Bild 14.12).

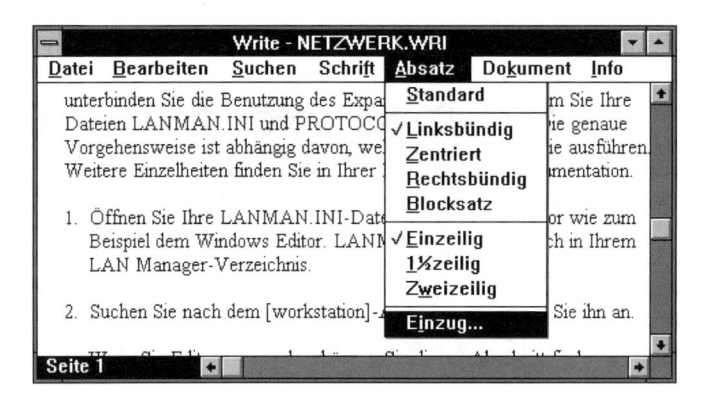

Bild 14.12: Menü Absatz

Einzug

Sie ändern einen linken oder rechten *Absatzeinzug* mit den folgenden Schritten:

1. Führen Sie die Einfügemarke in den Absatz.
2. Wählen Sie im Menü ABSATZ den Befehl EINZUG.

   Das Dialogfeld EINZUG wird angezeigt (siehe Bild 14.13).
3. Geben Sie für einen linken Einzug im Feld LINKS den Einzug in Zentimeter oder in Zoll ein.

Zeichen und Absätze formatieren 451

Oder geben Sie für einen rechten Einzug im Feld RECHTS den Einzug in Zentimeter oder in Zoll ein.

4. Wählen Sie OK.

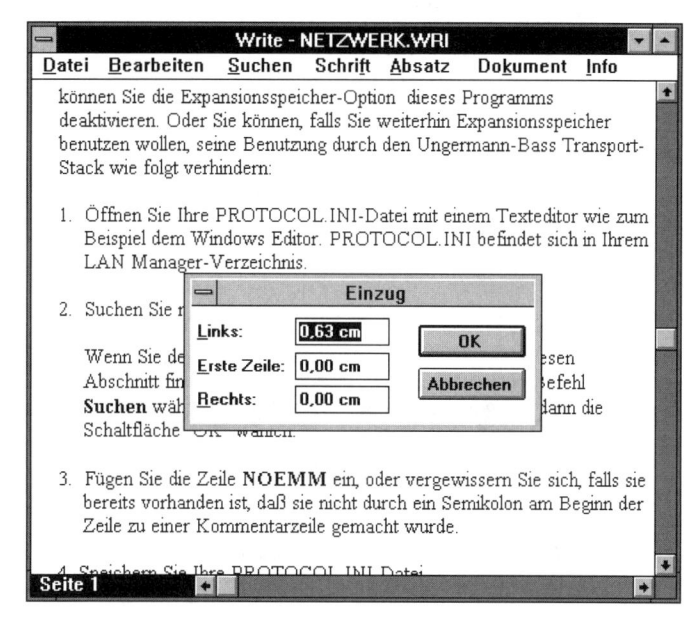

Bild 14.13: Dialogfeld Einzug

Der Absatzeinzug kann auch mit dem *Lineal* durchgeführt werden (siehe Bild 14.14).

Einen Absatz ziehen Sie mit dem Lineal folgendermaßen ein:

1. Blenden Sie im Menü DOKUMENT mit dem Befehl LINEAL EIN im oberen Fensterrand das Lineal ein.
2. Führen Sie die Einfügemarke in den Absatz.
3. Ziehen Sie mit der Maus die jeweilige Einzugsmarke (Dreieck) auf dem Lineal an die gewünschte Position.

Erstzeilen- Bei einem *positiven Erstzeileneinzug* wird nur die erste Zeile vom
einzug linken Rand aus eingerückt. Bei einem *negativen Erstzeileneinzug*

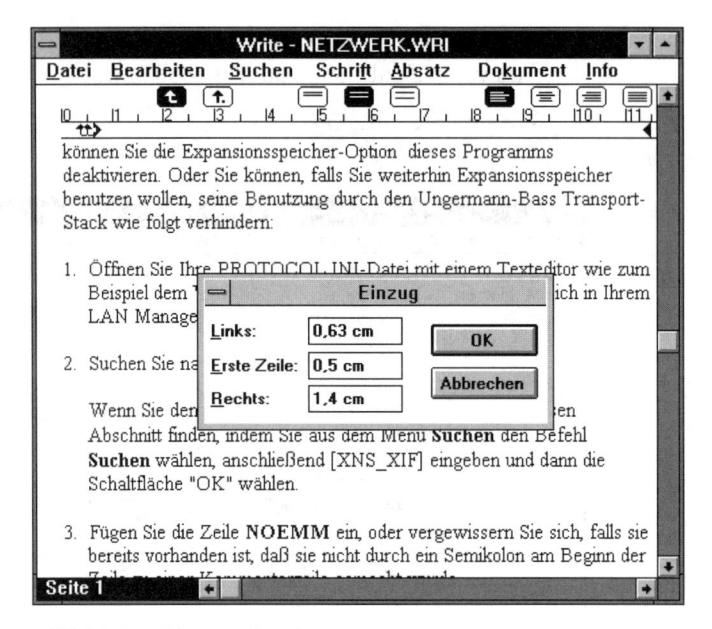

Bild 14.14: Einzüge bestimmen

wird der Absatz links eingerückt; die erste Zeile wird gegenüber den anderen Zeilen weniger eingerückt.

Einen positiven oder negativen *Erstzeileneinzug* führen Sie mit den folgenden Schritten durch:

1. Führen Sie die Einfügemarke in den Absatz.

2. Wählen Sie im Menü ABSATZ den Befehl EINZUG.

   Das Dialogfeld EINZUG wird angezeigt.

3. Geben Sie für einen *positiven Erstzeileneinzug* im Feld ERSTE ZEILE den Zeileneinzug in Zentimeter oder in Zoll ein.

   Oder geben Sie für einen *negativen Erstzeileneinzug* im Feld LINKS den Absatzeinzug und im Feld ERSTE ZEILE den negativen Zeileneinzug als negative Zahl in Zentimeter oder in Zoll ein (siehe Bild 14.15).

4. Wählen Sie OK.

Zeichen und Absätze formatieren 453

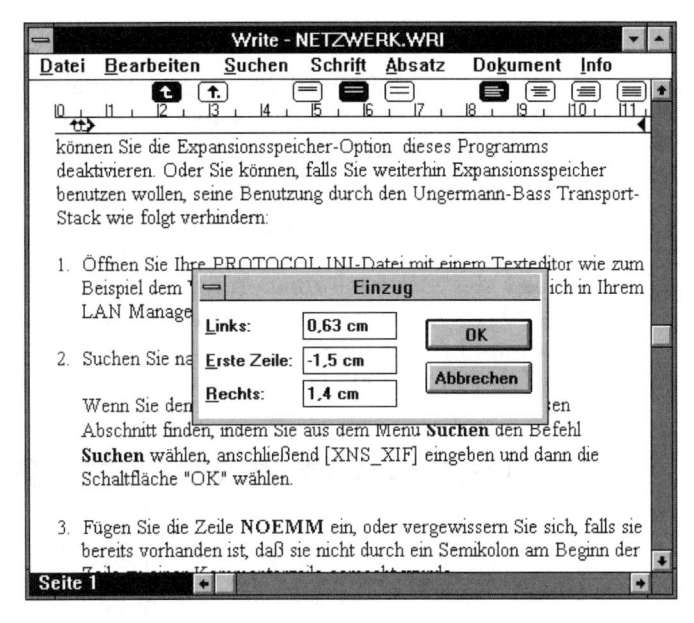

Bild 14.15: Negativer Erstzeileneinzug

Zeilenabstand bestimmen

Zeilen-
abstand

Bei Write können zur Absatzformatierung drei verschiedene *Zeilenabstände* eingestellt werden: einzeilig, 1,5zeilig oder zweizeilig.

Den Zeilenabstand bestimmen Sie mit den folgenden Schritten:

1. Führen Sie die Einfügemarke in den Absatz.
2. Wählen Sie im Menü ABSATZ den Abstandsbefehl EINZEILIG, 1,5-ZEILIG oder ZWEIZEILIG.

Der Zeilenabstand eines Absatzes kann auch mit dem *Lineal* eingestellt werden.

Mit dem Lineal setzen Sie den Zeilenabstand wie folgt:

1. Blenden Sie im Menü DOKUMENT mit dem Befehl LINEAL EIN im oberen Fensterrand das Lineal ein.

2. Führen Sie die Einfügemarke in den Absatz.

3. Klicken Sie im Lineal das entsprechende Zeilenabstandssymbol (eines der drei Symbole in der Mitte des Lineals).

14.5 Dokument formatieren

Neben der Zeichenformatierung und der Absatzformatierung kann das *ganze Dokument* formatiert werden. Hierzu gehören die Bestimmung von Seitenlayout, Kopf- und Fußzeilen, Seitenzahlen, Tabulatoren und der Seitenumbruch (siehe Bild 14.16).

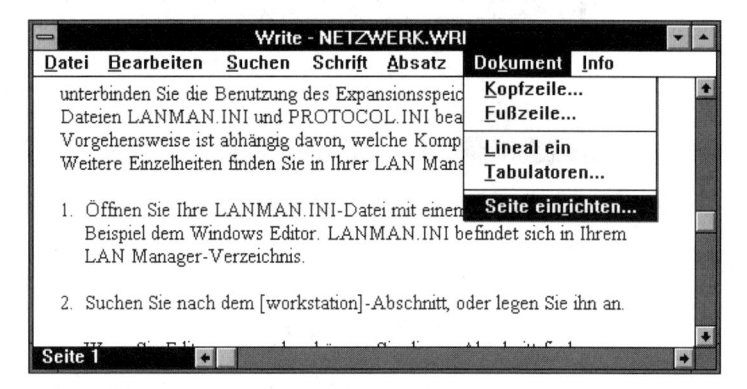

Bild 14.16: Menü Dokument

Der Teilaufgabe *Dokument formatieren* sind folgende Arbeiten zugeordnet:

❑ Seitenlayout festlegen

❑ Kopfzeile, Fußzeile und Seitenzahl

❑ Tabulatoren setzen

❑ Trennzeichen einfügen

❑ Seiten automatisch umbrechen

❑ Seiten manuell umbrechen

Seitenlayout festlegen

Layout   Mit dem Seitenlayout werden für ein Dokument die Ränder, der Beginn der Seitenzahl und die verwendete Maßeinheit festgelegt. Die voreingestellten Werte sind für den oberen und unteren Rand 2,5 cm, für den linken und rechten Rand 3,2 cm und für die Anfangsseitenzahl 1.

Sie ändern die Einstellungen für das *Seitenlayout* mit den folgenden Schritten (siehe Bild 14.17):

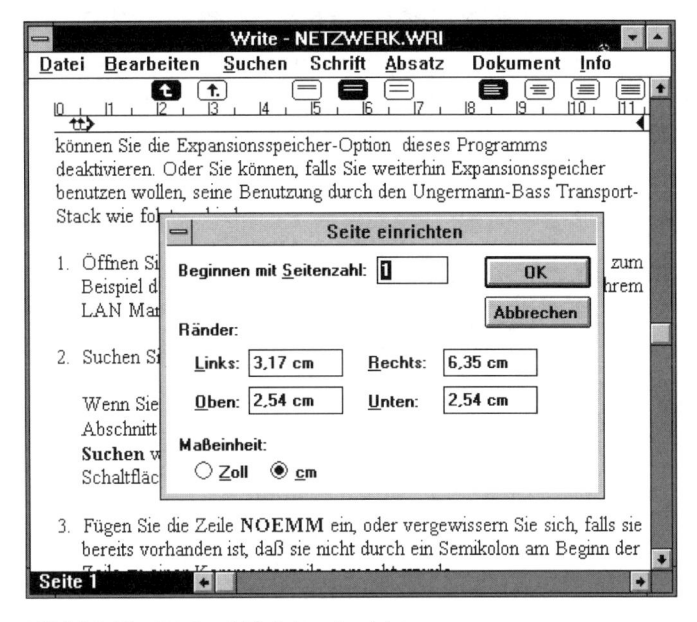

Bild 14.17: Dialogfeld Seite einrichten

1. Wählen Sie im Menü DOKUMENT den Befehl SEITE EINRICHTEN.

   Das Dialogfeld SEITE EINRICHTEN wird angezeigt.

2. Geben Sie die gewünschte Randbreite in den Feldern LINKS, RECHTS, OBEN und UNTEN ein.

3. Bestimmen Sie im Feld BEGINNEN MIT SEITENZAHL die Anfangsseitenzahl.

4. Wählen Sie im Feld MASSEINHEIT die Option Zoll oder Zentimeter.

Kopfzeile, Fußzeile und Seitenzahl

Kopfzeile Die *Kopfzeile* ist ein Text am oberen Rand einer Seite. Voreingestellt sind eine linksbündige Ausrichtung und ein Abstand von 1,9 cm vom oberen Seitenrand (siehe Bild 14.18).

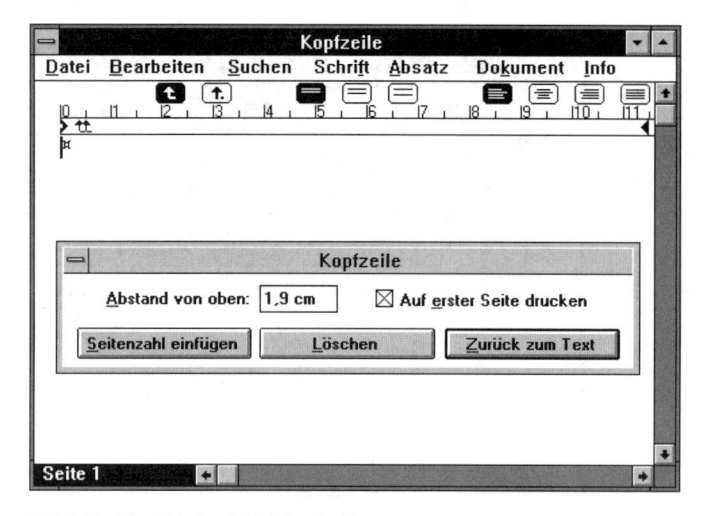

Bild 14.18: Dialogfeld Kopfzeile

Sie erstellen eine Kopfzeile mit den folgenden Schritten:

1. Wählen Sie im Menü DOKUMENT den Befehl KOPFZEILE. Es wird das Dialogfeld KOPFZEILE angezeigt.
2. Geben Sie in das Textfenster den Kopfzeilentext ein.

   Verwenden Sie bei Bedarf für den Text die Zeichen- und Absatzformatierungen.
3. Wechseln Sie durch Klicken zum Dialogfeld KOPFZEILE.
4. Bestimmen Sie im Feld ABSTAND VON OBEN den Abstand vom Seitenrand.

Dokument formatieren 457

5. Markieren Sie das Kontrollfeld AUF ERSTER SEITE DRUCKEN, wenn die Kopfzeile auf der ersten Seite gedruckt werden soll.

6. Beenden Sie die Erstellung durch die Wahl von ZURÜCK ZUM TEXT, oder brechen Sie mit der ESC-Taste ab.

Fußzeile Die *Fußzeile* ist ein Text am unteren Rand einer Seite. Voreingestellt sind eine linksbündige Ausrichtung und ein Abstand von 1,9 cm vom unteren Seitenrand.

Sie erstellen eine Fußzeile wie folgt (siehe Bild 14.19):

Bild 14.19: Dialogfeld Fußzeile

1. Wählen Sie im Menü DOKUMENT den Befehl FUSSZEILE.

   Es wird das Dialogfeld FUSSZEILE angezeigt.

2. Geben Sie in das Textfenster den Fußzeilentext ein.

   Verwenden Sie bei Bedarf für den Text die Zeichen- und Absatzformatierungen.

3. Wechseln Sie durch Klicken zum Dialogfeld FUSSZEILE.

4. Bestimmen Sie im Feld ABSTAND VON UNTEN den Abstand vom Seitenrand.

5. Markieren Sie das Kontrollfeld AUF ERSTER SEITE DRUCKEN, wenn die Fußzeile auf der ersten Seite gedruckt werden soll.

6. Beenden Sie die Erstellung durch die Wahl von ZURÜCK ZUM TEXT, oder brechen Sie mit der ESC-Taste ab.

Seitenzahl   In die Kopfzeile oder Fußzeile können Sie die aktuelle *Seitenzahl* einfügen.

Sie fügen die aktuelle Seitenzahl folgendermaßen ein:

1. Wählen Sie im Menü DOKUMENT den Befehl KOPFZEILE oder FUSSZEILE.

    Es wird das Dialogfeld KOPFZEILE oder FUSSZEILE angezeigt.

2. Führen Sie die Einfügemarke im Textfenster an die Stelle, an der die Seitenzahl eingefügt werden soll.

3. Wechseln Sie durch Klicken zum Dialogfeld KOPFZEILE oder FUSSZEILE.

4. Wählen Sie SEITENZAHL EINFÜGEN.

5. Beenden Sie die Einfügung durch die Wahl von ZURÜCK ZUM TEXT, oder brechen Sie mit der ESC-Taste ab.

Tabulatoren setzen

Tabulatoren   Bei Write können linksbündig ausgerichtete Tabulatoren und Dezimaltabulatoren eingesetzt werden. Voreingestellt ist ein Tabulatorenabstand von 1,25 cm.

Setzen   Sie *setzen Tabulatoren* mit den folgenden Schritten:

1. Wählen Sie im Menü DOKUMENT den Befehl TABULATOREN.

    Es wird das Dialogfeld TABULATOREN angezeigt (siehe Bild 14.20).

2. Markieren Sie in der Leiste POSITION ein Positionsfeld.

    Oder wechseln Sie mit der TABULATOR-Taste zu einem Positionsfeld.

Dokument formatieren

3. Geben Sie einen Wert in Zentimeter oder Zoll ein.
4. Markieren Sie beim Setzen eines Dezimaltabulators das Feld DEZIMAL.
5. Wählen Sie OK.

   Im Lineal werden die gesetzten Tabulatoren angezeigt.

Bild 14.20: Dialogfeld Tabulatoren

Löschen Sie *löschen Tabulatoren* wie folgt:

1. Wählen Sie im Menü DOKUMENT den Befehl TABULATOREN.

   Es wird das Dialogfeld TABULATOREN angezeigt.

2. Markieren Sie in der Leiste POSITION das Positionsfeld für den zu löschenden Tabulator.

   Oder wechseln Sie mit der TABULATOR-Taste zu dem Positionsfeld.

3. Löschen Sie den Wert im Positionsfeld.

   Oder wählen Sie die Schaltfläche ALLE LÖSCHEN, wenn alle Tabulatoren gelöscht werden sollen.

Lineal Tabulatoren können auch mit dem *Lineal* gesetzt oder gelöscht werden.

Sie setzen oder löschen Tabulatoren mit dem Lineal wie folgt:

1. Blenden Sie im Menü DOKUMENT mit dem Befehl LINEAL EIN im oberen Fensterrand das Lineal ein.
2. Setzen Sie einen Tabulator durch Klicken des Tabulatorsymbols über dem Lineal für den linksbündig ausgerichteten Tabulator oder einen Dezimaltabulator (eines der ersten beiden Symbole). Klicken Sie zur Positionierung des Tabulators auf dem Lineal.

Oder ziehen Sie im Lineal eine gesetzte Tabulatormarke an die neue Stelle.

Oder löschen Sie einen Tabulator durch Ziehen der zu löschenden Tabulatormarke vom Lineal nach unten.

Trennzeichen einfügen

Zeilen-umbruch Write nimmt bei Absätzen einen automatischen Zeilenumbruch vor. Beim *Zeilenumbruch* werden ganze Wörter, die nicht mehr in die Zeile passen, in die nächste Zeile gestellt. Durch Einfügen von *Silbentrennzeichen* in längere Wörter können Sie dafür sorgen, daß nicht mehr nur das ganze Wort, sondern auch Wortteile in den Zeilenumbruch einbezogen werden können. Ein eingefügtes Silbentrennzeichen wird nur am Zeilenende angezeigt.

Trennen Ein *Silbentrennzeichen* fügen Sie wie folgt ein:

1. Führen Sie die Einfügemarke an die gewünschte Position.
2. Fügen Sie ein Silbentrennzeichen mit STRG+UMSCHALT+BINDESTRICH ein.

Seiten automatisch umbrechen

Seiten-umbruch Während der *Zeilenumbruch* eine Folge von Wörtern innerhalb einer Zeile umbricht, dient der *Seitenumbruch* der Zuordnung von

Zeilen zu einer Seite. Beim automatischen Seitenumbruch ordnet Write selbsttätig die Zeilen eines Dokumentes den Seiten zu. Hierbei verhindert Write, daß oben oder unten auf einer Seite eine Zeile eines Absatzes allein steht.

Automatisch Einen *automatischen Seitenumbruch* nehmen Sie folgendermaßen vor:

1. Wählen Sie im Menü DATEI den Befehl SEITENUMBRUCH.

   Das Dialogfeld SEITENUMBRUCH FESTLEGEN wird angezeigt (siehe Bild 14.21).

2. Wählen Sie OK.

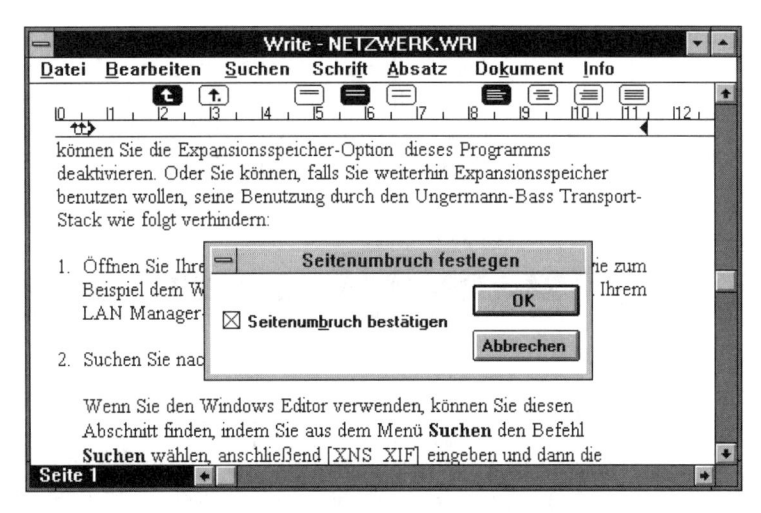

Bild 14.21: Dialogfeld Seitenumbruch festlegen

Während des Seitenumbruchs werden in der Seitenstatusanzeige unten links die Seitenzahlen angezeigt. Im Arbeitsfenster erkennen Sie einen automatisch gesetzten Seitenumbruch am Seitentrennungssymbol links im Markierungsbereich (doppeltes Grösserzeichen).

Seiten manuell umbrechen

Manueller Beim *manuellen Seitenumbruch* nehmen Sie selbst den Seitenum-
Umbruch bruch vor.

Einen manuellen Seitenumbruch führen Sie wie folgt durch:

1. Wählen Sie im Menü DATEI den Befehl SEITENUMBRUCH.

   Das Dialogfeld SEITENUMBRUCH wird angezeigt (siehe Bild 14.21).

2. Markieren Sie das Feld SEITENUMBRUCH BESTÄTIGEN.

3. Wählen Sie OK.

Write öffnet bei jedem automatischen oder manuellen Seitenumbruch das Dialogfeld SEITENUMBRUCH FESTLEGEN (siehe Bild 14.22). Der Seitenumbruch kann dann mit den Schaltflächen NACH OBEN und NACH UNTEN verschoben werden. Der Umbruch kann nicht hinter den automatischen Seitenumbruch verschoben werden.

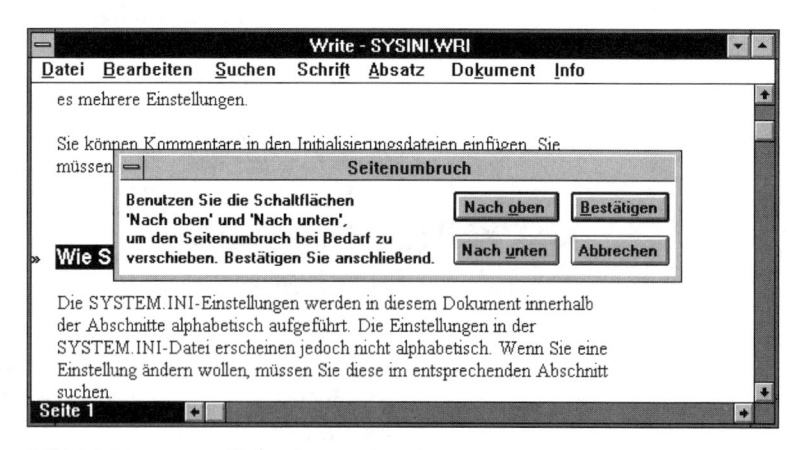

Bild 14.22: Manueller Seitenumbruch

Einen manuellen Seitenumbruch können Sie auch mit einer *Tastenkombination* vornehmen. Hierzu wählen Sie die folgenden Schritte:

1. Führen Sie die Einfügemarke an die gewünschte Trennposition.
2. Drücken Sie die STRG+EINGABE-Tastenkombination.

   Der manuelle Seitenumbruch wird durch eine gepunktete Linie dargestellt.

Die Seitenumbruchsmarke (gepunktete Linie) kann wie jedes andere Zeichen markiert, kopiert oder gelöscht werden.

14.6 Mit Write-Dateien arbeiten

Ein Write-Dokument wird in einer Write-Datei mit einem eigenen Dateiformat gespeichert. Write ordnet dem Dateinamen einer Write-Datei die Dateinamenserweiterung WRI zu. Der Umfang einer Datei ist nur durch den Arbeitsspeicher begrenzt.

Der Teilaufgabe *Mit Write-Dateien arbeiten* sind folgende Arbeiten zugeordnet:

- Write-Datei öffnen
- Andere Dateiformate lesen
- Write-Datei speichern
- Andere Dateiformate speichern
- Sicherungskopie erstellen

Write-Datei öffnen

Öffnen   Eine Write-Datei mit der Dateinamenserweiterung WRI *öffnen* Sie mit den folgenden Schritten:

1. Wählen Sie im Menü DATEI den Befehl ÖFFNEN.
2. Bestimmen Sie im Dialogfeld DATEI ÖFFNEN den Dateinamen und das Verzeichnis der zu öffnenden Datei (siehe Bild 14.23).
3. Öffnen Sie die Datei mit OK.

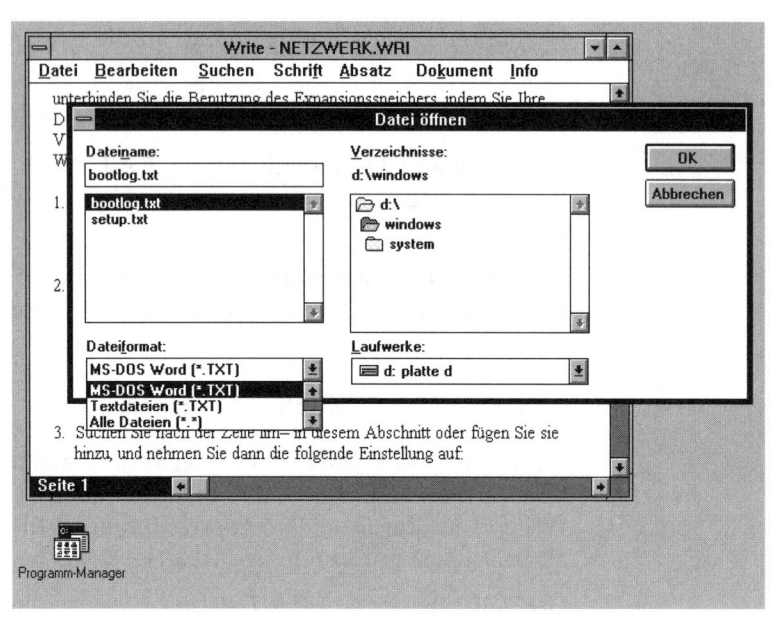

Bild 14.23: Dialogfeld Datei öffnen

Andere Dateiformate lesen

Windows-Texte

Eine mit einer Windows-Anwendung erstellte Textdatei wird in der Regel im *ANSI-Format* gespeichert.

Sie öffnen eine Windows-Textdatei wie folgt:

1. Wählen Sie im Menü DATEI den Befehl ÖFFNEN.

2. Bestimmen Sie im Dialogfeld DATEI ÖFFNEN den Dateinamen und das Verzeichnis der zu öffnenden Textdatei (siehe Bild 14.24).

3. Wählen Sie im angezeigten Dialogfeld die Option NICHT UMWANDELN (siehe Bild 14.25).

Microsoft Word

Ein mit *Microsoft Word* erstelltes Dokument können Sie mit Write bearbeiten, wenn es zuvor in das Write-Format umgewandelt wird.

Mit Write-Dateien arbeiten 465

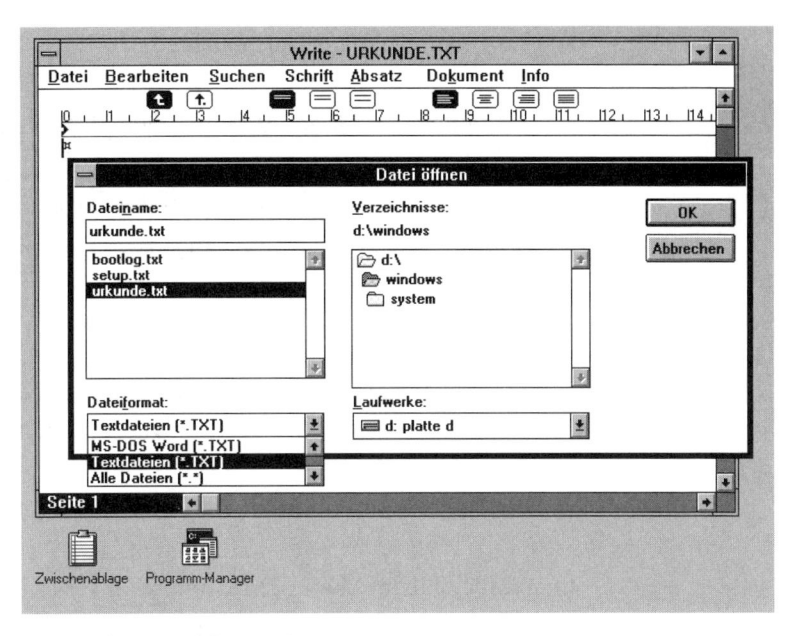

Bild 14.24: Dateiformat bestimmen

Bild 14.25: Textdatei einlesen

Hierzu gehen Sie folgendermaßen vor:

1. Wählen Sie im Menü DATEI den Befehl ÖFFNEN.
2. Bestimmen Sie im Dialogfeld DATEI ÖFFNEN den Dateinamen und das Verzeichnis der zu öffnenden Microsoft-Word-Datei.
3. Wählen Sie im angezeigten Dialogfeld die Option UMWANDELN.

Andere Texte Eine nicht mit einer Windows-Anwendung erstellte Textdatei wird in der Regel nicht im ANSI-Format gespeichert. Die Datei muß dann zuvor in das Write-Format umgewandelt werden. Verwenden Sie nur eine reine ASCII-Datei ohne Steuerzeichen.

Verwenden Sie zum Einlesen der Datei die folgenden Schritte:

1. Wählen Sie im Menü DATEI den Befehl ÖFFNEN.
2. Bestimmen Sie im Dialogfeld DATEI ÖFFNEN den Dateinamen und das Verzeichnis der zu öffnenden Textdatei.
3. Wählen Sie im angezeigten Dialogfeld die Option UMWANDELN.

Legen Sie vor der Umwandlung von Textdateien eine Sicherungskopie an.

Write-Datei speichern

Dateiformate Ein Write-Dokument wird nach der Erstellung oder Bearbeitung zur späteren Verwendung auf einem Datenträger als Datei gespeichert. Eine Write-Datei kann in verschiedenen *Dateiformaten* gespeichert werden.

Write-Format Sie speichern ein Write-Dokument im *Write-Standardformat* mit der Dateinamenserweiterung WRI mit den folgenden Schritten:

1. Wählen Sie im Menü DATEI den Befehl SPEICHERN.

Mit Write-Dateien arbeiten

2. Die Datei wird mit dem gleichen Dateiformat und Dateinamen gespeichert, unter dem sie eröffnet worden ist.

    Oder bestimmen Sie im Dialogfeld DATEI SPEICHERN UNTER den Dateinamen und das Verzeichnis der zu speichernden Datei, wenn das Dokument neu erstellt wurde (siehe Bild 14.26).

3. Speichern Sie mit OK.

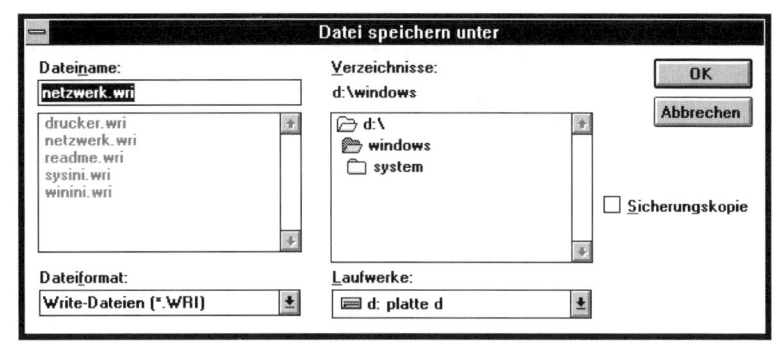

Bild 14.26: Dialogfeld Datei speichern unter

Andere Dateiformate speichern

Neben dem Write-Standardformat kann ein Write-Dokument im ANSI-Format von Windows-Anwendungen oder im Microsoft-Word-Format gespeichert werden.

ANSI-Format Sie speichern ein Write-Dokument im *ANSI-Format von Windows-Anwendungen* wie folgt:

1. Wählen Sie im Menü DATEI den Befehl SPEICHERN UNTER.

2. Geben Sie im Dialogfeld DATEI SPEICHERN UNTER den Dateinamen und das Verzeichnis der zu speichernden Datei an.

3. Markieren Sie im Listenfeld DATEIFORMAT das Format TEXT-DATEIEN.

4. Speichern Sie mit OK.

Word-Format
Sie speichern ein Write-Dokument im Dateiformat von *Microsoft-Word* mit den folgenden Schritten (siehe Bild 14.27):

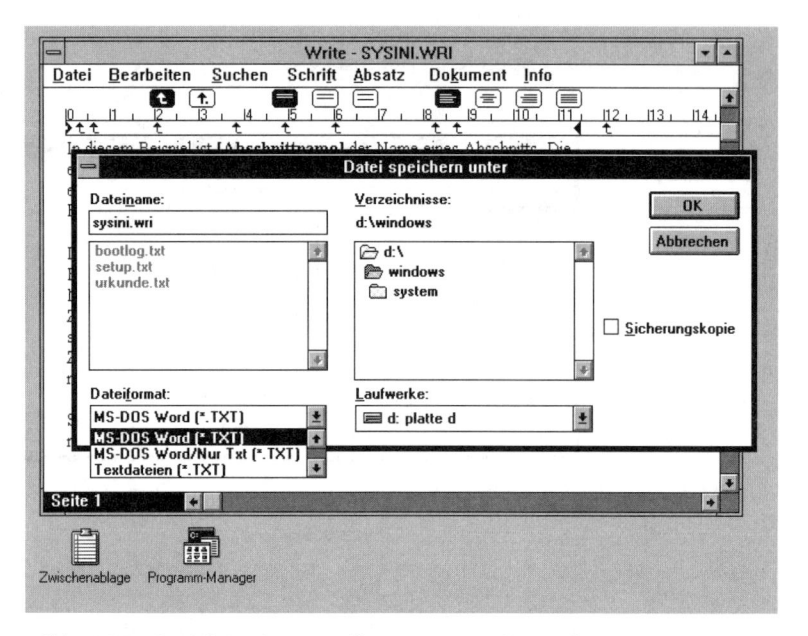

Bild 14.27: Speichern im Dateiformat von MS Word

1. Wählen Sie im Menü DATEI den Befehl SPEICHERN UNTER.
2. Geben Sie im Dialogfeld DATEI SPEICHERN UNTER den Dateinamen und das Verzeichnis der zu speichernden Datei an.
3. Markieren Sie im Listenfeld DATEIFORMAT das Format MS-DOS WORD.
4. Speichern Sie mit OK.

Nur im Write-Standardformat können Bilder gespeichert werden. Wenn Sie MS-DOS WORD/NUR TEXT markieren, erhalten Sie eine unformatierte Microsoft-Word-Datei.

Sicherungskopie erstellen

Sicherung Schützen Sie sich vor Datenverlust durch wiederholtes Sichern der Datei auf dem Datenträger. Sie können das gleiche Dokument oder unterschiedliche Dokumentversionen unter verschiedenen Dateinamen speichern.

Markieren Sie im Dialogfeld DATEI SPEICHERN UNTER das Kontrollfeld SICHERUNGSKOPIE (siehe Bild 14.28).

Write vergibt beim Speichern bei den gesicherten Dateien folgende Dateinamenserweiterungen:

- Beim Write-Standardformat erhält die alte Datei die Namenserweiterung BKP.
- Beim Microsoft-Word-Dateiformat erhält die Sicherungskopie die Namenserweiterung BAK.

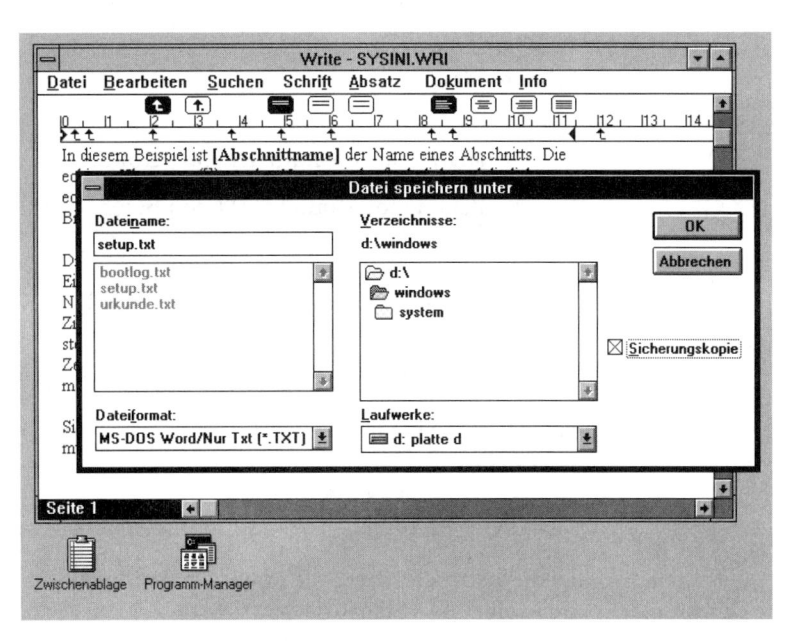

Bild 14.28: Sicherungskopie anlegen

14.7 Dokument drucken

Sie können ein Dokument seitenweise oder ganz drucken. Vor der Ausgabe können der Drucker gewechselt und Druckeroptionen eingestellt werden.

Der Teilaufgabe *Dokument drucken* sind folgende Arbeiten zugeordnet:

❐ Ganzes Dokument drucken

❐ Teile eines Dokuments drucken

❐ Drucker und Druckeroptionen wechseln

Ganzes Dokument drucken

Ganzes Dokument

Beim Ausdruck eines Dokuments verwendet Write die im Dialogfeld SEITE EINRICHTEN eingetragenen Randeinstellungen.

Das *ganze Write-Dokument* drucken Sie mit den folgenden Arbeitsschritten aus:

1. Öffnen Sie das auszudruckende Dokument.
2. Wählen Sie im Menü DATEI den Befehl DRUCKEN.

   Es wird das Dialogfeld DRUCKEN angezeigt (siehe Bild 14.29).

3. Geben Sie im Dialogfeld DRUCKEN im Feld KOPIEN die Anzahl der Kopien ein.

   Markieren Sie im Feld DRUCKBEREICH das Feld ALLES.

4. Wählen Sie OK.

Teile eines Dokuments drucken

Teil eines Dokuments

Den Ausdruck *einer Seite* oder von *mehreren Seiten* nehmen Sie mit den folgenden Schritten vor:

1. Öffnen Sie das auszudruckende Dokument.
2. Wählen Sie im Menü DATEI den Befehl DRUCKEN.

Dokument drucken 471

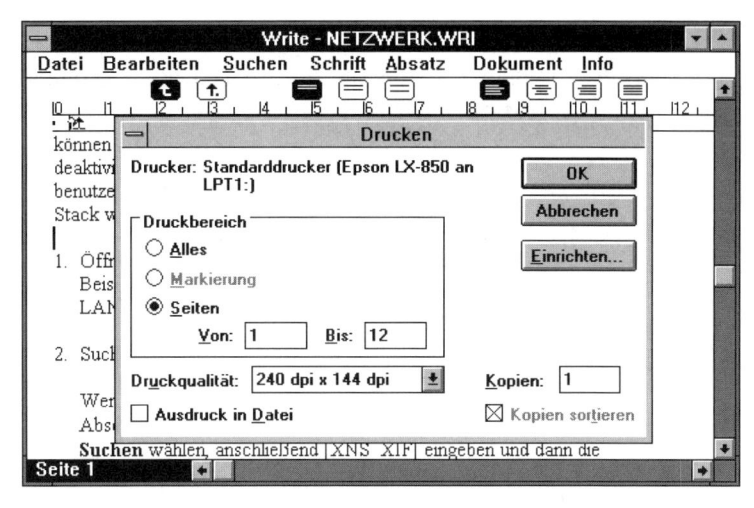

Bild 14.29: Dialogfeld Drucken

Es wird das Dialogfeld DRUCKEN angezeigt.

3. Geben Sie im Dialogfeld DRUCKEN im Feld KOPIEN die Anzahl der Kopien ein.

   Geben Sie bei SEITEN im Feld VON die erste Seite und im Feld BIS die letzte auszudruckende Seite an.

4. Wählen Sie OK.

Drucker und Druckeroptionen wechseln

Standard-drucker

Write gibt ein Dokument auf dem Standarddrucker aus. Sie können auch auf einem anderen Drucker ausgeben. Ein angeschlossener und nicht aktivierter Drucker muß zuerst mit der Systemsteuerung aktiviert und dann als *Standarddrucker* gewählt werden.

Sie wechseln den Drucker und die Druckeroptionen mit den folgenden Schritten:

1. Wählen Sie im Menü DATEI den Befehl DRUCKEREINRICHTUNG (siehe Bild 14.30).

2. Markieren Sie im Dialogfeld DRUCKEREINRICHTUNG im Feld DRUCKER den Standarddrucker oder einen speziellen Drucker für die Ausgabe.
3. Wählen Sie die Schaltfläche OPTIONEN, wenn für den Drucker weitere Druckeroptionen eingestellt werden sollen.
4. Wählen Sie OK.

Beim Ausdruck verwendet Write die für den Drucker verfügbaren Schriftarten, Schriftstile und Schriftgrade. Bei einem Druckerwechsel kann dann ein anderer Seitenumbruch vorliegen.

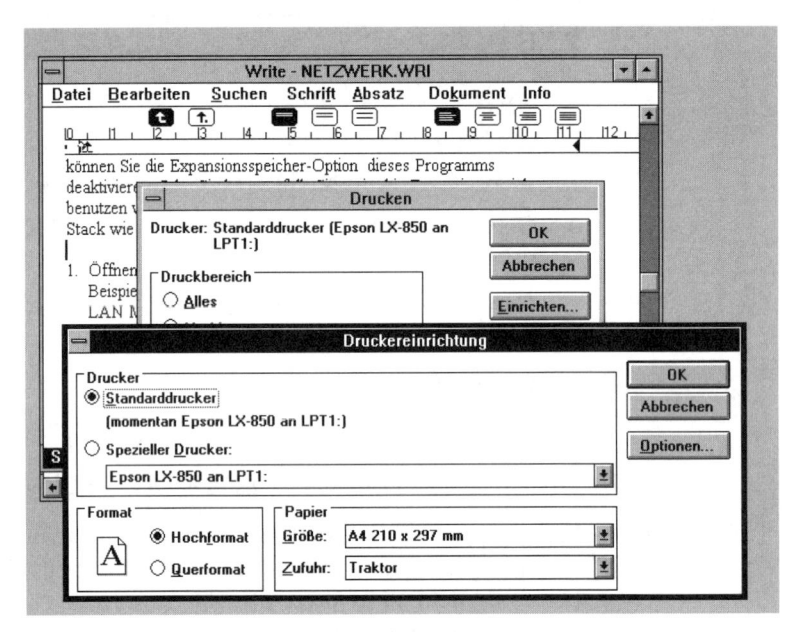

Bild 14.30: Dialogfeld Druckereinrichtung

14.8 Objekte verknüpfen und einbetten

Die Methode *Objekte verknüpfen und einbetten* (Object Linking and Embedding, kurz: OLE) dient dem Austausch und der gemeinsamen Verwendung von Daten zwischen unterschiedlichen Anwendungsprogrammen. Beim Einbetten oder Verknüpfen von Objekten bleiben Informationen darüber erhalten, mit welchem Anwendungsprogramm das Objekt erstellt oder bearbeitet wird.

Nach der Art der *Unterstützung von OLE* durch Anwendungsprogramme werden unterschieden:

❏ Server-Anwendungen

❏ Client-Anwendungen

Server   *Server-Anwendungen* sind Anwendungsprogramme, mit denen Objekte erstellt und in Dokumente anderer Anwendungsprogramme (Client-Anwendungen) eingebettet oder verknüpft werden können. Die Datei, aus der ein Objekt eingebettet oder verknüpft wird, heißt *Quelldatei*.

Client   *Client-Anwendungen* sind Anwendungsprogramme, in deren Dokumente Objekte eingebettet oder verknüpft werden können, die von anderen Anwendungsprogrammen (Server-Anwendungen) erstellt oder bearbeitet werden. Die Datei, in die ein Objekt eingebettet oder mit der es verknüpft wird, heißt *Zieldatei*.

Einbetten   Beim *Einbetten eines Objektes* wird das Objekt aus einer Quelldatei in eine Zieldatei kopiert. Im Gegensatz zum Einfügen über die Zwischenablage bleiben Informationen über das Anwendungsprogramm erhalten, mit dem das Objekt bearbeitet werden kann. Zur Bearbeitung des Objektes müssen Sie lediglich das Objekt in der Zieldatei markieren; das Anwendungsprogramm zur Bearbeitung wird dann geöffnet. Die Bearbeitung eines Objektes erfolgt innerhalb der Zieldatei, ohne sie zu verlassen.

Nach dem Einbetten eines Objektes besteht keine Verbindung zur Quelldatei, aus der das Objekt stammt. Änderungen des Objektes in der Quelldatei werden daher in der Zieldatei nicht aktualisiert.

Verknüpfen   Beim *Verknüpfen eines Objektes* wird das Objekt nicht aus einer Quelldatei in eine Zieldatei kopiert. Es wird eine Referenz des Objektes zur Quelldatei hergestellt, aus der das Objekt stammt. Änderungen des Objektes in der Quelldatei werden daher in der Zieldatei aktualisiert. Eine Bearbeitung des Objektes in der Zieldatei führt ebenfalls zur Veränderung des Objektes in der Quelldatei.

Write Die Windows-Anwendung *Write* kann nur als Client-Anwendung eingesetzt werden. Sie kann Objekte aufnehmen, die von einer Server-Anwendung, beispielsweise von Paintbrush, bereitgestellt werden.

Für die Änderung von Objekten, die mit der Anwendung Write verknüpft oder die eingebettet sind, ist ein Löschen oder Kopieren nicht mehr erforderlich. Nunmehr wird aus einer Anwendung heraus das Anwendungsprogramm zur Bearbeitung eines eingebetteten oder verknüpften Objektes aufgerufen.

Objekt in ein Write-Dokument einbetten

Die Einbettung von Objekten in ein Dokument eines Anwendungsprogramms, das OLE unterstützt, kann in der Client-Anwendung oder in der Server-Anwendung durchgeführt werden.

Es werden daher die beiden folgenden Verfahren unterschieden:

- Einbettung aus der Client-Anwendung
- Einbettung aus einer Server-Anwendung

Client Bei der Einbettung aus der Client-Anwendung beginnen Sie die Einbettung in der Anwendung Write (Client-Anwendung). Die Server-Anwendung wird aus der Client-Anwendung heraus aufgerufen.

Server Bei der Einbettung aus einer Server-Anwendung beginnen Sie die Einbettung in der Server-Anwendung, mit der das Objekt erstellt oder bearbeitet wird. Sie wechseln dann zur Anwendung Write (Client-Anwendung) und fügen das mit der Server-Anwendung erstellte Objekt ein.

Als Beispiel einer Einbettung eines Objekts in die Windows-Anwendung Write soll ein Zeichenobjekt aus der Windows-Anwendung Paintbrush eingebettet werden.

Einbettung aus der Client-Anwendung

Client Bei der *Einbettung* eines Zeichenobjektes *aus der Client-Anwendung* Write gehen Sie mit den folgenden Schritten vor:

Objekte verknüpfen und einbetten 475

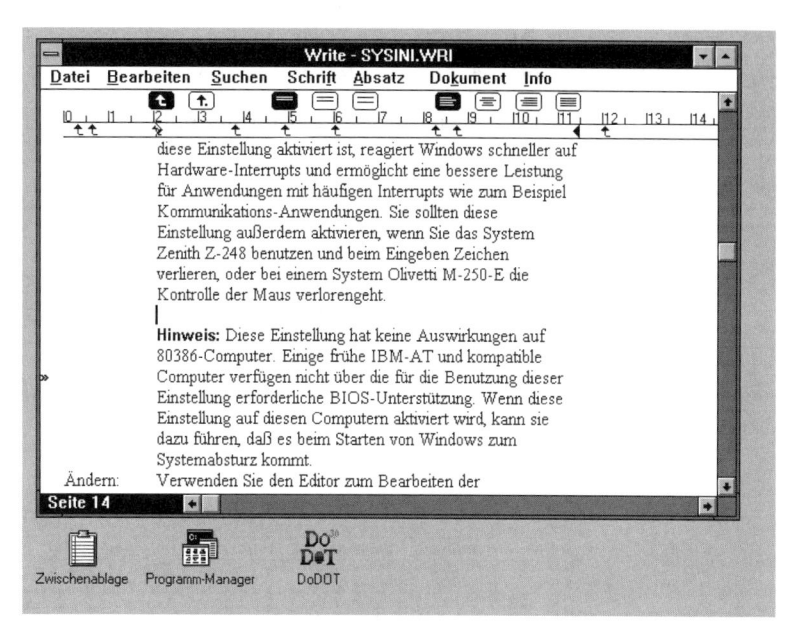

Bild 14.31: Write-Dokument vor der Einbettung

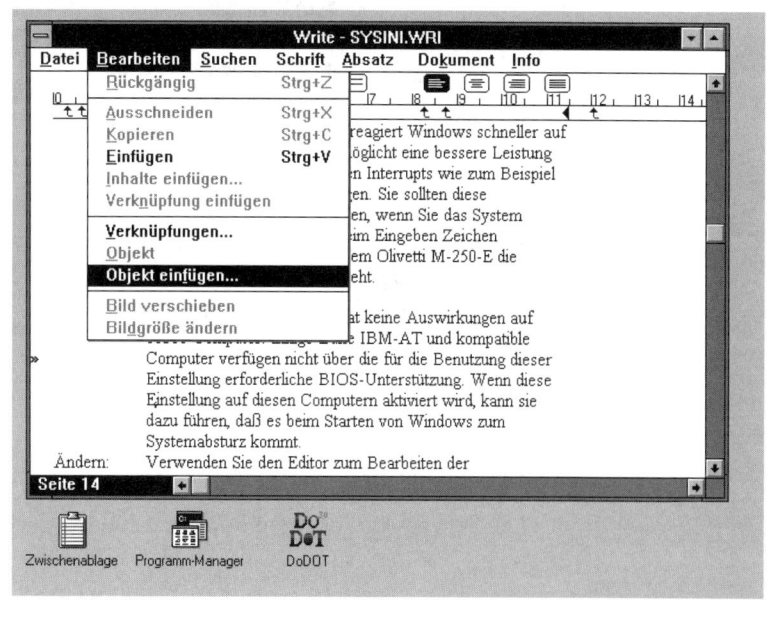

Bild 14.32: Zeichenobjekt einfügen

1. Öffnen Sie das Write-Dokument, in das das Zeichenobjekt eingebettet werden soll (siehe Bild 14.31).
2. Positionieren Sie die Einfügemarke in der Client-Anwendung Write.
3. Wählen Sie im Menü BEARBEITEN den Befehl OBJEKT EINFÜGEN (siehe Bild 14.32).

   Es wird das Dialogfeld NEUES OBJEKT EINFÜGEN angezeigt. Es listet die Anwendungsprogramme auf, die das Einbetten und Verknüpfen von Objekten unterstützen.
4. Markieren Sie den Eintrag PAINTBRUSH-BILD (siehe Bild 14.33).

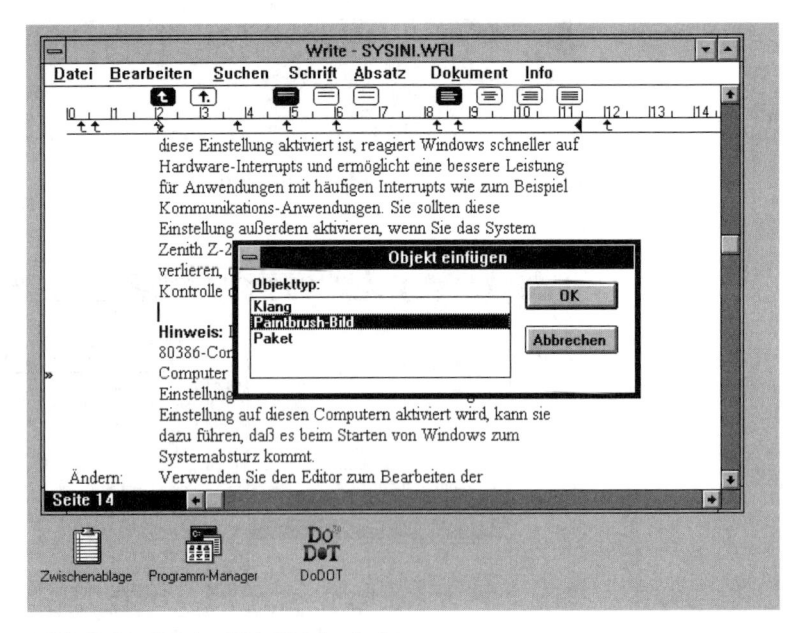

Bild 14.33: Dialogfeld Objekt einfügen

5. Wählen Sie OK.

   Die Server-Anwendung Paintbrush wird gestartet.

Objekte verknüpfen und einbetten 477

6. Erstellen Sie ein neues Zeichenobjekt, oder öffnen Sie im Menü BEARBEITEN mit dem Befehl EINFÜGEN AUS ein bestehendes Zeichenobjekt (siehe Bild 14.34).

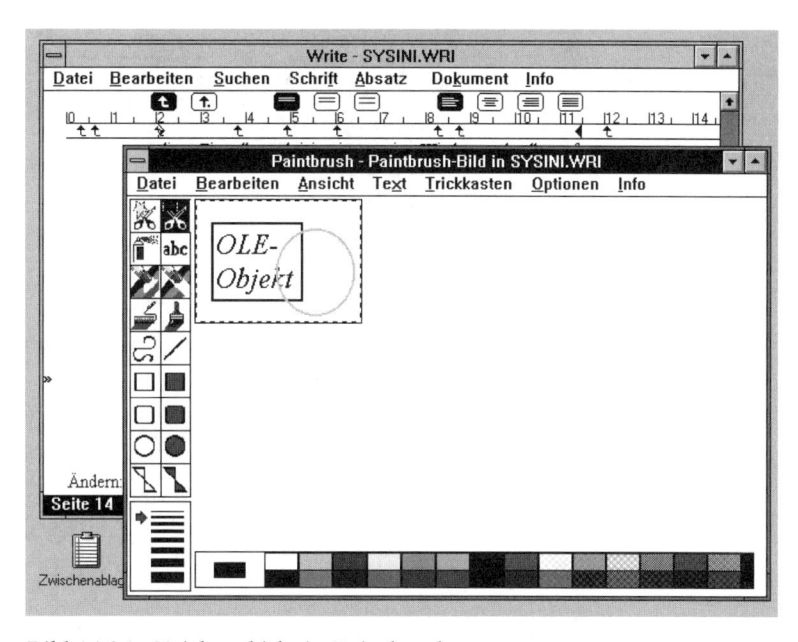

Bild 14.34: Zeichenobjekt in Paintbrush

7. Wählen Sie im Menü DATEI den Befehl AKTUALISIEREN.

   Das Zeichenobjekt wird in das Write-Dokument eingefügt.

8. Wählen Sie in Paintbrush im Menü DATEI den Befehl BEENDEN & ZURÜCK ZU (DATEINAME).

   Sie kehren zum Write-Dokument zurück (siehe Bild 14.35).

Einbettung aus einer Server-Anwendung

Server   Bei der *Einbettung* eines Zeichenobjektes *aus einer Server-Anwendung* in die Anwendung Write gehen Sie mit den folgenden Schritten vor:

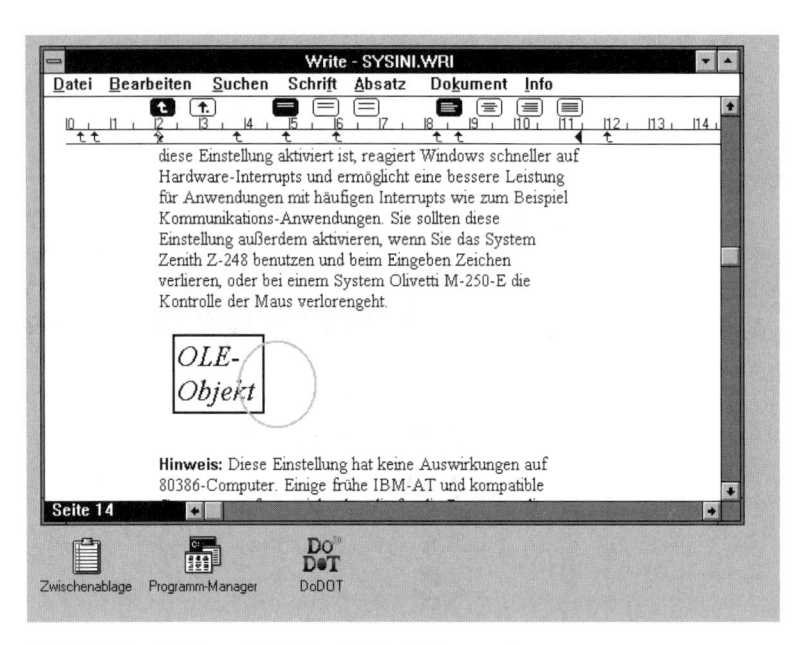

Bild 14.35: Zeichenobjekt im Write-Dokument

1. Öffnen Sie die Server-Anwendung Paintbrush.
2. Erstellen Sie ein neues Zeichenobjekt, oder laden Sie ein vorhandenes Zeichenobjekt.
3. Markieren Sie das Zeichenobjekt (siehe Bild 14.36).
4. Wählen Sie im Menü BEARBEITEN den Befehl KOPIEREN.

   Das Zeichenobjekt wird in die Zwischenablage kopiert.
5. Speichern Sie bei Bedarf das Zeichenobjekt mit dem Befehl SPEICHERN im Menü DATEI.
6. Wechseln Sie zum Write-Dokument, in dem das Zeichenobjekt eingebettet werden soll.
7. Wählen Sie im Menü BEARBEITEN den Befehl EINFÜGEN.

   Das Zeichenobjekt wird im Write-Dokument angezeigt (siehe Bild 14.37).

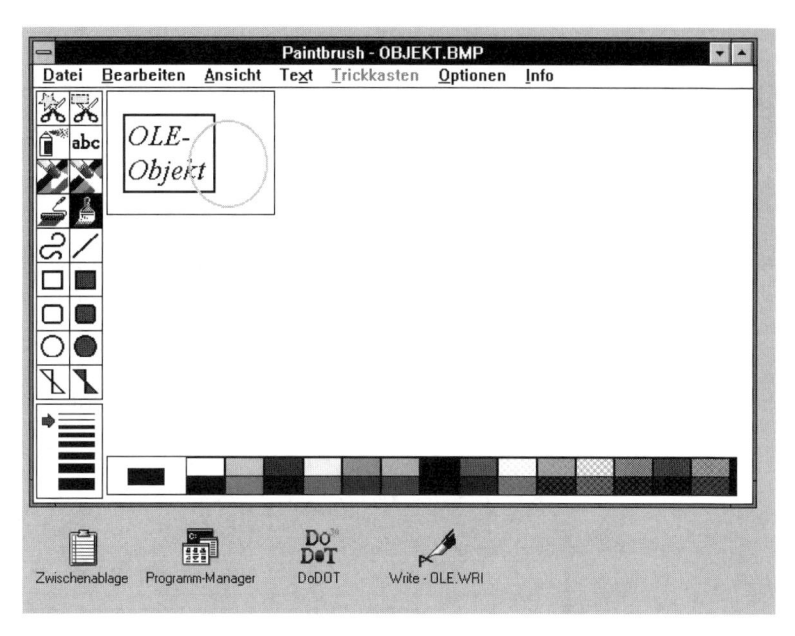

Bild 14.36: Markiertes Zeichenobjekt in Paintbrush

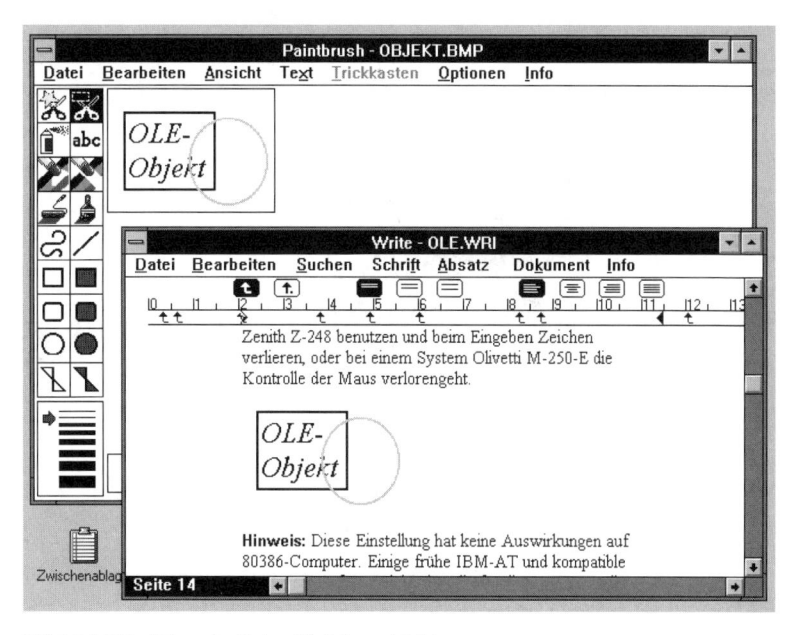

Bild 14.37: Eingebettetes Zeichenobjekt

Eingebettetes Objekt bearbeiten

Bearbeiten Ein in einem Write-Dokument eingebettetes Zeichenobjekt *bearbeiten* Sie mit den folgenden Schritten:

Schrittfolge für die Maus:

1. Doppelklicken Sie auf das eingebettete Zeichenobjekt im Write-Dokument.

    Die Server-Anwendung Paintbrush wird gestartet.

2. Bearbeiten Sie in der Server-Anwendung Paintbrush das Zeichenobjekt (siehe Bild 14.38).

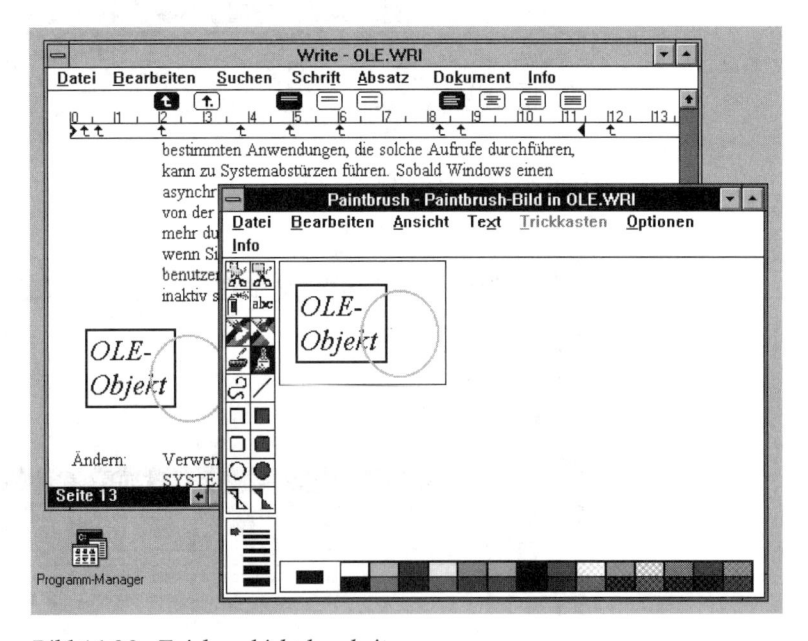

Bild 14.38: Zeichenobjekt bearbeiten

3. Wählen Sie in der Server-Anwendung Paintbrush im Menü DATEI den Befehl AKTUALISIEREN.

    Das im Write-Dokument eingebettete Zeichenobjekt wird aktualisiert.

Objekte verknüpfen und einbetten 481

4. Wählen Sie in Paintbrush im Menü DATEI den Befehl BEENDEN & ZURÜCK ZU (DATEINAME) (siehe Bild 14.39).

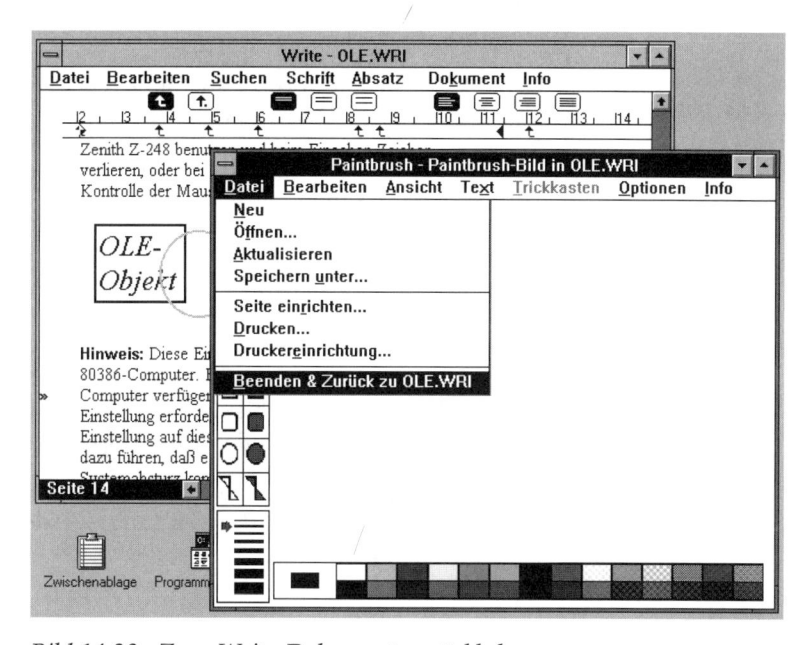

Bild 14.39: Zum Write-Dokument zurückkehren

Die Server-Anwendung Paintbrush wird beendet. Sie kehren zum Write-Dokument zurück.

Schrittfolge für die Tastatur:

1. Positionieren Sie den Cursor im Write-Dokument auf das eingebettete Zeichenobjekt, das bearbeitet werden soll.

2. Wählen Sie bei der Anwendung Write im Menü BEARBEITEN den Befehl PAINTBRUSH-BILD BEARBEITEN.

   Die Server-Anwendung Paintbrush wird gestartet.

3. Bearbeiten Sie in der Server-Anwendung Paintbrush das Zeichenobjekt.

4. Wählen Sie in der Server-Anwendung Paintbrush im Menü DATEI den Befehl AKTUALISIEREN.

   Das im Write-Dokument eingebettete Zeichenobjekt wird aktualisiert.

5. Wählen Sie in Paintbrush im Menü DATEI den Befehl BEENDEN & ZURÜCK ZU (DATEINAME).

   Die Server-Anwendung Paintbrush wird beendet. Sie kehren zum Write-Dokument zurück.

Objekt mit einem Write-Dokument verknüpfen

Bei der Verknüpfung eines Objektes mit einem Write-Dokument wird das Objekt nicht in die Zieldatei kopiert, sondern in der Zieldatei eine Kopie des Objektes der Quelldatei angezeigt. Ein zu verknüpfendes Objekt muß vorher gespeichert sein.

Teilaufgaben Bei der *Verknüpfung* von Objekten einer Server-Anwendung in ein Dokument einer Client-Anwendung werden die folgenden *Teilaufgaben* unterschieden:

- ❐ Objekt verknüpfen
- ❐ Verknüpftes Objekt bearbeiten
- ❐ Verknüpfung aktualisieren
- ❐ Mehrere Verknüpfungen herstellen
- ❐ Verknüpfung lösen
- ❐ Verknüpfung löschen
- ❐ Unterbrochene Verknüpfung wiederherstellen

Objekt verknüpfen

Verknüpfen Sie *verknüpfen* ein Zeichenobjekt der Server-Anwendung Paintbrush mit einem Write-Dokument der Client-Anwendung Write mit den folgenden Schritten:

1. Öffnen Sie die Server-Anwendung Paintbrush.

Objekte verknüpfen und einbetten 483

2. Erstellen Sie ein neues Zeichenobjekt, oder laden Sie ein vorhandenes Zeichenobjekt, das mit der Zieldatei Write-Dokument verknüpft werden soll.
3. Speichern Sie bei Bedarf das neue oder bearbeitete Zeichenobjekt.
4. Markieren Sie das zu verknüpfende Zeichenobjekt (siehe Bild 14.40).

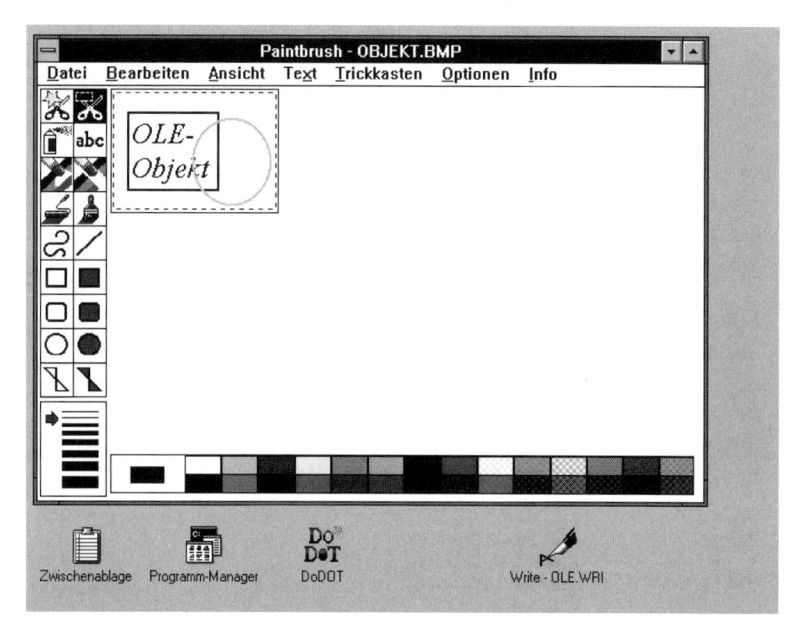

Bild 14.40: Zu verknüpfendes Objekt markieren

5. Wählen Sie im Menü BEARBEITEN den Befehl KOPIEREN.

    Das Zeichenobjekt wird in die Zwischenablage kopiert.
6. Wechseln Sie zum Write-Dokument, mit dem das Zeichenobjekt verknüpft werden soll.
7. Positionieren Sie die Einfügemarke im Write-Dokument.
8. Wählen Sie im Menü BEARBEITEN den Befehl VERKNÜPFUNG EINFÜGEN (siehe Bild 14.41).

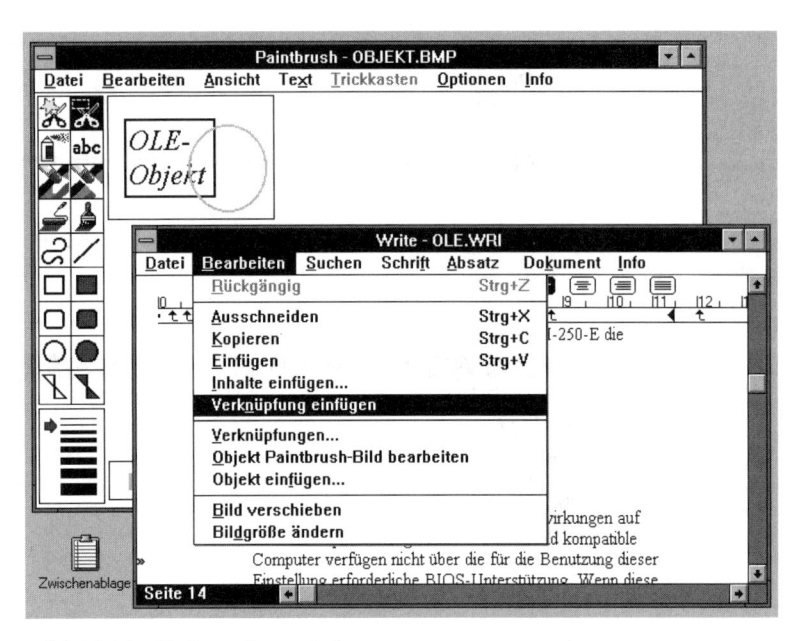

Bild 14.41: Verknüpfung einfügen

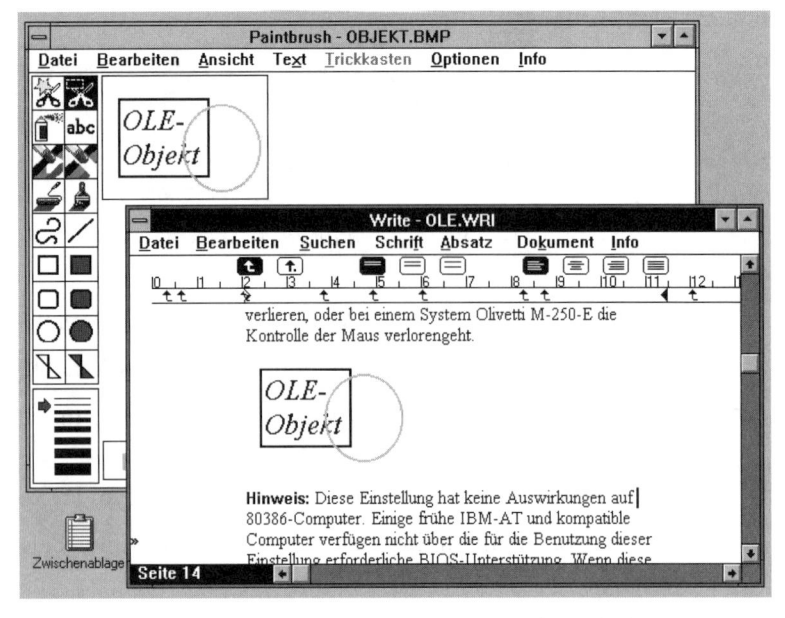

Bild 14.42: Mit einem Write-Dokument verknüpftes Objekt

Objekte verknüpfen und einbetten 485

Die Quelldatei der Server-Anwendung Paintbrush enthält das Zeichenobjekt, das mit dem Write-Dokument der Client-Anwendung Write verknüpft ist (siehe Bild 14.42).

Verknüpftes Objekt bearbeiten

Bearbeiten   Ein mit einem Write-Dokument verknüpftes Zeichenobjekt *bearbeiten* Sie mit den folgenden Schritten:

Schrittfolge für die Maus:

1. Wählen Sie bei der Anwendung Write im Menü BEARBEITEN den Befehl BILD.

2. Doppelklicken Sie auf das verknüpfte Zeichenobjekt im Write-Dokument.

   Die Server-Anwendung Paintbrush wird gestartet.

3. Bearbeiten Sie in der Server-Anwendung Paintbrush das Zeichenobjekt.

4. Wählen Sie in der Server-Anwendung Paintbrush im Menü DATEI den Befehl SPEICHERN.

5. Wählen Sie in Paintbrush im Menü DATEI den Befehl BEENDEN.

   Die Server-Anwendung Paintbrush wird beendet. Sie kehren zum Write-Dokument zurück.

Schrittfolge für die Tastatur:

1. Wählen Sie bei der Anwendung Write im Menü BEARBEITEN den Befehl BILD.

   Wechseln Sie zwischen den Menüs mit den RICHTUNG-Tasten.

2. Wählen Sie bei der Anwendung Write im Menü BEARBEITEN den Befehl PAINTBRUSH-BILD BEARBEITEN.

   Die Server-Anwendung Paintbrush wird gestartet.

3. Bearbeiten Sie in der Server-Anwendung Paintbrush das Zeichenobjekt.

4. Wählen Sie in der Server-Anwendung Paintbrush im Menü DATEI den Befehl SPEICHERN.

5. Wählen Sie in Paintbrush im Menü DATEI den Befehl BEENDEN.

Die Server-Anwendung Paintbrush wird beendet. Sie kehren zum Write-Dokument zurück.

Bei manueller Aktualisierung wird das geänderte Zeichenobjekt nur nach einer Aktualisierung angezeigt.

Verknüpfung aktualisieren

Aktualisieren Verknüpfte Objekte können mit den beiden folgenden Verfahren *aktualisiert* werden:

❐ automatische Aktualisierung

❐ manuelle Aktualisierung

Automatisch Die Einstellungen für eine *automatische Aktualisierung* nehmen Sie mit den folgenden Schritten vor:

1. Öffnen Sie das Write-Dokument, mit dem das Zeichenobjekt verknüpft ist.

2. Wählen Sie im Menü BEARBEITEN den Befehl VERKNÜPFUNG.

Es wird das Dialogfeld VERKNÜPFUNG angezeigt (siehe Bild 14.43).

3. Markieren Sie die Verknüpfungen, deren Status verändert werden soll.

4. Wählen Sie die Option AUTOMATISCH oder MANUELL.

5. Wählen Sie OK.

Manuell Die Einstellungen für eine *manuelle Aktualisierung* nehmen Sie mit den folgenden Schritten vor:

1. Öffnen Sie das Write-Dokument, mit dem das Zeichenobjekt verknüpft ist.

Objekte verknüpfen und einbetten 487

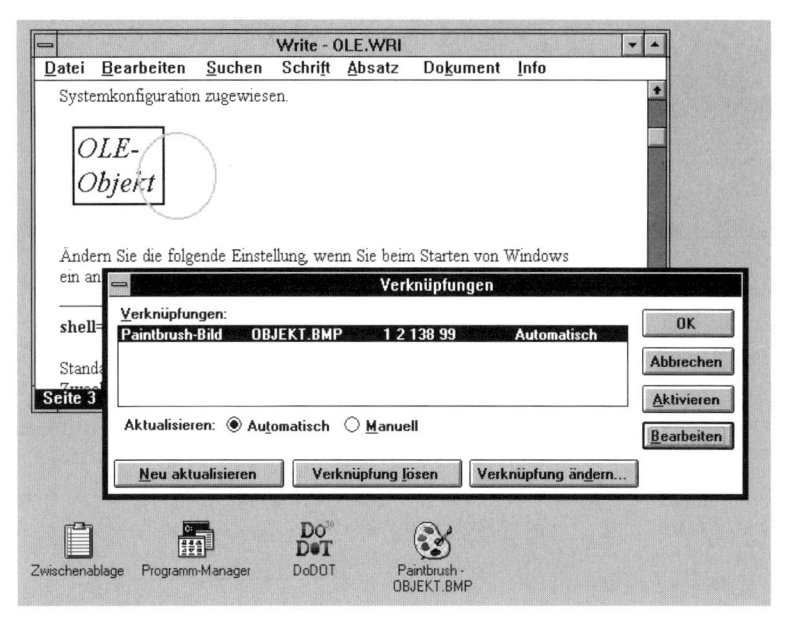

Bild 14.43: Automatische Verknüpfung

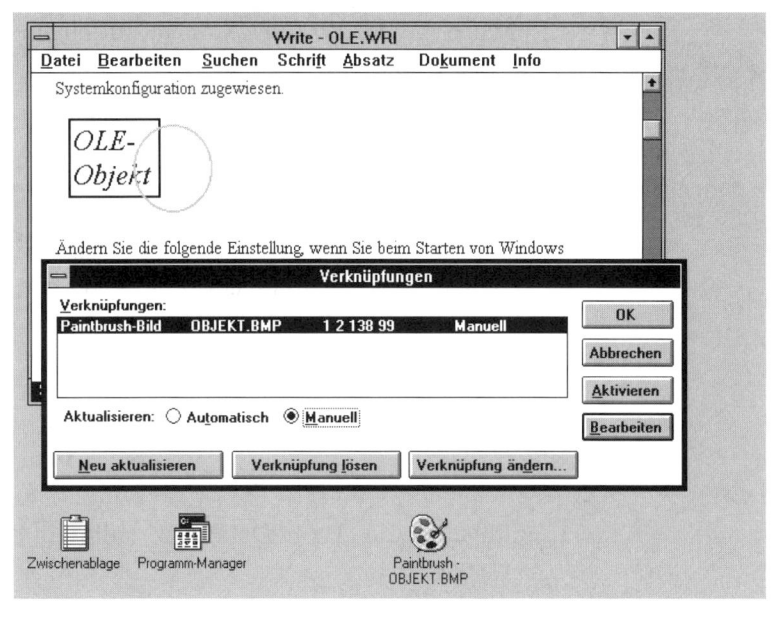

Bild 14.44: Verknüpfung neu aktualisieren

2. Wählen Sie im Menü BEARBEITEN den Befehl VERKNÜPFUNG.

   Es wird das Dialogfeld VERKNÜPFUNG angezeigt (siehe Bild 14.44).

3. Markieren Sie die Verknüpfungen, deren Status verändert werden soll.

4. Wählen Sie die Schaltfläche NEU AKTUALISIEREN.

5. Wählen Sie OK.

Mehrere Verknüpfungen herstellen

Mehrere *verknüpfte Objekte* können mit den beiden folgenden Verfahren erstellt werden:

- Objekt verknüpfen
- bestehende Verknüpfung kopieren

Kopieren   Das *Kopieren* einer bestehenden Verknüpfung nehmen Sie mit den folgenden Schritten vor:

1. Öffnen Sie das Write-Dokument mit einem verknüpften Zeichenobjekt, das kopiert werden soll.

2. Markieren Sie das verknüpfte Zeichenobjekt.

3. Öffnen Sie das Write-Dokument, mit dem das Objekt verknüpft werden soll.

4. Positionieren Sie die Einfügemarke im Write-Dokument.

5. Wählen Sie im Menü BEARBEITEN den Befehl EINFÜGEN.

Verknüpfung lösen

Lösen   Eine bestehende Verknüpfung *lösen* Sie mit den folgenden Schritten:

1. Öffnen Sie das Write-Dokument, mit dem das Zeichenobjekt verknüpft ist.

2. Markieren Sie das Zeichenobjekt.
3. Wählen Sie im Menü DATEI den Befehl VERKNÜPFUNG.
   Es wird das Dialogfeld VERKNÜPFUNG angezeigt.
4. Wählen Sie die Schaltfläche VERKNÜPFUNG LÖSEN.
5. Wählen Sie OK.

Verknüpfung löschen

Löschen Eine bestehende Verknüpfung *löschen* Sie mit den folgenden Schritten:

1. Öffnen Sie das Write-Dokument, mit dem das Zeichenobjekt verknüpft ist.
2. Markieren Sie das Zeichenobjekt.
3. Drücken Sie die ENTF-Taste.

Unterbrochene Verknüpfung wiederherstellen

Wieder- Eine unterbrochene Verknüpfung können Sie mit den folgenden
herstellen Schritten *wiederherstellen*:

1. Öffnen Sie die Datei mit dem Zeichenobjekt, dessen Verknüpfung geändert werden soll.
2. Markieren Sie das Zeichenobjekt.
3. Wählen Sie im Menü BEARBEITEN den Befehl VERKNÜPFUNG.
   Es wird das Dialogfeld VERKNÜPFUNG angezeigt.
4. Wählen Sie die Schaltfläche VERKNÜPFUNG ÄNDERN.
   Es wird das Dialogfeld VERKNÜPFUNG ÄNDERN angezeigt (siehe Bild 14.45).
5. Wählen Sie im Listenfeld DATEINAME den Namen der Datei, zu der die Verknüpfung wiederhergestellt werden soll.
6. Wählen Sie OK.

Bild 14.45: Dialogfeld Verknüpfung ändern

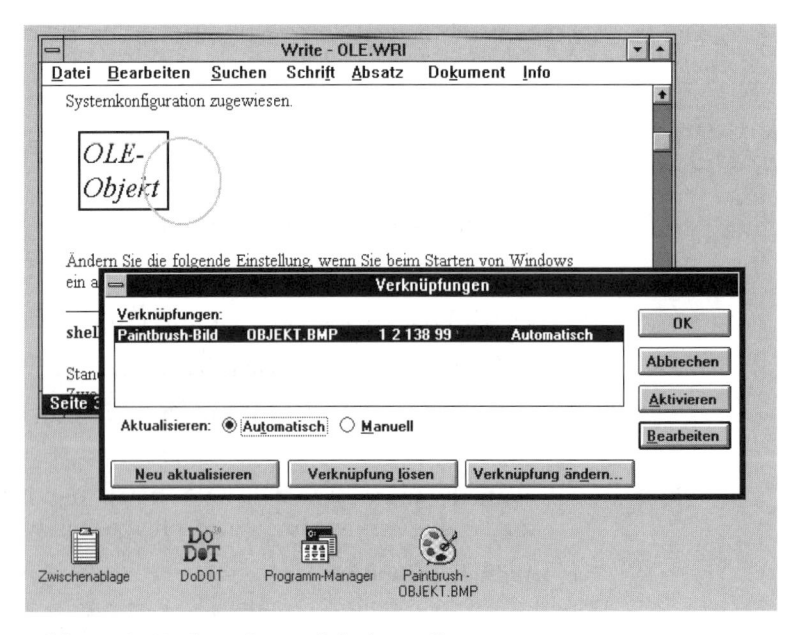

Bild 14.46: Verknüpfung wiederherstellen

Objekte verknüpfen und einbetten 491

Es wird das Dialogfeld VERKNÜPFUNG angezeigt (siehe Bild 14.46). Der Name der neuen Quelldatei ist markiert.

7. Wählen Sie OK.

Das Dialogfeld wird geschlossen. Das neu verknüpfte Objekt wird in der Zieldatei angezeigt (siehe Bild 14.47).

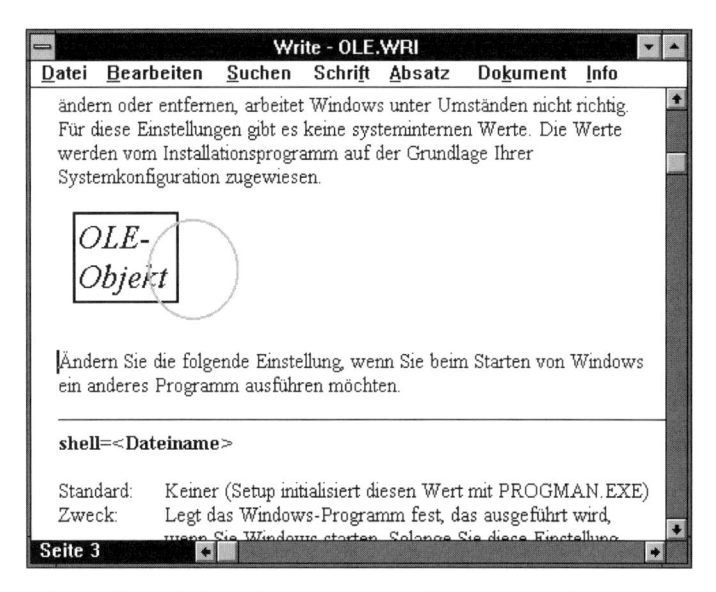

Bild 14.47: Objekt mit wiederhergestellter Verknüpfung

KAPITEL 15

ZEICHNEN MIT PAINTBRUSH

Die Windows-Anwendung Paintbrush dient der Erstellung, Bearbeitung und Ausgabe von ein- oder mehrfarbigen Zeichnungen. Über die Zwischenablage kann eine Zeichnung aus einer anderen Anwendung übernommen und bearbeitet werden. Die Bearbeitung erfolgt mit Utensilien, Farbenauswahl, Palette, Texthilfsmittel und Menüoptionen. Das Zeichenergebnis steht mit Hilfe der Zwischenablage einer Anwendung zur Verfügung.

15.1 Aufgaben, Fensterelemente und Tastatur

Anwendungen und Aufgaben

Mit der Windows-Anwendung *Paintbrush* können schwarzweiße oder farbige Zeichnungen erstellt, bearbeitet und ausgegeben werden. Die Anwendung arbeitet pixelorientiert und nicht vektor- oder objektorientiert – eine Zeichnung oder ein Teil einer Zeichnung wird durch die Manipulation einzelner Pixel (Bildpunkte) erstellt.

Für die Erstellung und Bearbeitung von *Zeichnungen* setzen wir Paintbrush-Utensilien (Werkzeuge) ein. Hierzu gehören Utensilien für die Erstellung von Objekten (Bogen, Linie, Rechteck, Kreis, Ellipse, Vieleck), Utensilien zur Bearbeitung (Scheren, Sprühdose, Farbradierer, Radierer, Farbrolle, Pinsel) und Hilfsmittel für Texteingaben.

Häufig erstellen einzelne Malprogramme Zeichnungen in einem eigenen Dateiformat. Paintbrush kann für einige *Dateiformate* Zeichnungen direkt einlesen und bearbeiten. Ein zweiter Ansatz ist für alle Windows-Anwendungen von Vorteil. Windows-Anwendungen können Zeichnungen über die *Zwischenablage* übertragen. Mit anderen Programmen erstellte Zeichnungen werden über die Zwischenablage in Paintbrush eingefügt und mit den verfügbaren Utensilien bearbeitet. Das Ergebnis steht über die Zwischenablage anderen Anwendungen zur Verfügung.

Aufgaben   Beim Arbeiten mit Paintbrush sind die einzelnen Teilaufgaben den folgenden *Aufgabengruppen* für die Erstellung, Bearbeitung und Ausgabe von Zeichnungen zugeordnet:

- Zeichnung erstellen
- Paintbrush-Utensilien einsetzen
- Text eingeben
- Zeichnung bearbeiten
- Fortgeschrittene Bearbeitungsaufgaben
- Mit Paintbrush-Dateien arbeiten
- Zeichnung drucken

Menüs	Die Teilaufgaben der Paintbrush-Anwendung werden mit den Optionen und Befehlen der *Menüs* DATEI, BEARBEITEN, ANSICHT, TEXT, TRICKKASTEN, OPTIONEN und INFO durchgeführt.

Fensterbereiche und Fensterelemente

Fenster	Ein typisches *Paintbrush-Fenster* sehen Sie im Bild 15.1. Es besteht aus den Teilen Titelleiste, Menüleiste, Zeichenbereich, Utensilienleiste, Strichbreitenfeld, Farbenauswahlfeld, Palette sowie horizontale und vertikale Bildlaufleiste.
Titelleiste	In der *Titelleiste* wird der Name einer Anwendung oder eines Dokuments angezeigt. Die Titelleiste des aktiven Fensters ist hervorgehoben.
Menüleiste	Die *Menüleiste* zeigt die verfügbaren Menüs einer Anwendung an. Ein Menü kann Untermenüs, Befehle oder Optionen enthalten.
Zeichen-bereich	Im *Zeichenbereich* wird eine Zeichnung bearbeitet. Die Größe des Zeichenbereiches hängt vom Bildschirmtyp und der verfügbaren Speicherkapazität ab. Die Standardgröße ist im Menü OPTIONEN mit dem Befehl BILDATTRIBUTE einstellbar.
Utensilien-leiste	Die verfügbaren Zeichenhilfsmittel werden in der *Utensilienleiste* angezeigt. Die Utensilienleiste und das Strichbreitenfeld können zur Vergrößerung des sichtbaren Zeichenbereiches ausgeblendet werden.
Aktuelles Zeichen-hilfsmittel	In der Utensilienleiste ist das *aktuelle Zeichenhilfsmittel* durch Markierung hervorgehoben. Innerhalb des Zeichenbereiches nimmt der Cursor die Form des aktuellen Zeichenhilfsmittels an.
Strich-breitenfeld	Im *Strichbreitenfeld* stehen verschiedene Strichbreiten zur Auswahl. Die Utensilienleiste und das Strichbreitenfeld können zur Vergrößerung des sichtbaren Zeichenbereiches ausgeblendet werden.
Aktuelle Strichbreite	Die *aktuelle Strichbreite* ist im Strichbreitenfeld durch einen Pfeil markiert.
Farben-auswahlfeld	Im *Farbenauswahlfeld* werden die aktuelle Hintergrundfarbe und die Vordergrundfarbe angezeigt. Das Farbenauswahlfeld und die Palette können zur Vergrößerung des sichtbaren Zeichenbereiches ausgeblendet werden.

Aufgaben, Fensterelemente und Tastatur 497

a) Menüleiste
b) Aktuelles Zeichenhilfsmittel
c) Zeichenbereich
d) Utensilienleiste
e) Aktuelle Strichbreite
f) Strichbreitenfeld
g) Hintergrundfarbe
h) Vordergrundfarbe
i) Farbenauswahlfeld
j) Palette
k) Bildlaufleiste

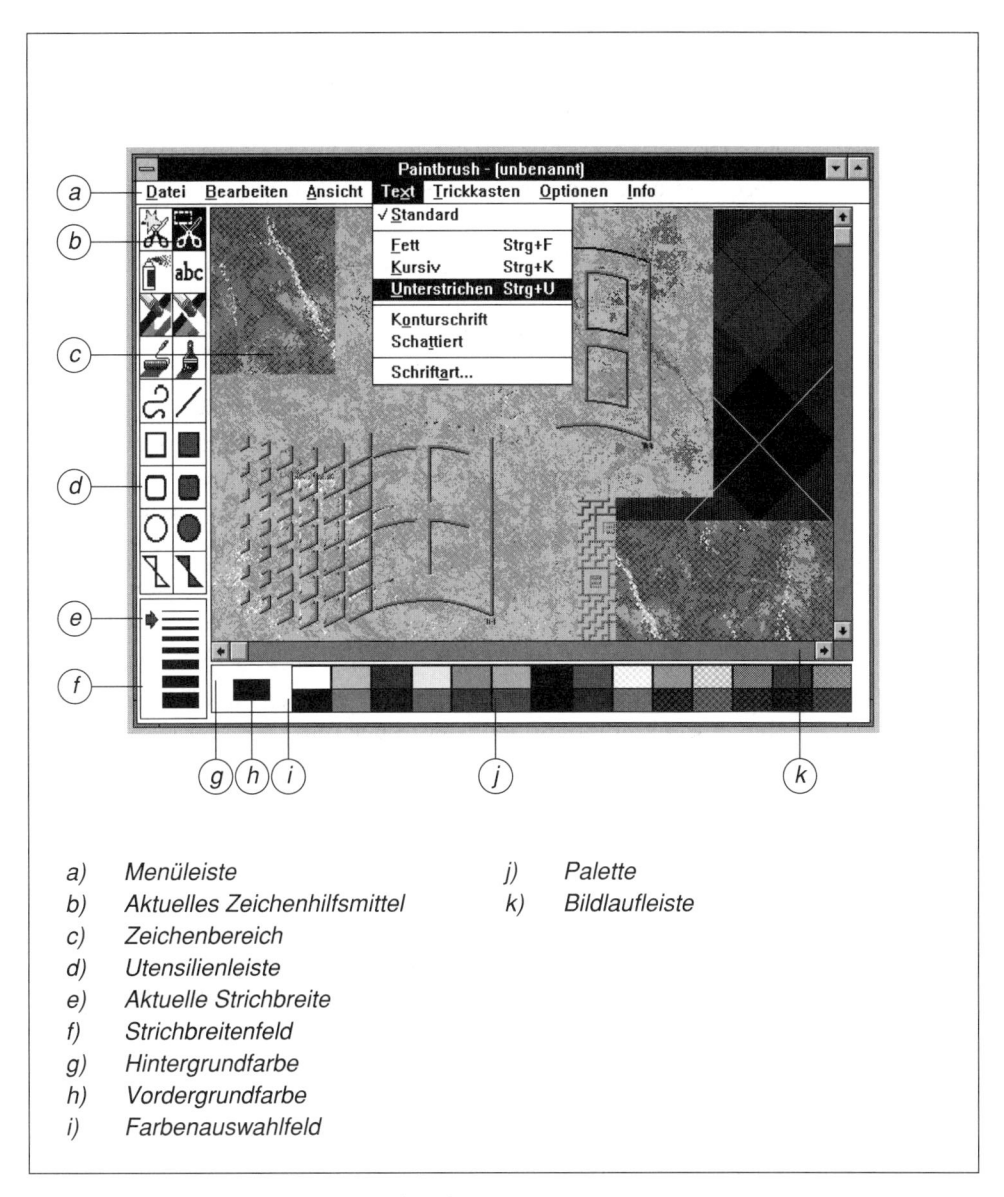

Bild 15.1: Elemente in einem Paintbrush-Fenster

Hinter-grundfarbe	Die *Hintergrundfarbe* im Farbenauswahlfeld ist die aktuelle Hintergrundfarbe. Sie wird zu Beginn einer Zeichnung bestimmt, kann aber danach während der Bearbeitung geändert werden.
Vorder-grundfarbe	Die *Vordergrundfarbe* im Farbenauswahlfeld ist die aktuelle Vordergrundfarbe. Sie kann während der Bearbeitung geändert werden.
Palette	Die *Palette* stellt Farben und Muster für die Hintergrundfarbe und für die Vordergrundfarbe zur Verfügung. Das Farbenauswahlfeld und die Palette können zur Vergrößerung des sichtbaren Zeichenbereiches ausgeblendet werden.
Cursor	Der *Cursor* dient außerhalb des Zeichenbereiches der Auswahl eines Zeichenhilfsmittels. Innerhalb des Zeichenbereiches wird für die Bearbeitung der Zeichnung mit dem Cursor positioniert. Innerhalb des Zeichenbereiches ist das aktuelle Zeichenhilfsmittel an der Cursorform erkennbar.
Bildlaufleiste	Die *horizontale* und *vertikale Bildlaufleiste* verschieben den Fensterinhalt, damit unsichtbare Teile außerhalb des Fensters eingesehen werden können.
Tabulator	Zwischen den verschiedenen Fensterbereichen können Sie mit den Tastenkombinationen TABULATOR und UMSCHALT+TABULATOR wechseln.

Abkürzungstasten und Tastenfunktionen

Abkürzungs-tasten	Bei einigen Menüs von Paintbrush stehen für den Aufruf von Untermenüs, Befehlen oder Optionen *Abkürzungstasten* zur Verfügung. Abkürzungstasten stehen in einem Menü rechts neben dem Bezeichner. Ein unterstrichener Buchstabe steht für eine Abkürzungstaste. Abkürzungstasten finden Sie auch in Dialogfeldern für die Feldauswahl.
Maus und Tastatur	Die Arbeit mit der *Maus* kann bei Paintbrush durch die *Tastatur* ersetzt werden. Es gelten hierbei die folgenden Tastenzuordnungen:

EINFG	Linke Maustaste klicken oder drücken

	ENTF	Rechte Maustaste klicken oder drücken
	F9+EINFG	Linke Maustaste doppelklicken
	F9+ENTF	Rechte Maustaste doppelklicken

Bereich wechseln   Zwischen den *Bereichen* Utensilienleiste, Strichbreitenfeld, Farbenauswahlfeld, Palette und Zeichenbereich *wechseln* Sie beim Arbeiten mit der Tastatur mit der TABULATOR-Taste oder mit der UMSCHALT+TABULATOR-Taste.

Rückgängig   Sie machen *Aktionen* folgendermaßen *rückgängig*:

	STRG+Z	Alle Aktionen seit Auswahl des aktuellen Hilfsmittels zurücknehmen

Bewegen   Für die *Bewegung im Zeichenbereich* sind folgende Tastenfunktionen verfügbar:

	RICHTUNG	Cursor im Zeichenbereich positionieren
	POS1	Zum oberen Rand des Zeichenbereichs
	ENDE	Zum unteren Rand des Zeichenbereichs
	BILD-NACH-OBEN	Bildschirmweise nach oben
	BILD-NACH-UNTEN	Bildschirmweise nach unten
	UMSCHALT+NACH-OBEN	Zeilenweise nach oben
	UMSCHALT+NACH-UNTEN	Zeilenweise nach unten
	UMSCHALT+POS1	Zum linken Rand des Zeichenbereichs
	UMSCHALT+ENDE	Zum rechten Rand des Zeichenbereichs

UMSCHALT+BILD-NACH-OBEN	Bildschirmweise nach links
UMSCHALT+BILD-NACH-UNTEN	Bildschirmweise nach rechts
UMSCHALT+NACH-LINKS	Spalte nach links
UMSCHALT+NACH-RECHTS	Spalte nach rechts

15.2 Zeichnung erstellen

Der Teilaufgabe *Zeichnung erstellen* sind folgende Arbeiten zugeordnet:

- Einstellungen setzen
- Neue Zeichnung beginnen
- Hintergrund- und Vordergrundfarben bestimmen
- Strichbreite festlegen
- Zeichenhilfsmittel wählen und einsetzen
- Zeichenbereich vergrößern
- Aktionen zurücknehmen
- Gesamten Bildschirm anzeigen
- Gesamte Zeichnung anzeigen

Einstellungen setzen

Einstellen   Vor der Erstellung einer neuen Zeichnung können Sie die für einen Bildschirmtyp voreingestellten Werte für die Breite, Höhe und Farbe der Zeichnung ändern (siehe Bild 15.2).

1. Wählen Sie im Menü OPTIONEN die Auswahl BILDATTRIBUTE.

   Es wird ein Dialogfeld angezeigt.

2. Ändern Sie die gewünschte Option.

   Im Feld BREITE bestimmen Sie die Breite der Zeichnung.

   Im Feld HÖHE legen Sie die Höhe der Zeichnung fest.

Zeichnung erstellen

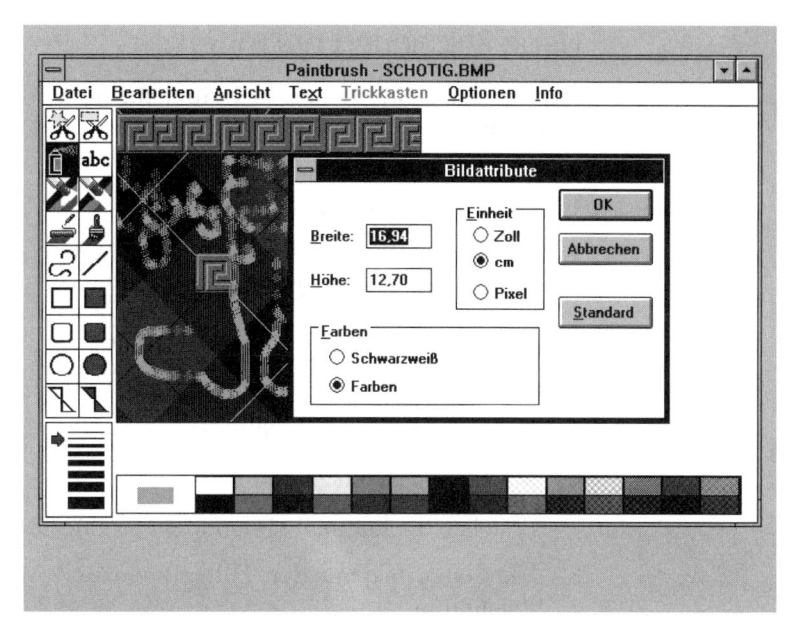

Bild 15.2: Bildattribute bestimmen

Im Feld EINHEIT wählen Sie die Einheit (Zoll, cm oder Pixel) für die Höhen- und Breitenangabe.

Mit den Optionen FARBEN oder SCHWARZWEISS im Feld FARBEN wird bestimmt, ob die Zeichnung in Schwarzweiß oder in Farbe angelegt werden soll.

Mit der Schaltfläche STANDARD werden die voreingestellten Werte für einen gegebenen Bildschirmtyp angezeigt.

3. Wählen Sie OK.
4. Wählen Sie im Menü DATEI den Befehl NEU.

Eine farbige Zeichnung mit einem großen Zeichenbereich benötigt eine größere Speicherkapazität als eine schwarzweiße Zeichnung mit einem kleinen Zeichenbereich.

Neue Zeichnung beginnen

Beginnen   Wir erstellen eine neue Zeichnung mit den folgenden Arbeitsschritten:

1. Wählen Sie eine Hintergrundfarbe.
2. Ändern Sie bei Bedarf im Menü OPTIONEN die Einstellungen im Dialogfeld BILDATTRIBUTE.
3. Wählen Sie im Menü DATEI den Befehl NEU.
4. Wählen Sie eine Vordergrundfarbe.
5. Bestimmen Sie die Strichbreite.
6. Markieren Sie ein Zeichenhilfsmittel.
7. Erstellen Sie mit dem Hilfsmittel einzelne Objekte.
8. Bearbeiten Sie mit den Hilfsmitteln und Menüoptionen die Zeichnung.
9. Speichern Sie die Zeichnung mit dem Befehl SPEICHERN oder SPEICHERN UNTER im Menü DATEI.

Hintergrund- und Vordergrundfarben bestimmen

Farben   Die Hintergrund- und Vordergrundfarbe einer Zeichnung wählen Sie in der *Palette* aus. Im *Farbenauswahlfeld* wird die aktuelle Hintergrundfarbe außen und die aktuelle Vordergrundfarbe innen angezeigt. Das Farbenauswahlfeld und die Palette sehen Sie in Bild 15.3.

Bild 15.3: Farbenauswahlfeld und Palette

Die *Vordergrundfarbe* und die *Hintergrundfarbe* können bei Bedarf geändert werden. Eine geänderte Hintergrundfarbe wird bei einigen Zeichenhilfsmitteln verwendet. Die Hintergrundfarbe für

Zeichnung erstellen

die gesamte Zeichnung kann nur zu Beginn der Zeichnung im Menü DATEI mit dem Befehl NEU festgelegt werden.

Hintergrund Sie ändern die *Hintergrundfarbe* für ein Hilfsmittel wie folgt:

Schrittfolge für die Maus:

❐ Zeigen Sie auf das gewünschte Farbfeld oder Musterfeld in der Palette, und klicken Sie die rechte Maustaste.

Schrittfolge für die Tastatur:

1. Führen Sie mit der TABULATOR-Taste den Cursor zur Palette.
2. Wählen Sie mit der RICHTUNG-Taste das gewünschte Farbfeld oder Musterfeld.
3. Drücken Sie die ENTF-Taste.

Vordergrund Sie ändern die *Vordergrundfarbe* für ein Hilfsmittel mit den folgenden Schritten:

Schrittfolge für die Maus:

❐ Zeigen Sie auf das gewünschte Farbfeld oder Musterfeld in der Palette, und klicken Sie die linke Maustaste.

Schrittfolge für die Tastatur:

1. Führen Sie mit der TABULATOR-Taste den Cursor zur Palette.
2. Wählen Sie mit der RICHTUNG-Taste das gewünschte Farbfeld oder Musterfeld.
3. Drücken Sie die EINFG-Taste.

Strichbreite festlegen

Strichbreite Im *Strichbreitenfeld* wählen Sie eine aktuelle *Strichbreite* aus. Die oberste Linie der verfügbaren Strichbreiten ist ein Pixel breit. Die Strichbreite bestimmt die Objektbreite oder Rahmenbreite für ein Hilfsmittel.

Eine aktuelle Strichbreite wählen Sie folgendermaßen aus:

Schrittfolge für die Maus:

❏ Zeigen Sie im Strichbreitenfeld auf die gewünschte Strichbreite, und klicken Sie die linke Maustaste.

Schrittfolge für die Tastatur:

1. Führen Sie mit der TABULATOR-Taste den Cursor zum Strichbreitenfeld.
2. Wählen Sie mit der RICHTUNG-Taste die gewünschte Strichbreite.
3. Drücken Sie die EINFG-Taste.

Die aktuelle Strichbreite wird durch einen Pfeil markiert.

Zeichenhilfsmittel wählen und einsetzen

Hilfsmittel Zum Zeichnen *wählen* Sie in der Utensilienleiste ein *Zeichenhilfs-*
wählen *mittel* mit den folgenden Schritten aus:

Schrittfolge für die Maus:

❏ Zeigen Sie in der Utensilienleiste auf das gewünschte Zeichenhilfsmittel, und klicken Sie die Maustaste.

Schrittfolge für die Tastatur:

1. Führen Sie mit der TABULATOR-Taste den Cursor zur Utensilienleiste.

Zeichnung erstellen

2. Wählen Sie mit der RICHTUNG-Taste das gewünschte Zeichenhilfsmittel.
3. Drücken Sie die EINFG-Taste.

Das aktuelle Zeichenhilfsmittel wird markiert.

Die Zeichenhilfsmittel der Utensilienleiste und das Strichbreitenfeld sehen Sie in Bild 15.4.

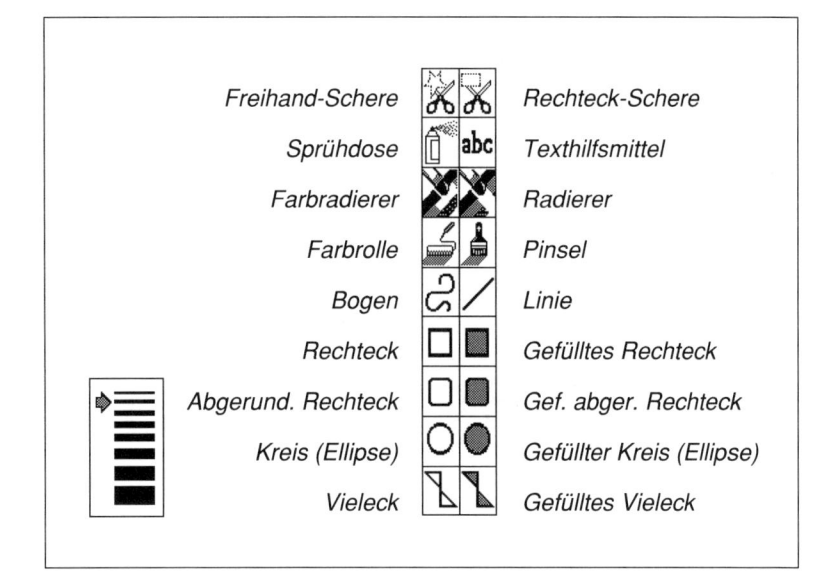

Bild 15.4: Strichbreitenfeld und Utensilienleiste

Freihand-Schere	Rechteck-Schere
Sprühdose	Texthilfsmittel
Farbradierer	Radierer
Farbrolle	Pinsel
Bogen	Linie
Rechteck	Gefülltes Rechteck
Abgerund. Rechteck	Gef. abger. Rechteck
Kreis (Ellipse)	Gefüllter Kreis (Ellipse)
Vieleck	Gefülltes Vieleck

Hilfsmittel einsetzen

Für die *Bearbeitung* einer Zeichnung setzen Sie das aktuelle Zeichenhilfsmittel mit den folgenden Schritten ein:

Schrittfolge für die Maus:

1. Führen Sie den Cursor in den Zeichenbereich.
2. Positionieren Sie den Cursor am Startpunkt, und drücken Sie die Maustaste.

3. Ziehen Sie bei gedrückter Maustaste den Mauscursor (bei den Hilfsmitteln Rechteck und Kreis folgt die Objektgestalt dem Mauscursor).

4. Lassen Sie die Maustaste los, wenn die Objektgestalt Ihren Vorstellungen entspricht.

Schrittfolge für die Tastatur:

1. Führen Sie mit der TABULATOR-Taste den Cursor in den Zeichenbereich.

2. Halten Sie die EINFG-Taste gedrückt und bewegen den Cursor mit den RICHTUNG-Tasten.

Zur exakten Positionierung der Maus kann das Hilfsmittel CURSORPOSITION im Menü ANSICHT gewählt werden (siehe Bild 15.5).

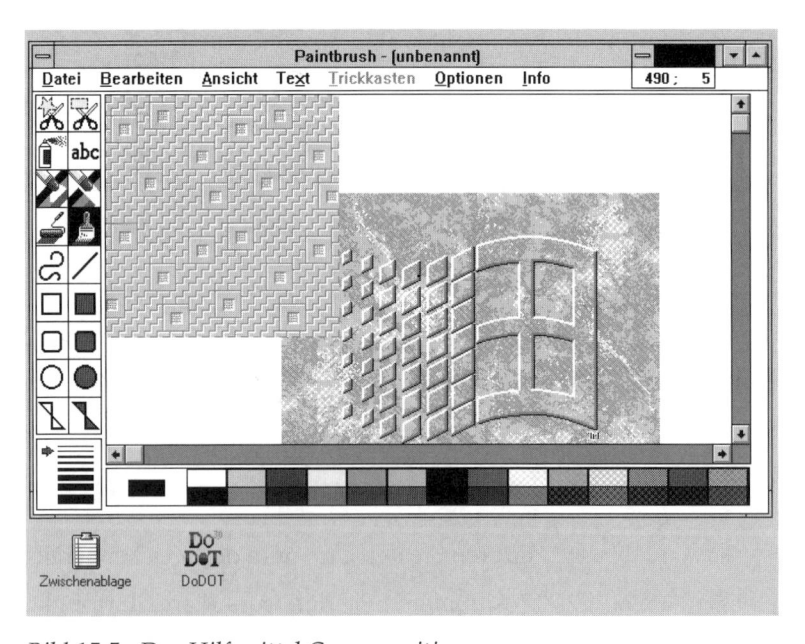

Bild 15.5: Das Hilfsmittel Cursorposition

Zeichnung erstellen 507

Zeichenbereich vergrößern

Der Zeichenbereich kann nach Bedarf vergrößert, verkleinert oder als Vollbild angezeigt werden. Zur Vergrößerung des sichtbaren Zeichenbereiches können die Utensilienleiste, das Strichbreitenfeld, das Farbenauswahlfeld und die Palette ausgeblendet werden (siehe Bild 15.6).

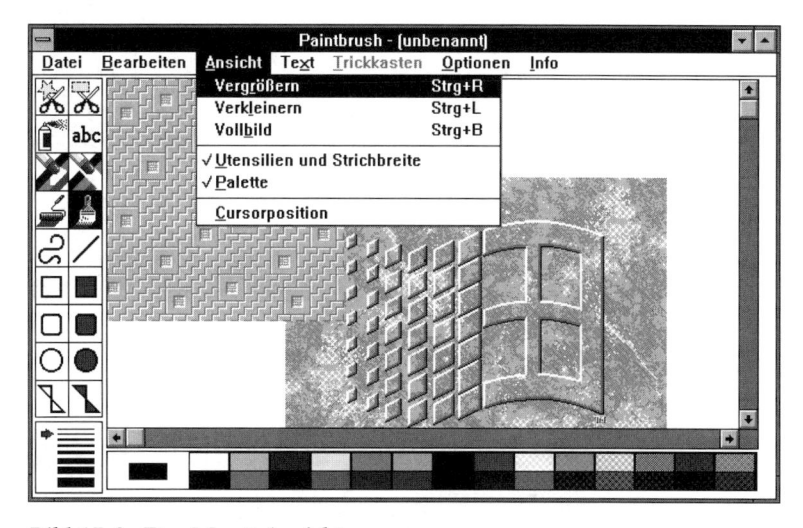

Bild 15.6: Das Menü Ansicht

Vergrößern   Sie *vergrößern* den Zeichenbereich folgendermaßen:

❐   Wählen Sie im Menü ANSICHT den Befehl VERGRÖSSERN.

Der Zeichenbereich wird vergrößert angezeigt (siehe Bild 15.7).

Zeichenbereich verkleinern

Verkleinern   Den Zeichenbereich *verkleinern* Sie wie folgt:

❐   Wählen Sie im Menü ANSICHT den Befehl VERKLEINERN.

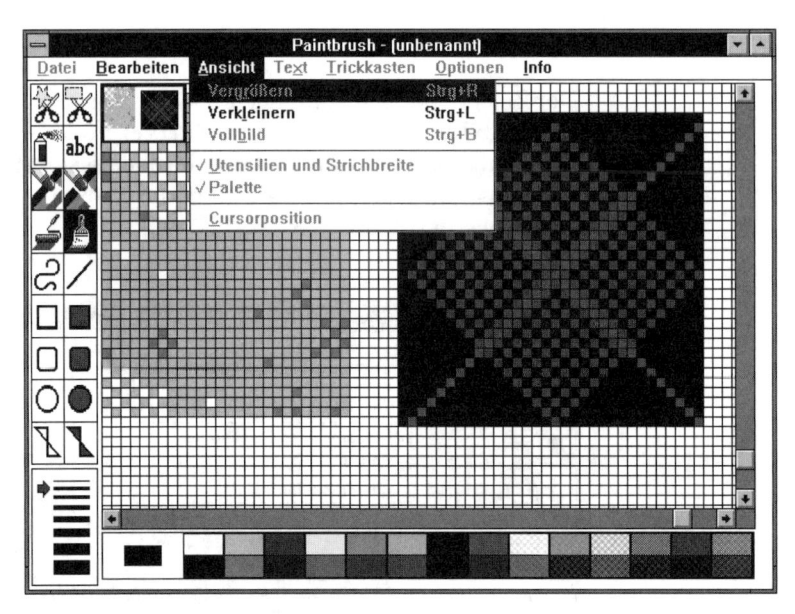

Bild 15.7: Zeichenbereich vergrößert

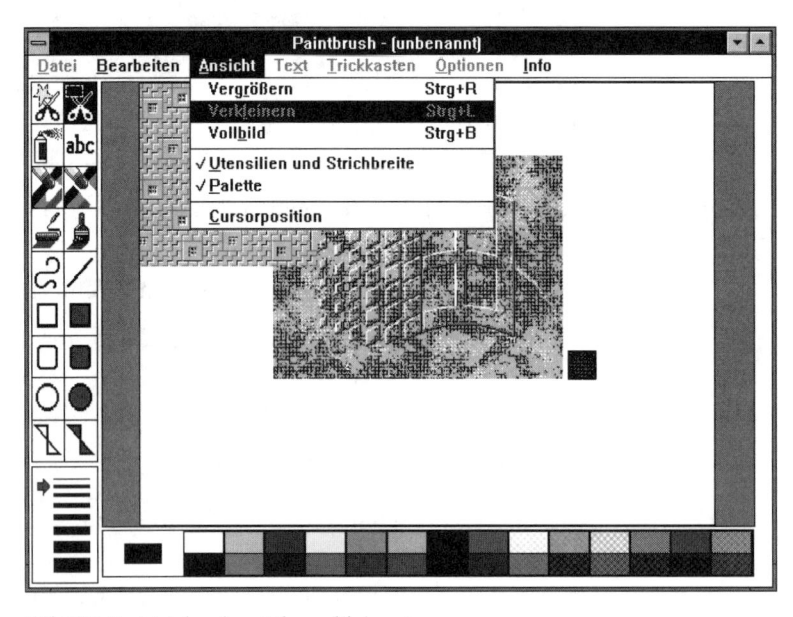

Bild 15.8: Zeichenbereich verkleinert

Der Zeichenbereich wird verkleinert angezeigt (siehe Bild 15.8).

In dieser Ansicht können Teile der Zeichnung ausgeschnitten, kopiert und eingefügt werden; mit den Hilfsmitteln können jedoch keine neuen Objekte erstellt werden.

Gesamten Bildschirm anzeigen

Vollbild   Den Zeichenbereich zeigen Sie folgendermaßen als *Vollbild* an:

❐   Wählen Sie im Menü ANSICHT den Befehl VOLLBILD.

Der Zeichenbereich wird als Vollbild angezeigt.

Oder doppelklicken Sie auf die Rechteck-Schere in der Utensilienleiste.

Da alle Menüs, Hilfsmittel, Palette und Cursor nicht angezeigt werden, ist eine Bearbeitung der Zeichnung in dieser Ansicht nicht möglich. Sie beenden die Anzeige durch Klicken der Maustaste oder mit der ESC-Taste.

Hilfsmittel ausblenden

Ausblenden   Sie blenden die *Utensilienleiste* und das *Strichbreitenfeld* folgendermaßen aus:

❐   Wählen Sie im Menü ANSICHT den Befehl UTENSILIEN UND STRICHBREITE.

Wählen Sie zum Wiedereinblenden den jeweiligen Befehl erneut.

Sie blenden das *Farbenauswahlfeld* und die *Palette* wie folgt aus:

❐   Wählen Sie im Menü ANSICHT den Befehl PALETTE.

Wählen Sie zum Wiedereinblenden den jeweiligen Befehl erneut (siehe Bild 15.9).

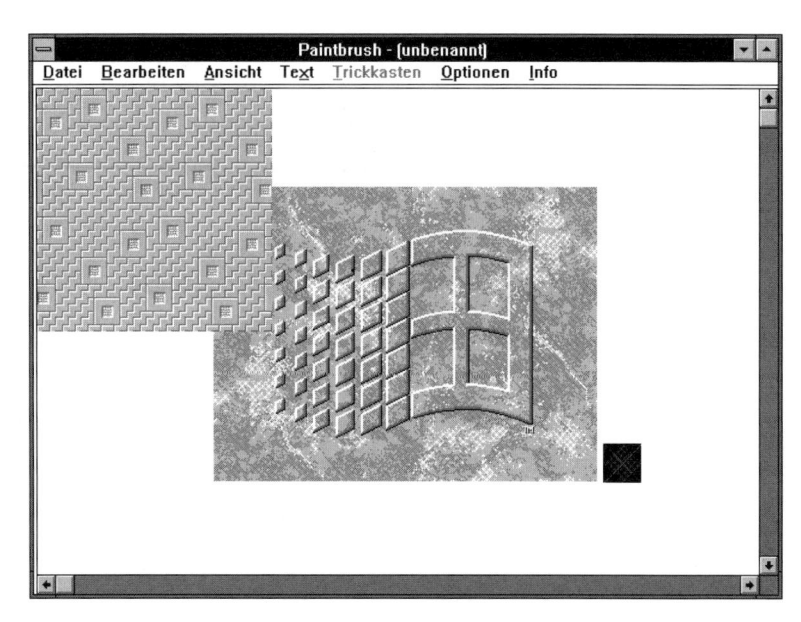

Bild 15.9: Zeichenbereich mit ausgeblendeten Hilfsmitteln

Aktionen zurücknehmen

Rücknehmen — Eine Aktion nehmen Sie mit dem Befehl RÜCKGÄNGIG oder mit der Tastenkombination STRG+Z zurück.

Eine Rücknahme einer Aktion führen Sie mit dem Befehl RÜCKGÄNGIG folgendermaßen durch:

Schrittfolge für die Maus:

❐ Wählen Sie im Menü BEARBEITEN den Befehl RÜCKGÄNGIG.

Schrittfolge für die Tastatur:

❐ Drücken Sie die Tastenkombination STRG+Z.

Es werden alle Aktionen seit der Auswahl des aktiven Hilfsmittels entfernt.

Rücknahme einer Aktion mit der RÜCK-Taste:

1. Drücken Sie die RÜCK-Taste.

   Der Cursor wird zu einem Quadrat mit einem X.

2. Drücken Sie die Maustaste, und fahren Sie mit dem Cursor über die zu entfernenden Bildteile.

3. Am Ende der Rücknahme lassen Sie die Maustaste los.

15.3 Paintbrush-Utensilien einsetzen

Für die Teilaufgabe *Paintbrush-Utensilien einsetzen* können Sie die folgenden Werkzeuge der Utensilienleiste verwenden:

- Freihand-Schere
- Rechteck-Schere
- Sprühdose
- Texthilfsmittel
- Farbradierer
- Radierer
- Farbrolle
- Pinsel
- Bogen
- Linie
- Rechteck und gefülltes Rechteck
- Abgerundetes Rechteck und gefülltes abgerundetes Rechteck
- Kreis (Ellipse) und gefüllter Kreis (Ellipse)
- Vieleck und gefülltes Vieleck

Freihand-Schere

Teile einer Zeichnung schneiden Sie mit der Freihand-Schere oder mit der Rechteck-Schere aus. Bei der *Freihand-Schere* kann der Bildausschnitt unregelmäßig sein.

Sie bestimmen einen Bildausschnitt mit der Freihand-Schere mit den folgenden Schritten:

1. Wählen Sie in der Utensilienleiste die Freihand-Schere aus.
2. Führen Sie den Mauscursor in den Zeichenbereich, und drücken Sie am Anfangspunkt die Maustaste.
3. Ziehen Sie bei gedrückter Maustaste die Schere um den gewünschten Bildausschnitt.
4. Lassen Sie die Maustaste los, wenn der Ausschnitt bestimmt ist.

    Oder klicken Sie bei einem Fehler zur Wiederholung die rechte Maustaste.

Rechteck-Schere

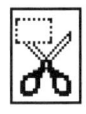

Mit der *Rechteck-Schere* schneiden Sie einen rechteckigen Bildschirmausschnitt wie folgt aus:

1. Wählen Sie in der Utensilienleiste die Rechteck-Schere aus.
2. Führen Sie den Mauscursor in den Zeichenbereich, und drücken Sie am ersten Eckpunkt die Maustaste.
3. Ziehen Sie mit gedrückter Maustaste das Rechteck auf die gewünschte Größe.
4. Lassen Sie die Maustaste los, wenn der Ausschnitt bestimmt ist.

    Oder klicken Sie bei einem Fehler zur Wiederholung die rechte Maustaste.

Bei einem markierten Bildausschnitt können zu seiner Bearbeitung die Befehle im Menü BEARBEITEN und TRICKKASTEN eingesetzt werden.

Sprühdose

Mit der *Sprühdose* füllen Sie einen kreisförmigen Sprühbereich mit Punkten in der aktuellen Vordergrundfarbe wie folgt:

1. Wählen Sie die gewünschte Vordergrundfarbe zum Sprühen.
2. Wählen Sie in der Utensilienleiste die Sprühdose aus.
3. Drücken Sie die Maustaste, und ziehen Sie den Mauscursor über den Sprühbereich.
4. Beenden Sie die Sprühaktion durch Loslassen der Maustaste.

Die Strichbreite bestimmt die Sprühbreite. Die Sprühdichte hängt davon ab, mit welcher Geschwindigkeit der Mauscursor gezogen wird.

Texthilfsmittel

Mit dem *Texthilfsmittel* fügen Sie Texte in eine Zeichnung ein. Hierbei können die Schriftfarbe, die Schriftart, der Schriftgrad und der Schriftstil vor der Texteingabe geändert werden. Die Optionen finden Sie unter der Teilaufgabe *Text eingeben* dargestellt.

Das Texthilfsmittel setzen Sie mit den folgenden Schritten ein:

1. Wählen Sie die gewünschten Schriftoptionen.
2. Wählen Sie in der Utensilienleiste das Texthilfsmittel aus.
3. Positionieren Sie im Zeichenbereich.
4. Geben Sie den Text ein.

Farbradierer

Mit dem *Farbradierer* können Sie Farben gezielt verändern. Beim Radieren wird die aktuelle Vordergrundfarbe durch die aktuelle Hintergrundfarbe ersetzt. Die Farbe kann in einem Radierbereich oder in der ganzen Zeichnung gewechselt werden.

Bereich	Sie ändern eine Farbe in einem bestimmbaren *Bereich* folgendermaßen:

1. Wählen Sie die aktuelle Hintergrundfarbe und Vordergrundfarbe.
2. Bestimmen Sie eine Strichbreite für den Radierer.
3. Wählen Sie in der Utensilienleiste das Hilfsmittel Farbradierer.
4. Ziehen Sie bei gedrückter Maustaste den Cursor über den auszuradierenden Bereich.

   Bei zusätzlich gedrückter UMSCHALT-Taste kann der Cursor nur vertikal oder horizontal geführt werden.
5. Beenden Sie das Ausradieren durch Loslassen der gedrückten Maustaste.

Zeichnung	Sie ändern eine Farbe in der *ganzen Zeichnung* mit den folgenden Schritten:

1. Wählen Sie die aktuelle Hintergrundfarbe und Vordergrundfarbe.
2. Doppelklicken Sie auf den Farbradierer.

   Oder bewegen Sie den Cursor auf den Farbradierer und drücken F9+EINFG.

Radierer

Mit dem *Radierer* löschen Sie den radierten Bereich; der Bereich wird mit der aktuellen Hintergrundfarbe eingefärbt.

Führen Sie hierzu die folgenden Schritte aus:

1. Stellen Sie sicher, daß die aktuelle Hintergrundfarbe mit der Hintergrundfarbe des zu radierenden Bereiches übereinstimmt.

Bei fehlender Übereinstimmung wird nicht gelöscht, sondern mit der aktuellen Hintergrundfarbe eingefärbt.

2. Bestimmen Sie eine Strichbreite für den Radierer.
3. Wählen Sie in der Utensilienleiste das Hilfsmittel Radierer.
4. Ziehen Sie bei gedrückter Maustaste den Cursor über den auszuradierenden Bereich.

   Bei zusätzlich gedrückter UMSCHALT-Taste kann der Cursor nur vertikal oder horizontal geführt werden.
5. Beenden Sie das Ausradieren durch Loslassen der gedrückten Maustaste.

Farbrolle

Die *Farbrolle* verwenden Sie zum Füllen einer geschlossenen Fläche mit der aktuellen Vordergrundfarbe.

Sie verwenden die Farbrolle folgendermaßen:

1. Bestimmen Sie eine Vordergrundfarbe als Füllfarbe.
2. Wählen Sie in der Utensilienleiste das Hilfsmittel Farbrolle.
3. Positionieren Sie den Cursor innerhalb der zu füllenden Fläche, und drücken Sie die Maustaste.

   Die Fläche wird mit der aktuellen Vordergrundfarbe eingefärbt.

Wenn die zu füllende Fläche nicht vollständig geschlossen ist, läuft die Füllfarbe aus dem Füllbereich aus und färbt umliegende Zeichenbereiche ein.

Eine Füllaktion nehmen Sie mit dem Befehl RÜCKGÄNGIG im Menü BEARBEITEN oder mit der Tastenkombination STRG+Z zurück.

Pinsel

Mit dem *Pinsel* malen Sie freihändig Striche in der aktuellen Strichbreite und der aktuellen Vordergrundfarbe.

Sie setzen den Pinsel wie folgt ein:

1. Bestimmen Sie die aktuelle Vordergrundfarbe für die Pinselfarbe.
2. Legen Sie eine gewünschte Strichbreite fest.
3. Wählen Sie in der Utensilienleiste das Hilfsmittel Pinsel.
4. Ziehen Sie den Cursor bei gedrückter Maustaste wie einen Pinsel über den Zeichenbereich.

   Bei zusätzlich gedrückter UMSCHALT-Taste kann der Cursor nur vertikal oder horizontal geführt werden.
5. Beenden Sie den Pinselstrich durch Loslassen der gedrückten Maustaste.

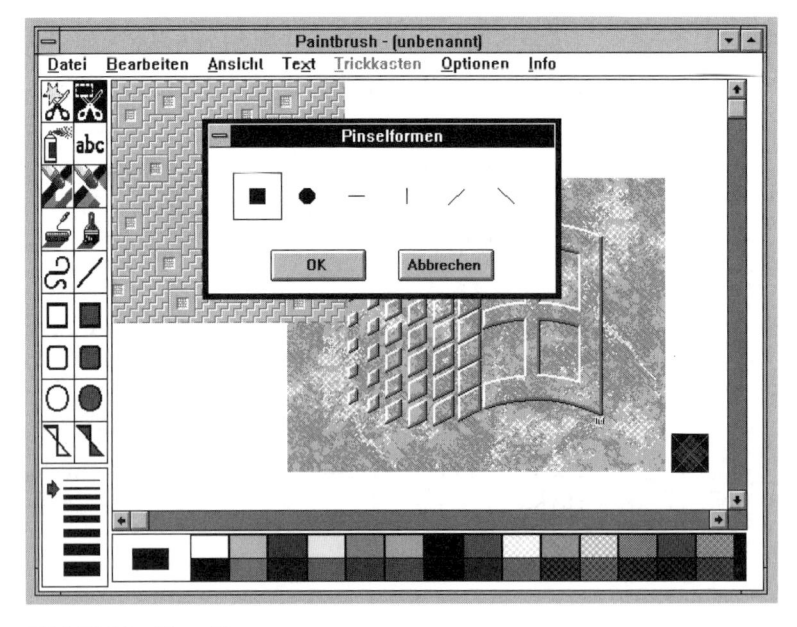

Bild 15.10: Pinselformen

Pinselform Für das Arbeiten mit dem Pinsel stehen verschiedene Pinselformen zur Verfügung (siehe Bild 15.10).

Sie wählen eine *Pinselform* wie folgt aus:

1. Wählen Sie im Menü OPTIONEN die Option PINSELFORMEN.

   Oder doppelklicken Sie auf den Pinsel in der Utensilienleiste.

2. Klicken Sie im Dialogfeld PINSELFORMEN auf die gewünschte Pinselform.

   Oder wählen Sie eine Pinselform mit den RICHTUNG-Tasten.

3. Wählen Sie OK.

Bogen

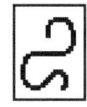

Mit dem Hilfsmittel *Bogen* zeichnen Sie Kurven in der aktuellen Vordergrundfarbe und Strichbreite.

Den Bogen setzen Sie folgendermaßen ein:

1. Bestimmen Sie die aktuelle Vordergrundfarbe als Kurvenfarbe.
2. Legen Sie die gewünschte Strichbreite fest.
3. Wählen Sie in der Utensilienleiste das Hilfsmittel Bogen aus.
4. Drücken Sie im Zeichenbereich am Anfangspunkt der Kurve die Maustaste, und ziehen Sie den Cursor zum Endpunkt.
5. Lassen Sie am Endpunkt die gedrückte Maustaste los. Eine flexible Linie wird angezeigt.
6. Ziehen Sie bei gedrückter Maustaste mit dem Cursor die Kurvenlinie in die gewünschte Kurvenform.
7. Lassen Sie die gedrückte Maustaste los, wenn die Kurve Ihren Vorstellungen entspricht.
8. Wenn die Kurvenlinie aus zwei gegenläufigen (s-förmigen) Bögen bestehen soll, wiederholen Sie die Schritte 6 und 7. Sie beenden die Kurvenerstellung durch Klicken der Maustaste.

Oder bei einer Kurvenlinie mit nur einem Bogen klicken Sie zum Beenden die Maustaste am Endpunkt.

Linie

Mit dem Hilfsmittel *Linie* erstellen Sie eine gerade Linie in der aktuellen Vordergrundfarbe und Strichbreite.

Das Hilfsmittel Linie verwenden Sie wie folgt:

1. Bestimmen Sie die aktuelle Vordergrundfarbe als Linienfarbe.
2. Legen Sie die gewünschte Strichbreite fest.
3. Wählen Sie in der Utensilienleiste das Hilfsmittel Linie aus.
4. Drücken Sie im Zeichenbereich am Anfangspunkt der Linie die Maustaste, und ziehen Sie den Cursor zum Endpunkt. Eine flexible Linie wird angezeigt.

   Bei zusätzlich gedrückter UMSCHALT-Taste kann der Cursor nur vertikal oder horizontal geführt werden.
5. Lassen Sie am Endpunkt die gedrückte Maustaste los.

Bei noch gedrückter linker Maustaste kann die Linie durch Drücken der rechten Maustaste entfernt werden.

Rechteck und gefülltes Rechteck

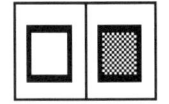

Mit dem Hilfsmittel *Rechteck* erstellen Sie ein Rechteck. Die Rahmenlinie erscheint in der aktuellen Vordergrundfarbe und Strichbreite.

Beim Hilfsmittel *gefülltes Rechteck* wird die Rahmenlinie in der aktuellen Hintergrundfarbe gezeichnet und die Rechteckfläche mit der Vordergrundfarbe eingefärbt.

Das Hilfsmittel Rechteck setzen Sie folgendermaßen ein:

1. Bestimmen Sie die aktuelle Vordergrundfarbe.

   Beim Rechteck wird mit der Vordergrundfarbe die Rahmenlinie, beim gefüllten Rechteck die Rechteckfläche eingefärbt.

2. Wählen Sie beim gefüllten Rechteck die aktuelle Hintergrundfarbe als Farbe für die Rahmenlinie.
3. Legen Sie die gewünschte Strichbreite für die Rahmenlinie fest.

   Wenn die Rahmenlinie unsichtbar bleiben soll, wählen Sie die gleiche Vordergrundfarbe und Hintergrundfarbe.
4. Wählen Sie in der Utensilienleiste das Hilfsmittel Rechteck oder gefülltes Rechteck aus.
5. Drücken Sie im Zeichenbereich die Maustaste am ersten Eckpunkt des Rechtecks und ziehen bei gedrückter Maustaste die flexible Rechtecklinie in die gewünschte Richtung.

   Bei zusätzlich gedrückter UMSCHALT-Taste erstellen Sie ein Quadrat.
6. Lassen Sie die gedrückte Maustaste los, wenn das Rechteck Ihren Vorstellungen entspricht.

Bei noch gedrückter linker Maustaste kann das Rechteck durch Drücken der rechten Maustaste entfernt werden.

Abgerundetes Rechteck und gefülltes abgerundetes Rechteck

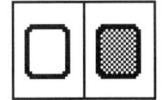

Mit dem Hilfsmittel *abgerundetes Rechteck* erstellen Sie ein Rechteck, dessen Ecken durch Kurven ersetzt sind. Die Rahmenlinie erscheint in der aktuellen Vordergrundfarbe und Strichbreite.

Beim Hilfsmittel *gefülltes abgerundetes Rechteck* wird die Rahmenlinie in der aktuellen Hintergrundfarbe gezeichnet und die Rechteckfläche mit der Vordergrundfarbe eingefärbt.

Das Hilfsmittel abgerundetes Rechteck wird wie folgt eingesetzt:

1. Bestimmen Sie die aktuelle Vordergrundfarbe.

   Beim abgerundeten Rechteck wird mit der Vordergrundfarbe die Rahmenlinie, beim gefüllten abgerundeten Rechteck die Rechteckfläche eingefärbt.

2. Wählen Sie beim gefüllten Rechteck die aktuelle Hintergrundfarbe als Farbe für die Rahmenlinie.
3. Legen Sie die gewünschte Strichbreite für die Rahmenlinie fest.

   Wenn die Rahmenlinie unsichtbar bleiben soll, wählen Sie die gleiche Vordergrundfarbe und Hintergrundfarbe.
4. Wählen Sie in der Utensilienleiste das Hilfsmittel abgerundetes Rechteck oder abgerundetes gefülltes Rechteck aus.
5. Drücken Sie im Zeichenbereich die Maustaste am ersten Eckpunkt des Rechtecks und ziehen bei gedrückter Maustaste die flexible Rechtecklinie in die gewünschte Richtung.

   Bei zusätzlich gedrückter UMSCHALT-Taste erstellen Sie ein abgerundetes Quadrat.
6. Lassen Sie die gedrückte Maustaste los, wenn das Rechteck Ihren Vorstellungen entspricht.

Bei noch gedrückter linker Maustaste kann das Rechteck durch Drücken der rechten Maustaste entfernt werden.

Kreis (Ellipse) und gefüllter Kreis (Ellipse)

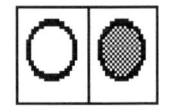

Mit dem Hilfsmittel *Kreis (Ellipse)* erstellen Sie einen Kreis (Ellipse). Die Rahmenlinie erscheint in der aktuellen Vordergrundfarbe und Strichbreite.

Beim Hilfsmittel *gefüllter Kreis (Ellipse)* wird die Rahmenlinie in der aktuellen Hintergrundfarbe gezeichnet und die Innenfläche mit der Vordergrundfarbe eingefärbt.

Das Hilfsmittel Kreis oder Ellipse wird folgendermaßen eingesetzt.

1. Bestimmen Sie die aktuelle Vordergrundfarbe.

   Beim Kreis (Ellipse) wird mit der Vordergrundfarbe die Rahmenlinie, beim gefüllten Kreis (Ellipse) die Innenfläche eingefärbt.

Paintbrush-Utensilien einsetzen

2. Wählen Sie beim gefüllten Kreis (Ellipse) die aktuelle Hintergrundfarbe als Farbe für die Rahmenlinie.
3. Legen Sie die gewünschte Strichbreite für die Rahmenlinie fest.

   Wenn die Rahmenlinie unsichtbar bleiben soll, wählen Sie die gleiche Vordergrundfarbe und Hintergrundfarbe.
4. Wählen Sie in der Utensilienleiste das Hilfsmittel Kreis (Ellipse) oder gefüllter Kreis (Ellipse) aus.
5. Drücken Sie im Zeichenbereich an der gewünschten Position die Maustaste zur Verankerung des Kreises (Ellipse).

   Ziehen Sie bei gedrückter Maustaste den Kreis (Ellipse) in die gewünschte Form. Eine flexible Linie folgt der Cursorbewegung.

   Bei zusätzlich gedrückter UMSCHALT-Taste erstellen Sie einen Kreis.
6. Lassen Sie die gedrückte Maustaste los, wenn der Kreis (Ellipse) Ihren Vorstellungen entspricht.

Bei noch gedrückter linker Maustaste kann der Kreis (Ellipse) durch Drücken der rechten Maustaste entfernt werden.

Vieleck und gefülltes Vieleck

Mit dem Hilfsmittel *Vieleck* erstellen Sie durch Verbinden von mehreren geraden Linien ein Vieleck in der aktuellen Vordergrundfarbe und Strichbreite.

Beim Hilfsmittel *gefülltes Vieleck* wird die Rahmenlinie in der aktuellen Hintergrundfarbe gezeichnet und die Innenfläche mit der Vordergrundfarbe eingefärbt.

Das Hilfsmittel Vieleck setzen Sie wie folgt ein:

1. Bestimmen Sie die aktuelle Vordergrundfarbe.

   Beim Vieleck wird mit der Vordergrundfarbe die Rahmenlinie, beim gefüllten Vieleck die Innenfläche eingefärbt.

2. Wählen Sie beim gefüllten Vieleck die aktuelle Hintergrundfarbe als Farbe für die Rahmenlinie.
3. Legen Sie die gewünschte Strichbreite für die Rahmenlinie fest.

   Wenn die Rahmenlinie unsichtbar bleiben soll, wählen Sie die gleiche Vordergrundfarbe und Hintergrundfarbe.
4. Wählen Sie in der Utensilienleiste das Hilfsmittel Vieleck oder gefülltes Vieleck aus.
5. Drücken Sie im Zeichenbereich am Anfangspunkt einer Linie die Maustaste.

   Ziehen Sie bei gedrückter Maustaste eine Linie mit dem Cursor. Eine flexible Linie folgt der Cursorbewegung.

   Bei zusätzlich gedrückter UMSCHALT-Taste kann der Cursor nur vertikal oder horizontal geführt werden.
6. Lassen Sie die gedrückte Maustaste los, wenn die Linie Ihren Vorstellungen entspricht.
7. Fügen Sie weitere Linien dem Vieleck hinzu.

   Drücken Sie die rechte Maustaste zum Entfernen des Vielecks und zur erneuten Erstellung.
8. Doppelklicken Sie, wenn das Vieleck Ihren Vorstellungen entspricht.

   Das Vieleck wird automatisch durch eine weitere Linie geschlossen.

15.4 Text eingeben

Der Teilaufgabe *Text eingeben* sind die folgenden Arbeiten zugeordnet:

- Schriftart wählen
- Schriftgrad bestimmen
- Schriftstil wählen
- Text eingeben und bearbeiten

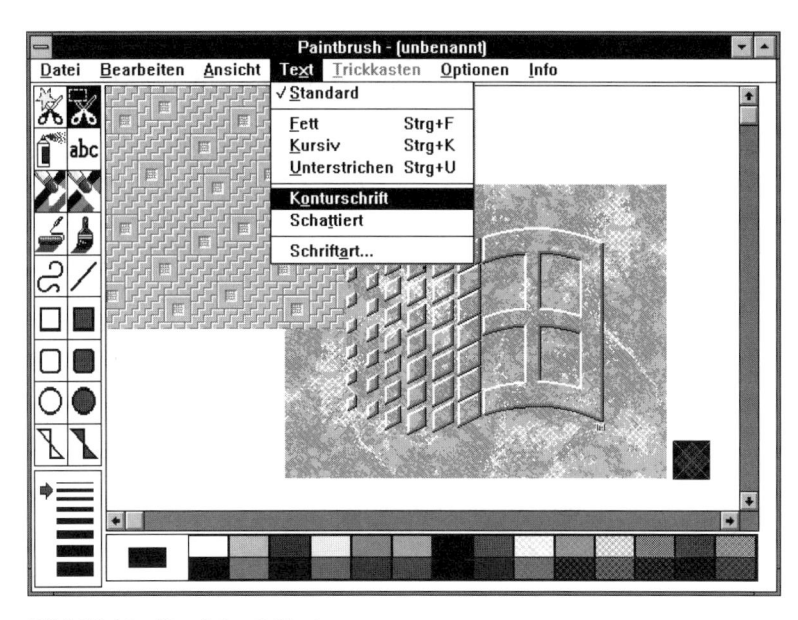

Bild 15.11: Das Menü Text

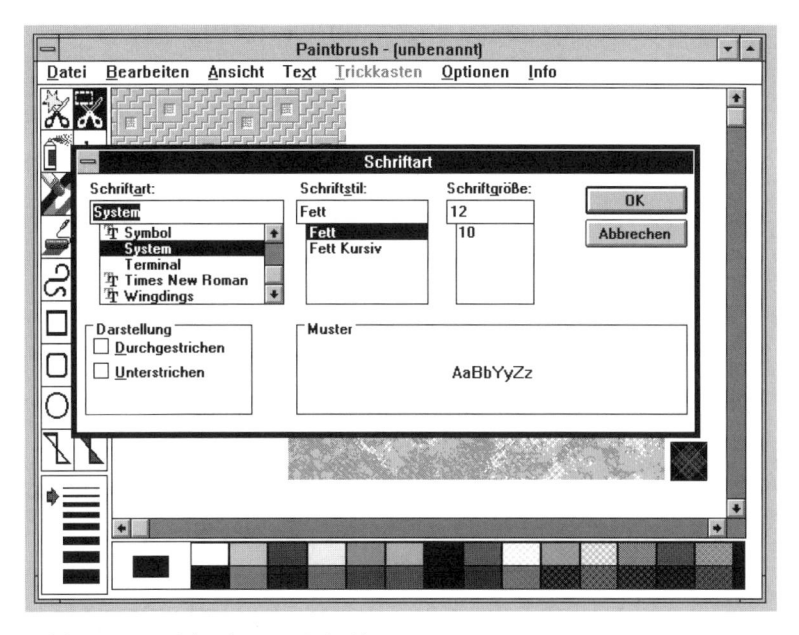

Bild 15.12: Dialogfenster Schriftart

Die Teilaufgaben werden im Menü TEXT mit dem Dialogfenster SCHRIFTART durchgeführt (siehe Bild 15.11).

Vor der Eingabe von Text mit dem Texthilfsmittel in der Utensilienleiste können Schriftart, Schriftgrad und Schriftstil im Dialogfenster SCHRIFTART geändert werden (siehe Bild 15.12).

Schriftart wählen

Schriftart   Im Menü TEXT können mit der Option SCHRIFTART verschiedene *Schriftarten* (Schriftfonts) gewählt werden. Die Auswahl hängt vom verwendeten Druckertyp ab (siehe Bild 15.13).

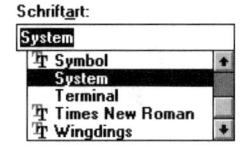

```
Schriftart:
System
  T Symbol
    System
    Terminal
  T Times New Roman
  T Wingdings
```

Bild 15.13: Listenfeld Schriftart

Sie wählen eine Schriftart wie folgt aus:

1. Wählen Sie im Menü TEXT die Option SCHRIFTART.

   Es wird das Dialogfenster SCHRIFTART angezeigt.

2. Wählen Sie im Listenfeld SCHRIFTART eine Schriftart aus.

3. Wählen Sie OK.

Schriftgröße bestimmen

Schriftgröße   Die für eine Schriftart verfügbaren *Schriftgrößen* ersehen Sie im Listenfeld SCHRIFTGRÖSSE (siehe Bild 15.14).

Für eine Schriftart wählen Sie eine Schriftgröße wie folgt aus:

1. Wählen Sie im Menü TEXT die Option SCHRIFTART.

   Es wird das Dialogfenster SCHRIFTART angezeigt.

Text eingeben 525

2. Wählen Sie im Listenfeld SCHRIFTGRÖSSE eine Schriftgröße aus.
3. Wählen Sie OK.

```
Schriftgröße:
14
12
14
16
18
20
```

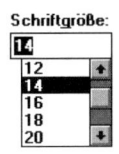

Bild 15.14: Listenfeld Schriftgröße

Schriftstil wählen

Schriftstil
Mit dem *Schriftstil* ordnen Sie die Schriftattribute Standard, Fett, Kursiv, Unterstrichen, Konturschrift oder Schattiert zu (siehe Bild 15.15).

```
Schriftstil:
Fett
Standard
Kursiv
Fett
Fett Kursiv
```

Bild 15.15: Listenfeld Schriftstil

Sie ändern einen Schriftstil mit den folgenden Schritten:

1. Wählen Sie im Menü TEXT die Option SCHRIFTART.
   Es wird das Dialogfenster SCHRIFTART angezeigt.
2. Wählen Sie im Listenfeld SCHRIFTSTIL einen Schriftstil aus.
3. Wählen Sie OK.

Ein Beispiel für den Einsatz von verschiedenen Schriftstilen sehen Sie in Bild 15.16.

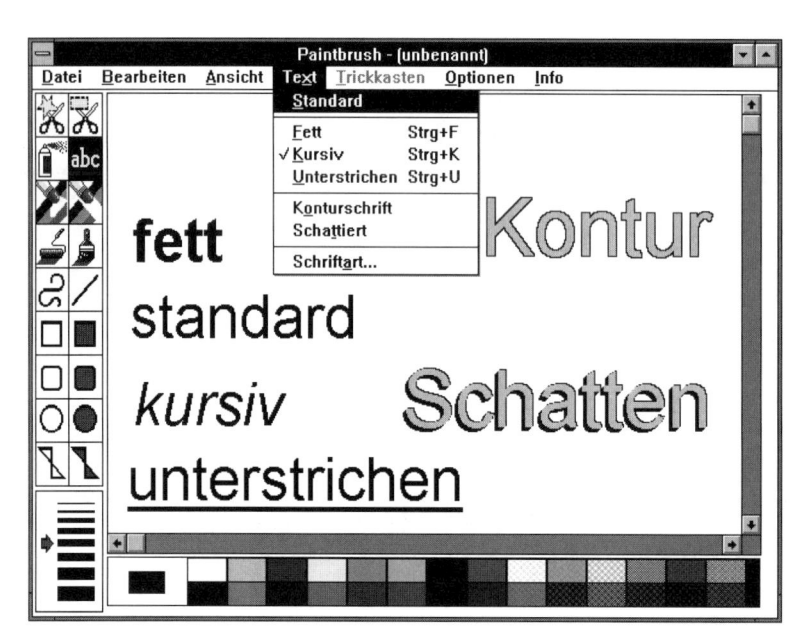

Bild 15.16: Verschiedene Schriftstile

Sie heben alle gesetzten Schriftarten mit der Option STANDARD im Menü TEXT auf. Neben der Option wird ein Häkchen angezeigt.

Im Dialogfenster SCHRIFTART sind weiterhin die Optionen DURCHGESTRICHEN und UNTERSTRICHEN verfügbar.

Text eingeben und bearbeiten

Eingeben

Für die *Eingabe von Text* wählen Sie die gewünschten *Schriftoptionen* aus und fügen mit dem Texthilfsmittel den Text in eine Zeichnung ein.

Sie geben Text ein oder bearbeiten Text wie folgt:

1. Bestimmen Sie eine Vordergrundfarbe für den Text.
2. Wählen Sie in der Utensilienleiste das Texthilfsmittel aus.
3. Markieren Sie im Dialogfenster SCHRIFTART die gewünschte Schriftart, Schriftgröße und den Schriftstil.

Zeichnung bearbeiten

4. Klicken Sie an der Einfügeposition im Zeichenbereich.

   Der Textcursor erscheint als vertikale Linie.

5. Geben Sie den Text ein.

   Eine neue Zeile beginnen Sie mit der EINGABE-Taste.

Bearbeiten   Bei der Barbeitung von Text korrigieren Sie *Eingabefehler* mit der RÜCK-Taste. Sie können jederzeit andere *Schriftoptionen* wählen.

Ein Text kann nur so lange bearbeitet werden, wie er nicht im Zeichenbereich befestigt wird. Eine Texteingabe wird *befestigt* durch Auswahl eines anderen Hilfsmittels, Verwenden der Bildlaufleiste, Positionieren des Textcursors, Ändern der Fenstergröße oder Laden einer Anwendung. Nach erfolgter Befestigung können Texte nur wie jedes andere Zeichenobjekt bearbeitet werden.

15.5 Zeichnung bearbeiten

Der Teilaufgabe *Zeichnung bearbeiten* sind folgende Arbeiten zugeordnet:

- Bildausschnitt kopieren, ausschneiden und einfügen
- Bildausschnitt verschieben und kopieren mit der Maus
- Bildausschnitt schleifen
- Bildausschnitt speichern
- Bildausschnitt laden

Bildausschnitt kopieren, ausschneiden und einfügen

Zum Kopieren, Ausschneiden und Einfügen von Bildausschnitten können die Befehle im Menü BEARBEITEN oder abgekürzte Verfahren mit der Maus eingesetzt werden. Wir beginnen mit den Befehlen im Menü BEARBEITEN.

Kopieren   Beim *Kopieren* wird der kopierte Bildausschnitt in der Zwischenablage gespeichert. Der kopierte Ausschnitt bleibt erhalten.

Sie kopieren einen Bildausschnitt wie folgt:

1. Markieren Sie mit der Freihand-Schere oder Rechteck-Schere den Bildausschnitt.
2. Kopieren Sie den Bildausschnitt mit dem Befehl KOPIEREN im Menü BEARBEITEN.

Ausschneiden   Beim *Ausschneiden* wird der kopierte Bildausschnitt in der Zwischenablage gespeichert. In der Zeichnung wird der Bildausschnitt ausgeschnitten.

Sie schneiden einen Bildausschnitt wie folgt aus:

1. Markieren Sie mit der Freihand-Schere oder Rechteck-Schere den Bildausschnitt.
2. Schneiden Sie den Bildausschnitt mit dem Befehl AUSSCHNEIDEN im Menü BEARBEITEN aus.

Einfügen   Den durch Kopieren oder Ausschneiden in der Zwischenablage gespeicherten Bildausschnitt können Sie in die Zeichnung *einfügen*.

Sie fügen einen Bildausschnitt wie folgt ein:

1. Wählen Sie im Menü BEARBEITEN den Befehl EINFÜGEN.
2. Führen Sie den Cursor in den eingefügten Bildausschnitt, und ziehen Sie ihn bei gedrückter Maustaste an die Einfügeposition.
3. Lassen Sie an der Einfügeposition die gedrückte Maustaste los.
4. Klicken Sie außerhalb des Bildausschnittes zur Befestigung im Zeichenbereich.

Zeichnung bearbeiten

Bildausschnitt verschieben und kopieren mit der Maus

Verschieben Mit der Maus können Sie das Verschieben und Kopieren von Bildausschnitten abkürzen.

Sie *verschieben* einen Ausschnitt mit der Maus wie folgt:

1. Markieren Sie mit der Freihand-Schere oder Rechteck-Schere den zu verschiebenden Bildausschnitt.
2. Führen Sie den Cursor in den Bildausschnitt.
3. Ziehen Sie den Bildausschnitt mit einer gedrückten Maustaste zu der Zielposition.

   Bei Verwendung der linken Maustaste wird der Ausschnitt durchsichtig eingefügt. Mit der rechten Maustaste wird der Ausschnitt undurchsichtig eingefügt.
4. Lassen Sie an der Zielposition die gedrückte Maustaste los.
5. Klicken Sie außerhalb des Bildausschnittes zur Befestigung.

Kopieren Sie *kopieren* einen Bildausschnitt folgendermaßen mit der Maus:

1. Markieren Sie mit der Freihand-Schere oder Rechteck-Schere den zu kopierenden Bildausschnitt.
2. Führen Sie den Cursor in den Bildausschnitt.
3. Ziehen Sie den Bildausschnitt mit gedrückter UMSCHALT-Taste und mit einer gedrückten Maustaste zu der Zielposition.

   Bei Verwendung der linken Maustaste wird der Ausschnitt durchsichtig eingefügt. Mit der rechten Maustaste wird der Ausschnitt undurchsichtig eingefügt.
4. Lassen Sie an der Zielposition die gedrückte Maustaste los.
5. Klicken Sie außerhalb des Bildausschnittes zur Befestigung im Zeichenbereich.

Bildausschnitt schleifen

Schleifen Beim *Schleifen* eines Bildausschnittes werden mit der Cursorbewegung wiederholt Ausschnittkopien eingefügt.

Sie schleifen einen Bildausschnitt wie folgt:

1. Markieren Sie mit der Freihand-Schere oder Rechteck-Schere den zu schleifenden Bildausschnitt.
2. Führen Sie den Cursor in den Bildausschnitt.
3. Schleifen Sie den Bildausschnitt mit gedrückter STRG-Taste und mit einer gedrückten Maustaste zu der Zielposition.

   Bei Verwendung der linken Maustaste wird der Ausschnitt durchsichtig eingefügt; die überlagerten Kopien verdecken einander nicht.

   Mit der rechten Maustaste wird der Ausschnitt undurchsichtig eingefügt; die überlagerten Kopien verdecken einander.
4. Lassen Sie an der Zielposition die gedrückte Maustaste los.
5. Klicken Sie außerhalb des Bildausschnittes zur Befestigung im Zeichenbereich.

Beim durchsichtigen Schleifen muß die Hintergrundfarbe des Bildausschnittes mit der aktuellen Hintergrundfarbe übereinstimmen.

Bildausschnitt speichern

Speichern Einen Bildausschnitt können Sie als Paintbrush-Datei (PCX) oder Bitmap-Datei (BMP) *speichern*.

Sie speichern einen Ausschnitt mit den folgenden Schritten:

1. Markieren Sie mit der Freihand-Schere oder Rechteck-Schere den zu speichernden Bildausschnitt.
2. Wählen Sie im Menü BEARBEITEN den Befehl KOPIEREN NACH.
3. Geben Sie einen Dateinamen ein.

Wählen Sie bei Bedarf über das Listenfeld DATEIFORMAT ein anderes Bildformat.

4. Wählen Sie OK.

Bildausschnitt laden

Laden   In eine Zeichnung können Sie einen in einer Datei gespeicherten Bildausschnitt einfügen.

Sie *laden* einen Ausschnitt mit den folgenden Schritten:

1. Wählen Sie im Menü BEARBEITEN den Befehl EINFÜGEN VON.
2. Geben Sie den Dateinamen des Bildausschnittes an.
3. Wählen Sie OK.
4. Führen Sie den Cursor in den eingefügten Bildausschnitt und ziehen ihn bei gedrückter Maustaste an die Einfügeposition.
5. Lassen Sie an der Einfügeposition die gedrückte Maustaste los.
6. Klicken Sie außerhalb des Bildausschnittes zur Befestigung im Zeichenbereich.

15.6 Fortgeschrittene Bearbeitungsaufgaben

Bei der Teilaufgabe *Fortgeschrittene Bearbeitungsaufgaben* werden die folgenden Arbeiten unterschieden:

❐ Bildausschnitt spiegeln
❐ Bildausschnitt kippen
❐ Bildausschnitt verkleinern und vergrößern
❐ Farben umkehren im Bildausschnitt
❐ Farben definieren
❐ Definierte Farben speichern und laden

- Mit Vergrößerung arbeiten
- Cursor-Position anzeigen

Bildausschnitt spiegeln

Spiegeln Ein markierter Bildausschnitt kann an seiner horizontalen oder vertikalen Achse *gespiegelt* werden (siehe Bild 15.17).

Sie spiegeln einen Bildausschnitt wie folgt:

1. Markieren Sie mit der Freihand-Schere oder Rechteck-Schere den zu spiegelnden Bildausschnitt.
2. Wählen Sie im Menü TRICKKASTEN den Befehl HORIZONTAL SPIEGELN oder VERTIKAL SPIEGELN.
3. Wählen Sie ein Hilfsmittel zur Befestigung der Spiegelung im Zeichenbereich.

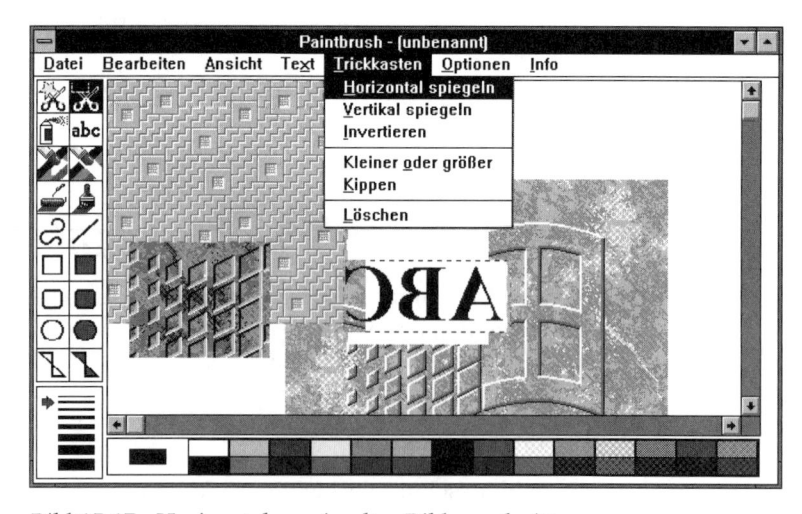

Bild 15.17: Horizontal gespiegelter Bildausschnitt

Bildausschnitt kippen

Kippen Einen markierten Bildausschnitt können Sie um einen bestimmbaren Winkel *kippen* (siehe Bild 15.18).

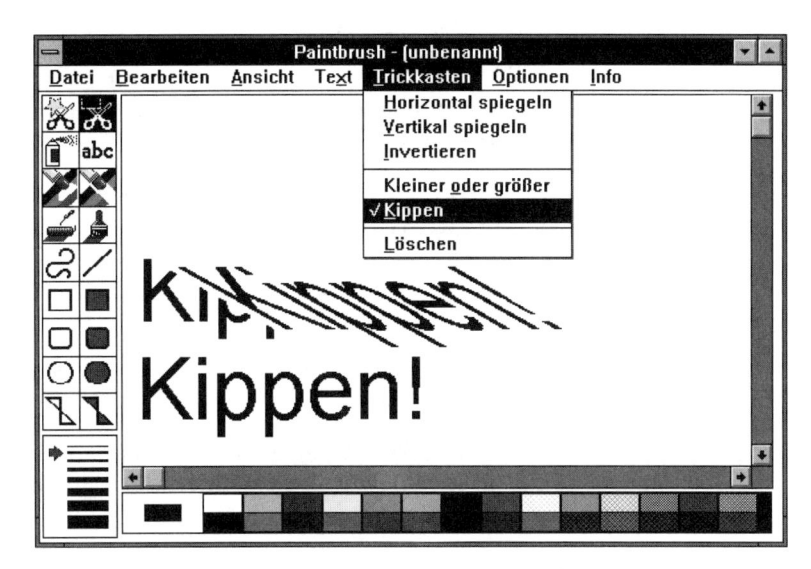

Bild 15.18: Gekippter Bildausschnitt

Sie kippen einen Bildausschnitt wie folgt:

1. Markieren Sie mit der Freihand-Schere oder Rechteck-Schere den zu kippenden Bildausschnitt.
2. Wählen Sie im Menü TRICKKASTEN den Befehl KIPPEN.
3. Wählen Sie im Menü TRICKKASTEN den Befehl LÖSCHEN, wenn nach dem Kippen der ursprüngliche Bildausschnitt gelöscht werden soll.
4. Führen Sie den Cursor zu der Position, an der die obere linke Ecke des flexiblen Ausschnittes verankert werden soll.

   Drücken Sie die linke Maustaste.

5. Ziehen Sie bei gedrückter Maustaste den Cursor nach links oder rechts.

   Der untere Rand des flexiblen Ausschnittes wird verschoben; der Ausschnitt wird gekippt.

6. Lassen Sie die Maustaste los, wenn die gewünschte Neigung erreicht ist.

7. Wählen Sie ein Hilfsmittel zur Befestigung des gekippten Ausschnittes im Zeichenbereich.

Bildausschnitt verkleinern und vergrößern

Ausschnitt-größe ändern

Ein markierter Bildausschnitt kann verkleinert oder vergrößert werden (siehe Bild 15.19).

Sie ändern die *Ausschnittgröße* mit den folgenden Schritten:

1. Markieren Sie mit der Freihand-Schere oder Rechteck-Schere den in seiner Größe zu verändernden Bildausschnitt.

2. Wählen Sie im Menü TRICKKASTEN den Befehl KLEINER UND GRÖSSER.

3. Wählen Sie im Menü TRICKKASTEN den Befehl LÖSCHEN, wenn nach der Änderung der ursprüngliche Bildausschnitt gelöscht werden soll.

4. Führen Sie den Cursor zu der Position, an der die obere linke Ecke des zu ändernden Ausschnittes verankert werden soll.

   Drücken Sie die linke Maustaste.

5. Ziehen Sie bei gedrückter Maustaste den Cursor.

   Der flexible Ausschnitt ändert sich entsprechend der Cursor-führung.

   Bei zusätzlich gedrückter UMSCHALT-Taste bleibt das Seiten-verhältnis erhalten.

6. Lassen Sie die Maustaste los, wenn die gewünschte Änderung erreicht ist.

7. Wählen Sie ein Hilfsmittel zur Befestigung des Ausschnittes im Zeichenbereich.

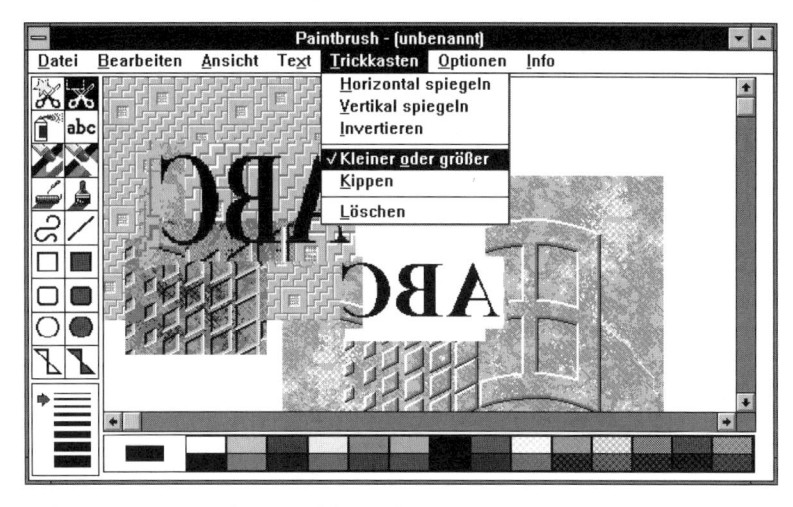

Bild 15.19: Vergrößerter Bildausschnitt

Farben umkehren im Bildausschnitt

Farben umkehren

Die Farben können in einem Bildausschnitt umgekehrt (invertiert) werden. Bei einem schwarzweißen Ausschnitt wird Weiß zu Schwarz und Schwarz zu Weiß. Bei einem farbigen Ausschnitt wird jede Farbe durch ihre auf dem RGB-Farbenkreis entgegengesetzte Farbe ersetzt (siehe Bild 15.20).

Sie *invertieren Farben* in einem Ausschnitt mit den folgenden Schritten:

1. Markieren Sie mit der Freihand-Schere oder Rechteck-Schere den Bildausschnitt.
2. Wählen Sie im Menü TRICKKASTEN den Befehl INVERTIEREN.
3. Klicken Sie zur Befestigung der Invertierung außerhalb des Ausschnittes.

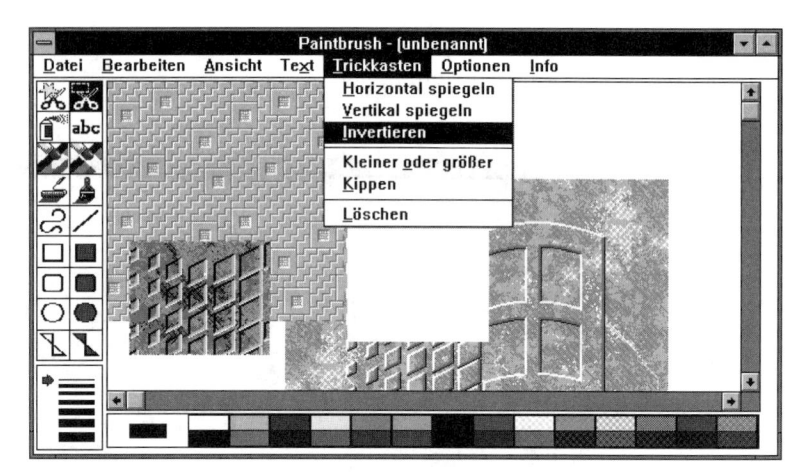

Bild 15.20: Farben umkehren

Farben definieren

Eine Farbe oder ein Farbmuster ist durch den Anteil der enthaltenen Grundfarben Rot, Grün und Blau bestimmt. Die Farbanteile liegen im Wertebereich 0 bis 255. Bei der Farbe Schwarz haben alle Grundfarbenanteile den Wert 0. Bei der Farbe Weiß haben alle Grundfarbenanteile den Wert 255. Alle anderen Farben enthalten unterschiedliche Grundfarbenanteile.

Farben definieren

Bei Paintbrush können Sie jederzeit eine Farbe durch Änderung der Grundfarbenanteile neu definieren (vgl. Bild 15.21).

Sie *definieren* eine *Farbe* wie folgt:

1. Bestimmen Sie die zu ändernde Farbe als aktuelle Vordergrundfarbe.
2. Wählen Sie im Menü OPTIONEN den Befehl FARBEN BEARBEITEN.

Es wird ein Dialogfeld zur Farbdefinition angezeigt.

Oder doppelklicken Sie auf die zu bearbeitende Farbe in der Palette.

Fortgeschrittene Bearbeitungsaufgaben 537

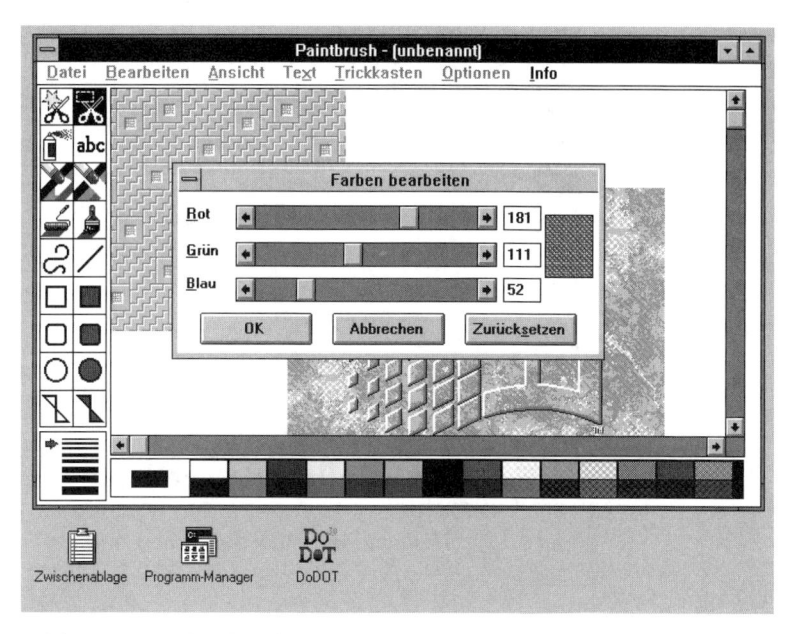

Bild 15.21: Farben bearbeiten

3. Ändern Sie die Grundfarbenanteile durch Verschieben des Bildlauffeldes in den drei Bildlaufleisten der Grundfarben.

   Oder geben Sie einen Grundfarbenanteil als Zahlenwert ein (Wertebereich 0 bis 255).

   Oder kehren Sie mit der Schaltfläche ZURÜCKSETZEN zur vorherigen Farbdefinition zurück.

4. Bestätigen Sie die neue Farbdefinition mit OK.

Definierte Farben speichern und laden

Palette speichern Die in der Palette geänderten Farbdefinitionen können in einer Farbdatei gespeichert und von dort bei Bedarf geladen werden. Eine Farbdatei hat die Dateinamenserweiterung PAL.

Sie *speichern* die *Palette* in einer Farbdatei wie folgt (siehe Bild 15.22):

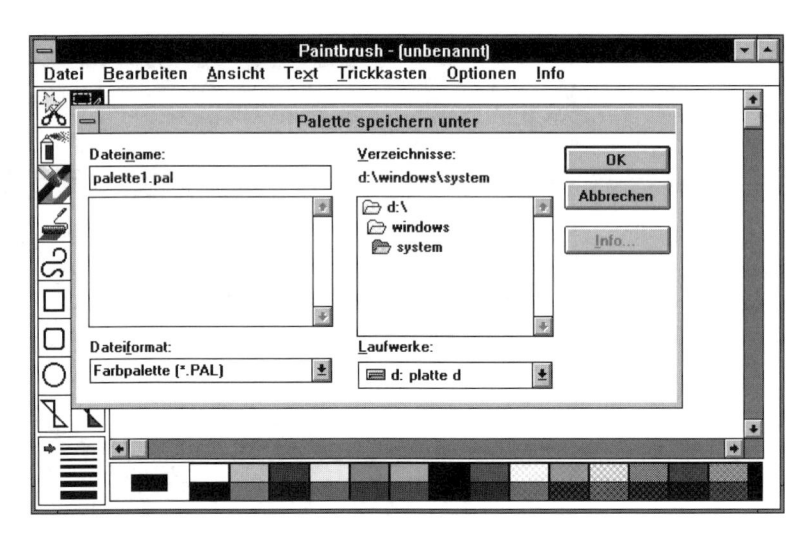

Bild 15.22: Dialogfenster Palette speichern unter

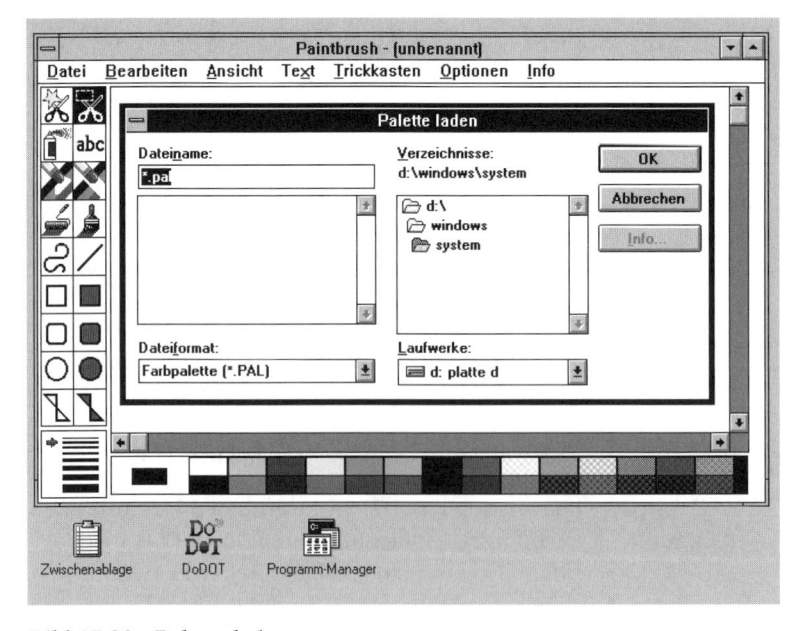

Bild 15.23: Palette laden

Fortgeschrittene Bearbeitungsaufgaben 539

❐ Wählen Sie im Menü OPTIONEN den Befehl PALETTE SPEI-
CHERN.

Laden Eine in einer Farbdatei gespeicherte *Palette laden* Sie folgendermaßen (siehe Bild 15.23):

❐ Wählen Sie im Menü OPTIONEN den Befehl PALETTE LADEN.

Mit Vergrößerung arbeiten

Vergrößern Ein detailgenaues Arbeiten unterstützt Paintbrush mit dem Befehl VERGRÖSSERN. In einem vergrößerten Bildausschnitt können
die Bildpunkte einzeln bearbeitet werden (siehe Bild 15.24).

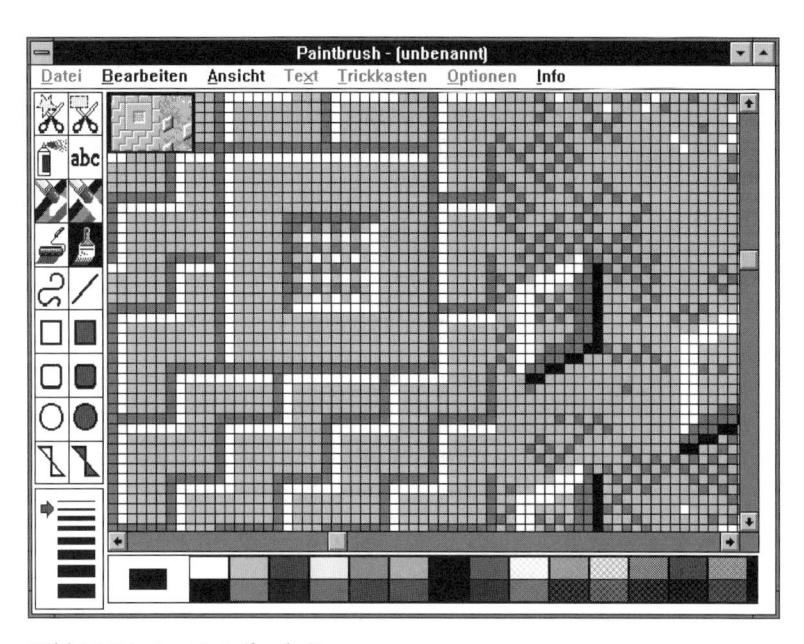

Bild 15.24: Im Detail arbeiten

Sie arbeiten im *Vergrößerungsmodus* wie folgt:

1. Wählen Sie im Menü ANSICHT den Befehl VERGRÖSSERN.

Der Cursor wird zu einer rechteckigen Lupe.

2. Führen Sie das Rechteck zu dem zu vergrößernden Bildausschnitt.

3. Klicken Sie zur Vergrößerung die linke Maustaste.

   Der Ausschnitt wird vergrößert abgebildet; links oben wird zur Kontrolle der Ausschnitt in Normalgröße angezeigt.

4. Arbeiten im vergrößerten Ausschnitt:

   Klicken mit der linken Maustaste weist dem Bildpunkt die aktuelle *Vordergrundfarbe* zu.

   Klicken mit der rechten Maustaste weist dem Bildpunkt die aktuelle *Hintergrundfarbe* zu.

   Ziehen der Maus bei gedrückter Maustaste erlaubt die Bearbeitung von *mehreren Bildpunkten*.

   Mit der *Farbrolle* ändern Sie einfarbige Flächen im Ausschnitt.

5. Beenden Sie die Arbeiten im vergrößerten Bildausschnitt mit dem Befehl VERKLEINERN im Menü ANSICHT.

   Oder brechen Sie ab, und wählen Sie im Menü BEARBEITEN den Befehl RÜCKGÄNGIG.

Cursorposition anzeigen

Cursorposition

Für ein genaueres Arbeiten kann die aktuelle *Cursorposition* in einem eigenen Fenster angezeigt werden.

Die Cursorposition zeigen Sie wie folgt an:

❐ Wählen Sie im Menü ANSICHT die Option CURSORPOSITION.

Das Fenster zur Anzeige der Cursorposition kann bei Bedarf verschoben werden. Das Fenster wird durch erneute Auswahl geschlossen.

15.7 Mit Paintbrush-Dateien arbeiten

Der Teilaufgabe *Mit Paintbrush-Dateien arbeiten* sind die folgenden Arbeiten zugeordnet:

- Neue Zeichnung anlegen
- Paintbrush-Datei öffnen
- Microsoft-Paint-Datei konvertieren
- Paintbrush-Datei speichern

Neue Zeichnung anlegen

Erstellen Eine neue *Zeichnung erstellen* Sie mit den folgenden Schritten:

1. Wählen Sie im Menü OPTIONEN die Auswahl BILDATTRIBUTE. Es wird ein Dialogfeld angezeigt.
2. Ändern Sie bei Bedarf die Einstellungen.

   Im Feld BREITE bestimmen Sie die Breite der Zeichnung.

   Im Feld HÖHE legen Sie die Höhe der Zeichnung fest.

   Im Feld EINHEIT wählen Sie die Einheit (Zoll, cm oder Pixel) für die Höhen- und Breitenangabe.

   Im Feld FARBEN wird bestimmt, ob die Zeichnung in Schwarzweiß oder in Farbe angelegt werden soll.

   Mit dem Feld STANDARD werden die voreingestellten Werte für einen gegebenen Bildschirmtyp angezeigt.

3. Wählen Sie OK.
4. Wählen Sie im Menü DATEI den Befehl NEU.
5. Erstellen und bearbeiten Sie mit den Hilfsmitteln, Menübefehlen und Menüoptionen Zeichenobjekte.
6. Speichern Sie die Zeichnung mit dem Befehl SPEICHERN im Menü DATEI.

Paintbrush-Datei öffnen

Paintbrush-Datei öffnen

Mit Paintbrush können Zeichnungsdateien in verschiedenen Dateiformaten geöffnet werden. Die lesbaren Dateiformate sind BMP (Windows-Bitmap), PCX (Paintbrush) und MSP (Microsoft-Paint). Die Optionen sehen Sie im Bild 15.25.

Sie *laden* eine *Zeichnungsdatei* mit den folgenden Schritten:

1. Wählen Sie im Menü DATEI den Befehl ÖFFNEN.

2. Bestimmen Sie im Dialogfeld den Dateinamen, das Verzeichnis und das Dateiformat der Zeichnungsdatei.

   Im Feld INFO können Bildinformationen eingesehen werden.

3. Öffnen Sie mit OK.

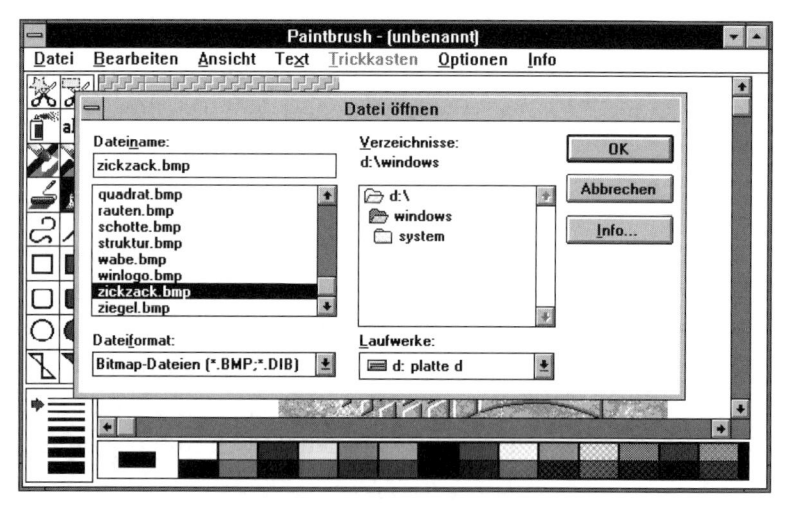

Bild 15.25: Datei öffnen

Das *Windows-Bitmap-Format* kennt die *Unterformate* Einfarbige-Bitmap, 16-Farben-Bitmap, 256-Farben-Bitmap und 24-Bit-Bitmap. Das Dateiformat wird bei der Speicherung einer Zeichnungsdatei mit dem Befehl SPEICHERN UNTER bestimmt.

Microsoft-Paint-Datei konvertieren

Microsoft-Paint-Datei

Eine *Microsoft-Paint-Datei* (MSP), die mit einer früheren Windows-Version erstellt worden ist, kann mit Paintbrush eingelesen und in dem Dateiformat PCX oder BMP gespeichert werden.

Sie gehen hierzu wie folgt vor:

1. Wählen Sie im Menü DATEI den Befehl ÖFFNEN.
2. Geben Sie im Dialogfeld den Dateinamen der Paint-Datei mit der Namenserweiterung MSP ein.
3. Wählen Sie OK.
4. Wählen Sie im Dialogfeld OK.
5. Bearbeiten Sie die Zeichnung.
6. Speichern Sie die Zeichnung im BMP-Format.

Eine eröffnete MSP-Datei kann nicht unter dem gleichen Dateiformat gespeichert werden.

Paintbrush-Datei speichern

Datei speichern

Eine Zeichnungsdatei kann in dem Dateiformat BMP (Windows-Bitmap) oder PCX (Paintbrush) in einer Paintbrush-Datei gespeichert werden (siehe Bild 15.26).

Sie *speichern* eine *Paintbrush-Datei* wie folgt:

1. Wählen Sie im Menü DATEI den Befehl SPEICHERN.

    Die Datei wird mit dem gleichen Dateiformat und Dateinamen gespeichert, unter dem sie eröffnet worden ist. Eine eröffnete MSP-Datei kann nicht unter dem gleichen Dateiformat gespeichert werden.

    Oder wählen Sie im Menü DATEI den Befehl SPEICHERN UNTER. Die Zeichnungsdatei kann unter einem anderen Dateinamen und im BMP- oder PCX-Dateiformat gespeichert werden. Bestimmen Sie im Dialogfeld den Dateinamen, das Verzeichnis und das Dateiformat. Im Feld INFO können Bildinformationen eingesehen werden.

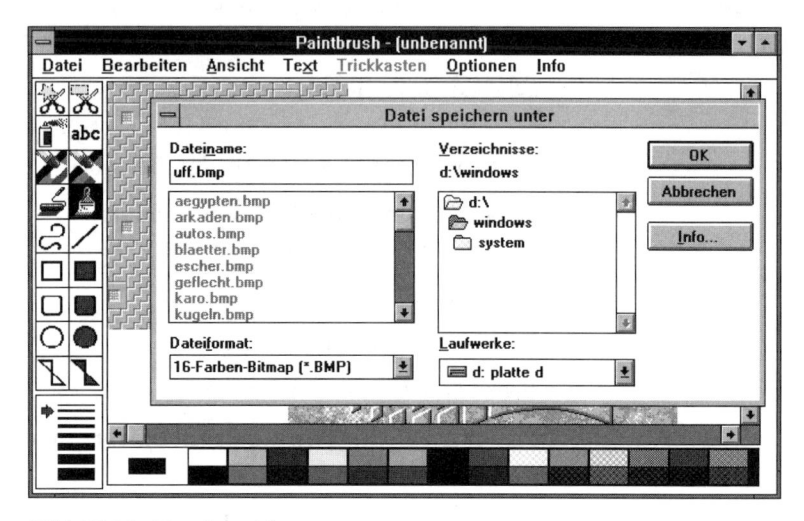

Bild 15.26: Datei speichern

Beim *BMP Format* (Windows-Bitmap) können die *Unterformate* Einfarbige-Bitmap, 16-Farben-Bitmap, 256-Farben-Bitmap oder 24-Bit-Bitmap gewählt werden. Verwenden Sie zur Minimierung des Speicherplatzbedarfes das aufgrund der Bildinformationen erforderliche Unterformat.

15.8 Zeichnung drucken

Der Teilaufgabe *Zeichnung drucken* sind die folgenden Arbeiten zugeordnet:

❐ Ganze Zeichnung drucken

❐ Teile einer Zeichnung drucken

❐ Zeichenränder setzen

❐ Kopf- und Fußzeilen drucken

❐ Drucker und Druckeroptionen wechseln

Ganze Zeichnung drucken

Ganze Zeichnung

Beim Drucken einer Zeichnung verwendet Paintbrush den mit der Systemsteuerung eingestellten Drucker. Der Drucker und die Druckeroptionen können unabhängig von der Einstellung in der Systemsteuerung geändert werden. Bei der Druckausgabe behält Paintbrush das Seitenverhältnis der Zeichnung bei.

Das Dialogfeld DRUCKEN für den Druck einer Zeichnung sehen Sie in Bild 15.27.

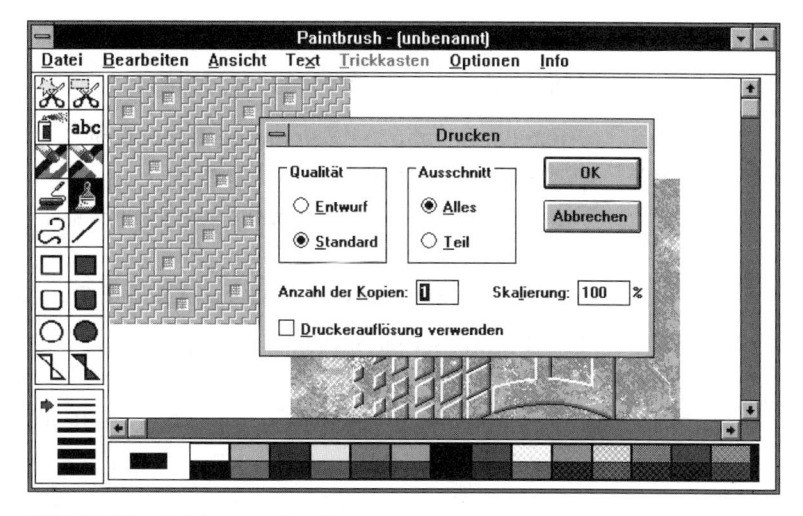

Bild 15.27: Zeichnung drucken

Die auf dem Bildschirm angezeigte *Zeichnung drucken* Sie mit den folgenden Schritten aus:

1. Wählen Sie im Menü DATEI den Befehl DRUCKEN.
2. Bestimmen Sie im Dialogfeld DRUCKEN die Optionen für den Ausdruck.

    Wählen Sie im Feld AUSSCHNITT die Option ALLES.

    Bestimmen Sie im Feld QUALITÄT die Option ENTWURF für einen Rohausdruck oder STANDARD für eine optimale Ausgabe.

Geben Sie im Feld ANZAHL DER KOPIEN die Zahl der auszudruckenden Kopien an.

Bestimmen Sie im Feld SKALIERUNG den Verkleinerungs- oder Vergrößerungsfaktor in Prozent für die Ausgabe. Mit dem Wert 100% erfolgt keine Veränderung der Bildgröße.

Die Markierung des Feldes DRUCKERAUFLÖSUNG VERWENDEN bewirkt die Ausgabe mit Druckerauflösung statt mit Bildschirmauflösung.

3. Wählen Sie OK.

Teile einer Zeichnung drucken

Teile einer Zeichnung

Anstelle der ganzen Zeichnung können Sie einen Bildausschnitt festlegen, der ausgedruckt werden soll.

Sie *drucken Teile einer Zeichnung* wie folgt aus:

1. Wählen Sie im Menü DATEI den Befehl DRUCKEN.
2. Bestimmen Sie im Dialogfeld DRUCKEN die Optionen für den Druck.

   Wählen Sie im Feld AUSSCHNITT die Option TEIL.

   Bestimmen Sie im Feld QUALITÄT die Option ENTWURF für einen Rohausdruck oder STANDARD für eine optimale Ausgabe.

   Geben Sie im Feld ANZAHL DER KOPIEN die Zahl der auszudruckenden Kopien an.

   Bestimmen Sie im Feld SKALIERUNG den Verkleinerungs- oder Vergrößerungsfaktor in Prozent für die Ausgabe. Mit dem Wert 100% erfolgt keine Veränderung der Bildgröße.

   Die Markierung des Feldes DRUCKERAUFLÖSUNG VERWENDEN bewirkt die Ausgabe mit Druckerauflösung statt mit Bildschirmauflösung.

3. Die Zeichnung wird ganz auf dem Bildschirm angezeigt. Drücken Sie eine Maustaste an einer Ecke des auszudruckenden Bildausschnitts.

Zeichnung drucken 547

4. Ziehen Sie bei gedrückter Maustaste den Cursor, bis das flexible Rechteck mit dem auszudruckenden Bildausschnitt übereinstimmt.
5. Lassen Sie die gedrückte Maustaste los.

Zeichenränder setzen

Zeichen-
ränder

Die Positionierung einer Zeichnung auf der Ausgabeseite erfolgt mit den Randeinstellungen im Dialogfeld SEITE EINRICHTEN (siehe Bild 15.28).

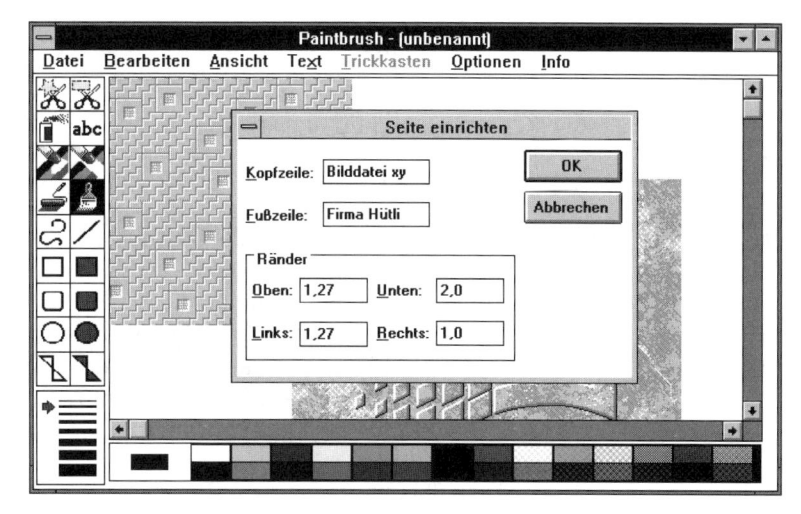

Bild 15.28: Dialogfeld Seite einrichten

Sie *setzen Zeichenränder* wie folgt:

1. Wählen Sie im Menü DATEI den Befehl SEITE EINRICHTEN.
2. Geben Sie im Dialogfeld SEITE EINRICHTEN im Bereich RÄNDER die geänderten Randeinstellungen ein.
3. Wählen Sie OK.

Bei einer Randeinstellung, bei der die Zeichnung kleiner ist als der verfügbare Platz, wird die Zeichnung oben links positioniert. Eine Randeinstellung mit einem zu geringen Platz für die Zeichnung führt zu einer Fehlermeldung.

Kopf- und Fußzeilen drucken

Kopf- und Fußzeilen

Vor der Ausgabe einer Zeichnung kann eine Kopf- und Fußzeile im Dialogfeld SEITE EINRICHTEN bestimmt werden (siehe Bild 15.28).

Sie *drucken Kopf- und Fußzeilen* mit den folgenden Schritten:

1. Wählen Sie im Menü DATEI den Befehl SEITE EINRICHTEN.

2. Geben Sie im Dialogfeld SEITE EINRICHTEN in das Textfeld KOPFZEILE und FUSSZEILE Text ein.

   Im Text können folgende Codes verwendet werden:

   &d steht für das aktuelle Datum.
   &s steht für die Seitennummer.
   &n steht für den aktuellen Dateinamen.
   &l steht für die linksbündige Ausrichtung.
   &r steht für die rechtsbündige Ausrichtung.
   &z steht für die zentrierte Ausrichtung.
   &u steht für die aktuelle Uhrzeit.

3. Wählen Sie OK.

Eine Kopfzeile wird 1,9 cm von der oberen Papierkante und eine Fußzeile 1,9 cm von der unteren Papierkante gedruckt.

Drucker und Druckeroptionen wechseln

Drucker und Optionen

Eine Druckausgabe muß nicht auf dem mit der Systemsteuerung bestimmten Standarddrucker erfolgen. Ein angeschlossener und nicht aktivierter Drucker muß mit der Systemsteuerung zuerst aktiviert werden. Einen aktivierten Drucker können Sie mit Paintbrush als Standarddrucker für die Ausgabe wählen.

Sie *wechseln Drucker und Druckeroptionen* wie folgt:

1. Wählen Sie im Menü DATEI den Befehl DRUCKEREINRICHTUNG.
2. Markieren Sie im Dialogfeld DRUCKEREINRICHTUNG im Listenfeld DRUCKER einen aktivierten Drucker für die Ausgabe.
3. Wählen Sie die Schaltfläche OPTIONEN, wenn für den Drucker weitere Druckeroptionen eingestellt werden sollen.
4. Wählen Sie OK.

15.9 Objekte verknüpfen und einbetten

Die Methode *Objekte verknüpfen und einbetten* (Object Linking and Embedding, kurz: OLE) dient dem Austausch und der gemeinsamen Verwendung von Daten zwischen unterschiedlichen Anwendungsprogrammen. Beim Einbetten oder Verknüpfen von Objekten bleiben Informationen darüber erhalten, mit welchem Anwendungsprogramm das Objekt erstellt oder bearbeitet wird.

Nach der Art der *Unterstützung von OLE* durch Anwendungsprogramme werden unterschieden:

❐ Server-Anwendungen

❐ Client-Anwendungen

Server **Server-Anwendungen** sind Anwendungsprogramme, mit denen Objekte erstellt und in Dokumente anderer Anwendungsprogramme (Client-Anwendungen) eingebettet oder verknüpft werden können. Die Datei, aus der ein Objekt eingebettet oder verknüpft wird, heißt *Quelldatei*.

Client **Client-Anwendungen** sind Anwendungsprogramme, in deren Dokumente Objekte eingebettet oder verknüpft werden können, die von anderen Anwendungsprogrammen (Server-Anwendungen) erstellt oder bearbeitet werden. Die Datei, in die ein Objekt eingebettet oder mit der es verknüpft wird, heißt *Zieldatei*.

Einbetten	Beim *Einbetten eines Objektes* wird das Objekt aus einer Quelldatei in eine Zieldatei kopiert. Im Gegensatz zum Einfügen über die Zwischenablage bleiben Informationen über das Anwendungsprogramm erhalten, mit dem das Objekt bearbeitet werden kann. Zur Bearbeitung des Objektes müssen Sie lediglich das Objekt in der Zieldatei markieren; das Anwendungsprogramm zur Bearbeitung wird dann geöffnet. Die Bearbeitung eines Objektes erfolgt innerhalb der Zieldatei, ohne sie zu verlassen.
	Nach dem Einbetten eines Objektes besteht keine Verbindung zur Quelldatei, aus der das Objekt stammt. Änderungen des Objektes in der Quelldatei werden daher in der Zieldatei nicht aktualisiert.
Verknüpfen	Beim *Verknüpfen eines Objektes* wird das Objekt nicht aus einer Quelldatei in eine Zieldatei kopiert. Es wird eine Referenz des Objektes zur Quelldatei hergestellt, aus dem das Objekt stammt. Änderungen des Objektes in der Quelldatei werden daher in der Zieldatei aktualisiert. Eine Bearbeitung des Objektes in der Zieldatei führt ebenfalls zur Veränderung des Objektes in der Quelldatei.
Paintbrush	Die Windows-Anwendung *Paintbrush* kann nur als Server-Anwendung eingesetzt werden. Sie kann Objekte bereitstellen, die von einer Client-Anwendung, beispielsweise Write oder Kartei, aufgenommen werden.
	Für die Änderung von Objekten, die mit einer Zeichnung von Paintbrush verknüpft oder die eingebettet sind, ist ein Löschen oder Kopieren nicht mehr erforderlich. Nunmehr wird aus einer Anwendung heraus das Anwendungsprogramm zur Bearbeitung eines eingebetteten oder verknüpften Objektes aufgerufen.

Objekt aus einer Paintbrush-Zeichnung einbetten

Die Einbettung von Objekten in ein Dokument eines Anwendungsprogramms, das OLE unterstützt, kann in der Client-Anwendung oder in der Server-Anwendung durchgeführt werden.

Es werden daher die beiden folgenden Verfahren unterschieden:

❐ Einbettung aus der Client-Anwendung

❐ Einbettung aus einer Server-Anwendung

Objekte verknüpfen und einbetten 551

Client Bei der Einbettung aus der Client-Anwendung beginnen Sie die Einbettung in der Client-Anwendung, beispielsweise in der Anwendung Kartei. Die Server-Anwendung Paintbrush wird aus der Client-Anwendung heraus aufgerufen.

Server Bei der Einbettung aus einer Server-Anwendung beginnen Sie die Einbettung in der Server-Anwendung Paintbrush, mit der das Objekt erstellt oder bearbeitet wird. Sie wechseln dann zur Client-Anwendung und fügen das mit der Server-Anwendung erstellte Objekt ein.

Als Beispiel einer Einbettung eines Objektes aus der Windows-Anwendung Paintbrush soll ein Zeichenobjekt in die Windows-Anwendung Kartei eingebettet werden.

Einbettung aus der Client-Anwendung

Client Bei der Einbettung eines Zeichenobjektes aus der Client-Anwendung Kartei gehen Sie mit den folgenden Schritten vor (siehe Bild 15.29):

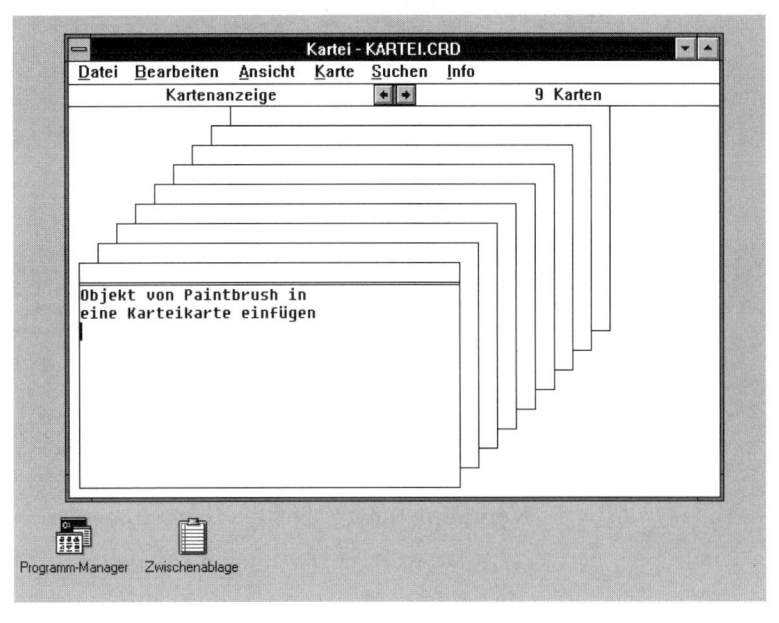

Bild 15.29: Karteikarte vor der Einbettung

1. Öffnen Sie die Karteikarte, in der das Zeichenobjekt eingebettet werden soll.
2. Positionieren Sie die Einfügemarke in der Client-Anwendung Kartei.

   Bei der Anwendung Kartei wird ein Zeichenobjekt an der linken oberen Ecke der Karteikarte eingefügt.
3. Wählen Sie bei der Kartei im Menü BEARBEITEN den Befehl BILD.
4. Wählen Sie im Menü BEARBEITEN den Befehl OBJEKT EINFÜGEN (siehe Bild 15.30).

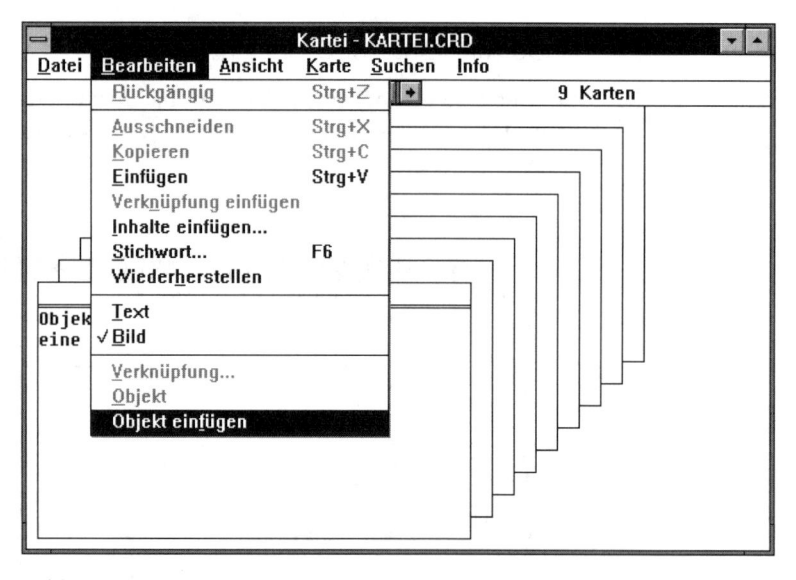

Bild 15.30: Zeichenobjekt einfügen

Es wird das Dialogfeld NEUES OBJEKT EINFÜGEN angezeigt. Es listet die Anwendungsprogramme auf, die das Einbetten und Verknüpfen von Objekten unterstützen.

5. Markieren Sie den Eintrag PAINTBRUSH-BILD (siehe Bild 15.31).

Objekte verknüpfen und einbetten 553

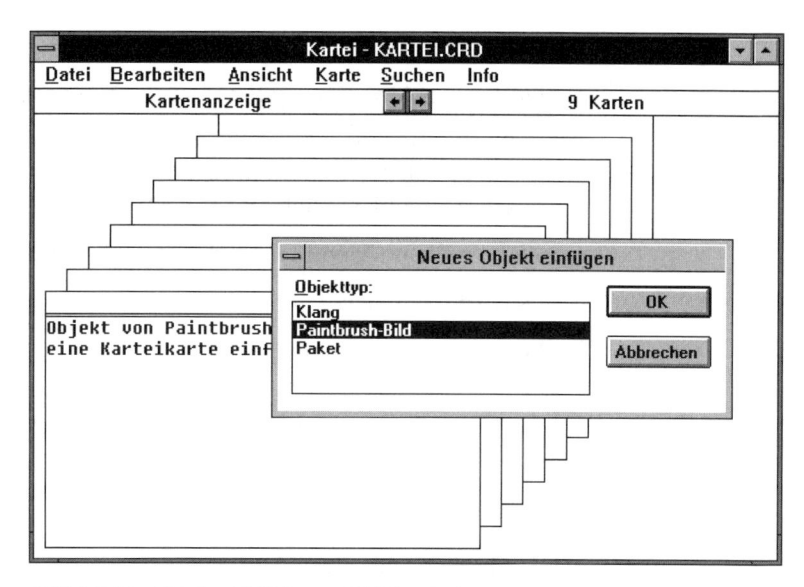

Bild 15.31: Dialogfeld Neues Objekt einfügen

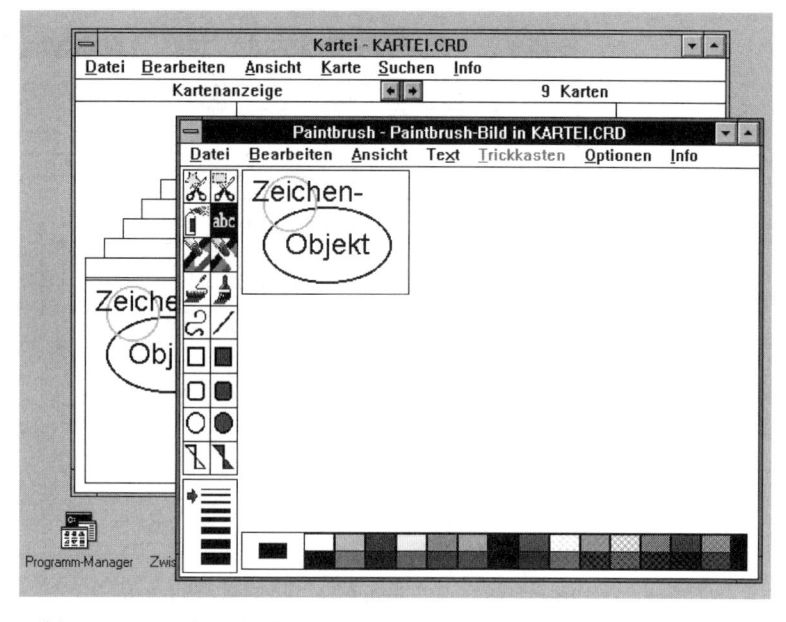

Bild 15.32: Zeichenobjekt in Paintbrush

6. Wählen Sie OK.

   Die Server-Anwendung Paintbrush wird gestartet.

7. Erstellen Sie ein neues Zeichenobjekt, oder öffnen Sie im Menü BEARBEITEN mit dem Befehl EINFÜGEN AUS ein bestehendes Zeichenobjekt (siehe Bild 15.32).

8. Wählen Sie im Menü DATEI den Befehl AKTUALISIEREN.

   Es wird das Zeichenobjekt in die Karteikarte eingefügt.

9. Wählen Sie in Paintbrush im Menü DATEI den Befehl BEENDEN & ZURÜCK ZU (DATEINAME).

   Sie kehren zur Karteikarte zurück (siehe Bild 15.33).

Einbettung aus einer Server-Anwendung

Server Bei der Einbettung eines Zeichenobjektes aus der Server-Anwendung Paintbrush in die Anwendung Kartei gehen Sie mit den folgenden Schritten vor:

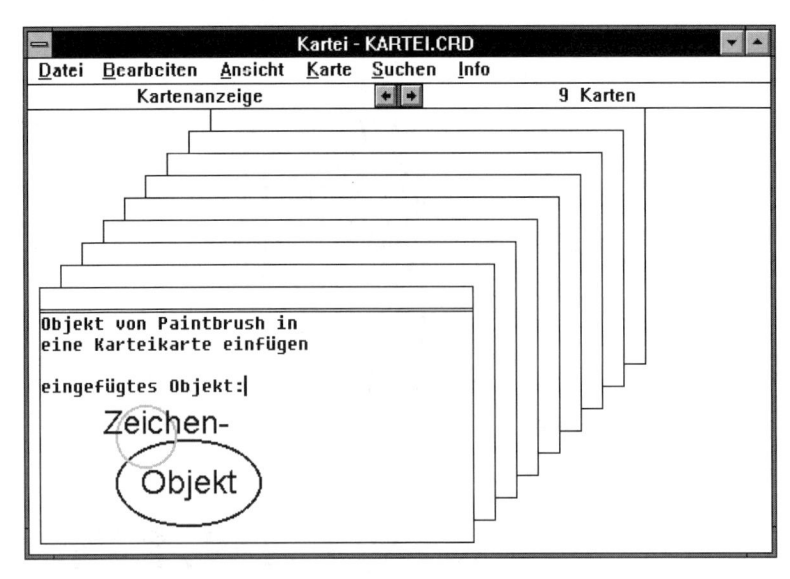

Bild 15.33: Zeichenobjekt in der Karteikarte

Objekte verknüpfen und einbetten 555

1. Öffnen Sie die Server-Anwendung Paintbrush.
2. Erstellen Sie ein neues Zeichenobjekt, oder laden Sie ein vorhandenes Zeichenobjekt.
3. Markieren Sie das Zeichenobjekt (siehe Bild 15.34).

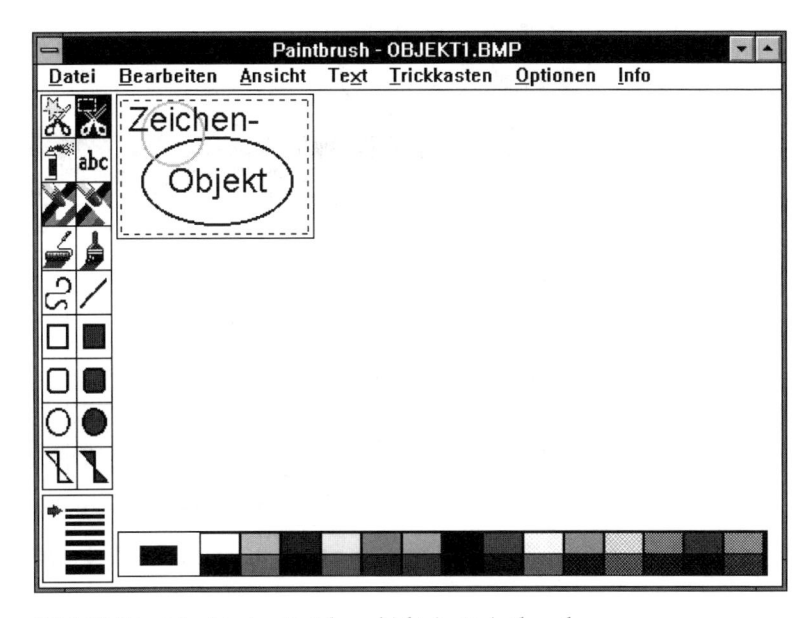

Bild 15.34: Markiertes Zeichenobjekt in Paintbrush

4. Wählen Sie im Menü BEARBEITEN den Befehl KOPIEREN.

   Das Zeichenobjekt wird in die Zwischenablage kopiert.
5. Speichern Sie bei Bedarf das Zeichenobjekt mit dem Befehl SPEICHERN im Menü DATEI.
6. Wechseln Sie zur Karteikarte, in der das Zeichenobjekt eingebettet werden soll.
7. Wählen Sie bei Kartei zum Einbetten im Menü BEARBEITEN den Befehl BILD.
8. Wählen Sie im Menü BEARBEITEN den Befehl EINFÜGEN.

Das Zeichenobjekt wird auf der Karteikarte angezeigt (siehe Bild 15.35).

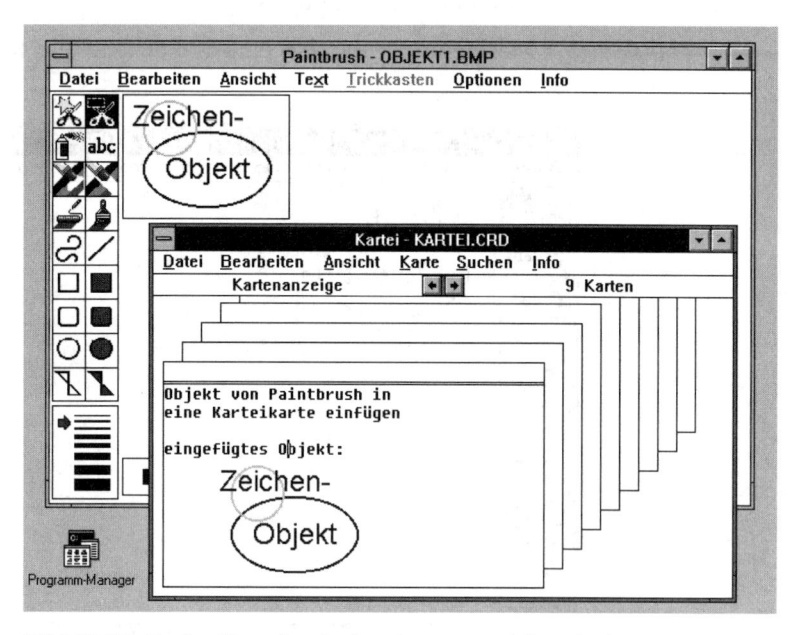

Bild 15.35: In der Karteikarte eingebettetes Zeichenobjekt

Eingebettetes Objekt bearbeiten

Bearbeiten Ein auf einer Karteikarte eingebettetes Zeichenobjekt *bearbeiten* Sie mit den folgenden Schritten:

Schrittfolge für die Maus:

1. Wählen Sie bei der Anwendung Kartei im Menü BEARBEITEN den Befehl BILD.
2. Doppelklicken Sie auf das eingebettete Zeichenobjekt der Karteikarte.

   Die Server-Anwendung Paintbrush wird gestartet.

3. Bearbeiten Sie in der Server-Anwendung Paintbrush das Zeichenobjekt (siehe Bild 15.36).

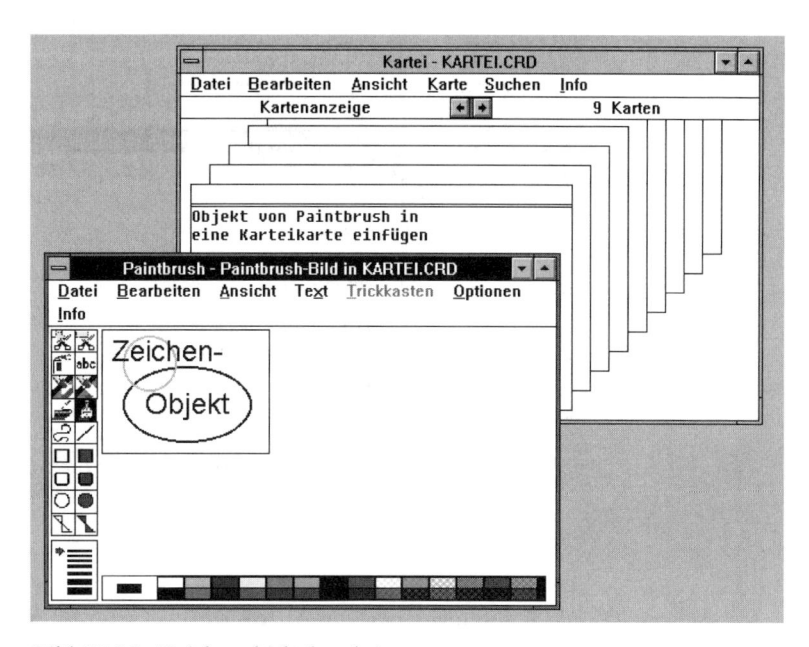

Bild 15.36: Zeichenobjekt bearbeiten

4. Wählen Sie in der Server-Anwendung Paintbrush im Menü DATEI den Befehl AKTUALISIEREN.

   Das in der Karteikarte eingebettete Zeichenobjekt wird aktualisiert.

5. Wählen Sie in Paintbrush im Menü DATEI den Befehl BEENDEN & ZURÜCK ZU (DATEINAME) (siehe Bild 15.37).

   Die Server-Anwendung Paintbrush wird beendet. Sie kehren zur Karteikarte zurück.

Schrittfolge für die Tastatur:

1. Wählen Sie bei der Anwendung Kartei im Menü BEARBEITEN den Befehl BILD.

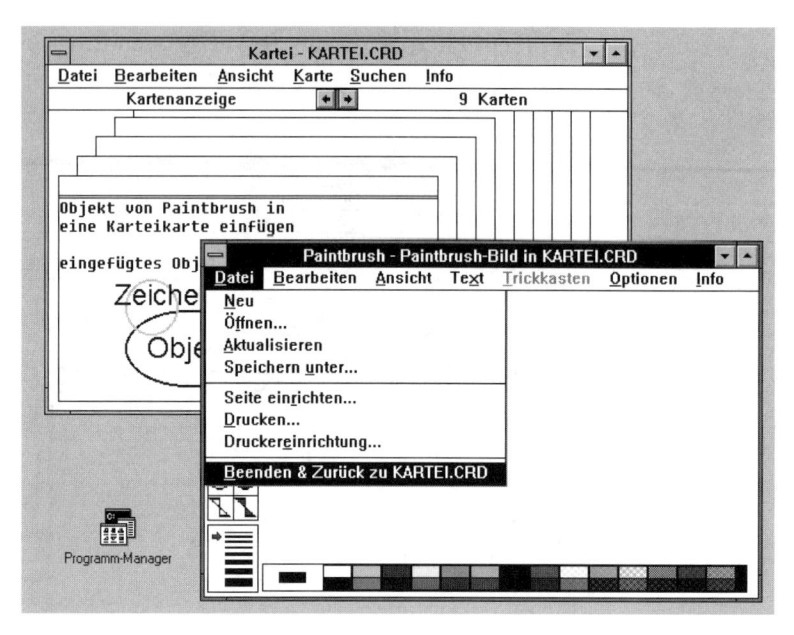

Bild 15.37: Zur Kartei zurückkehren

2. Wählen Sie bei der Anwendung Kartei im Menü BEARBEITEN den Befehl PAINTBRUSH-BILD BEARBEITEN.

   Die Server-Anwendung Paintbrush wird gestartet.

3. Bearbeiten Sie in der Server-Anwendung Paintbrush das Zeichenobjekt.

4. Wählen Sie in der Server-Anwendung Paintbrush im Menü DATEI den Befehl AKTUALISIEREN.

   Das in der Karteikarte eingebettete Zeichenobjekt wird aktualisiert.

5. Wählen Sie in Paintbrush im Menü DATEI den Befehl BEENDEN & ZURÜCK ZU (DATEINAME).

   Die Server-Anwendung Paintbrush wird beendet. Sie kehren zur Karteikarte zurück.

Objekt aus einer Paintbrush-Zeichnung verknüpfen

Bei der Verknüpfung eines Objektes mit einem Kartei-Dokument wird das Objekt nicht in die Zieldatei kopiert, sondern in der Zieldatei eine Kopie des Objektes der Quelldatei angezeigt. Ein zu verknüpfendes Objekt muß vorher gespeichert sein.

Teilaufgaben Bei der *Verknüpfung* von Objekten der Server-Anwendung Paintbrush in ein Dokument einer Client-Anwendung werden die folgenden *Teilaufgaben* unterschieden:

- Objekt verknüpfen
- Verknüpftes Objekt bearbeiten
- Verknüpfung aktualisieren
- Mehrere Verknüpfungen herstellen
- Verknüpfung lösen
- Verknüpfung löschen
- Unterbrochene Verknüpfung wiederherstellen

Objekt verknüpfen

Verknüpfen Sie *verknüpfen* ein Zeichenobjekt der Server-Anwendung Paintbrush mit einer Karteikarte der Client-Anwendung Kartei mit den folgenden Schritten:

1. Öffnen Sie die Server-Anwendung Paintbrush.
2. Erstellen Sie ein neues Zeichenobjekt, oder laden Sie ein vorhandenes Zeichenobjekt, das mit der Zieldatei Kartei verknüpft werden soll.
3. Speichern Sie bei Bedarf das neue oder bearbeitete Zeichenobjekt.
4. Markieren Sie das zu verknüpfende Zeichenobjekt (siehe Bild 15.38).

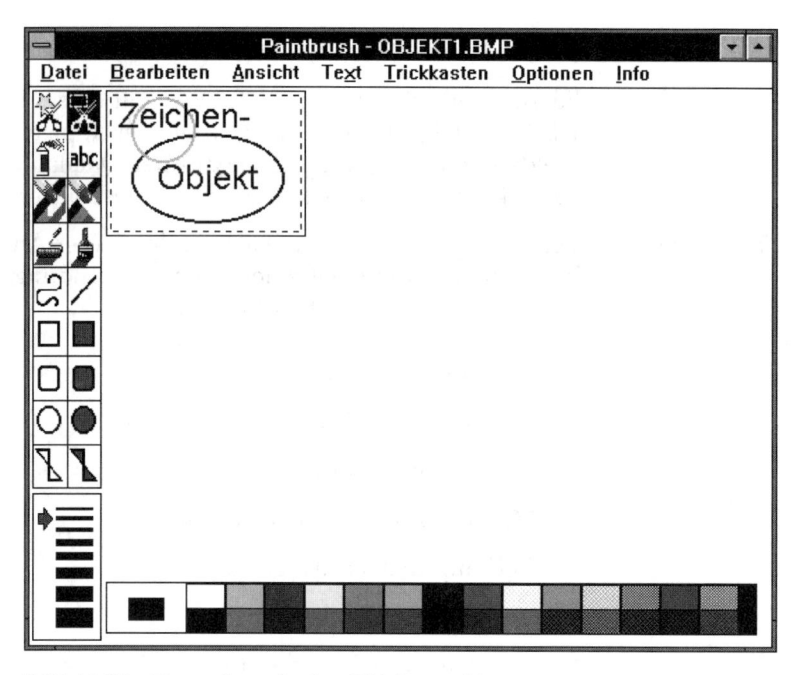

Bild 15.38: Zu verknüpfendes Objekt markieren

5. Wählen Sie im Menü BEARBEITEN den Befehl KOPIEREN.

   Das Zeichenobjekt wird in die Zwischenablage kopiert.

6. Wechseln Sie zur Karteikarte, mit der das Zeichenobjekt verknüpft werden soll.

7. Wählen Sie bei der Anwendung Kartei im Menü BEARBEITEN den Befehl BILD.

8. Positionieren Sie die Einfügemarke in der Client-Anwendung Kartei.

   Bei der Anwendung Kartei wird ein Zeichenobjekt an der linken oberen Ecke der Karteikarte eingefügt.

9. Wählen Sie im Menü BEARBEITEN den Befehl VERKNÜPFUNG EINFÜGEN (siehe Bild 15.39).

   Die Quelldatei der Server-Anwendung Paintbrush enthält das Zeichenobjekt, das mit der Karteikarte der Client-Anwendung Kartei verknüpft ist (siehe Bild 15.40).

Objekte verknüpfen und einbetten 561

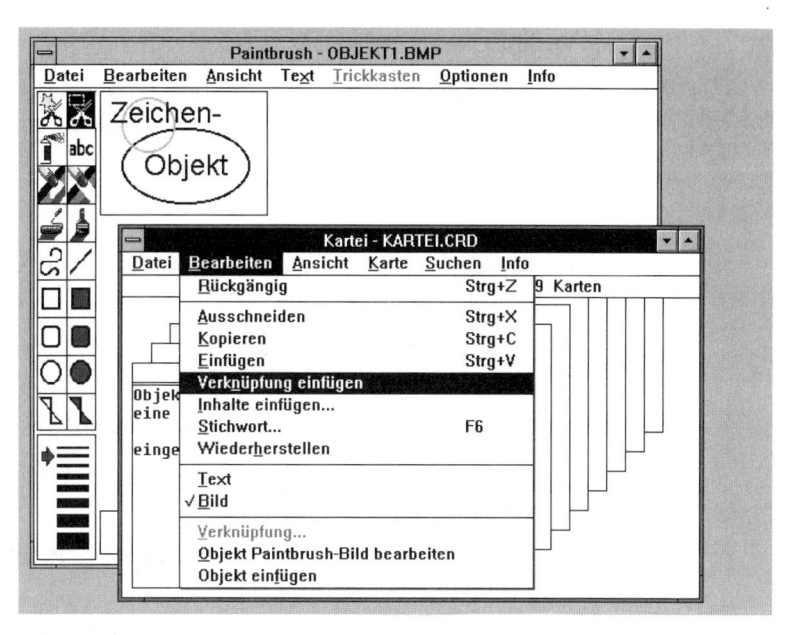

Bild 15.39: Verknüpfung einfügen

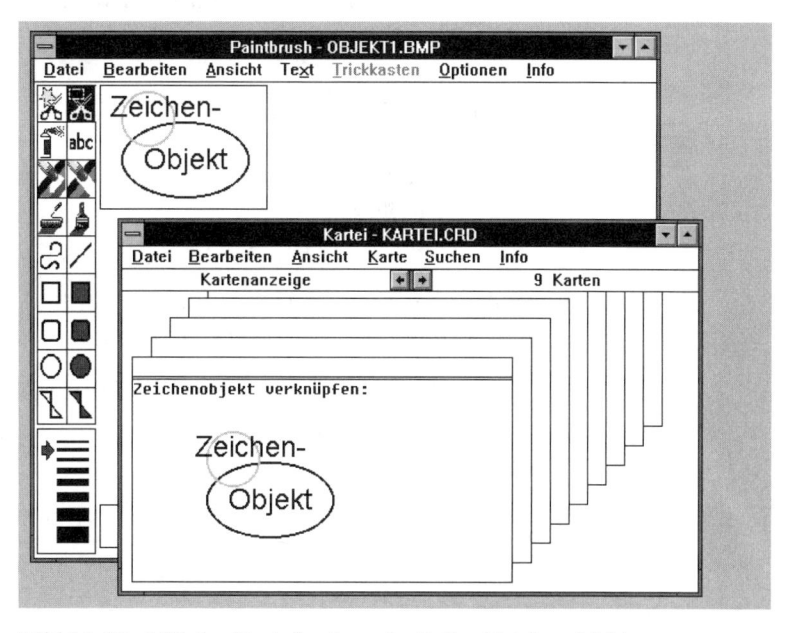

Bild 15.40: Mit der Karteikarte verknüpftes Zeichenobjekt

Bearbeiten

Verknüpftes Objekt bearbeiten

Ein mit einer Karteikarte verknüpftes Zeichenobjekt der Anwendung Paintbrush *bearbeiten* Sie mit den folgenden Schritten:

Schrittfolge für die Maus:

1. Wählen Sie bei der Anwendung Kartei im Menü BEARBEITEN den Befehl BILD.
2. Doppelklicken Sie auf das verknüpfte Zeichenobjekt der Karteikarte.

   Die Server-Anwendung Paintbrush wird gestartet.
3. Bearbeiten Sie in der Server-Anwendung Paintbrush das Zeichenobjekt.
4. Wählen Sie in der Server-Anwendung Paintbrush im Menü DATEI den Befehl SPEICHERN.
5. Wählen Sie in Paintbrush im Menü DATEI den Befehl BEENDEN.

   Die Server-Anwendung Paintbrush wird beendet. Sie kehren zur Karteikarte zurück.

Schrittfolge für die Tastatur:

1. Wählen Sie bei der Anwendung Kartei im Menü BEARBEITEN den Befehl BILD.

   Wechseln Sie zwischen den Menüs mit den RICHTUNG-Tasten.
2. Wählen Sie bei der Anwendung Kartei im Menü BEARBEITEN den Befehl PAINTBRUSH-BILD BEARBEITEN.

   Die Server-Anwendung Paintbrush wird gestartet.
3. Bearbeiten Sie in der Server-Anwendung Paintbrush das Zeichenobjekt.
4. Wählen Sie in der Server-Anwendung Paintbrush im Menü DATEI den Befehl SPEICHERN.

Objekte verknüpfen und einbetten 563

5. Wählen Sie in Paintbrush im Menü DATEI den Befehl BEEN-DEN.

Die Server-Anwendung Paintbrush wird beendet. Sie kehren zur Karteikarte zurück.

Bei manueller Aktualisierung wird das geänderte Zeichenobjekt nur nach einer Aktualisierung angezeigt.

Verknüpfung aktualisieren

Aktualisieren Verknüpfte Objekte können mit den beiden folgenden Verfahren *aktualisiert* werden:

❐ automatische Aktualisierung

❐ manuelle Aktualisierung

Automatisch Die Einstellungen für eine *automatische Aktualisierung* nehmen Sie mit den folgenden Schritten vor (siehe Bild 15.41):

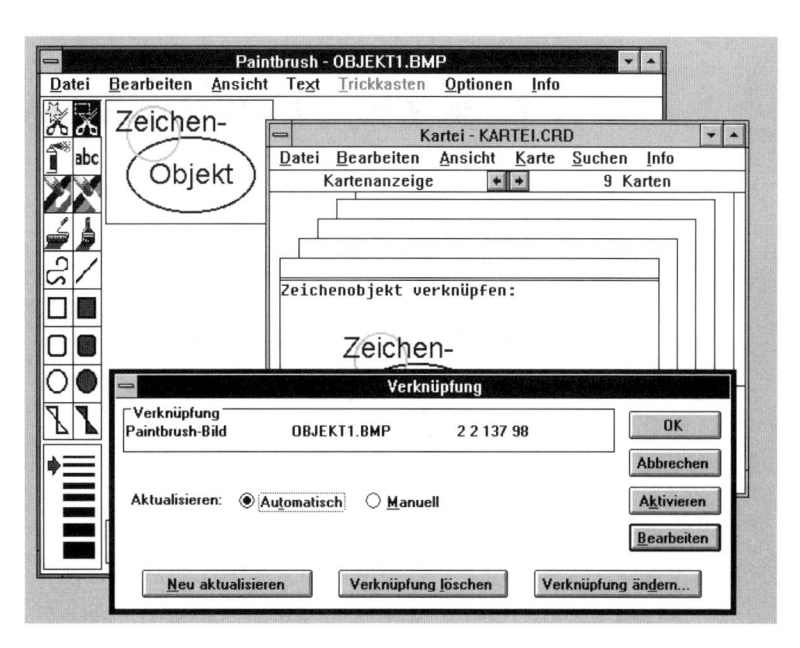

Bild 15.41: Automatische Verknüpfung

1. Öffnen Sie die Karteikarte, mit der das Zeichenobjekt verknüpft ist.
2. Wählen Sie im Menü BEARBEITEN den Befehl VERKNÜPFUNG.

   Es wird das Dialogfeld VERKNÜPFUNG angezeigt.
3. Markieren Sie die Verknüpfungen, deren Status verändert werden soll.
4. Wählen Sie die Option AUTOMATISCH oder MANUELL.
5. Wählen Sie OK.

Manuell Die Einstellungen für eine *manuelle Aktualisierung* nehmen Sie mit den folgenden Schritten vor:

1. Öffnen Sie die Karteikarte, mit der das Zeichenobjekt verknüpft ist.

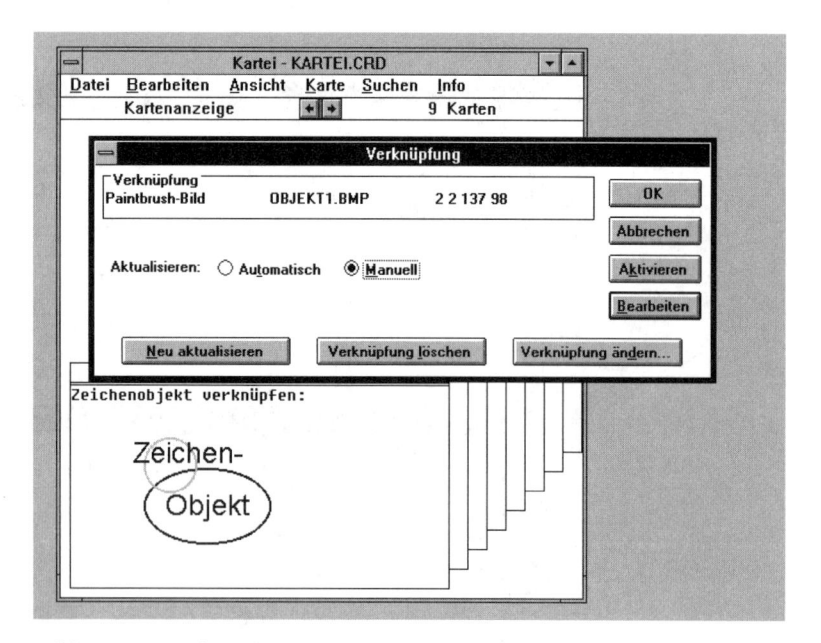

Bild 15.42: Verknüpfung neu aktualisieren

2. Wählen Sie im Menü BEARBEITEN den Befehl VERKNÜPFUNG.

   Es wird das Dialogfeld VERKNÜPFUNG angezeigt (siehe Bild 15.42).

3. Markieren Sie die Verknüpfung, deren Status verändert werden soll.

4. Wählen Sie die Schaltfläche NEU AKTUALISIEREN.

5. Wählen Sie OK.

Mehrere Verknüpfungen herstellen

Mehrere verknüpfte Objekte können mit den beiden folgenden Verfahren erstellt werden:

❐ Objekt verknüpfen

❐ bestehende Verknüpfung kopieren

Kopieren   Das *Kopieren* einer bestehenden Verknüpfung nehmen Sie mit den folgenden Schritten vor:

1. Öffnen Sie die Karteikarte mit einem verknüpften Zeichenobjekt, das kopiert werden soll.

2. Markieren Sie das verknüpfte Zeichenobjekt.

3. Öffnen Sie die Karteikarte, mit der das Objekt verknüpft werden soll.

4. Wählen Sie bei der Anwendung Kartei im Menü BEARBEITEN den Befehl BILD.

5. Positionieren Sie die Einfügemarke in der Client-Anwendung Kartei.

   Bei der Anwendung Kartei wird ein Zeichenobjekt an der linken oberen Ecke der Karteikarte eingefügt.

6. Wählen Sie im Menü BEARBEITEN den Befehl EINFÜGEN.

Verknüpfung lösen

Lösen Eine bestehende Verknüpfung *lösen* Sie mit den folgenden Schritten:

1. Öffnen Sie die Karteikarte, mit der das Zeichenobjekt verknüpft ist.
2. Wählen Sie bei der Anwendung Kartei im Menü BEARBEITEN den Befehl BILD.
3. Markieren Sie das Zeichenobjekt.
4. Wählen Sie im Menü DATEI den Befehl VERKNÜPFUNG.
   Es wird das Dialogfeld VERKNÜPFUNG angezeigt.
5. Wählen Sie die Schaltfläche VERKNÜPFUNG LÖSEN.
6. Wählen Sie OK.

Verknüpfung löschen

Löschen Eine bestehende Verknüpfung *löschen* Sie mit den folgenden Schritten:

1. Öffnen Sie die Karteikarte, mit der das Zeichenobjekt verknüpft ist.
2. Wählen Sie bei der Anwendung Kartei im Menü BEARBEITEN den Befehl BILD.
3. Markieren Sie das Zeichenobjekt.
4. Drücken Sie die ENTF-Taste.

Unterbrochene Verknüpfung wiederherstellen

Wiederherstellen Eine unterbrochene Verknüpfung können Sie mit den folgenden Schritten *wiederherstellen*:

1. Öffnen Sie die Datei mit dem Zeichenobjekt, dessen Verknüpfung geändert werden soll.

2. Markieren Sie das Zeichenobjekt.
3. Wählen Sie im Menü BEARBEITEN den Befehl VERKNÜPFUNG.
   Es wird das Dialogfeld VERKNÜPFUNG angezeigt.
4. Wählen Sie die Schaltfläche VERKNÜPFUNG ÄNDERN.
   Es wird das Dialogfeld VERKNÜPFUNG ÄNDERN angezeigt (siehe Bild 15.43).

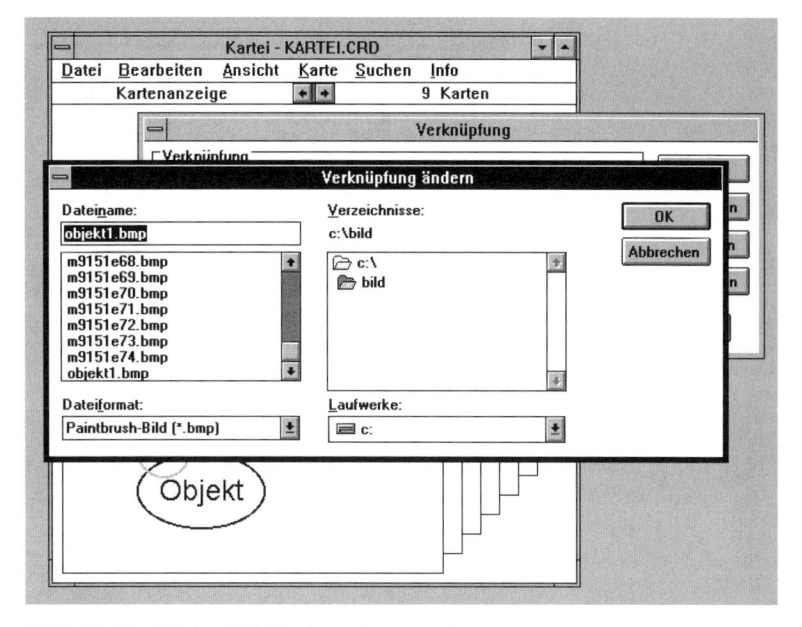

Bild 15.43: Dialogfeld Verknüpfung ändern

5. Wählen Sie im Listenfeld DATEINAME den Namen der Datei, zu der die Verknüpfung wiederhergestellt werden soll.
6. Wählen Sie OK.

   Es wird das Dialogfeld VERKNÜPFUNG angezeigt (siehe Bild 15.44). Der Name der neuen Quelldatei ist markiert.
7. Wählen Sie OK.

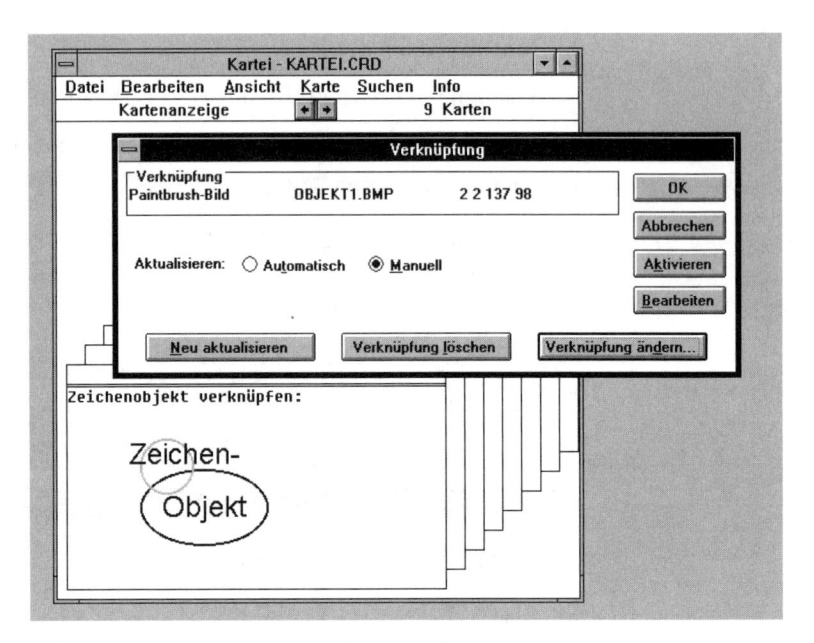

Bild 15.44: Verknüpfung wiederherstellen

Das Dialogfeld wird geschlossen.

Das neu verknüpfte Objekt wird in der Zieldatei angezeigt (siehe Bild 15.45).

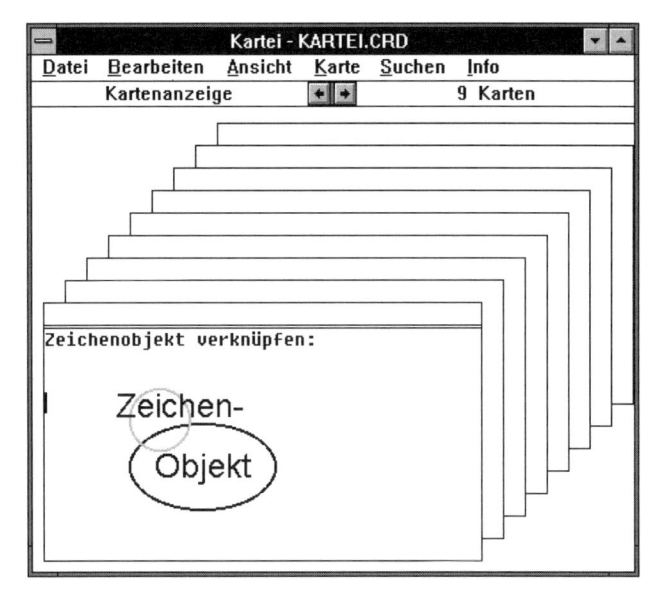

Bild 15.45: Objekt mit wiederhergestellter Verknüpfung

Kapitel 16

Mit Terminal Daten übertragen

Über die Anwendung Terminal kann Ihr Computer Verbindung mit der Außenwelt aufnehmen. Terminal unterstützt die Datenübertragung über ein Modem oder über eine direkte Verbindung zu einem anderen Computer. Es können Terminal-Emulationen, Terminaleinstellungen und Übertragungsprotokolle gewählt werden. Neben Textdateien können auch Binärdateien gesendet und empfangen werden.

16.1 Aufgaben, Fensterelemente und Tastatur

Anwendungen und Aufgaben

Die Anwendung *Terminal* unterstützt Aufgaben der Datenfernverarbeitung und Datenübertragung. Mit Terminal können Sie eine Verbindung zu einem anderen Computer herstellen und mit ihm Daten austauschen. Die Datenübertragung kann über eine direkte Leitungsverbindung oder mit Hilfe von Modems oder Akustikkopplern erfolgen.

Die Anwendung Terminal rufen Sie in der Gruppe Zubehör des Programm-Managers auf.

Beim Arbeiten mit Terminal sind die einzelnen *Teilaufgaben* den folgenden Aufgabengruppen zugeordnet:

- Verbindung vorbereiten
- Dateien übertragen
- Im Terminal-Fenster arbeiten
- Texte drucken
- Verbindung beenden
- Auftretende Probleme lösen

Menüs — Die Teilaufgaben der Anwendung Terminal werden mit den Befehlen und Optionen der *Menüs* DATEI, BEARBEITEN, EINSTELLUNGEN, TELEFON, ÜBERTRAGUNG und INFO durchgeführt.

Fensterbereiche und Fensterelemente

Fenster — Ein typisches Fenster der Anwendung *Terminal* sehen Sie in Bild 16.1. Es besteht aus den Teilen Titelleiste, Menüleiste, Menü, Arbeitsbereich sowie horizontale und vertikale Bildlaufleiste.

Systemmenü-Feld — Im *Systemmenü-Feld* können beim Arbeiten mit der Tastatur die Systemfunktionen *Fenster verschieben, auf Vollbild vergrößern, auf Symbolgröße verkleinern* und *Umschalten zur Task-Liste* aufgerufen werden.

574   Kapitel 16 – Mit Terminal Daten übertragen

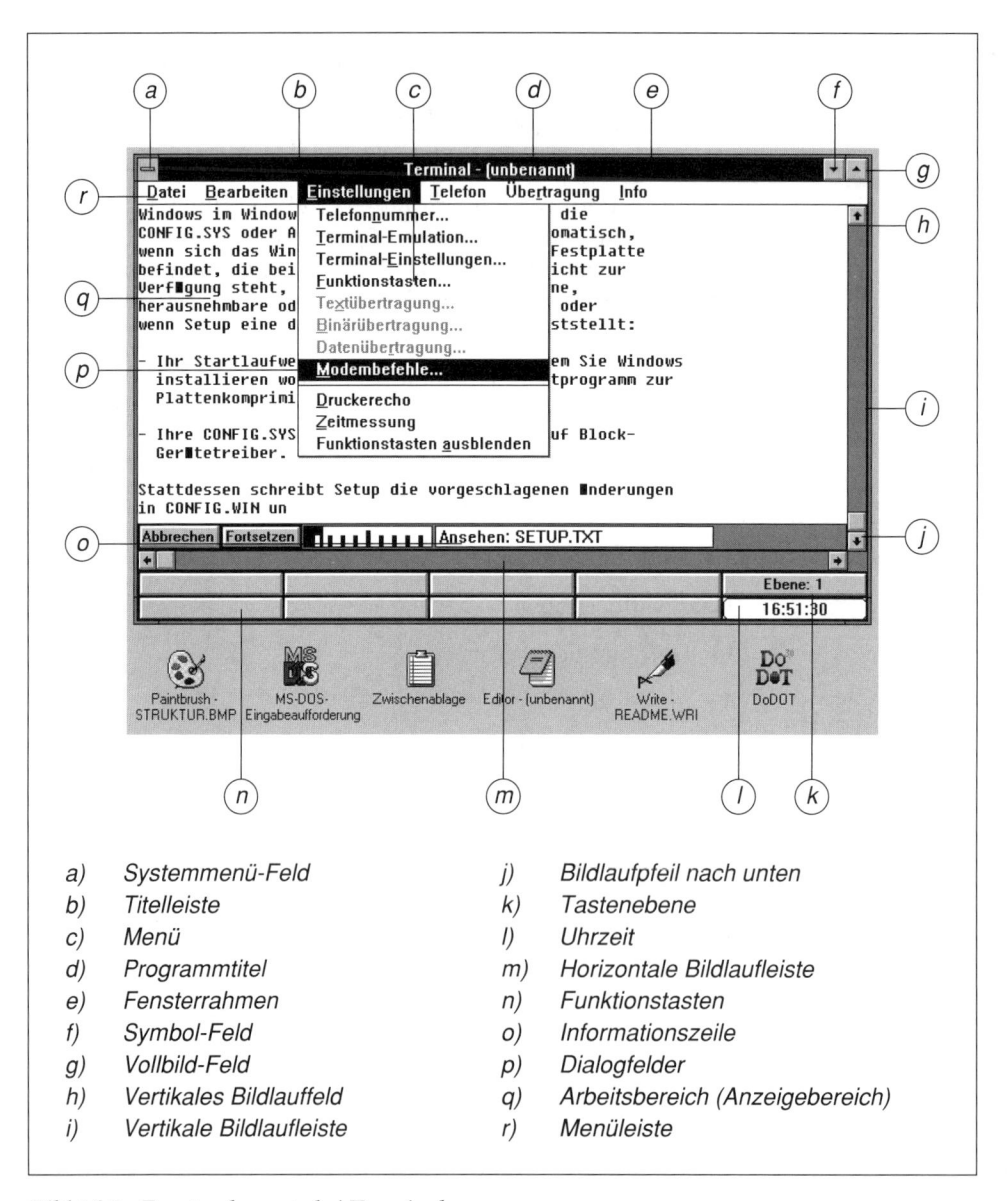

a) Systemmenü-Feld
b) Titelleiste
c) Menü
d) Programmtitel
e) Fensterrahmen
f) Symbol-Feld
g) Vollbild-Feld
h) Vertikales Bildlauffeld
i) Vertikale Bildlaufleiste
j) Bildlaufpfeil nach unten
k) Tastenebene
l) Uhrzeit
m) Horizontale Bildlaufleiste
n) Funktionstasten
o) Informationszeile
p) Dialogfelder
q) Arbeitsbereich (Anzeigebereich)
r) Menüleiste

Bild 16.1: Fensterelemente bei Terminal

Fenster-rahmen	Der *Fensterrahmen* begrenzt ein Anwendungsfenster oder ein Dokumentfenster. Der Fensterrahmen kann mit der Maus oder über das Systemmenü in seiner Größe verändert oder verschoben werden.
Titelleiste	In der *Titelleiste* wird der Name der Anwendung oder eines Dokuments angezeigt. Die Titelleiste des aktiven Fensters ist hervorgehoben.
Programm-titel	Der *Programmtitel* enthält bei einem Anwendungsfenster den Namen des Anwendungsprogramms und des Dokuments. Bei einem Dokumentfenster enthält er den Namen einer Programmgruppe, eines Verzeichnisses oder einer Datendatei.
Symbol-Feld	Mit der Schaltfläche *Symbol-Feld* wird das Anwendungsfenster zu einem Symbol verkleinert.
Vollbild-Feld	Mit der Schaltfläche *Vollbild-Feld* wird das Anwendungsfenster auf Bildschirmgröße vergrößert.
Menüleiste	Die *Menüleiste* zeigt die verfügbaren Menüs einer Anwendung an. Mit Hilfe der Menüleiste kann ein Menü oder eine Option angewählt werden.
Menü	Ein *Menü* wird aus einer Menüleiste ausgewählt und kann Untermenüs, Befehle oder Optionen enthalten.
Arbeits-bereich	Im *Arbeitsbereich* der Anwendung Terminal können gesendete oder empfangene Textdaten angezeigt werden.
Bildlaufleiste	Mit der *horizontalen* und *vertikalen Bildlaufleiste* wird der Fensterinhalt verschoben, damit unsichtbare Teile außerhalb des Fensters eingesehen werden können.
Bildlaufpfeil, Bildlauffeld	Die *Bildlaufoptionen* können mit der Maus oder mit der Tastatur gewählt werden. Mit der Maus erfolgt der Bildlauf mit Hilfe der *Bildlaufpfeile* oder dem *Bildlauffeld* der *Bildlaufleiste*. Durch Ziehen des Bildlauffeldes in der Bildlaufleiste wird die Position im Dokument aufgesucht, die der Stellung des Bildlauffeldes in der Bildlaufleiste entspricht.

Abkürzungstasten und Tastenfunktionen

Abkürzungs-tasten Bei einigen Menüs von Terminal stehen für den Aufruf von Untermenüs, Befehlen oder Optionen *Abkürzungstasten* zur Verfügung. Abkürzungstasten stehen in einem Menü rechts neben dem Bezeichner. Ein unterstrichener Buchstabe steht für eine Abkürzungstaste. Abkürzungstasten finden Sie auch in Dialogfeldern für die Feldauswahl.

Tasten Den Funktionstasten F1 bis F8 können im Dialogfeld FUNKTIONSTASTEN im Menü EINSTELLUNGEN Befehle zugeordnet werden. Da Funktionstasten bei Terminal auch anderweitig verwendet werden, ist für den Befehlsaufruf die Tastenkombination STRG+ALT+Funktionstaste zu verwenden.

16.2 Verbindung vorbereiten

Der Teilaufgabe *Verbindung vorbereiten* sind die folgenden Arbeiten zugeordnet:

- Anforderungen an die Hardware
- Einstellungen beim Fernrechner
- Teilaufgaben einer Terminal-Sitzung
- Terminal-Sitzung starten
- Terminal-Fenster öffnen
- Telefonnummer eingeben
- Terminal-Emulation wählen
- Terminal-Einstellungen festlegen
- Datenübertragungs-Parameter setzen
- Modem-Befehle bestimmen
- Funktionstasten zuordnen
- Funktionstasten anzeigen und ausblenden

Verbindung vorbereiten

Anforderungen an die Hardware

Übertragung Die *Datenübertragung* zwischen zwei *Computern* kann erfolgen mit:

- Direkte Verbindung mit Nullmodem-Kabel
- Modem-Anschluß
- Akustikkoppler-Anschluß

Die Übertragung der Daten erfolgt bidirektional über den seriellen *Anschluß* des Computers. Der Anschlußsteckertyp und die Pinbelegung sind der Dokumentation des Computers oder Modems zu entnehmen.

Einstellungen beim Fernrechner

Einstellungen Für eine Datenübertragung zwischen zwei Computern müssen die *Datenübertragungsparameter* für beide Computer bekannt sein und übereinstimmen.

Zu den Parametern gehören die Übertragungsgeschwindigkeit in Baud, die Anzahl an Datenbits und Stoppbits, der Typ der Parität und das verwendete Übertragungsprotokoll. Die Einstellungen der Datenübertragungsparameter speichert Windows in *Terminal-Dateien* mit der Namenerweiterung TRM.

Teilaufgaben einer Terminal-Sitzung

Aufgaben Eine *Terminal-Sitzung* besteht aus den folgenden *Teilaufgaben*:

- Terminal starten
- Einstellungen festlegen
- Fernrechner anwählen
- Verbindung herstellen
- Daten senden oder empfangen
- Verbindung beenden

❐ Leitung trennen

❐ Einstellungen speichern

❐ Terminal beenden

Die Festlegung und Speicherung von Einstellungen ist bei Verwendung von Terminal-Dateien nicht gesondert erforderlich.

Terminal-Sitzung starten

Starten Eine *Terminal-Sitzung starten* Sie wie folgt:

❐ Doppelklicken Sie auf das Terminal-Symbol in der Gruppe Zubehör des Programm-Managers.

Oder starten Sie Terminal im Menü DATEI des Programm-Managers mit dem Befehl ÖFFNEN.

Das Fenster der Anwendung Terminal sehen Sie in Bild 16.2.

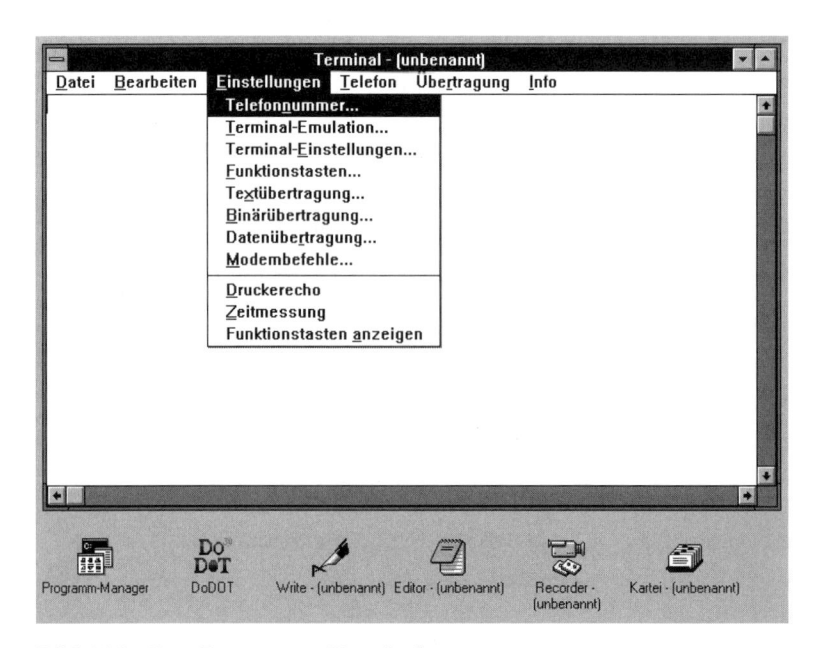

Bild 16.2: Das Fenster von Terminal

Terminal-Fenster öffnen

Parameter Für die Herstellung einer Verbindung müssen die *Parameter* der Datenübertragung eingestellt werden. Die Parameter können aus einer Terminal-Datei eingelesen oder neu erstellt werden.

Neue Parameter Sie stellen *neue Parameter* ein, indem Sie eine neue Terminal-Datei einrichten und die vorgegebenen Standardeinstellungen ändern.

Neue Parameter stellen Sie wie folgt ein:

1. Wählen Sie im Menü DATEI den Befehl NEU.
2. Ändern Sie nach Bedarf die Werte der Standardeinstellungen.

Parameter übernehmen Sie laden eine Terminal-Datei und verwenden die *gespeicherten Parameter* folgendermaßen (siehe Bild 16.3):

1. Wählen Sie im Menü DATEI den Befehl ÖFFNEN.
2. Wählen Sie die gewünschte Terminal-Datei.

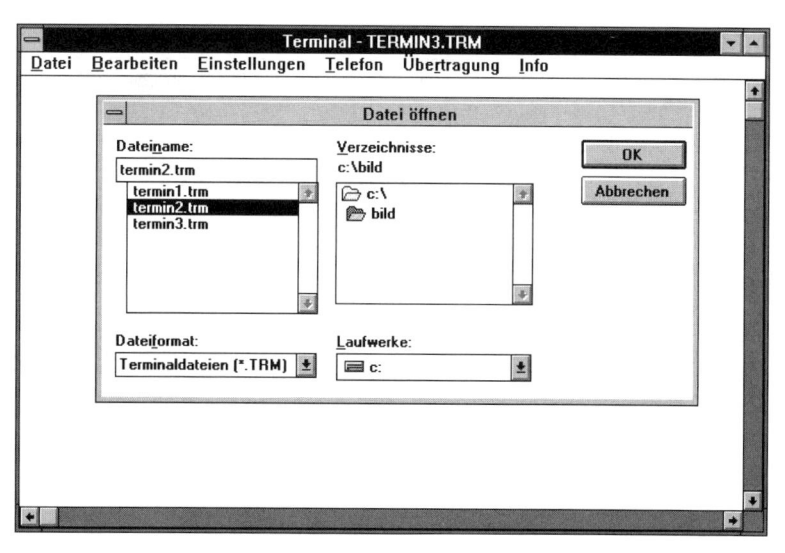

Bild 16.3: Terminal-Datei öffnen

Telefonnummer eingeben

Telefon- Die Leitungsverbindung zum Fernrechner wird durch Wählen
nummer   einer *Telefonnummer* aufgebaut (siehe Bild 16.4).

Sie geben eine Telefonnummer mit den folgenden Schritten ein:

1. Wählen Sie im Menü EINSTELLUNGEN den Befehl TELEFONNUMMER.

2. Geben Sie im Dialogfeld TELEFONNUMMER in das Textfeld WÄHLEN die Telefonnummer ein, die durch das Modem angewählt werden soll.

   Die Eingabe kann Klammern und Bindestriche enthalten. Ein Komma dient der Verzögerung um etwa 2 Sekunden.

3. Wählen Sie die gewünschten Optionen.

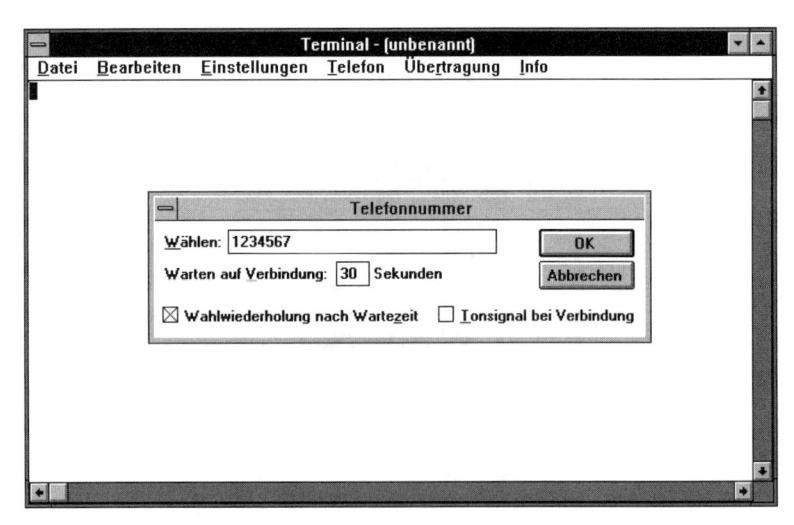

Bild 16.4: Dialogfeld Telefonnummer

❑ Im Feld WARTEN AUF VERBINDUNG geben Sie eine Zeitspanne in Sekunden ein, die Terminal auf das Verbunden-Signal des Fernrechners warten soll. Die Wartezeit beträgt mindestens 30 Sekunden.

❏ Das Feld WAHLWIEDERHOLUNG NACH WARTEZEIT dient der Wiederholung eines nicht erfolgreichen Wählvorgangs.

❏ Das Feld TONSIGNAL BEI VERBINDUNG verwenden Sie, wenn bei Herstellung der Verbindung ein Tonsignal erfolgen soll.

4. Wählen Sie OK.

Terminal-Emulation wählen

Terminaltyp Wenn die beiden miteinander verbundenen Computer mit verschiedenen *Terminaltypen* arbeiten, kann die Anwendung Terminal einen anderen Terminaltyp des Fernrechners emulieren.

Sie wählen einen Terminaltyp wie folgt:

1. Wählen Sie im Menü EINSTELLUNGEN die Option TERMINAL-EMULATION.

2. Wählen Sie im Dialogfeld TERMINAL-EMULATION den geeigneten Terminaltyp (siehe Bild 16.5).

3. Wählen Sie OK.

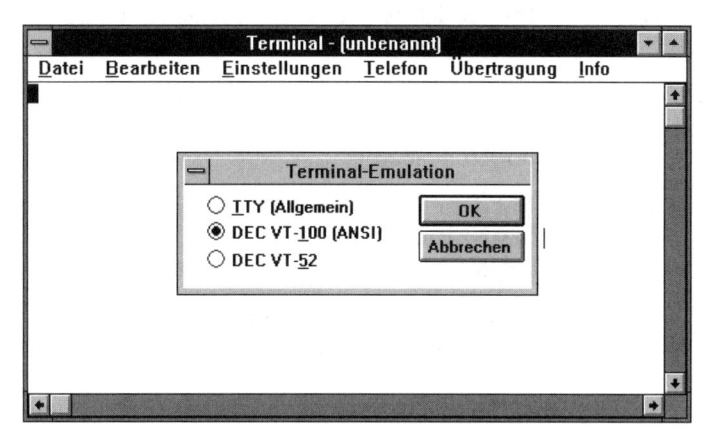

Bild 16.5: Dialogfeld Terminal-Emulation

Terminal-Einstellungen festlegen

Einstel- Sie legen weitere *Terminal-Einstellungen* für die Datenübertragung
lungen mit den folgenden Schritten fest:

1. Wählen Sie im Menü EINSTELLUNGEN den Befehl TERMINAL-EINSTELLUNGEN.

2. Wählen Sie im Dialogfeld TERMINAL-EINSTELLUNGEN die gewünschten Einstellungsoptionen (siehe Bild 16.6).

Umbruch Bei Markierung des Kontrollfeldes ZEILENUMBRUCH werden empfangene Zeilen automatisch umbrochen. Ohne Markierung gehen eingehende Zeichen nach der letzten Spalte verloren.

Echo Sie markieren das Feld LOKALES ECHO, um Tasteneingaben im Terminal anzuzeigen. Markieren Sie das Feld nicht, wenn der Fernrechner Ihre Eingaben mit der Echofunktion zurückmeldet (Duplexsystem). Bei einem Halbduplexsystem liegt keine Echofunktion vor.

Ton Mit dem Feld TON wird das Systemsignal Ihres Computers eingeschaltet.

Spalten Im Bereich SPALTEN wählen Sie eine Spaltenzahl von 80 oder 132 für den Monitor.

Schriftart Im Auswahlfeld TERMINAL-SCHRIFTART bestimmen Sie die Windows-Schriftart und den Schriftgrad für die Textanzeige im Arbeitsbereich.

Bildlauf Mit dem Feld BILDLAUFLEISTEN ANZEIGEN können Sie Bildlaufleisten anzeigen. Mit ihrer Hilfe können nicht mehr angezeigte Daten eingesehen werden.

CR -> CR/LF Im Bereich CR -> CR/LF bestimmen Sie, ob das Zeichen CR (Carriage Return, d. h. Wagenrücklauf) als Zeichenkombination CR plus LF (Line Feed, d. h. Zeilenvorschub) interpretiert werden soll. Die Umsetzung kann mit den Feldern BEIM EMPFANG und BEIM SENDEN getrennt angegeben werden.

Cursor Im Bereich CURSOR bestimmen Sie mit den Feldern KÄSTCHEN, UNTERSTRICH und BLINKEND die Anzeigeform des Cursors.

Verbindung vorbereiten

Umwand-lung	Das Auswahlfeld UMWANDLUNG verwenden Sie für die Umsetzung von unterschiedlichen Sprachen. Mit der Ländereinstellung bestimmen Sie den eingesetzten ISO-7-Bit-Zeichensatz.
IBM in ANSI	Bei eingeschalteter Option IBM IN ANSI werden empfangene Zeichen aus dem erweiterten Zeichensatz korrekt angezeigt.
Puffer	Mit dem Feld ZEILEN IM PUFFER wird die Größe des Empfangspuffers festgelegt. Der Wert kann zwischen 25 und 399 Zeilen liegen; er wird durch die verfügbare Speicherkapazität begrenzt.
Tasten	Mit der Option FUNKTIONS-, RICHTUNGS- UND STRG-TASTEN FÜR WINDOWS bestimmen Sie, ob die Funktions-, Richtungs- und Strg-Tasten von Windows oder vom Fernrechner erkannt werden.

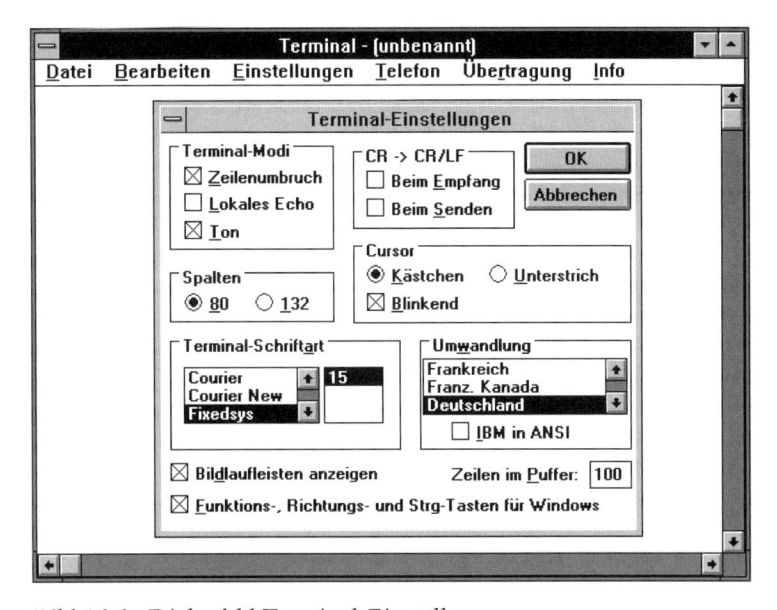

3. Wählen Sie OK.

Bild 16.6: Dialogfeld Terminal-Einstellungen

Datenübertragungs-Parameter setzen

Parameter   Die Übertragung von Daten setzt die richtige Einstellung der *Datenübertragungs-Parameter* für beide Computer voraus.

Sie überprüfen und korrigieren die Datenübertragungs-Parameter folgendermaßen:

1. Wählen Sie im Menü EINSTELLUNGEN den Befehl DATENÜBERTRAGUNG.

2. Überprüfen oder ändern Sie im Dialogfeld DATENÜBERTRAGUNG die Einstellung der Datenübertragungs-Parameter (siehe Bild 16.7).

Baudrate   Im Bereich ÜBERTRAGUNGSRATE (BAUD) stellen Sie die Übertragungsrate in Bit/s ein.

Die zulässigen Übertragungsraten sind abhängig vom Typ der seriellen Schnittstelle und vom eingesetzten Modem. Die Übertragungsrate muß für beide Computer übereinstimmen.

Datenbits   Im Bereich DATENBITS wird die Anzahl der Datenbits je übertragener Dateneinheit angegeben. Übliche Einstellungen sind 7 oder 8 Datenbits.

Parität   Im Bereich PARITÄT wird der Paritätstyp bestimmt. Verwenden Sie bei 8 Datenbits den Typ KEINE.

Der Paritätstyp MARKIERUNG bedeutet ein achtes gesetztes Bit.

Der Paritätstyp LEERZEICHEN bedeutet ein achtes nicht gesetztes Bit.

Beim Paritätstyp UNGERADE wird ein achtes Datenbit für eine ungerade Summe gebildet.

Beim Paritätstyp GERADE wird ein achtes Datenbit für eine gerade Summe erzeugt.

Protokoll   Das Übertragungsprotokoll wird im Bereich PROTOKOLL gewählt.

Beim XON/XOFF-Protokoll werden Start- und Stopp-Signale durch die Software erzeugt (Software-Handshake).

Verbindung vorbereiten 585

Die Option HARDWARE steht für Hardware-Handshake.

Mit der Option KEIN wird kein Protokoll-Verfahren verwendet.

Stoppbits Im Bereich STOPPBITS wird die Zahl der Zeitintervalle zur Abgrenzung zwischen den übertragenen Zeichen bestimmt.

Anschluß Im Auswahlfeld ANSCHLUSS wählen Sie den verwendeten Datenübertragungsanschluß aus.

Paritätsprüfung Markieren Sie das Feld PARITÄTSPRÜFUNG zur Anzeige von Bytes mit Paritätsfehlern. Ohne Markierung wird ein Fragezeichen bei fehlerhaft übertragenen Bytes angezeigt.

Trägersignal Mit dem Feld TRÄGERSIGNAL ENTDECKEN bestimmen Sie, ob die Anwendung Terminal das Trägersignal mit Hilfe des Modemsignals entdecken soll. Markieren Sie das Feld nicht, wenn das Modem trotz korrekter Einstellungen keine Verbindung herstellt.

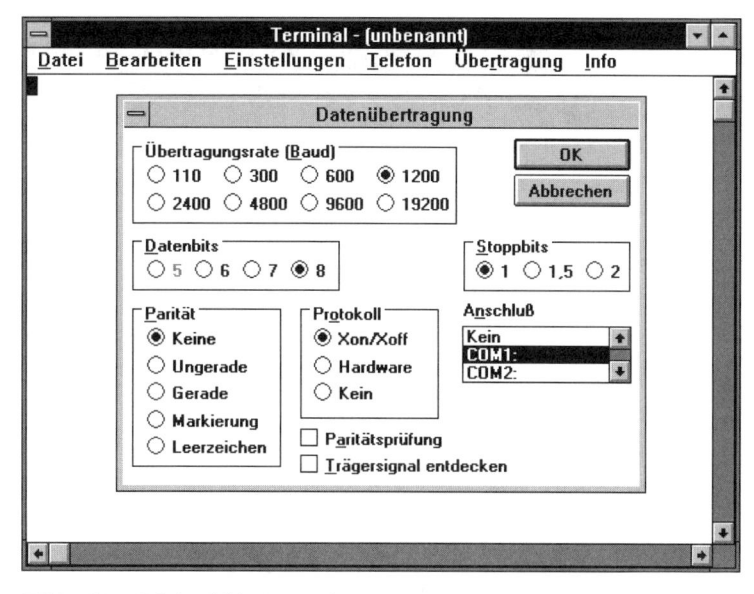

3. Wählen Sie OK.

Bild 16.7: Dialogfeld Datenübertragung

Modembefehle bestimmen

Modem-Befehle

Bei der Datenübertragung mit einem Modem müssen für das jeweilige Modem geeignete Einstellungen vorgenommen werden.

Die voreingestellten *Modembefehle* ändern Sie mit den folgenden Schritten:

1. Wählen Sie im Menü EINSTELLUNGEN von Terminal den Befehl MODEMBEFEHLE.
2. Wählen Sie im Dialogfeld MODEMBEFEHLE im Bereich VOREINSTELLUNGEN den verwendeten Modemtyp (siehe Bild 16.8).
3. Ändern Sie nach Bedarf die im Bereich BEFEHLE voreingestellten Modembefehle.
4. Wählen Sie OK.

Die voreingestellten Befehle für einen Modemtyp können Sie durch Wahl des Modemtyps wiederherstellen.

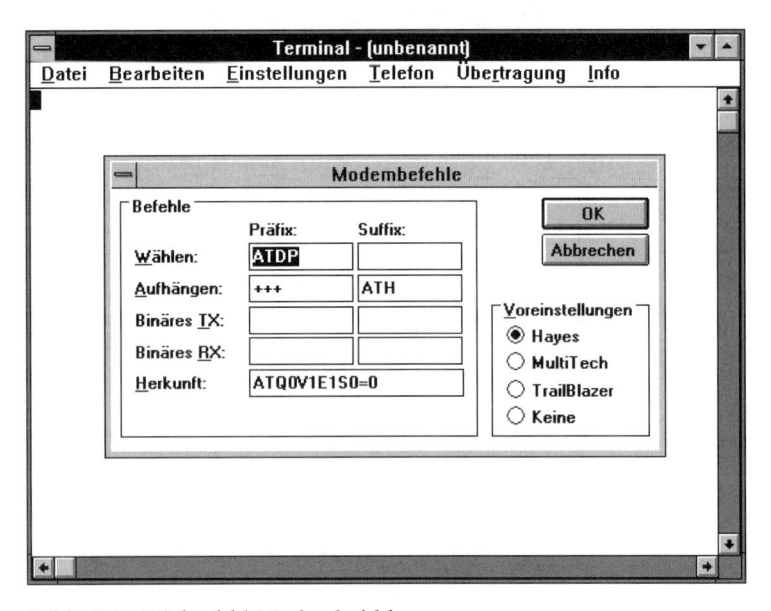

Bild 16.8: Dialogfeld Modembefehle

Funktionstasten zuordnen

Für die vereinfachte Eingabe von Befehlen können einzelne Befehle Funktionstasten zugeordnet werden. Sie werden mit der Tastenkombination STRG+ALT+Funktionstaste aufgerufen.

Zuordnen Sie ordnen Befehle *Funktionstasten* folgendermaßen zu:

1. Wählen Sie im Menü EINSTELLUNGEN von Terminal die Option FUNKTIONSTASTEN.
2. Geben Sie im Dialogfeld FUNKTIONSTASTEN neben der betreffenden Funktionstaste in das Feld TASTENNAME eine Bezeichnung ein (siehe Bild 16.9). Die Bezeichnung ist optional.

In das Feld BEFEHL tragen Sie den Befehl ein. Die Steuercodes der einzelnen Funktionen sind:

^A bis ^Z	Steuercodes A bis Z senden
^$D<NN>	Anzahl Sekunden warten
^$B	Code zur Unterbrechung von 117 Millisekunden senden
^$C	Entspricht dem Befehl WÄHLEN im Menü TELEFON
^$H	Entspricht dem Befehl AUFHÄNGEN im Menü TELEFON
^$L1 bis ^$L4	Tastenebene wechseln
^@	NULL-Zeichen an Fernrechner senden
^^	^-Zeichen senden
^[<n>]	Escape-Zeichenfolgen senden

Mit dem Feld TASTENEBENE können vier verschiedene Tastenebenen aufgerufen werden. Insgesamt können bis zu 32 Zuordnungen zu Funktionstasten vorgenommen werden.

Mit dem Feld TASTEN ANZEIGEN bestimmen Sie, ob die Funktionstasten unten im Fenster eingeblendet werden sollen.

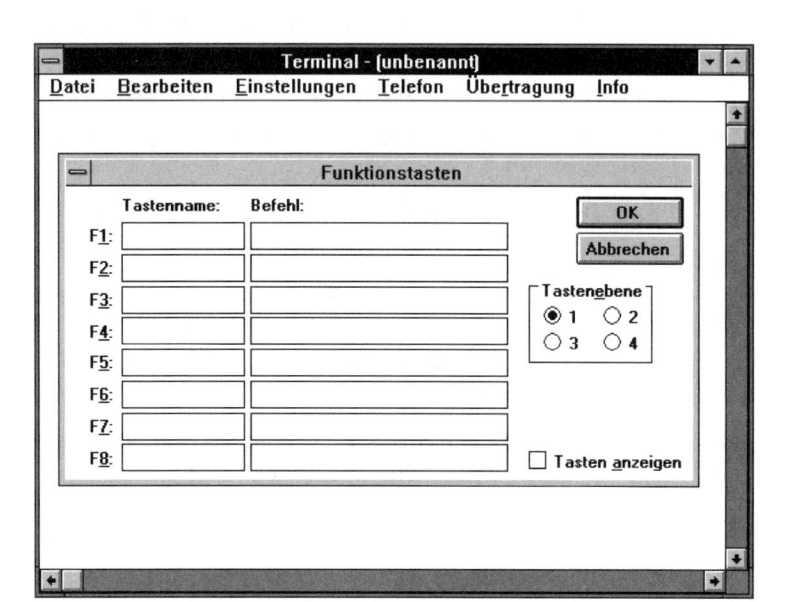

3. Wählen Sie OK.

Bild 16.9: Dialogfeld Funktionstasten

Funktionstasten anzeigen und ausblenden

Anzeigen   Während der Arbeit mit Terminal kann die *Anzeige der Funktionstasten* unten links im Arbeitsbereich ein- oder ausgeschaltet werden.

Sie zeigen die Funktionstasten an oder blenden sie aus wie folgt:

❒ Wählen Sie im Menü EINSTELLUNGEN von Terminal den Befehl FUNKTIONSTASTEN AUSBLENDEN.

Mit dem Befehl wird bei eingeschalteter Anzeige die Anzeige ausgeschaltet und umgekehrt (siehe Bild 16.10).

Bild 16.10: Funktionstasten ausblenden

16.3 Dateien übertragen

Der Teilaufgabe *Dateien übertragen* sind die folgenden Arbeiten zugeordnet:

- Verbindung herstellen
- Verbindungszeit anzeigen
- Dateiübertragung vorbereiten
- Übertragung von Textdateien vorbereiten
- Übertragung von Binärdateien vorbereiten
- Textdateien senden
- Textdateien empfangen
- Textdateien anzeigen

❏ Binärdateien senden

❏ Binärdateien empfangen

Verbindung herstellen

Verbindung Die *Leitungsverbindung* zum Fernrechner stellen Sie durch Anwählen folgendermaßen her:

❏ Wählen Sie im Menü TELEFON den Befehl WÄHLEN.

Windows zeigt das Dialogfeld TELEFONNUMMER an, wenn im Menü EINSTELLUNGEN keine Telefonnummer angegeben worden ist.

Verbindungszeit anzeigen

Verbindungszeit Die aktuelle *Systemzeit* wird im Fenster unten rechts angezeigt. Anstelle der Systemzeit können Sie die *Verbindungszeit* wie folgt anzeigen:

❏ Wählen Sie im Menü EINSTELLUNGEN die Option ZEITMESSUNG.

Schalten Sie zum Zurücksetzen die Option wieder aus.

Dateiübertragung vorbereiten

Dateiart Nach der Herstellung der Leitungsverbindung kann die Datenübertragung beginnen. Hierzu muß die *Art der Dateiübertragung* angegeben werden.

Es werden die beiden folgenden Arten der Dateiübertragung unterschieden:

❏ Übertragung von Binärdateien

❏ Übertragung von Textdateien

Bei der Übertragung von *Binärdateien* werden alle Zeichen der Datei unverändert übertragen. Die Übertragung von *Textdateien* ist nur für ASCII-Dateien geeignet, da nur ASCII-Zeichen übertragen werden. Die Binärübertragung ist für Binärdateien und für Textdateien geeignet.

Da die Fehlerüberprüfung bei der Binärübertragung gründlicher erfolgt, sollten Sie diese Übertragungsart vorziehen und für die Übertragung von Binärdateien und Textdateien einsetzen.

Übertragung von Textdateien vorbereiten

Textdateien Die *Übertragung von Textdateien* muß mit den folgenden Schritten vorbereitet werden:

1. Wählen Sie im Menü EINSTELLUNGEN von Terminal die Option TEXTÜBERTRAGUNG.

2. Wählen Sie im Dialogfeld TEXTÜBERTRAGUNG die gewünschten Optionen aus (siehe Bild 16.11).

Protokoll Im Bereich PROTOKOLL bestimmen Sie die Protokollart. Mit dem Feld STANDARD-PROTOKOLL verwenden Sie das mit dem Befehl DATENÜBERTRAGUNG gewählte Protokoll.

Für die zeichenweise Übertragung markieren Sie das Feld ZEICHENWEISE. Hierbei kann zwischen den Optionen VERZÖGERUNG ZWISCHEN ZEICHEN und AUF ZEICHENECHO WARTEN gewählt werden.

Bei der zeilenweisen Übertragung mit dem Feld ZEILENWEISE sind die Optionen VERZÖGERUNG ZWISCHEN ZEILEN und AUF SENDEAUFFORDERUNG WARTEN verfügbar.

Standard Im Feld ÜBERTRAGUNG NACH STANDARD-PROTOKOLL wird das gewählte Protokoll angezeigt.

Umbrechen Aktivieren Sie das Feld ZU SENDENDEN TEXT IN FOLGENDER SPALTE UMBRECHEN nur bei ASCII-Dateien, die angezeigt werden sollen.

3. Wählen Sie OK.

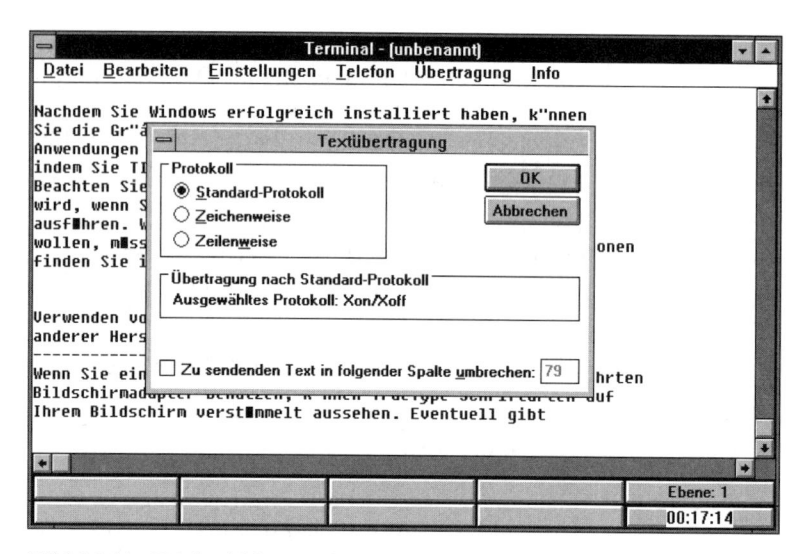

Bild 16.11: Dialogfeld Textübertragung

Übertragung von Binärdateien vorbereiten

Binärdateien Bei der Binärübertragung werden Standardprotokolle verwendet. Die *Übertragung von Binärdateien* bereiten Sie mit den folgenden Schritten vor:

1. Wählen Sie im Menü EINSTELLUNGEN von Terminal die Option BINÄRÜBERTRAGUNG.

2. Wählen Sie im Dialogfeld BINÄRÜBERTRAGUNG das gewünschte Übertragungsprotokoll (siehe Bild 16.12).

XModem Bei dem Binärprotokoll XMODEM/CRC werden alle 8 Bits als Datenbits verwendet. Daher ist beim Befehl DATENÜBERTRAGUNG der Paritätstyp KEINE zu verwenden. Die Fehlerprüfung erfolgt mit einer zyklischen Blockprüfung (CRC). Anstelle einer vom Fernrechner nicht unterstützten CRC-Prüfung verwendet die Anwendung Terminal automatisch Kontrollsummen.

Dateien übertragen

Kermit Beim Binärprotokoll KERMIT können 7 oder 8 Bit als Datenbits verwendet werden. Bei 7 Bits als Datenbits können beim Befehl DATENÜBERTRAGUNG die Paritätstypen GERADE, UNGERADE oder KEINE verwendet werden. Bei 8 Bits als Datenbits ist beim Befehl DATENÜBERTRAGUNG der Paritätstyp KEINE zu verwenden.

3. Wählen Sie OK.

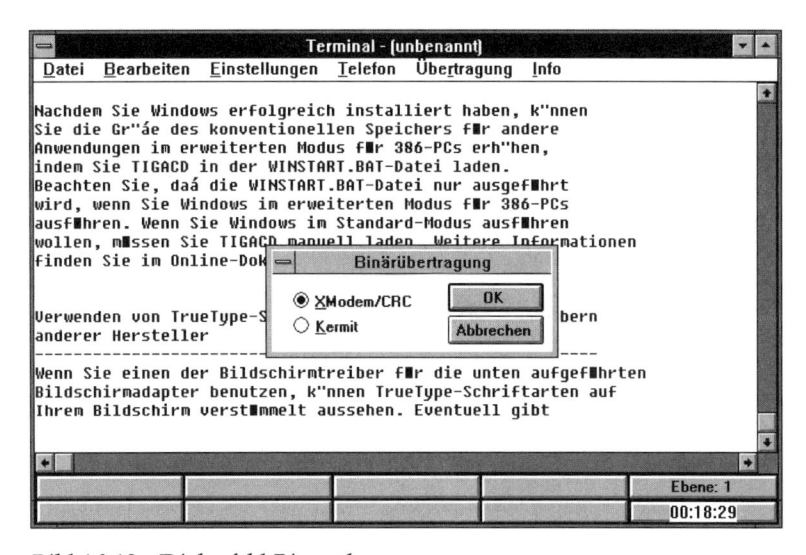

Bild 16.12: Dialogfeld Binärübertragung

Textdateien senden

Senden Nach den Einstellungen für die Dateiübertragung *senden* Sie eine *Textdatei* im ASCII-Format wie folgt:

1. Wählen Sie im Menü ÜBERTRAGUNG den Befehl TEXTDATEI SENDEN.

2. Geben Sie im Dialogfeld TEXTDATEI SENDEN im Feld DATEINAME das Verzeichnis und den Namen der Datei an.

Oder wählen Sie die Datei in den Feldern VERZEICHNISSE und DATEIEN aus (siehe Bild 16.13).

Markieren Sie das Feld LF ANHÄNGEN, wenn jeder gesendeten Zeile ein Zeilenvorschub-Zeichen hinzugefügt werden soll.

Markieren Sie das Feld LF LÖSCHEN, wenn bei jeder gesendeten Zeile das Zeilenvorschub-Zeichen gelöscht werden soll, da der Fernrechner automatisch ein Zeilenvorschub-Zeichen hinzufügt.

3. Wählen Sie OK.

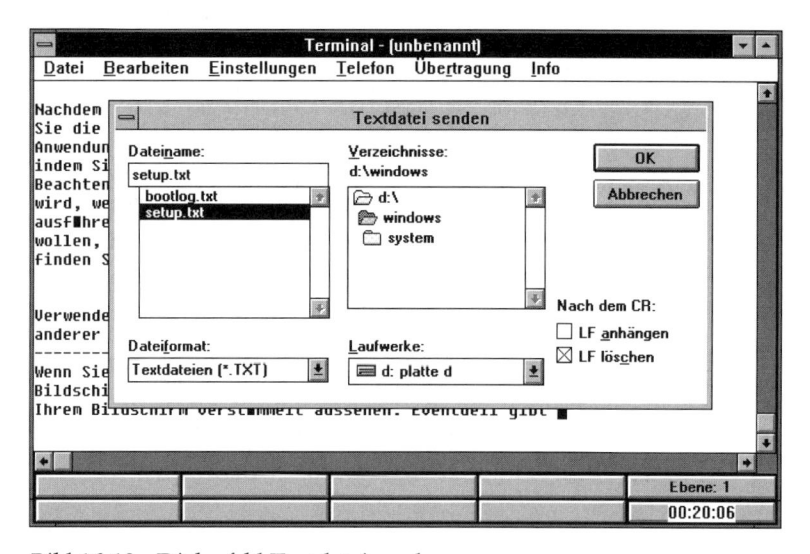

Bild 16.13: Dialogfeld Textdatei senden

4. Zum Anhalten, Fortsetzen oder Abbrechen der Dateiübertragung wählen Sie im Menü ÜBERTRAGUNG den jeweiligen Befehl.

Oder drücken Sie die entsprechende Schaltfläche unten im Terminal-Fenster (siehe Bild 16.14).

Dateien übertragen 595

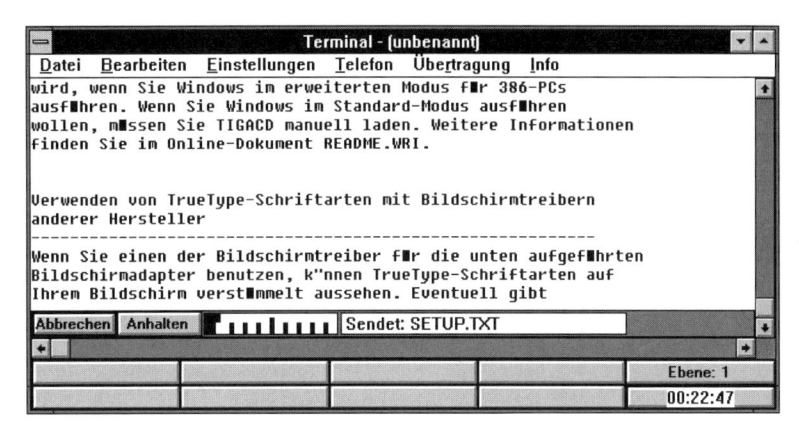

```
┌─────────────────── Terminal - (unbenannt) ───────────────▼─▲─┐
│ Datei  Bearbeiten  Einstellungen  Telefon  Übertragung  Info │
│ wird, wenn Sie Windows im erweiterten Modus f■r 386-PCs    ↑ │
│ ausf■hren. Wenn Sie Windows im Standard-Modus ausf■hren      │
│ wollen, m■ssen Sie TIGACD manuell laden. Weitere Informationen│
│ finden Sie im Online-Dokument README.WRI.                    │
│                                                              │
│                                                              │
│ Verwenden von TrueType-Schriftarten mit Bildschirmtreibern   │
│ anderer Hersteller                                           │
│ ────────────────────────────────────────────────────────     │
│ Wenn Sie einen der Bildschirmtreiber f■r die unten aufgef■hrten│
│ Bildschirmadapter benutzen, k"nnen TrueType-Schriftarten auf │
│ Ihrem Bildschirm verst■mmelt aussehen. Eventuell gibt        │
│ ┌─────────┬────────┬──────────┬───────────────────────┐    ↓ │
│ │Abbrechen│Anhalten│▐▐▌▐▌▐▐▐▌│Sendet: SETUP.TXT      │      │
│ ├─────────┴────────┴──────────┴───────────────────────┤      │
│ ←                                                    →       │
│ ┌────────┬────────┬────────┬────────┬────────┬──────────────┐│
│ │        │        │        │        │        │   Ebene: 1   ││
│ │        │        │        │        │        │   00:22:47   ││
│ └────────┴────────┴────────┴────────┴────────┴──────────────┘│
└──────────────────────────────────────────────────────────────┘
```

Bild 16.14: Informationszeile beim Senden

Textdateien empfangen

Empfangen   Beim *Empfang* einer Textdatei kann eine neue Datei erstellt werden, Daten einer vorhandenen Datei hinzugefügt oder eine bestehende Datei überschrieben werden.

Nach den Einstellungen für die Dateiübertragung *empfangen* Sie eine *Textdatei* im ASCII-Format mit den folgenden Schritten:

1. Wählen Sie im Menü ÜBERTRAGUNG den Befehl TEXTDATEI EMPFANGEN.

2. Geben Sie im Dialogfeld TEXTDATEI EMPFANGEN in das Feld DATEINAME einen neuen Dateinamen ein (siehe Bild 16.15).

   Oder wählen Sie im Dialogfeld TEXTDATEI EMPFANGEN eine Datei, deren Daten überschrieben werden sollen.

   Oder markieren Sie im Dialogfeld TEXTDATEI EMPFANGEN das Feld DATEI ANHÄNGEN und wählen eine Datei, bei der die Daten hinzugefügt werden sollen.

   Markieren Sie das Feld STEUERZEICHEN ERHALTEN, wenn einige Formatsteuerzeichen der Textdatei erhalten bleiben sollen.

Markieren Sie das Feld TABELLENFORMAT zum Einfügen von Tabulatorzeichen, wenn Textteile durch zwei oder mehr aufeinanderfolgende Leerzeichen getrennt sind.

3. Wählen Sie OK.

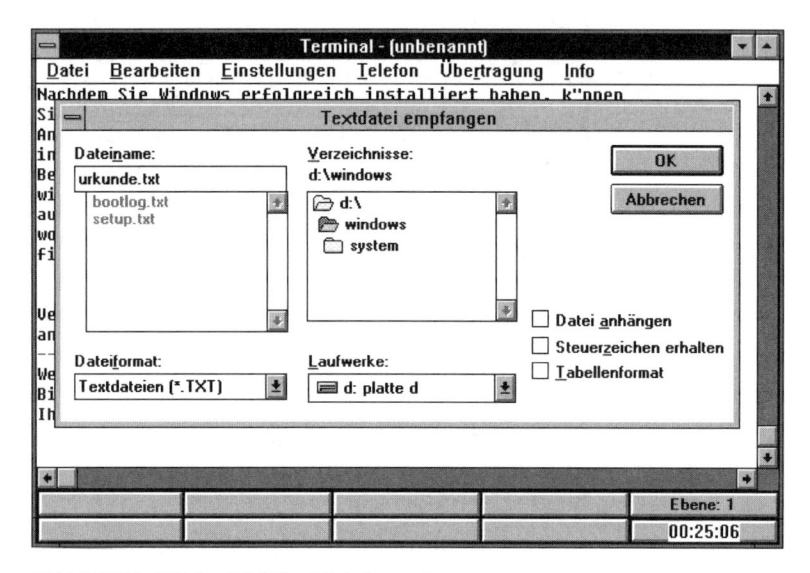

Bild 16.15: Dialogfeld Textdatei empfangen

4. Zum Anhalten, Fortsetzen oder Abbrechen der Dateiübertragung wählen Sie im Menü ÜBERTRAGUNG den jeweiligen Befehl.

Oder drücken Sie die entsprechende Schaltfläche unten im Terminal-Fenster (siehe Bild 16.16).

Textdateien anzeigen

Anzeigen   Vor dem Senden oder nach dem Empfang können Sie folgendermaßen eine *Textdatei ansehen*:

1. Wählen Sie im Menü ÜBERTRAGUNG den Befehl TEXTDATEI ANSEHEN.

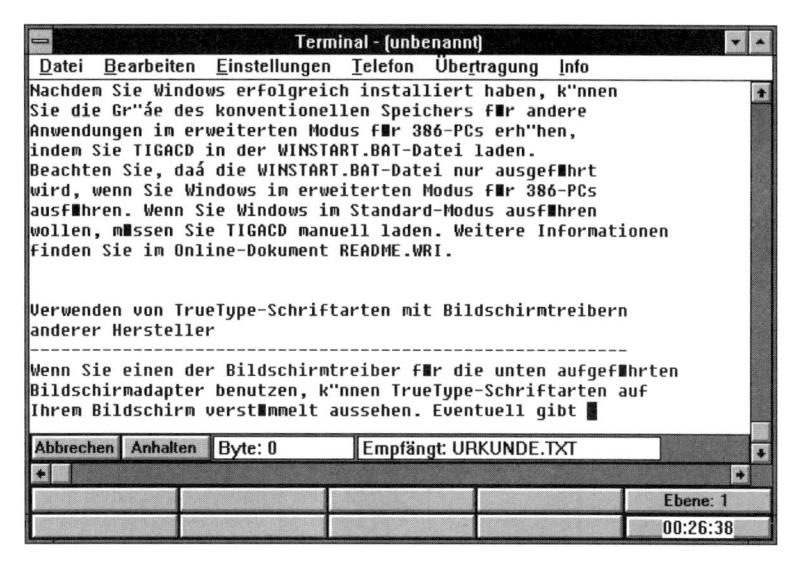

Bild 16.16: Informationszeile beim Empfangen

2. Geben Sie im Dialogfeld TEXTDATEI ANSEHEN im Feld DATEI-NAME das Verzeichnis und den Namen der Datei an.

   Oder wählen Sie eine Datei und ein Verzeichnis aus (siehe Bild 16.17).

   Markieren Sie das Feld LF ANHÄNGEN, wenn jeder Zeile ein Zeilenvorschub-Zeichen hinzugefügt werden soll.

   Markieren Sie das Feld LF LÖSCHEN, wenn bei jeder Zeile das Zeilenvorschub-Zeichen gelöscht werden soll.

3. Wählen Sie OK.

4. Zum Anhalten, Fortsetzen oder Abbrechen der Anzeige wählen Sie eine Schaltfläche unten im Terminal-Fenster.

   Der angezeigte Dateianteil wird in der Mitte im Dokumentbalken angedeutet (siehe Bild 16.18).

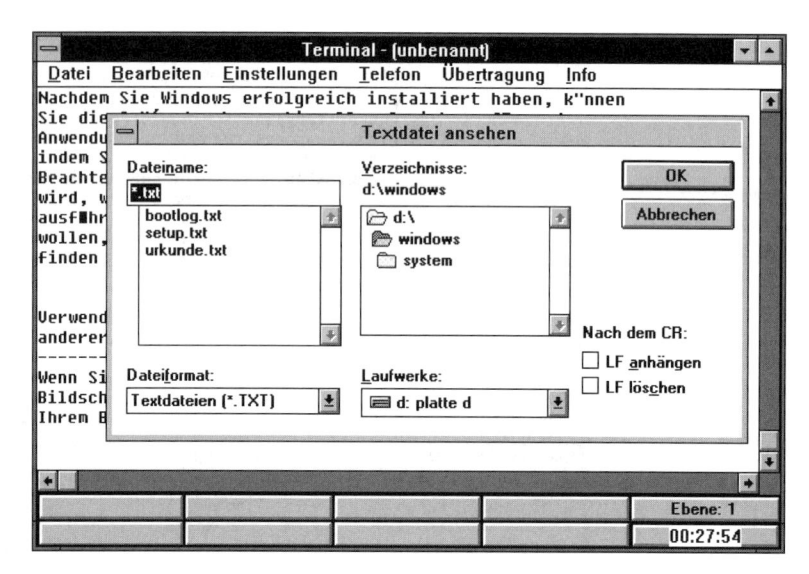

Bild 16.17: Dialogfeld Textdatei ansehen

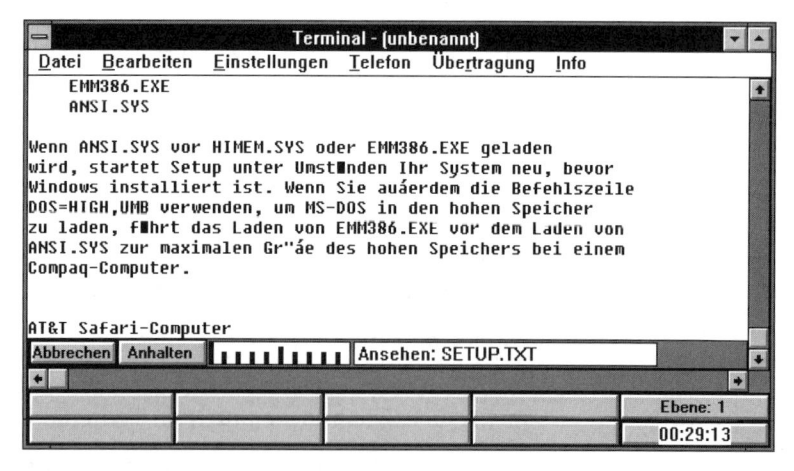

Bild 16.18: Informationszeile beim Text ansehen

Dateien übertragen 599

Binärdateien senden

Senden Nach den Einstellungen für die binäre Dateiübertragung *senden* Sie eine *Binärdatei* mit den folgenden Schritten:

1. Teilen Sie dem Empfänger das zu verwendende Übertragungsprotokoll und den Beginn der Sendung mit.

2. Wählen Sie im Menü ÜBERTRAGUNG den Befehl BINÄRDATEI SENDEN (siehe Bild 16.19).

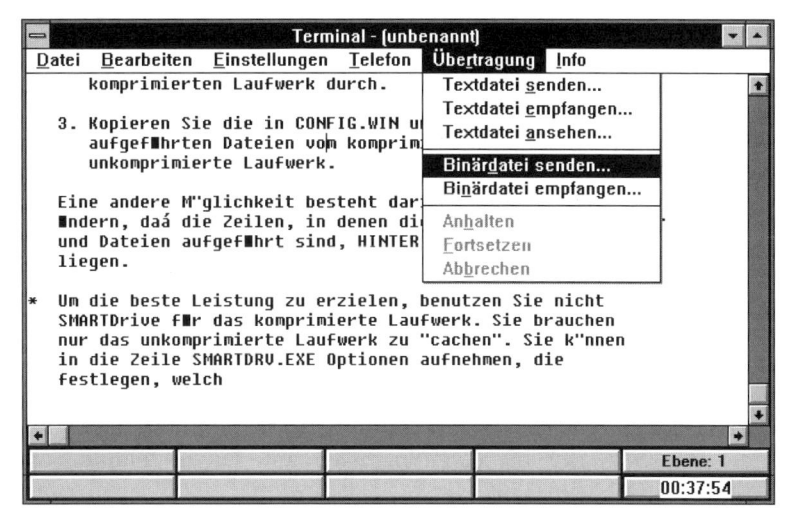

Bild 16.19: Menü Übertragung

3. Geben Sie im Dialogfeld BINÄRDATEI SENDEN im Feld DATEINAME das Verzeichnis und den Namen der Datei an.

Oder wählen Sie eine Datei und ein Verzeichnis aus (siehe Bild 16.20).

4. Wählen Sie OK.

5. Zum Abbrechen der Dateiübertragung wählen Sie im Menü ÜBERTRAGUNG den Befehl ABBRECHEN.

Oder drücken Sie die Schaltfläche ABBRECHEN.

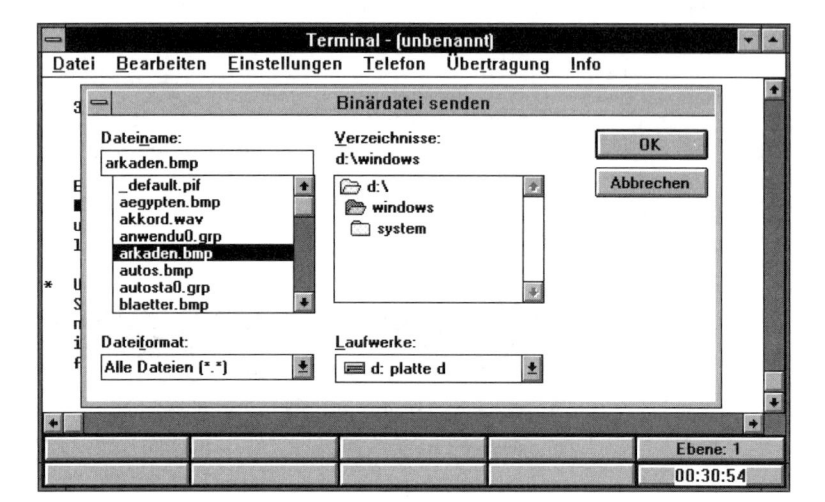

Bild 16.20: Dialogfeld Binärdatei senden

Binärdateien empfangen

Empfangen Nach den Einstellungen für die binäre Dateiübertragung *empfangen* Sie eine *Binärdatei* mit den folgenden Schritten (siehe Bild 16.21):

1. Teilen Sie dem Sender das zu verwendende Übertragungsprotokoll und den Beginn der Empfangsbereitschaft mit.

2. Wählen Sie im Menü ÜBERTRAGUNG den Befehl BINÄRDATEI EMPFANGEN.

3. Geben Sie im Dialogfeld BINÄRDATEI EMPFANGEN in das Feld DATEINAME einen Dateinamen ein.

   Oder wählen Sie eine Datei, deren Daten überschrieben werden sollen.

4. Wählen Sie OK.

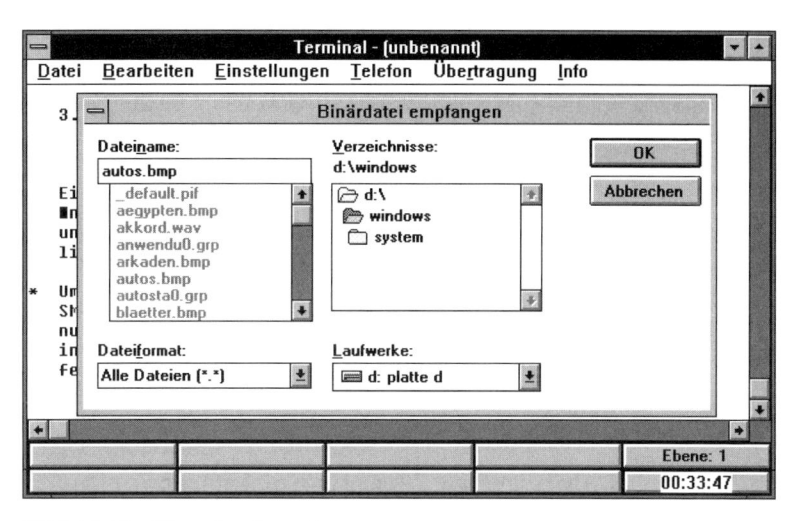

Bild 16.21: Binärdatei empfangen

Bei Übertragungsfehlern erfolgen beim Protokoll XModem/CRC 20 und bei Kermit fünf Wiederholungsversuche der Übertragung.

Wenn die Anwendung Terminal bei einer Binärübertragung als Symbol ausgeführt wird, beginnt das Symbol bei erfolgreicher oder erfolgloser Übertragung zu blinken.

16.4 Im Terminal-Fenster arbeiten

Der Inhalt des Terminal-Fensters kann mit den Befehlen des Menüs BEARBEITEN geändert werden.

Der Teilaufgabe *Im Terminal-Fenster arbeiten* sind die folgenden Arbeiten zugeordnet:

- Text in die Zwischenablage kopieren
- Inhalt der Zwischenablage senden
- Markierten Text senden
- Gesamten Text markieren
- Puffer löschen

Text in die Zwischenablage kopieren

Kopieren Sie *kopieren Text* aus dem Fenster in die Zwischenablage mit den folgenden Schritten:

1. Markieren Sie den zu kopierenden Text.
2. Wählen Sie im Menü BEARBEITEN den Befehl KOPIEREN.

Ein in die Zwischenablage kopierter Text kann einmal oder mehrmals in die gleiche oder in eine andere Textdatei eingefügt werden.

Inhalt der Zwischenablage senden

Senden Der Inhalt der Zwischenablage kann in das Fenster *eingefügt* und an den Fernrechner *gesendet* werden.

Sie senden den Inhalt der Zwischenablage wie folgt:

1. Wählen Sie im Menü BEARBEITEN den Befehl EINFÜGEN.

    Der Inhalt der Zwischenablage wird eingefügt und an den Fernrechner gesendet.

Markierten Text senden

Markieren Ein *markierter Text* wird folgendermaßen an den Fernrechner gesendet:

1. Markieren Sie den zu sendenden Text.
2. Wählen Sie im Menü BEARBEITEN den Befehl SENDEN.

    Der markierte Text wird an den Fernrechner gesendet.

Gesamten Text markieren

Alles markieren Den *ganzen Text* im Terminal-Fenster und im Bildlaufpuffer *markieren* Sie mit den folgenden Schritten:

Texte drucken

❑ Wählen Sie im Menü BEARBEITEN den Befehl ALLES MARKIEREN.

Der markierte Text kann kopiert oder gesendet werden.

Puffer löschen

Puffer   Die Anwendung Terminal führt neben dem Fenster intern einen Bildlaufpuffer. Wenn mehr Text vorhanden ist, als im Fenster angezeigt wird, kann der unsichtbare Textanteil im Bildlaufpuffer über die Bildlaufleisten sichtbar gemacht werden.

Sie *löschen* den Fensterinhalt und den Bildlaufpuffer folgendermaßen:

❑ Wählen Sie im Menü BEARBEITEN den Befehl PUFFER LÖSCHEN.

16.5 Texte drucken

Der Teilaufgabe *Texte drucken* sind die folgenden Arbeiten zugeordnet:

❑ Drucker vorbereiten
❑ Empfangenen Text drucken
❑ Markierten Text drucken

Drucken   Ein zu druckender Text kann in einer Datei gespeichert und beispielsweise mit der Anwendung Write ausgedruckt werden. Sie können auch das Druckerecho einschalten und den empfangenen Text an den Bildschirm und an den Drucker weiterleiten.

Drucker vorbereiten

Windows verwendet für den Ausdruck den Standarddrucker. Der Standarddrucker kann mit dem Befehl DRUCKEREINRICHTUNG im Menü DATEI gewechselt werden (siehe Bild 16.22).

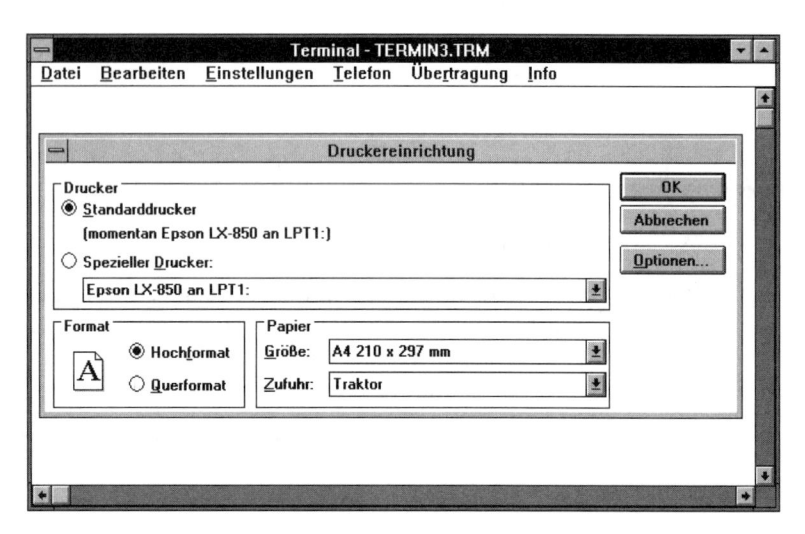

Bild 16.22: Dialogfenster Druckereinrichtung

Im Feld DRUCKER können Sie einen Standarddrucker oder einen speziellen Drucker wählen.

Empfangenen Text drucken

Druckerecho Sie können den Druckmodus *Druckerecho* im Menü EINSTELLUNGEN mit dem Befehl DRUCKERECHO ein- oder ausschalten. Im Druckmodus Druckerecho werden alle ankommenden Daten an den Drucker weitergeleitet.

Den Druckmodus Druckerecho wählen Sie wie folgt:

1. Wählen Sie im Menü EINSTELLUNGEN den Befehl DRUCKERECHO.

   Ein Häkchen zeigt an, daß das Druckerecho eingeschaltet ist.

2. Wählen Sie nochmals den Befehl DRUCKERECHO, wenn weniger als eine Seite ausgedruckt wird und das Blatt entnommen werden soll.

Markierten Text drucken

Markieren Sie *drucken markierten Text* mit den folgenden Schritten:

1. Markieren Sie den zu druckenden Text.
2. Speichern Sie den markierten Text mit dem Befehl KOPIEREN im Menü BEARBEITEN in die Zwischenablage.
3. Wählen Sie im Menü DATEI den Befehl BEENDEN zum Beenden der Terminal-Sitzung.
4. Starten Sie eine Anwendung zur Textverarbeitung, beispielsweise die Anwendung Write.
5. Fügen Sie den Inhalt der Zwischenablage in die Anwendung ein.
6. Drucken Sie mit der Anwendung den Inhalt aus.

16.6 Verbindung beenden

Der Teilaufgabe *Verbindung beenden* werden die folgenden Arbeiten zugeordnet:

- Einstellungen speichern
- Verbindung zum Fernrechner beenden
- Terminal-Sitzung beenden

Einstellungen speichern

Einstellungen speichern Sie können für die künftige Wiederverwendung die aktuellen *Terminal-Einstellungen* in einer *Terminal-Datei speichern*. Die Anwendung Terminal weist einer Terminal-Datei automatisch die Dateinamenserweiterung TRM zu.

Sie *speichern* eine Terminal-Datei unter dem *gleichen Namen* wie folgt:

❏ Wählen Sie im Menü DATEI den Befehl SPEICHERN.

Sie speichern eine Terminal-Datei unter einem *anderen Namen* mit den folgenden Schritten (siehe Bild 16.23):

1. Wählen Sie im Menü DATEI den Befehl SPEICHERN UNTER.
2. Geben Sie einen Dateinamen ein.
3. Wählen Sie OK.

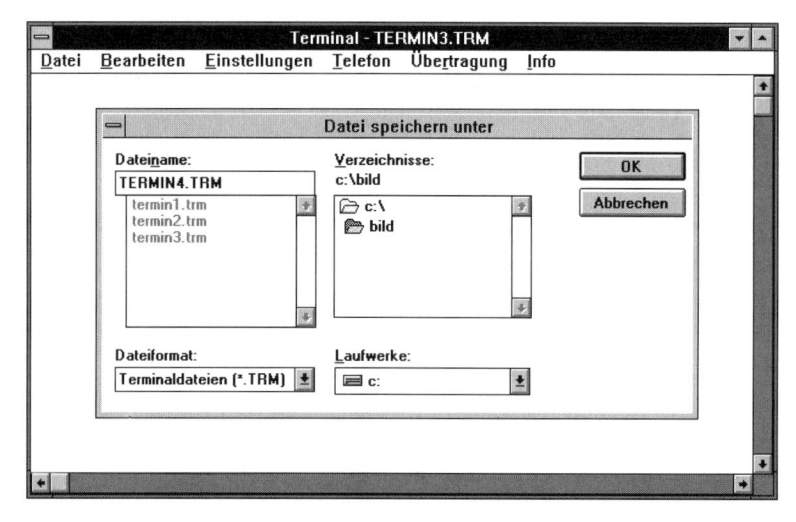

Bild 16.23: Dialogfenster Datei speichern unter

Verbindung zum Fernrechner beenden

Verbindung trennen

Vor dem Beenden der Terminal-Sitzung muß die Verbindung zum Fernrechner getrennt werden.

Sie *trennen die Verbindung* wie folgt:

1. Geben Sie den Befehl zum Beenden der Übertragungssitzung ein (beispielsweise BYE).

Die Modemverbindung auf der Seite des Fernrechners wird getrennt.

2. Wählen Sie im Menü TELEFON den Befehl AUFHÄNGEN.

Damit wird die eigene Modemverbindung getrennt.

Wenn Sie den ersten Schritt vergessen oder nach dem zweiten Schritt vornehmen, wird die Verbindung zwar auf der eigenen Seite, aber nicht auf der Seite des Fernrechners getrennt.

Terminal-Sitzung beenden

Terminal beenden Sie *beenden* eine *Terminal-Sitzung,* indem Sie die Anwendung beenden und zum Programm-Manager zurückkehren.

Eine Terminal-Sitzung beenden Sie wie folgt:

1. Wählen Sie im Menü DATEI den Befehl BEENDEN.
2. Wenn Sie während der Sitzung Einstellungen geändert und noch nicht gespeichert haben, werden Sie gefragt, ob die geänderten Einstellungen gespeichert werden sollen.
3. Wählen Sie OK.

16.7 Auftretende Probleme lösen

Der Teilaufgabe *Auftretende Probleme lösen* sind die folgenden Problembereiche zugeordnet:

❏ Probleme beim Verbindungsaufbau
❏ Probleme bei der Übertragung von Binärdateien
❏ Probleme bei der Übertragung von Textdateien
❏ Probleme beim Drucken

Probleme beim Verbindungsaufbau

- Modem wählt nicht die gewünschte Nummer

  Prüfen Sie die Kabelverbindungen und die eingestellten Datenübertragungsparameter.

- Nach Wählvorgang keine Verbindung

  Überprüfen Sie, ob bei beiden Rechnern die gleichen Datenübertragungsparameter eingestellt sind (Baudrate, Paritätstyp, Datenbits, Stoppbits) und das gleiche Übertragungsprotokoll verwendet wird.

- Verbindung wird unterbrochen

  Klären Sie, ob die richtige Telefonnummer angegeben wurde und ob beim Modem die richtige Baudrate eingestellt ist.

Probleme bei der Übertragung von Binärdateien

- Datenübertragungsparameter

  Prüfen Sie, ob bei beiden Rechnern die gleichen Parameter eingestellt sind (Baudrate, Paritätstyp, Datenbits, Stoppbits).

- Übertragungsprotokoll

  Klären Sie, ob von beiden Rechnern das gleiche Übertragungsprotokoll verwendet wird.

- Sende- und Empfangsbereitschaft

  Der Sender muß sich vor der Übertragung vergewissern, ob der Empfänger empfangsbereit ist.

- Übertragungsfehler

  Wenn Übertragungsfehler vermutet oder festgestellt werden, muß die Datenintegrität der übertragenen Dateien mit der »KO«-Methode festgestellt werden. Senden Sie eine empfangene Datei an den Sender zurück, damit von ihm durch Vergleich die Übereinstimmung mit der gesendeten Datei festgestellt werden kann.

Probleme bei der Übertragung von Textdateien

- Hardware-Handshake

  Wenn der Fernrechner mit Hardware-Handshake arbeitet, müssen Sie ebenfalls Hardware-Handshake im Menü EINSTELLUNGEN mit dem Befehl DATENÜBERTRAGUNG einstellen.

- Software-Handshake

  Das Standardverfahren für Software-Handshake ist das Xon/Xoff-Protokoll. Prüfen Sie, ob der Fernrechner dieses Protokoll ebenfalls verwendet.

- Keine Binärdatei übertragen

  Übertragen Sie nicht versehentlich eine Binärdatei. Das Übertragungsverfahren ist dafür nicht vorgesehen.

Probleme beim Drucken

- Anschluß des Druckers

  Prüfen Sie, ob der richtige Drucker mit dem richtigen Druckeranschluß korrekt verbunden ist.

- Einstellungen des Druckers

  Klären Sie, ob die Einstellungen für den Drucker richtig sind.

- Druckerecho verwenden

  Den Befehl DRUCKERECHO wählen Sie vor dem Empfang einer Textdatei. Schalten Sie nicht während der Übertragung um.

- Binärdatei drucken

  Drucken Sie nicht versehentlich eine Binärdatei, deren Zeichen möglicherweise vom Drucker als Steuerzeichen interpretiert werden.

KAPITEL 17

ZEICHEN FINDEN MIT DER ZEICHENTABELLE

Wenn Sie in einer Windows-Anwendung ein Zeichen aus dem erweiterten Zeichensatz oder ein seltenes Sonderzeichen benötigen, dann steht Ihnen die Zeichentabelle hilfreich zur Seite. Da Sie bei der Zeichentabelle verschiedene Schriftarten laden können, haben Sie die Möglichkeit, sich in aller Ruhe die zahlreichen Zeichen einer Schriftart anzusehen und das gewünschte Zeichen auszuwählen.

Mit der *Zeichentabelle* werden die folgenden Teilaufgaben unterstützt:

❐ Schriftart wählen

❐ Schriftzeichen bestimmen und einfügen

Schriftfont   In die Zeichentabelle kann eine *Schriftart* geladen werden. Die einzelnen Zeichen der Schriftart werden angezeigt (siehe Bild 17.1).

Bild 17.1: Das Fenster der Windows-Anwendung Zeichentabelle

Schrift-   Eines oder mehrere *Schriftzeichen* der geladenen Schriftart können
zeichen   markiert und in eine Windows-Anwendung eingefügt werden.

Die Zeichentabelle arbeitet nur mit Windows-Anwendungen zusammen.

17.1 Schriftart wählen

Vor der Anzeige und dem Einfügen von Schriftzeichen muß die entsprechende Schriftart in die Zeichentabelle geladen werden (siehe Bild 17.2).

Sie *wählen* folgendermaßen eine *Schriftart* in der Zeichentabelle:

❐ Öffnen Sie das Listenfeld SCHRIFTART, und wählen Sie eine Schriftart aus.

Bild 17.2: Schriftart wählen

Die Zeichen der gewählten Schriftart werden angezeigt (siehe Bild 17.3).

Bild 17.3: Anzeige der gewählten Schriftart

17.2 Schriftzeichen bestimmen und einfügen

Von den in der Zeichentabelle angezeigten *Schriftzeichen* einer geladenen Schriftart können einzelne oder mehrere Zeichen in eine Windows-Anwendung eingefügt werden.

Sie *fügen Zeichen* der Zeichentabelle in eine Windows-Anwendung mit den folgenden Schritten *ein*:

1. Öffnen Sie in der Zeichentabelle das Listenfeld SCHRIFTART.
2. Wählen Sie im Listenfeld SCHRIFTART eine Schriftart aus.

Schriftzeichen bestimmen und einfügen 615

Die Zeichen der ausgewählten Schriftart werden angezeigt.

3. Klicken Sie auf das einzufügende Schriftzeichen.

   Bei gedrückter Maustaste wird das Zeichen vergrößert angezeigt (Bild 17.4).

Bild 17.4: Vergrößerte Anzeige eines Schriftzeichens

Oder wechseln Sie mit der TABULATOR-Taste zum Zeichenauswahlbereich.

Wählen Sie mit den RICHTUNG-Tasten ein Zeichen aus.

4. Doppelklicken Sie auf das einzufügende Zeichen.

   Oder drücken Sie die Schaltfläche AUSWÄHLEN.

   Das Zeichen wird im Feld ZU KOPIERENDE ZEICHEN angezeigt (siehe Bild 17.5).

Bild 17.5: Zu kopierende Schriftzeichen

5. Wählen Sie bei Bedarf weitere Zeichen aus.

6. Kopieren Sie die Zeichen im Feld ZU KOPIERENDE ZEICHEN durch Drücken der Schaltfläche KOPIEREN in die Zwischenablage.

7. Wechseln Sie zur Anwendung, in welche die Zeichen eingefügt werden sollen.

8. Wählen Sie die Schriftart aus, die in der Zeichentabelle geladen ist.

9. Positionieren Sie den Cursor an der Stelle, an der die Zeichen eingefügt werden sollen.

10. Wählen Sie in der Anwendung den Befehl EINFÜGEN zum Einfügen der Zeichen aus der Zwischenablage in das Dokument der Anwendung.

Wenn bei den eingefügten Schriftzeichen die Schriftartinformationen nicht übernommen werden, sollten die Zeichen in der Anwendung entsprechend formatiert werden.

Kapitel 18

Aufnahmen mit dem Klangrecorder

Wenn Sie an Ihren Computer Audio-Hardware angeschlossen und die zugehörigen Gerätetreiber installiert haben, können Sie mit dem Klangrecorder Klangdateien aufzeichnen, wiedergeben und bearbeiten. Die verschiedenen Grundfunktionen des Klangrecorders können bedienungsfreundlich über die Schaltflächen im Fenster des Klangrecorders abgerufen werden.

Mit Klangdateien arbeiten

*Klang-
recorder*
Mit dem *Klangrecorder* können Klangdateien aufgezeichnet, wiedergegeben und bearbeitet werden (siehe Bild 18.1). Für das Arbeiten mit dem Klangrecorder müssen die entsprechende Audio-Hardware angeschlossen und die Gerätetreiber installiert sein.

Bild 18.1: Das Fenster des Klangrecorders

Beim Arbeiten mit dem Klangrecorder werden die folgenden *Teilaufgaben* unterschieden:

❒ Mit Klangdateien arbeiten
❒ Klangdatei aufzeichnen
❒ Klangdatei wiedergeben
❒ Klangdatei bearbeiten

18.1 Mit Klangdateien arbeiten

Der Teilaufgabe *Mit Klangdateien arbeiten* werden die folgenden Teilaufgaben zugeordnet:

❒ Klangdatei öffnen
❒ Klangdatei speichern
❒ Klangdatei wiederherstellen
❒ Bewegen in der Klangdatei

Öffnen Sie *öffnen* eine Klangdatei zur Wiedergabe oder Bearbeitung mit den folgenden Schritten:

1. Wählen Sie den Befehl ÖFFNEN im Menü DATEI.
2. Geben Sie den Namen der Klangdatei ein.

   Oder wählen Sie einen Dateinamen aus.
3. Wählen Sie OK.

Wenn die Klangdatei nicht im Waveform-Format vorliegt, wird eine Fehlermeldung angezeigt (siehe Bild 18.2).

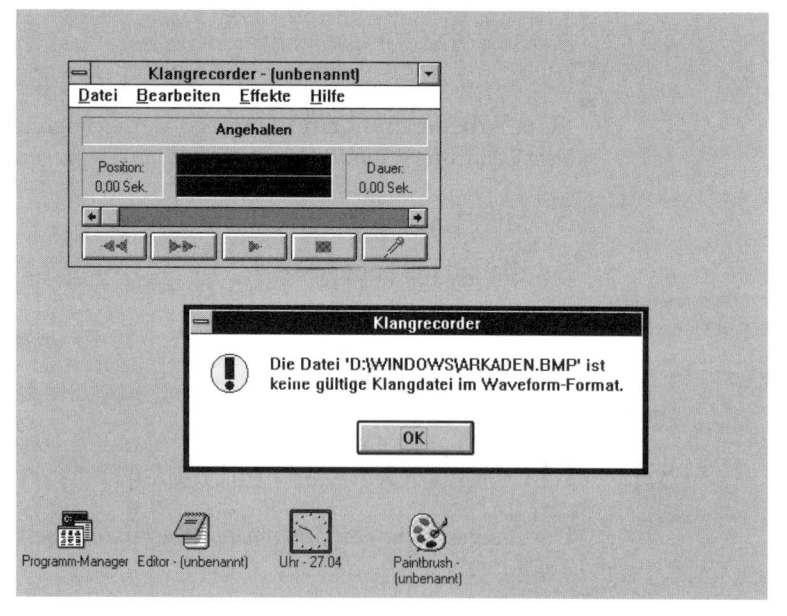

Bild 18.2: Fehlermeldung bei ungültigem Klangformat

Speichern Sie *speichern* eine aufgezeichnete oder bearbeitete Klangdatei wie folgt:

Mit Klangdateien arbeiten

1. Wählen Sie im Menü DATEI den Befehl SPEICHERN.

   Oder wählen Sie im Menü DATEI den Befehl SPEICHERN UNTER. Geben Sie einen neuen Dateinamen an. Wählen Sie OK.

Eine Klangdatei kann eine Aufzeichnung von bis zu einer Minute enthalten.

Wiederherstellen   Sie können Änderungen einer Klangdatei rückgängig machen. Eine Klangdatei *stellen* Sie folgendermaßen *wieder her*:

1. Wählen Sie im Menü DATEI den Befehl WIEDERHERSTELLEN.
2. Bestätigen Sie mit JA.

Es wird der Zustand nach dem letzten Speichervorgang wiederhergestellt.

Bewegen   Sie können sich in der Klangdatei mit Hilfe der Bildlaufleiste bewegen.

Schrittfolge für die Maus:

❏ Verschieben Sie das Bildlauffeld in der Bildlaufleiste.

   Oder klicken Sie auf die Bildlaufpfeile in der Bildlaufleiste.

Schrittfolge für die Tastatur:

1. Aktivieren Sie die Bildlaufleiste mit der TABULATOR-Taste.
2. Drücken Sie die Taste NACH-LINKS oder NACH-RECHTS.

Sie gelangen zum *Ende* einer Klangdatei wie folgt:

❏ Drücken Sie die Schaltfläche VORLAUF.

   Oder drücken Sie die ENDE-Taste.

Sie gelangen folgendermaßen zum *Anfang* einer Klangdatei:

- Drücken Sie die Schaltfläche RÜCKLAUF.

  Oder drücken Sie die POS1-Taste.

Tasten Beim Klangrecorder stehen die folgenden *Tastenfunktionen* zur Verfügung:

ALT- oder F10-Taste	Erstes Menü wählen
Buchstaben-Taste	Menü oder Option mit unterstrichenem Buchstaben wählen
NACH-LINKS oder NACH-RECHTS	In Menüleiste bewegen oder Bildlauf in Klangdatei
BILD-NACH-OBEN	Rückwärts bewegen
BILD-NACH-UNTEN	Vorwärts bewegen
POS1	Zum Anfang der Klangdatei
ENDE	Zum Ende der Klangdatei
LEER	Schaltfläche drücken

18.2 Klangdatei aufzeichnen

Der Teilaufgabe *Klangdatei aufzeichnen* werden die folgenden Teilaufgaben zugeordnet:

- Klangdatei erstellen
- Klangdatei aufzeichnen

Erstellen Eine neue Klangdatei *erstellen* Sie mit den folgenden Schritten:

1. Wählen Sie im Menü DATEI den Befehl NEU.
2. Erstellen Sie die Klangdatei durch Aufzeichnen, Einfügen oder Mischen.

3. Speichern Sie die Klangdatei.

Aufzeichnen Ein Klangdatei wird über ein angeschlossenes Mikrofon *aufgezeichnet*.

Eine *neue Klangdatei* zeichnen Sie wie folgt auf:

1. Wählen Sie im Menü DATEI den Befehl NEU.
2. Drücken Sie die Schaltfläche AUFZEICHNEN.
3. Nehmen Sie mit dem Mikrofon auf.
4. Beenden Sie die Aufnahme durch Drücken der Schaltfläche STOP.
5. Speichern Sie die Klangdatei mit dem Befehl SPEICHERN UNTER im Menü DATEI.

Bei einer *vorhandenen Klangdatei* zeichnen Sie mit den folgenden Schritten auf:

1. Öffnen Sie die Klangdatei mit dem Befehl ÖFFNEN im Menü DATEI.
2. Wählen Sie die Datei aus, und drücken Sie OK.
3. Bewegen Sie das Bildlauffeld mit den Schaltflächen WIEDERGABE und STOP an die gewünschte Einfügeposition.

   Oder drücken Sie die RICHTUNG-Tasten.
4. Drücken Sie die Schaltfläche AUFZEICHNEN.
5. Nehmen Sie mit dem Mikrofon auf.
6. Beenden Sie die Aufnahme durch Drücken der Schaltfläche STOP.
7. Speichern Sie die Klangdatei mit dem Befehl SPEICHERN im Menü DATEI.

18.3 Klangdatei wiedergeben

Der Teilaufgabe *Klangdatei wiedergeben* werden die folgenden Teilaufgaben zugeordnet:

- Klangfolge wiedergeben
- Klangfolge umkehren
- Lautstärke ändern
- Tempo ändern

Wiedergabe Die Klangfolge einer Klangdatei *geben* Sie mit den folgenden Schritten *wieder* (siehe Bild 18.3):

1. Drücken Sie die Schaltfläche WIEDERGABE.

   In der Statuszeile wird WIEDERGABE angezeigt.

2. Halten Sie durch Drücken der Schaltfläche STOP an.

   In der Statuszeile wird ANGEHALTEN angezeigt.

3. Fahren Sie mit der Wiedergabe mit der Schaltfläche WIEDERGABE fort.

Bild 18.3: Klangfolge wiedergeben

Anfang Sie gelangen an den *Anfang* einer Klangdatei wie folgt:

- Drücken Sie die Schaltfläche RÜCKLAUF.

Ende Sie gelangen folgendermaßen an das *Ende* einer Klangdatei:

❐ Drücken Sie die Schaltfläche VORLAUF.

Umkehren Sie können mit den folgenden Schritten die *Richtung* der Wiedergabe *umkehren*:

1. Öffnen Sie die Klangdatei.
2. Wählen Sie im Menü EFFEKTE den Befehl UMKEHREN.

Lautstärke Die *Lautstärke* bei der Wiedergabe einer Klangdatei kann wie folgt erhöht oder verringert werden:

1. Öffnen Sie die Klangdatei.
2. Wählen Sie im Menü EFFEKTE den Befehl LAUTSTÄRKE ERHÖHEN.

Oder wählen Sie im Menü EFFEKTE den Befehl LAUTSTÄRKE VERRINGERN.

Die normale Lautstärke erhalten Sie, wenn der gegenteilige Befehl eingegeben wird.

Tempo Das *Tempo* der Wiedergabe einer Klangdatei kann mit den folgenden Schritten erhöht oder verringert werden:

1. Öffnen Sie die Klangdatei.
2. Wählen Sie im Menü EFFEKTE den Befehl GESCHWINDIGKEIT ERHÖHEN.

Oder wählen Sie im Menü EFFEKTE den Befehl GESCHWINDIGKEIT VERRINGERN.

Das normale Tempo erhalten Sie, wenn der gegenteilige Befehl eingegeben wird.

18.4 Klangdatei bearbeiten

Der Teilaufgabe *Klangdatei bearbeiten* werden die folgenden Teilaufgaben zugeordnet (siehe Bild 18.4):

- Klangdatei einfügen
- Klangdateien mischen
- Klangdateiteile löschen
- Echo-Effekte einsetzen

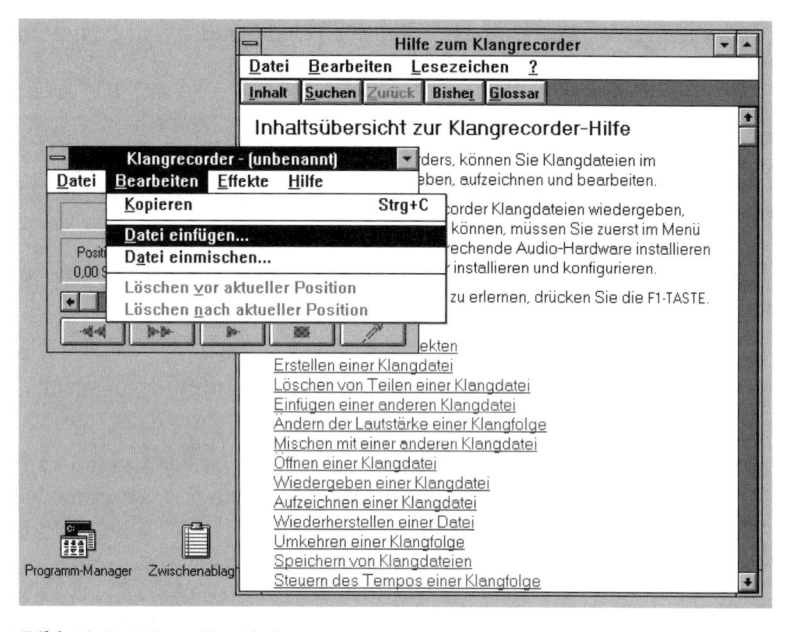

Bild 18.4: Menü Bearbeiten

Einfügen Die Klangfolge einer anderen Klangdatei kann folgendermaßen in die aktuelle Klangdatei *eingefügt* werden (siehe Bild 18.5):

1. Bewegen Sie das Bildlauffeld mit den Schaltflächen WIEDERGABE und STOP an die gewünschte Einfügeposition.

Klangdatei bearbeiten 627

Oder drücken Sie die RICHTUNG-Tasten.
2. Wählen Sie im Menü BEARBEITEN den Befehl DATEI EINFÜGEN.
3. Geben Sie den Namen der Klangdatei ein.
4. Wählen Sie OK.

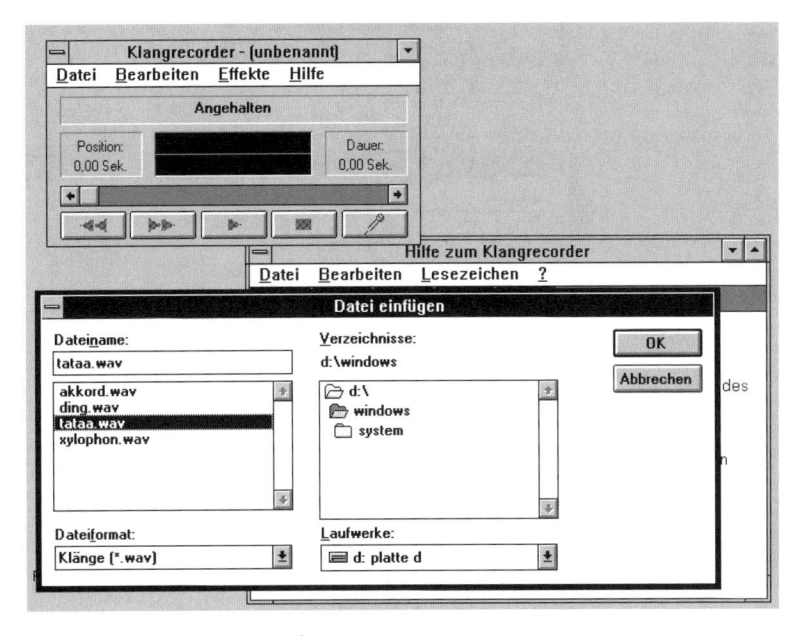

Bild 18.5: Klangdatei einfügen

Mischen Sie können durch *Mischen* die Klangfolgen von zwei Klangdateien mit den folgenden Schritten einblenden (siehe Bild 18.6):

1. Bewegen Sie das Bildlauffeld mit den Schaltflächen WIEDERGABE und STOP an die gewünschte Einfügeposition.

   Oder drücken Sie die RICHTUNG-Tasten.

2. Wählen Sie im Menü BEARBEITEN den Befehl DATEI EINMISCHEN.

3. Geben Sie den Namen der anderen Klangdatei ein.

4. Wählen Sie OK.

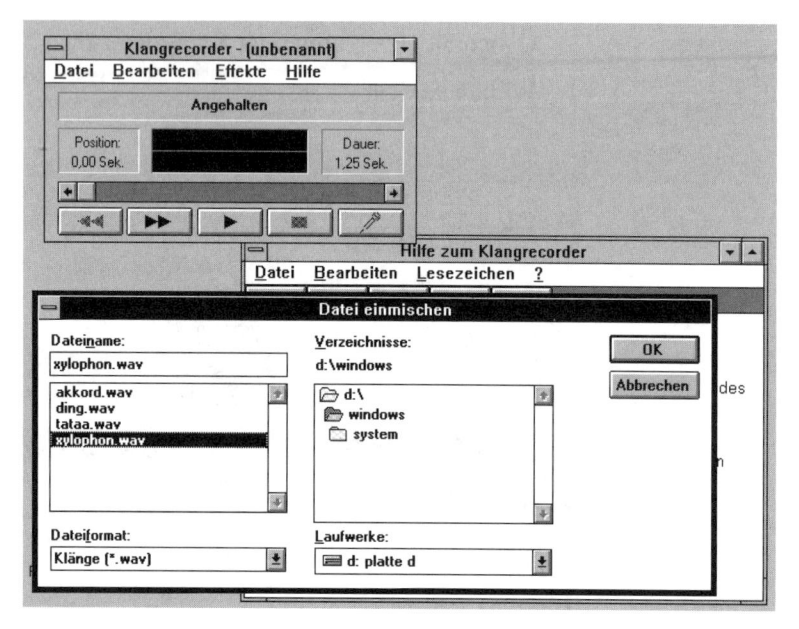

Bild 18.6: Klangdatei einmischen

Löschen In einer Klangdatei kann der Teil vor oder nach der Wiedergabeposition *gelöscht* werden.

Sie löschen den *Teil vor der Wiedergabeposition* wie folgt:

1. Öffnen Sie die Klangdatei.

2. Bewegen Sie das Bildlauffeld mit den Schaltflächen WIEDERGABE und STOP an die gewünschte Wiedergabeposition.

   Oder drücken Sie die RICHTUNG-Tasten.

3. Wählen Sie im Menü BEARBEITEN den Befehl LÖSCHEN VOR AKTUELLER POSITION.

4. Bestätigen Sie mit JA.

Sie löschen folgendermaßen den *Teil nach der Wiedergabeposition*:

1. Öffnen Sie die Klangdatei.
2. Bewegen Sie das Bildlauffeld mit den Schaltflächen WIEDERGABE und STOP an die gewünschte Wiedergabeposition.

   Oder drücken Sie die RICHTUNG-Tasten.
3. Wählen Sie im Menü BEARBEITEN den Befehl LÖSCHEN NACH AKTUELLER POSITION.
4. Bestätigen Sie mit JA.

Echo Eine Klangfolge können Sie wie folgt mit *Echo-Effekten* versehen (siehe Bild 18.7):

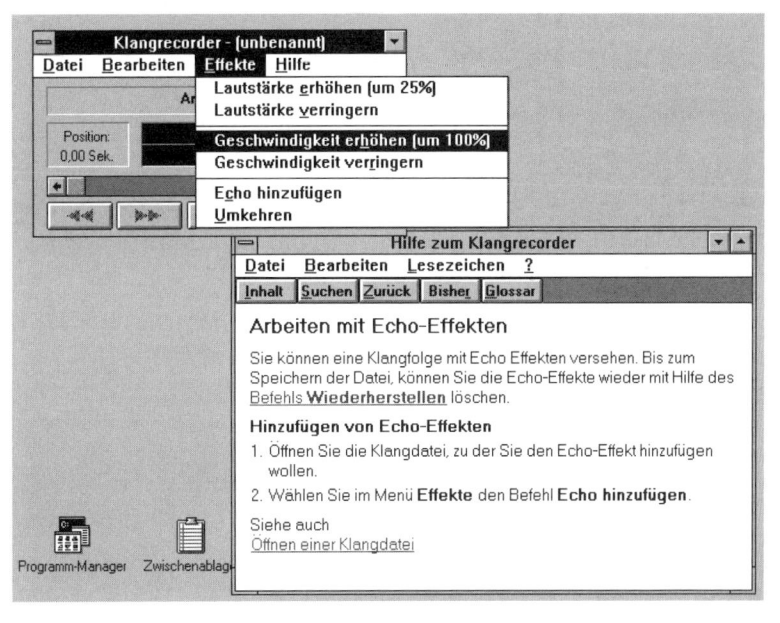

Bild 18.7: Echo-Effekte einsetzen

1. Öffnen Sie die Klangdatei.
2. Wählen Sie im Menü EFFEKTE den Befehl ECHO HINZUFÜGEN.

Kapitel 19

Die Medien-Wiedergabe von Windows

Die Medien-Wiedergabe unterstützt die Wiedergabe auf Mediengeräten. Die Compound-Geräte werden über Mediendateien angesteuert. Simple-Geräte kommen ohne Mediendateien aus. Vor der Wiedergabe auf einem Mediengerät muß das Gerät angeschlossen und der Gerätetreiber installiert sein. Die Bedienung erfolgt benutzerfreundlich über Schaltflächen.

19.1 Mit der Medien-Wiedergabe arbeiten

Mit der Windows-Anwendung *Medien-Wiedergabe* werden die folgenden Aufgaben unterstützt (siehe Bild 19.1):

❐ Ansteuerung von Mediengeräten

❐ Wiedergabe von Mediendateien

Geräte   Zu den *Mediengeräten* gehören beispielsweise CD-ROM-Laufwerke und Bildplattenspieler (MCI-Geräte).

Die Auswahl eines Mediengerätes nehmen Sie in der Systemsteuerung vor. Hier wird der Gerätetreiber für ein Mediengerät installiert.

Dateien   Die *Mediendateien* können Animationen, Klänge und MIDI-Daten enthalten.

Bild 19.1: Die Anwendung Medien-Wiedergabe

Beim Arbeiten mit der Medien-Wiedergabe werden die folgenden Teilaufgaben unterschieden:

❐ Ein Mediengerät auswählen

❐ Mit Mediendateien arbeiten

❐ Mediendatei wiedergeben

Tasten   Bei der Medien-Wiedergabe stehen die folgenden Tastenfunktionen zur Verfügung:

F1-Taste	Hilfe anfordern
ALT+LEER	Systemmenü öffnen

ALT- oder F10-Taste	Erstes Menü wählen
Buchstaben-Taste	Menü oder Option mit unterstrichenem Buchstaben wählen
NACH-LINKS oder NACH-RECHTS	In Menüleiste bewegen
NACH-OBEN oder NACH-UNTEN	Zwischen Menüelementen bewegen
EINGABE	Markiertes Menüelement wählen
ESC-Taste	Menü verlassen
TABULATOR-Taste	Zwischen Schaltflächen bewegen (von links nach rechts)
UMSCHALT-Taste+ TABULATOR-Taste	Zwischen Schaltflächen bewegen (von rechts nach links)
LEER	Schaltfläche drücken
NACH-LINKS	Wiedergabeposition rückwärts bewegen (Bildlaufleiste gewählt)
NACH-RECHTS	Wiedergabeposition vorwärts bewegen (Bildlaufleiste gewählt)
BILD-NACH-OBEN	Wiedergabeposition in großen Schritten rückwärts bewegen (Bildlaufleiste gewählt)
BILD-NACH-UNTEN	Wiedergabeposition in großen Schritten vorwärts bewegen (Bildlaufleiste gewählt)

19.2 Ein Mediengerät auswählen

Vor der Wiedergabe einer Mediendatei muß das Mediengerät ausgewählt werden, auf dem die Ausgabe erfolgen soll. Vor der Auswahl muß das Mediengerät angeschlossen und mit dem entsprechenden Gerätetreiber installiert sein (siehe Bild 19.2).

Die Medien-Wiedergabe unterstützt die beiden folgenden *Gerätetypen*:

❐ Compound-Geräte

❐ Simple-Geräte

Compound   Bei *Compound-Geräten* erfolgt die Wiedergabe mit einer Mediendatei, beispielsweise eine WAV-Datei.

Ein Compound-Gerät wählen Sie mit den folgenden Schritten aus:

1. Wählen Sie im Menü GERÄT das Mediengerät aus.

    Compound-Geräte sind durch Auslassungspunkte (...) gekennzeichnet.

2. Wählen Sie den Namen der wiederzugebenden Mediendatei.

3. Wählen Sie OK.

Simple   Bei *Simple-Geräten* werden externe Mediengeräte ohne Mediendateien angesteuert, beispielsweise ein CD-Spieler.

Ein Simple-Gerät wählen Sie wie folgt aus:

❐ Wählen Sie im Menü GERÄT das Mediengerät aus.

    Simple-Geräte sind nicht durch Auslassungspunkte (...) gekennzeichnet.

Die im Menü GERÄT verfügbaren Optionen sind vom Leistungsumfang des installierten Mediengerätes abhängig.

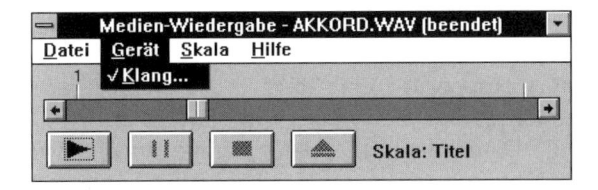

Bild 19.2: Das Menü Gerät

19.3 Mit Mediendateien arbeiten

Der Teilaufgabe *Mit Mediendateien arbeiten* werden die folgenden Teilaufgaben zugeordnet:

- Mediendatei öffnen
- Medienwiedergabe beenden

Mediendatei öffnen

Mediendateien können auf Compound-Geräten wiedergegeben werden.

Öffnen Sie *öffnen* eine Mediendatei für ein Compound-Gerät mit den folgenden Schritten (siehe Bild 19.3):

1. Wählen Sie im Menü DATEI den Befehl ÖFFNEN.

   Das Dialogfeld DATEI ÖFFNEN wird angezeigt.

2. Wählen Sie den Namen der Mediendatei aus.
3. Wählen Sie OK.

Bild 19.3: Mediendatei öffnen

Das Compound-Gerät muß das Datenformat der Mediendatei verstehen; beispielsweise wird auf einem MIDI-Sequencer eine MIDI-Datei im MIDI-Datenformat wiedergegeben. Bei einem ungültigen Datenformat wird eine Fehlermeldung angezeigt (siehe Bild 19.4).

Mit Mediendateien arbeiten 637

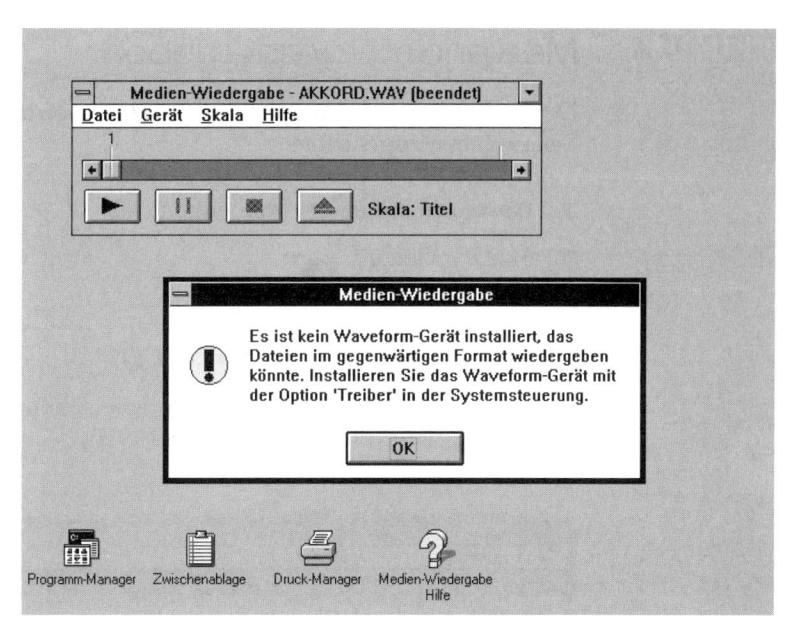

Bild 19.4: Fehlermeldung bei ungültigem Datenformat

Medien-Wiedergabe beenden

Beenden Sie *beenden* die Medien-Wiedergabe wie folgt:

❐ Wählen Sie im Menü DATEI den Befehl BEENDEN.

Oder doppelklicken Sie auf das Systemmenüfeld.

Die Wiedergabe bei Compound-Geräten wird beendet.

Bei Simple-Geräten wird die Wiedergabe häufig auch nach dem Beenden der Wiedergabe fortgesetzt (beispielsweise bei CD- und Bildplattenspielern).

19.4 Mediendatei wiedergeben

Der Teilaufgabe *Mediendatei wiedergeben* werden die folgenden Teilaufgaben zugeordnet:

- Abspielen auf einem Mediengerät
- Skalenanzeige ändern

Abspielen auf einem Mediengerät

Abspielen Für das *Abspielen* auf einem Mediengerät stehen Schaltflächen zur Bedienung zur Verfügung (siehe Bild 19.5).

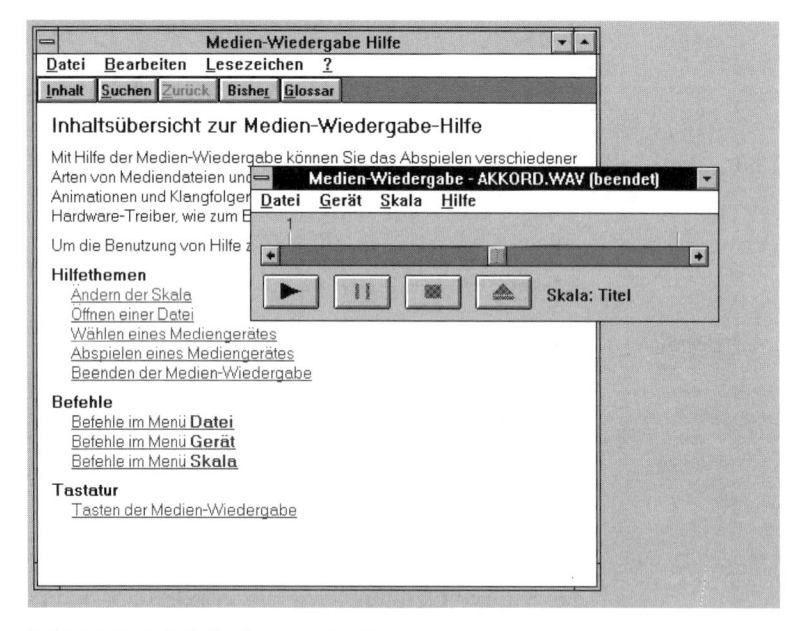

Bild 19.5: Schaltflächen zur Bedienung

Sie steuern die *Medien-Wiedergabe* wie folgt:

- Drücken Sie die Schaltfläche WIEDERGABE.

Mediendatei wiedergeben 639

Oder drücken Sie die Schaltfläche PAUSE. Zur Fortsetzung der Wiedergabe drücken Sie die Schaltfläche PAUSE oder WIEDERGABE.

Oder drücken Sie die Schaltfläche STOP. Zur Fortsetzung der Wiedergabe drücken Sie die Schaltfläche WIEDERGABE.

Oder drücken Sie die Schaltfläche AUSWURF. Die Schaltfläche ist nur verfügbar, wenn das Mediengerät die Funktion unterstützt.

Skalenanzeige ändern

Die Medien-Wiedergabe wird angezeigt und gesteuert über die beiden folgenden *Skalen* (siehe Bild 19.6):

❏ Zeitskala

❏ Titelskala

Zeit Die *Zeitskala* zeigt Zeitintervalle an.

Titel Bei der *Titelskala* werden Titel (Spuren) angezeigt.

Position Die *Wiedergabeposition ändern* Sie mit den folgenden Schritten:

1. Ziehen Sie das Bildlauffeld in der Bildlaufleiste auf die gewünschte Position.

    Oder klicken Sie auf die Bildlaufpfeile in der Bildlaufleiste.

2. Drücken Sie die Schaltfläche WIEDERGEBEN.

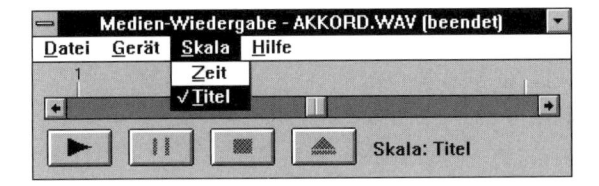

Bild 19.6: Skalenanzeige ändern

Ändern   Sie *ändern die Skalenanzeige* wie folgt:

❐ Wählen Sie im Menü SKALA den Befehl ZEIT.
Oder wählen Sie im Menü SKALA den Befehl TITEL.

KAPITEL 20

MIT WINDOWS-ANWENDUNGEN
ARBEITEN

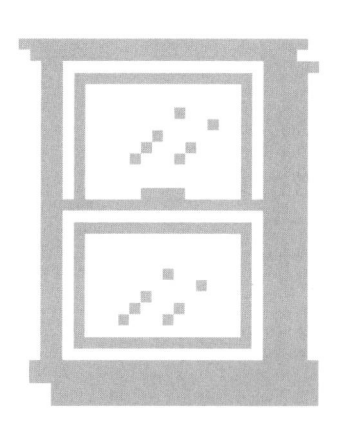

Windows-Anwendungen sind Anwendungsprogramme, die die grafische Benutzeroberfläche und die Leistungsmerkmale von Windows voll nutzen. Neben Windows-Anwendungen können unter Windows auch Nicht-Windows-Anwendungen und TSR-Programme ausgeführt werden. Bei Windows-Anwendungen kann der Datenaustausch über die Zwischenablage, DDE oder OLE erfolgen.

20.1 Anwendungsprogramme und Windows

Windows unterstützt das Arbeiten mit *mehreren Programmen*. Sie können beispielsweise gleichzeitig ein Textverarbeitungsprogramm ausführen, Kalkulationsdaten aus einem laufenden Tabellenkalkulationsprogramm übernehmen, Serienbriefe mit Adressen aus einem Datenbankprogramm versorgen und grafische Daten mit einer grafischen Anwendung aufbereiten.

Mit Windows können Sie zwischen den laufenden Anwendungsprogrammen umschalten und über die Zwischenablage *Daten austauschen*. Viele Windows-Anwendungen unterstützen weitergehende Verfahren zum Datenaustausch: DDE (dynamic data exchange) und OLE (object linking and embedding).

Unter Windows können *verschiedene Programmarten* ausgeführt werden. Windows-Anwendungen unterstützen weitgehend die Leistungsmerkmale, die von Windows bereitgestellt werden. Demgegenüber stehen Anwendungen, die für DOS und nicht für Windows erstellt worden sind.

Programmarten
Bei den unter Windows ausführbaren Programmen werden die folgenden *Programmarten* unterschieden:

- Windows-Anwendungen ab Windows Version 3.0
- ältere Windows-Anwendungsprogramme vor Windows Version 3.0
- Nicht-Windows-Anwendungen
- TSR-Programme

Windows ab 3.0
Neuere Windows-Anwendungen sind Anwendungsprogramme, die für die Windows-Versionen 3.0 und höher erstellt sind. Diese Anwendungen nutzen die Leistungsmerkmale der neueren Windows-Versionen voll aus (siehe Bild 20.1 und 20.2).

Windows bis 3.0
Ältere Windows-Anwendungen sind Anwendungsprogramme, die für die Windows-Versionen vor 3.0 erstellt sind. Diese Anwendungen laufen unter Umständen nicht korrekt unter den neueren Windows-Versionen.

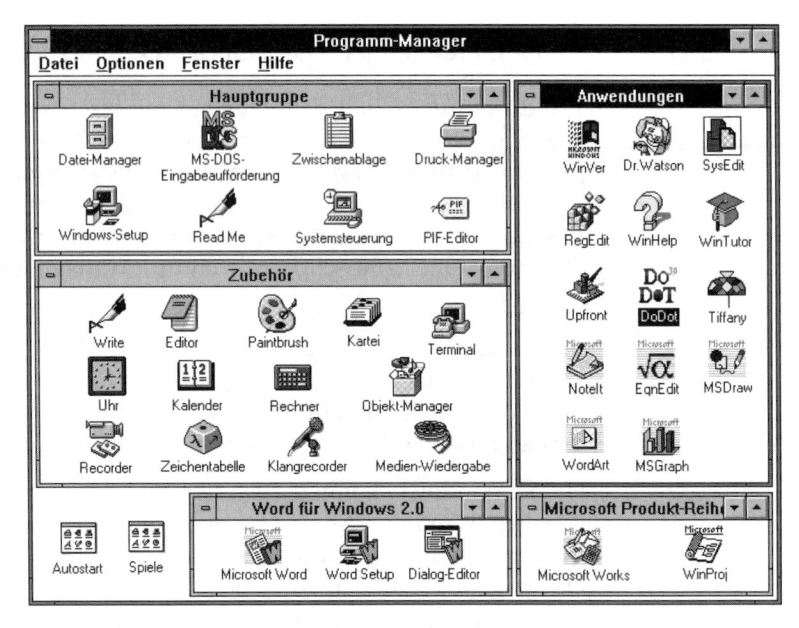

Bild 20.1: Symbole von Windows-Anwendungen

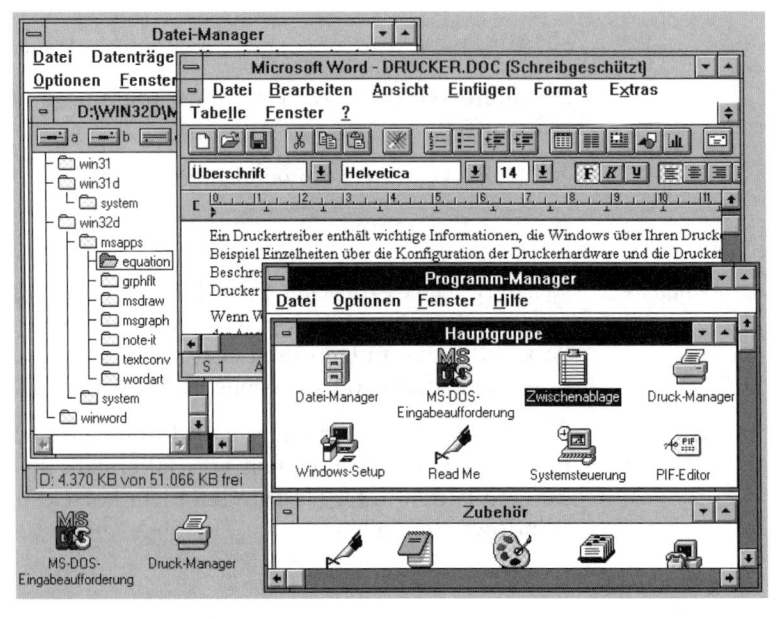

Bild 20.2: Die neue Windows-Anwendung Microsoft Word

Wenn eine Windows-Anwendung gestartet wird, die für eine Windows Version vor 3.0 erstellt worden ist, wird eine Kompatibilitäts-Warnung angezeigt (siehe Bild 20.3).

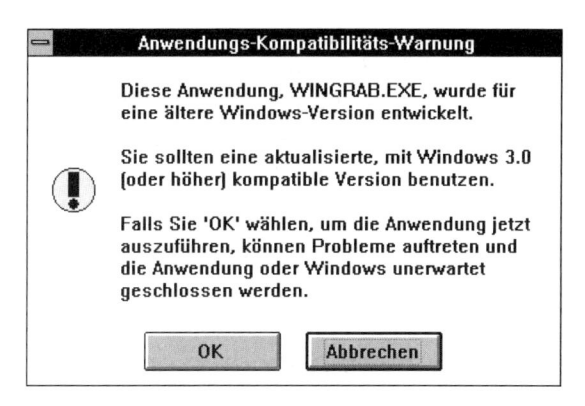

Bild 20.3: Kompatibilitäts-Warnung bei älteren Anwendungen

Die Ausführung von älteren Windows-Programmen kann fehlerhaft sein. Von einer älteren Windows-Anwendung sollten Sie sich eine aktuellere Version besorgen.

Nicht-Windows-Anwendung

Nicht-Windows-Anwendungen sind Anwendungsprogramme, die nicht für die Ausführung unter Windows konzipiert worden sind. Sie können daher nicht die Leistungsmerkmale von Windows und die grafische Benutzeroberfläche nutzen. Die meisten Nicht-Windows-Anwendungen können unter Windows ausgeführt werden.

TSR-Programme

TSR-Programme (terminate and stay resident, kurz: TSR) sind speicherresidente Programme, die, einmal in den Arbeitsspeicher geladen, ihre Servicefunktionen zur Verfügung stellen.

Es werden zwei Arten von TSR-Programmen unterschieden:

❏ Pop-up-Programme

❏ Dienstprogramme

Pop-up-Programme

Pop-up-Programme werden speicherresident in den Arbeitsspeicher geladen. Sie stellen allgemeine Utility-Funktionen zur Verfügung, beispielsweise Editor, Rechner, Uhr und Kalender. Bei Bedarf wird das Pop-up-Programm mit einer Tastenkombination (hot key) aufgerufen. Es unterbricht die laufende Anwendung, führt die angeforderte Dienstleistung aus und gibt die Steuerung an das unterbrochene Programm zurück.

Dienst-programme *Dienstprogramme* stellen speicherresidente Serviceroutinen für den Computer, für angeschlossene Geräteeinheiten und für Anwendungsprogramme zur Verfügung. Beispielsweise werden Dienstprogramme für das Arbeiten mit einer Maus oder mit einem Netzwerk speicherresident geladen.

20.2 Windows-Anwendungen einrichten und starten

Windows-Anwendungen einrichten

Der Aufgabe *Windows-Anwendungen einrichten und starten* sind die folgenden Teilaufgaben zugeordnet:

- SETUP-Programm starten
- Einstellungen für Hardware-Komponenten ändern
- Gerätetreiber in Windows einbinden
- einzelnes Anwendungsprogramm einrichten
- mehrere Anwendungsprogramme einrichten
- Windows-Komponenten hinzufügen und entfernen

Wenn Sie neue Windows-Anwendungen unter Windows einrichten wollen, stehen im allgemeinen zwei Verfahren zur Verfügung:

- Einrichtung mit dem Installations-Verfahren, das für das Anwendungsprogramm vorgesehen ist
- Einrichtung mit dem SETUP-Programm von Windows

Installation Einige Anwendungsprogramme benötigen über ein einfaches Windows-Setup hinaus zusätzliche Installationsschritte, beispielsweise zur Einbindung von Gerätetreibern oder Bildschirm- und

Windows-Anwendungen einrichten und starten 647

Druckerfonts. Wenn diese Installationsschritte nicht im Windows-Setup verfügbar sind, muß die Installation nach dem für die Anwendung vorgesehenen Verfahren durchgeführt werden.

SETUP Für die Einrichtung von Windows-Programmen reicht häufig die Installation mit dem SETUP-Programm von Windows aus.

Mit dem SETUP-Programm können die folgenden Aufgaben durchgeführt werden:

❐ Hardware-Optionen ändern

❐ Gerätetreiber installieren

❐ vorhandene Windows-Anwendungen in Windows einbinden

SETUP-Programm starten

Sie starten das SETUP-Programm von Windows wie folgt:

❐ Wählen Sie im Fenster der Hauptgruppe das Symbol Windows-Setup.

Das Fenster von Windows-Setup wird angezeigt (siehe Bild 20.4).

Einstellungen für Hardware-Komponenten ändern

Hardware Wenn Sie Änderungen oder Erweiterungen bei den Hardware-
ändern Komponenten Bildschirmadapter, Tastatur, Maus oder Netzwerk vornehmen, können mit dem SETUP-Programm die notwendigen Systemeinstellungen für Windows geändert werden.

Hardware-Änderungen und Hardware-Erweiterungen werden häufig dann erforderlich, wenn anspruchsvollere Anwendungen eingesetzt werden sollen.

Sie ändern die Systemeinstellungen für geänderte Hardware-Komponenten mit den folgenden Schritten:

1. Wählen Sie im Fenster der Hauptgruppe das Symbol Windows-Setup.

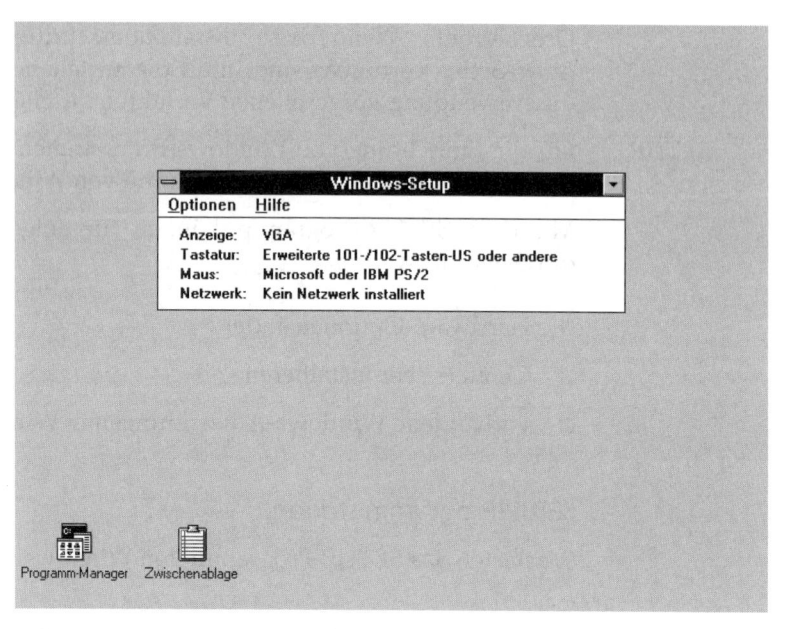

Bild 20.4: Das Fenster von Windows-Setup

Das Fenster von Windows-Setup wird angezeigt.

2. Wählen Sie im Menü OPTIONEN den Befehl SYSTEMEINSTELLUNGEN ÄNDERN.

   Es wird das Dialogfeld SYSTEMEINSTELLUNGEN ÄNDERN angezeigt (siehe Bild 20.5).

3. Wählen Sie neben der zu stellenden Einstellung den nach unten weisenden Bildlaufpfeil.

   Es wird ein Listenfeld mit den Einstellungsoptionen angezeigt (siehe Bild 20.6).

4. Markieren Sie die von der Hardware unterstützte Einstellung mit der Maus oder mit den RICHTUNG-Tasten.

5. Wählen Sie OK.

   Wenn Sie aufgefordert werden, eine Diskette in das Laufwerk A einzulegen, legen Sie die angeforderte Diskette ein, verrie-

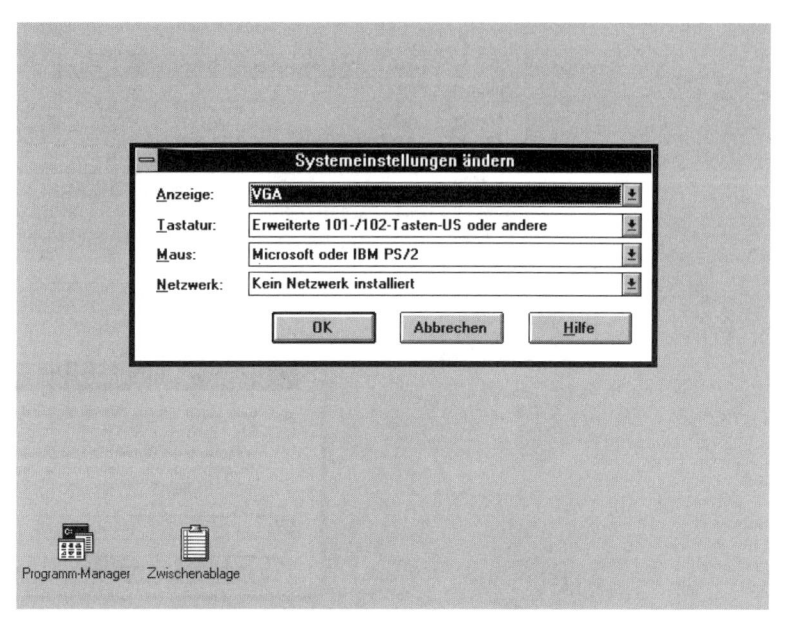

Windows-Anwendungen einrichten und starten 649

Bild 20.5: Dialogfeld Systemeinstellungen ändern

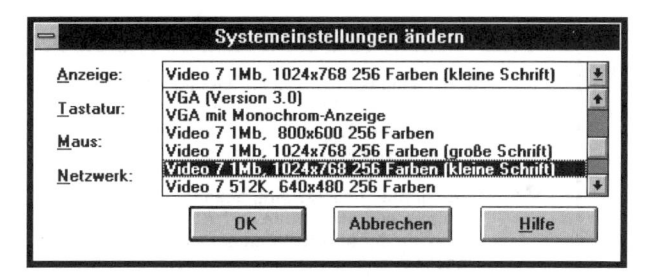

Bild 20.6: Listenfeld mit Einstellungsoptionen

geln Sie das Laufwerk, und geben Sie den Pfadnamen der Treiberdatei für das Gerät ein. Wählen Sie dann OK (siehe Bild 20.7).

Wenn nicht alle Dateien zur Installation des Gerätetreibers übertragen werden konnten, wird eine Fehlermeldung angezeigt (siehe Bild 20.8).

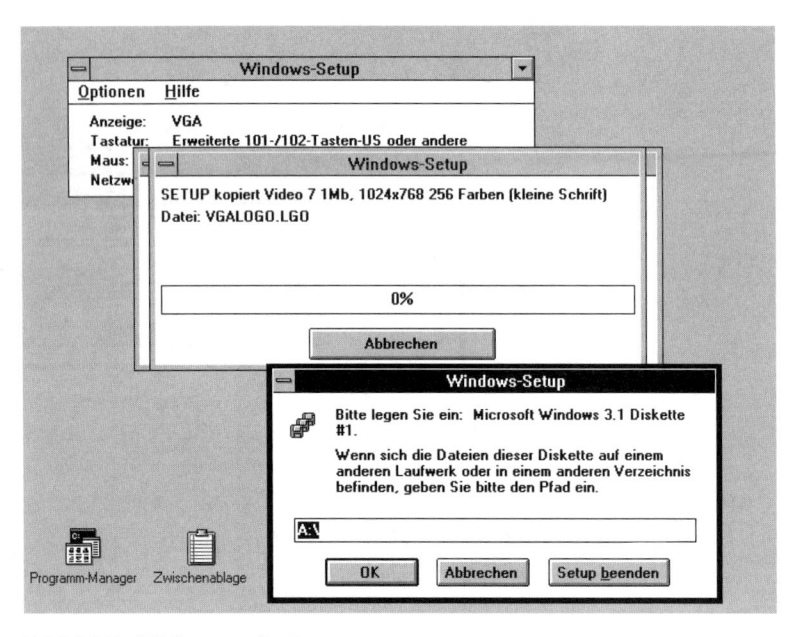

Bild 20.7: Diskette anfordern

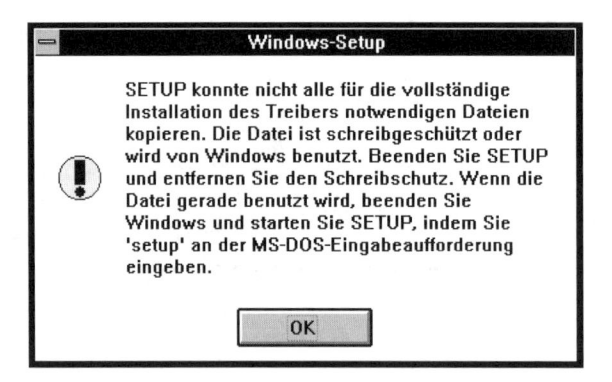

Bild 20.8: Fehlermeldung bei fehlenden Dateien

6. Windows muß zur Einbindung der Treiberdatei neu gestartet werden.

Drücken Sie die Schaltfläche WINDOWS NEU STARTEN, wenn die Schaltfläche verfügbar ist.

Oder drücken Sie die Schaltfläche NEU STARTEN. Da der Computer neu gestartet wird, darf im Laufwerk keine Diskette eingelegt sein.

Gerätetreiber in Windows einbinden

Treiber einbinden

Windows greift auf neu anzuschließende Hardware-Komponenten über ihren *Gerätetreiber* zu. Beachten Sie zunächst die Installationsanweisungen, die möglicherweise der Diskette mit den Gerätetreiber-Dateien beigelegt sind und zusätzliche Installationsschritte vorsehen.

Mit dem SETUP-Programm von Windows werden mit den folgenden Schritten weitere Gerätetreiber unter Windows eingebunden:

1. Vergewissern Sie sich, daß die gewünschten Einstellungen mit den anzuschließenden Hardware-Komponenten übereinstimmen.

2. Wählen Sie im Menü OPTIONEN den Befehl SYSTEMEINSTELLUNGEN ÄNDERN.

   Es wird das Dialogfeld SYSTEMEINSTELLUNGEN ÄNDERN angezeigt.

3. Wählen Sie neben der zu stellenden Einstellung den nach unten weisenden Bildlaufpfeil.

   Es wird ein Listenfeld mit den Einstellungsoptionen angezeigt.

4. Markieren Sie die Option ANDERE ANZEIGE (siehe Bild 20.9).

   Verwenden Sie diese Option auch dann, wenn eine aktualisierte Version eines Treibers installiert werden soll, der als Einstellungsoption vorhanden ist.

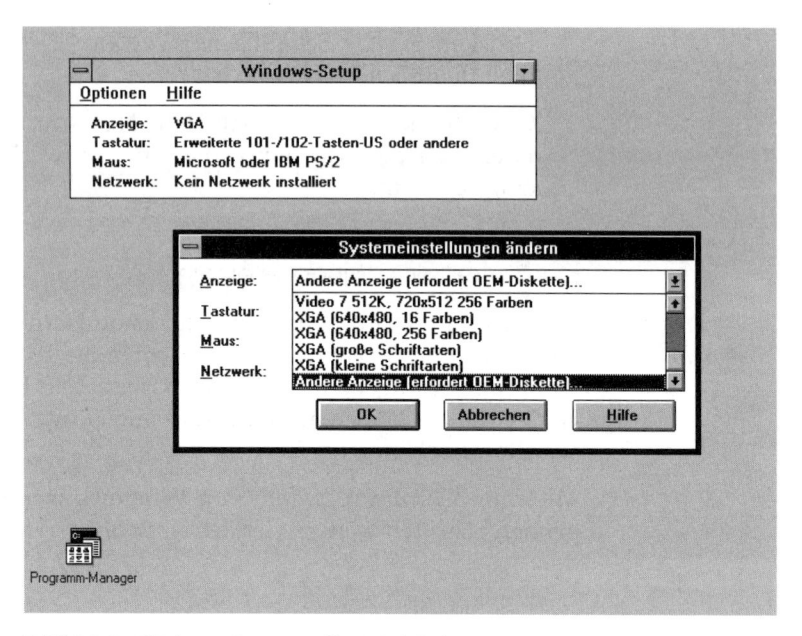

Bild 20.9: Weitere Gerätetreiber einbinden

5. Legen Sie die angeforderte Diskette mit der Treiberdatei in das Laufwerk A ein. Wählen Sie OK.

   Oder geben Sie den Pfadnamen der Treiberdatei an, wenn die Treiberdatei auf der Festplatte gespeichert ist.

   Es wird eine Liste der vorhandenen Gerätetreiber angezeigt.

6. Markieren Sie den gewünschten Gerätetreiber.

7. Wählen Sie OK.

   Wenn mehrere Disketten erforderlich sind, werden Sie aufgefordert, weitere Disketten einzulegen.

   Das SETUP-Programm überträgt die für den Gerätetreiber erforderlichen Dateien in das Systemverzeichnis von Windows. Die aktualisierte Hardware-Liste wird angezeigt.

8. Wählen Sie OK.

9. Windows muß zur Einbindung der Treiberdatei neu gestartet werden.

Drücken Sie die Schaltfläche WINDOWS NEU STARTEN, wenn die Schaltfläche verfügbar ist.

Oder drücken Sie die Schaltfläche NEU STARTEN. Da der Computer neu gestartet wird, darf im Laufwerk keine Diskette eingelegt sein.

Einzelnes Anwendungsprogramm einrichten

Einzelne Anwendung

Eine *einzelne Windows-Anwendung* binden Sie mit den folgenden Schritten in Windows ein:

1. Installieren Sie die Windows-Anwendung nach einem gegebenenfalls vorhandenen Setup-Verfahren.

   Oder kopieren Sie alle Dateien in ein eigenes Verzeichnis.

2. Starten Sie Windows-Setup, und wählen Sie im Menü OPTIONEN den Befehl ANWENDUNGSPROGRAMME EINRICHTEN.

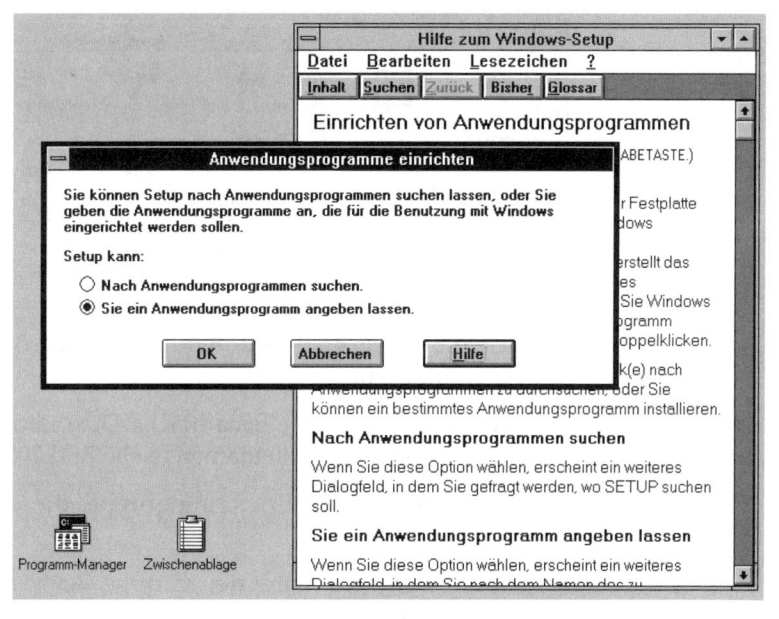

Bild 20.10: Eine einzelne Anwendung einbinden

Es wird ein Dialogfeld angezeigt (siehe Bild 20.10).

3. Wählen Sie die Option SIE EIN ANWENDUNGSPROGRAMM ANGEBEN LASSEN.
4. Wählen Sie OK.

Es wird ein Dialogfeld angezeigt (siehe Bild 20.11).

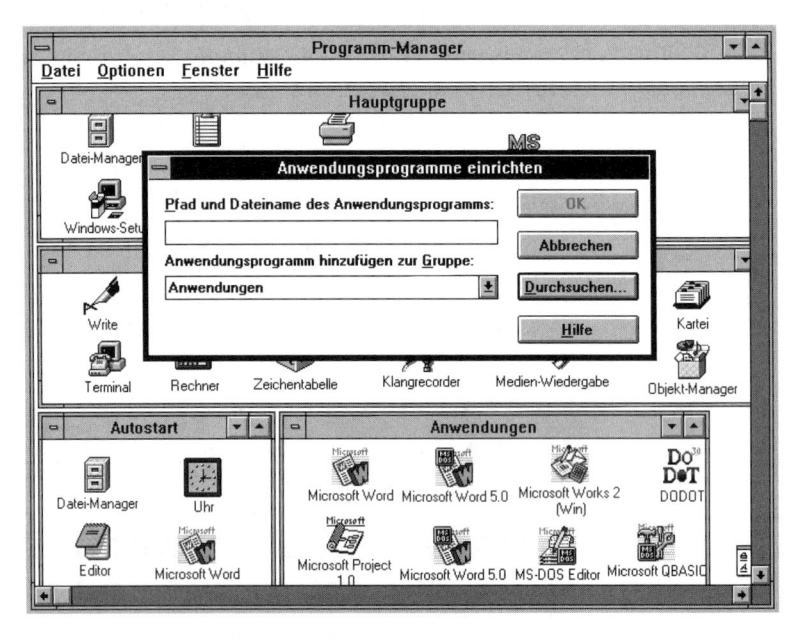

Bild 20.11: Anwendung bestimmen

5. Geben Sie den Pfad und den Dateinamen des Anwendungsprogramms ein.

   Oder drücken Sie die Schaltfläche DURCHSUCHEN. Markieren Sie den gesuchten Dateinamen (siehe Bild 20.12).

6. Markieren Sie eine Programmgruppe, die die neue Anwendung aufnehmen soll.

   Die Anwendung wird der Gruppe ANWENDUNGEN hinzugefügt, wenn keine Programmgruppe gewählt wird.

Windows-Anwendungen einrichten und starten 655

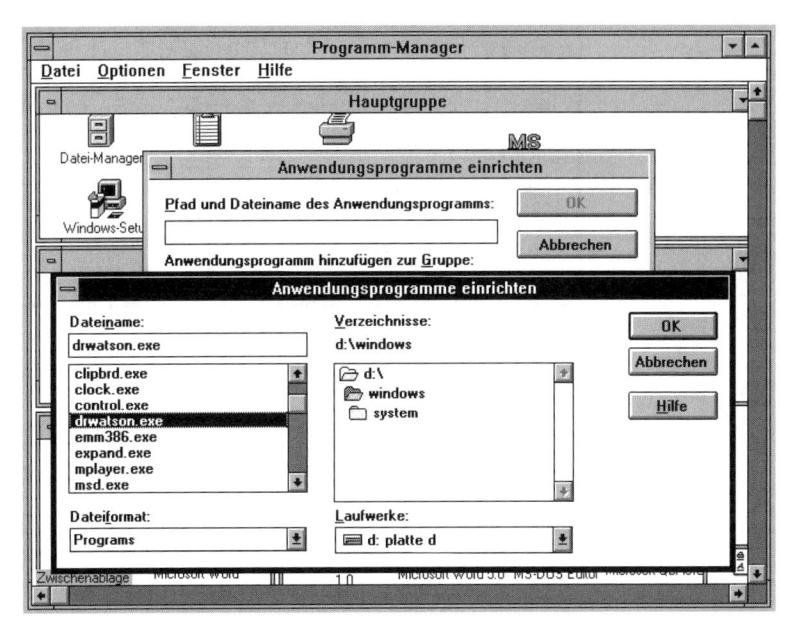

Bild 20.12: Dialogfenster Anwendungsprogramme einrichten

7. Wählen Sie OK.

Mehrere Anwendungsprogramme einrichten

Mehrere An- Mit dem SETUP-Programm können auch *mehrere Windows-An-*
wendungen *wendungen* in Windows eingebunden werden, die auf der Festplatte bereits vorhanden sind.

Sie richten mehrere Windows-Anwendungen mit den folgenden Schritten ein:

1. Wählen Sie im Menü OPTIONEN den Befehl ANWENDUNGS-PROGRAMME EINRICHTEN.

   Es wird ein Dialogfeld angezeigt (siehe Bild 20.13).

2. Wählen Sie die Option NACH ANWENDUNGSPROGRAMMEN SUCHEN.

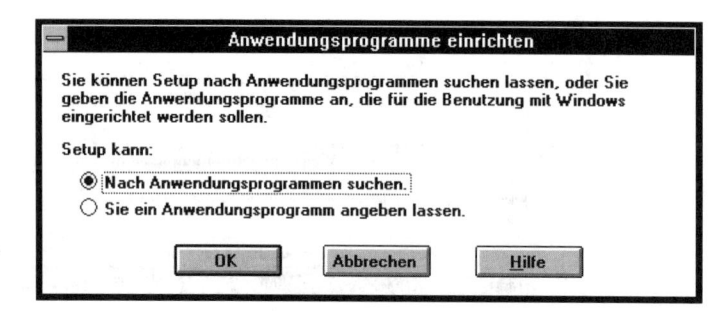

```
┌─────────────────────────────────────────────────────┐
│ ─              Anwendungsprogramme einrichten       │
├─────────────────────────────────────────────────────┤
│ Sie können Setup nach Anwendungsprogrammen suchen lassen, oder Sie │
│ geben die Anwendungsprogramme an, die für die Benutzung mit Windows│
│ eingerichtet werden sollen.                         │
│                                                     │
│ Setup kann:                                         │
│                                                     │
│    ◉ Nach Anwendungsprogrammen suchen.              │
│    ○ Sie ein Anwendungsprogramm angeben lassen.     │
│                                                     │
│         ┌────OK────┐  ┌─Abbrechen─┐  ┌──Hilfe──┐    │
│         └──────────┘  └───────────┘  └─────────┘    │
└─────────────────────────────────────────────────────┘
```

Bild 20.13: Nach Anwendungsprogrammen suchen

3. Wählen Sie OK.

   Es wird ein Dialogfeld angezeigt (siehe Bild 20.14).

   Sie können festlegen, ob alle Laufwerke, ein Laufwerk oder der aktuelle Verzeichnispfad nach Anwendungen durchsucht werden soll.

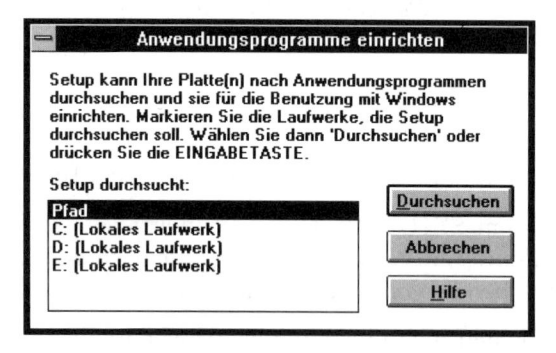

```
┌─────────────────────────────────────────────────────┐
│ ─              Anwendungsprogramme einrichten       │
├─────────────────────────────────────────────────────┤
│ Setup kann Ihre Platte(n) nach Anwendungsprogrammen │
│ durchsuchen und sie für die Benutzung mit Windows   │
│ einrichten. Markieren Sie die Laufwerke, die Setup  │
│ durchsuchen soll. Wählen Sie dann 'Durchsuchen' oder│
│ drücken Sie die EINGABETASTE.                       │
│                                                     │
│ Setup durchsucht:                                   │
│ ┌─────────────────────────────┐  ┌─Durchsuchen─┐    │
│ │ Pfad                        │  └─────────────┘    │
│ │ C: (Lokales Laufwerk)       │  ┌──Abbrechen──┐    │
│ │ D: (Lokales Laufwerk)       │  └─────────────┘    │
│ │ E: (Lokales Laufwerk)       │  ┌────Hilfe────┐    │
│ └─────────────────────────────┘  └─────────────┘    │
└─────────────────────────────────────────────────────┘
```

Bild 20.14: Suchbereich festlegen

4. Markieren Sie die zutreffenden Suchoptionen.

   Oder wählen Sie die Optionen mit den Tasten NACH-OBEN oder NACH-UNTEN oder mit der LEER-Taste aus.

5. Wählen Sie die Option DURCHSUCHEN.

Das SETUP-Programm führt die Suche im ausgewählten Suchbereich durch (siehe Bild 20.15).

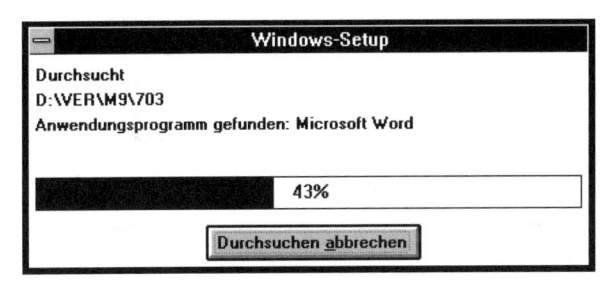

```
┌─────────────── Windows-Setup ───────────────┐
│ Durchsucht                                  │
│ D:\VER\M9\703                               │
│ Anwendungsprogramm gefunden: Microsoft Word │
│                                             │
│           ┌─────────────────┐               │
│           │      43%        │               │
│           └─────────────────┘               │
│           [ Durchsuchen abbrechen ]         │
└─────────────────────────────────────────────┘
```

Bild 20.15: Anwendungsprogramme suchen

Bei einigen Anwendungen fordert das SETUP-Programm den Programmnamen an (siehe Bild 20.16).

```
┌──────── Anwendungsprogramme einrichten ────────┐
│ Setup benötigt den Namen des Anwendungsprogramms für: │
│ D:\MSWORD5\WORD.EXE                            │
│ Markieren Sie den Namen des Anwendungsprogramms in der Liste │
│ und wählen Sie 'OK', oder drücken Sie die EINGABETASTE. │
│ ┌────────────────────────────────────────────┐ │
│ │ Microsoft Word 5.0                         │ │
│ │ Microsoft Word 5.5                         │ │
│ │ Keines der genannten Anwendungsprogramme   │ │
│ └────────────────────────────────────────────┘ │
│      [  OK  ]   [ Abbrechen ]   [ Hilfe ]      │
└────────────────────────────────────────────────┘
```

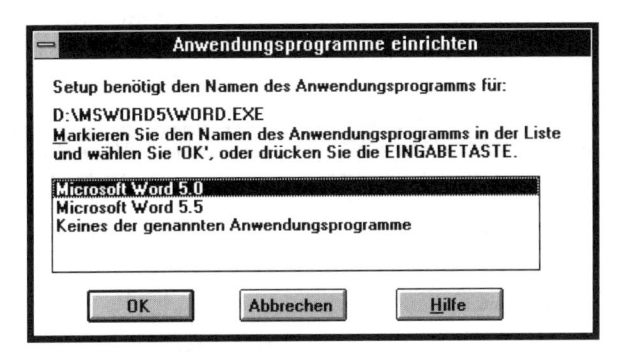

Bild 20.16: Programmnamen bestimmen

Das Ergebnis der Suche wird im Feld FOLGENDE ANWENDUNGEN WURDEN AUF DER/DEN PLATTE(N) GEFUNDEN angezeigt (siehe Bild 20.17).

Wenn Sie eine gefundene Anwendung markieren, wird der Pfadname der Anwendung links unten angezeigt.

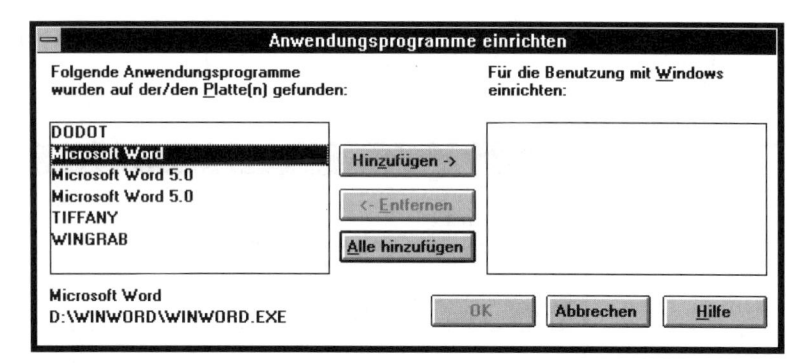

Bild 20.17: Ergebnis der Suche

6. Klicken Sie im Listenfeld auf die hinzuzufügenden Anwendungen.

   Oder suchen Sie eine hinzuzufügende Anwendung mit den RICHTUNG-Tasten auf. Markieren Sie die Anwendung mit der LEER-Taste. Es können mehrere Anwendungen markiert werden (siehe Bild 20.18).

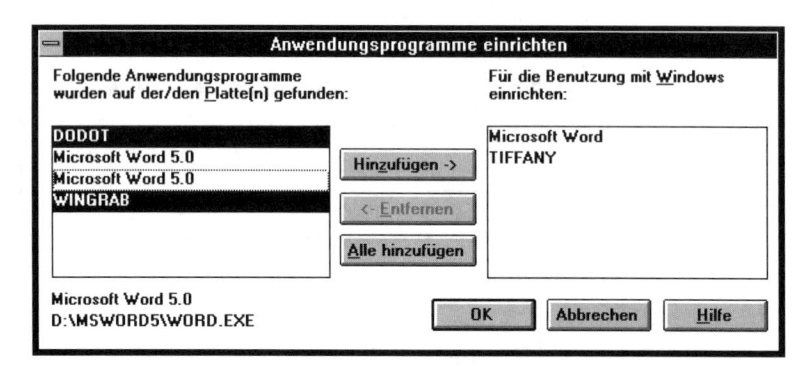

Bild 20.18: Anwendungsprogramme markieren und hinzufügen

7. Klicken Sie auf die Schaltfläche HINZUFÜGEN. Oder drücken Sie die Tastenkombination ALT+H.

   Oder klicken Sie auf die Schaltfläche ALLE HINZUFÜGEN. Oder drücken Sie die Tastenkombination ALT+A.

8. Wenn Sie das Hinzufügen einer Anwendung in das Listenfeld rückgängig machen wollen, klicken Sie auf die Schaltfläche ENTFERNEN.

Oder markieren Sie die zu entfernende Anwendung, und geben Sie ALT+E ein.

9. Wählen Sie OK.

Windows-Komponenten hinzufügen und entfernen

Komponenten
Wenn der verfügbare Speicherplatz auf Ihrer Festplatte für die Einrichtung von weiteren Anwendungen nicht mehr ausreicht, können Sie mit dem SETUP-Programm eine oder mehrere Windows-Komponenten entfernen.

Falls bei der Installation von Windows nicht alle Windows-Komponenten auf der Festplatte eingerichtet wurden, können mit dem SETUP-Programm eine oder mehrere Windows-Komponenten installiert werden.

Mit dem SETUP-Programm können unter anderem die folgenden Windows-Komponenten hinzugefügt oder entfernt werden:

- README-Dateien
- Zubehör
- Spiele
- Bildschirmschoner
- Bildschirmhintergrund-Dateien und andere Dateien

Sie können Windows-Komponenten insgesamt oder teilweise hinzufügen oder entfernen.

Insgesamt
Windows-Komponenten können Sie mit den folgenden Schritten *insgesamt* hinzufügen oder entfernen:

1. Starten Sie Windows-Setup.
2. Wählen Sie im Menü OPTIONEN den Befehl HINZUFÜGEN/ ENTFERNEN VON WINDOWS-KOMPONENTEN.

Es wird ein Dialogfeld angezeigt (siehe Bild 20.19).

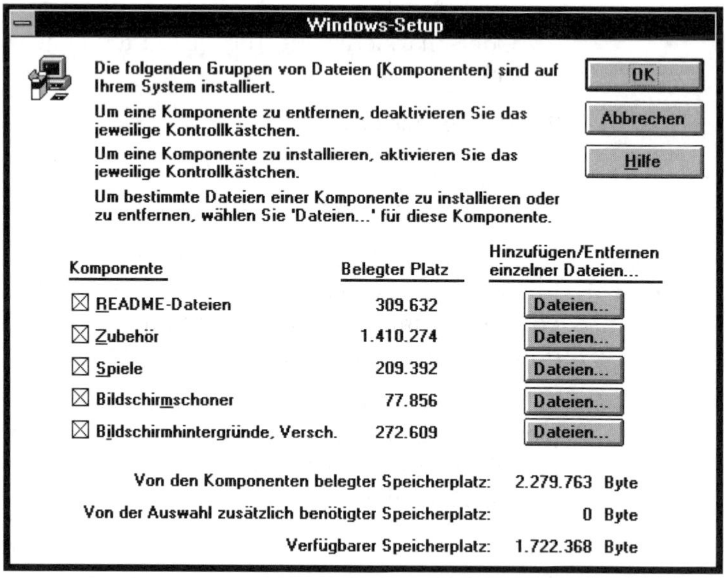

```
┌─────────────────────────────────────────────────────────┐
│ =                    Windows-Setup                      │
├─────────────────────────────────────────────────────────┤
│  🖥  Die folgenden Gruppen von Dateien (Komponenten) sind auf  ┌────────┐  │
│      Ihrem System installiert.                           │   OK   │  │
│                                                          └────────┘  │
│      Um eine Komponente zu entfernen, deaktivieren Sie das ┌──────────┐│
│      jeweilige Kontrollkästchen.                          │ Abbrechen││
│                                                          └──────────┘│
│      Um eine Komponente zu installieren, aktivieren Sie das ┌────────┐│
│      jeweilige Kontrollkästchen.                           │  Hilfe  ││
│      Um bestimmte Dateien einer Komponente zu installieren oder └──────┘│
│      zu entfernen, wählen Sie 'Dateien...' für diese Komponente.  │
│                                                                    │
│                                         Hinzufügen/Entfernen        │
│   Komponente              Belegter Platz  einzelner Dateien...      │
│   ☒ README-Dateien             309.632      [ Dateien... ]          │
│   ☒ Zubehör                  1.410.274      [ Dateien... ]          │
│   ☒ Spiele                     209.392      [ Dateien... ]          │
│   ☒ Bildschirmschoner           77.856      [ Dateien... ]          │
│   ☒ Bildschirmhintergründe, Versch. 272.609 [ Dateien... ]          │
│                                                                    │
│         Von den Komponenten belegter Speicherplatz:  2.279.763 Byte │
│     Von der Auswahl zusätzlich benötigter Speicherplatz:      0 Byte│
│                    Verfügbarer Speicherplatz:  1.722.368 Byte       │
└─────────────────────────────────────────────────────────┘
```

Bild 20.19: Dialogfeld zur Auswahl von Windows-Komponenten

Im Dialogfeld werden alle Komponenten angezeigt, die hinzugefügt oder entfernt werden können. Der Speicherplatzbedarf der einzelnen Komponenten wird angegeben.

Die eingerichteten Komponenten sind markiert; sie können bei Bedarf entfernt werden.

Im Feld VON DEN KOMPONENTEN BELEGTER SPEICHERPLATZ wird der gesamte Speicherplatzbedarf der gewählten Komponente angegeben. Wenn Sie durch Markierung einzelne Komponenten auswählen, wird der Wert entsprechend aktualisiert.

Im Feld VERFÜGBARER SPEICHERPLATZ wird die noch verfügbare Speicherplatzkapazität angezeigt. Wenn Sie durch Markierung einzelne Komponenten auswählen, wird der Wert entsprechend aktualisiert.

3. Aktivieren Sie das entsprechende Kontrollfeld, wenn alle Teile einer Komponente hinzugefügt werden sollen.

   Oder deaktivieren Sie das entsprechende Kontrollfeld, wenn alle Teile einer Komponente entfernt werden sollen.
4. Wenn Sie eine oder mehrere Komponenten hinzufügen wollen, werden Sie in einem Dialogfeld aufgefordert, die entsprechende Windows-Diskette in das Laufwerk einzulegen.

   Legen Sie die angeforderte Diskette in das Laufwerk ein, und wählen Sie OK.
5. Wählen Sie OK.

Teilweise Windows-Komponenten können Sie mit den folgenden Schritten *teilweise* hinzufügen oder entfernen:

1. Starten Sie Windows-Setup.
2. Wählen Sie im Menü OPTIONEN den Befehl HINZUFÜGEN/ ENTFERNEN VON WINDOWS-KOMPONENTEN.

   Es wird ein Dialogfeld angezeigt.

   Im Dialogfeld werden alle Komponenten angezeigt, die hinzugefügt oder entfernt werden können. Der Speicherplatzbedarf der einzelnen Komponenten wird angegeben.

   Die eingerichteten Komponenten sind markiert; sie können bei Bedarf ganz oder teilweise entfernt werden.

   Im Feld VON DEN KOMPONENTEN BELEGTER SPEICHERPLATZ wird der gesamte Speicherplatzbedarf der gewählten Komponente angegeben. Wenn Sie durch Markierung einzelne Komponenten auswählen, wird der Wert entsprechend aktualisiert.

   Im Feld VERFÜGBARER SPEICHERPLATZ wird die noch verfügbare Speicherplatzkapazität angezeigt. Wenn Sie durch Markierung einzelne Komponenten auswählen, wird der Wert entsprechend aktualisiert.

3. Klicken Sie auf die Schaltfläche DATEIEN neben der Komponente, die teilweise hinzugefügt oder entfernt werden soll.

Oder wechseln Sie mit der TABULATOR-Taste zur Schaltfläche DATEIEN, und drücken Sie die LEER-Taste.

Im Dialogfeld werden die Dateien der Komponente angezeigt (siehe Bild 20.20).

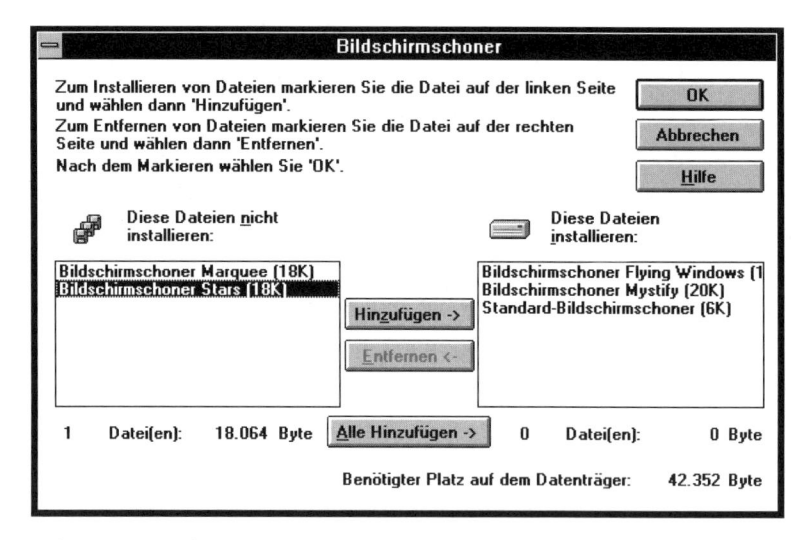

Bild 20.20: Teile einer Komponente hinzufügen oder entfernen

Die im linken Listenfeld angezeigten Dateien sind nicht installiert und können hinzugefügt werden.

Die im rechten Listenfeld angezeigten Dateien sind installiert und können entfernt werden.

4. Wählen Sie die Dateinamen aus, die hinzugefügt werden sollen. Drücken Sie die Schaltfläche HINZUFÜGEN.

Oder wählen Sie die Dateinamen aus, die entfernt werden sollen. Drücken Sie die Schaltfläche ENTFERNEN.

Im Feld BENÖTIGTER PLATZ AUF DEM DATENTRÄGER wird der Speicherplatzbedarf der gewählten Dateien angezeigt.

5. Wählen Sie OK.

6. Wählen Sie OK.

7. Wenn Sie Dateien einer Komponente hinzufügen, werden Sie möglicherweise aufgefordert, die entsprechende Windows-Diskette in das Laufwerk einzulegen.

   Legen Sie die angeforderte Diskette in das Laufwerk ein, und wählen Sie OK.

   Oder, wenn Sie Dateien einer Komponente löschen, werden Sie aufgefordert, die Löschung zu bestätigen. Klicken Sie auf die Schaltfläche JA oder ALLE LÖSCHEN.

Windows-Anwendung starten

Unter Windows können Sie Windows-Anwendungen mit einem der folgenden *Verfahren* starten:

❏ Starten im Programm-Manager

❏ Starten im Datei-Manager

❏ Starten mit dem Befehl Ausführen

❏ Starten in der Gruppe Autostart

Windows-Anwendung mit dem Programm-Manager starten

Programm-Manager

Wenn die Windows-Anwendung einer Gruppe im Programm-Manager zugeordnet ist, können Sie die Anwendung mit dem Programm-Manager starten. Für den Start wird das *Programmsymbol* des Programms im *Gruppenfenster* ausgewählt.

Ein Dokument erscheint im Arbeitsbereich einer Anwendung, wenn es mit dem Programmsymbol verknüpft ist (siehe Bild 20.21).

Sie *starten* eine *Windows-Anwendung* aus einem Gruppenfenster im Programm-Manager mit den folgenden Schritten:

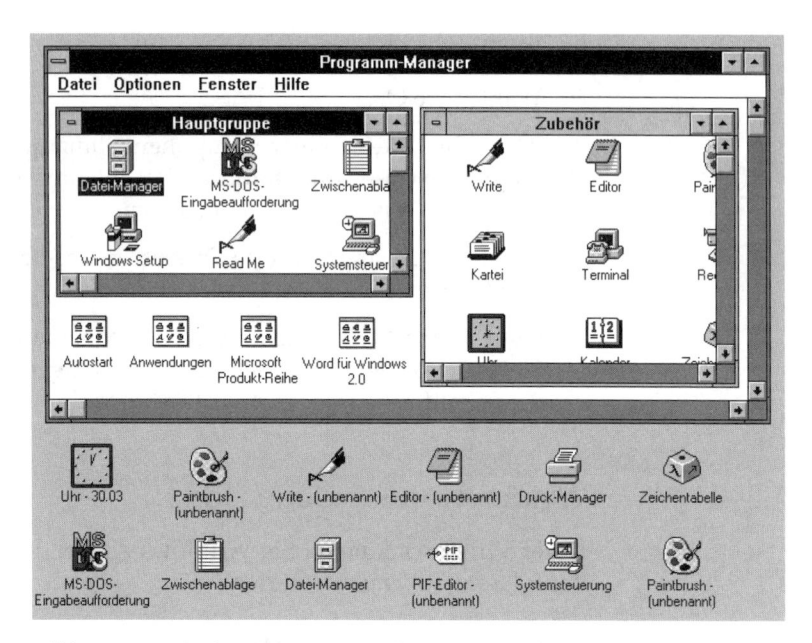

Bild 20.21: Mit dem Programm-Manager eine Anwendung starten

Schrittfolge für die Maus:

1. Öffnen Sie das Fenster des Programm-Managers und das Gruppenfenster mit dem gewünschten Programmsymbol der Windows-Anwendung.

2. Doppelklicken Sie auf das Programmsymbol.

Schrittfolge für die Tastatur:

1. Öffnen Sie das Fenster des Programm-Managers und das Gruppenfenster mit dem gewünschten Programmsymbol der Windows-Anwendung.

2. Wählen Sie das Programmsymbol mit den RICHTUNG-Tasten aus.

3. Drücken Sie die EINGABE-Taste.

   Oder wählen Sie den Befehl ÖFFNEN im Menü DATEI.

Windows-Anwendungen einrichten und starten 665

Windows-Anwendung mit dem Datei-Manager starten

Datei- Im *Datei-Manager* können Sie eine Windows-Anwendung durch
Manager Öffnen der Programmdatei im Verzeichnisfenster starten. Eine
Programmdatei ist an der Dateiendung COM, EXE, BAT oder PIF
erkennbar (siehe Bild 20.22).

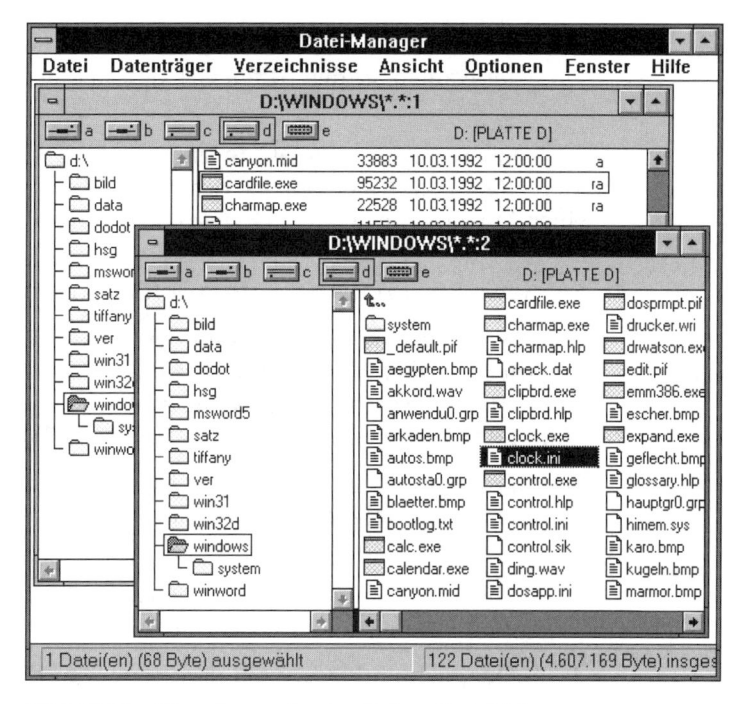

Bild 20.22: Eine Anwendung mit dem Datei-Manager starten

Sie starten ein Anwendungsprogramm aus einem Verzeichnisfenster im Datei-Manager wie folgt:

Schrittfolge für die Maus:

1. Starten Sie den Datei-Manager, und öffnen Sie das Verzeichnisfenster, das die Programmdatei enthält.
2. Doppelklicken Sie auf den Dateinamen des Anwendungsprogramms.

Schrittfolge für die Tastatur:

1. Starten Sie den Datei-Manager, und öffnen Sie das Verzeichnisfenster, das die Programmdatei enthält.
2. Markieren Sie mit den RICHTUNG-Tasten den Dateinamen des Anwendungsprogramms.
3. Drücken Sie die EINGABE-Taste.

Oder wählen Sie den Befehl ÖFFNEN im Menü DATEI.

Sie können mit dem Befehl SYMBOL NACH PROGRAMMSTART im Menü OPTIONEN das Fenster des Datei-Managers beim Starten einer Anwendung zu einem Symbol verkleinern.

Windows-Anwendung mit dem Befehl Ausführen starten

Befehl Ausführen

Eine Windows-Anwendung kann mit dem Befehl AUSFÜHREN gestartet werden. Wenn auf die Programmdatei nicht im aktuellen Pfad zugegriffen werden kann, muß die Pfadangabe der Programmdatei angegeben werden (siehe Bild 20.23).

Sie starten ein Anwendungsprogramm mit dem Befehl AUSFÜHREN mit den folgenden Schritten:

1. Wählen Sie den Befehl AUSFÜHREN im Menü DATEI im Programm-Manager oder Datei-Manager.
2. Geben Sie den Pfadnamen der Programmdatei und eine vorhandene Namenserweiterung an.

   Bei vielen Programmen kann der Name des zu bearbeitenden Dokuments als Parameter angegeben werden (siehe Bild 20.24).
3. Wählen Sie das Kontrollfeld ALS SYMBOL, wenn das Anwendungsfenster beim Start zu einem Symbol verkleinert werden soll.
4. Wählen Sie OK, oder drücken Sie die EINGABE-Taste.

Windows-Anwendungen einrichten und starten 667

Bild 20.23: Befehl Ausführen im Menü Datei

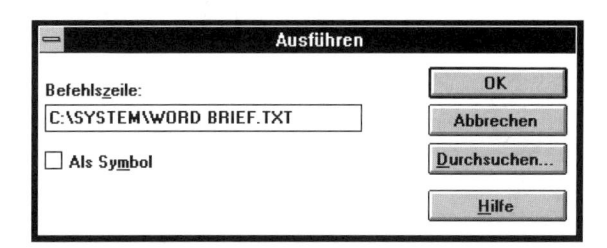

Bild 20.24: Starten mit dem Befehl Ausführen

Starten in der Gruppe Autostart

Wenn Sie Anwendungen bereits nach dem Start von Windows ausführen wollen, können Sie hierfür die Gruppe Autostart einsetzen (siehe Bild 20.25).

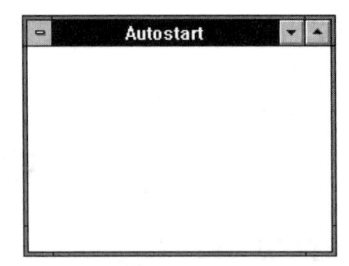

Bild 20.25: Die Gruppe Autostart

In die Gruppe Autostart können beliebig viele Anwendungen eingefügt werden. Beim Starten von Windows werden die in der Gruppe Autostart eingetragenen Anwendungen nacheinander gestartet (siehe Bild 20.26).

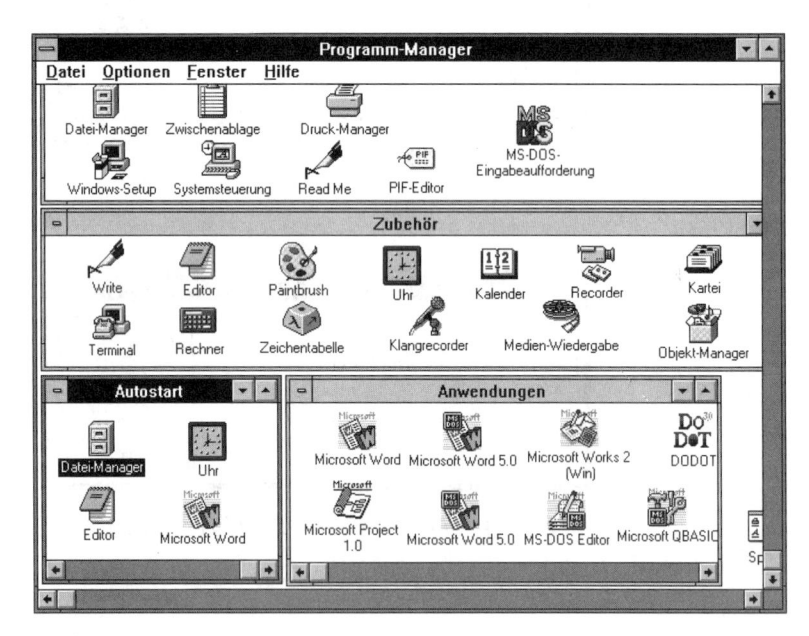

Bild 20.26: Die Gruppe Autostart

Windows-Anwendungen einrichten und starten 669

Die Reihenfolge, in der die Anwendungen ausgeführt werden, richtet sich nach der Anordnung der Anwendungssymbole im Fenster der Gruppe Autostart (von links nach rechts, von oben nach unten).

Sie können eine Anwendung in die Gruppe Autostart durch Kopieren oder Verschieben aufnehmen.

Kopieren Sie *kopieren* ein Programmsymbol in die Gruppe Autostart mit den folgenden Schritten:

Schrittfolge für die Maus:

1. Öffnen Sie das Gruppenfenster, welches das zu kopierende Programm enthält.

   Oder öffnen Sie das Fenster Autostart und das Quellfenster, wenn das Programmsymbol an eine bestimmte Stelle kopiert werden soll.

2. Ziehen Sie bei gedrückter STRG-Taste das Programmsymbol in das Fenster Autostart.

3. Lassen Sie die Maustaste und die STRG-Taste los.

Schrittfolge für die Tastatur:

1. Öffnen Sie das Gruppenfenster, welches das zu kopierende Programm enthält.

2. Markieren Sie mit den RICHTUNG-Tasten das Programmsymbol.

3. Wählen Sie den Befehl KOPIEREN im Menü DATEI.

4. Markieren Sie die Gruppe Autostart.

5. Wählen Sie OK.

Verschieben Sie *verschieben* ein Anwendungssymbol in die Gruppe Autostart mit den folgenden Schritten:

Schrittfolge für die Maus:

1. Öffnen Sie das Gruppenfenster, welches das zu verschiebende Programm enthält.
2. Ziehen Sie das Programmsymbol in das Fenster der Gruppe Autostart.
3. Lassen Sie die Maustaste los.

Schrittfolge für die Tastatur:

1. Öffnen Sie das Gruppenfenster, welches das zu verschiebende Programm enthält.
2. Markieren Sie das Programmsymbol mit den RICHTUNG-Tasten.
3. Wählen Sie den Befehl VERSCHIEBEN im Menü DATEI.
4. Markieren Sie den Namen der Gruppe Autostart.
5. Wählen Sie OK.

20.3 Zwischen Windows-Anwendungen umschalten

Wenn auf dem Desktop mehrere Anwendungsfenster geöffnet sind, können Sie vom aktiven Fenster zu einem anderen Fenster umschalten (siehe Bild 20.27).

Es gibt verschiedene Verfahren für das Umschalten zwischen Fenstern.

Schrittfolge für die Maus:

❑ Klicken Sie auf eine Stelle des gewünschten Fensters.

Oder doppelklicken Sie auf das Symbol der Anwendung.

Oder wählen Sie im Systemmenü des Programm-Managers den Befehl WECHSELN ZU.

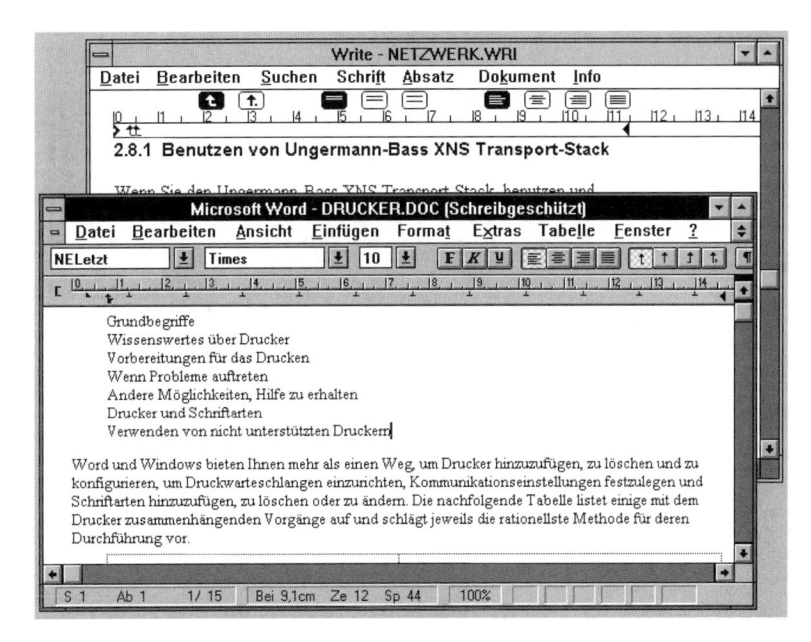

Bild 20.27: Zwischen Anwendungen umschalten

Das Fenster wird aktiviert.

Schrittfolge für die Tastatur:

❑ Wählen Sie im Systemmenü des Programm-Managers den Befehl WECHSELN ZU.

Oder wechseln Sie mit der Tastenkombination ALT+TABULATOR-Taste zur letzten Anwendung.

Oder halten Sie die ALT-Taste gedrückt, und drücken Sie wiederholt die TABULATOR-Taste. Es werden die Titel der Anwendungen angezeigt. Lassen Sie die TABULATOR-Taste los, wenn der gewünschte Titel angezeigt wird.

Task-Liste Sie können auch die *Task-Liste* aufrufen und von ihr zur gewünschten Anwendung wechseln (siehe Bild 20.28).

```
                  Task-Liste
Programm-Manager
MS-DOS- Eingabeaufforderung
DoDOT
Zwischenablage
Datei-Manager - [C:\VER\M9\650\*.*]
Druck-Manager
Editor - (unbenannt)

   Wechseln zu      Task beenden     Abbrechen
   Überlappend    Nebeneinander    Symbole anordnen
```

Bild 20.28: Umschalten mit der Task-Liste

Zu einer anderen Anwendung wechseln Sie mit der *Task-Liste* mit den folgenden Schritten:

Schrittfolge für die Maus:

1. Doppelklicken Sie außerhalb eines Fensters auf eine beliebige Stelle auf dem Desktop.

   Oder wählen Sie im Systemmenü den Befehl WECHSELN ZU.

2. Doppelklicken Sie auf den Namen des Anwendungsprogramms.

   Oder markieren Sie die Anwendung, und drücken Sie die Schaltfläche WECHSELN ZU.

Schrittfolge für die Tastatur:

1. Rufen Sie die Task-Liste mit der Tastenkombination STRG+ESC auf.

   Oder wählen Sie im Systemmenü den Befehl WECHSELN ZU.

2. Wählen Sie die Anwendung mit der Taste NACH-OBEN oder NACH-UNTEN aus.

   Oder geben Sie den ersten Buchstaben der Anwendung ein.

3. Drücken Sie die EINGABE-Taste.

Sie können die Task-Liste mit der ESC-Taste oder mit der Schaltfläche ABBRECHEN schließen.

20.4 Daten austauschen zwischen Windows-Anwendungen

Zwischen Windows-Anwendungen können Daten mit Hilfe von drei verschiedenen Verfahren ausgetauscht werden:

- Datenaustausch über die Zwischenablage
- Datenaustausch mit DDE
- Datenaustausch mit OLE

Datenaustausch über die Zwischenablage

Zwischen-
ablage

Beim Datenaustausch über die *Zwischenablage* wird die Zwischenablage als temporärer Speicher benutzt. Die kopierten Daten werden aus der Quellanwendung in die Zwischenablage und von dort in die Zielanwendung übertragen. Der Datenaustausch über die Zwischenablage wird von allen Windows-Anwendungen unterstützt.

Es werden beim Datenaustausch über die Zwischenablage folgende Verfahren unterschieden:

- markierte Daten übertragen
- ganzen Bildschirminhalt übertragen
- Fensterinhalt übertragen

Markierte Daten übertragen

Markierte
Daten

Über die Zwischenablage können Sie *markierte Daten* austauschen (siehe Bild 20.29).

Sie übertragen markierte Daten mit den folgenden Schritten:

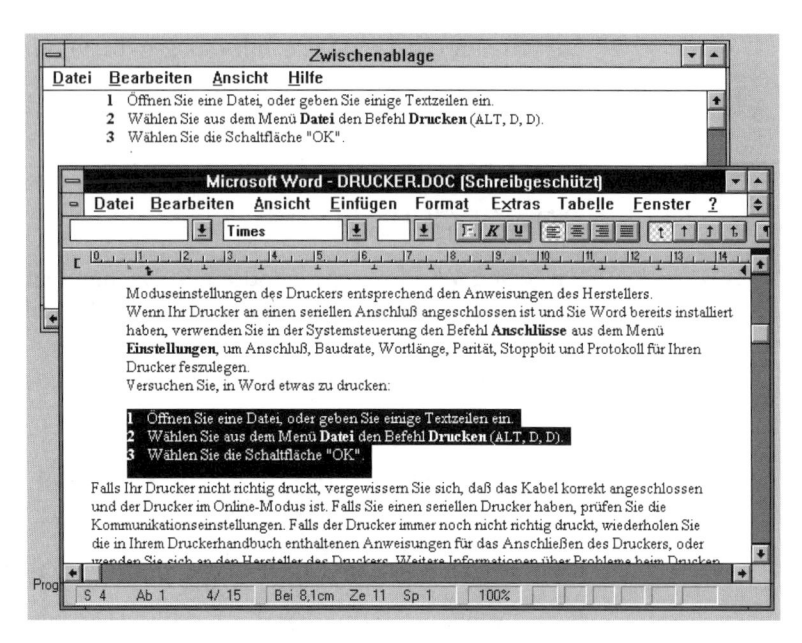

Bild 20.29: Markierte Daten in die Zwischenablage kopieren

1. Markieren Sie in der Quellanwendung die zu übertragenden Daten.

2. Wählen Sie in der Quellanwendung im Menü BEARBEITEN den Befehl KOPIEREN. Beim Kopieren bleiben die kopierten Daten in der Quellanwendung erhalten.

   Oder wählen Sie im Menü BEARBEITEN den Befehl AUSSCHNEIDEN. Beim Ausschneiden werden die ausgeschnittenen Daten in der Quellanwendung entfernt.

3. Positionieren Sie in der Zielanwendung an der gewünschten Einfügestelle.

4. Wählen Sie in der Zielanwendung im Menü BEARBEITEN den Befehl EINFÜGEN.

   Die Daten werden in der Zielanwendung eingefügt.

Daten austauschen zwischen Windows-Anwendungen 675

Ganzen Bildschirminhalt übertragen

Bildschirm Den ganzen *Bildschirminhalt* übertragen Sie mit den folgenden Schritten (siehe Bild 20.30):

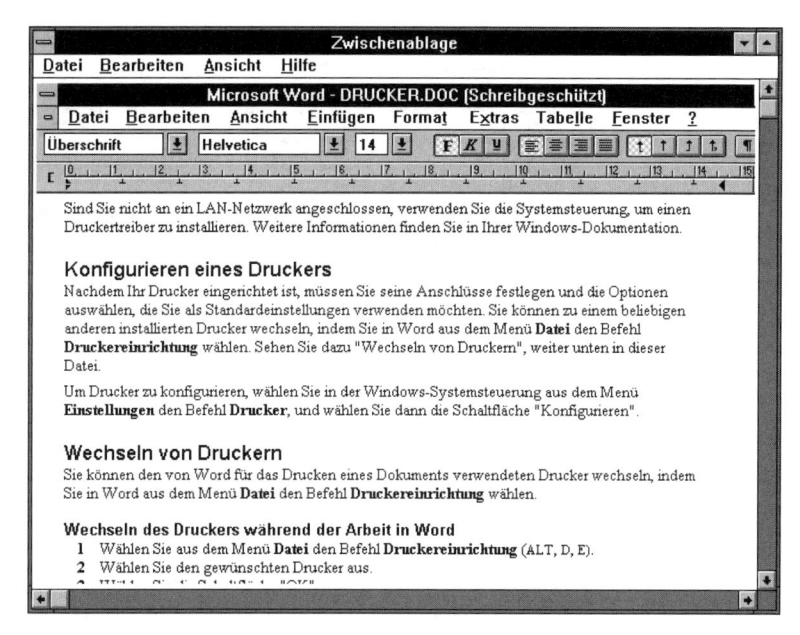

Bild 20.30: Bildschirminhalt in die Zwischenablage kopieren

1. Zeigen Sie die zu übertragenden Daten auf dem Bildschirm an.
2. Drücken Sie die DRUCK-Taste.

    Der gesamte Bildschirminhalt wird in die Zwischenablage übertragen.

3. Positionieren Sie in der Zielanwendung an der gewünschten Einfügestelle.
4. Wählen Sie in der Zielanwendung im Menü BEARBEITEN den Befehl EINFÜGEN.

    Die Daten werden in der Zielanwendung eingefügt.

Fensterinhalt übertragen

Fenster Den *Fensterinhalt* übertragen Sie in eine Zielanwendung mit den folgenden Schritten (siehe Bild 20.31):

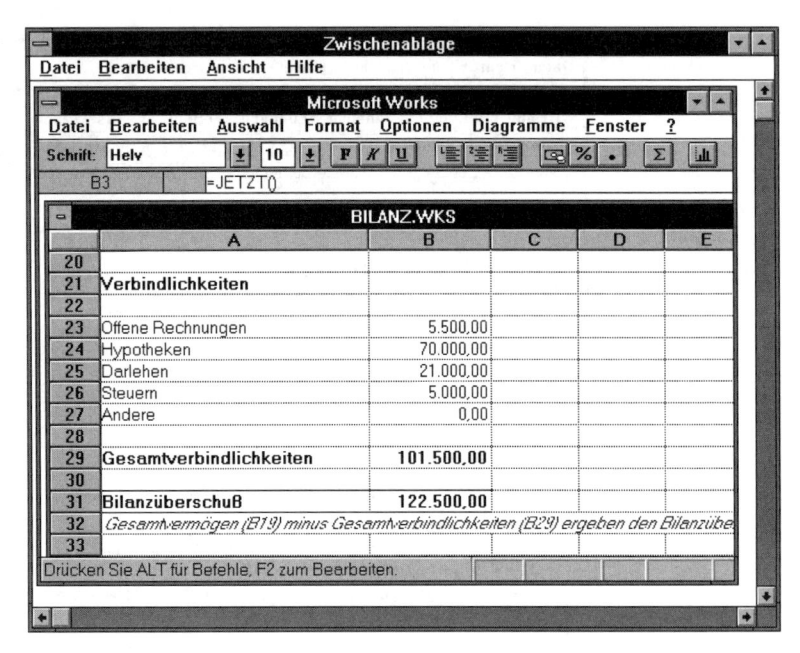

Bild 20.31: Fensterinhalt in die Zwischenablage kopieren

1. Zeigen Sie die zu übertragenden Daten in dem betreffenden Fenster an.

2. Drücken Sie die ALT+DRUCK-Taste.

   Der Fensterinhalt wird in die Zwischenablage übertragen.

3. Positionieren Sie in der Zielanwendung an der gewünschten Einfügestelle.

4. Wählen Sie in der Zielanwendung im Menü BEARBEITEN den Befehl EINFÜGEN.

   Die Daten werden in der Zielanwendung eingefügt.

Datenaustausch mit DDE

DDE Beim Datenaustausch mit *DDE* (dynamic data exchange) werden Daten zwischen Anwendungen dynamisch aktualisiert. Zwischen den am Datenaustausch beteiligten Anwendungen werden DDE-Nachrichten ausgetauscht.

Der Datenaustausch mit DDE ist nur bei Windows-Anwendungen möglich, die DDE unterstützen. Das Verfahren für den Datenaustausch mit DDE ist in der Begleitdokumentation der Anwendung beschrieben.

Datenaustausch mit OLE

OLE Beim Datenaustausch mit *OLE* (Object Linking and Embedding) werden Datenobjekte verknüpft oder eingebettet. Die Server-Anwendung ist das Anwendungsprogramm, das ein Datenobjekt einer Zielanwendung zur Verfügung stellt. Die Client-Anwendung kann Datenobjekte von Server-Anwendungen entgegennehmen und in ein Dokument einbetten oder mit ihm verknüpfen.

Der Datenaustausch mit *OLE* ist nur bei Windows-Anwendungen möglich, die OLE unterstützen. Eine Anwendung, die OLE unterstützt, ist häufig nur eine Server-Anwendung oder nur eine Client-Anwendung. Es gibt nur wenige Anwendungen, die gleichzeitig als Server-Anwendung und als Client-Anwendung eingesetzt werden können.

Bei den Windows-Anwendungen ist Paintbrush eine Server-Anwendung; Write ist eine Client-Anwendung. Ausführliche Beispiele zum Datenaustausch mit OLE finden Sie bei den Ausführungen zu den Windows-Anwendungen Write und Paintbrush.

Kapitel 21

Mit Nicht-Windows-Anwendungen
arbeiten

Nicht-Windows-Anwendungen wurden nicht für Windows erstellt und können daher die Leistungsmerkmale von Windows nicht nutzen. Dennoch können sie mit Einschränkungen unter Windows ausgeführt werden. Die Anforderungen von Nicht-Windows-Anwendungen und ihre Zusammenarbeit mit Windows können mit PIF-Dateien festgelegt werden.

Nicht-Windows-Anwendungen einrichten 681

Nicht-Windows-Anwendungen sind Anwendungsprogramme, die nicht für die Ausführung unter Windows entwickelt worden sind. Sie nutzen daher nicht die Leistungsmerkmale von Windows und die grafische Benutzeroberfläche.

21.1 Nicht-Windows-Anwendungen einrichten

Nicht-Windows-Anwendungen können mit den folgenden Verfahren eingerichtet werden:

- Einrichten mit dem SETUP-Programm
- Einrichten mit dem Programm-Manager

Einrichten mit dem SETUP-Programm

Setup Nach der Installation von Windows kann das SETUP-Programm von Windows zur Einrichtung von Nicht-Windows-Anwendungen verwendet werden.

Die Einrichtung einer *einzelnen Nicht-Windows-Anwendung* nehmen Sie mit dem SETUP-Programm von Windows mit den folgenden Schritten vor:

1. Starten Sie Windows-Setup, und wählen Sie im Menü OPTIONEN den Befehl ANWENDUNGSPROGRAMME EINRICHTEN (siehe Bild 21.1).

```
┌─────────────── Windows-Setup ───────────────┐
│ Optionen  Hilfe                             │
│   Anzeige:    VGA                           │
│   Tastatur:   Erweiterte 101-/102-Tasten-US oder andere │
│   Maus:       Microsoft oder IBM PS/2       │
│   Netzwerk:   Kein Netzwerk installiert     │
└─────────────────────────────────────────────┘
```

Bild 21.1: Fenster von Windows-Setup

Es wird ein Dialogfeld angezeigt (siehe Bild 21.2).

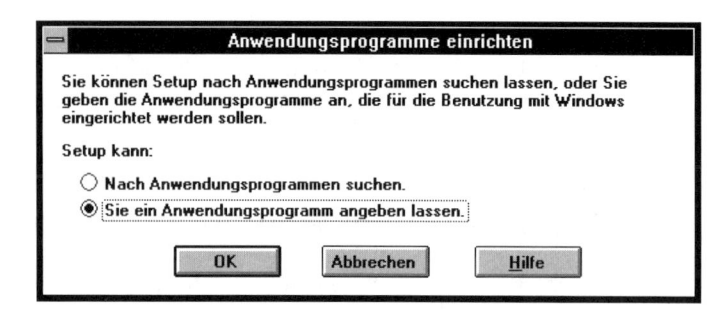

Bild 21.2: Dialogfenster Anwendungsprogramme einrichten

2. Wählen Sie die Option SIE EIN ANWENDUNGSPROGRAMM ANGEBEN LASSEN.

3. Wählen Sie OK.

   Es wird ein Dialogfeld angezeigt (siehe Bild 21.3).

4. Geben Sie den Pfad und den Dateinamen des Anwendungsprogramms ein.

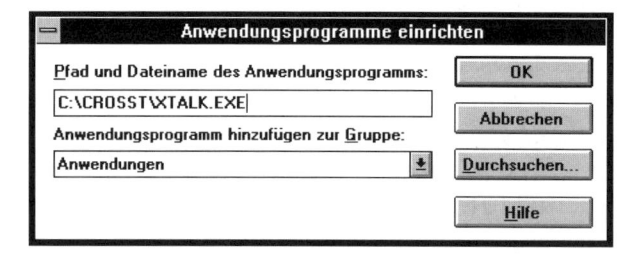

Bild 21.3: Eine Nicht-Windows-Anwendung einrichten

Oder drücken Sie die Schaltfläche DURCHSUCHEN. Markieren Sie den gesuchten Dateinamen.

5. Markieren Sie eine Programmgruppe, die die neue Anwendung aufnehmen soll.

   Die Anwendung wird der Gruppe ANWENDUNGEN hinzugefügt, wenn keine Programmgruppe gewählt wird.

6. Wählen Sie OK.

Das SETUP-Programm sucht für jede einzurichtende Nicht-Windows-Anwendung nach einer PIF-Datei.

Wenn eine PIF-Datei gefunden wird, werden die PIF-Datei und die Anwendungsdatei gemeinsam eingerichtet. Es wird ein Dialogfeld angezeigt, in dem Sie wählen können, ob die vorhandene PIF-Datei verwendet, ersetzt oder eine neue PIF-Datei erstellt werden soll (siehe Bild 21.4).

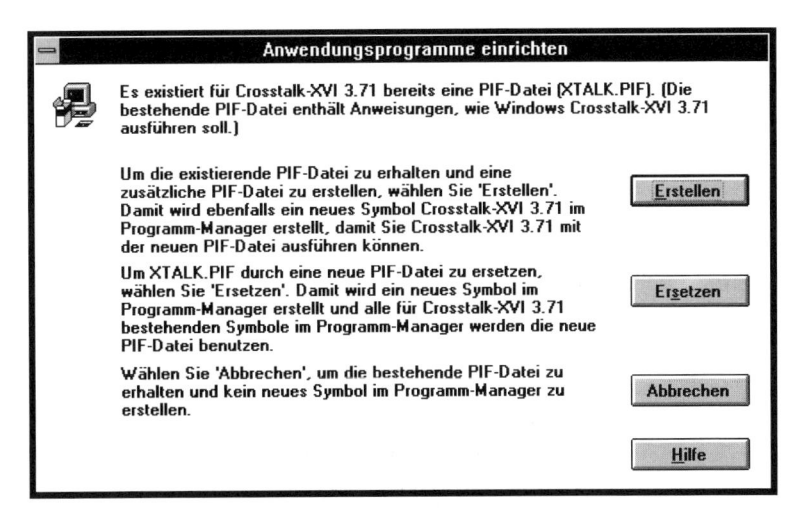

Bild 21.4: Dialogfeld für PIF-Datei übernehmen

Wenn keine PIF-Datei gefunden wird, muß eine neue PIF-Datei erstellt werden. In einem Dialogfeld werden Sie gefragt, ob die angegebenen Informationen für die neue PIF-Datei verwendet werden sollen. Wenn keine Informationen verfügbar sind, verwendet Windows die voreingestellten Informationen der Datei _DEFAULT.PIF.

Die Einrichtung *mehrerer Nicht-Windows-Anwendungen* nehmen Sie mit dem SETUP-Programm von Windows mit den folgenden Schritten vor:

1. Wählen Sie im Menü OPTIONEN den Befehl ANWENDUNGSPROGRAMME EINRICHTEN.

Es wird ein Dialogfeld angezeigt.

2. Wählen Sie die Option NACH ANWENDUNGSPROGRAMMEN SUCHEN (siehe Bild 21.5).

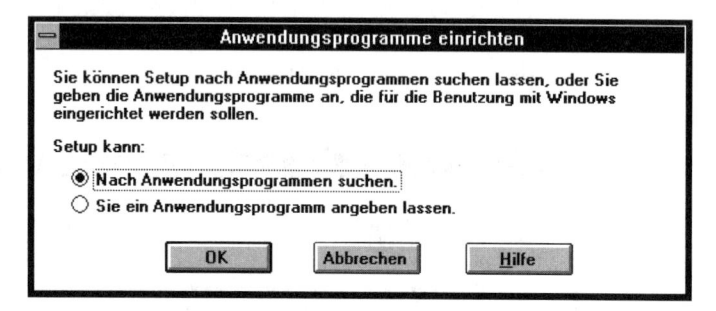

Bild 21.5: Nach Anwendungsprogrammen suchen

3. Wählen Sie OK.

Es wird ein Dialogfeld angezeigt (siehe Bild 21.6).

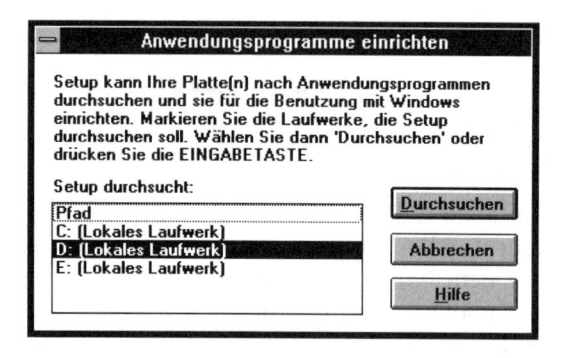

Bild 21.6: Suchbereich bestimmen

Sie können festlegen, ob alle Laufwerke, ein Laufwerk oder der aktuelle Verzeichnispfad nach Anwendungen durchsucht werden sollen.

4. Markieren Sie die zutreffenden Suchoptionen.

Nicht-Windows-Anwendungen einrichten 685

Oder wählen Sie die Optionen mit den Tasten NACH-OBEN oder NACH-UNTEN oder mit der LEER-Taste aus.

5. Wählen Sie die Option DURCHSUCHEN.

   Das SETUP-Programm führt die Suche im ausgewählten Suchbereich durch.

   Das Ergebnis der Suche wird im Feld FOLGENDE ANWENDUNGEN WURDEN AUF DER/DEN PLATTE(N) GEFUNDEN angezeigt.

   Wenn Sie eine gefundene Anwendung markieren, wird der Pfadname der Anwendung links unten angezeigt (siehe Bild 21.7).

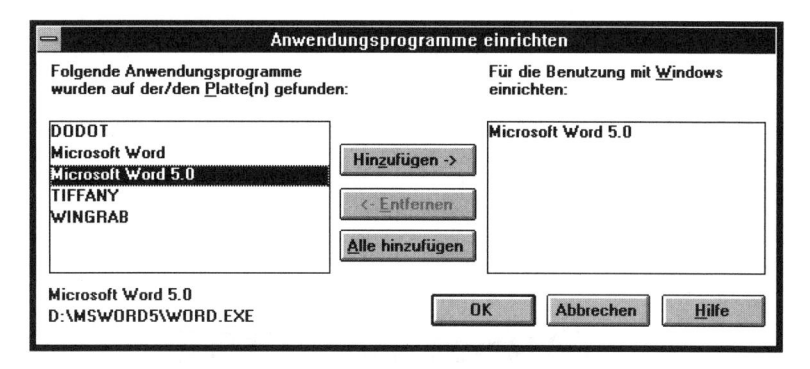

Bild 21.7: Anwendungen hinzufügen

6. Klicken Sie im Listenfeld auf die hinzuzufügenden Anwendungen.

   Oder suchen Sie eine hinzuzufügende Anwendung mit den RICHTUNG-Tasten auf. Markieren Sie die Anwendung mit der LEER-Taste. Es können mehrere Anwendungen markiert werden.

7. Klicken Sie auf die Schaltfläche HINZUFÜGEN. Oder drücken Sie die Tastenkombination ALT+H.

   Oder klicken Sie auf die Schaltfläche ALLE HINZUFÜGEN. Oder drücken Sie die Tastenkombination ALT+A.

8. Wenn Sie das Hinzufügen einer Anwendung in das Listenfeld rückgängig machen wollen, klicken Sie auf die Schaltfläche ENTFERNEN.

   Oder markieren Sie die zu entfernende Anwendung, und geben Sie ALT+E ein.

9. Wählen Sie OK.

Einrichten mit dem Programm-Manager

Programm-Manager Eine Nicht-Windows-Anwendung kann auch mit dem *Programm-Manager* eingerichtet werden.

Für die Einrichtung einer Nicht-Windows-Anwendung mit dem Programm-Manager verwenden Sie die folgenden Schritte:

1. Wählen Sie im Menü DATEI den Befehl NEU.

   Es wird das Dialogfeld NEUES PROGRAMMOBJEKT angezeigt (siehe Bild 21.8).

2. Wählen Sie die Option PROGRAMM.

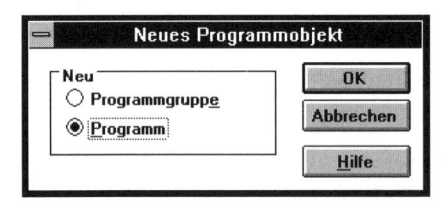

Bild 21.8: Dialogfeld Neues Programmobjekt

3. Wählen Sie OK.

   Es wird das Dialogfeld PROGRAMMEIGENSCHAFTEN angezeigt (siehe Bild 21.9).

4. Geben Sie im Feld BESCHREIBUNG eine Symbolbezeichnung ein.

Nicht-Windows-Anwendungen einrichten 687

Bild 21.9: Dialogfeld Programmeigenschaften

5. Tragen Sie im Feld BEFEHLSZEILE für die Anwendung den Pfad und den Dateinamen ein.

   Optional können Sie ein Arbeitsverzeichnis angeben.

   Die Anwendung kann optional als Symbol gestartet werden.

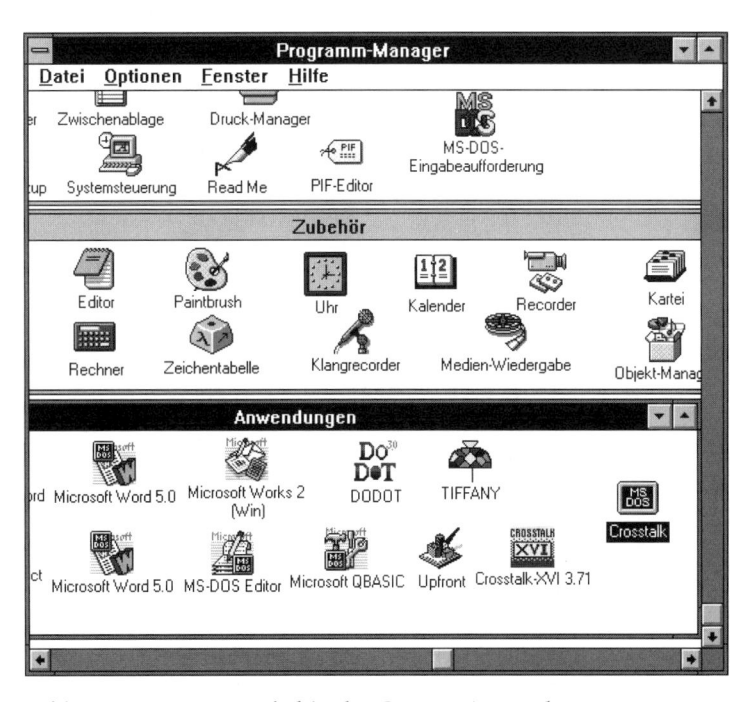

Bild 21.10: Neues Symbol in der Gruppe Anwendungen

6. Wählen Sie OK (siehe Bild 21.10).

Der Programm-Manager sucht für die einzurichtende Nicht-Windows-Anwendung nach einer PIF-Datei.

Wenn eine PIF-Datei gefunden wird, werden die PIF-Datei und die Anwendungsdatei gemeinsam eingerichtet. Es wird ein Dialogfeld angezeigt, in dem Sie wählen können, ob die vorhandene PIF-Datei verwendet, ersetzt oder eine neue PIF-Datei erstellt werden soll.

Wenn keine PIF-Datei gefunden wird, muß eine neue PIF-Datei erstellt werden. In einem Dialogfeld werden Sie gefragt, ob die angegebenen Informationen für die neue PIF-Datei verwendet werden sollen. Wenn keine Informationen verfügbar sind, verwendet Windows die voreingestellten Informationen der Datei _DEFAULT.PIF.

21.2 Mit PIF-Dateien arbeiten

PIF-Dateien dienen der Anpassung einer Nicht-Windows-Anwendung an die Ausführung unter Windows. Mit einer PIF-Datei werden die Ressourcen-Anforderungen und die Art der Ausführung festgelegt.

Beim Arbeiten mit PIF-Dateien für die Ausführung von Nicht-Windows-Anwendungen wird unterschieden:

- mitgelieferte PIF-Datei verwenden
- PIF-Datei mit dem PIF-Editor erstellen oder ändern
- mehrere PIF-Dateien einsetzen
- Standard-PIF-Datei verwenden

Mitgelieferte PIF-Datei verwenden

Häufig wird vom Programmhersteller für eine Nicht-Windows-Anwendung eine PIF-Datei mitgeliefert, mit der die Anwendung unter Windows ausgeführt werden kann.

Die vom Hersteller mitgelieferte PIF-Datei nutzt die Möglichkeiten der Programmausführung unter Windows weitgehend aus. Wenn zu einer Nicht-Windows-Anwendung mehrere PIF-Dateien verfügbar sind, sollte daher stets auf die PIF-Datei des Programmherstellers zurückgegriffen werden.

PIF-Datei   Sie *verwenden* eine mitgelieferte *PIF-Datei* mit den folgenden Schritten:

1. Verwenden Sie die PIF-Datei des Programmherstellers.
2. Kopieren Sie die PIF-Datei in das Verzeichnis, in dem die Dateien der Anwendung gespeichert sind.

   Oder kopieren Sie die PIF-Datei in das Windows-Verzeichnis.
3. Erstellen Sie ein Anwendungssymbol, damit die Anwendung mit der PIF-Datei gestartet werden kann.

PIF-Datei mit dem PIF-Editor erstellen oder ändern

PIF-Editor   Wenn eine Anwendung bei der Ausführung nicht korrekt arbeitet, können Sie die Ressourcenanforderungen und die Bedingungen für die Ausführung mit dem *PIF-Editor* verändern.

Sie *erstellen* oder *ändern* eine PIF-Datei mit dem PIF-Editor mit den folgenden Schritten:

1. Wählen Sie in der Hauptgruppe das Anwendungssymbol PIF-Editor.

   Im *Standard-Modus* zeigt der PIF-Editor das folgende Editor-Fenster an (siehe Bild 21.11).

   Im *erweiterten Modus von 386-PCs* zeigt der PIF-Editor das Editor-Fenster in Bild 21.12 an.

   Beachten Sie, daß die Einstellungen vom jeweiligen Betriebsmodus Standard-Modus oder erweiterter Modus von 386-PCs abhängen.
2. Wählen Sie im Menü DATEI den Befehl ÖFFNEN.

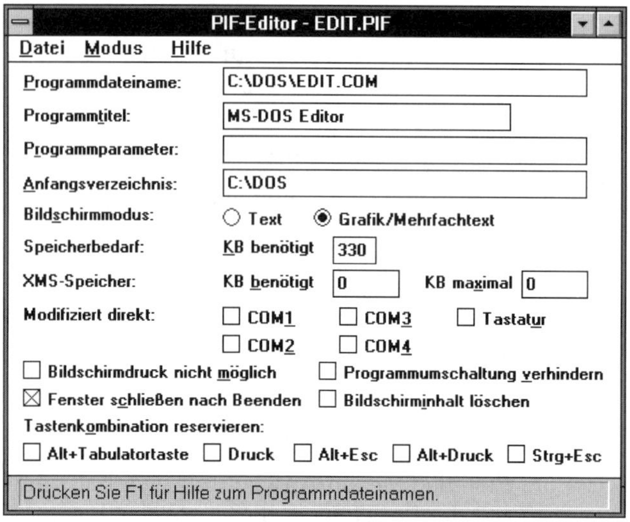

Bild 21.11: Der PIF-Editor im Standard-Modus

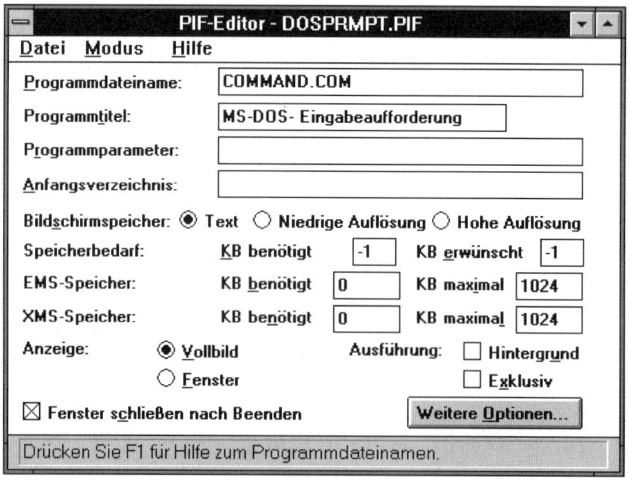

Bild 21.12: Der PIF-Editor im erweiterten Modus von 386-PCs

Es wird das Dialogfeld DATEI ÖFFNEN angezeigt.

Mit PIF-Dateien arbeiten

Oder erstellen Sie eine neue PIF-Datei mit dem Befehl NEU.

3. Geben Sie den Namen der PIF-Datei im Feld DATEINAMEN ein.

   Oder wählen Sie einen Dateinamen aus der Liste.

4. Wählen Sie OK.

   Oder drücken Sie die EINGABE-Taste.

5. Wählen Sie die gewünschten Optionen aus, und geben Sie geeignete Werte an.

6. Speichern Sie die PIF-Datei mit dem Befehl SPEICHERN im Menü DATEI.

   Oder speichern Sie die PIF-Datei mit dem Befehl SPEICHERN UNTER im Menü DATEI.

Im PIF-Editor erhalten Sie mit der Taste F1 weiterführende Hilfeinformationen.

Das Arbeiten mit dem PIF-Editor wird in einem eigenen Kapitel zum PIF-Editor ausführlich beschrieben.

Mehrere PIF-Dateien einsetzen

Wenn Sie unter Windows eine Nicht-Windows-Anwendung ausführen, sind Sie nicht auf eine einzige PIF-Datei beschränkt.

Für die Ausführung einer Nicht-Windows-Anwendung unter verschiedenen Bedingungen kann das Arbeiten mit mehreren PIF-Dateien vorteilhaft sein. Dies ist insbesondere dann der Fall, wenn unterschiedliche Ressourcenanforderungen vorliegen.

Beispielsweise bestehen bei einer Aufgabenstellung höhere Anforderungen an den EMS-Speicher, während bei einer anderen Anwendungsaufgabe nur wenig EMS-Speicher benötigt wird. Im letzten Fall können Sie mit einer gesonderten PIF-Datei dafür sorgen, daß der nicht angeforderte EMS-Speicher anderen unter Windows ausgeführten Programmen zur Verfügung steht.

Mehrere   Zur Einrichtung von *mehreren PIF-Dateien* für die Ausführung
Dateien   einer Nicht-Windows-Anwendung gehen Sie wie folgt vor:

1. Wählen Sie in der Hauptgruppe das Anwendungssymbol PIF-Editor.
2. Wählen Sie im Menü DATEI den Befehl ÖFFNEN.

   Es wird das Dialogfeld DATEI ÖFFNEN angezeigt.

   Oder erstellen Sie eine neue PIF-Datei mit dem Befehl NEU.
3. Geben Sie den Namen der PIF-Datei im Feld DATEINAMEN ein.

   Oder wählen Sie einen Dateinamen aus der Liste.
4. Wählen Sie OK.

   Oder drücken Sie die EINGABE-Taste.
5. Wählen Sie für die erste PIF-Datei die gewünschten Optionen aus, und geben Sie geeignete Werte an.
6. Speichern Sie die erste PIF-Datei mit dem Befehl SPEICHERN im Menü DATEI.

   Oder speichern Sie die PIF-Datei mit dem Befehl SPEICHERN UNTER im Menü DATEI.
7. Wiederholen Sie die Schritte 1 bis 6 für jede weitere gewünschte PIF-Datei für die gleiche Anwendung.
8. Erstellen Sie im Programm-Manager für jede PIF-Datei ein eigenes Anwendungssymbol.

   Da die Anwendung mit der jeweiligen PIF-Datei gestartet werden soll, muß in der Befehlszeile der Name der PIF-Datei und nicht der der Anwendung eingetragen werden.
9. Starten Sie die Anwendung durch Auswahl des jeweiligen Anwendungssymbols.

   Je nach Anwendungssymbol wird für den Start der Anwendung eine andere PIF-Datei verwendet.

Standard-PIF-Datei verwenden

Standard-
PIF-Datei
Wenn für eine Nicht-Windows-Anwendung keine PIF-Datei zur Verfügung steht, kann Windows bei Bedarf auf die *Standard-PIF-Datei* _DEFAULT.PIF zurückgreifen (siehe Bild 21.13).

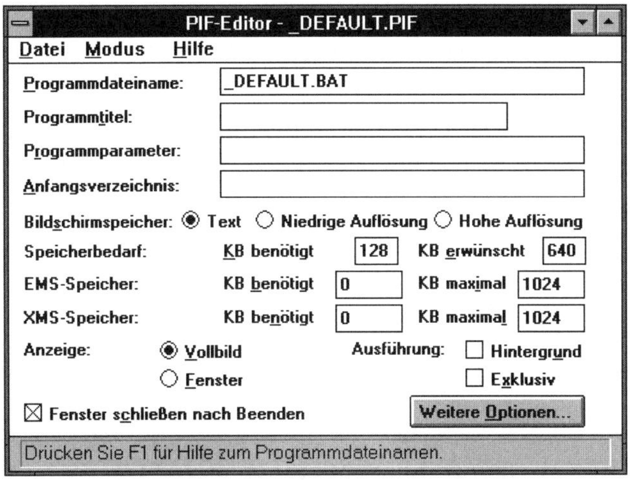

Bild 21.13: Einstellungen der Datei _DEFAULT.PIF

Die PIF-Datei _DEFAULT.PIF enthält Einstellungen, die die Ausführung der meisten Nicht-Windows-Anwendungen unter Windows ermöglicht.

Da Windows die Standard-PIF-Datei _DEFAULT.PIF auch für andere Anwendungen verwendet, für die keine PIF-Datei verfügbar ist, sollte diese PIF-Datei nicht geändert werden. Sie können die Einstellungen der Datei jedoch als Vorlage zur Erstellung einer eigenen PIF-Datei nehmen.

Sie erstellen eine PIF-Datei für eine Nicht-Windows-Anwendung mit Hilfe der Einstellungen der Datei _DEFAULT.PIF mit den folgenden Schritten:

1. Wählen Sie in der Hauptgruppe das Anwendungssymbol PIF-Editor.

2. Wählen Sie im Menü DATEI den Befehl ÖFFNEN.

   Es wird das Dialogfeld DATEI ÖFFNEN angezeigt.

3. Wählen Sie den Namen _DEFAULT.PIF aus.

4. Wählen Sie OK.

   Oder drücken Sie die EINGABE-Taste.

5. Wählen Sie die gewünschten Optionen aus, und geben Sie geeignete Werte an.

6. Speichern Sie die veränderte PIF-Datei unter einem anderen Namen mit dem Befehl SPEICHERN UNTER im Menü DATEI.

21.3 Nicht-Windows-Anwendungen starten und ausführen

Starten   Eine *Nicht-Windows-Anwendung* können Sie unter Windows wie folgt *starten*:

- Starten mit dem Programm-Manager
- Starten mit dem Datei-Manager
- Starten im DOS-Fenster

Modus   Je nach *Betriebsmodus* kann eine Nicht-Windows-Anwendung unter Windows wie folgt ausgeführt werden:

- Ausführung im Standard-Modus
- Ausführung im erweiterten Modus von 386-PCs

386-PCs   Im *erweiterten Modus von 386-PCs* sind für Nicht-Windows-Anwendungen folgende Optionen für die Ausführung verfügbar:

- Ausführung im Fenster
- Ausführung im Hintergrund
- Zugriff auf Ressourcen festlegen

❏ Gerätekonkurrenz bestimmen
❏ Ausführungsoptionen festlegen
❏ Schriftgröße ändern

Nicht-Windows-Anwendungen starten

Sie können eine Nicht-Windows-Anwendung unter Windows mit verschiedenen Verfahren starten:

❏ Starten mit dem Programm-Manager
❏ Starten mit dem Datei-Manager
❏ Starten im DOS-Fenster

Starten mit dem Programm-Manager

Programm-Manager Eine Nicht-Windows-Anwendung kann im *Programm-Manager* über ihr Anwendungssymbol gestartet werden (siehe Bild 21.14).

Wenn für eine Nicht-Windows-Anwendung mehrere PIF-Dateien vorhanden sind, erfolgt der Start mit dem jeweiligen Anwendungssymbol.

Ist die Nicht-Windows-Anwendung in keiner Gruppe des Programm-Managers eingetragen, muß der Eintrag nachgeholt werden oder der Start mit dem Befehl AUSFÜHREN erfolgen.

Eintragen Sie tragen die PIF-Datei einer Nicht-Windows-Anwendung mit den folgenden Schritten in eine Gruppe des Programm-Managers ein:

1. Wechseln Sie im Programm-Manager zu der Gruppe, in der die Nicht-Windows-Anwendung eingetragen werden soll.
2. Wählen Sie im Menü DATEI den Befehl NEU.
   Es wird das Dialogfeld NEUES PROGRAMMOBJEKT angezeigt.
3. Wählen Sie PROGRAMM.

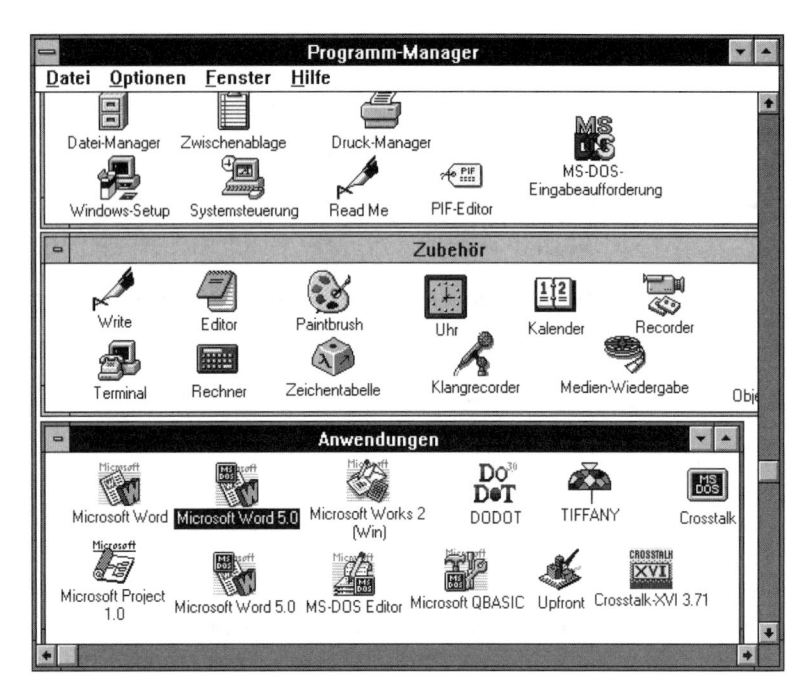

Bild 21.14: Anwendungssymbol einer Nicht-Windows-Anwendung

4. Wählen Sie OK.

   Es wird das Dialogfeld PROGRAMMEIGENSCHAFTEN angezeigt.

5. Tragen Sie eine Beschreibung des Programms in das Textfeld BESCHREIBUNG ein. Sie wird unter dem Symbol angezeigt.

Bild 21.15: Namen der PIF-Datei eintragen

Nicht-Windows-Anwendungen starten und ausführen 697

6. Tragen Sie in das Textfeld BEFEHLSZEILE den Namen der PIF-Datei der Nicht-Windows-Anwendung ein (siehe Bild 21.15).

7. Wählen Sie OK.

   Das Symbol der Nicht-Windows-Anwendung wird in die Gruppe des Programm-Managers eingefügt (siehe Bild 21.16).

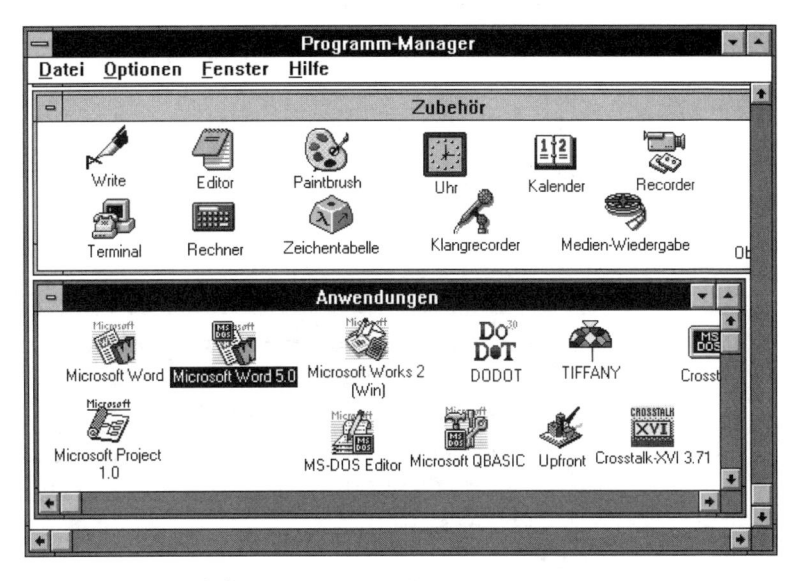

Bild 21.16: Symbol im Programm-Manager

Mit Symbol starten

Sie *starten* eine Nicht-Windows-Anwendung mit ihrem *Anwendungssymbol* in einer Gruppe des Programm-Managers mit den folgenden Schritten (siehe Bild 21.17):

1. Wechseln Sie zu der Gruppe im Programm-Manager, in der das Symbol eingetragen ist.

2. Doppelklicken Sie auf das Anwendungssymbol.

   Oder markieren Sie das Symbol mit den RICHTUNG-Tasten, und drücken Sie die EINGABE-Taste.

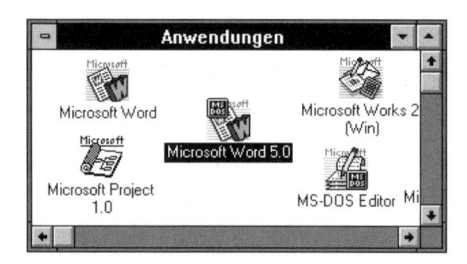

Bild 21.17: Mit dem Programm-Manager starten

Die Nicht-Windows-Anwendung wird gestartet und ausgeführt.

Mit Befehl starten Eine Nicht-Windows-Anwendung starten Sie mit dem Befehl AUSFÜHREN wie folgt (siehe Bild 21.18):

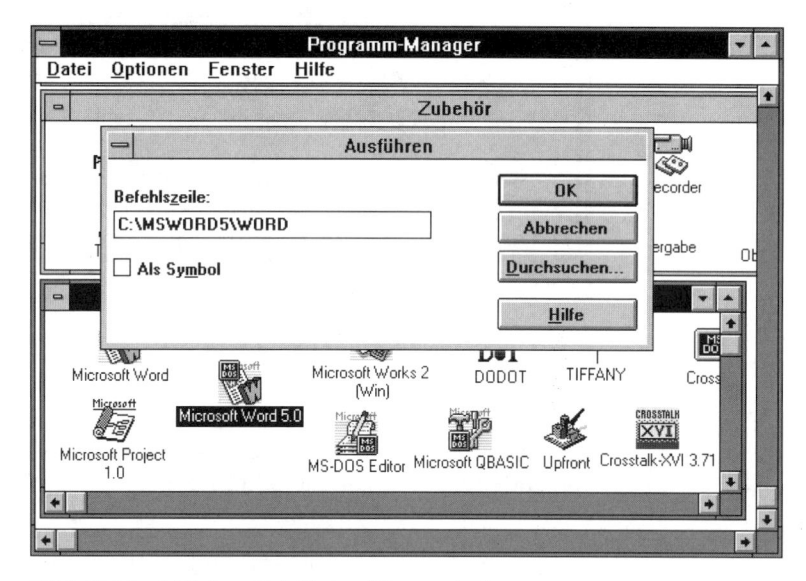

Bild 21.18: Mit dem Befehl Ausführen starten

1. Wählen Sie beim Programm-Manager im Menü DATEI den Befehl AUSFÜHREN.

2. Tragen Sie in das Feld BEFEHLSZEILE den Namen der Nicht-Windows-Anwendung oder der PIF-Datei ein.

3. Wählen Sie OK.

Starten mit dem Datei-Manager

Datei-Manager Eine Nicht-Windows-Anwendung starten Sie vom *Datei-Manager* aus wie folgt:

1. Klicken Sie im Programm-Manager in der Hauptgruppe auf das Symbol des Datei-Managers.

   Der Datei-Manager wird gestartet.

2. Doppelklicken Sie im Verzeichnisfenster des Datei-Managers auf den Namen der Nicht-Windows-Anwendung oder der PIF-Datei (siehe Bild 21.19).

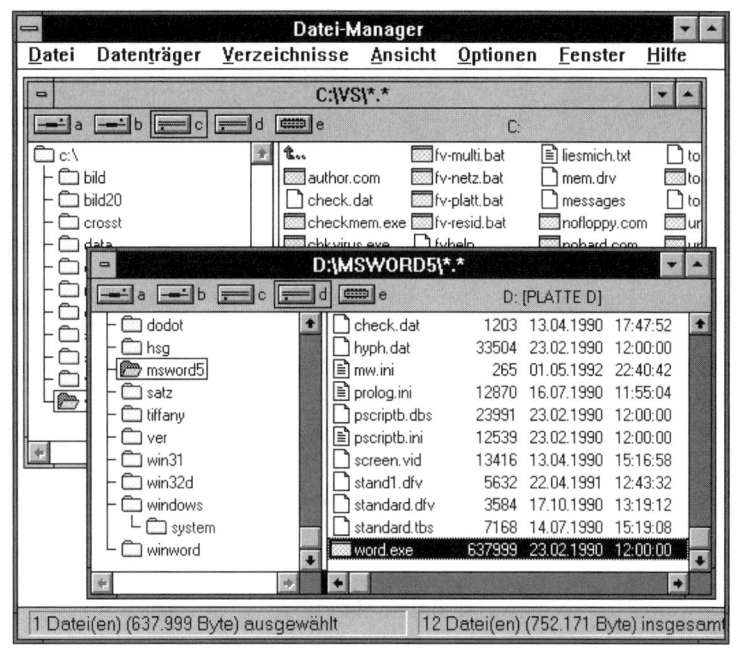

Bild 21.19: Mit dem Datei-Manager starten

Oder markieren Sie den Namen mit den RICHTUNG-Tasten, und drücken Sie die EINGABE-Taste.

Die Nicht-Windows-Anwendung wird gestartet und ausgeführt.

Starten im DOS-Fenster

DOS-Fenster Nicht-Windows-Anwendungen und DOS-Befehle können im *DOS-Fenster* von Windows ausgeführt werden.

Wenn Sie DOS-Befehle verwenden wollen, ist das DOS-Fenster besonders vorteilhaft, da Sie zur Ausführung Windows nicht erst verlassen und zur Betriebssystemebene DOS zurückkehren müssen.

Wenn Sie im DOS-Fenster von der DOS-Eingabeaufforderung aus eine Nicht-Windows-Anwendung starten, wird nicht die PIF-Datei der Anwendung, sondern die Datei DOSPRMPT.PIF verwendet.

Beim Arbeiten mit dem DOS-Fenster werden die folgenden Teilaufgaben unterschieden:

- DOS-Fenster aufrufen
- DOS-Befehl oder Nicht-Windows-Anwendung starten
- DOS-Fenster schließen

Aufrufen Das DOS-Fenster rufen Sie unter Windows mit den folgenden Schritten auf:

1. Wechseln Sie zum Programm-Manager.
2. Wählen Sie im Programm-Manager die Hauptgruppe aus.
3. Doppelklicken Sie auf das Symbol MS-DOS-Eingabeaufforderung (siehe Bild 21.20).

Oder markieren Sie das Symbol mit den RICHTUNG-Tasten, und drücken Sie die EINGABE-Taste.

Nicht-Windows-Anwendungen starten und ausführen 701

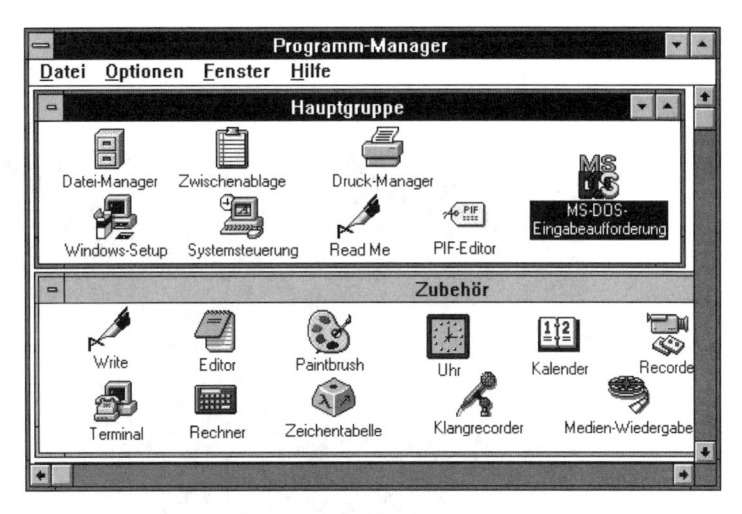

Bild 21.20: Das DOS-Fenster aufrufen

Das DOS-Fenster wird gestartet und ausgeführt; beim Aufruf werden Hilfeinformationen angezeigt (siehe Bild 21.21).

Bild 21.21: Hilfeinformationen beim Aufruf

Starten   Wenn das DOS-Fenster angezeigt wird, können Nicht-Windows-Anwendungen und DOS-Befehle aufgerufen werden.

1. Geben Sie den Namen der Nicht-Windows-Anwendung oder den Namen des DOS-Befehls ein.

2. Drücken Sie zur Ausführung die EINGABE-Taste (siehe Bild 21.22).

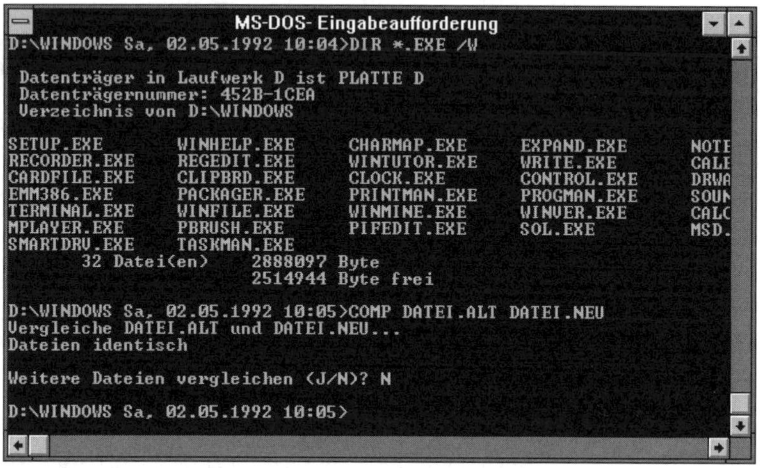

Bild 21.22: DOS-Befehl im DOS-Fenster ausführen

Führen Sie keine DOS-Befehle oder DOS-Programme aus, die nicht mit Windows zusammenarbeiten.

Beispielsweise dürfen Sie im DOS-Fenster unter Windows nicht den Befehl

```
CHKDSK /F
```

ausführen, da die Datenträgerverwaltung durch Windows und nicht durch DOS erfolgt.

Starten Sie unter Windows auch keine Programme, die nicht mit *Windows verträglich* sind, und an Windows vorbei den Datenträger verändern. Hierzu gehören insbesondere Dienstprogramme zur Optimierung und Komprimierung von Disketten oder Festplatten. Wenn Sie solche Programme ausführen wollen, verlassen Sie Windows und starten die Programme auf der Betriebssystemebene DOS.

Nicht-Windows-Anwendungen starten und ausführen 703

Fenster   Wenn Sie Windows im erweiterten Modus von 386-PCs ausführen, kann das DOS-Fenster nicht nur als Vollbild sondern auch in einem *Fenster* ausgeführt werden.

❒ Drücken Sie die Tastenkombination ALT+EINGABE-Taste.

Die DOS-Eingabeaufforderung wird in einem Fenster angezeigt.

Wenn die DOS-Eingabeaufforderung in einem Fenster ausgeführt wird, kann das Systemmenü verwendet werden (siehe Bild 21.23).

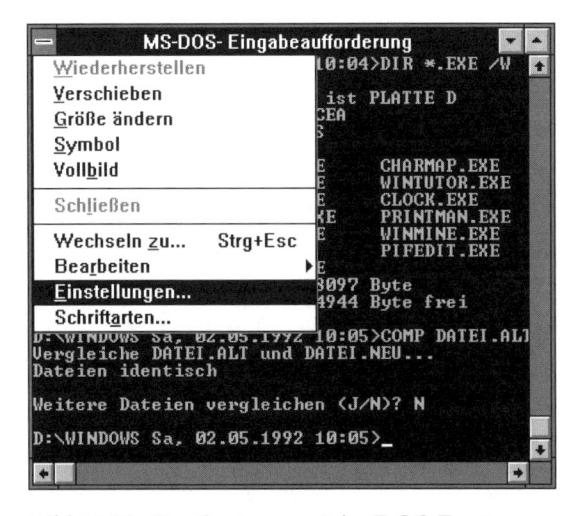

Bild 21.23 Das Systemmenü im DOS-Fenster

Wenn die DOS-Eingabeaufforderung stets in einem Fenster ausgeführt werden soll, ändern Sie mit dem PIF-Editor die Datei DOSPRMPT.PIF (siehe Bild 21.24).

Sie ändern die Datei DOSPRMPT.PIF mit den folgenden Schritten:

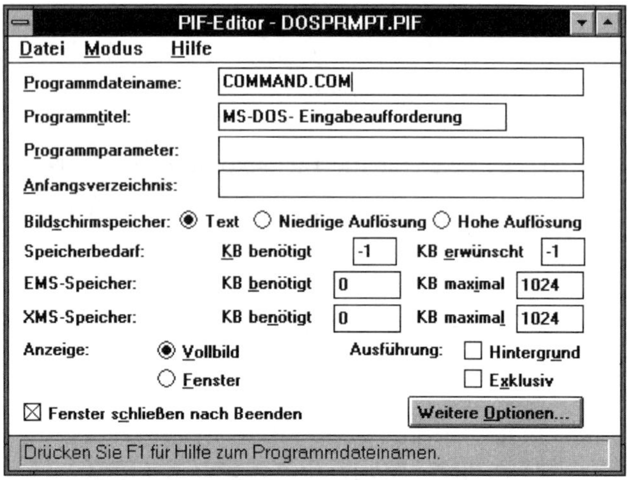

Bild 21.24: Einstellungen der Datei DOSPRMPT.PIF

1. Rufen Sie den PIF-Editor auf.
2. Laden Sie die Datei DOSPRMPT.PIF.
3. Wählen Sie die Anzeigeoption FENSTER.
4. Speichern Sie die PIF-Datei.

Wechseln Sie wechseln folgendermaßen von der *Fensteranzeige* zur *Vollbildanzeige*:

❐ Drücken Sie die Tastenkombination ALT+EINGABE-Taste.

Schließen Das DOS-Fenster *schließen* Sie wie folgt (siehe Bild 21.25):

1. Geben Sie bei der DOS-Eingabeaufforderung `exit` ein.
2. Drücken Sie die EINGABE-Taste.

```
          MS-DOS- Eingabeaufforderung
MPLAYER.EXE    PBRUSH.EXE       PIFEDIT.EXE
SMARTDRV.EXE   TASKMAN.EXE
       32 Datei(en)    2888097 Byte
                       2514944 Byte frei

D:\WINDOWS Sa, 02.05.1992 10:05>COMP DATEI.ALT
Vergleiche DATEI.ALT und DATEI.NEU...
Dateien identisch

Weitere Dateien vergleichen (J/N)? N

D:\WINDOWS Sa, 02.05.1992 10:05>EXIT_
```

Bild 21.25: DOS-Fenster schließen

Nicht-Windows-Anwendungen ausführen

Eine Nicht-Windows-Anwendung kann unter Windows wie folgt ausgeführt werden:

- Ausführung im Standard-Modus
- Ausführung im erweiterten Modus von 386-PCs

Standard-Modus

Wenn Sie mit einem 286-PC arbeiten, wird Windows im *Standard-Modus* ausgeführt.

Bei einem 386-PC oder höher wird Windows im erweiterten Modus von 386-PCs ausgeführt. Sie können mit Windows im Standard-Modus arbeiten, wenn Sie Windows aufrufen mit:

```
WIN /S
```

Bei einem 286-PC kann Windows nur im Standard-Modus ausgeführt werden. Der erweiterte Modus von 386-PCs ist nicht verfügbar.

Erweiterter Modus

Bei einem 386-PC oder höher wird Windows im *erweiterten Modus von 386-PCs* ausgeführt.

Wenn auf Ihrem 386-PC bei weniger als 2 Mbyte Arbeitsspeicher Windows im Standard-Modus ausgeführt wird, können Sie Windows im erweiterten Modus von 386-PCs aufrufen mit:

WIN /3

In diesem Fall muß der Computer wenigstens über 1 Mbyte Arbeitsspeicher verfügen.

Optionen im erweiterten Modus von 386-PCs

Optionen Im *erweiterten Modus von 386-PCs* sind für Nicht-Windows-Anwendungen folgende *Optionen* für die Ausführung verfügbar:

- Ausführung im Fenster
- Ausführung im Hintergrund
- Zugriff auf Ressourcen festlegen
- Gerätekonkurrenz bestimmen
- Einstellungen während der Ausführung ändern
- Schriftgröße ändern

Ausführung im Fenster

Sie können die meisten Nicht-Windows-Anwendungen im Fenster ausführen, wenn Windows im erweiterten Modus von 386-PCs ausgeführt wird.

Modus Den *Betriebsmodus* von Windows erfahren Sie folgendermaßen:

- Wählen Sie im Programm-Manager im Menü HILFE den Befehl INFO.

    Es wird ein Dialogfeld angezeigt, aus dem der Betriebsmodus und der Ressourcenverbrauch hervorgehen (siehe Bild 21.26).

Sie wechseln bei einer Nicht-Windows-Anwendung zwischen der Vollbildanzeige und der Fensteranzeige wie folgt:

- Drücken Sie die Tastenkombination ALT+EINGABE-Taste.

    Die Nicht-Windows-Anwendung wird in einem Fenster angezeigt, wenn sie zuvor als Vollbild angezeigt war.

Nicht-Windows-Anwendungen starten und ausführen

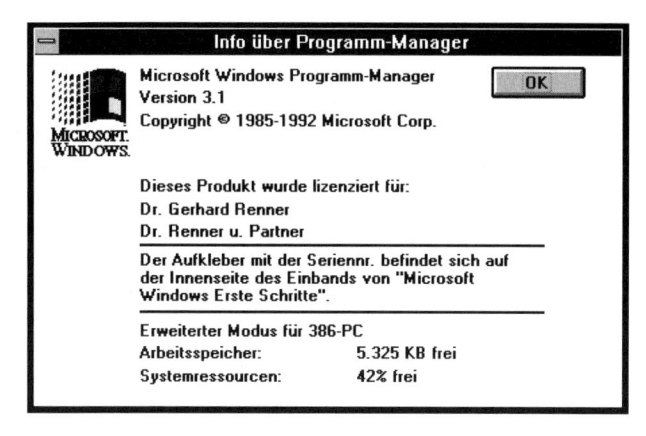

```
┌─────────────────────────────────────────────────┐
│            Info über Programm-Manager           │
├─────────────────────────────────────────────────┤
│     Microsoft Windows Programm-Manager   ┌────┐ │
│     Version 3.1                          │ OK │ │
│ MICROSOFT  Copyright © 1985-1992 Microsoft Corp.└────┘│
│ WINDOWS.                                        │
│                                                 │
│     Dieses Produkt wurde lizenziert für:        │
│     Dr. Gerhard Renner                          │
│     Dr. Renner u. Partner                       │
│                                                 │
│     Der Aufkleber mit der Seriennr. befindet sich auf│
│     der Innenseite des Einbands von "Microsoft  │
│     Windows Erste Schritte".                    │
│                                                 │
│     Erweiterter Modus für 386-PC                │
│     Arbeitsspeicher:        5.325 KB frei       │
│     Systemressourcen:       42% frei            │
└─────────────────────────────────────────────────┘
```

Bild 21.26: Anzeige des Betriebsmodus von Windows

Die Nicht-Windows-Anwendung wird als Vollbild angezeigt, wenn sie zuvor als Fenster angezeigt war.

Fenster Wenn die Nicht-Windows-Anwendung stets nach dem Start in einem *Fenster* ausgeführt werden soll, ändern Sie mit dem PIF-Editor die PIF-Datei der Nicht-Windows-Anwendung.

Sie *ändern* die *PIF-Datei* mit den folgenden Schritten:

1. Rufen Sie den PIF-Editor auf.
2. Laden Sie die PIF-Datei der Anwendung.

   Oder, wenn keine PIF-Datei verfügbar ist, erstellen Sie eine neue PIF-Datei.

3. Wählen Sie die Anzeigeoption FENSTER.
4. Speichern Sie die PIF-Datei.

Maus Sie können bei einer Nicht-Windows-Anwendung, die im Fenster ausgeführt wird, eine *Maus* verwenden. Falls Sie Windows ohne Maus installiert haben, muß der Maustreiber vor dem Start von Windows geladen werden.

Bei der Microsoft-Maus tragen Sie den Treiber MOUSE.SYS in die Systemdatei CONFIG.SYS oder den Treiber MOUSE.COM in die Systemdatei AUTOEXEC.BAT ein. Wenn Sie eine andere Maus verwenden wollen, finden Sie Informationen zur Installation der Maus in der Begleitdokumentation.

Ausführung im Hintergrund

Eine Nicht-Windows-Anwendung kann im erweiterten Modus von 386-PCs im *Hintergrund* weiter ausgeführt werden.

Systemmenü   Wenn die Anwendung im Fenster ausgeführt wird, nehmen Sie die Hintergrundeinstellung im *Systemmenü* vor.

Die Einstellung nehmen Sie wie folgt vor:

❐ Wählen Sie im Systemmenü mit dem Befehl EINSTELLUNGEN die Hintergrundeinstellung aus (siehe Bild 21.27).

Die Nicht-Windows-Anwendung wird im Hintergrund ausgeführt.

Bild 21.27: Der Befehl Einstellungen im Systemmenü

Wird die Hintergrundeinstellung im Systemmenü der Anwendung durchgeführt, wird die Anwendung solange im Hintergrund ausgeführt, bis die Ausführung beendet wird.

PIF-Datei Sie können die Hintergrundeinstellung mit dem PIF-Editor in der PIF-Datei der Nicht-Windows-Anwendung durchführen.

Sie *ändern* die *PIF-Datei* mit den folgenden Schritten:

1. Rufen Sie den PIF-Editor auf.
2. Laden Sie die PIF-Datei der Anwendung.

   Oder, wenn keine PIF-Datei verfügbar ist, erstellen Sie eine neue PIF-Datei.
3. Aktivieren Sie die Option HINTERGRUND (siehe Bild 21.28).

   Wenn die Option EXKLUSIV aktiviert ist, läuft die Anwendung nur im Vordergrund. Keine weitere Anwendung kann dann im Hintergrund ausgeführt werden.
4. Speichern Sie die PIF-Datei.

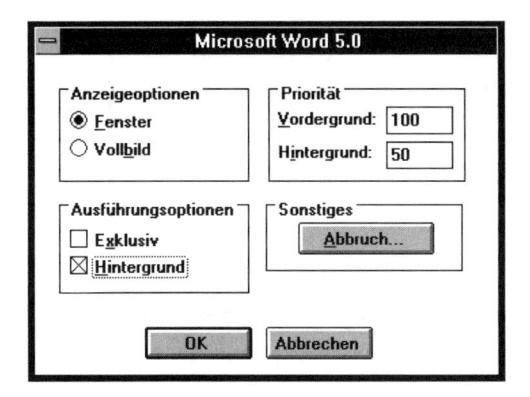

Bild 21.28: Die Option Hintergrund aktivieren

Wenn die Hintergrundeinstellung in der PIF-Datei der Anwendung vorgenommen wird, wird die Anwendung nach dem Start im Hintergrund ausgeführt.

Zugriff auf Ressourcen festlegen

Ressourcen Der aktiven Nicht-Windows-Anwendung können Sie exklusive Zugriffsrechte auf Ressourcen einräumen, die von Windows verwaltet werden.

Sie können exklusive Zugriffsrechte über das Systemmenü der Nicht-Windows-Anwendung oder mit der PIF-Datei der Anwendung vergeben.

Systemmenü Wenn die Nicht-Windows-Anwendung als Fenster oder Symbol ausgeführt wird, räumen Sie der Anwendung über das *Systemmenü* folgendermaßen exklusive Zugriffsrechte ein.

Sie *ändern* die *Zugriffsrechte* mit den folgenden Schritten:

1. Wählen Sie im Systemmenü der Anwendung den Befehl EINSTELLUNGEN.

   Ein Dialogfenster wird angezeigt (siehe Bild 21.29).

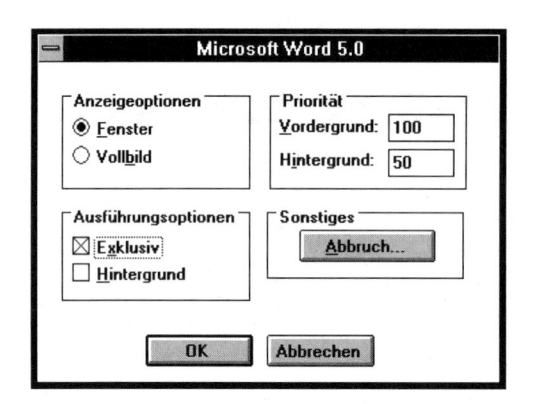

Bild 21.29: Exklusive Zugriffsrechte einräumen

2. Aktivieren Sie die Option EXKLUSIV.

   Die Anwendung erhält exklusive Zugriffsrechte auf die von Windows verwalteten Ressourcen.

Werden die exklusiven Zugriffsrechte im Systemmenü der Anwendung eingeräumt, wird die Anwendung solange exklusiv ausgeführt, bis die Ausführung beendet wird.

PIF-Datei   Sie können exklusive Zugriffsrechte auch mit dem PIF-Editor in der *PIF-Datei* der Nicht-Windows-Anwendung einräumen.

Die *PIF-Datei ändern* Sie wie folgt:

1. Rufen Sie den PIF-Editor auf.
2. Laden Sie die PIF-Datei der Anwendung.

   Oder, wenn keine PIF-Datei verfügbar ist, erstellen Sie eine neue PIF-Datei.

3. Aktivieren Sie die Option EXKLUSIV (siehe Bild 21.30).

   Wenn die Option EXKLUSIV aktiviert ist, läuft die Anwendung nur im Vordergrund. Keine weitere Anwendung kann dann im Hintergrund ausgeführt werden.

4. Speichern Sie die PIF-Datei.

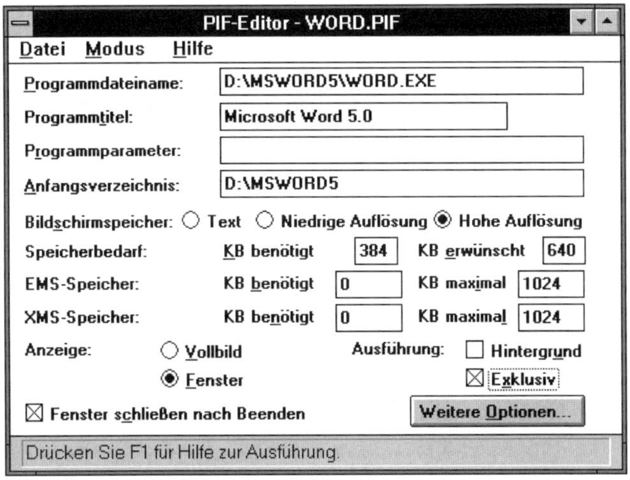

Bild 21.30: Die Option Exklusiv aktivieren

Wenn die exklusiven Zugriffsrechte in der PIF-Datei der Anwendung eingeräumt werden, wird die Anwendung nach dem Start exklusiv ausgeführt.

Gerätekonkurrenz bestimmen

Geräte-
konkurrenz

Eine *Gerätekonkurrenz* tritt ein, wenn im erweiterten Modus von 386-PCs ausgeführte Anwendungen gleichzeitig auf ein Gerät zugreifen. Beispielsweise wollen mehrere Anwendungen gleichzeitig auf dem gleichen Drucker direkt ausgeben oder Daten über die gleiche serielle Schnittstelle übertragen.

Die Optionen für die Handhabung der Gerätekonkurrenz gelten nur für Nicht-Windows-Anwendungen, da Windows bei Windows-Anwendungen die Gerätezuteilung selbst vornimmt.

Sie legen für Nicht-Windows-Anwendungen die Optionen zur Handhabung der *Gerätekonkurrenz* folgendermaßen fest:

1. Rufen Sie in der Hauptgruppe des Programm-Managers die Systemsteuerung auf.

2. Doppelklicken Sie auf das 386-erweitert-Symbol (siehe Bild 21.31).

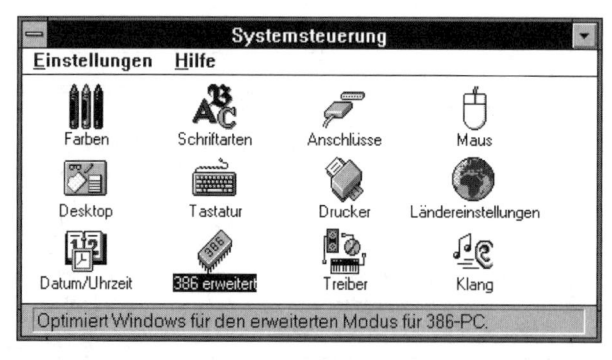

Bild 21.31: Das Symbol 386 erweitert in der Systemsteuerung

Das Dialogfeld ERWEITERTER MODUS FÜR 386-PC wird angezeigt (siehe Bild 21.32).

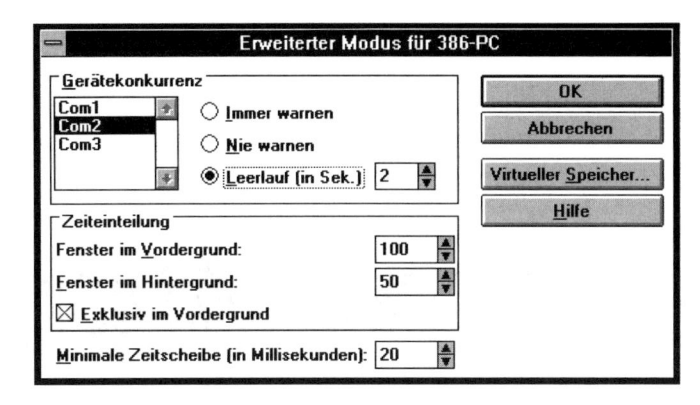

Bild 21.32: Dialogfeld für den erweiterten Modus

3. Wählen Sie den Anschluß, an den das betreffende Gerät angeschlossen ist.

4. Wählen Sie die gewünschten Optionen aus.

   Die Option IMMER WARNEN führt zur Anzeige einer Warnmeldung, wenn eine andere Anwendung auf das gleiche Gerät zugreift.

   Die Option NIE WARNEN wählen Sie, wenn eine andere Anwendung auf das gleiche Gerät ohne Warnmeldung zugreifen darf.

   Die Option LEERLAUF legt fest, wieviele Sekunden nach dem Zugriff auf ein Gerät verstreichen müssen, bevor eine andere Anwendung ohne Anzeige einer Warnmeldung auf das gleiche Gerät zugreifen darf. Mögliche Werte sind 1 bis 999 Sekunden.

5. Wählen Sie OK.

Einstellungen während der Ausführung ändern

Ausführung Während der *Ausführung* einer Nicht-Windows-Anwendung im erweiterten Modus von 386-PCs können über das Systemmenü EINSTELLUNGEN geändert werden.

Sie können die folgenden *Einstellungen* ändern (siehe Bild 21.33):

❏ Anzeigeoptionen

❏ Priorität

❏ Ausführungsoptionen

❏ Abbruch

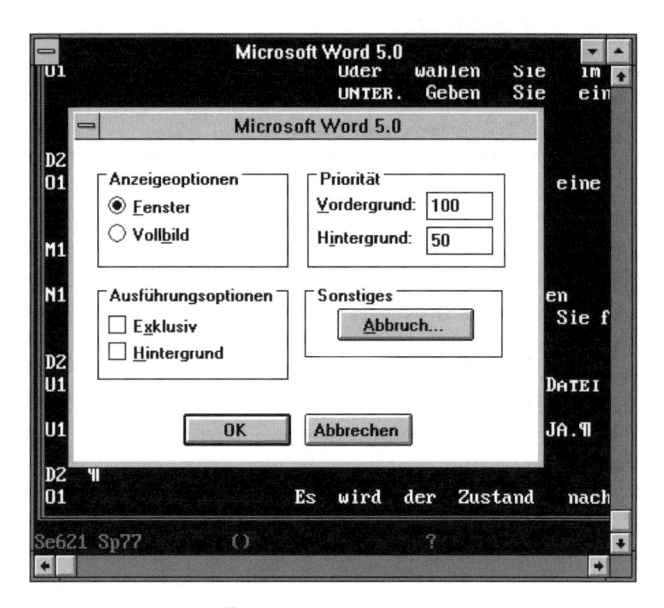

Bild 21.33: Einstellungen ändern

Anzeige Sie ändern während der Ausführung einer Nicht-Windows-Anwendung die *Anzeigeoptionen* wie folgt:

1. Wählen Sie im Systemmenü der Anwendung den Befehl EINSTELLUNGEN.

   Es wird das Dialogfeld für die Einstellungsoptionen angezeigt.

2. Wählen Sie die Option FENSTER. Die Anwendung wird in einem Fenster ausgeführt.

Oder wählen Sie die Option VOLLBILD. Die Anwendung wird in der Vollbildanzeige ausgeführt.

3. Wählen Sie OK.

Priorität Sie ändern während der Ausführung einer Nicht-Windows-Anwendung die *Prioritätsoptionen* mit den folgenden Schritten:

1. Wählen Sie im Systemmenü der Anwendung den Befehl EINSTELLUNGEN.

   Es wird das Dialogfeld für die Einstellungsoptionen angezeigt.

2. Wählen Sie die Option VORDERGRUND. Mit der Option wird die Ausführungsgeschwindigkeit einer aktiven Anwendung im Verhältnis zu den anderen Anwendungen eingestellt. Eine Anwendung mit hoher Priorität wird schneller ausgeführt.

   Oder wählen Sie die Option HINTERGRUND. Mit der Option wird die Ausführungsgeschwindigkeit einer nicht aktiven Anwendung im Verhältnis zu den anderen Anwendungen eingestellt. Eine Anwendung mit hoher Priorität wird schneller ausgeführt. Im Feld AUSFÜHRUNGSOPTIONEN muß die Option HINTERGRUND aktiviert sein.

3. Wählen Sie OK.

Ausführung Sie ändern während der Ausführung einer Nicht-Windows-Anwendung die *Ausführungsoptionen* wie folgt:

1. Wählen Sie im Systemmenü der Anwendung den Befehl EINSTELLUNGEN.

   Es wird das Dialogfeld für die Einstellungsoptionen angezeigt.

2. Wählen Sie die Option EXKLUSIV. Die anderen Anwendungen werden angehalten. Wenn die Anwendung im Fenster ausgeführt wird, werden andere Nicht-Windows-Anwendungen angehalten; Windows-Anwendungen werden weiter ausgeführt.

Oder wählen Sie die Option HINTERGRUND. Die Anwendung wird im Hintergrund weiter ausgeführt. Die Anwendung wird jedoch angehalten, wenn Sie zu einer Anwendung wechseln, die exklusive Zugriffsrechte hat.

3. Wählen Sie OK.

Abbruch Sie können während der Ausführung eine Nicht-Windows-Anwendung *abbrechen*, wenn die Anwendung nicht wie vorgesehen beendet werden kann.

1. Wählen Sie im Systemmenü der Anwendung den Befehl EIN-STELLUNGEN.

   Es wird das Dialogfeld für die Einstellungsoptionen angezeigt.

2. Drücken Sie die Schaltfläche ABBRUCH.

   Es wird ein Dialogfeld mit einer Warnmeldung angezeigt (siehe Bild 21.34).

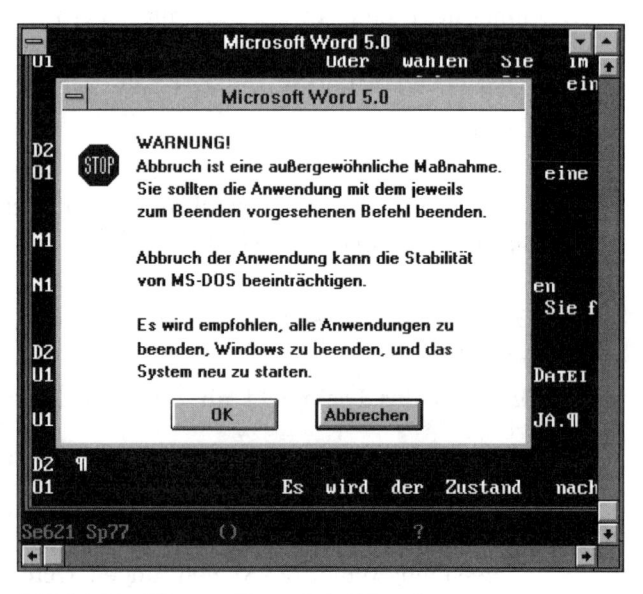

Bild 21.34: Warnmeldung bei Abbruch

Nicht-Windows-Anwendungen starten und ausführen 717

3. Wählen Sie OK.

   Die Anwendung wird abgebrochen.

Verwenden Sie die Option zum Abbruch einer Anwendung nur als letztes Mittel. Speichern Sie umgehend die geänderten Dateien der anderen Anwendungen, beenden Sie Windows, und starten Sie den Computer erneut.

Wenn die Nicht-Windows-Anwendung fehlerhaft ausgeführt wird und ein Zugriff auf die Abbruch-Option im Systemmenü nicht mehr möglich ist, drücken Sie ALT+STRG+ENTF. Drücken Sie nach einer Warnmeldung die EINGABE-Taste.

Schriftgröße ändern

Schriftgröße   Wenn die Nicht-Windows-Anwendung im erweiterten Modus von 386-PCs und in einem Fenster ausgeführt wird, kann die *Schriftgröße* geändert werden.

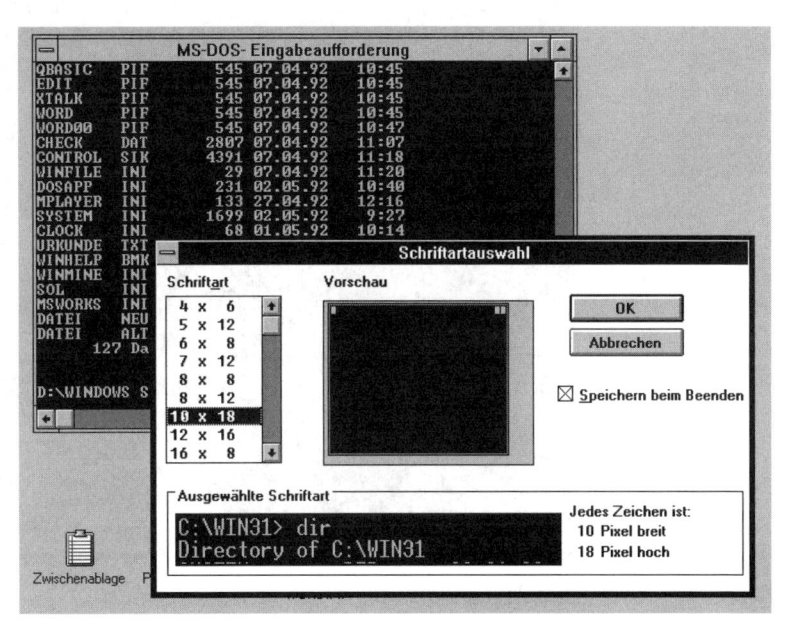

Bild 21.35: Dialogfenster für Schriftart auswählen

Für eine Nicht-Windows-Anwendung ändern Sie die Schriftgröße mit den folgenden Schritten:

1. Wählen Sie im Systemmenü der Anwendung den Befehl SCHRIFTARTEN.

   Es wird das Dialogfeld für die Schriftartenauswahl angezeigt (siehe Bild 21.35).

2. Markieren Sie eine Schriftgröße.

   Im Feld AUSGEWÄHLTE SCHRIFTART wird ein Textbeispiel angezeigt.

3. Aktivieren Sie die Option SPEICHERN BEIM BEENDEN, wenn die gewählte Schriftart stets bei Ausführung der Nicht-Windows-Anwendung verwendet werden soll.

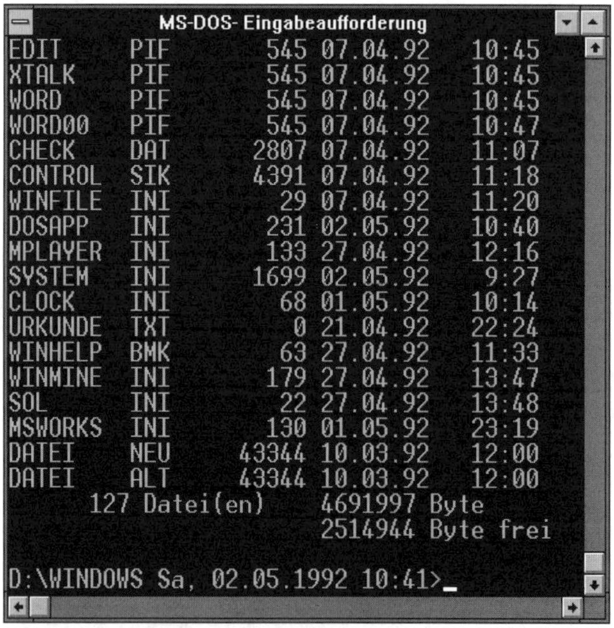

```
┌─────────────── MS-DOS- Eingabeaufforderung ───────────┬─┐
│ EDIT      PIF         545 07.04.92    10:45           │▲│
│ XTALK     PIF         545 07.04.92    10:45           │ │
│ WORD      PIF         545 07.04.92    10:45           │ │
│ WORD00    PIF         545 07.04.92    10:47           │ │
│ CHECK     DAT        2807 07.04.92    11:07           │ │
│ CONTROL   SIK        4391 07.04.92    11:18           │ │
│ WINFILE   INI          29 07.04.92    11:20           │ │
│ DOSAPP    INI         231 02.05.92    10:40           │ │
│ MPLAYER   INI         133 27.04.92    12:16           │ │
│ SYSTEM    INI        1699 02.05.92     9:27           │ │
│ CLOCK     INI          68 01.05.92    10:14           │ │
│ URKUNDE   TXT           0 21.04.92    22:24           │ │
│ WINHELP   BMK          63 27.04.92    11:33           │ │
│ WINMINE   INI         179 27.04.92    13:47           │ │
│ SOL       INI          22 27.04.92    13:48           │ │
│ MSWORKS   INI         130 01.05.92    23:19           │ │
│ DATEI     NEU       43344 10.03.92    12:00           │ │
│ DATEI     ALT       43344 10.03.92    12:00           │ │
│        127 Datei(en)         4691997 Byte             │ │
│                              2514944 Byte frei        │ │
│                                                       │ │
│ D:\WINDOWS Sa, 02.05.1992 10:41>_                     │▼│
└───────────────────────────────────────────────────────┴─┘
```

Bild 21.36: Anzeige mit geänderter Schriftart

4. Wählen Sie OK.

   Das DOS-Fenster wird mit der geänderten Schriftart angezeigt (siehe Bild 21.36).

21.4 Daten austauschen zwischen Nicht-Windows-Anwendungen

Beim Datenaustausch zwischen Nicht-Windows-Anwendungen werden die folgenden Teilaufgaben unterschieden:

- Markierte Daten in die Zwischenablage kopieren
- Bildschirminhalt in die Zwischenablage kopieren
- Fensterinhalt in die Zwischenablage kopieren
- Inhalt der Zwischenablage einfügen

Markierte Daten in die Zwischenablage kopieren

Markierte Daten Sie kopieren *markierte Daten* aus einer Nicht-Windows-Anwendung mit den folgenden Schritten in die Zwischenablage:

Schrittfolge für die Maus:

1. Drücken Sie bei einer in Vollbildanzeige ausgeführten Anwendung die Tastenkombination ALT+EINGABE-Taste.
2. Öffnen Sie das Systemmenü der Anwendung.
3. Wählen Sie im Systemmenü den Befehl BEARBEITEN.
4. Wählen Sie im Menü BEARBEITEN den Befehl MARKIEREN.
5. Markieren Sie im Fenster den zu kopierenden Datenbereich.
6. Klicken Sie auf die rechte Maustaste.

   Die markierten Daten werden in die Zwischenablage kopiert.

Kapitel 21 – Mit Nicht-Windows-Anwendungen arbeiten

Schrittfolge für die Tastatur:

1. Öffnen Sie mit der Tastenkombination ALT+LEER-Taste das Systemmenü der Anwendung.
2. Wählen Sie im Systemmenü den Befehl BEARBEITEN.
3. Wählen Sie im Menü BEARBEITEN den Befehl MARKIEREN (siehe Bild 21.37).

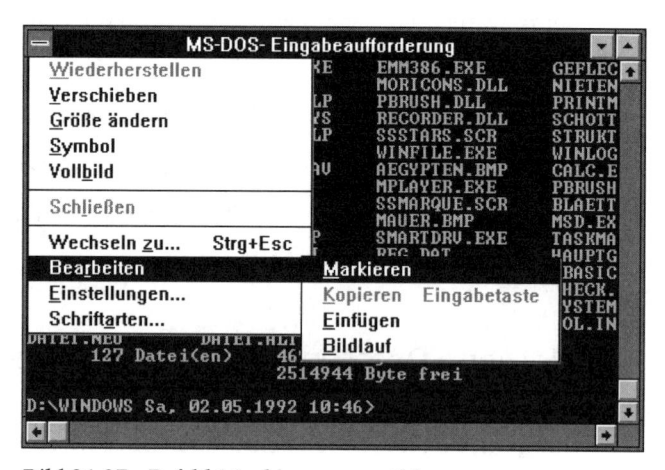

Bild 21.37: Befehl Markieren auswählen

Links oben erscheint ein blinkender Cursor.

4. Positionieren Sie den Cursor auf das erste zu kopierende Zeichen.
5. Drücken Sie zur Markierung UMSCHALT+RICHTUNG-Taste.
6. Kopieren Sie mit der EINGABE-Taste die Daten.

Die markierten Daten werden in die Zwischenablage kopiert (siehe Bild 21.38).

Daten austauschen zwischen Nicht-Windows-Anwendungen 721

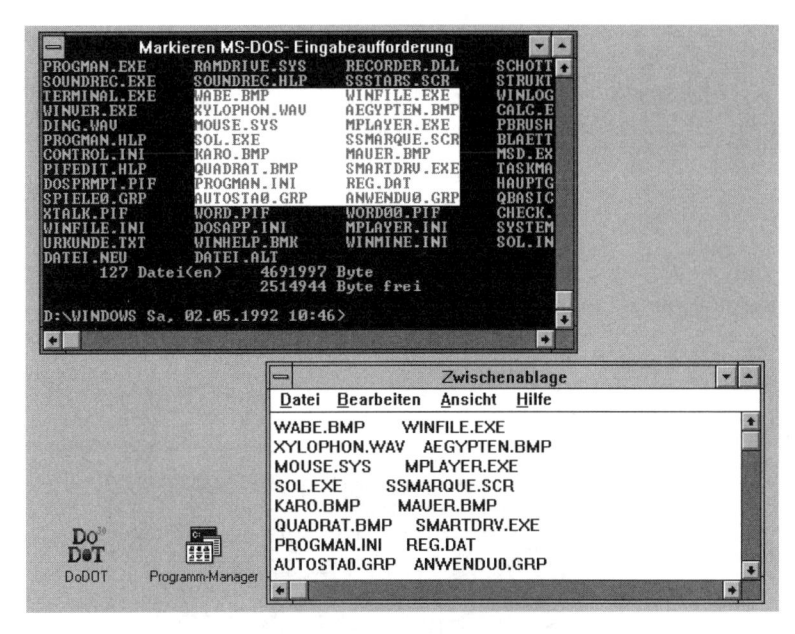

Bild 21.38: Markierte Daten in die Zwischenablage kopieren

Bildschirminhalt in die Zwischenablage kopieren

Bildschirm   Sie kopieren den gesamten *Bildschirminhalt* aus einer Nicht-Windows-Anwendung in die Zwischenablage wie folgt:

1. Stellen Sie sicher, daß alle zu übertragenden Informationen auf dem Bildschirm angezeigt werden.

2. Drücken Sie die DRUCK-Taste.

   Der Bildschirminhalt wird in die Zwischenablage kopiert.

Wenn Sie eine ältere Tastatur verwenden, versuchen Sie die Tastenkombination ALT+DRUCK oder UMSCHALT+DRUCK.

Fensterinhalt in die Zwischenablage kopieren

Fenster Sie kopieren den *Fensterinhalt* aus einer Nicht-Windows-Anwendung folgendermaßen in die Zwischenablage:

1. Stellen Sie sicher, daß alle zu übertragenden Informationen im aktiven Fenster angezeigt werden.
2. Drücken Sie die Tastenkombination ALT+DRUCK.

Der Fensterinhalt wird in die Zwischenablage kopiert (siehe Bild 21.39).

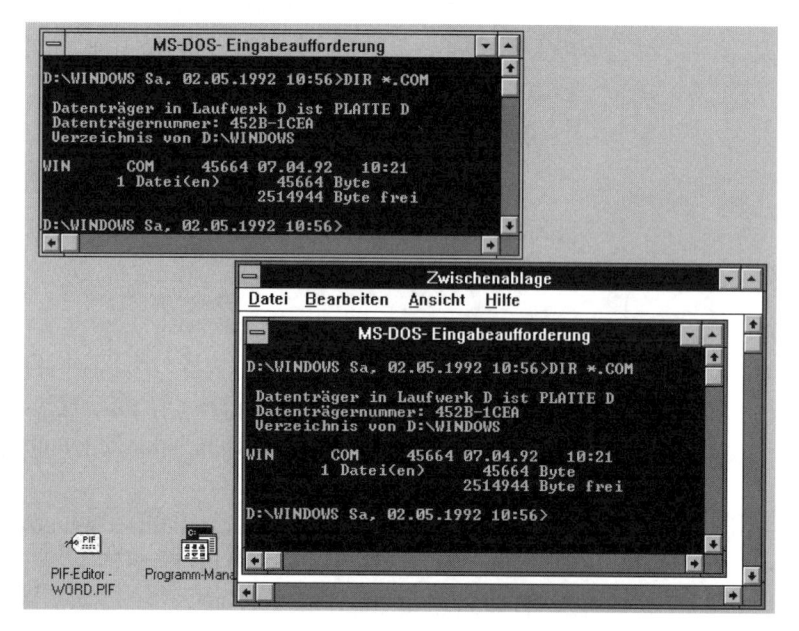

Bild 21.39: Fensterinhalt in die Zwischenablage kopieren

Wenn Sie eine ältere Tastatur verwenden, versuchen Sie die Tastenkombination ALT+DRUCK oder UMSCHALT+DRUCK.

Inhalt der Zwischenablage einfügen

Einfügen Für das *Einfügen* des Inhaltes der Zwischenablage in eine Nicht-Windows-Anwendung im erweiterten Modus von 386-PCs verwenden Sie den Befehl EINFÜGEN im Systemmenü.

Es hängt von der Zielanwendung ab, ob Formatierungen und Bilder übernommen werden. Es können folgende Fälle unterschieden werden:

- Es wird nur unformatierter Text übertragen.
- Es wird nur formatierter Text übertragen.
- Es werden formatierter Text und Bilder übertragen.

Beim Einfügen des Inhaltes der Zwischenablage in eine Nicht-Windows-Anwendung ist weiterhin zu unterscheiden, ob die Anwendung

- im Fenster oder
- in der Vollbildanzeige

ausgeführt wird.

Einfügen in eine Anwendung in Fensteranzeige

Fenster Zum Einfügen des Inhaltes der Zwischenablage in eine Nicht-Windows-Anwendung in *Fensteranzeige* gehen Sie folgendermaßen vor:

1. Stellen Sie sicher, daß sich die zu übertragenden Daten in der Zwischenablage befinden.

   Nach Öffnen der Zwischenablage können Sie den Inhalt der Zwischenablage einsehen.

2. Aktivieren Sie die Zielanwendung.

3. Positionieren Sie die Einfügestelle.

4. Wählen Sie im Systemmenü den Befehl BEARBEITEN.

5. Wählen Sie den Befehl EINFÜGEN.

   Der Inhalt der Zwischenablage wird eingefügt (siehe Bild 21.40).

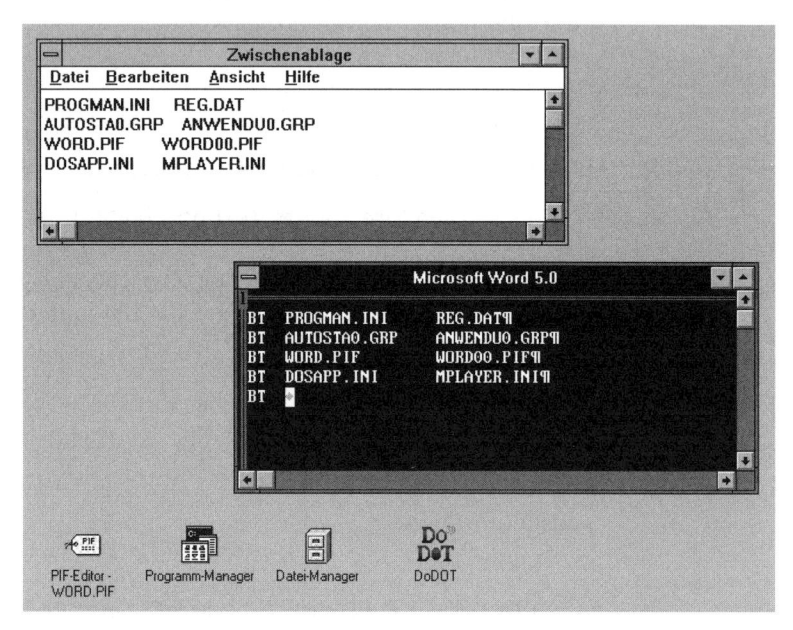

Bild 21.40: Inhalt der Zwischenablage in ein Fenster einfügen

Einfügen in eine Anwendung in Vollbildanzeige

Vollbild Zum Einfügen des Inhaltes der Zwischenablage in eine Nicht-Windows-Anwendung in *Vollbildanzeige* gehen Sie folgendermaßen vor:

1. Stellen Sie sicher, daß sich die zu übertragenden Daten in der Zwischenablage befinden.

   Nach Öffnen der Zwischenablage können Sie den Inhalt der Zwischenablage einsehen.

2. Aktivieren Sie die Zielanwendung.
3. Positionieren Sie die Einfügestelle.
4. Wechseln Sie mit der Tastenkombination STRG+ESC zur Task-Liste.
5. Klicken Sie auf das Symbol der Zielanwendung.

Das Systemmenü wird geöffnet.

6. Wählen Sie im Systemmenü den Befehl BEARBEITEN.
7. Wählen Sie den Befehl EINFÜGEN.

Der Inhalt der Zwischenablage wird eingefügt.

21.5 Mit TSR-Programmen arbeiten

Einige Anwendungsprogramme oder angeschlossene Geräte benötigen Servicefunktionen von TSR-Programmen.

Bei der Ausführung von TSR-Programmen in Verbindung mit Windows sind drei Fälle zu unterscheiden:

- ❐ Das TSR-Programm wird vor dem Aufruf von Windows gestartet.
- ❐ Das TSR-Programm wird unter Windows mit einer DOS-Batch-Datei gestartet.
- ❐ Das TSR-Programm wird unter Windows mit der Batch-Datei WINSTART.BAT gestartet.

Außerhalb Wenn das TSR-Programm vor dem Aufruf von Windows gestartet wird, stehen seine Servicefunktionen allen Anwendungen unter Windows zur Verfügung. In der Regel werden TSR-Programme mit den Systemdateien CONFIG.SYS und AUTOEXEC.BAT gestartet.

Der Nachteil dieser Vorgehensweise besteht darin, daß der durch das TSR-Programm belegte Arbeitsspeicherbereich für Windows nicht mehr zur Verfügung steht.

DOS-Batch Wenn nur eine Windows-Anwendung die Servicefunktionen des TSR-Programms benötigt, ist es vorteilhafter, wenn das TSR-Programm unter Windows nur in Verbindung mit der betreffenden Anwendung gestartet wird. Hierfür erstellen Sie eine DOS-Batch-Datei, die zuerst das TSR-Programm und anschließend die Anwendung startet.

WINSTART Wenn Windows im erweiterten Modus von 386-PCs ausgeführt wird, kann das TSR-Programm mit der Batch-Datei WINSTART.BAT gestartet werden. In diesem Fall steht das TSR-Programm nur allen Windows-Anwendungen und nicht den Nicht-Windows-Anwendungen zur Verfügung. Mit diesem Verfahren bleibt der Speicherbereich für Windows-Anwendungen erhalten.

Ein TSR-Programm starten

Ein TSR-Programm rufen Sie unter Windows mit den folgenden Schritten auf:

1. Erstellen Sie für das TSR-Programm bei Bedarf eine PIF-Datei, die die Ressourcenanforderungen festlegt.

2. Richten Sie das TSR-Programm in einer Gruppe des Programm-Managers ein.

3. Doppelklicken Sie auf das Symbol des TSR-Programms.

   Das TSR-Programm wird geladen.

4. Rufen Sie bei Bedarf das TSR-Programm mit seiner Tastenkombination auf.

   Wenn die vom TSR-Programm verwendete Tastenkombination für Windows reserviert ist, bearbeiten Sie die PIF-Datei. Aktivieren Sie für diese Tastenkombination die Option TASTENKOMBINATION RESERVIEREN (siehe Bild 21.41).

   Wenn die Tastenkombination für das TSR-Programm reserviert ist, steht sie für Windows nicht mehr zur Verfügung.

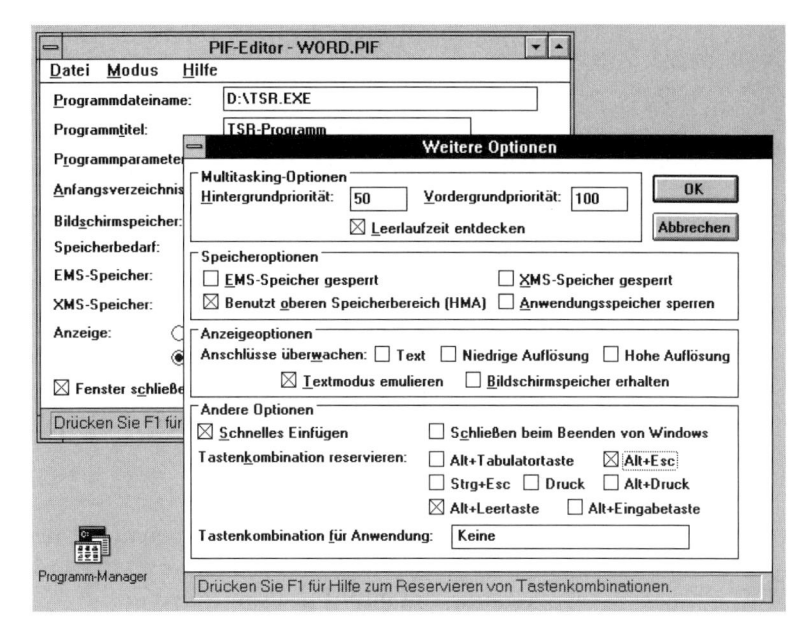

Bild 21.41: Tastenkombination reservieren

TSR-Programm mit DOS-Batch-Datei starten

Wenn Sie ein TSR-Programm nur in Verbindung mit einer Anwendung aufrufen wollen, ist der Aufruf mit einer DOS-Batch-Datei vorteilhaft.

Die DOS-Batch-Datei enthält einen Aufruf für das TSR-Programm und einen Aufruf für die Anwendung, die Servicefunktionen vom TSR-Programm benötigt.

Die DOS-Batch-Datei wird unter Windows mit einer eigenen PIF-Datei gestartet.

Die *PIF-Datei* für die *DOS-Batch-Datei* erstellen Sie mit den folgenden Schritten:

1. Öffnen Sie den PIF-Editor.
2. Tragen Sie in das Feld PROGRAMMDATEINAME den Namen der Batch-Datei mit der Endung BAT ein.
3. Wählen Sie geeignete PIF-Optionen aus.

   Die PIF-Optionen gelten für das TSR-Programm und für die Anwendung.
4. Wählen Sie im Menü DATEI den Befehl SPEICHERN UNTER.
5. Wählen Sie OK.

   Oder geben Sie im Feld DATEINAME einen anderen Namen für die PIF-Datei an. Die Dateiendung PIF muß angegeben werden.

Wenn Sie für die PIF-Datei den Namen der Batch-Datei eintragen, kann die Batch-Datei ebenso aufgerufen werden, wie Sie eine Anwendung mit ihrer PIF-Datei aufrufen.

Fügen Sie die PIF-Datei einer Gruppe im Programm-Manager hinzu. Die PIF-Datei kann dann durch Doppelklicken auf ihr Symbol aufgerufen werden.

Sie können die PIF-Datei auch im Datei-Manager aufrufen, indem Sie auf den Namen der PIF-Datei doppelklicken.

KAPITEL 22

ENTSPANNUNG MIT SOLITÄR UND MINESWEEPER

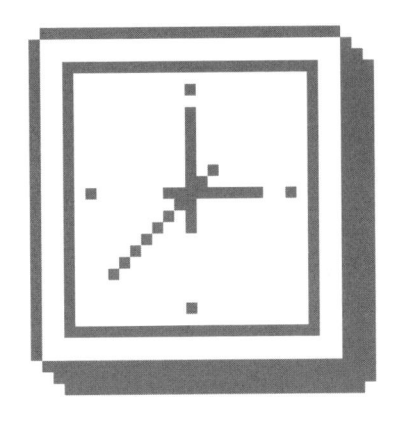

Windows kann vortrefflich bei der Entspannung behilflich sein. Die beiden Spiele Solitär und Minesweeper zeigen, daß Spiele unter Windows nicht langsam oder langweilig sein müssen. Auch grafische Animationen werden auf schnelleren Rechnern möglich. Wenn die grafischen Routinen der Windows-API vorteilhaft eingesetzt werden, dann machen auch Spiele unter Windows richtig Spaß.

Der Benutzeroberfläche Windows liegen die beiden Spiele *Solitär* und *Minesweeper* bei. Beide Spiele dienen vortrefflich der Entspannung und geben einen kleinen Vorgeschmack auf Spiele, die wohl bald auch unter Windows erscheinen werden. Neu hinzugekommen ist das Spiel Minesweeper.

Wenn Sie einmal die hervorragende grafische Implementierung des Spiels Solitär ein wenig näher betrachten und sich an den schnellen Grafikanimationen erfreuen, dann ist selbst Windows für grafische Animationen durchaus nicht zu langsam.

Übrigens – was auf einem betagten 286-PC mit 12 MHz in der Tat ein wenig langsam abläuft, wird auf einem 386-PC mit 30 MHz richtig lebendig, oder?

22.1 Tips zu Solitär

Solitär ist ein Kartenspiel. Wenn Sie kein Kartenspiel mögen, dann sollten Sie sich wenigstens die grafischen Animationen dieses Spiels am Spielende nicht entgehen lassen.

Wenn Sie kein Glückspilz sind und das Spielende ohnehin nicht erreichen, dann wählen Sie als Deckblatt den Roboter und betrachten ihn ein wenig genauer. Seine Lampen und Instrumente arbeiten selbst dann noch, wenn Sie eine andere Anwendung aktivieren – ein neben der Anwendung Uhr besonders einleuchtendes Beispiel für Multitasking mit Windows.

Menübefehle

Menü   Das Spiel Solitär kennt im Menü SPIEL die folgenden Befehle und Optionen:

❑   KARTEN GEBEN

Es werden Karten für ein neues Spiel ausgegeben.

❑   RÜCKGÄNGIG

Die letzte Aktion wird rückgängig gemacht.

❐ DECKBLATT

Damit wählen Sie das Design der Rückseite. Wählen Sie einmal den Roboter als Deckblatt aus.

❐ OPTIONEN

Sie wählen unter verfügbaren Spieloptionen.

❐ BEENDEN

Mit diesem Befehl verlassen Sie das Spiel.

Hinweise zum Spiel

Optionen Vor dem Spiel können mit dem Befehl OPTIONEN im Menü SPIEL verfügbare Spieloptionen angezeigt und geändert werden (siehe Bild 22.1).

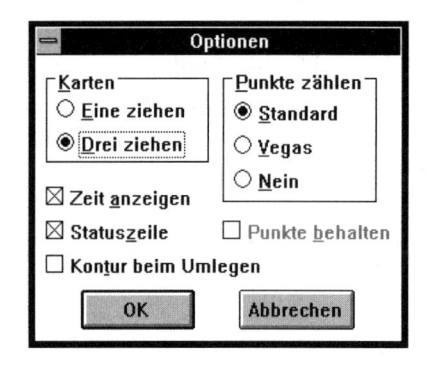

Bild 22.1: Spieloptionen anzeigen und ändern

Zu den Optionen gehören beispielsweise Spielvarianten für das Ziehen von Karten und zur Punktezählung. Sie können die Zeit und eine Statuszeile anzeigen.

Mit dem Befehl DECKBLATT können Sie ein anderes Deckblatt wählen (siehe Bild 22.2).

Karten geben Sie starten das Spiel im Menü SPIEL mit dem Befehl KARTEN GEBEN. Es werden *neue Karten* ausgegeben (siehe Bild 22.3).

Tips zu Solitär 733

Bild 22.2: Deckblatt auswählen

Es gibt drei Spielbereiche: den Kartenstapel links oben, vier Kartenbereiche rechts oben und sieben Kartenstapel unten. Sie ziehen Karten vom Stapel und bauen die Kartenbereiche auf.

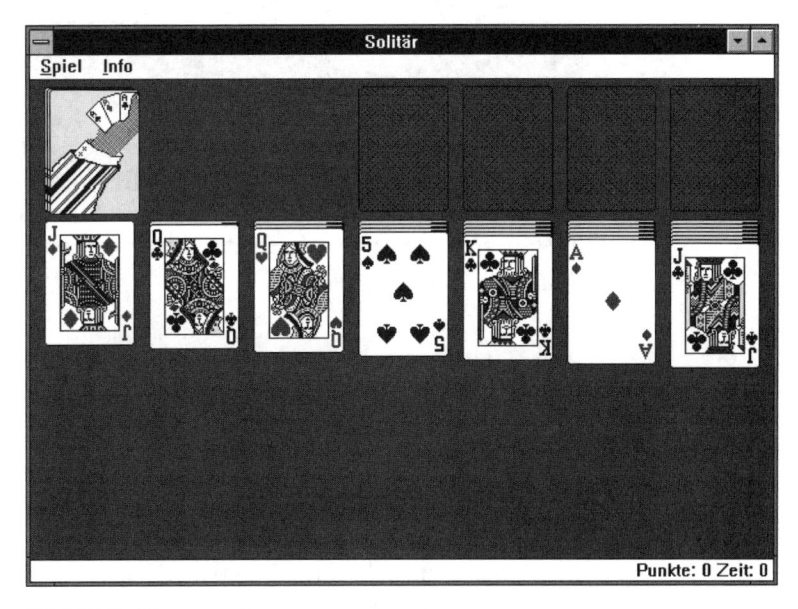

Bild 22.3: Karten geben

Die Karten sollen in der richtigen Reihenfolge von As bis König auf den vier freien Flächen rechts oben angeordnet werden. Beim Start werden sieben Kartenstapel mit steigender Kartenzahl angelegt. Die oberste Karte ist offengelegt.

Durch Klicken wird eine Karte auf dem Stapel offengelegt (siehe Bild 22.4).

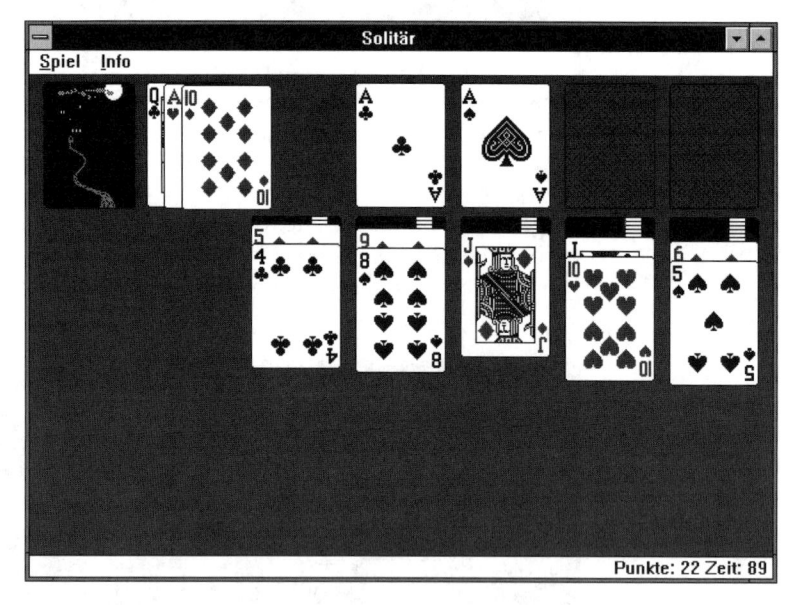

Bild 22.4: Karten offenlegen

Karten können auf die sieben Kartenstapel in absteigender Reihenfolge oder auf die vier Kartenbereiche in aufsteigender Reihenfolge gelegt werden; hierbei wechseln die Kartenfarben zwischen Rot und Schwarz. Ein As kann nur auf einen leeren Kartenbereich gelegt werden.

Einen Spielzug nehmen Sie mit dem Befehl RÜCKGÄNGIG im Menü SPIEL zurück. Eine Spielpause legen Sie ein, indem Sie das Fenster zum Symbol verkleinern; die Zeitzählung wird dann angehalten. Das Spiel setzen Sie durch Doppelklicken auf das Symbol fort.

Das Spiel ist beendet, wenn alle Karten des Stapels in den vier Kartenbereichen in der Reihenfolge von As bis König angelegt sind. Eine sehenswerte Animation erwartet den erfolgreichen Spieler (siehe Bild 22.5).

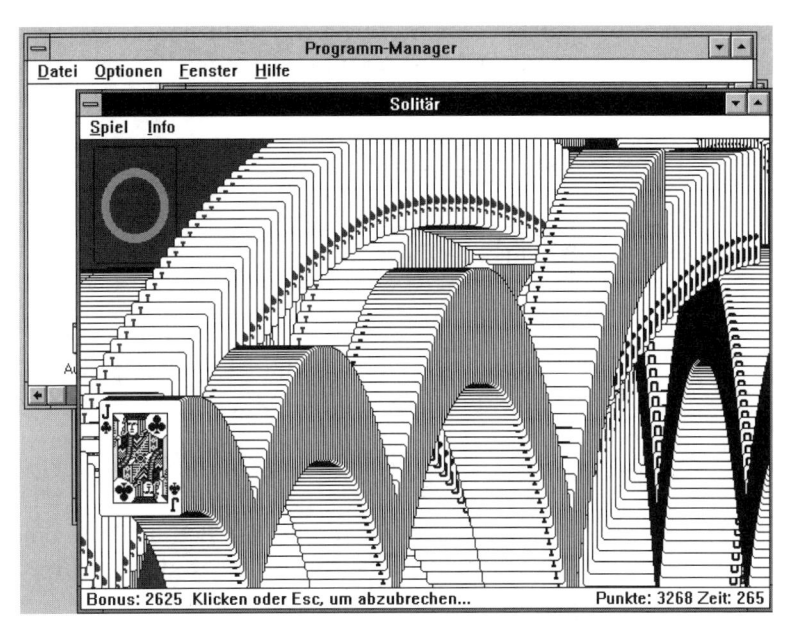

Bild 22.5: Eine grafische Animation bei Spielerfolg

22.2 Tips zu Minesweeper

Das neue Spiel *Minesweeper* ähnelt auf dem ersten Blick dem bekannten Spiel Schiffe versenken. Allerdings sollte man hier keinen Volltreffer landen, da dann das Spiel vorbei ist und Ihr Unglück im Fenster mit einem sauren Gesicht quittiert wird.

Bei Minesweeper befinden Sie sich auf einem Minenfeld, das Sie so schnell wie möglich und ohne Fehlgriff räumen sollen. Hierzu klicken Sie einfach auf ein gewünschtes Feld und erfahren umgehend, ob Sie noch unter den Lebenden weilen. Demzufolge besteht der Nervenkitzel darin, nicht fremdes Eigentum zu versenken, sondern sein eigenes Leben zu bewahren.

Wie beim Spiel Schiffe versenken erscheint alles zunächst recht einfach. Hier und da ein Klick, und schon ist man am Ziel. Weit gefehlt – denn, wenn Sie nicht gerade das Minenfeld mit einer einzigen Mine bestücken, landen Sie ohne strategische Überlegungen mit einem sauren Gesicht sehr schnell im Himmelreich.

Menübefehle

Menü Das Spiel Minesweeper kennt im Menü SPIEL die folgenden Befehle und Optionen:

- NEU

  Es wird ein neues Minenfeld für Sie angelegt. Vertrauen Sie nicht darauf, daß die Minen an der gleichen Stelle vergraben liegen.

- ANFÄNGER

  Das Minenfeld kommt den Bedürfnissen eines Anfängers entgegen. Der Spieler wird nicht gleich beim ersten Versuch unglücklich das Minenfeld verlassen.

- FORTGESCHRITTENE

  Für Spieler mit mittlerem Reifegrad die richtige Spielstärke.

- EXPERTEN

  Der richtige Spielgrad für Profi, der zur Vermeidung von Langeweile nahezu jedes Feld mit einer Mine versorgt.

- SELBSTDEFINIERT

  Sie sind ein Individualist und möchten Ihr eigenes Minenfeld gestalten. Die Höhe und Breite des Minenfeldes können Sie nach Belieben gestalten. Wenn Sie eine Super-Grafikkarte einsetzen, kann Ihr Minenfeld gewiß einen halben Quadratmeter groß werden. Ihre Risikobereitschaft drückt sich in der Anzahl der vergrabenen Minen aus.

- MERKER

    Wenn Sie nicht zu den entschlossenen Spielern gehören, können Sie das Merkerzeichen ? einsetzen und vor dem nächsten Klick mit sich zu Rate gehen.

- FARBE

    Sie können die Farben auch weglassen, wenn Ihnen die Farbe Rot auf einem Minenfeld nicht zusagt.

- BESTZEITEN

    Es werden die Bestzeiten für alle Schwierigkeitsgrade angezeigt.

- BEENDEN

    Mit diesem Befehl verlassen Sie lebend das Spiel.

Hinweise zum Spiel

Für den Einsteiger stellt sich das Minenfeld noch recht einfach dar, nicht zu groß und nur ein paar Minen (siehe Bild 22.6).

Bild 22.6: Das Minenfeld für den Einsteiger

Ziel   Das *Ziel* besteht darin, alle Minen im Minenfeld so schnell wie möglich zu bestimmen. Hierzu klicken Sie mit der linken Maustaste auf diejenigen Felder, bei denen Sie sicher sind, daß unter ihnen keine Mine vergraben liegt (siehe Bild 22.7).

Sie markieren mit der rechten Maustaste andere Felder, von denen Sie glauben, daß unter ihnen eine Mine verborgen liegt.

Fenster Im *Fenster* oben links wird die Zahl der Minen angezeigt, die im Minenfeld noch verborgen liegen. Oben rechts wird die Spielzeit angezeigt. In der Mitte begleitet Sie ein Gesicht mit zwei Seiten. Es lacht Ihnen zu, wenn Sie noch keine Mine gefunden haben, und wird sauer bei einem Volltreffer.

Zahlen Zahlen auf den Feldern helfen Ihnen bei strategischen Überlegungen – eine Zahl auf einem Feld gibt an, wieviel Minen in den acht umgebenden Feldern verborgen liegen. Wenn keine Zahl drin steht, brauchen Sie in den umliegenden acht Feldern nicht nach Minen zu suchen – Sie werden keine finden.

Bild 22.7: Auf der Suche nach Minen

Pech gehabt Wenn Sie Pech haben und ohne Absicht fündig geworden sind, scheiden Sie vorzeitig mit einem sauren Gesicht aus dem Spiel aus (siehe Bild 22.8).

Spielende Sie haben gewonnen, wenn Sie alle Felder offengelegt haben, unter denen keine Mine vergraben liegt – oder anders ausgedrückt, wenn Sie Ihre Vermutungen überlebt haben.

Je schneller Sie das Spielziel erreichen, desto höher wird der Punktestand ausfallen.

Tips zu Minesweeper

Bild 22.8: Aller Anfang ist schwer

Bestzeiten Mit dem Befehl BESTZEITEN zeigen Sie die Bestzeiten für alle Schwierigkeitsgrade an (siehe Bild 22.9). Sie haben keine Chance, bei den Zeiten zu schummeln. Ein Tip für Profis, die nur ihre Bestzeiten vergleichen: Ihre Bestzeiten erhöhen sich, wenn Sie weniger Minen vergraben.

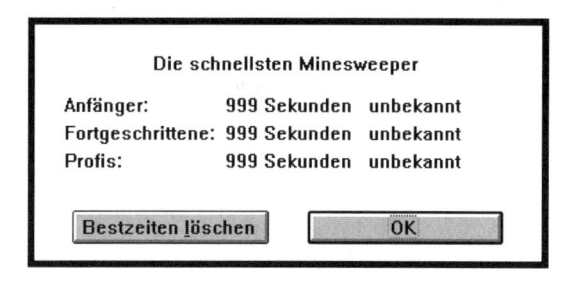

Bild 22.9: Bestzeiten einsehen

Spiel verändern Wenn Sie nie eine Mine gefunden haben oder das Spiel zu langweilig geworden ist, können Sie den Nervenkitzel mit den Befehlen und Optionen im Menü SPIEL nach Bedarf erhöhen (siehe Bild 22.10).

Bei einem mittleren Schwierigkeitsgrad werden Sie es vielleicht mit einer mittleren Minenfeldgröße versuchen (siehe Bild 22.11).

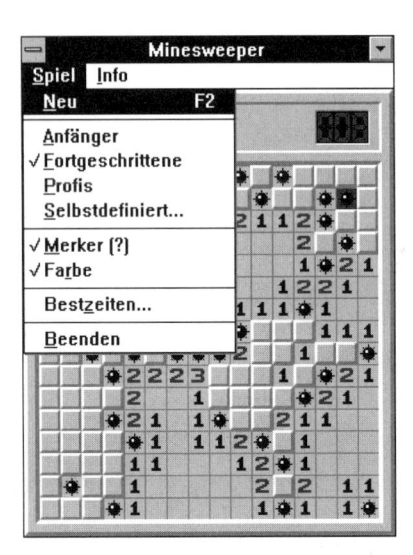

Bild 22.10: Spielumgebung verändern

Bild 22.11: Ein nicht zu großes Minenfeld

Tips zu Minesweeper 741

Profi Profis beginnen stets mit dem größten Minenfeld (siehe Bild 22.12).

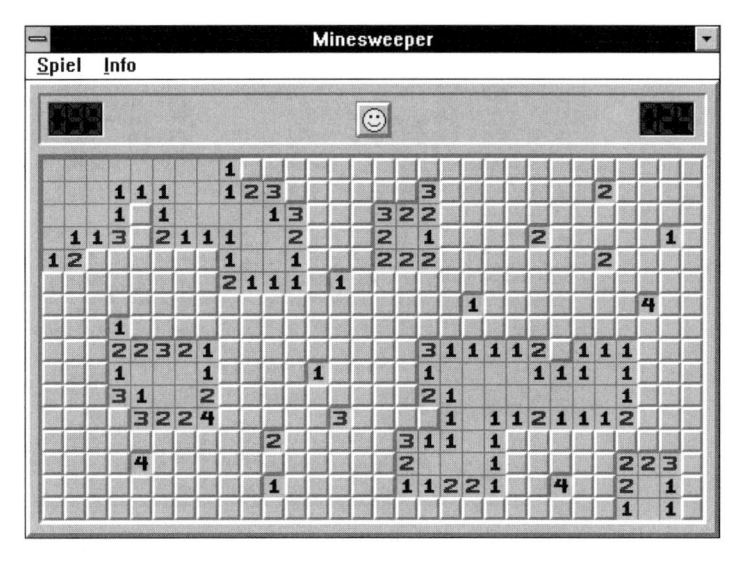

Bild 22.12: Das Minenfeld für Profis

Sie gehen strategisch vor und vermeiden größere Fehler (siehe Bild 22.13).

Sie können bei Bedarf den Spielgrad verändern oder mit der Option SELBSTDEFINIERT das Minenfeld Ihren Bedürfnissen anpassen (siehe Bild 22.14).

Strategie Minesweeper ist durchaus kein Spiel für Chaoten und Glücksritter, sondern bietet auch dem strategischen Teilnehmer Spielfreude. Der Schlüssel zum Spiel besteht in der Entscheidung, ob unter einem Feld eine Mine verborgen liegt.

Verfahren Bei dieser Entscheidung sind mehrere *Verfahren* hilfreich:

❒ Wenn Sie absolute Gewißheit haben, daß keine Mine verborgen ist, klicken Sie auf ein Feld mit der linken Maustaste. Es gibt im Fehlerfall keinen Weg zurück.

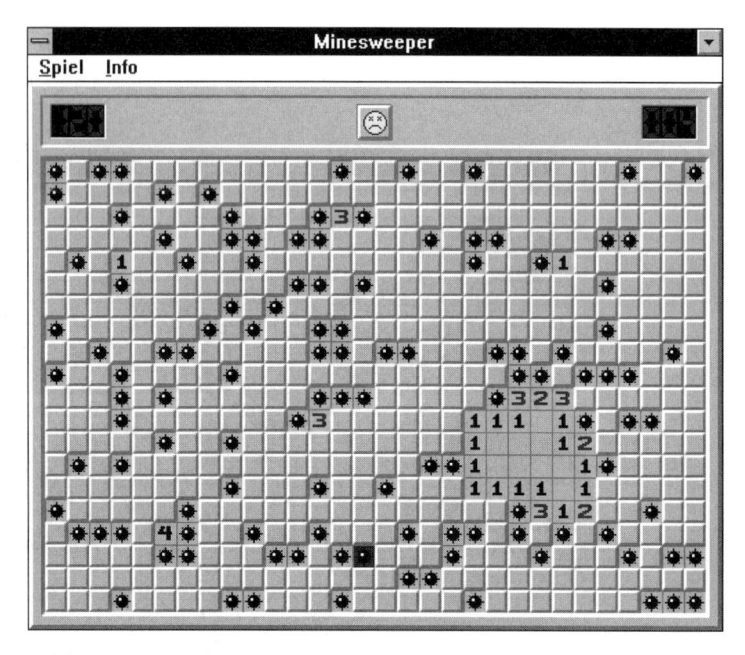

Bild 22.13: Ergebnis einer strategischen Fehlentscheidung

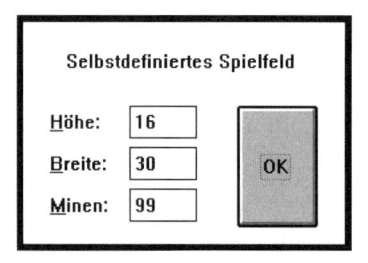

Bild 22.14: Das Spielfeld verändern

❐ Umgekehrt markieren Sie durch einmaliges Klicken mit der rechten Maustaste ein Feld, unter dem Sie eine Mine vermuten.

❐ Durch ein doppeltes Klicken mit der rechten Maustaste verschaffen Sie sich Luft. Es wird ein Fragezeichen angezeigt, da Sie noch nicht ganz sicher sind. Sie können später zu dem Feld zurückkehren und Ihre Entscheidung treffen.

Tips zu Minesweeper

- Ein mit einer Mine markiertes Feld können Sie durch einmaliges Klicken mit der rechten Maustaste in ein Fragezeichen ändern.

Ein Feld kann eine Mine, eine Zahl oder keine Zahl enthalten.

- Wenn Sie eine Mine gefunden haben, ist das Spiel beendet.
- Wenn das Feld keine Zahl enthält, sind keine Minen in den acht benachbarten Feldern verborgen.

Da die benachbarten Felder keine Minen enthalten, werden sie ebenfalls aufgedeckt.

- Eine Zahl gibt an, wieviele Minen in den acht benachbarten Feldern zu finden sind (siehe Bild 22.15).

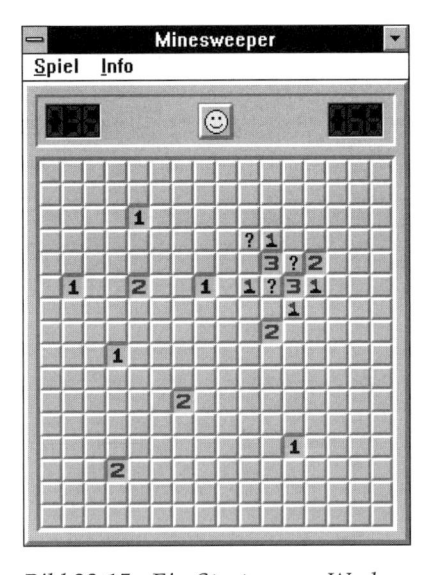

Bild 22.15: Ein Stratege am Werk

Tips zum Überleben — Versuchen Sie nie zu raten, sondern gehen Sie logisch vor. Stellen Sie mit Hilfe der Zahl eines Feldes fest, welche Felder mit Sicherheit minenfrei sind.

Wenn für ein Feld eine sichere Entscheidung nicht möglich ist, fahren Sie mit einem anderen Feld fort. Markieren Sie Zweifelsfälle zunächst durch ein Fragezeichen, und tasten Sie sich umsichtig im Minenfeld voran.

Teil D

MS Windows für Fortgeschrittene

KAPITEL 23

OBJEKTE EINBINDEN MIT OLE

Windows unterstützt den Austausch von Daten zwischen Anwendungen mit der Zwischenablage, mit DDE und mit OLE. Bei OLE werden Datenobjekte aus Server-Anwendungen in Dokumente von Client-Anwendungen eingebettet oder mit ihnen verknüpft. Die Bearbeitung eines Datenobjektes ist bei OLE nur einen Mausklick entfernt.

23.1 Daten austauschen

Wenn mit mehreren Programmen unter Windows gearbeitet wird, ist es besonders wichtig, den Datenaustausch zwischen den eingesetzten Programmen möglichst effektiv zu unterstützen.

Beispielsweise werden tabellarische Daten aus einem Tabellenkalkulationsprogramm in einem Textverarbeitungsprogramm für die Erstellung eines Berichts benötigt. Grafische Daten aus einem Grafik-Programm sollen tabellarische Daten optisch aufbereiten. Adressen aus einem Datenbankprogramm sollen bei der Serienbrieferstellung zur Verfügung gestellt werden.

Die Beispiele für einen Datenaustausch zwischen Programmen lassen sich nahezu endlos fortsetzen. Der Datenaustausch führt zu einer Integration der Daten, die von spezialisierten Programmen erstellt und bearbeitet worden sind.

Datenaustausch

Windows unterstützt derzeitig drei Verfahren für den *Datenaustausch*:

- Datenaustausch über die Zwischenablage
- Datenaustausch mit DDE
- Datenaustausch mit OLE

Zwischenablage

Beim Datenaustausch über die *Zwischenablage* werden Daten aus einer Quellanwendung in die Zwischenablage kopiert und von dort in die Zielanwendung übertragen.

Es werden beim Datenaustausch über die Zwischenablage die folgenden Teilaufgaben unterschieden:

- markierte Daten in die Zwischenablage kopieren
- Bildschirminhalt in die Zwischenablage kopieren
- Fensterinhalt in die Zwischenablage kopieren
- Inhalt der Zwischenablage einfügen

Der Datenaustausch über die Zwischenablage wird von allen Windows-Anwendungen unterstützt.

DDE Beim Datenaustausch mit *DDE* (dynamic data exchange) werden Daten zwischen Anwendungen dynamisch aktualisiert. Zwischen den am Datenaustausch beteiligten Anwendungen wird eine DDE-Verbindung aufgebaut. Über die Verbindung werden DDE-Nachrichten zur Aktualisierung und zum Austausch von Daten ausgetauscht.

Voraussetzung für den Austausch von Daten mit DDE ist, daß die beteiligten Windows-Anwendungen DDE unterstützen. Das Verfahren für den Datenaustausch mit DDE ist in der Dokumentation der jeweiligen Anwendung beschrieben.

OLE Der Datenaustausch mit *OLE* (Object Linking and Embedding) unterstützt die Verknüpfung und Einbettung von Datenobjekten. Beim OLE-Verfahren werden zwei Beteiligungsarten unterschieden:

- Das eine Programm dient als Server-Anwendung.
- Das andere Programm dient als Client-Anwendung.

Server Eine *Server-Anwendung* stellt ein Datenobjekt einer Zielanwendung zur Verfügung.

Client Eine *Client-Anwendung* nimmt Datenobjekte von einer Server-Anwendung entgegen.

23.2 Mit OLE Anwendungen integrieren

Das OLE-Verfahren *Objekte verknüpfen und einbetten* (Object Linking and Embedding, kurz: OLE) dient nicht nur dem Austausch und der Aktualisierung von Daten zwischen unterschiedlichen Anwendungsprogrammen. Es unterstützt die Integration von spezialisierten Anwendungen.

Spezialisierte Anwendungen

Die Spezialisierung von Anwendungen besteht in zweifacher Hinsicht:

- Spezialisierung nach der Aufgabenstellung

❏ Spezialisierung nach der OLE-Unterstützung

Aufgabe Anwendungsprogramme sind nach ihrer *Aufgabenstellung* spezialisiert. Es gibt unter anderem spezialisierte Anwendungsprogramme für Textverarbeitung, Tabellenkalkulation, Datenbanken und Bildbearbeitung. OLE unterstützt den Datenaustausch zwischen den spezialisierten Anwendungen; die Anwendungen werden integriert.

OLE-Unter- Anwendungsprogramme sind nach dem Grad der OLE-Unter-
stützung stützung spezialisiert. Am OLE-Verfahren sind Server-Anwendungen und Client-Anwendungen beteiligt. Es gibt jedoch nur wenige Programme, die sowohl als Server-Anwendung wie auch als Client-Anwendung eingesetzt werden können. In der Regel sind Windows-Anwendungen, die OLE unterstützen, nur Server-Anwendungen oder Client-Anwendungen.

Server *Server-Anwendungen* sind Anwendungsprogramme, mit denen Objekte erstellt und in Dokumente anderer Anwendungsprogramme (Client-Anwendungen) eingebettet oder mit ihnen verknüpft werden können. Die Datei, aus der ein Objekt eingebettet oder verknüpft wird, heißt *Quelldatei*.

Client *Client-Anwendungen* sind Anwendungsprogramme, in deren Dokumente Objekte eingebettet oder verknüpft werden können, die von anderen Anwendungsprogrammen (Server-Anwendungen) erstellt oder bearbeitet werden. Die Datei, in die ein Objekt eingebettet oder mit der es verknüpft wird, heißt *Zieldatei*.

Beim Einbetten oder Verknüpfen von Objekten bleiben Informationen darüber erhalten, mit welchem Anwendungsprogramm das Objekt erstellt oder bearbeitet wird.

Einbindung von Datenobjekten

Für die Einbindung von Datenobjekten stehen zwei *OLE-Verfahren* zur Verfügung:

❏ Datenobjekte einbetten
❏ Datenobjekte verknüpfen

Einbetten   Beim *Einbetten eines Datenobjektes* wird das Objekt aus einer Quelldatei in eine Zieldatei kopiert. Im Gegensatz zum Einfügen über die Zwischenablage bleiben Informationen über das Anwendungsprogramm erhalten.

Zur Bearbeitung des Datenobjektes markieren Sie lediglich das Objekt in der Zieldatei – das Anwendungsprogramm zur Bearbeitung wird dann geöffnet. Die Bearbeitung eines Objektes erfolgt innerhalb der Zieldatei, ohne sie zu verlassen. Nach dem Einbetten eines Objektes besteht keine Verbindung zur Quelldatei, aus der das Objekt stammt. Änderungen des Objektes in der Quelldatei werden in der Zieldatei nicht aktualisiert.

Verknüpfen   Beim *Verknüpfen eines Datenobjektes* wird eine Referenz des Objektes zur Quelldatei erstellt, aus der das Objekt stammt. Das Objekt wird nicht aus der Quelldatei in die Zieldatei kopiert. Aufgrund der Referenz erscheinen Änderungen des Objektes in der Quelldatei auch in der Zieldatei. Eine Bearbeitung des Objektes in der Zieldatei verändert das Datenobjekt in der Quelldatei.

23.3   Objekte einbetten

Die Einbettung von Datenobjekten in ein Dokument einer Anwendung, die OLE unterstützt, kann in der Client-Anwendung oder in der Server-Anwendung durchgeführt werden.

Es werden die folgenden Aufgaben unterschieden:

- Objekt aus einer Client-Anwendung einbetten
- Objekt aus einer Server-Anwendung einbetten
- eingebettetes Objekt bearbeiten

Client   Bei der Einbettung aus einer *Client-Anwendung* beginnen Sie die Einbettung in der Client-Anwendung. Die Server-Anwendung wird aus der Client-Anwendung heraus aufgerufen.

Server   Bei der Einbettung aus einer *Server-Anwendung* beginnen Sie die Einbettung in der Server-Anwendung, mit der das Objekt erstellt oder bearbeitet wird. Sie wechseln dann zur Client-Anwendung und fügen das mit der Server-Anwendung erstellte Objekt ein.

Einbettung aus einer Client-Anwendung

Client Bei der Einbettung eines Datenobjektes aus einer *Client-Anwendung* gehen Sie folgendermaßen vor:

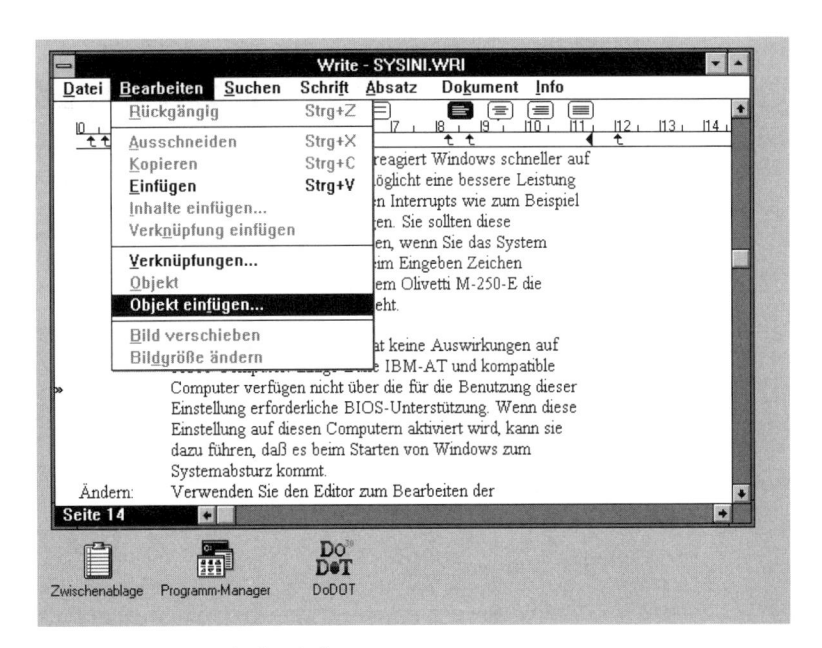

Bild 23.1: Datenobjekt einfügen

1. Öffnen Sie das Dokument der Client-Anwendung, in dem das Datenobjekt der Server-Anwendung eingebettet werden soll.

2. Positionieren Sie die Einfügemarke in der Client-Anwendung, beispielsweise Write.

3. Wählen Sie im Menü BEARBEITEN den Befehl OBJEKT EINFÜGEN (siehe Bild 23.1).

   Es wird das Dialogfeld OBJEKT EINFÜGEN angezeigt. Es listet die Anwendungsprogramme auf, die das Einbetten und Verknüpfen von Objekten unterstützen.

4. Markieren Sie den für die Server-Anwendung gültigen Eintrag, beispielsweise PAINTBRUSH-BILD (siehe Bild 23.2).

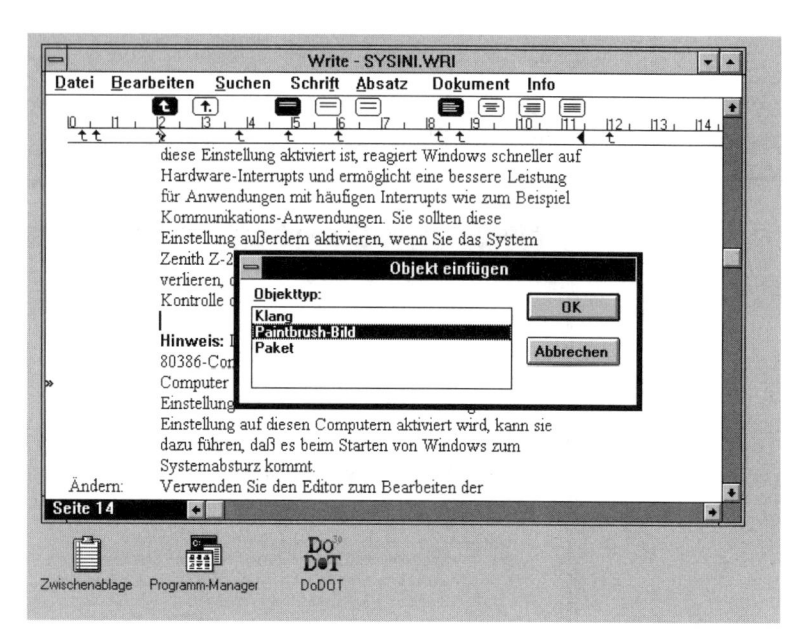

Bild 23.2: Dialogfeld Objekt einfügen

5. Wählen Sie OK.

   Die Server-Anwendung, beispielsweise Paintbrush, wird gestartet.

6. Erstellen Sie ein neues Datenobjekt, oder öffnen Sie im Menü BEARBEITEN mit dem Befehl EINFÜGEN AUS ein bestehendes Zeichenobjekt (siehe Bild 23.3).

7. Wählen Sie im Menü DATEI den Befehl AKTUALISIEREN.

   Es wird das Datenobjekt in das Dokument der Client-Anwendung, beispielsweise ein Write-Dokument, eingefügt.

8. Wählen Sie in der Server-Anwendung im Menü DATEI den Befehl BEENDEN & ZURÜCK ZU (DATEINAME).

   Sie kehren zum Dokument der Client-Anwendung zurück (siehe Bild 23.4).

Objekte einbetten 757

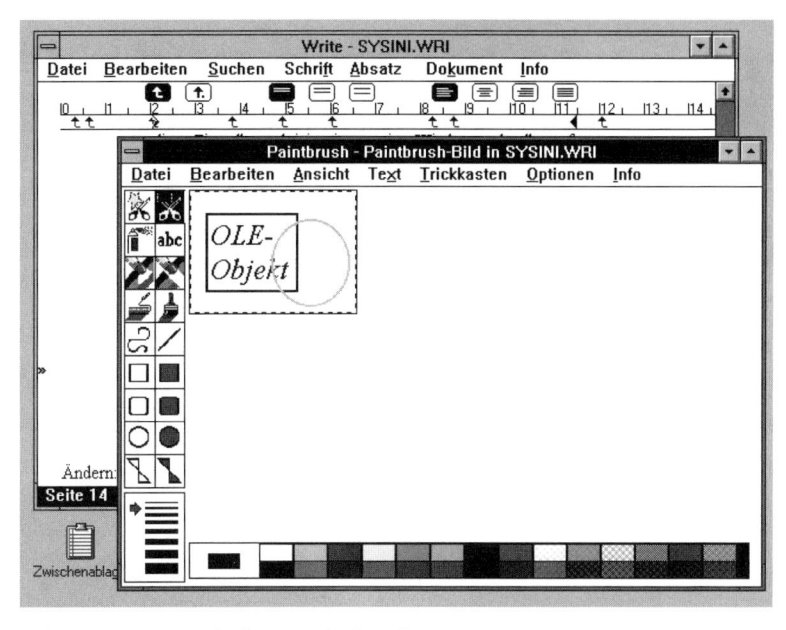

Bild 23.3: Datenobjekt in Paintbrush

Einbettung aus einer Server-Anwendung

Server
Bei der Einbettung eines Datenobjektes aus einer *Server-Anwendung* in ein Dokument einer Client-Anwendung gehen Sie mit den folgenden Schritten vor:

1. Öffnen Sie die Server-Anwendung.

2. Erstellen Sie ein neues Datenobjekt, oder laden Sie ein vorhandenes Objekt.

3. Markieren Sie das Datenobjekt.

4. Wählen Sie im Menü BEARBEITEN den Befehl KOPIEREN.

    Das Datenobjekt wird in die Zwischenablage kopiert.

5. Speichern Sie bei Bedarf das Datenobjekt mit dem Befehl SPEICHERN im Menü DATEI.

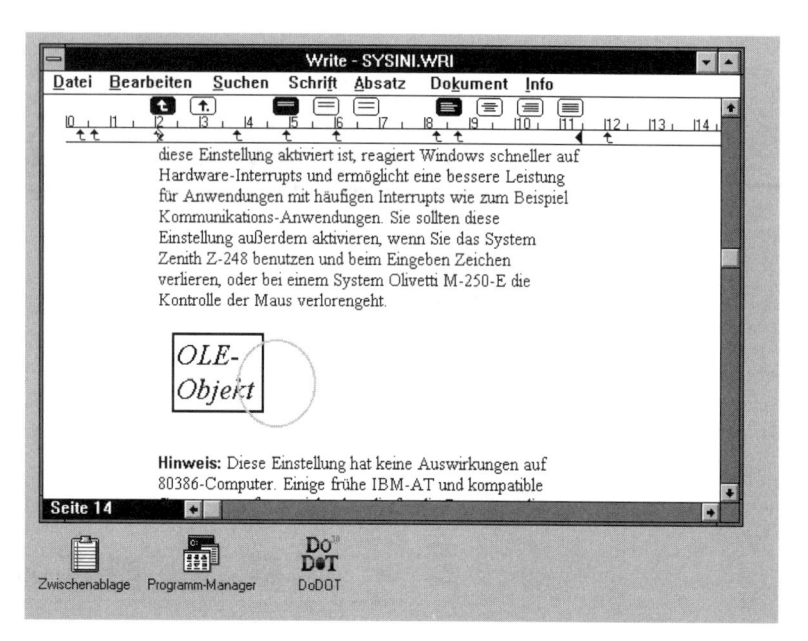

Bild 23.4: Datenobjekt im Dokument einer Client-Anwendung

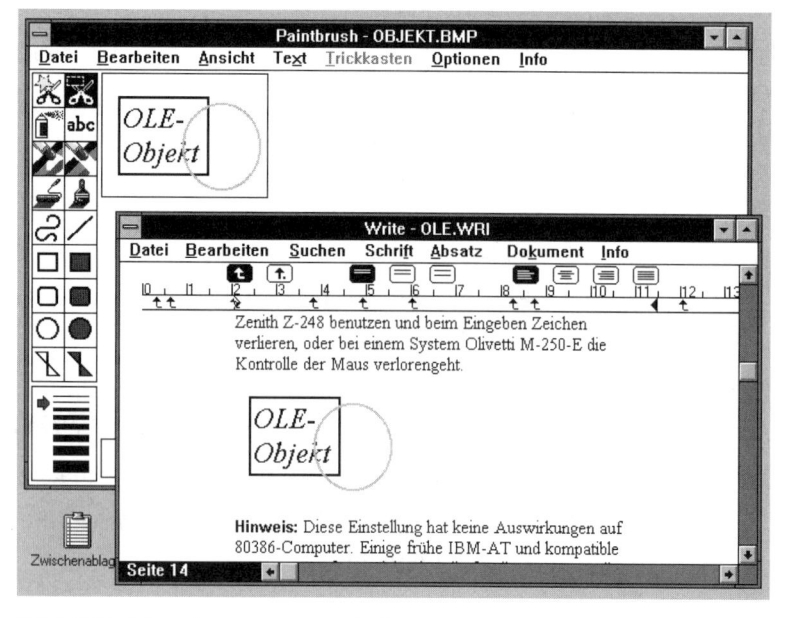

Bild 23.5: Eingebettetes Datenobjekt

Objekte einbetten 759

6. Wechseln Sie zum Dokument der Client-Anwendung, in dem das Datenobjekt eingebettet werden soll.

7. Wählen Sie im Menü BEARBEITEN den Befehl EINFÜGEN.

   Das Datenobjekt wird im Dokument der Client-Anwendung angezeigt (siehe Bild 23.5).

Eingebettetes Objekt bearbeiten

Bearbeiten   Ein in einem Dokument einer Client-Anwendung eingebettetes Datenobjekt *bearbeiten* Sie mit den folgenden Schritten:

Schrittfolge für die Maus:

1. Doppelklicken Sie auf das eingebettete Datenobjekt im Dokument der Client-Anwendung.

   Die Server-Anwendung wird gestartet.

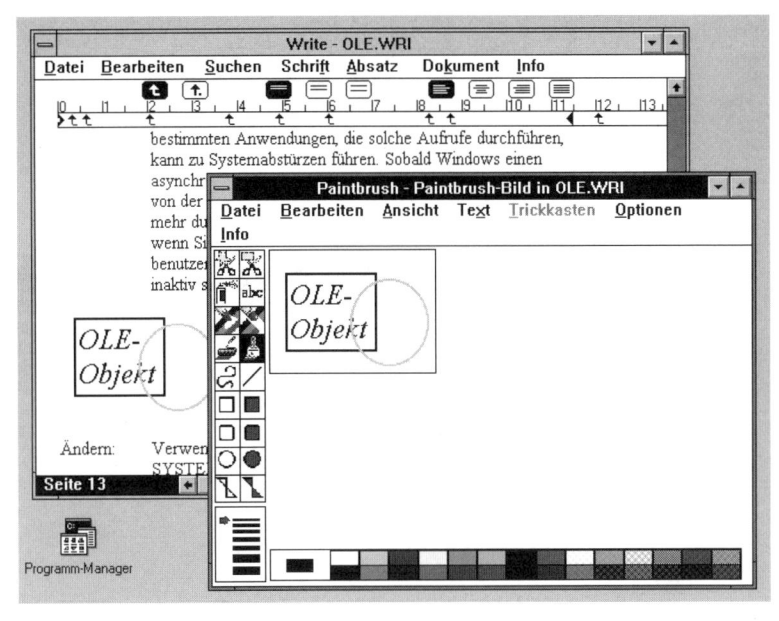

Bild 23.6: Datenobjekt bearbeiten

2. Bearbeiten Sie in der Server-Anwendung das Datenobjekt (siehe Bild 23.6).

3. Wählen Sie in der Server-Anwendung im Menü DATEI den Befehl AKTUALISIEREN.

   Das im Dokument der Client-Anwendung eingebettete Datenobjekt wird aktualisiert.

4. Wählen Sie in der Server-Anwendung im Menü DATEI den Befehl BEENDEN & ZURÜCK ZU (DATEINAME) (siehe Bild 23.7).

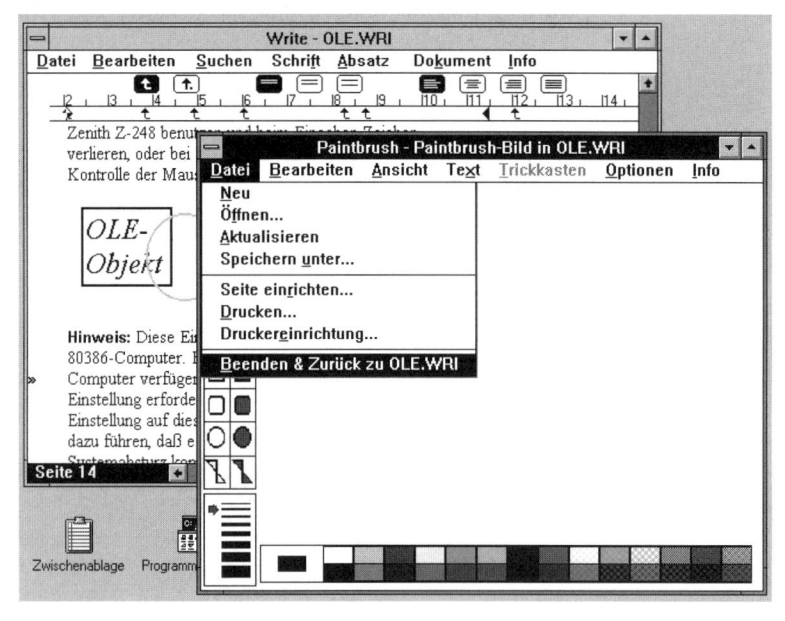

Bild 23.7: Zum Dokument der Client-Anwendung zurückkehren

Die Server-Anwendung wird beendet. Sie kehren zum Dokument der Client-Anwendung zurück.

Schrittfolge für die Tastatur:

1. Positionieren Sie den Cursor im Dokument der Client-Anwendung auf dem eingebetteten Datenobjekt, das bearbeitet werden soll.

2. Wählen Sie im Beispiel bei der Client-Anwendung Write im Menü BEARBEITEN den Befehl PAINTBRUSH-BILD BEARBEITEN.

Die Server-Anwendung Paintbrush wird gestartet.

3. Bearbeiten Sie in der Server-Anwendung Paintbrush das Datenobjekt.

4. Wählen Sie in der Server-Anwendung im Menü DATEI den Befehl AKTUALISIEREN.

Das im Dokument der Client-Anwendung eingebettete Datenobjekt wird aktualisiert.

5. Wählen Sie in der Server-Anwendung im Menü DATEI den Befehl BEENDEN & ZURÜCK ZU (DATEINAME).

Die Server-Anwendung wird beendet. Sie kehren zum Dokument der Client-Anwendung zurück.

23.4 Objekte verknüpfen

Bei der Verknüpfung eines Datenobjektes mit einem Dokument der Client-Anwendung wird das Objekt nicht in die Zieldatei kopiert. Es wird in der Zieldatei eine Kopie des Objektes der Quelldatei angezeigt. Ein zu verknüpfendes Objekt muß vorher gespeichert sein.

Bei der *Verknüpfung* von Datenobjekten einer Server-Anwendung in ein Dokument einer Client-Anwendung werden die folgenden *Teilaufgaben* unterschieden:

❐ Objekt verknüpfen

❐ verknüpftes Objekt bearbeiten

❐ Verknüpfung aktualisieren

❐ mehrere Verknüpfungen herstellen

❐ Verknüpfung lösen

❐ Verknüpfung löschen

❐ unterbrochene Verknüpfung wiederherstellen

Datenobjekt verknüpfen

Verknüpfen Sie *verknüpfen* ein Datenobjekt einer Server-Anwendung mit einem Dokument einer Client-Anwendung mit den folgenden Schritten:

1. Öffnen Sie die Server-Anwendung.
2. Erstellen Sie ein neues Datenobjekt, oder laden Sie ein vorhandenes Objekt, das mit der Zieldatei verknüpft werden soll.
3. Speichern Sie bei Bedarf das neue oder bearbeitete Datenobjekt.
4. Markieren Sie das zu verknüpfende Datenobjekt.
5. Wählen Sie im Menü BEARBEITEN den Befehl KOPIEREN.

   Das Datenobjekt wird in die Zwischenablage kopiert.
6. Wechseln Sie zum Dokument der Client-Anwendung, mit dem das Datenobjekt verknüpft werden soll.

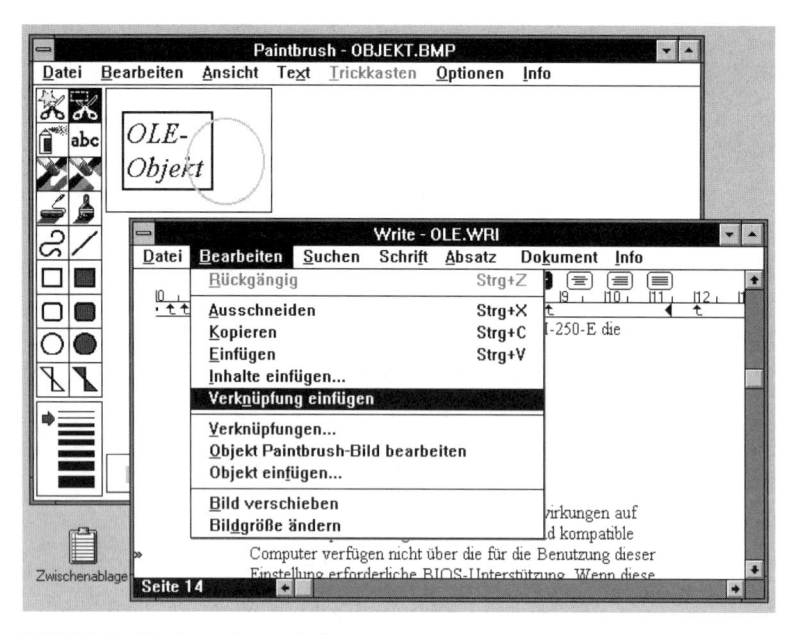

Bild 23.8: Verknüpfung einfügen

Objekte verknüpfen 763

7. Positionieren Sie die Einfügemarke im Dokument.
8. Wählen Sie im Menü BEARBEITEN den Befehl VERKNÜPFUNG EINFÜGEN (siehe Bild 23.8).

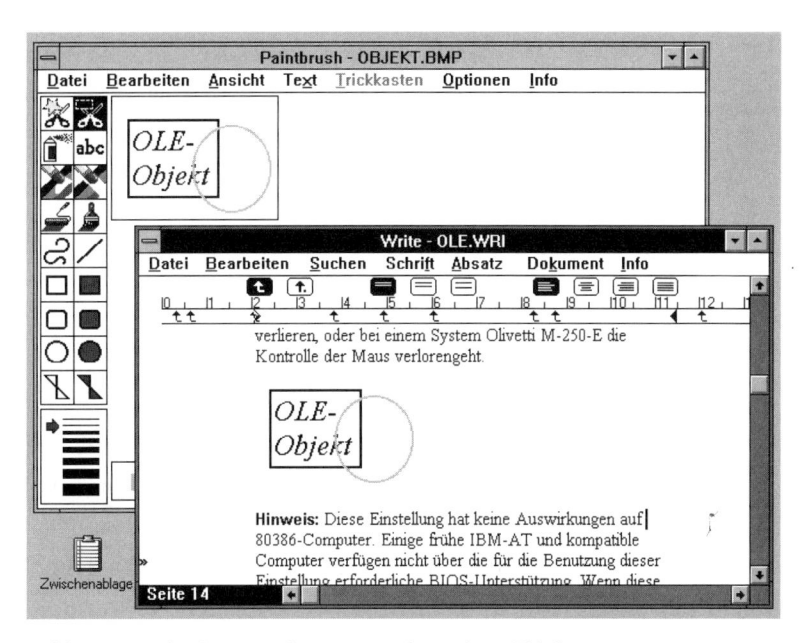

Bild 23.9: Mit einem Dokument verknüpftes Objekt

Die Quelldatei der Server-Anwendung enthält das Datenobjekt, das mit dem Dokument der Client-Anwendung verknüpft ist (siehe Bild 23.9).

Verknüpftes Datenobjekt bearbeiten

Bearbeiten Ein mit einem Dokument einer Client-Anwendung verknüpftes Datenobjekt *bearbeiten* Sie mit den folgenden Schritten:

Schrittfolge für die Maus:

1. Doppelklicken Sie auf das verknüpfte Datenobjekt im Dokument.

Die Server-Anwendung wird gestartet.

2. Bearbeiten Sie in der Server-Anwendung das Datenobjekt.
3. Wählen Sie in der Server-Anwendung im Menü DATEI den Befehl SPEICHERN.
4. Wählen Sie in der Server-Anwendung im Menü DATEI den Befehl BEENDEN.

Die Server-Anwendung wird beendet. Sie kehren zum Dokument der Client-Anwendung zurück.

Schrittfolge für die Tastatur:

1. Wählen Sie bei der Client-Anwendung Write im Menü BEARBEITEN den Befehl PAINTBRUSH-BILD BEARBEITEN.

Die Server-Anwendung Paintbrush wird gestartet.

2. Bearbeiten Sie in der Server-Anwendung das Datenobjekt.
3. Wählen Sie in der Server-Anwendung im Menü DATEI den Befehl SPEICHERN.
4. Wählen Sie in der Server-Anwendung im Menü DATEI den Befehl BEENDEN.

Die Server-Anwendung wird beendet. Sie kehren zum Dokument der Client-Anwendung zurück.

Bei manueller Aktualisierung wird das geänderte Datenobjekt nur nach einer Aktualisierung angezeigt.

Verknüpfung des Objektes aktualisieren

Aktualisieren Verknüpfte Objekte werden mit den beiden folgenden Verfahren *aktualisiert*:

- ❏ automatische Aktualisierung
- ❏ manuelle Aktualisierung

Automatisch Die Einstellungen für eine *automatische Aktualisierung* nehmen Sie mit den folgenden Schritten vor:

Objekte verknüpfen

1. Öffnen Sie das Dokument der Client-Anwendung, mit dem das Datenobjekt verknüpft ist.
2. Wählen Sie im Menü BEARBEITEN den Befehl VERKNÜPFUNG.

   Es wird das Dialogfeld VERKNÜPFUNGEN angezeigt (siehe Bild 23.10).
3. Markieren Sie die Verknüpfung, deren Status verändert werden soll.
4. Wählen Sie die Option AUTOMATISCH oder MANUELL.
5. Wählen Sie OK.

Manuell Die Einstellungen für eine *manuelle Aktualisierung* nehmen Sie mit den folgenden Schritten vor:

1. Öffnen Sie das Dokument der Client-Anwendung, mit dem das Datenobjekt verknüpft ist.

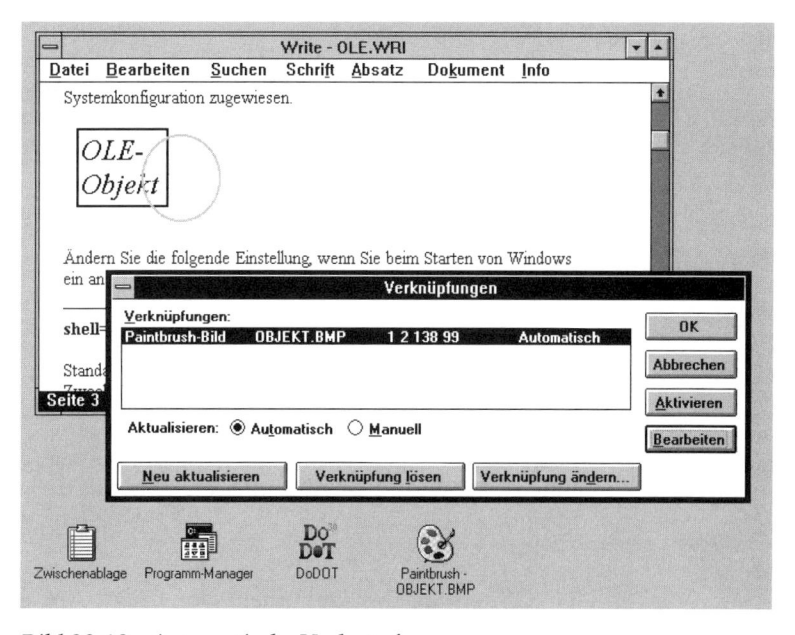

Bild 23.10: Automatische Verknüpfung

2. Wählen Sie im Menü BEARBEITEN den Befehl VERKNÜPFUNG. Es wird das Dialogfeld VERKNÜPFUNGEN angezeigt.
3. Markieren Sie die Verknüpfung, deren Status verändert werden soll.
4. Wählen Sie die Schaltfläche NEU AKTUALISIEREN.
5. Wählen Sie OK.

Mehrere Verknüpfungen herstellen

Mehrere verknüpfte Objekte können mit den beiden folgenden *Verfahren* erstellt werden:

- Objekt verknüpfen
- bestehende Verknüpfung kopieren

Kopieren   Das *Kopieren* einer bestehenden Verknüpfung nehmen Sie mit den folgenden Schritten vor:

1. Öffnen Sie das Dokument der Client-Anwendung mit einem verknüpften Datenobjekt, das kopiert werden soll.
2. Markieren Sie das verknüpfte Datenobjekt.
3. Öffnen Sie das Dokument der Client-Anwendung, mit dem das Objekt verknüpft werden soll.
4. Positionieren Sie die Einfügemarke im Dokument.
5. Wählen Sie im Menü BEARBEITEN den Befehl EINFÜGEN.

Verknüpfung des Objektes lösen

Lösen   Eine bestehende Verknüpfung *lösen* Sie mit den folgenden Schritten:

1. Öffnen Sie das Dokument der Client-Anwendung, mit dem das Datenobjekt verknüpft ist.

2. Markieren Sie das Datenobjekt.
3. Wählen Sie im Menü DATEI den Befehl VERKNÜPFUNG.
   Es wird das Dialogfeld VERKNÜPFUNGEN angezeigt.
4. Wählen Sie die Schaltfläche VERKNÜPFUNG LÖSEN.
5. Wählen Sie OK.

Verknüpfung des Objektes löschen

Löschen   Eine bestehende Verknüpfung *löschen* Sie mit den folgenden Schritten:

1. Öffnen Sie das Dokument der Client-Anwendung, mit dem das Datenobjekt verknüpft ist.
2. Markieren Sie das Datenobjekt.
3. Drücken Sie die ENTF-Taste.

Unterbrochene Verknüpfung wiederherstellen

Wieder-   Eine unterbrochene Verknüpfung können Sie mit den folgenden
herstellen   Schritten *wiederherstellen*:

1. Öffnen Sie die Datei mit dem Datenobjekt, dessen Verknüpfung geändert werden soll.
2. Markieren Sie das Datenobjekt.
3. Wählen Sie im Menü BEARBEITEN den Befehl VERKNÜPFUNG.
   Es wird das Dialogfeld VERKNÜPFUNGEN angezeigt.
4. Wählen Sie die Schaltfläche VERKNÜPFUNG ÄNDERN.
   Es wird das Dialogfeld VERKNÜPFUNG ÄNDERN angezeigt (siehe Bild 23.11).
5. Wählen Sie im Listenfeld DATEINAME den Namen der Datei, zu der die Verknüpfung wiederhergestellt werden soll.
6. Wählen Sie OK.

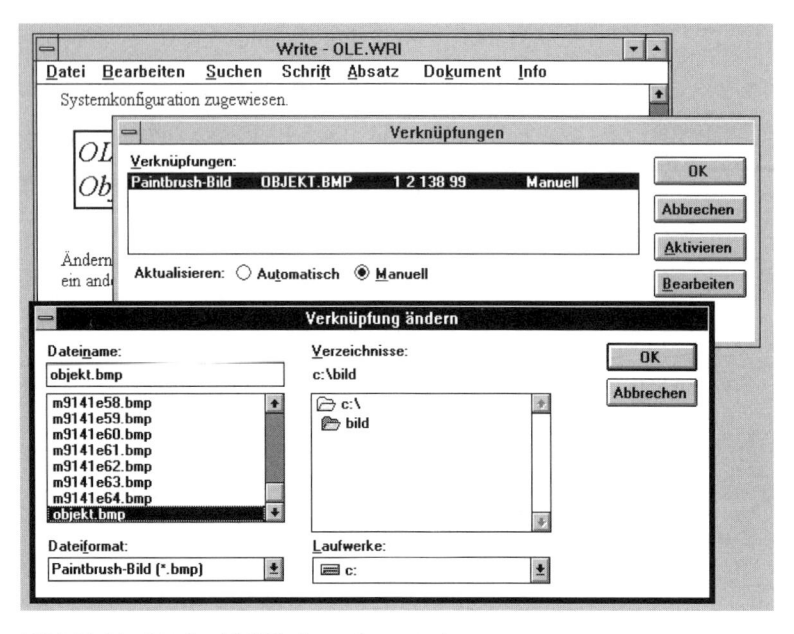

Bild 23.11: Dialogfeld Verknüpfung ändern

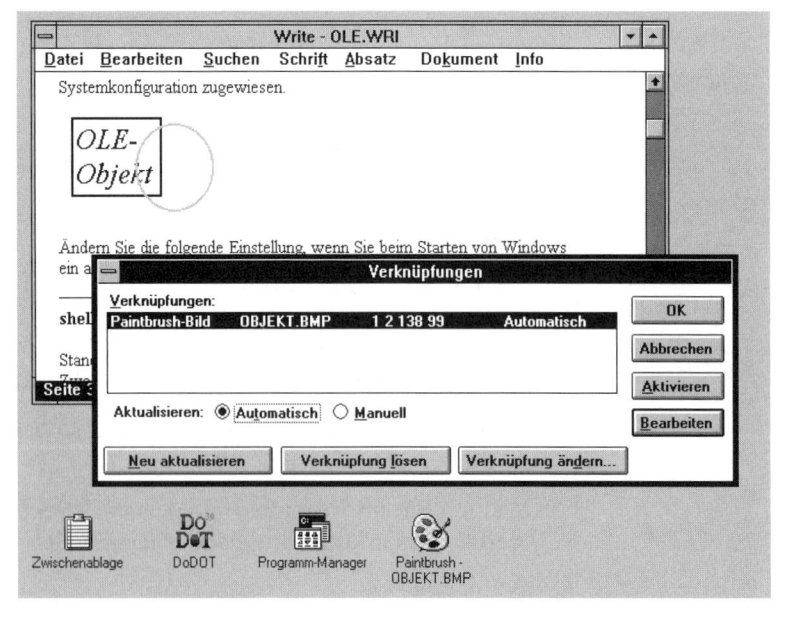

Bild 23.12: Verknüpfung wiederherstellen

Der Objekt-Manager 769

Es wird das Dialogfeld VERKNÜPFUNGEN angezeigt (siehe Bild 23.12).

Der Name der neuen Quelldatei ist markiert.

7. Wählen Sie OK.

Das Dialogfeld wird geschlossen.

Das neu verknüpfte Objekt wird in der Zieldatei angezeigt (siehe Bild 23.13).

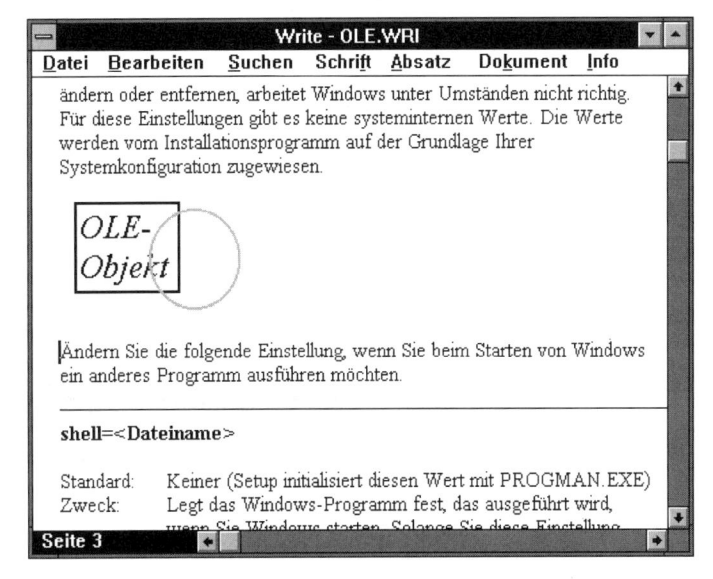

Bild 23.13: Objekt mit wiederhergestellter Verknüpfung

23.5 Der Objekt-Manager

Beim Einbinden (Einbetten oder Verknüpfen) von Datenobjekten in eine Zieldatei sind zwei Verfahren zu unterscheiden:

- Datenobjekt in die Zieldatei einfügen
- Paket in die Zieldatei einfügen

Paket	Ein *Paket* ist ein Symbol für ein eingebettetes oder verknüpftes Datenobjekt. Das Objekt kann ein Teil eines Dokumentes oder ein vollständiges Dokument sein.
	Wenn Sie das Paket markieren, wird sein Inhalt in der Anwendung angezeigt, mit der das Paket erstellt wurde. Wenn beispielsweise ein Zeichenobjekt mit Paintbrush als Paket erstellt wird, stellt nach Markierung des Paketes Paintbrush das Zeichenobjekt dar. Ein Paket mit einem Objekt Klang oder Animation wird wiedergegeben.
Fenster	Das *Fenster* des Objekt-Managers besteht aus zwei Teilfenstern (siehe Bild 23.14):

❐ Fenster DARSTELLUNG

❐ Fenster INHALT

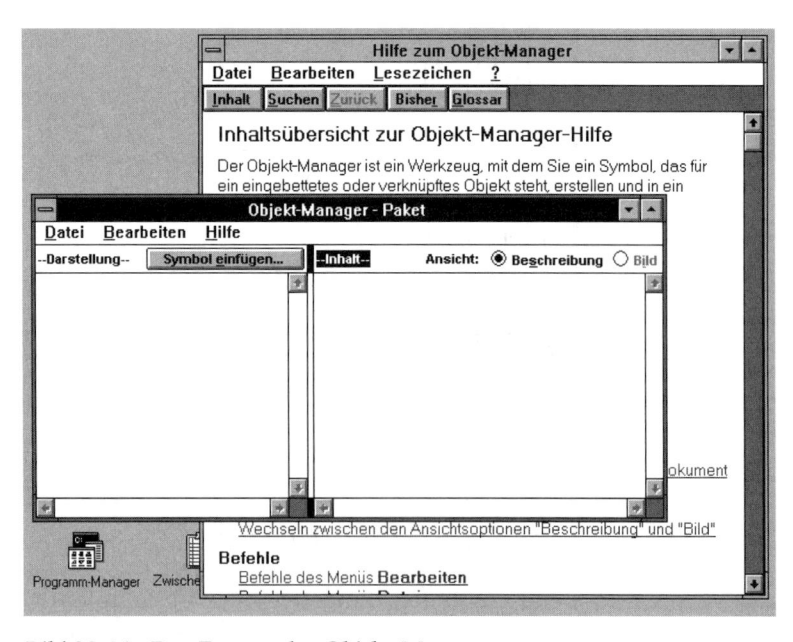

Bild 23.14: Das Fenster des Objekt-Managers

Darstellung Im linken Fenster DARSTELLUNG wird das Symbol angezeigt, das das eingebettete oder verknüpfte Datenobjekt im Dokument der Zieldatei (Zieldokument) repräsentiert.

Inhalt Im rechten Fenster INHALT wird der Name der Datei angezeigt, die das Objekt enthält.

Erstellen Ein Paket *erstellen* Sie durch Kopieren des Inhaltes der Fenster DARSTELLUNG und INHALT in die Zwischenablage. Aus der Zwischenablage wird das Paket in ein Zieldokument eingefügt.

Die Windows-Anwendung, in die ein Paket eingefügt werden kann, muß OLE unterstützen und eine Client-Anwendung sein.

Teilaufgaben Beim Arbeiten mit dem Objekt-Manager werden die folgenden *Teilaufgaben* unterschieden:

- ganze Datei verpacken
- Teil einer Datei verpacken
- DOS-Befehl verpacken
- Objektsymbol ändern

Ganze Datei verpacken

Ganze Datei Beim Einpacken einer *ganzen Datei* als Datenobjekt, das in ein Zieldokument eingebunden werden soll, werden zwei *Verfahren* unterschieden:

- eingebettetes Objekt mit dem Objekt-Manager verpacken
- eingebettetes oder verknüpftes Objekt mit dem Datei-Manager verpacken

Ganze Datei mit dem Objekt-Manager verpacken

Objekt-Manager Ein eingebettetes Objekt verpacken Sie mit dem *Objekt-Manager* mit den folgenden Schritten:

1. Öffnen Sie den Objekt-Manager.

2. Klicken Sie auf das Fenster INHALT.

   Oder wechseln Sie zum Fenster INHALT mit der TABULATOR-Taste.

3. Wählen Sie im Menü DATEI den Befehl IMPORTIEREN (siehe Bild 23.15).

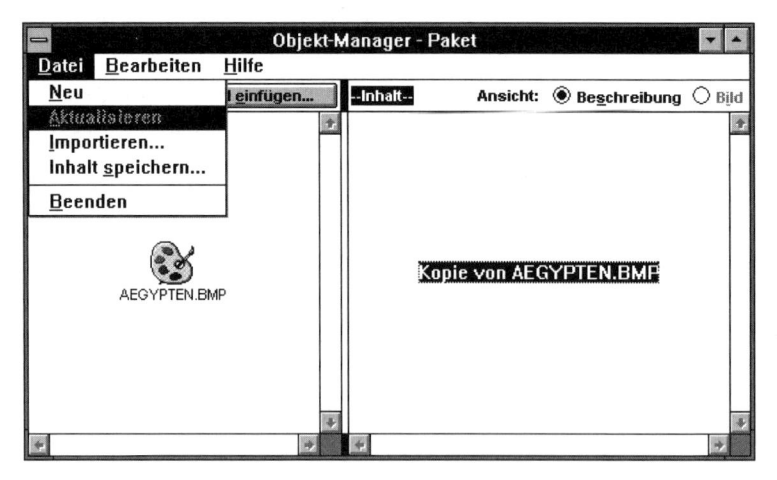

Bild 23.15: Das Menü Datei des Objekt-Managers

Es wird das Dialogfenster IMPORTIEREN angezeigt (siehe Bild 23.16).

4. Öffnen Sie das Verzeichnis mit der Datei, die als verpacktes Objekt eingefügt werden soll.

5. Markieren Sie den Namen der Datei.

6. Wählen Sie OK.

   Das Symbol der Anwendung, mit der die Datei erstellt wurde, wird im Fenster DARSTELLUNG angezeigt.

   Der Name der Datei, die als verpacktes Objekt eingefügt werden soll, wird im Fenster INHALT angegeben (siehe Bild 23.17).

Der Objekt-Manager 773

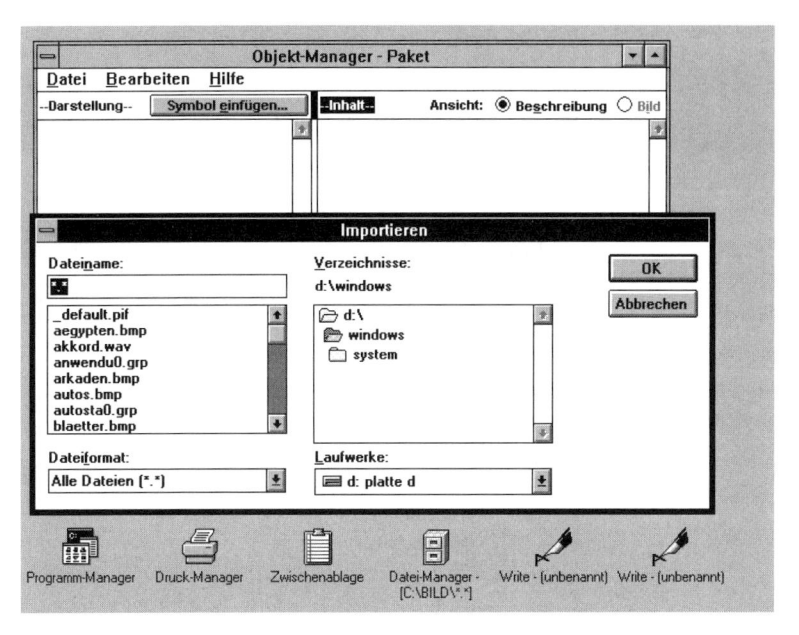

Bild 23.16: Das Dialogfenster Importieren

Bild 23.17: Die beiden Fenster des Objekt-Managers

7. Ändern Sie bei Bedarf das Symbol mit dem Befehl SYMBOL EINFÜGEN.

8. Ändern Sie bei Bedarf die Beschriftung mit dem Befehl BESCHRIFTUNG im Menü BEARBEITEN.

9. Wählen Sie im Menü BEARBEITEN den Befehl PAKET KOPIEREN (siehe Bild 23.18).

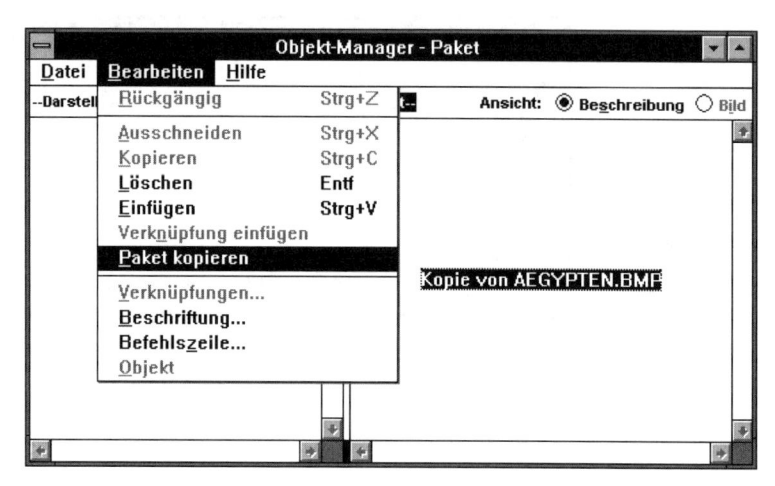

Bild 23.18: Der Befehl Paket kopieren

10. Öffnen Sie die Zieldatei, in die das verpackte Objekt eingefügt werden soll.

    Die Windows-Anwendung, mit der das Objekt erstellt wird, muß OLE unterstützen und eine Server-Anwendung sein.

11. Positionieren Sie den Cursor an der Einfügestelle.

12. Wählen Sie im Menü BEARBEITEN den Befehl EINFÜGEN (siehe Bild 23.19).

    Das Paket wird in das Zieldokument eingefügt.

13. Zeigen Sie bei Bedarf durch Doppelklicken auf das Symbol den Inhalt des eingefügten Pakets an.

    Oder wählen Sie im Menü BEARBEITEN den Befehl PAKET OBJEKT und INHALT AKTIVIEREN.

    Das Objekt wird angezeigt.

Der Objekt-Manager 775

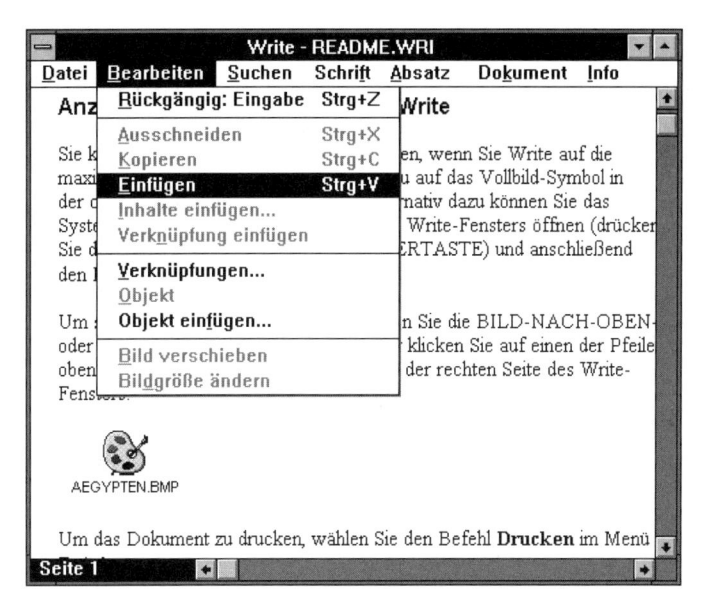

Bild 23.19: Paket in ein Zieldokument einfügen

Ganze Datei mit dem Datei-Manager verpacken

Datei-Manager
Ein eingebettetes oder verknüpftes Objekt können Sie mit dem *Datei-Manager* verpacken.

Für das Verpacken mit dem Datei-Manager stehen die folgenden drei Verfahren zur Verfügung:

- Eine Datei wird vom Datei-Manager über die Zwischenablage in den Objekt-Manager kopiert und als Paket in das Zieldokument eingebettet.

- Eine Datei wird vom Datei-Manager über die Zwischenablage in das Zieldokument kopiert und als Paket in das Zieldokument eingebettet.

- Im Zieldokument wird mit der Maus ein Paket mit einer eingebetteten oder verknüpften Datei erstellt.

Vom Datei-Manager in den Objekt-Manager übertragen

1. Verfahren Bei diesem Verfahren wird eine Datei vom Datei-Manager über die Zwischenablage in den Objekt-Manager kopiert und als Paket in das Zieldokument eingebettet.

Sie führen die Einbettung mit den folgenden Schritten durch:

1. Öffnen Sie den Datei-Manager.
2. Öffnen Sie das Verzeichnis mit der Datei, die verpackt werden soll.
3. Markieren Sie den Namen der Datei.
4. Wählen Sie im Menü DATEI den Befehl KOPIEREN.

   Es wird das Dialogfeld KOPIEREN angezeigt.
5. Markieren Sie die Option IN ZWISCHENABLAGE KOPIEREN.
6. Wählen Sie OK.
7. Öffnen Sie den Objekt-Manager.
8. Markieren Sie das Fenster INHALT.
9. Wählen Sie im Menü BEARBEITEN den Befehl VERKNÜPFTES OBJEKT EINFÜGEN.

Vom Datei-Manager in die Zieldatei kopieren

2. Verfahren Bei vielen Windows-Anwendungen, die das Einbinden von Objekten mit OLE unterstützen, ist die Einbettung über den Objekt-Manager nicht erforderlich.

Sie können eine Datei vom Datei-Manager über die Zwischenablage in das Zieldokument kopieren und als Paket in das Zieldokument einbetten.

Die Einbettung nehmen Sie mit den folgenden Schritten vor:

1. Öffnen Sie den Datei-Manager.
2. Öffnen Sie das Verzeichnis mit der Datei, die eingefügt werden soll.

Der Objekt-Manager 777

3. Markieren Sie den Namen der Datei.
4. Wählen Sie im Menü DATEI den Befehl KOPIEREN.

   Es wird das Dialogfeld KOPIEREN angezeigt.
5. Markieren Sie die Option IN ZWISCHENABLAGE KOPIEREN.
6. Wählen Sie OK.
7. Öffnen Sie die Datei des Zieldokuments, in die das Paket eingefügt werden soll.
8. Positionieren Sie den Cursor an der Einfügeposition.
9. Wählen Sie im Menü BEARBEITEN den Befehl EINFÜGEN.

   Das Paket wird als Symbol in der Datei angezeigt.
10. Zeigen Sie bei Bedarf durch Doppelklicken auf das Symbol den Inhalt des eingefügten Pakets an.

    Oder wählen Sie im Menü BEARBEITEN den Befehl PAKET OBJEKT und INHALT AKTIVIEREN.

    Das Objekt wird angezeigt.

Mit der Maus ein Paket erstellen

3. Verfahren Bei diesem Verfahren wird im Zieldokument mit der Maus ein Paket mit einer eingebetteten oder verknüpften Datei erstellt.

Das Verfahren führen Sie wie folgt durch:

1. Öffnen Sie den Datei-Manager.
2. Öffnen Sie das Verzeichnis mit der Datei, die verpackt werden soll.
3. Öffnen Sie die Zieldatei.

   Es müssen beide Fenster des Datei-Managers mit der Quelldatei und mit der Zieldatei sichtbar sein.
4. Positionieren Sie den Cursor an der Einfügeposition.
5. Ziehen Sie das Symbol der Quelldatei in das Fenster der Zieldatei. Es wird ein Paket mit einem eingebetteten Objekt erstellt.

Oder erzeugen Sie ein Paket mit einem verknüpften Objekt, indem Sie beim Ziehen des Quelldateisymbols in das Fenster der Zieldatei die Tastenkombination STRG+UMSCHALT-Taste gedrückt halten. Der Cursor verändert sich hierbei zu einem Dateisymbol mit einem Pluszeichen.

Das erstellte Paket wird an der Einfügeposition angezeigt.

Teil einer Datei verpacken

Teil einer Datei

Wenn Sie keine ganze Datei, sondern nur einen *Teil einer Datei* in ein Zieldokument einbinden wollen, können Sie den Teil verpacken und sein Symbol in das Zieldokument einfügen. Dieses Verfahren ist nur bei solchen Anwendungen einsetzbar, die OLE unterstützen, und als Server-Anwendung Datenobjekte zur Verfügung stellen.

Nach dem Einfügen kann das Symbol markiert und der Paketinhalt angezeigt werden.

Das Verpacken eines Teils einer Datei führen Sie folgendermaßen durch:

1. Öffnen Sie die Datei mit dem Objekt, das verpackt werden soll.

   Wenn Sie das Objekt verknüpfen wollen, muß die Datei gespeichert werden.

2. Markieren Sie das betreffende Objekt.

3. Wählen Sie im Menü BEARBEITEN den Befehl KOPIEREN.

4. Öffnen Sie den Objekt-Manager.

5. Wechseln Sie zum Fenster INHALT.

6. Wählen Sie im Menü BEARBEITEN den Befehl EINFÜGEN zum Einbetten des Objektes.

   Oder wählen Sie im Menü BEARBEITEN den Befehl VERKNÜPFUNG EINFÜGEN zur Verknüpfung des Objektes.

   Das Symbol wird im Fenster DARSTELLUNG angezeigt.

Der Name der Datei wird im Fenster INHALT angegeben.

7. Wählen Sie im Menü BEARBEITEN den Befehl PAKET KOPIEREN.
8. Öffnen Sie die Datei, in die das Paket eingefügt werden soll.
9. Positionieren Sie den Cursor an der Einfügestelle.
10. Wählen Sie im Menü BEARBEITEN den Befehl EINFÜGEN.

Das Paket wird im Zieldokument angezeigt.

11. Wählen Sie das Paket aus, um den Paketinhalt anzusehen.

DOS-Befehl verpacken

In ein Zieldokument kann ein Paket mit einem DOS-Befehl eingefügt werden. Sie wählen dieses Verfahren, um im Zieldokument ein DOS-Programm oder eine Batch-Datei auszuführen.

DOS-Befehl Sie fügen mit den folgenden Schritten einen *DOS-Befehl* als Paket in ein Zieldokument ein:

1. Wählen Sie im Menü DATEI den Befehl BEFEHLSZEILE.

   Das Dialogfeld BEFEHLSZEILE wird angezeigt (siehe Bild 23.20).

2. Geben Sie einen DOS-Befehl ein.

   Oder geben Sie einen Programmnamen mit vollständiger Pfadangabe ein.

3. Wählen Sie OK.

   Der Befehl wird im Fenster INHALT angezeigt.

4. Drücken Sie die Schaltfläche SYMBOL EINFÜGEN.

   Es wird das Dialogfeld SYMBOL EINFÜGEN angezeigt.

5. Wählen Sie im Dialogfeld ein Symbol aus.

   Oder drücken Sie die Schaltfläche DURCHSUCHEN. Wählen Sie im Dialogfeld DURCHSUCHEN eine Programmdatei aus. Wählen Sie OK. Wählen Sie ein Symbol aus.

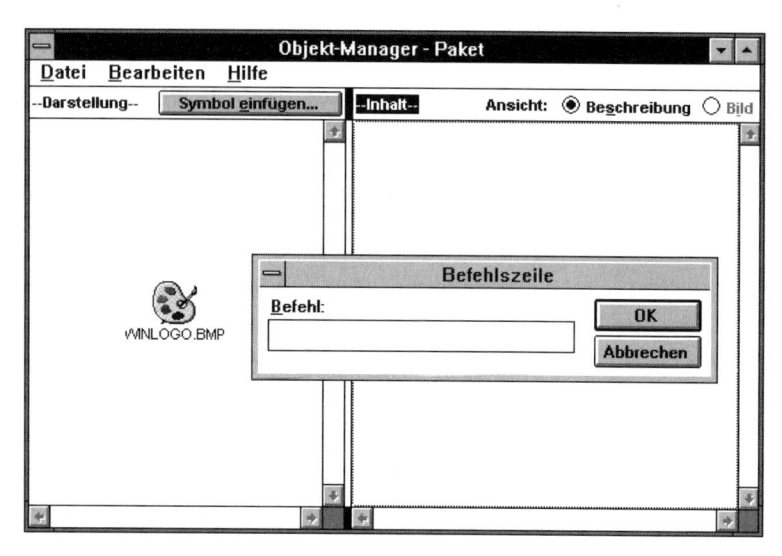

Bild 23.20: Das Dialogfeld Befehlszeile

6. Wählen Sie OK.

   Das Symbol wird im Fenster DARSTELLUNG angezeigt.

7. Wählen Sie im Menü BEARBEITEN den Befehl PAKET KOPIEREN.

8. Öffnen Sie die Dokumentdatei, in die das Paket eingefügt werden soll.

9. Positionieren Sie den Cursor an der Einfügestelle.

   Bei einigen Anwendungen wird das Paket in der Fensterecke links oben eingefügt.

10. Wählen Sie im Menü BEARBEITEN der Anwendung den Befehl EINFÜGEN.

    Das Paket wird eingefügt und angezeigt.

11. Wählen Sie in der Anwendung das Paket aus, um den Befehl auszuführen.

Objektsymbol ändern

Im Fenster Darstellung des Objekt-Managers wird das Paketsymbol angezeigt. Das Symbol repräsentiert das Paket in der Zielanwendung. Standardmäßig wird als Paketsymbol das Symbol der Anwendung verwendet, mit der das Datenobjekt im Paket erstellt worden ist.

Symbol ändern Sie können anstelle des Standardsymbols dem Paket ein anderes *Symbol* wie folgt zuweisen:

1. Öffnen Sie die Quelldatei.
2. Kopieren Sie das Objekt, dessen Symbol geändert werden soll, in die Zwischenablage.
3. Öffnen Sie den Objekt-Manager.
4. Wählen Sie im Menü BEARBEITEN den Befehl EINFÜGEN zum Einbetten des Objektes.

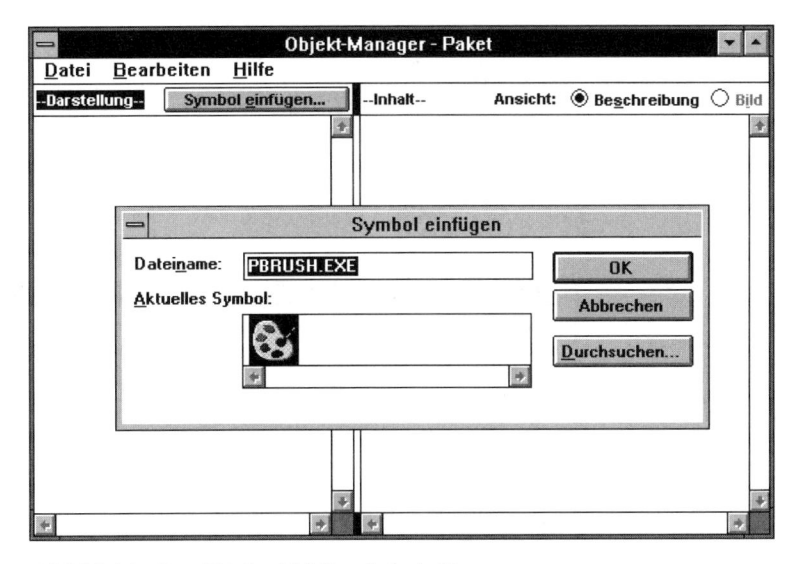

Bild 23.21: Das Dialogfeld Symbol einfügen

Oder wählen Sie im Menü BEARBEITEN den Befehl VER-KNÜPFUNG EINFÜGEN zur Verknüpfung des Objektes.

Das Standardsymbol wird im Fenster DARSTELLUNG angezeigt.

5. Drücken Sie die Schaltfläche SYMBOL EINFÜGEN.

   Es wird das Dialogfeld SYMBOL EINFÜGEN angezeigt (siehe Bild 23.21).

   Im Feld DATEINAME wird der Programmdateiname angezeigt.

   Im Feld AKTUELLES SYMBOL werden die Symbole der Datei angezeigt.

6. Geben Sie im Textfeld DATEINAME den Namen der Anwendung an, deren Symbol verwendet werden soll.

   Oder drücken Sie die Schaltfläche DURCHSUCHEN (siehe Bild 23.22). Wählen Sie eine Datei. Wählen Sie OK.

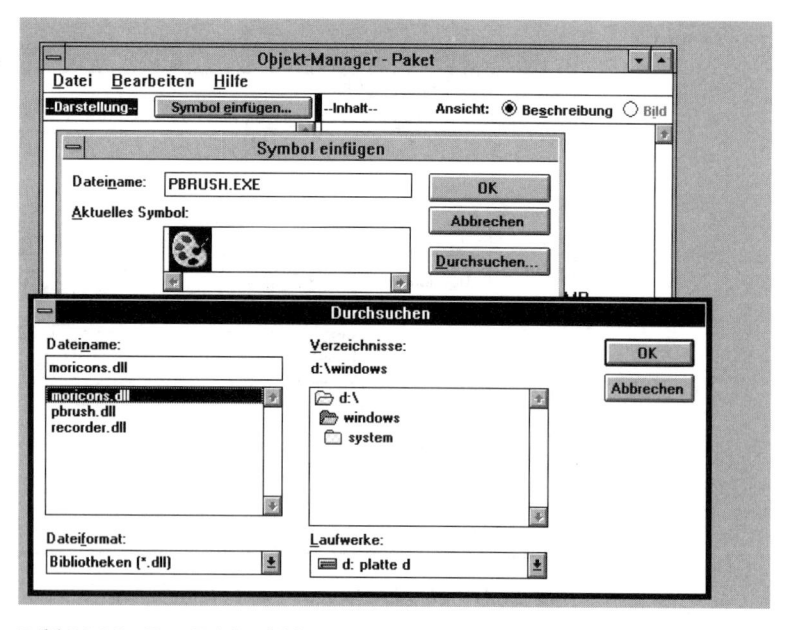

Bild 23.22: Das Dialogfeld Durchsuchen

Der Objekt-Manager

7. Wählen Sie im Feld AKTUELLES SYMBOL ein Symbol aus.
8. Wählen Sie OK.

   Das Symbol wird im Fenster DARSTELLUNG angezeigt.

In den Dateien PROGMAN.EXE und MORICONS.DLL im Windows-Verzeichnis sind weitere Symbole verfügbar (siehe Bild 23.23).

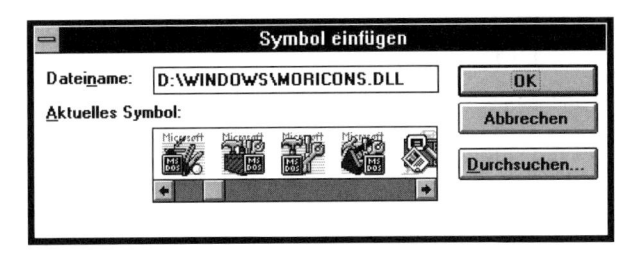

Bild 23.23: Andere Symbole suchen

Eigene Bei Bedarf können Sie Ihr *eigenes Symbol erstellen*. Hierzu führen
Symbole Sie die folgenden Schritte durch:

1. Öffnen Sie die Quelldatei.
2. Kopieren Sie das einzufügende Objekt in die Zwischenablage.
3. Öffnen Sie den Objekt-Manager.
4. Wechseln Sie zum Fenster INHALT.
5. Wählen Sie im Menü BEARBEITEN den Befehl EINFÜGEN zum Einbetten des Objektes.

   Oder wählen Sie im Menü BEARBEITEN den Befehl VERKNÜPFUNG EINFÜGEN zur Verknüpfung des Objektes.

   Das Standardsymbol wird im Fenster DARSTELLUNG angezeigt.
6. Wechseln Sie zum Fenster DARSTELLUNG.

7. Wählen Sie im Menü BEARBEITEN den Befehl KOPIEREN.
8. Öffnen Sie Paintbrush.
9. Wählen Sie im Menü BEARBEITEN den Befehl EINFÜGEN.

   Das Symbol im Fenster DARSTELLUNG des Objekt-Managers wird eingefügt.
10. Ändern Sie mit Paintbrush das Symbol.

    Oder erstellen Sie ein neues Symbol.
11. Speichern Sie das Symbol mit dem Befehl SPEICHERN im Menü DATEI.
12. Markieren Sie die Zeichnung.
13. Wählen Sie im Menü BEARBEITEN den Befehl KOPIEREN.

    Das geänderte oder neue Symbol wird in die Zwischenablage übertragen.
14. Wechseln Sie zum Objekt-Manager.
15. Klicken Sie auf das Fenster DARSTELLUNG.

    Oder wechseln Sie zum Fenster DARSTELLUNG mit der TABULATOR-Taste.
16. Wählen Sie im Menü BEARBEITEN den Befehl EINFÜGEN.

    Das neue Symbol wird angezeigt.
17. Wählen Sie im Menü BEARBEITEN den Befehl PAKET KOPIEREN.
18. Öffnen Sie die Zieldatei, in die das verpackte Objekt eingefügt werden soll.
19. Positionieren Sie den Cursor an der Einfügestelle.
20. Wählen Sie im Menü BEARBEITEN den Befehl EINFÜGEN.

    Das Paket wird mit dem geänderten Symbol in das Zieldokument eingefügt.

Ein selbsterstelltes Symbol führt keinen Titel.

Objektbeschriftung ändern

Das Symbol eines verpackten Objektes trägt eine Beschriftung. Die Standardbeschriftung ist vom Inhalt des verpackten Objektes abhängig:

- Bei einer verpackten Datei führt die Standardbeschriftung den Dateinamen.
- Bei einem verpackten Teil einer Datei führt die Standardbeschriftung den Namen der Anwendung, mit der das Objekt erstellt worden ist.

Beschriftung ändern Sie ändern die *Beschriftung* eines Symbols mit den folgenden Schritten:

1. Wechseln Sie zum Objekt-Manager.
2. Wählen Sie im Menü BEARBEITEN den Befehl BESCHRIFTUNG.

   Es wird das Dialogfeld BESCHRIFTUNG angezeigt (siehe Bild 23.24).

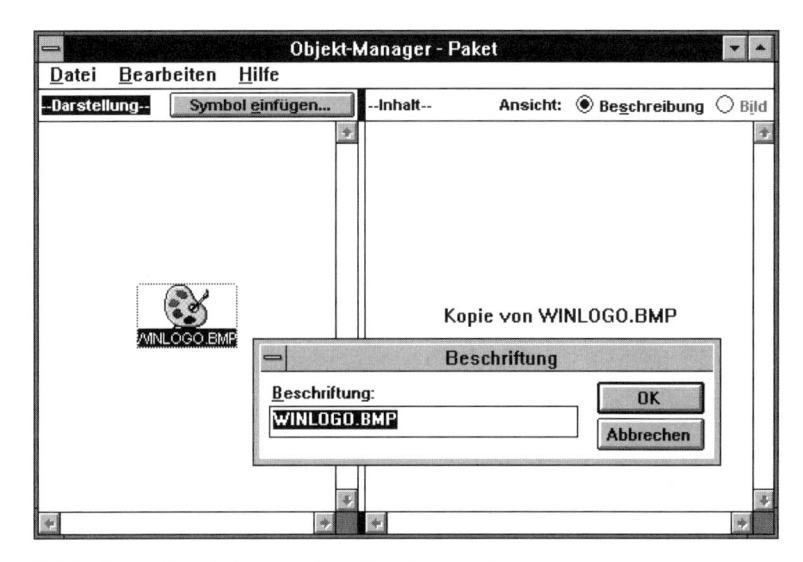

Bild 23.24: Beschriftung eines Symbols ändern

3. Geben Sie im Textfeld die neue Beschriftung ein.
4. Wählen Sie OK.

Die geänderte Beschriftung wird im Fenster DARSTELLUNG angezeigt.

Bei einem selbsterstellten Symbol kann die Beschriftung nicht geändert werden.

Kapitel 24

Mit dem Recorder Eingaben automatisieren

Mit dem Recorder können Sie Makros aufzeichnen und ausführen. Ein Makro enthält eine Folge von Tastendrükken und Mausbewegungen. Ein Makro automatisiert Routineaufgaben und entlastet von gleichbleibenden Arbeitsschritten. Aufgezeichnete Makros werden in Recorder-Dateien gespeichert. Bei einem Makro können die Beschreibung, Geschwindigkeit und Wiederholung der Wiedergabe geändert werden.

24.1 Aufgaben, Fensterelemente und Tastatur

Anwendungen und Aufgaben

Mit dem *Recorder* werden Tastenanschläge und Mausbewegungen in einem *Makro* abgelegt. Bei der Wiedergabe oder Ausführung des Makros werden die aufgezeichneten Tastenanschläge und Mausbewegungen in der gleichen Weise wiedergegeben, wie sie aufgezeichnet wurden. Der Recorder unterstützt damit die Automatisierung von routinemäßigen Bedienungsabläufen.

Für die künftige Wiederverwendung von Makros werden sie in einer *Recorder-Datei* gespeichert. Sie können mehrere Makros in einer Recorder-Datei speichern und unterschiedliche Recorder-Dateien für unterschiedliche Aufgaben einrichten.

Beim Arbeiten mit dem Recorder werden die beiden folgenden *Aufgaben* unterschieden:

- Makro aufzeichnen
- Makro wiedergeben

Aufzeichnen   Bei der *Aufzeichnung* eines Makros geht es um die Speicherung der Tastenanschläge und Mausbewegungen einer zu automatisierenden Bedienung. Hierzu gehören weiterhin die Zuordnung von Abkürzungstasten (Tastenkombinationen), Makronamen und Makrobeschreibung sowie die Einstellung von Aufzeichnungsoptionen.

Wiedergeben   Bei der *Wiedergabe* eines Makros werden die in dem Makro gespeicherten Tastenanschläge und Mausbewegungen automatisch ausgeführt. Der gespeicherte Bedienungsablauf wird wiedergegeben.

Aufgaben   Den *Recorder* rufen Sie in der Gruppe Zubehör des Programm-Managers auf. Beim Arbeiten mit dem Recorder sind die einzelnen *Teilaufgaben* den folgenden Aufgabengruppen zugeordnet:

- Makro aufzeichnen
- Aufzeichnungsoptionen
- Makro wiedergeben

☐ Mit Recorder-Dateien arbeiten

Menüs Die Teilaufgaben des Recorders werden mit den Befehlen und Optionen der *Menüs* DATEI, MAKRO und OPTIONEN durchgeführt.

Fensterbereiche und Fensterelemente

Fenster Ein typisches Fenster des *Recorders* sehen Sie in Bild 24.1. Es besteht aus den Teilen Titelleiste, Menüleiste, Menü und Arbeitsbereich.

System-menü-Feld Im *Systemmenü-Feld* werden beim Arbeiten mit der Tastatur die Systemfunktionen *Fenster verschieben, auf Vollbild vergrößern, auf Symbolgröße verkleinern* und *Umschalten zur Task-Liste* aufgerufen.

Fenster-rahmen Der *Fensterrahmen* begrenzt ein Anwendungsfenster oder ein Dokumentfenster. Der Fensterrahmen kann mit der Maus oder über das Systemmenü in seiner Größe verändert oder verschoben werden.

Titelleiste In der *Titelleiste* wird der Name der Anwendung oder eines Dokuments angezeigt. Die Titelleiste des aktiven Fensters ist hervorgehoben.

Programm-titel Der *Programmtitel* enthält bei einem Anwendungsfenster den Namen des Anwendungsprogramms und des Dokuments. Bei einem Dokumentfenster enthält er den Namen einer Programmgruppe, eines Verzeichnisses oder einer Datendatei.

Symbol-Feld Mit der Schaltfläche *Symbol-Feld* wird das Anwendungsfenster zu einem Symbol verkleinert.

Vollbild-Feld Mit der Schaltfläche *Vollbild-Feld* wird das Anwendungsfenster auf Bildschirmgröße vergrößert.

Menüleiste Die *Menüleiste* zeigt die verfügbaren Menüs einer Anwendung an. Mit Hilfe der Menüleiste kann ein Menü oder eine Option angewählt werden.

Menü Ein *Menü* wird aus einer Menüleiste ausgewählt und kann Untermenüs, Befehle oder Optionen enthalten.

Aufgaben, Fensterelemente und Tastatur

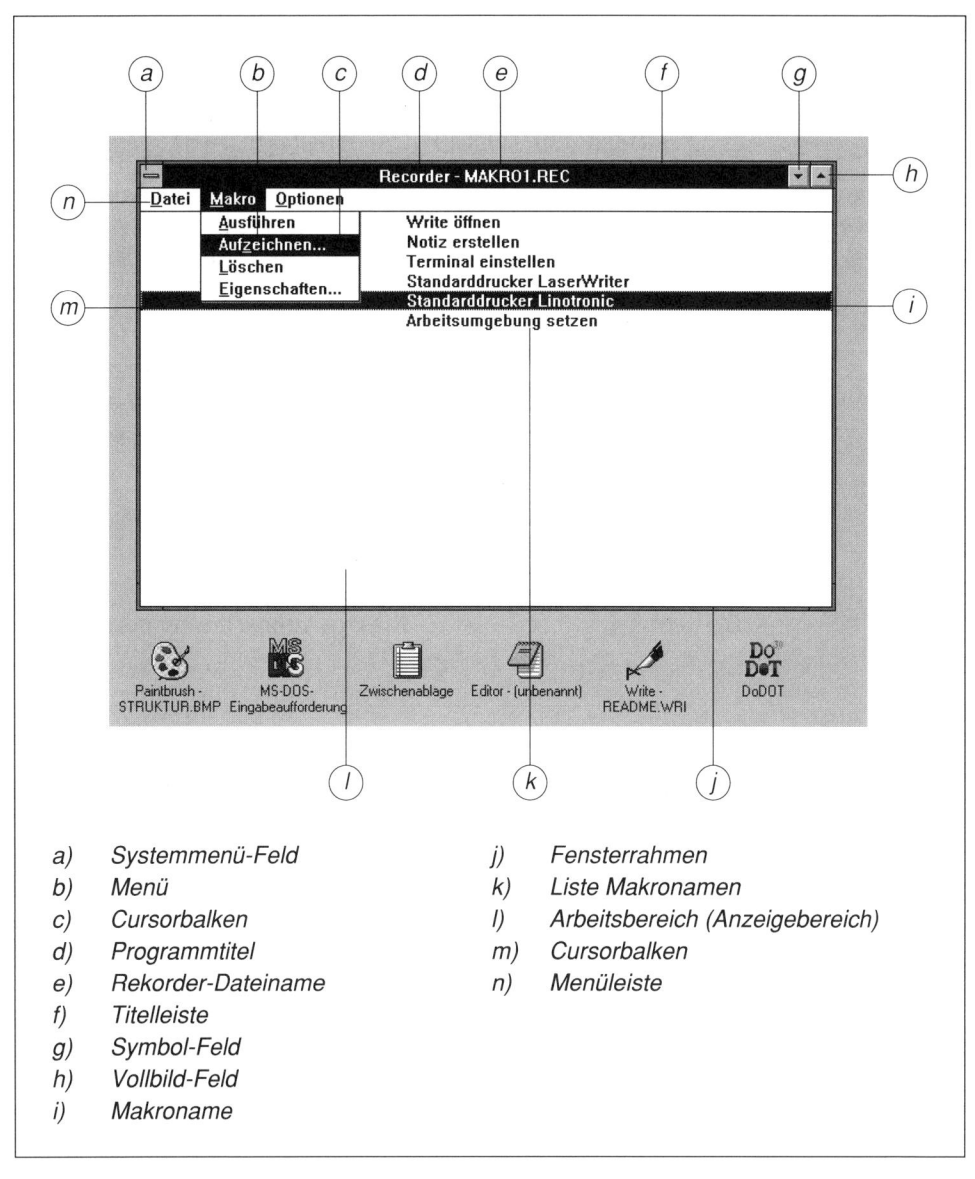

a) Systemmenü-Feld
b) Menü
c) Cursorbalken
d) Programmtitel
e) Rekorder-Dateiname
f) Titelleiste
g) Symbol-Feld
h) Vollbild-Feld
i) Makroname
j) Fensterrahmen
k) Liste Makronamen
l) Arbeitsbereich (Anzeigebereich)
m) Cursorbalken
n) Menüleiste

Bild 24.1: Fensterelemente beim Recorder

Arbeits-   Im *Arbeitsbereich* des Recorders werden die Makros einer Recor-
bereich   der-Datei angezeigt.

Abkürzungstasten und Tastenfunktionen

Abkürzungs-   Bei einigen Menüs des Recorders stehen für den Aufruf von
tasten   Untermenüs, Befehlen oder Optionen *Abkürzungstasten* zur Verfügung. Abkürzungstasten stehen in einem Menü rechts neben dem Bezeichner. Ein unterstrichener Buchstabe steht für eine Abkürzungstaste. Abkürzungstasten finden Sie auch in Dialogfeldern für die Feldauswahl.

Für den vereinfachten Aufruf eines Makros kann eine Abkürzungstaste durch Kombination von STRG-, UMSCHALT- oder ALT-Taste mit einer beliebigen Taste vereinbart werden.

Tasten   Beim Recorder ist für das Beenden der Aufzeichnung die folgende *Taste* verfügbar:

STRG+UNTBR   Makro-Aufzeichnung beenden

24.2 Makro aufzeichnen

Der Teilaufgabe *Makro aufzeichnen* werden die folgenden Arbeiten zugeordnet:

- Aufzeichnung starten
- Tastenkombinationen zuordnen
- Makronamen und Beschreibung
- Regeln für die Aufzeichnung

Aufzeichnung starten

Aufzeichnen   Bei einem einfachen Makro verwenden Sie die Standardeinstellungen der Aufzeichnungsoptionen.

Ein Makro zeichnen Sie mit den folgenden Schritten auf:

Makro aufzeichnen

1. Führen Sie den Cursor in ein Anwendungsfenster an die Stelle, ab der mit der Aufzeichnung begonnen werden soll.
2. Wählen Sie im Menü MAKRO den Befehl AUFZEICHNEN (siehe Bild 24.2).

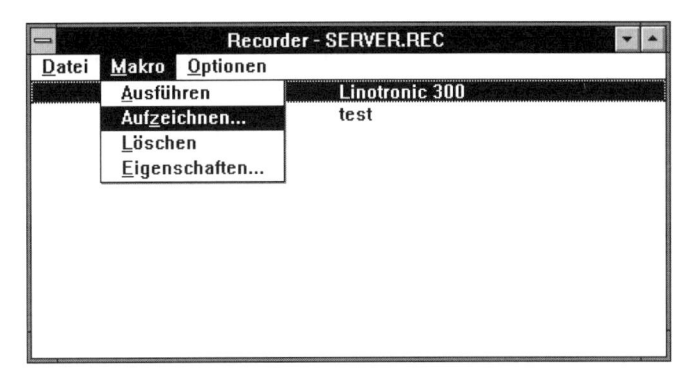

Bild 24.2: Das Menü Makro im Recorder-Fenster

Es wird das Dialogfeld MAKRO AUFZEICHNEN angezeigt (siehe Bild 24.3).

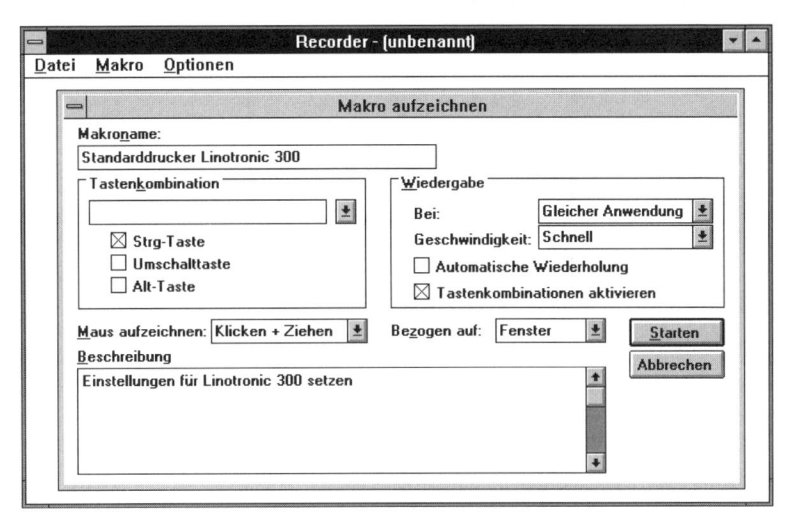

Bild 24.3: Das Dialogfeld Makro aufzeichnen

3. Geben Sie im Dialogfeld MAKRO AUFZEICHNEN in das Feld MAKRONAME einen beschreibenden Namen mit bis zu 40 Zeichen ein.

   Sie können dem Makro für die Wiedergabe im Feld TASTENKOMBINATION eine Abkürzungstaste zuordnen. Hierbei können ein Feld oder beide Felder verwendet werden.

4. Mit der Schaltfläche STARTEN beginnen Sie die Aufzeichnung des Makros.

5. Nehmen Sie die aufzuzeichnenden Tastenanschläge und Mausbewegungen vor.

6. Beenden Sie die Aufzeichnung durch Klicken auf das Recorder-Symbol.

   Oder beenden Sie die Aufzeichnung mit der Tastenkombination STR+UNTBR.

7. Wählen Sie im Dialogfeld RECORDER die Option MAKRO SPEICHERN.

8. Wählen Sie OK (siehe Bild 24.4).

Bild 24.4: Das Dialogfeld Recorder

Tastenkombinationen zuordnen

Tastenkombinationen

Ein Makro kann mit Hilfe seines Namens oder mit einer *Tastenkombination* ausgeführt werden. In Verbindung mit der STRG-, UMSCHALT- oder ALT-Taste kann nahezu jede Taste als Abkürzungstaste für ein Makro vereinbart werden.

Makro aufzeichnen 795

Eine *normale Taste* bestimmen Sie als Abkürzungstaste mit den folgenden Schritten:

1. Geben Sie im Dialogfeld MAKRO AUFZEICHNEN in das Feld TASTENKOMBINATION das gewünschte Zeichen ein.
2. Markieren Sie das Kontrollfeld der STRG-, UMSCHALT- oder ALT-Taste.

Eine *Funktionstaste* oder *Taste des numerischen Tastenfeldes* bestimmen Sie wie folgt als Abkürzungstaste:

1. Klicken Sie im Dialogfeld MAKRO AUFZEICHNEN im Feld TASTENKOMBINATION auf den Bildlaufpfeil.
2. Markieren Sie in der angezeigten Liste die gewünschte Taste (siehe Bild 24.5).

Vermeiden Sie die ALT-Taste als Abkürzungstaste, da die Taste vorwiegend für das Arbeiten mit Windows eingesetzt wird.

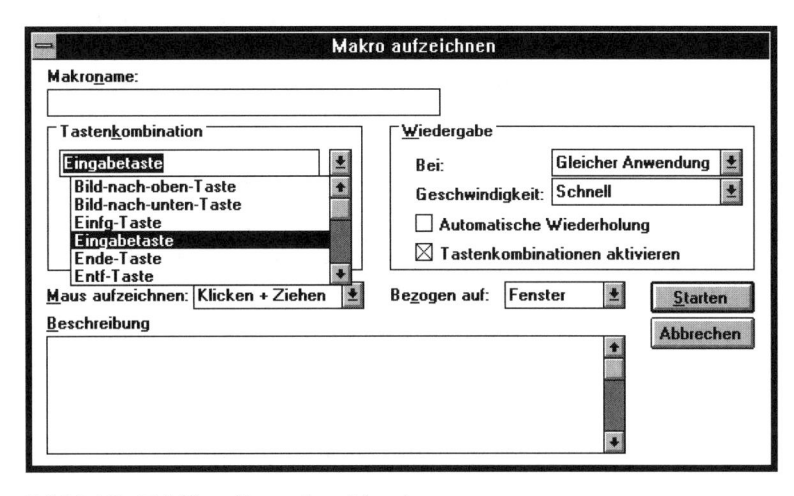

Bild 24.5: Feldliste Tastenkombination

Makronamen und Beschreibung

Namen In einer Recorder-Datei können mehrere Makros gespeichert werden. Im Dialogfeld MAKRO AUFZEICHNEN geben Sie in das Feld MAKRONAME einen beschreibenden *Namen* mit bis zu 40 Zeichen ein.

Der Makroname wird im Recorder-Fenster angezeigt und dient der Unterscheidung zu anderen Makros. Der Name sollte daher so gewählt werden, daß aus ihm der Verwendungszweck hervorgeht. Weitere Erläuterungen können in das Feld BESCHREIBUNG eingetragen werden.

Regeln für die Aufzeichnung

Makro Für die *Erstellung von Makros* sollten die folgenden Hinweise beachtet werden:

- Überlegen Sie vor der Aufzeichnung, welche *Bedienungsabläufe* aufgezeichnet werden sollen. Schließen Sie alle Anwendungen, die nicht bei der Aufzeichnung berücksichtigt werden sollen.

- Verwenden Sie die *Maus* möglichst nicht bei der Aufzeichnung. Ein Arbeiten mit der Maus setzt voraus, daß die bei der Aufzeichnung geöffneten Fenster bei der Ausführung an der gleichen Stelle und in der gleichen Größe vorliegen.

- Bei der Aufzeichnung von *Mausbewegungen* ist darauf zu achten, daß für die Aufzeichnung und für die Wiedergabe der gleiche *Bildschirmmodus* verwendet wird. Die Mauskoordinaten stimmen bei unterschiedlichen Bildschirmmodi nicht überein.

- Verwenden Sie anstelle der Auswahl mit der Maus die *Abkürzungstasten* von Windows. Grundsätzlich kann bei Windows eine Mausbewegung durch die Tastatur ersetzt werden.

- Der Recorder kann nur Tastendrücke und Mausbewegungen bei *Windows-Anwendungen* aufzeichnen. Die Aufzeichnung wird bei anderen Anwendungen nicht unterstützt.

24.3 Aufzeichnungsoptionen

Im Dialogfeld MAKRO AUFZEICHNEN sind mehrere Aufzeichnungsoptionen verfügbar. Nach jeder Aufzeichnung werden die Standardeinstellungen wiederhergestellt. Die Änderungen der Voreinstellungen können auch permanent erfolgen.

Der Teilaufgabe *Aufzeichnungsoptionen* sind die folgenden Arbeiten zugeordnet:

- Tastatur und Maus
- Ort der Aufzeichnung
- Ort der Wiedergabe
- Makros verschachteln

Tastatur und Maus

Maus Sie legen die Optionen für das Aufzeichnen von Mausbewegungen mit den folgenden Schritten fest (siehe Bild 24.6):

1. Klicken Sie im Dialogfeld MAKRO AUFZEICHNEN auf den Bildlaufpfeil im Feld MAUS AUFZEICHNEN.

   Oder wählen Sie das Feld MAUS AUFZEICHNEN, und öffnen Sie das Feld mit der ALT+NACH-UNTEN-Tastenkombination.

2. Wählen Sie im Dialogfeld MAKRO AUFZEICHNEN eine Option im Feld MAUS AUFZEICHNEN.

   Mit der Option KLICKEN+ZIEHEN werden alle Tastenanschläge und alle bei gedrückter Maustaste durchgeführten Mausbewegungen aufgezeichnet.

   Mit der Option MAUS IGNORIEREN werden nur die Tastenanschläge aufgezeichnet.

   Mit der Option ALLES werden alle Tastenanschläge und Mausbewegungen aufgezeichnet.

Bei der Option ALLES beenden Sie die Aufzeichnung eines Makros mit der Tastenkombination STRG+UNTBR.

```
Klicken + Ziehen
Maus ignorieren
Alles
Klicken + Ziehen
```

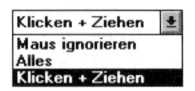

Bild 24.6: Listenfeld Maus aufzeichnen

Ort der Aufzeichnung

Ort der Aufzeichnung

Da eine Anwendung als *Fenster* oder als *Vollbild* ausgeführt werden kann, muß festgelegt werden, ob sich das Makro während der Ausführung auf ein Fenster oder auf den Bildschirm bezieht.

Sie stellen die Option folgendermaßen ein (siehe Bild 24.7):

1. Klicken Sie im Dialogfeld MAKRO AUFZEICHNEN auf den Bildlaufpfeil im Feld BEZOGEN AUF.

   Oder wählen Sie das Feld BEZOGEN AUF, und öffnen Sie das Feld mit der ALT+NACH-UNTEN-Tastenkombination.

2. Wählen Sie eine Option im Feld BEZOGEN AUF.

Die eingestellte Option gilt für die Aufzeichnung und für die Wiedergabe des Makros.

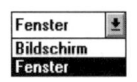

```
Fenster
Bildschirm
Fenster
```

Bild 24.7: Listenfeld Bezogen auf

Ort der Wiedergabe

Ort der Wiedergabe

Ein Makro kann in jeder Anwendung oder nur in der Anwendung, in der es aufgezeichnet wurde, ausgeführt werden.

Die gewünschte Option stellen Sie mit den folgenden Schritten ein:

1. Klicken Sie im Dialogfeld MAKRO AUFZEICHNEN auf den Bildlaufpfeil im Feld BEI.

   Oder wählen Sie das Feld BEI, und öffnen Sie das Feld mit der ALT+NACH-UNTEN-Tastenkombination.

2. Wählen Sie eine Option im Feld BEI.

Makros verschachteln

Makros schachteln

Bei der Erstellung von Makros sind bis zu fünf weitere *Makroebenen* zulässig; ein Makro kann weitere Makros enthalten. Das verschachtelte Makro wird über seine Abkürzungstaste eingebettet.

Sie zeichnen ein Makro, das keine anderen Makros enthält, wie folgt auf:

1. Wählen Sie im Menü MAKRO den Befehl AUFZEICHNEN.

   Es wird das Dialogfeld MAKRO AUFZEICHNEN angezeigt.

2. Deaktivieren Sie im Dialogfeld MAKRO AUFZEICHNEN im Bereich WIEDERGABE das Kontrollfeld TASTENKOMBINATIONEN AKTIVIEREN.

3. Zeichnen Sie das Makro auf.

Bei der Verknüpfung von Makros und bei ihrer Änderung sind die gegenseitigen *Abhängigkeiten* zu beachten.

24.4 Makro wiedergeben

Vor der Ausführung eines Makros ist zu prüfen, ob die Ausführung im Fenster der richtigen Anwendung und zum richtigen Zeitpunkt erfolgt. Andernfalls muß mit Fehlfunktionen bei der Ausführung des Makros gerechnet werden.

Der Teilaufgabe *Makro wiedergeben* sind die folgenden Arbeiten zugeordnet:

- Makro mit Tastenkombination ausführen
- Makro mit Befehl ausführen
- Ausführung eines Makros anhalten
- Recorder-Fenster anzeigen

Makro mit Tastenkombination ausführen

Tastenkombination

Ein Makro führen Sie mit der *Tastenkombination*, die bei der Erstellung des Makros zugewiesen wurde, wie folgt aus:

1. Öffnen Sie das Recorder-Fenster, und markieren Sie das auszuführende Makro.
2. Führen Sie den Cursor zum Fenster der Anwendung, in dem das Makro ausgeführt werden soll.
3. Drücken Sie die dem Makro zugeordnete Tastenkombination.

Sie müssen den Befehl AUSFÜHREN im Menü MAKRO verwenden, wenn dem Makro keine Tastenkombination zugeordnet ist.

Makro mit Befehl ausführen

Befehl

Ein Makro führen Sie mit dem Befehl AUSFÜHREN mit den folgenden Schritten aus:

1. Führen Sie den Cursor zum Fenster der Anwendung, in dem das Makro ausgeführt werden soll.
2. Öffnen Sie das Recorder-Fenster, und markieren Sie das auszuführende Makro.
3. Wählen Sie im Menü MAKRO den Befehl AUSFÜHREN.

Bei einem Fehler während der Ausführung eines Makros wird ein Dialogfeld angezeigt (siehe Bild 24.8).

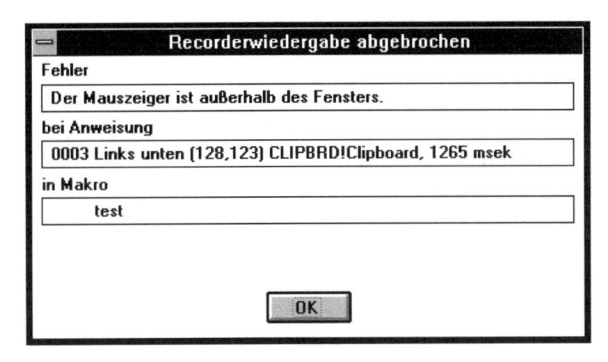

Bild 24.8: Dialogfeld Recorderwiedergabe abgebrochen

Ausführung eines Makros anhalten

Anhalten Die *Ausführung* eines Makros können Sie folgendermaßen *anhalten*:

❐ Drücken Sie die Tastenkombination STRG+UNTBR.

Es wird ein Dialogfeld angezeigt.

Recorder-Fenster anzeigen

Anzeigen Mit Beginn der Ausführung des Makros wird das Recorder-Fenster auf Symbolgröße verkleinert.

Das *Recorder-Fenster* stellen Sie folgendermaßen wieder her:

❐ Wählen Sie im Menü OPTIONEN den Befehl SYMBOL NACH PROGRAMMSTART.

Das Häkchen wird entfernt.

24.5 Mit Recorder-Dateien arbeiten

Neben den Teilaufgaben zu den Aufgabengruppen *Makro aufzeichnen*, *Aufzeichnungsoptionen* und *Makro wiedergeben* werden die übrigen Teilaufgaben der dateibezogenen Aufgabengruppe zugewiesen.

Der Teilaufgabe *Mit Recorder-Dateien arbeiten* sind die folgenden Arbeiten zugeordnet:

- Recorder-Datei öffnen
- Recorder-Datei speichern
- Makroeigenschaften ändern
- Makro in Recorder-Datei löschen
- Recorder-Dateien zusammenführen
- Permanente Einstellungen
- Wiedergabegeschwindigkeit wählen
- Automatische Wiederholung
- Unterbrechung abschalten
- Tastenkombinationen ausschalten

Recorder-Datei öffnen

Öffnen   Eine *Recorder-Datei* öffnen Sie mit den folgenden Schritten (siehe Bild 24.9):

1. Wählen Sie im Menü DATEI den Befehl ÖFFNEN.
2. Geben Sie den Namen der Recorder-Datei ein.
3. Wählen Sie OK.

Mit Recorder-Dateien arbeiten 803

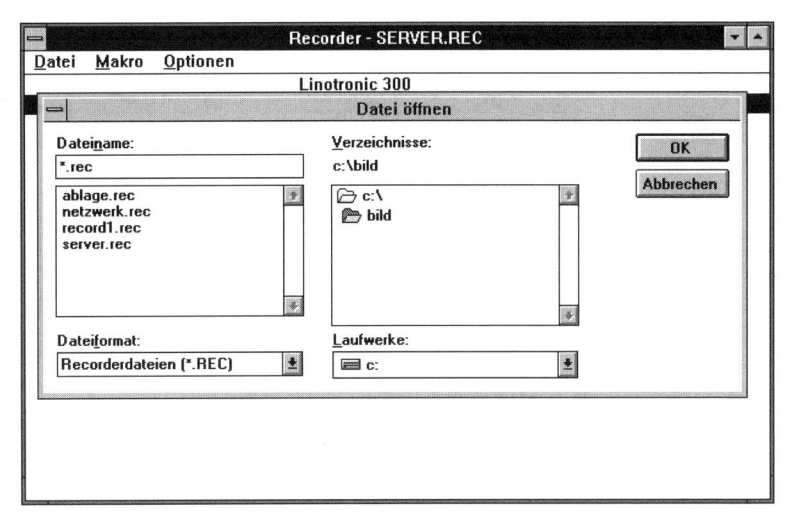

Bild 24.9: Dialogfeld Datei öffnen

Recorder-Datei speichern

Speichern Eine Recorder-Datei können Sie unter dem gleichen Namen oder unter einem anderen Namen *speichern*. Windows fügt Recorder-Dateien automatisch die Dateinamenserweiterung REC hinzu.

Sie *speichern* eine Recorder-Datei unter dem *gleichen Namen* wie folgt:

❐ Wählen Sie im Menü DATEI den Befehl SPEICHERN.

Sie *speichern* eine Recorder-Datei unter einem *anderen Namen* mit den folgenden Schritten (siehe Bild 24.10):

1. Wählen Sie im Menü DATEI den Befehl SPEICHERN UNTER.
2. Geben Sie einen Dateinamen ein.
3. Wählen Sie OK.

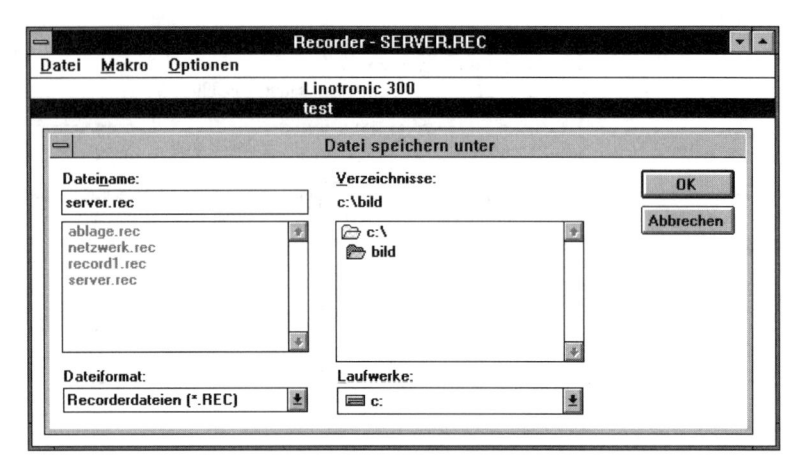

Bild 24.10: Dialogfeld Datei speichern unter

Makroeigenschaften ändern

Eigenschaft ändern

Die mit der Aufzeichnung eines Makros festgelegten *Makroeigenschaften* können geändert werden.

Eine Änderung der Eigenschaften führen Sie wie folgt durch:

1. Markieren Sie im Recorder-Fenster das Makro, dessen Eigenschaften geändert werden sollen.
2. Wählen Sie im Menü MAKRO den Befehl EIGENSCHAFTEN.
3. Ändern Sie im Dialogfeld MAKROEIGENSCHAFTEN die gewünschten Optionen (siehe Bild 24.11).
4. Wählen Sie OK.

Die Angabe der Bildschirmauflösung steht für den Bildschirmmodus bei der Aufzeichnung. Die Mausbewegungen werden in Abhängigkeit von der verwendeten Bildschirmauflösung aufgezeichnet.

Wenn bei der Aufzeichnung und Wiedergabe eines Makros unterschiedliche Bildschirmauflösungen verwendet werden, wird die

Mit Recorder-Dateien arbeiten 805

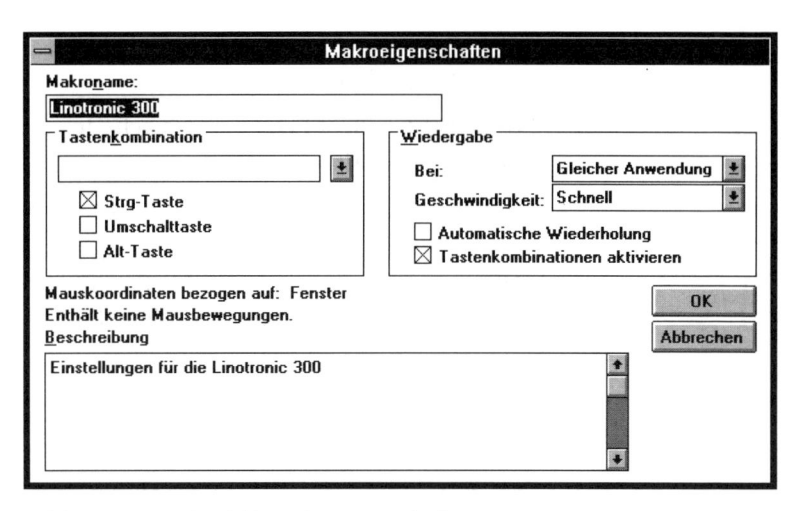

Bild 24.11: Dialogfeld Makroeigenschaften

Ausführung der Mausbewegungen der geänderten Bildschirmauflösung nicht angepaßt.

Makro in Recorder-Datei löschen

Löschen In einer Recorder-Datei können mehrere Makros gespeichert werden. Ein *Makro löschen* Sie in der Recorder-Datei folgendermaßen:

1. Öffnen Sie die Recorder-Datei, die das zu löschende Makro enthält.
2. Markieren Sie im Recorder-Fenster das zu löschende Makro.
3. Wählen Sie im Menü MAKRO den Befehl LÖSCHEN.
4. Bestätigen Sie im Dialogfeld die Löschabsicht mit OK.

Recorder-Dateien zusammenführen

Zusammenführen *Makros aus zwei Recorder-Dateien* können in eine Datei mit den folgenden Schritten zusammengeführt werden:

1. Öffnen Sie eine Recorder-Datei, die mit einer anderen Datei zusammengeführt werden soll.
2. Löschen Sie alle Makros, die nach der Zusammenführung doppelt vorhanden wären.
3. Wählen Sie im Menü DATEI den Befehl ZUSAMMENFÜHREN.
4. Markieren Sie im Dialogfeld DATEI ZUSAMMENFÜHREN im Listenfeld DATEINAME die Datei, die mit der eröffneten Datei zusammengeführt werden soll (siehe Bild 24.12).

   Oder geben Sie im Listenfeld DATEINAME den Dateinamen ein.
5. Wählen Sie OK.

   Die Dateien werden zusammengeführt.
6. Wählen Sie im Menü DATEI den Befehl SPEICHERN UNTER. Die Ergebnisdatei wird unter einem neuen Namen gespeichert.

   Oder wählen Sie im Menü DATEI den Befehl SPEICHERN. Die Ergebnisdatei ersetzt die aktuelle Datei.

Beim Zusammenführen werden doppelt vorhandene Abkürzungstasten gelöscht.

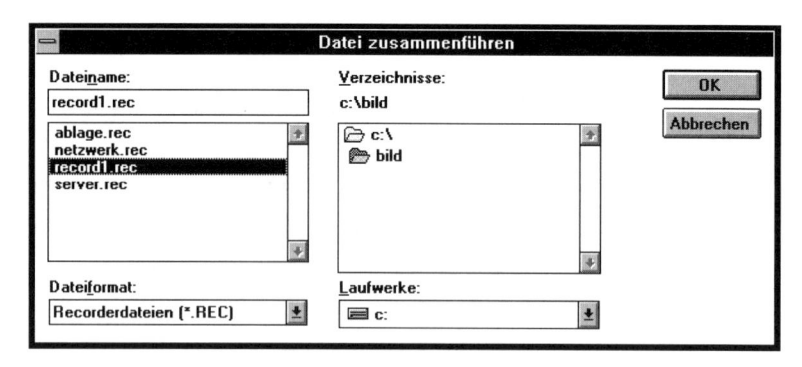

Bild 24.12: Dialogfeld Datei zusammenführen

Permanente Einstellungen

Standard-einstellungen

Beim Aufruf des Recorders werden die Einstellungen auf die Standardeinstellungen zurückgesetzt.

Sie ändern die *Standardeinstellungen* mit den folgenden Schritten:

1. Wählen Sie im Menü OPTIONEN den Befehl EINSTELLUNGEN (siehe Bild 24.13).

2. Klicken Sie im Dialogfeld STANDARDEINSTELLUNGEN auf den Bildlaufpfeil des zu ändernden Optionsfeldes (siehe Bild 24.14).

    Oder markieren Sie im Dialogfeld STANDARDEINSTELLUNGEN die Option, und öffnen Sie die Liste mit der ALT+NACH-UNTEN-Tastenkombination.

3. Markieren Sie die Einstellung, die als Standardeinstellung verwendet werden soll.

4. Wählen Sie OK.

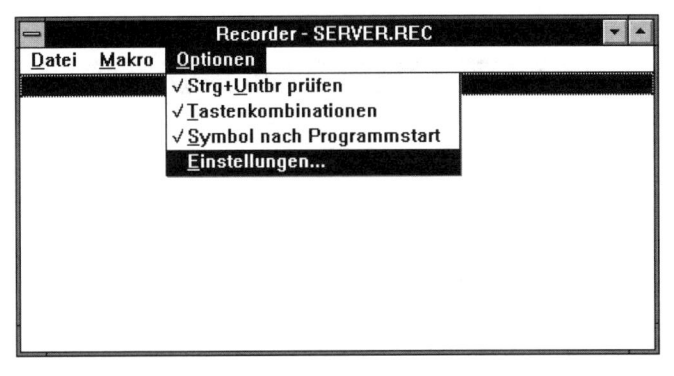

Bild 24.13: Menü Optionen im Recorder-Fenster

Wiedergabegeschwindigkeit wählen

Ausfüh-rungszeit

Die *Wiedergabegeschwindigkeit* bei der Ausführung eines Makros können Sie wie folgt einstellen:

Bild 24.14: Dialogfeld Standardeinstellungen

1. Klicken Sie im Dialogfeld MAKRO AUFZEICHNEN auf den Bildlaufpfeil im Feld GESCHWINDIGKEIT (siehe Bild 24.15).

   Oder markieren Sie im Dialogfeld MAKRO AUFZEICHNEN das Feld GESCHWINDIGKEIT, und öffnen Sie die Liste mit der ALT+ NACH-UNTEN-Tastenkombination.

2. Markieren Sie eine Option.

Die langsame Ausführung eines Makros eignet sich für Demonstrationszwecke.

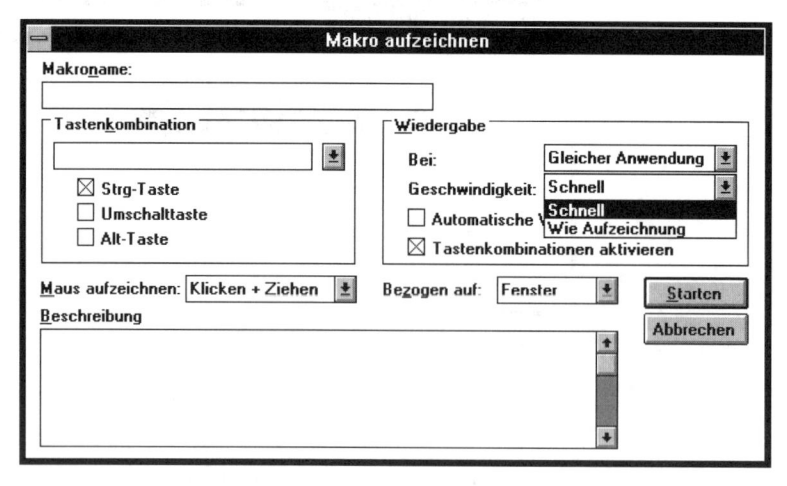

Bild 24.15: Optionen im Bereich Wiedergabe

Automatische Wiederholung

Wiederholen   Bei der automatischen Wiederholung wird ein Makro nach seiner Ausführung automatisch erneut ausgeführt.

Sie stellen die automatische *Wiederholung* wie folgt ein:

❐ Markieren Sie im Dialogfeld MAKRO AUFZEICHNEN das Kontrollfeld AUTOMATISCHE WIEDERHOLUNG.

Bei automatischer Wiederholung kann die Ausführung eines Makros mit der STRG+UNTBR-Tastenkombination angehalten werden.

Unterbrechung abschalten

Keine Unterbrechung   Die Aufzeichnung oder Wiedergabe eines Makros kann mit der STRG+UNTBR-Tastenkombination abgebrochen werden. Wenn, beispielsweise bei einer Demonstration, der Abbruch mit der STRG+UNTBR-Tastenkombination unterbunden werden soll, kann die Tastenkombination deaktiviert werden.

Sie *deaktivieren* die STRG+UNTBR-Tastenkombination wie folgt:

❐ Wählen Sie im Menü OPTIONEN den Befehl STRG+UNTBR PRÜFEN.

Das Häkchen neben dem Befehl wird entfernt.

Bei Deaktivierung muß zum Abbruch der Demonstration der Computer neu gestartet werden.

Tastenkombinationen ausschalten

Tastenkombination   Ein vorübergehendes *Ausschalten der Tastenkombinationen* des Recorders ist vorteilhaft, wenn die gleichen Abkürzungstasten einer Anwendung verwendet werden sollen.

Sie schalten die Tastenkombinationen des Recorders vorübergehend wie folgt aus:

❐ Wählen Sie im Menü OPTIONEN den Befehl TASTENKOMBI-NATIONEN.

Das Häkchen neben dem Befehl wird entfernt.

Wählen Sie den Befehl erneut, wenn die Tastenkombinationen des Recorders wieder verwendet werden sollen.

Kapitel 25

Mit dem PIF-Editor
Ressourcen anfordern

Bei Programmen, die nicht für Windows konzipiert worden sind, können Standardeinstellungen mit dem PIF-Editor eingestellt werden. Nach dem Betriebsmodus von Windows unterscheiden wir Optionen für den Standard-Modus, Optionen für den erweiterten Modus von 386-PCs und weitere Optionen für den erweiterten Modus. Die Optionen reichen von Bildschirm- und Speicherverwaltung bis hin zu Multitasking-Optionen.

25.1 Aufgaben, Fensterelemente und Tastatur

Anwendungen und Aufgaben

Mit dem PIF-Editor können die Standardeinstellungen für den Ablauf von Programmen geändert werden, die nicht für Windows konzipiert worden sind. Die geänderten Einstellungen werden in einer PIF-Datei abgelegt. Die Abkürzung PIF der Dateinamenserweiterung steht hierbei für Programminformation.

Beim Arbeiten mit Windows werden vier verschiedene *Programmarten* unterschieden:

- Windows-Anwendungen für Windows 3.1
- Windows-Anwendungen für frühere Windows-Versionen
- Nicht-Windows-Anwendungen, die nicht für Windows konzipiert wurden
- Speicherresidente Anwendungen (TSR-Programme)

Windows 3.1 *Windows-Anwendungen* für die Version *Windows 3.1* können die Möglichkeiten der neuen Windows-Version voll nutzen. Hierzu gehören insbesondere die Medienerweiterungen und der Datenaustausch mit OLE. Für die Ausführung benötigt die Windows-Anwendung die Version Windows 3.1.

Vor Windows 3.1 *Windows-Anwendungen*, die für *ältere Windows-Versionen* entwickelt worden sind, können bei der Ausführung unter Windows 3.1 zu Kompatibilitätsproblemen führen. Beim Auftreten von Störungen sollte ein Update der Anwendung für Windows 3.1 erworben werden.

Windows überprüft im Standard-Modus und im erweiterten Modus, ob eine Anwendung für die Ausführung unter Windows 3.1 geeignet ist. Wenn die auszuführende Anwendung nicht für Windows 3.1 konzipiert ist, wird eine Kompatibilitäts-Warnung angezeigt (siehe Bild 25.1).

Der bei früheren Windows-Versionen verfügbare Real-Modus wird von Windows 3.1 nicht mehr unterstützt.

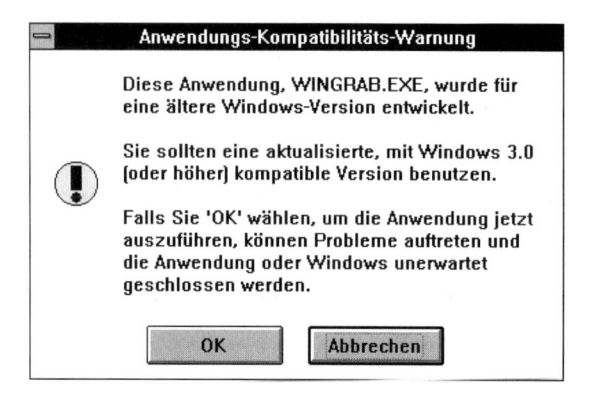

Bild 25.1: Dialogfeld Anwendungs-Kompatibilitäts-Warnung

TSR-Programme

Speicherresidente Anwendungen (TSR-Programme) verbleiben nach dem Laden im Speicher und stehen auf Anforderung zur Verfügung. Hierzu gehören speicherresidente Dienstprogramme (beispielsweise Treiberprogramme für Maus, Bildschirm, Drucker und Netzwerksoftware) und Pop-up-Programme, die mit einer Tastenkombination aktiviert werden.

DOS-Anwendungen

DOS-Anwendungen (Nicht-Windows-Anwendungen), die nicht für Windows konzipiert wurden, werden direkt unter dem Betriebssystem DOS ausgeführt; für ihre Ausführung ist Windows nicht erforderlich. DOS-Anwendungen können unter Windows im Standard-Modus nur als Vollbildanwendungen ausgeführt werden. Im erweiterten Modus von 386-PCs können DOS-Anwendungen auch in einem Fenster ausgeführt werden. Es können mehrere DOS-Anwendungen unter Windows ausgeführt werden.

Beim Starten einer DOS-Anwendung sucht Windows nach einer PIF-Datei der Anwendung, die besondere Einstellungen für die Ausführung enthält. In der Regel stimmt der Dateiname der PIF-Datei mit dem Namen der Anwendung bis auf die Namenserweiterung PIF überein. Sie können bei Bedarf mit dem PIF-Editor mehrere PIF-Dateien mit verschiedenen Einstellungen für eine Anwendung erstellen. Im Programm-Manager und im Datei-Manager starten Sie eine DOS-Anwendung mit der zugehörigen PIF-Datei. Ohne PIF-Datei verwendet Windows Standardeinstellungen.

Aufgaben, Fensterelemente und Tastatur 815

Windows erstellt mit dem SETUP-Programm beim Installieren von Nicht-Windows-Anwendungen PIF-Dateien. Eine PIF-Datei wird häufig bei einer Anwendung mitgeliefert. Eine nicht vorhandene PIF-Datei kann mit dem PIF-Editor neu erstellt werden; eine vorhandene PIF-Datei kann mit dem PIF-Editor geändert werden.

Mit dem PIF-Editor ändern Sie die Standardeinstellungen für eine DOS-Anwendung. Den PIF-Editor rufen Sie in der Gruppe Zubehör des Programm-Managers auf.

Aufgaben Beim Arbeiten mit dem PIF-Editor werden die einzelnen *Teilaufgaben* den folgenden Aufgabengruppen zugeordnet:

❐ mit PIF-Dateien arbeiten

❐ Optionen für den Standard-Modus wählen

❐ Optionen für den erweiterten Modus von 386-PCs wählen

❐ weitere Optionen für den erweiterten Modus von 386-PCs wählen

Menüs Die Teilaufgaben des PIF-Editors werden mit den Befehlen und Optionen der *Menüs* DATEI und MODUS durchgeführt.

Fensterbereiche und Fensterelemente

Fenster Ein typisches Fenster des *PIF-Editors* sehen Sie in Bild 25.2. Es besteht aus den Teilen Titelleiste, Menüleiste, Menü und Arbeitsbereich für die Auswahl der Optionen und Eingaben.

Systemmenü-Feld Im *Systemmenü-Feld* können beim Arbeiten mit der Tastatur die Systemfunktionen *Fenster verschieben, auf Vollbild vergrößern, auf Symbolgröße verkleinern* und *Umschalten zur Task-Liste* aufgerufen werden.

Fensterrahmen Der *Fensterrahmen* begrenzt ein Anwendungsfenster oder ein Dokumentfenster. Der Fensterrahmen kann mit der Maus oder über das Systemmenü in seiner Größe verändert oder verschoben werden.

Titelleiste In der *Titelleiste* wird der Name der Anwendung angezeigt. Die Titelleiste des aktiven Fensters ist hervorgehoben.

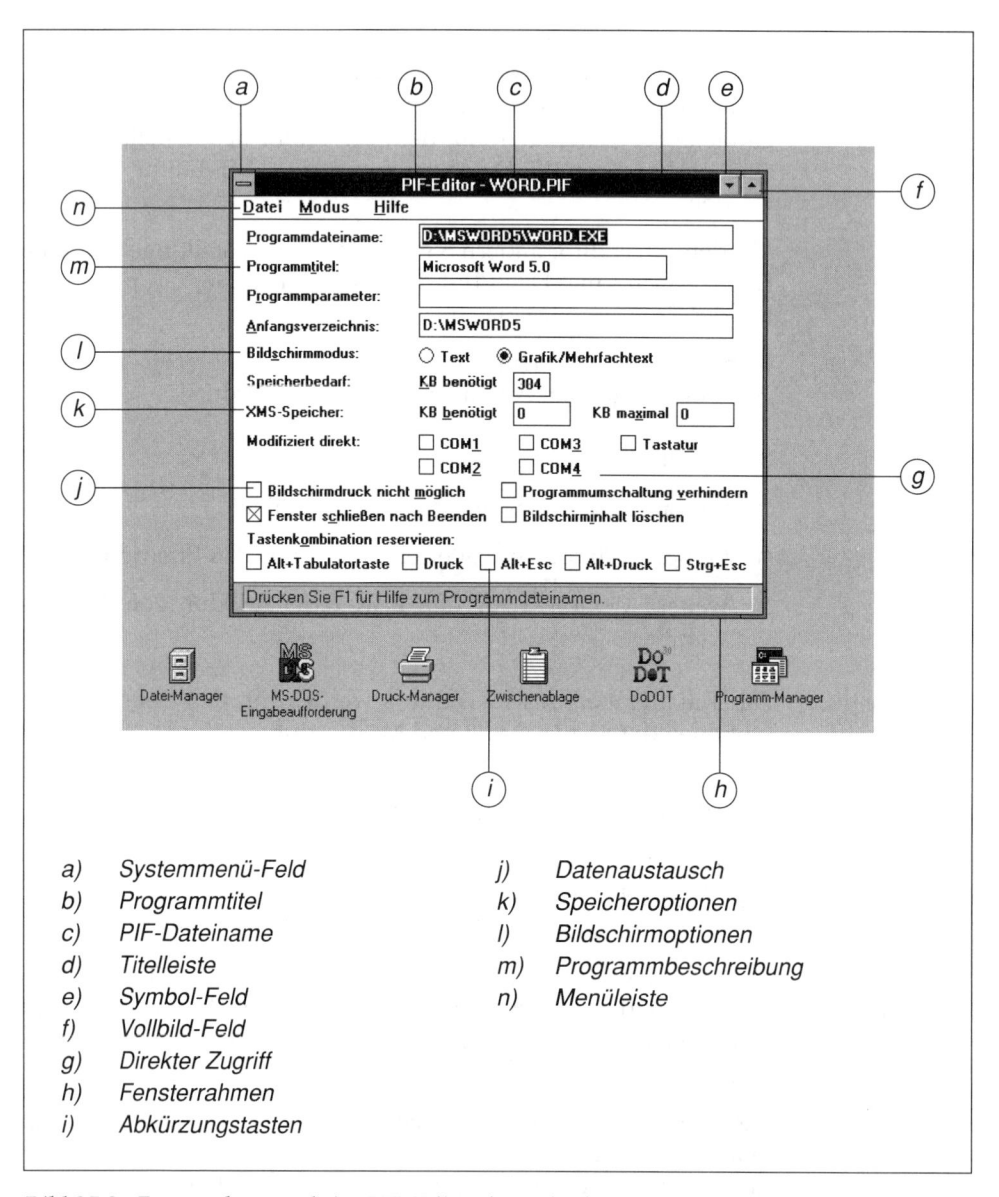

a) Systemmenü-Feld
b) Programmtitel
c) PIF-Dateiname
d) Titelleiste
e) Symbol-Feld
f) Vollbild-Feld
g) Direkter Zugriff
h) Fensterrahmen
i) Abkürzungstasten
j) Datenaustausch
k) Speicheroptionen
l) Bildschirmoptionen
m) Programmbeschreibung
n) Menüleiste

Bild 25.2: Fensterelemente beim PIF-Editor (Standard-Modus)

Programm-titel	Der *Programmtitel* enthält den Namen der Anwendung PIF-Editor und den Namen der bearbeiteten PIF-Datei.
Symbol-Feld	Mit der Schaltfläche *Symbol-Feld* wird das Anwendungsfenster zu einem Symbol verkleinert.
Vollbild-Feld	Mit der Schaltfläche *Vollbild-Feld* wird das Anwendungsfenster auf Bildschirmgröße vergrößert.
Menüleiste	Die *Menüleiste* zeigt die verfügbaren Menüs einer Anwendung an. Mit Hilfe der Menüleiste kann ein Menü oder eine Option angewählt werden.
Menü	Ein *Menü* wird aus einer Menüleiste ausgewählt und kann Untermenüs, Befehle oder Optionen enthalten.
Arbeits-bereich	Im *Arbeitsbereich* des PIF-Editors werden die Optionen und Eingabefelder angezeigt. Die einzelnen Optionen sind übergreifenden Optionsgruppen zugeordnet. Über das Menü MODUS können weitere Optionen angewählt werden.
Hilfefunktion	Über die Hilfefunktionen im *Hilfemenü* einer Anwendung können bei einigen Anwendungsprogrammen weiterführende Hilfeinformationen abgerufen werden.

Abkürzungstasten und Tastenfunktionen

Abkürzungs-tasten	Bei einigen Menüs des PIF-Editors stehen für den Aufruf von Untermenüs, Befehlen oder Optionen *Abkürzungstasten* zur Verfügung. Abkürzungstasten, beim PIF-Editor beispielsweise im Systemmenü, stehen in einem Menü rechts neben dem Bezeichner. Ein unterstrichener Buchstabe steht für eine Abkürzungstaste. Abkürzungstasten finden Sie auch in Dialogfeldern für die Feldauswahl.
Tasten	Beim PIF-Editor können Sie die folgenden *Tasten* verwenden:

TABULATOR	Option wählen (von links nach rechts und von oben nach unten)
UMSCHALT+TABULATOR	Option wählen in umgekehrter Reihenfolge

ALT+Buchstabe	Option oder Gruppe wählen mit Hilfe des unterstrichenen Buchstaben
RICHTUNG	Option innerhalb einer Optionsgruppe wählen
LEER	Kontrollfeld markieren oder deaktivieren

25.2 Mit PIF-Dateien arbeiten

Bei einer PIF-Datei wird zwischen zwei *Optionsgruppen* unterschieden:

- Standardoptionen
- Optionen für den erweiterten Modus von 386-PCs

Standardoptionen Windows verwendet für die Ausführung einer Anwendung im Standard-Modus die *Standardoptionen*.

Erweiterte Optionen Im erweiterten Modus von 386-PCs verwendet Windows die Optionen für den *erweiterten Modus*.

Der Teilaufgabe *Mit PIF-Dateien arbeiten* sind die folgenden Arbeiten zugeordnet:

- PIF-Datei erstellen
- PIF-Standardeinstellungen ändern
- PIF-Datei bearbeiten

PIF-Datei erstellen

Erstellen Mit dem PIF-Editor werden PIF-Dateien erstellt oder bearbeitet. Die Ressourcen-Anforderungen einer nicht speziell für Windows konzipierten Anwendung (Nicht-Windows-Anwendung) werden mit einer PIF-Datei bestimmt.

Mit PIF-Dateien arbeiten 819

Sie *erstellen manuell* eine neue PIF-Datei mit den folgenden Schritten:

1. Wählen Sie im Menü MODUS des PIF-Editors die Option STANDARD oder 386 ERWEITERT.
2. Wählen Sie im Menü DATEI den Befehl NEU.
3. Wählen Sie die Optionen für die Anwendung.
4. Wählen Sie die betreffenden Optionen für die Betriebsart.
5. Wählen Sie im Menü DATEI den Befehl SPEICHERN UNTER (siehe Bild 25.3).
6. Geben Sie den Dateinamen mit der Namenserweiterung PIF ein.
7. Wählen Sie OK.

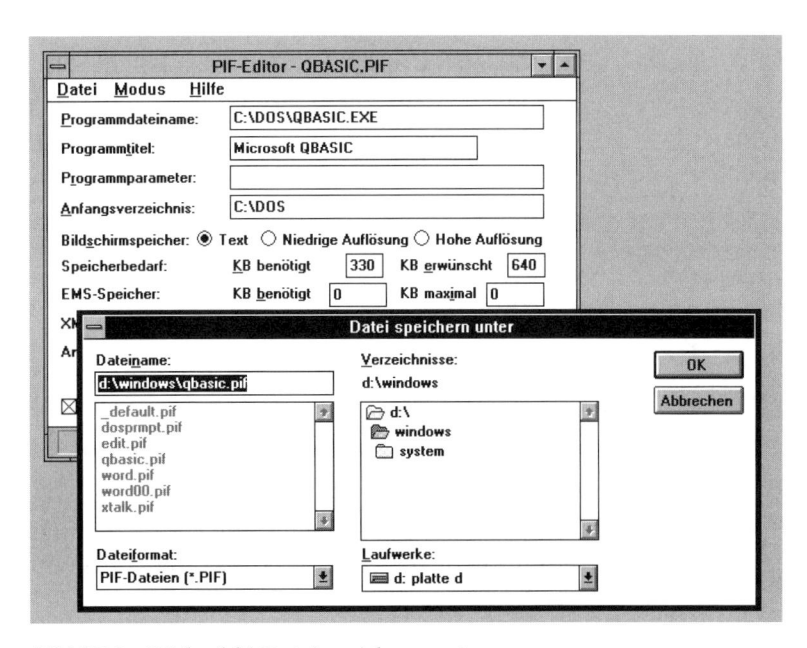

Bild 25.3: Dialogfeld Datei speichern unter

Sie *erstellen automatisch* eine neue PIF-Datei folgendermaßen:

1. Starten Sie Windows-SETUP.
2. Installieren Sie die Anwendung mit Windows.

PIF-Standardeinstellungen ändern

Ändern Windows verwendet für Nicht-Windows-Anwendungen Standardeinstellungen der Datei _DEFAULT.PIF, wenn keine PIF-Datei für die Anwendung gefunden wird.

Sie ändern die *PIF-Standardeinstellungen* von Windows in der Datei _DEFAULT.PIF wie folgt:

1. Laden Sie im PIF-Editor die PIF-Datei _DEFAULT.PIF.
2. Wählen Sie die gewünschten Einstellungen.
3. Wählen Sie im Menü DATEI den Befehl SPEICHERN. Die Änderungen werden in der Datei _DEFAULT.PIF gespeichert.

   Oder wählen Sie im Menü DATEI den Befehl SPEICHERN UNTER. Geben Sie einen anderen Dateinamen an.
4. Wählen Sie OK.

Windows verwendet bei fehlender PIF-Datei anstelle der Windows-Standardeinstellungen die Einstellungen in der PIF-Datei _DEFAULT.PIF.

PIF-Datei bearbeiten

Bearbeiten Probleme bei der Ausführung einer nicht speziell für Windows konzipierten Anwendung können häufig durch eine Änderung der Einstellungen in der PIF-Datei der Anwendung behoben werden.

Sie *bearbeiten* eine PIF-Datei mit den folgenden Schritten:

1. Wählen Sie im Menü DATEI den Befehl ÖFFNEN (siehe Bild 25.4).

2. Geben Sie den Dateinamen an.
3. Wählen Sie OK.
4. Bestimmen Sie die geänderten Optionen.

   Sie ändern beispielsweise den Pfadnamen der Anwendung, die Parameter beim Aufruf der Anwendung, das Standardverzeichnis für die Anwendungsdateien, die zugeordnete Speicherkapazität oder die Ausführung in einem Fenster.
5. Wählen Sie im Menü DATEI den Befehl SPEICHERN.

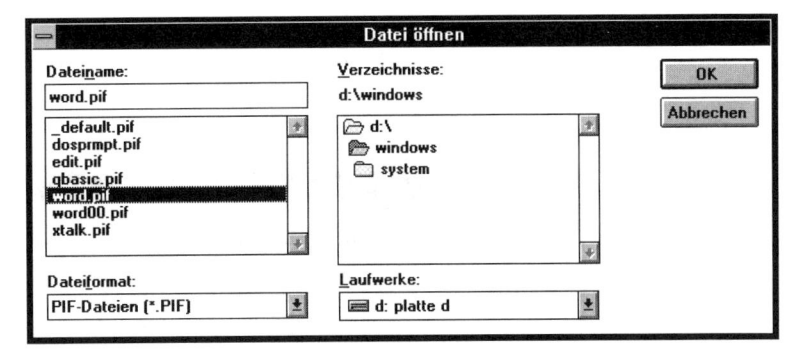

Bild 25.4: Dialogfeld Datei öffnen

25.3 Optionen für den Standard-Modus

Der Teilaufgabe *Optionen für den Standard-Modus wählen* sind folgende Arbeiten zugeordnet:

- Programmdateiname angeben
- Programmtitel angeben
- Programmparameter setzen
- Anfangsverzeichnis angeben
- Bildschirmmodus setzen
- Speicherbedarf bestimmen

❏ XMS-Speicher reservieren

❏ Übertragungsanschlüsse kontrollieren

❏ Tastatur kontrollieren

❏ Bildschirmdruck bestimmen

❏ Programmumschaltung bestimmen

❏ Fenster schließen bei Programmende

❏ Bildschirminhalt löschen

❏ Tastenkombinationen reservieren

Die Eingabe- und Auswahlfelder für die Optionen für den Standard-Modus sehen Sie in Bild 25.5.

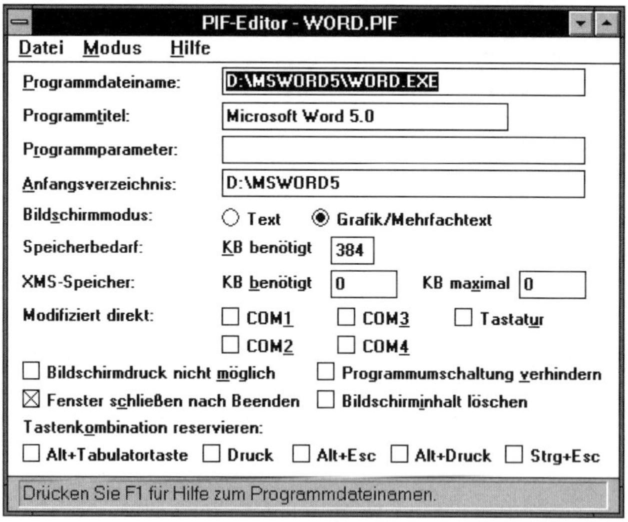

Bild 25.5: Optionen für den Standard-Modus

Programmdateiname angeben

Dateiname   Der *Programmdateiname* ist der Pfadname der Datei, mit dem die Anwendung gestartet wird.

❏ Tragen Sie im Textfeld PROGRAMMDATEINAME den vollständigen Pfad mit dem Dateinamen und der Namenserweiterung der Anwendung ein, beispielsweise C:\WORD\WORD.EXE.

Der Name der PIF-Datei muß nicht mit dem Namen der Programmdatei der Anwendung übereinstimmen.

Es können *mehrere PIF-Dateien* mit unterschiedlichen Einstellungen für die gleiche Anwendung erstellt werden.

Wenn Sie eine Anwendung zusammen mit anderen Befehlen starten wollen, erstellen Sie eine *Batch-Datei* mit der Namenserweiterung BAT und tragen die gewünschten Befehle und am Dateiende den Aufruf der zugehörigen PIF-Datei ein.

Programmtitel angeben

Programm-   Der *Programmtitel* ist ein beschreibender Name, der in der *Titel-*
titel   *leiste* des Fensters angezeigt wird.

❏ Tragen Sie in das Textfeld PROGRAMMTITEL einen Bezeichner ein.

Der Eintrag ist optional. Ohne Eintrag wird der Name der PIF-Datei angezeigt.

Programmparameter setzen

Parameter   *Programmparameter* werden der Anwendung beim Aufruf im Standard-Modus als Parameter übergeben.

❏ Geben Sie im Textfeld PROGRAMMPARAMETER Parameter für die Anwendung ein.

Als Parameter können bis zu 62 Zeichen eingegeben werden. Wenn die Anwendung keine Parameter benötigt, bleibt das Feld leer.

Geben Sie ein *Fragezeichen* ein, wenn Windows beim Start der Anwendung zur Eingabe von Parametern auffordern soll.

Mit dem Befehl AUSFÜHREN im Programm-Manager oder im Datei-Manager können Sie nach dem Programmnamen Parameter eingeben und die Parameter-Angabe der PIF-Datei übergehen.

Anfangsverzeichnis angeben

\Verzeichnis

Einige Anwendungen benötigen für den Zugriff auf Dateien die Angabe eines *Anfangsverzeichnisses*.

❏ Geben Sie im Textfeld ANFANGSVERZEICHNIS das Laufwerk und das Verzeichnis an, zu dem Windows beim Start der Anwendung wechseln soll.

Bei fehlendem Eintrag bestimmt Windows das Anfangsverzeichnis. Das Arbeitsverzeichnis kann im Menü DATEI des Programm-Managers mit dem Befehl EIGENSCHAFTEN bestimmt werden.

Bildschirmmodus setzen

Bildschirm-modus

Mit dem *Bildschirmmodus* legen Sie fest, wieviel Speicherplatz für die Speicherung und Wiederherstellung des Bildschirminhaltes bereitgehalten werden soll.

❏ Wählen Sie für eine Anwendung, die nur im Textmodus ausgeführt wird, im Feld BILDSCHIRMMODUS die Option TEXT.

Oder wählen Sie im Feld BILDSCHIRMMODUS die Option GRAFIK/MEHRFACHTEXT.

Der Modus TEXT benötigt weniger Speicher als der Modus GRAFIK/MEHRFACHTEXT, da nur Textzeichen gespeichert werden.

Anwendungen, die im Text- und Grafik-Modus laufen oder die mehrere Textseiten verwenden, arbeiten im Modus GRAFIK/ MEHRFACHTEXT.

Speicherbedarf bestimmen

Speicher-bedarf
Sie legen mit der Angabe zum *Speicherbedarf* fest, wieviel freier Arbeitsspeicher zum Start einer Anwendung verfügbar sein muß.

❏ Geben Sie im Textfeld SPEICHERBEDARF den Speicherbedarf der Anwendung in Kilobyte an.

Die Option besagt nur, daß für den Start der Anwendung die angegebene Speicherkapazität vorhanden sein muß. Beim Start stellt Windows der Anwendung den gesamten verfügbaren Speicherplatz zur Verfügung. Daher besagt die Option nicht, wieviel Speicherkapazität die Anwendung erhält.

Wenn Windows die angeforderte Speicherkapazität nicht zur Verfügung stellen kann, teilt Windows mit, daß die vorhandene Speicherkapazität nicht ausreicht. Zur Bereitstellung des geforderten Speichers müssen dann laufende Anwendungen geschlossen werden.

XMS-Speicher reservieren

XMS-Speicher
Sie können bestimmen, wieviel Erweiterungsspeicher (XMS-Speicher) einer Anwendung zur Verfügung gestellt werden soll. Der *XMS-Speicher* muß nach dem XMS-Standard (Lotus-Intel-Microsoft-AST eXtended Memory Specification) verwaltet werden.

❏ Tragen Sie unter XMS-SPEICHER in das Feld KB BENÖTIGT ein, wieviel Kilobyte Erweiterungsspeicher zum Start der Anwendung verfügbar sein müssen.

Tragen Sie für Anwendungen, die keinen Erweiterungsspeicher verwenden, den Wert 0 ein.

- Tragen Sie unter XMS-SPEICHER in das Feld KB MAXIMAL ein, wieviel Kilobyte Erweiterungsspeicher eine Anwendung verwenden darf.

  Der Standardwert ist 0. Mit dem Wert 0 wird verhindert, daß die Anwendung den Zugriff auf jeglichen Erweiterungsspeicher außer im High-memory-Bereich (HMA) erhält.

  Mit dem Wert -1 wird einer Anwendung der angeforderte Erweiterungsspeicher bis zur Höchstgrenze des Systemspeichers zugeordnet.

Übertragungsanschlüsse kontrollieren

Anschlüsse   Die Verwaltung der seriellen *Übertragungsanschlüsse* durch Windows wird unterlaufen, wenn eine Anwendung direkt auf einen seriellen Anschluß zugreift.

- Markieren Sie bei der Option MODIFIZIERT DIREKT das Kontrollfeld für jeden Anschluß, den die Anwendung direkt anspricht.

Windows verhindert dann den Zugriff auf den Anschluß durch eine andere Anwendung.

Tastatur kontrollieren

Tastatur   Einige Anwendungen greifen unter Umgehung von Windows direkt auf die Tastatur zu.

- Markieren Sie bei der Option MODIFIZIERT DIREKT das Kontrollfeld TASTATUR, wenn eine Anwendung direkt auf den Tastaturpuffer zugreift.

  Im Tastaturpuffer werden die Tasteneingaben gespeichert, bevor sie abgearbeitet werden. Markieren Sie im Zweifel das Feld nicht.

Bei Markierung hat die Anwendung den exklusiven Zugriff auf die Tastatur. Ein Umschalten mit ALT+TABULATOR, ALT+ESC und STRG+ESC zu Windows ist dann nicht mehr möglich.

Bildschirmdruck bestimmen

Bildschirmdruck

Für den Bildschirmdruck muß genügend Speicherkapazität bereitgehalten werden. Sie können bestimmen, ob Sie den Speicherplatz frei halten wollen.

❏ Markieren Sie das Kontrollfeld BILDSCHIRMDRUCK NICHT MÖGLICH, wenn Windows für den Bildschirmdruck keinen Speicher bereithalten soll.

Bei Markierung ist die Ausgabe des Bildschirminhaltes mit DRUCK oder ALT+DRUCK nicht möglich. Im Zweifel markieren Sie das Feld nicht.

Programmumschaltung bestimmen

Programmumschaltung

Für die Umschaltung zwischen Anwendungen muß Windows Speicherkapazität bereithalten.

❏ Markieren Sie das Kontrollfeld PROGRAMMUMSCHALTUNG VERHINDERN, wenn Windows für die Programmumschaltung keinen Speicher freihalten soll.

Der Wechsel zwischen Windows und einer Anwendung mit ALT+TABULATOR, ALT+ESC oder STRG+ESC wird bei markiertem Feld nicht unterstützt. Sie müssen für die Rückkehr zu Windows die Anwendung beenden.

Im Zweifel markieren Sie das Feld nicht. Wählen Sie diese Option, wenn beim Umschalten zu Windows Probleme auftreten.

Fenster schließen bei Programmende

Fenster schließen

Windows *schließt* beim Beenden einer Nicht-Windows-Anwendung das Fenster.

❐ Markieren Sie das Kontrollfeld FENSTER SCHLIESSEN NACH BEENDEN nicht, wenn das Fenster geöffnet bleiben soll.

Wenn Sie die Option markieren, wird das Fenster geschlossen, bevor Sie die letzten Anzeigen der Anwendung haben lesen können.

Bildschirminhalt löschen

Bildschirminhalt

Beim Umschalten zwischen Anwendungen im Standard-Modus speichert Windows den *Bildschirminhalt*, damit er beim Zurückschalten wieder hergestellt werden kann.

❐ Markieren Sie die Option BILDSCHIRMINHALT LÖSCHEN, wenn Windows den Bildschirminhalt nicht speichern soll. Der freie Speicher steht dann der Anwendung zur Verfügung.

Tastenkombinationen reservieren

Tastenkombination

Einige *Tastenkombinationen* haben für Windows eine bestimmte Funktion. Sie können für Windows vorgesehene Tastenkombinationen für eine Anwendung reservieren.

❐ Markieren Sie bei TASTENKOMBINATION RESERVIEREN die Kontrollfelder, deren Tastenkombination für die Anwendung reserviert werden soll.

Durch Markierung der Kontrollfelder ALT+TABULATORTASTE, DRUCK, ALT+ESC, ALT+DRUCK und STRG+ESC bleiben die Tastenfunktionen der Anwendung vorbehalten. Für Windows ist eine markierte Tastenfunktion nicht mehr verfügbar. Markierte

Tastenfunktionen bleiben nur so lange gesperrt, wie die Anwendung aktiv ist.

25.4 Optionen für den erweiterten Modus von 386-PCs

Der Teilaufgabe *Optionen für den erweiterten Modus von 386-PCs wählen* sind folgende Arbeiten zugeordnet:

- Programmdateiname angeben
- Programmtitel bestimmen
- Programmparameter setzen
- Anfangsverzeichnis angeben
- Bildschirmmodus bestimmen
- Speicherbedarf für erweiterten Modus bestimmen
- EMS-Speicher bestimmen
- XMS-Speicher bestimmen
- Anzeige bestimmen
- Ausführung festlegen
- Fenster schließen bei Programmende

Die Eingabe- und Auswahlfelder für die Optionen zum erweiterten Modus von 386-PCs sehen Sie in Bild 25.6.

Programmdateiname angeben

Dateiname   Der *Programmdateiname* ist der Pfadname der Datei, mit dem die Anwendung im erweiterten Modus gestartet wird.

- Tragen Sie im Textfeld PROGRAMMDATEINAME den vollständigen Pfad mit dem Dateinamen und der Namenserweiterung der Anwendung ein, beispielsweise C:\WORD\WORD.EXE.

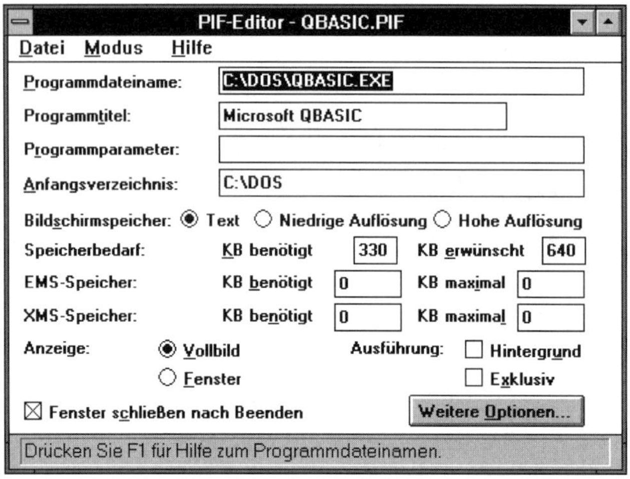

Bild 25.6: Optionen für den erweiterten Modus

Der Name der PIF-Datei muß nicht mit dem Namen der Programmdatei der Anwendung übereinstimmen.

Es können *mehrere PIF-Dateien* mit unterschiedlichen Einstellungen für die gleiche Anwendung erstellt werden.

Wenn Sie eine Anwendung zusammen mit anderen Befehlen starten wollen, erstellen Sie eine *Batch-Datei* mit der Namenserweiterung BAT und tragen die gewünschten Befehle und am Dateiende den Aufruf der zugehörigen PIF-Datei ein.

Programmtitel bestimmen

Programmtitel
Der *Programmtitel* ist ein beschreibender Name für die Anwendung, der in der *Titelleiste* des Fensters angezeigt wird.

❐ Tragen Sie in das Textfeld PROGRAMMTITEL einen Bezeichner ein.

Der Eintrag ist optional. Ohne Eintrag wird der Name der PIF-Datei angezeigt.

Programmparameter setzen

Parameter — *Programmparameter* werden der Anwendung beim Aufruf im erweiterten Modus als Parameter übergeben.

❐ Geben Sie im Textfeld PROGRAMMPARAMETER Parameter für die Anwendung ein.

Als Parameter können bis zu 62 Zeichen eingegeben werden. Wenn die Anwendung keine Parameter benötigt, bleibt das Feld leer.

Geben Sie ein *Fragezeichen* ein, wenn Windows beim Start der Anwendung zur Eingabe von Parametern auffordern soll.

Mit dem Befehl AUSFÜHREN im Programm-Manager oder im Datei-Manager können Sie nach dem Programmnamen Parameter eingeben und die Parameter-Angabe der PIF-Datei übergehen.

Anfangsverzeichnis angeben

Verzeichnis — Einige Anwendungen benötigen für den Zugriff auf Dateien die Angabe eines *Anfangsverzeichnisses*.

❐ Geben Sie im Textfeld ANFANGSVERZEICHNIS das Laufwerk und das Verzeichnis an, zu dem Windows beim Start der Anwendung wechseln soll.

Bei fehlendem Eintrag bestimmt Windows das Anfangsverzeichnis. Das Arbeitsverzeichnis kann im Menü DATEI des Programm-Managers mit dem Befehl EIGENSCHAFTEN bestimmt werden.

Bildschirmmodus bestimmen

Bildschirm — Sie können den *Bildschirmmodus* beim Start einer Anwendung festlegen. Windows verwaltet den Bildschirmspeicher nach den Anforderungen des Bildschirmmodus.

❐ Wählen Sie für eine Anwendung, die nur im Textmodus ausgeführt wird, im Feld BILDSCHIRMSPEICHER die Option TEXT. Der Modus TEXT stellt die geringsten Speicheranforderungen, da nur Textzeichen gespeichert werden.

Oder wählen Sie im Feld BILDSCHIRMSPEICHER die Option NIEDRIGE AUFLÖSUNG. Der Modus NIEDRIGE AUFLÖSUNG stellt für eine Anwendung im Grafikmodus Speicherplatz für eine niedrige Auflösung bereit (CGA-Auflösung).

Oder wählen Sie im Feld BILDSCHIRMSPEICHER die Option HOHE AUFLÖSUNG. Der Modus HOHE AUFLÖSUNG für hochauflösenden Grafikmodus stellt größere Speicheranforderungen (EGA-/VGA-Auflösung).

Windows kann eine Anwendung nicht starten, wenn der verfügbare Speicher nicht für den angeforderten Bildschirmspeicher ausreicht.

Manche Grafikadapter kennen nur einen Grafikmodus, beispielsweise Hercules und CGA; die Optionen NIEDRIGE AUFLÖSUNG und HOHE AUFLÖSUNG sind dann gleich.

Bei einer Anwendung, die verschiedene Bildschirmmodi unterstützt, kann auf einen Modus mit geringeren Speicheranforderungen umgeschaltet werden. Den frei werdenden Bildschirmspeicher stellt Windows anderen Anwendungen zur Verfügung.

Für ein Umschalten auf einen Bildschirmmodus mit einer höheren Speicheranforderung muß der angeforderte Speicher verfügbar sein, da sonst die Anzeige unvollständig sein kann.

Speicherbedarf für erweiterten Modus bestimmen

Speicherbedarf

Im Feld SPEICHERBEDARF kann der Anwendung konventioneller Speicher zugeordnet werden.

❐ Tragen Sie unter SPEICHERBEDARF in das Feld KB BENÖTIGT ein, wieviele Kilobyte konventioneller Speicher zum Start der Anwendung verfügbar sein müssen.

Wenn Windows die angeforderte Speicherkapazität nicht zur Verfügung stellen kann, wird eine Meldung angezeigt, daß nicht genügend Speicher vorhanden ist.

Normalerweise kann die Standardeinstellung 128 verwendet werden. Mit dem Wert -1 wird der gesamte verfügbare konventionelle Speicher zugeordnet.

❐ Tragen Sie unter SPEICHERBEDARF in das Feld KB ERWÜNSCHT ein, wieviele Kilobyte konventioneller Speicher eine Anwendung höchstens verwenden darf.

Mit dem Wert -1 wird soviel konventioneller Speicher wie möglich zugeordnet.

EMS-Speicher bestimmen

EMS-Speicher Sie können festlegen, wieviel *EMS-Speicher* (Expansionsspeicher) eine Anwendung bei der Ausführung verwenden darf.

❐ Tragen Sie unter EMS-SPEICHER in das Feld KB BENÖTIGT ein, wieviele Kilobyte Expansionsspeicher zum Start der Anwendung verfügbar sein sollen.

Tragen Sie für Anwendungen, die keinen Expansionsspeicher verwenden, den Wert 0 ein.

Wenn Windows die angeforderte Speicherkapazität nicht zur Verfügung stellen kann, wird eine Meldung angezeigt, daß nicht genügend Speicher vorhanden ist.

❐ Tragen Sie unter EMS-SPEICHER in das Feld KB MAXIMAL ein, wieviele Kilobyte Expansionsspeicher eine Anwendung höchstens verwenden darf.

Der Standardwert ist 1024. Mit dem Wert -1 wird einer Anwendung der angeforderte Expansionsspeicher bis zur Höchstgrenze des Systemspeichers zugeordnet.

XMS-Speicher bestimmen

XMS-Optionen Sie können mit den *XMS-Optionen* bestimmen, wieviel Erweiterungsspeicher (XMS-Speicher) einer Anwendung zur Verfügung gestellt werden soll. Der XMS-Speicher muß nach dem XMS-Standard (Lotus-Intel-Microsoft-AST eXtended Memory Specification) verwaltet werden.

- Tragen Sie unter XMS-SPEICHER in das Feld KB BENÖTIGT ein, wieviele Kilobyte Erweiterungsspeicher zum Start der Anwendung verfügbar sein müssen.

  Tragen Sie für Anwendungen, die keinen Erweiterungsspeicher verwenden, den Wert 0 ein.

- Tragen Sie unter XMS-SPEICHER in das Feld KB MAXIMAL ein, wieviele Kilobyte Erweiterungsspeicher eine Anwendung höchstens verwenden darf.

  Der Standardwert ist 1024. Mit dem Wert 0 wird verhindert, daß die Anwendung einen Zugriff auf Erweiterungsspeicher erhält. Mit dem Wert -1 wird einer Anwendung der angeforderte Erweiterungsspeicher bis zur Höchstgrenze des Systemspeichers zugeordnet.

Anzeige bestimmen

Anzeige Die Optionen des Feldes ANZEIGE bestimmen die Startanzeige einer Anwendung.

- Markieren Sie unter ANZEIGE die Option VOLLBILD, wenn die Anwendung in der Vollbildanzeige gestartet werden soll.

  Die Vollbildanzeige benötigt weniger Speicher.

- Markieren Sie unter ANZEIGE die Option FENSTER, wenn die Anwendung in der Fensteranzeige gestartet werden soll.

Sie wechseln zwischen der Vollbildanzeige und der Fensteranzeige mit ALT+EINGABE-Taste.

Ausführung festlegen

Ausführung   Die Optionen des Feldes AUSFÜHRUNG bestimmen die Art der Ausführung einer Anwendung.

❐ Markieren Sie unter AUSFÜHRUNG die Option HINTERGRUND, wenn die Anwendung auch im Hintergrund ausgeführt werden soll.

Es ist eine andere Anwendung im Vordergrund aktiv, während die Anwendung im Hintergrund ausgeführt wird.

Ohne Markierung wird die Anwendung nur im Vordergrund ausgeführt; die Anwendung im Hintergrund wird angehalten.

❐ Markieren Sie unter AUSFÜHRUNG die Option EXKLUSIV, wenn einer Anwendung alle Systemressourcen ausschließlich zugeordnet werden sollen.

Wenn eine exklusive Anwendung läuft, wird keine andere Anwendung ausgeführt, auch wenn bei ihr die Option HINTERGRUND gewählt ist.

Fenster schließen bei Programmende

Fenster schließen   Windows schließt beim Beenden einer Nicht-Windows-Anwendung das Fenster.

❐ Markieren Sie das Kontrollfeld FENSTER SCHLIESSEN NACH BEENDEN nicht, wenn das Fenster geöffnet bleiben soll.

Wenn Sie die Option markieren, wird das Fenster geschlossen, bevor Sie die letzten Anzeigen der Anwendung haben lesen können.

25.5 Weitere Optionen für den erweiterten Modus von 386-PCs

Der Teilaufgabe *Weitere Optionen für den erweiterten Modus von 386-PCs wählen* sind folgende Arbeiten zugeordnet:

- Hintergrundpriorität bestimmen
- Vordergrundpriorität festlegen
- Leerlaufzeit erkennen
- EMS-Speicher sperren
- XMS-Speicher sperren
- HMA-Speicher verwenden
- Speicher für Anwendung sperren
- Anschlüsse überwachen
- Textmodus emulieren
- Bildschirmspeicher erhalten
- Daten schnell einfügen
- Anwendung schließen bei Beenden von Windows
- Tastenkombinationen reservieren
- Tastenkombination für Anwendung bestimmen

Die weiteren Optionen werden mit den folgenden Schritten angezeigt:

1. Wählen Sie im Menü MODUS den Befehl 386 ERWEITERT.
2. Drücken Sie die Schaltfläche WEITERE OPTIONEN.
   Es wird das Dialogfeld WEITERE OPTIONEN angezeigt.

Die Eingabe- und Auswahlfelder im Dialogfeld WEITERE OPTIONEN für den erweiterten Modus von 386-PCs sehen Sie in Bild 25.7.

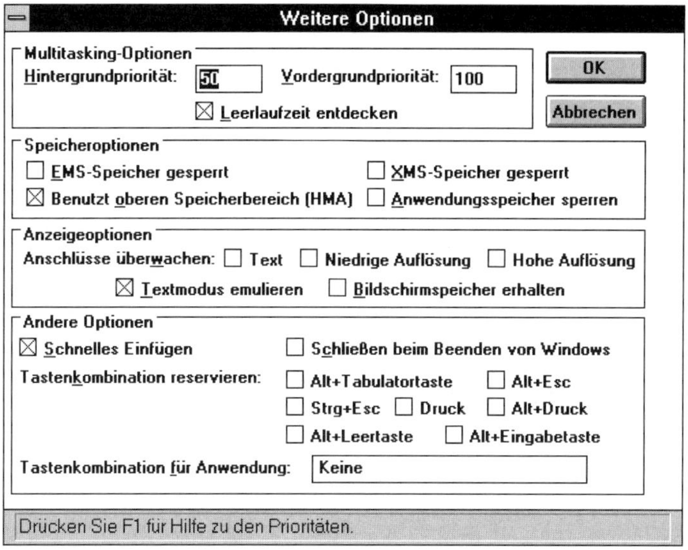

Bild 25.7: Weitere Optionen für den erweiterten Modus

Hintergrundpriorität bestimmen

Hintergrund Im Feld MULTITASKING-OPTIONEN bestimmen Sie die *Priorität* der Anwendung, die im Hintergrund ausgeführt wird.

❒ Geben Sie im Textfeld HINTERGRUNDPRIORITÄT an, wieviel Prozessorzeit eine im Hintergrund ausgeführte Anwendung im Vergleich zu anderen Anwendungen erhalten soll.

Ein höherer Wert der Priorität steht für eine erhöhte Zuordnung von CPU-Ressourcen. Der Wertebereich reicht von 0 bis 10000 (Standardwert ist 50).

Die Prioritätseinstellung ist wirksam, wenn die Option HINTERGRUND gewählt ist und für die im Vordergrund laufende Anwendung nicht die Option EXKLUSIV markiert ist.

Vordergrundpriorität festlegen

Vordergrund Im Feld MULTITASKING-OPTIONEN bestimmen Sie die *Priorität* der Anwendung, die im Vordergrund ausgeführt wird.

❐ Geben Sie im Textfeld VORDERGRUNDPRIORITÄT an, wieviel Prozessorzeit eine im Vordergrund ausgeführte Anwendung im Vergleich zu anderen Anwendungen erhalten soll.

Ein höherer Wert der Priorität steht für eine erhöhte Zuordnung von CPU-Ressourcen. Der Wertebereich reicht von 0 bis 10000 (Standardwert ist 100).

Leerlaufzeit erkennen

Leerlaufzeit Wenn sich eine Anwendung im *Leerlauf* befindet, wenn sie beispielsweise auf eine Tastatureingabe wartet, kann Windows angeforderte Ressourcen anderen Anwendungen zur Verfügung stellen.

❐ Markieren Sie im Feld MULTITASKING-OPTIONEN das Kontrollfeld LEERLAUFZEIT ENTDECKEN, wenn Windows Leerlaufzeiten entdecken soll.

Wenn eine Leerlaufzeit entdeckt wird, erfolgt eine Übergabe der Ablaufsteuerung an eine andere Anwendung.

Die Markierung führt zu einer höheren Ausführungsgeschwindigkeit der Anwendungen. Markieren Sie die Option nicht, wenn eine Anwendung dadurch langsamer ausgeführt wird.

EMS-Speicher sperren

EMS-Speicher Sie können mit dieser Option bestimmen, daß der von der Anwendung verwendete Expansionsspeicher nicht auf die Festplatte ausgelagert wird.

❐ Markieren Sie bei SPEICHEROPTIONEN das Kontrollfeld EMS-SPEICHER GESPERRT, wenn Windows keine Auslagerung von Expansionsspeicher durchführen soll.

Die markierte Option verhindert die Verwendung von virtuellem Speicher. Bei fehlender Markierung kann virtueller Speicher genutzt werden.

XMS-Speicher sperren

XMS-Speicher
Sie können mit dieser Option bestimmen, daß der von der Anwendung verwendete Erweiterungsspeicher nicht auf die Festplatte ausgelagert wird.

❐ Markieren Sie bei SPEICHEROPTIONEN das Kontrollfeld XMS-SPEICHER GESPERRT, wenn Windows keine Auslagerung von Erweiterungsspeicher durchführen soll.

Die markierte Option verhindert die Verwendung von virtuellem Speicher. Bei fehlender Markierung kann virtueller Speicher genutzt werden.

HMA-Speicher verwenden

High Memory
Es kann bestimmt werden, ob die Anwendung den oberen Speicherbereich (*HMA-Speicher*, high memory) benutzen darf. Zum oberen Speicherbereich gehören die ersten 64 Kbyte des Erweiterungsspeichers.

❐ Markieren Sie unter SPEICHEROPTIONEN das Kontrollfeld BENUTZT OBEREN SPEICHERBEREICH (HMA), wenn die Anwendung den HMA-Speicher benutzen darf.

Deaktivieren Sie das Kontrollfeld, wenn ein verfügbarer HMA-Bereich von einer Anwendung nicht benutzt werden soll.

Speicher für Anwendung sperren

Speicher sperren

Sie können bestimmen, ob Windows eine Anwendung während der Ausführung auslagern darf.

❏ Markieren Sie bei SPEICHEROPTIONEN das Kontrollfeld ANWENDUNGSSPEICHER SPERREN, wenn Windows die Anwendung während der Ausführung nicht auslagern darf.

Die Ausführung einer Anwendung wird bei Sperrung der Auslagerung nicht durch Zugriffe auf die Platte verlangsamt.

Die markierte Option vermindert die für andere Anwendungen verfügbare Speicherkapazität. Verwenden Sie die Option daher nicht, wenn möglichst viele Anwendungen ausgeführt werden sollen.

Anschlüsse überwachen

Anschlüsse

Wenn eine Anwendung direkt auf einen Bildschirmadapter zugreift, muß Windows die Anschlüsse überwachen, damit die Bildschirmanzeige beim Umschalten wiederhergestellt werden kann.

❏ Markieren Sie bei ANSCHLÜSSE ÜBERWACHEN das Kontrollfeld TEXT, wenn die Bildschirmoperationen im Textmodus überwacht werden sollen.

Oder markieren Sie bei ANSCHLÜSSE ÜBERWACHEN das Kontrollfeld NIEDRIGE AUFLÖSUNG, wenn die Bildschirmoperationen im Grafikmodus bei niedriger Auflösung überwacht werden sollen.

Oder markieren Sie bei ANSCHLÜSSE ÜBERWACHEN das Kontrollfeld HOHE AUFLÖSUNG, wenn die Bildschirmoperationen im Grafikmodus bei hoher Auflösung überwacht werden sollen.

Textmodus emulieren

Textmodus   Die Geschwindigkeit für die Anzeige im *Textmodus* kann bestimmt werden.

❑ Markieren Sie im Feld ANZEIGEOPTIONEN die Option TEXTMODUS EMULIEREN, wenn die Anzeigen einer Anwendung im Textmodus schneller erfolgen sollen.

Für die Anzeige werden die Serviceroutinen im ROM-BIOS verwendet.

Markieren Sie die Option nicht bei fehlerhaften Anzeigen.

Bildschirmspeicher erhalten

Speicher erhalten   Windows kann zusätzlichen *Bildschirmspeicher* für die Verwendung durch andere Anwendungen freigeben.

❑ Markieren Sie im Feld ANZEIGEOPTIONEN die Option BILDSCHIRMSPEICHER ERHALTEN, wenn Windows zusätzlichen Bildschirmspeicher nicht für andere Anwendungen freigeben darf.

Windows bestimmt beim Start der Anwendung die angeforderte Speicherkapazität und stellt beim Umschalten zu einem anderen Bildschirmmodus keinen Speicher frei.

Wenn die Option nicht markiert ist und die Anwendung zu einem Bildschirmmodus mit geringeren Speicheranforderungen wechselt, stellt Windows den frei werdenden Speicher anderen Anwendungen zur Verfügung. Beim Rückschalten zu einem Modus mit höheren Speicheranforderungen steht dann unter Umständen der benötigte Speicher nicht mehr zur Verfügung. Die Anzeige kann dann unvollständig sein.

Daten schnell einfügen

Einfügen Windows kann mit verschiedenen Verfahren *Daten* aus der Zwischenablage in eine Anwendung *einfügen*.

❏ Markieren Sie unter ANDERE OPTIONEN das Kontrollfeld SCHNELLES EINFÜGEN, wenn Windows das schnellste Verfahren zum Einfügen von Daten verwenden darf.

Prüfen Sie, ob für eine Anwendung dieses Verfahren eingesetzt werden kann, indem Sie das Einfügen von Daten aus der Zwischenablage ausprobieren.

Deaktivieren Sie die Option, wenn beim Einfügen mit dem schnellsten Verfahren Probleme auftreten.

Anwendung schließen bei Beenden von Windows

Beenden Sie können bestimmen, ob eine *Anwendung* geschlossen werden kann, ohne innerhalb der Anwendung ein ordnungsmäßiges *Beenden* durchzuführen.

❏ Markieren Sie unter ANDERE OPTIONEN das Kontrollfeld SCHLIESSEN BEIM BEENDEN VON WINDOWS, wenn Windows eine Anwendung beim Beenden von Windows schließen soll.

Markieren Sie die Option nicht, wenn die Anwendung nicht die standardmäßigen DOS-Funktionen für den Zugriff auf Dateien verwendet. Es kann Datenverlust eintreten, da Dateien und Verzeichniseinträge nicht mehr von der Anwendung aktualisiert werden können. Die Anwendung sollte dann nur von der Anwendung aus beendet werden, um das Schreiben und Aktualisieren von Daten und Puffern selbst und ordnungsgemäß vornehmen zu können.

Tastenkombinationen reservieren

Tastenkombinationen Sie können festlegen, daß eine *Tastenkombination* von Windows ignoriert und an die Anwendung weitergereicht wird.

❐ Markieren Sie unter ANDERE OPTIONEN neben TASTENKOMBI-
NATION RESERVIEREN das jeweilige Kontrollfeld, dessen Tastenkombination reserviert werden soll.

Für Windows ist im erweiterten Modus von 386-PCs eine markierte Tastenkombination für eine Anwendung reserviert. Markierte Tastenkombinationen bleiben nur solange gesperrt, wie die
Anwendung aktiv ist.

Die nicht reservierten *Tastenkombinationen* haben für Windows die
folgende Bedeutung:

ALT+TAB	Windows schaltet zwischen Anwendungen um.
ALT+ESC	Windows schaltet zur nächsten Anwendung, in der Reihenfolge des Starts der Anwendungen, um.
STRG+ESC	Windows zeigt die Task-Liste zum Umschalten zwischen Anwendungen an.
DRUCK	Windows überträgt den Bildschirminhalt in die Zwischenablage.
ALT+DRUCK	Windows überträgt den Fensterinhalt in die Zwischenablage.
ALT+LEER	Windows zeigt das Systemmenü der Anwendung an.
ALT+EINGABE	Windows schaltet zwischen der Vollbildanzeige und der Fensteranzeige um.

Tastenkombination für Anwendung bestimmen

Anwen-
dungstaste
Wenn eine Anwendung im erweiterten Modus von 386-PCs im
Hintergrund ausgeführt wird, können Sie mit einer Tastenkombination die Anwendung in den Vordergrund holen.

- Es wird unter ANDERE OPTIONEN im Feld TASTENKOMBINATION FÜR ANWENDUNG eine Tastenkombination angezeigt, wenn eine Tastenkombination (Abkürzungstaste) zur Aktivierung einer Anwendung vereinbart worden ist.

Eine *Tastenkombination* zum Umschalten zu einer Anwendung können Sie mit zwei Verfahren vereinbaren:

- Tastenkombination mit dem Programm-Manager festlegen
- Tastenkombination mit dem PIF-Editor festlegen

Programm-Manager

Mit dem *Programm-Manager* legen Sie eine Tastenkombination mit den folgenden Schritten fest:

1. Wechseln Sie zum Programm-Manager.
2. Wählen Sie die Anwendung, für die eine Tastenkombination vereinbart werden soll.
3. Wählen Sie im Menü DATEI den Befehl EIGENSCHAFTEN.
4. Markieren Sie die Option TASTENKOMBINATION.
5. Drücken Sie die gewünschte Tastenkombination.

   Gültig sind die folgenden Tastenkombinationen:

   ALT+STRG+Zeichen

   STRG+UMSCHALT+Zeichen

   ALT+STRG+UMSCHALT+Zeichen
6. Wählen Sie OK.

Eine vereinbarte Tastenkombination *entfernen* Sie mit dem Programm-Manager wie folgt:

1. Wechseln Sie zum Programm-Manager.
2. Markieren Sie das Anwendungssymbol.
3. Wählen Sie im Menü DATEI den Befehl EIGENSCHAFTEN.

Weitere Optionen für den erweiterten Modus von 386-PCs 845

4. Markieren Sie die Option TASTENKOMBINATION.

5. Drücken Sie die Tastenkombination UMSCHALT+RÜCK-Taste.

   Es wird die Angabe KEINE angezeigt.

6. Wählen Sie OK.

PIF-Editor   Mit dem *PIF-Editor* vereinbaren Sie eine Tastenkombination mit den folgenden Schritten:

1. Wechseln Sie zum PIF-Editor.

2. Wählen Sie im Menü DATEI den Befehl ÖFFNEN.

3. Markieren Sie die PIF-Datei, für die eine Tastenkombination vereinbart werden soll.

4. Drücken Sie die Schaltfläche WEITERE OPTIONEN.

   Es wird das Dialogfeld WEITERE OPTIONEN angezeigt.

5. Markieren Sie die Option TASTENKOMBINATION FÜR ANWENDUNG.

6. Drücken Sie die gewünschte Tastenkombination.

   Gültig sind die folgenden Tastenkombinationen:

   ALT+STRG+Zeichen

   STRG+UMSCHALT+Zeichen

   ALT+STRG+UMSCHALT+Zeichen

   Die Tasten ESC, EINGABE, TABULATOR, LEER, DRUCK oder RÜCK können in der Tastenkombination nicht verwendet werden.

7. Wählen Sie OK.

   Bei einer ungültigen Tastenkombination zeigt Windows ein Dialogfeld an.

Eine vereinbarte Tastenkombination *entfernen* Sie mit dem PIF-Editor mit den folgenden Schritten:

1. Wechseln Sie zum PIF-Editor.
2. Wählen Sie im Menü DATEI den Befehl ÖFFNEN.
3. Markieren Sie die PIF-Datei, bei der die Tastenkombination entfernt werden soll.
4. Drücken Sie die Schaltfläche WEITERE OPTIONEN.

   Es wird das Dialogfeld WEITERE OPTIONEN angezeigt.
5. Markieren Sie die Option TASTENKOMBINATION FÜR ANWENDUNG.
6. Drücken Sie die Tastenkombination UMSCHALT+RÜCK-Taste.

   Es wird die Angabe KEINE angezeigt.
7. Wählen Sie OK.

Kapitel 26

Microsoft Windows optimieren

Bei einem schnell getakteten Prozessor, viel Arbeitsspeicher und einer großen Festplatte mit kurzen Zugriffszeiten macht das Arbeiten unter Windows richtig Freude. Sie können aus Ihrem Computer jedoch noch mehr herausholen: beispielsweise mit Platten-Cache, Swap-Dateien, virtuellen Laufwerken und mit richtig eingesetzter Speicherverwaltung.

26.1 Leistungsfaktoren bestimmen

Sie können Windows hinsichtlich der folgenden *Leistungsfaktoren* optimieren: Arbeitsgeschwindigkeit, interne Speicherkapazität (Arbeitsspeicher) und externe Speicherkapazität (Festplatte).

Geschwin-digkeit Sie erhöhen die *Arbeitsgeschwindigkeit* durch den Einsatz eines schneller getakteten Mikroprozessors. Sie können die Arbeitsgeschwindigkeit auch dadurch erhöhen, indem Sie langsamen internen oder externen Speicher durch schnelleren Speicher ersetzen. Beispielsweise sind die Zugriffszeiten beim Arbeiten mit einem Cache oder einem virtuellen Laufwerk wesentlich kürzer als bei einem Plattenlaufwerk.

Speicher Je mehr *Arbeitsspeicher* Windows zur Verfügung steht, desto mehr Anwendungen können ausgeführt werden. Bei zu wenig Arbeitsspeicher kann eine weitere Anwendung gar nicht geladen werden; andere Anwendungen müssen erst auf externe Datenträger ausgelagert werden. Die Auslagerung auf langsame Datenträger führt zu längeren Zugriffszeiten. Teile des verfügbaren Arbeitsspeichers können genutzt werden: als Cache, als RAM-Disk, als Erweiterungsspeicher oder als Expansionsspeicher. Mehr Erweiterungsspeicher verbessert die Systemleistung.

26.2 Konventionellen Speicher freihalten

Der *konventionelle Arbeitsspeicher* liegt im ersten Mbyte des Speicheradreßraums. DOS kann bis zu 640 Kbyte für Systemprogramme, Gerätetreiber und Anwendungen verwenden. Mit den DOS-Befehlen CHKDSK und MEM können Sie die Größe und Verwendung des Arbeitsspeichers anzeigen.

HIMEM Verwenden Sie das Programm HIMEM.SYS, um Programme aus dem konventionellen Arbeitsspeicher in den oberen Speicherbereich zu verlagern. Sie richten HIMEM.SYS in der Datei CONFIG.SYS im folgenden Format ein:

```
device=[Laufwerk:][Pfad] himem.sys [/hmamin=m]
[/numhandles=n] [/int15=xxxx] [shadowram:on|off]
[/machine=Name] [/a20control:on|off]
[/cpuclock:on|off]
```

Der Parameter `/hmamin=`*m* bestimmt die minimale Speicheranforderung in Kbyte (bis zu 63). Die maximale Handle-Zahl wird durch `/numhandles=`*n* bestimmt. Mit `/int15=`*xxxx* wird Speicher für den Interrupt 15H angefordert. Die Aktivierung von Shadow-RAM erfolgt mit `shadowram:on|off`. Der Computertyp wird mit `/machine=`*Name* angegeben. Die Steuerung der Adreßleitung A20 wird mit `/a20control:on|off` bestimmt. Mit `/cpuclock:on|off` beeinflussen Sie die Taktrate.

```
device = c:\windows\himem.sys
```

Im Beispiel werden Standardwerte verwendet.

26.3 Expansionsspeicher (Expanded Memory)

Zusätzlicher Speicher kann von Programmen als Erweiterungsspeicher oder als Expansionsspeicher genutzt werden. Beim Expansionsspeicher blendet der Expansionsspeicher-Manager (EMM) Seiten in einen Speicherbereich (page frame) im konventionellen Arbeitsspeicher ein.

Der vom EMM über Bank-Switching zur Verfügung gestellte Speicherraum kann nur von Programmen genutzt werden, die die Servicefunktionen des EMM nutzen. Windows und Windows-Anwendungen verwenden keinen Expansionsspeicher.

26.4 Erweiterungsspeicher (Extended Memory)

Die Intel-Prozessoren 80286, 80386 und 80486 können zusätzlichen Speicherraum als Erweiterungsspeicher adressieren. Im Gegensatz zum Expansionsspeicher mit eingeblendeten Speicherbereichen ist der Speicherraum linear. Er schließt direkt an den konventionellen Arbeitsspeicher von 1 Mbyte an.

EMM386   Das Programm EMM386.EXE emuliert Expansionsspeicher im Erweiterungsspeicher. Es wird z.B. in CONFIG.SYS eingetragen:

```
device = c:\windows\emm386.exe 512
```

Im Beispiel wird ein Expansionsspeicher von 512 Kbyte emuliert.

26.5 Auslagerungsdateien nutzen

Im Standard-Modus kann Windows beim Arbeiten mit Nicht-Windows-Anwendungen *temporäre Anwendungs-Auslagerungsdateien* erstellen. Auslagerungsdateien (Swap-Dateien) dienen der Auslagerung von zeitweilig nicht benötigten Speicherinhalten auf eine Festplatte. Windows verwendet im erweiterten Modus von 386-PCs keine temporären Anwendungs-Auslagerungsdateien.

Temporär   Temporäre Auslagerungsdateien speichert Windows in dem Verzeichnis, das in der Swapdisk-Einstellung der Datei SYSTEM.INI angegeben ist. Der Dateiname beginnt mit ~WOA.

Temp   Bei fehlender Swapdisk-Angabe speichert Windows in dem mit der Umgebungsvariablen TEMP bestimmten Verzeichnis. Die Umgebungsvariable TEMP können Sie mit dem Set-Befehl in der Datei AUTOEXEC.BAT definieren. Der Eintrag

```
set temp=d:\tempxy
```

setzt den Wert auf das Verzeichnis TEMPXY im Laufwerk D.

Swapdisk   Sie können eine Swapdisk-Einstellung selbst vornehmen. Öffnen Sie hierzu mit einem Texteditor die Datei SYSTEM.INI. Geben Sie den Eintrag ein, und speichern Sie die Datei. Im folgenden Beispiel

```
swapdisk=d:\tempo
```

soll Windows die Auslagerungsdateien im Verzeichnis TEMPO im Laufwerk D anlegen. Beachten Sie, daß die Datei SYSTEM.INI eine reine ASCII-Datei ist, die keine Steuerzeichen enthalten darf.

Permanent   Im erweiterten Modus kann Windows mit *permanenten Auslagerungsdateien* arbeiten. Der Zugriff auf eine permanente Auslagerungsdatei ist schneller als bei einer temporären Auslagerungsdatei, da Windows nur einen zusammenhängenden Festplattenbereich verwendet und schnellere Zugriffsverfahren einsetzt.

Sie erstellen eine permanente Auslagerungsdatei mit der Systemsteuerung. Rufen Sie das 386-erweitert-Symbol auf, drücken Sie die Schaltfläche VIRTUELLER SPEICHER und dann die Schaltfläche ÄNDERN. Nehmen Sie im Dialogfeld VIRTUELLER ARBEITSSPEICHER die gewünschte Änderung vor.

26.6 Cache mit SMARTDrive

Mit SMARTDrive werden von der Festplatte gelesene Daten in einem Festplatten-Cache im Erweiterungsspeicher gespeichert. Sollen neue Daten von der Festplatte gelesen werden, sind sie häufig bereits im Cache vorhanden – die Zugriffe auf die Festplatte werden minimiert. Auf die Festplatte zu schreibende Daten werden ebenfalls im Cache zwischengespeichert und bei geringerer Ressourcenbelastung auf die Festplatte geschrieben.

Wenn Ihr Computer über wenigstens 2 Mbyte Speicher verfügt, wurde SMARTDrive normalerweise bereits bei der Installation von Windows eingerichtet. Sie können SMARTDrive auch selbst einrichten, indem Sie einen Eintrag in der Datei AUTOEXEC.BAT in dem folgenden *Format* aufnehmen:

```
[Pfad] smartdrv.exe [[ +/-]]...]
  [/E:ElementGröße] [CacheGröße [WinCacheGröße]]
  [/B:PufferGröße] [/R] [/C] [/L] [/Q] [/S] [/?]
```

Für das *Laufwerk* wird ein Cache eingerichtet. Ohne Angabe werden alle Laufwerke berücksichtigt (keine Netzlaufwerke). Der Lese- und Schreib-Cache wird mit + aktiviert und mit - deaktiviert. Bei Wechselplatten und Disketten ist der Schreib-Cache deaktiviert. Der Parameter /E:*ElementGröße* gibt die Größe in Kbyte an (Standardwert: 8). Die *CacheGröße* kann verändert werden. Die *CacheGröße* kann bis auf *WinCacheGröße* verringert werden. Mit /B:*PufferGröße* kann der Lesepuffer eingestellt werden. Mit /R wird der Cache gelöscht und SMARTDrive neu gestartet. Mit /C werden die Daten im Write-Behind-Cache auf den Datenträger geschrieben. Mit /L wird SMARTDrive nicht in den UMB (upper memory block) geladen. Mit /Q werden Anzeigen unterdrückt. Mit /? werden Hilfeinformationen angezeigt.

26.7 RAM-Disk mit RAMDrive

Sie können ein virtuelles Laufwerk (RAM-Disk) im Speicher einrichten. Die Zugriffszeiten sind kürzer als bei der Festplatte, da keine mechanischen Teile bewegt werden müssen. Virtuelle Laufwerke speichern Daten nur bei Stromversorgung; die Daten müssen vor dem Ausschalten des Computers gesichert werden.

Sie richten ein virtuelles Laufwerk durch einen Eintrag in der Systemdatei CONFIG.SYS im folgenden *Format* ein:

```
device=[Laufwerk:][Pfad] ramdrive.sys [LaufwerksGröße]
    [SektorGröße] [AnzahlEinträge] [/e|/a]
```

Der Parameter `[Laufwerk:][Pfad]ramdrive.sys` gibt den Pfad für RAMDrive an. Mit *LaufwerksGröße* bestimmen Sie die Größe in Kilobyte. Bei der *SektorGröße* können Sie den Wert 128, 256 oder 512 Byte wählen (Standardwert ist 512). Die Zahl der Einträge im Stammverzeichnis bestimmen Sie mit *AnzahlEinträge* (2 bis 1024, Standardwert ist 64). Mit dem Parameter /e wird das virtuelle Laufwerk im Erweiterungsspeicher eingerichtet; mit /a wird das Laufwerk im Expansionsspeicher angelegt. Verwenden Sie den Parameter /e oder /a, da ohne Angabe das Laufwerk im konventionellen Speicher eingerichtet wird.

Im folgenden Beispiel wird im Erweiterungsspeicher ein virtuelles Laufwerk mit 2048 Kbyte, 512 Byte Sektorgröße und bis zu 256 Einträgen im Stammverzeichnis eingerichtet:

```
device = c:\windows\ramdrive.sys 2048 512 256 /e
```

26.8 Weitere Hinweise zur Optimierung

Bauen Sie den konventionellen Arbeitsspeicher auf 640 Kbyte aus. Erweitern Sie ihn anschließend durch Erweiterungsspeicher. Verwenden Sie Expansionsspeicher nur, wenn er von einer Anwendung benötigt wird.

Setzen Sie eine schnelle Festplatte mit großer Speicherkapazität ein. Richten Sie eine permanente Auslagerungsdatei ein. Löschen oder sichern Sie nicht mehr benötigte Dateien. Entfragmentieren Sie die Dateien auf der Festplatte mit einem Spezialprogramm (Festplattenkomprimierer) oder nach Datensicherung durch Neuformatierung der Platte.

Halten Sie den konventionellen Arbeitsspeicher weitgehend für Windows frei. Durchforsten Sie die beiden Konfigurationsdateien CONFIG.SYS und AUTOEXEC.BAT nach entbehrlichen Programmen und Treibern, die mit Windows um den konventionellen Speicher konkurrieren.

26.9 Probleme, Tips und Abhilfe

Hilfreiche Hinweise finden Sie in der Dokumentation (*Erste Schritte* und *Benutzerhandbuch*) sowie in den Write-Dateien und im Online-Hilfesystem von Windows. Typische Probleme und Tips zur Abhilfe finden Sie in der folgenden Zusammenstellung:

Setup

Beim Setup bleibt Ihr Computer hängen.
Die Konfiguration wurde nicht erkannt. Versuchen Sie: setup/i.

Setup erkennt keinen Diskettenwechsel.
Entfernen Sie ein Cache-Programm.

Setup zeigt inkompatible TSR-Programme an.
Entfernen Sie die Programmaufrufe, und lesen Sie SETUP.TXT.

Sie wollen Dateien von den Windows-Disketten kopieren.
Die Dateien sind komprimiert. Verwenden Sie EXPAND.EXE.

Windows startet nicht.
Starten Sie mit /s oder /3. Entfernen Sie TSR-Programme.

Windows läuft nicht im erweiterten Modus von 386-PCs.
Kein 80386-Prozessor, zu wenig Speicher. Starten Sie mit /3.

Beim Einsatz von zwei Windows-Versionen gibt es Probleme.
Installieren Sie in getrennten Verzeichnissen. Stellen Sie mit PATH sicher, daß eine Version nur auf ihre Dateien zugreifen kann.

Maus

Kein Mauszeiger zu sehen.
Verwenden Sie nur COM1 oder COM2. Prüfen Sie den Interrupt.

Die Maus bewegt sich nicht.
Richtigen Maustreiber mit SETUP installieren.

Der Mauszeiger bewegt sich sprunghaft.
Säubern Sie die Maus. Überprüfen Sie den Interrupt.

Maus funktioniert nicht bei Nicht-Windows-Anwendung im Fenster.
Richtigen Maustreiber mit SETUP installieren.

Tastatur

Tasten funktionieren nicht richtig.
Richtige Tastatur mit SETUP installieren.

Speicher

Meldung: Nicht genügend Speicher.
Schließen Sie andere Anwendungen, oder verkleinern Sie sie zum Symbol. Geben Sie in der PIF-Datei Speicher frei.

Ausführen	*Anwendung wird zu langsam ausgeführt.* Zu wenig Hauptspeicher. Auslagerungsdatei einrichten. *Windows reagiert nicht mehr.* Besorgen Sie sich ein Update einer alten Anwendung.
Drucker	*Der Drucker druckt nicht.* Nicht eingeschaltet, Kabel defekt, kein Papier, falsch installiert. *Die Druckausgabe ist nicht vollständig.* Falscher Drucker, falsche Übertragungsparameter, Kabel defekt. *Der Drucker druckt mit der falschen Schriftart.* Wählen Sie die richtige Schriftart. Lesen Sie DRUCKER.WRI. *Bildschirmanzeige und Druckausgabe stimmen nicht überein.* Arbeiten Sie mit TrueType-Schriftarten. *Ladbare Schriften oder Kassetten werden nicht verwendet.* Installieren Sie die Schriften richtig. Überprüfen Sie die Druckoptionen. *Paintbrush-Bilder sind zu klein gedruckt.* Deaktivieren Sie die Option DRUCKERAUFLÖSUNG VERWENDEN. *PostScript-Drucker hat nicht genügend Speicher.* Wählen Sie bei DRUCKERINSTALLATION *Adobe Typ 1* im Listenfeld ZUM DRUCKER SENDEN ALS. Markieren Sie SPEICHER NACH JEDER SEITE LÖSCHEN. Markieren Sie ERSETZUNGSTABELLE VERWENDEN. *Drucker reagiert nicht.* Geben Sie beim Befehl DRUCKEREINRICHTUNG einen höheren Wert im Feld ÜBERTRAGUNG WIEDERHOLEN an.
COM-Port	*Die serielle Schnittstelle reagiert nicht.* Die Basisanschlußadresse oder der Interrupt ist falsch gesetzt. Eine nicht aktive Anwendung blockiert die Schnittstelle. *Es treten Übertragungsfehler auf.* Überprüfen Sie die Übertragungsparameter. Verringern Sie die Baudrate.
Netzwerk	*Eine Netzwerkverbindung wird nicht aufgebaut.* Überprüfen Sie den Netzwerktreiber mit Windows-Setup. *Bei Windows gibt es Probleme mit der Netzwerksoftware.* Lesen Sie weitere Informationen in der Datei NETZWERK.WRI.

KAPITEL 27

WINDOWS FÜR WORKGROUPS 3.11

Windows für Workgroups 3.11 stellt als Add-On für Windows 3.1 Netzwerkfunktionen eines Peer-to-Peer-Netzwerks bereit. Bei einem Peer-to-Peer-Netzwerk sind die angeschlossenen Arbeitsplatzcomputer weitgehend gleichberechtigt und können als Server und als Client eingesetzt werden. Ein dedizierter Server ist bei dem Peer-to-Peer-Netzwerk Windows für Workgroups nicht erforderlich.

27.1 Microsoft Workgroup Add-On für Windows

Mit dem Microsoft Workgroup Add-On für Windows wird Microsoft Windows 3.1 um Netzwerkfunktionen zu Microsoft Windows für Workgroups 3.11 erweitert. Microsoft Windows für Workgroups 3.11 bietet die folgenden Leistungsmerkmale:

- Ein Peer-to-Peer-Netzwerk ohne dedizierten Server.
- Eine vollständige Netzwerklösung mit Ressourcen-Sharing.
- Nachrichtenaustausch mit Mail, PC Fax und Schedule+.
- Einbindung in Server-basierte Netzwerksysteme.
- 32-Bit-Komponenten für kürzere Zugriffszeiten auf Netzwerk-Ressourcen.

27.2 Windows für Workgroups 3.11 einrichten

Für die Einrichtung von Windows für Workgroups 3.11 gelten die folgenden Mindestanforderungen:

- 386SX- oder besserer Mikroprozessor.
- MS-DOS Version 3.3 oder höher; empfohlen wird 6.0.
- 3 Mbyte RAM; empfohlen wird 6 Mbyte RAM.
- 10,5 Mbyte freie Speicherkapazität auf der Festplatte.
- VGA-Karte oder besser.
- Netzwerk-Hardware (Netzwerkadapter und Verkabelung).

Netzwerk-Hardware installieren

Vor der Installation von Windows für Workgroups 3.11 muß die Netzwerk-Hardware installiert werden. Hierzu gehören die Konfiguration und der Einbau der Netzwerkkarte und die Verkabelung der Computer im Netzwerk.

Bei der Konfiguration der Netzwerkkarte sind die Ressourcen-Anforderungen der Hardware abzustimmen:

- Interrupt (IRQ)
- Basis-E/A-Anschluß (Portadresse)
- Basisspeicheradresse

Die Einstellungen zur Konfiguration sind nach der Dokumentation der Netzwerkkarte vorzunehmen. Die Einstellungen dürfen zu keinem Konflikt mit eingebauten Adapterkarten führen. Bei einigen Netzwerkkarten erfolgt die Konfiguration vor dem Einbau über Jumper oder DIP-Schalter; bei MCA- und einigen EISA-Karten erfolgt sie nach dem Einbau über ein Programm.

Die Verkabelung der Computer eines Netzwerks erfolgt in Abhängigkeit von den Spezifikationen des ausgewählten Netzwerktyps: Thin Ethernet mit Koaxialkabeln und BNC-Steckern, Thick Ethernet mit Thick-Ethernet-Kabel und Transceiver-Kabeln, Twisted-Pair-Ethernet mit Twisted-Pair-Kabeln und Konzentrator (Hub) sowie Token Ring mit UTP-Kabeln und Multistation Access Unit (MAU).

Windows für Workgroups 3.11 installieren

Sie können die Installation mit einem Express-Setup oder einem benutzerdefinierten Setup durchführen. Legen Sie hierzu die Diskette 1 Setup in das Diskettenlaufwerk ein, wechseln zum Laufwerk und geben SETUP ein. Das Setup-Programm richtet den Netzwerkadaptertreiber und das Netzwerkprotokoll ein.

Nach der Installation starten Sie den Computer erneut. Beim Starten von Windows für Workgroups wird ein Anmeldefenster angezeigt, in dem ein Anmeldename und ein Kennwort eingetragen werden. Bei einem neuen Anmeldenamen werden Sie zum Erstellen einer Kennwortliste aufgefordert. Zum Schutz der Kennwortliste können Sie ein Anmeldekennwort eingeben.

27.3 Windows für Workgroups konfigurieren

Netzwerktreiber und Protokoll konfigurieren

Bei der Installation werden Netzwerkadaptertreiber und Netzwerkprotokoll für den Netzwerkadapter eingebunden. Bei Bedarf können Sie die Konfigurationseinstellungen ändern.

Windows für Workgroups konfigurieren 861

1. Wählen Sie in NETZWERK das Symbol NETZWERK-SETUP.
2. Drücken Sie im Dialogfeld NETZWERK-SETUP die Schaltfläche NETZWERKE (siehe Bild 27.1).

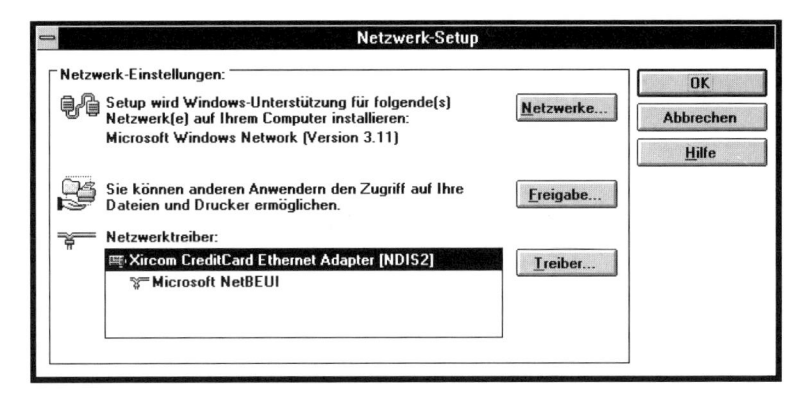

Bild 27.1: Das Dialogfeld Netzwerk-Setup

3. Wählen Sie die Windows-Unterstützung (siehe Bild 27.2).

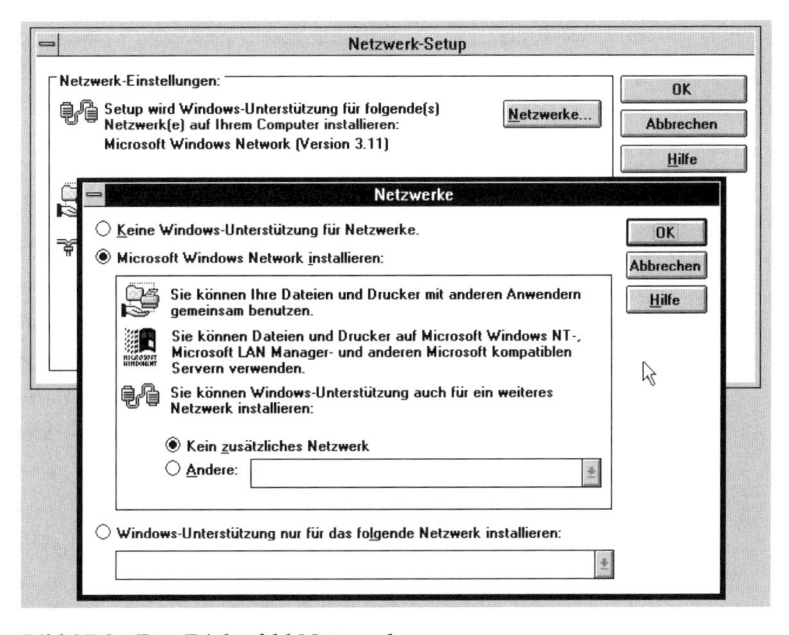

Bild 27.2: Das Dialogfeld Netzwerke

4. Drücken Sie in NETZWERK-SETUP die Schaltfläche TREIBER.
5. Drücken Sie im Dialogfeld NETZWERKTREIBER die Schaltfläche ADAPTER HINZUFÜGEN (siehe Bild 27.3).

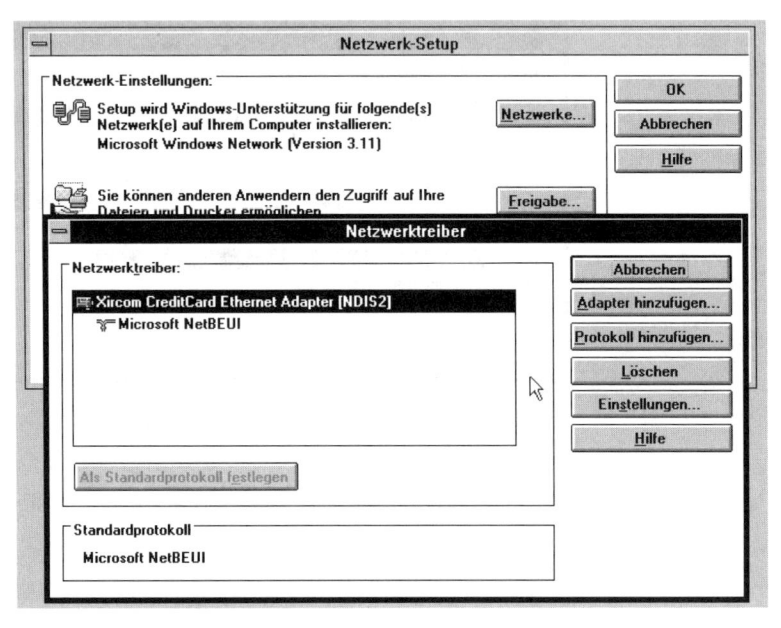

Bild 27.3: Das Dialogfeld Netzwerktreiber

6. Wählen Sie im Dialogfeld NETZWERKADAPTER HINZUFÜGEN den Netzwerkadapter aus (siehe Bild 27.4). Mit der Schaltfläche ERKENNUNG erfolgt eine automatische Erkennung.
7. Bestätigen Sie die Eingaben und starten den Computer.

Zur Änderung der aktiven Netzwerkprotokolle drücken Sie die Schaltfläche PROTOKOLL HINZUFÜGEN im Dialogfeld NETZWERKTREIBER. Ein Netzwerkadapter kann bis zu vier Protokolle verwenden (siehe Bild 27.5).

Microsoft Windows Netzwerk konfigurieren

Zur Konfiguration des Microsoft Windows Netzwerks gehören die folgenden Aufgaben:

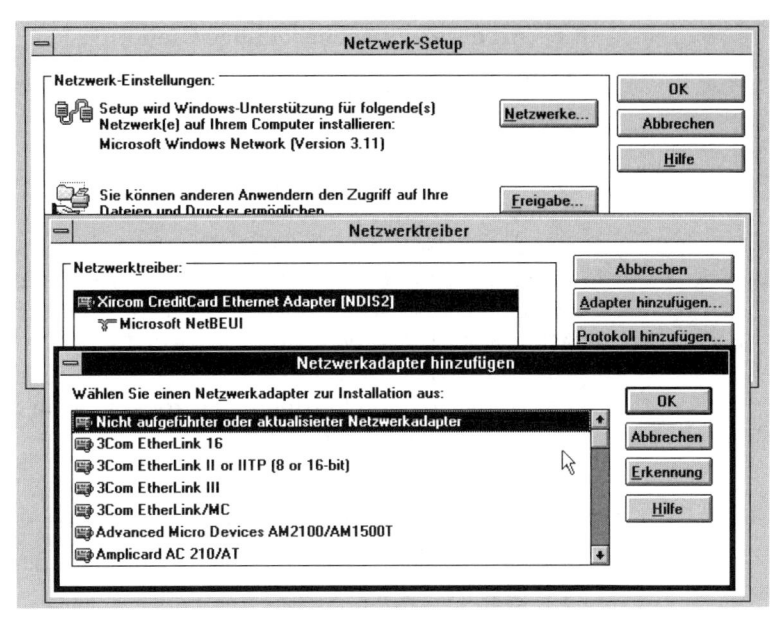

Bild 27.4: Das Dialogfeld Netzwerkadapter hinzufügen

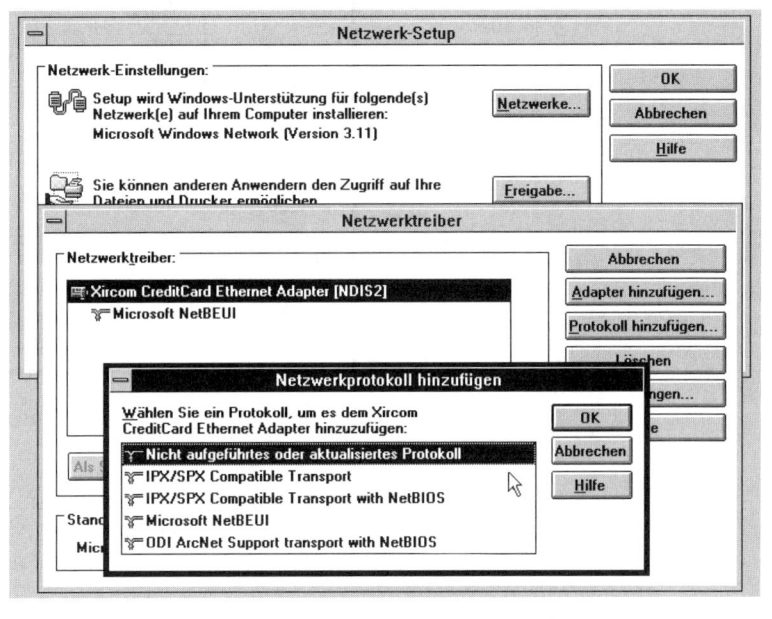

Bild 27.5: Das Dialogfeld Netzwerkprotokoll hinzufügen

❏ Arbeitsgruppeneinstellungen ändern

❏ Starteinstellungen und Anmeldekennwort ändern

❏ Netzwerkereignisse protokollieren

❏ Freigabe für Verzeichnisse und Drucker aktivieren

Zu den Arbeitsgruppeneinstellungen gehören der Computername, der Name der Arbeitsgruppe und die Erstellung einer neuen Arbeitsgruppe. Die Einstellungen nehmen Sie im Dialogfeld MICROSOFT WINDOWS NETWORK vor, das Sie in der Systemsteuerung über das Symbol NETZWERK aufrufen (siehe Bild 27.6). Bei der Änderung von Einstellungen können Sie in den Dialogfeldern Hilfeinformationen abrufen.

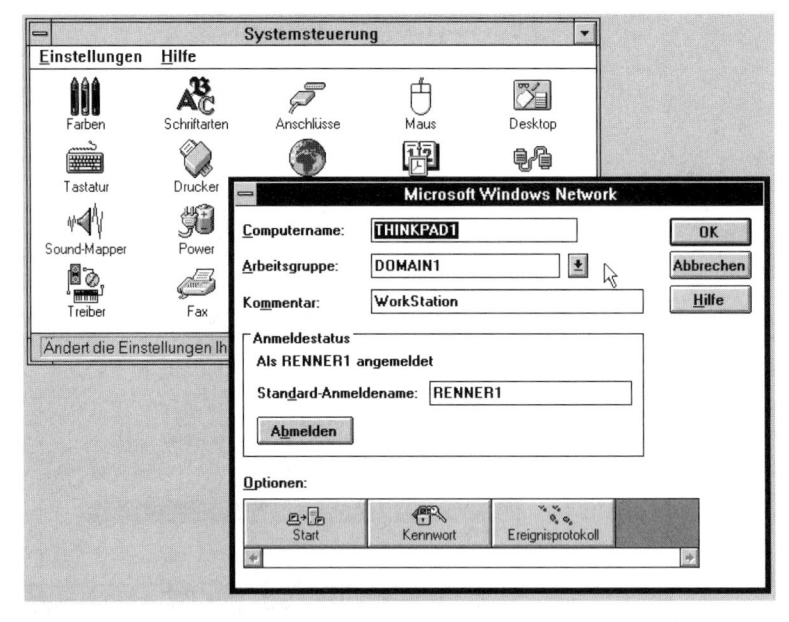

Bild 27.6: Das Dialogfeld Microsoft Windows Network

Eine Änderung der Starteinstellungen nehmen Sie im Dialogfeld ANFANGSEINSTELLUNGEN vor (siehe Bild 27.7).

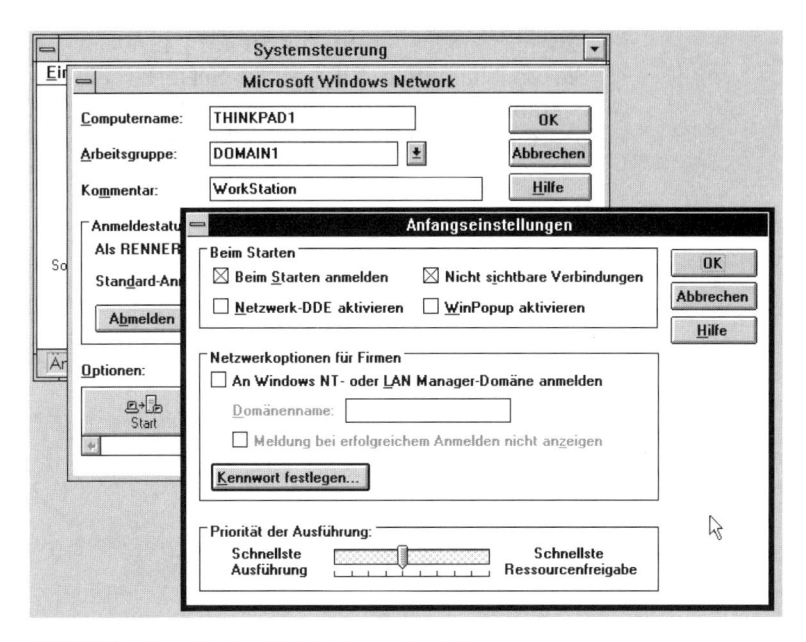

Bild 27.7: Das Dialogfeld Anfangseinstellungen

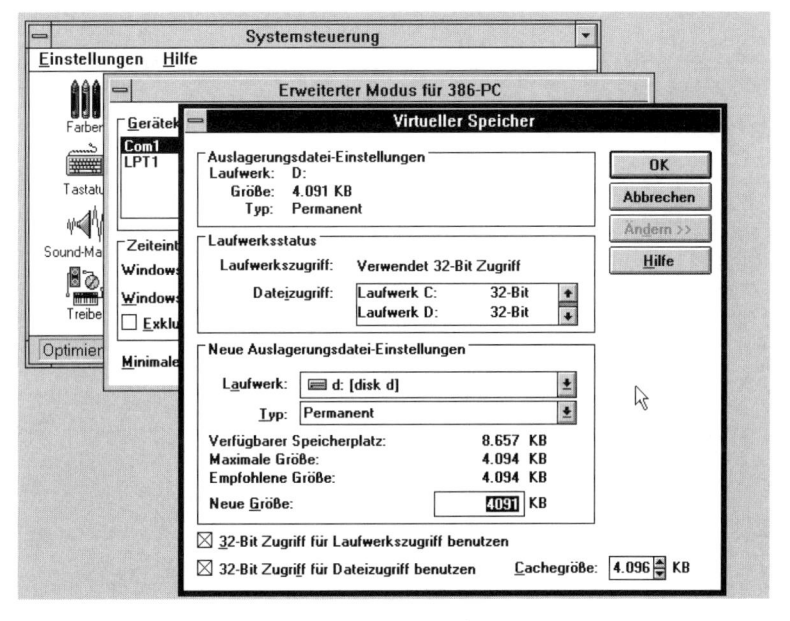

Bild 27.8: Das Dialogfeld Virtueller Speicher

Einen schnellen 32-Bit-Zugriff auf Laufwerke und Dateien richten Sie im Dialogfeld VIRTUELLER SPEICHER ein. Sie rufen es in der Systemsteuerung über das Symbol 386 ERWEITERT, die Schaltfläche VIRTUELLER SPEICHER und ÄNDERN auf (siehe Bild 27.8).

KAPITEL 28

VERZEICHNISSE UND DRUCKER IM NETZWERK VERWALTEN

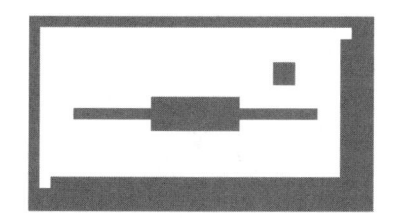

Zu den vom Netzwerk Windows für Workgroups verwalteten Ressourcen gehören Laufwerke, Verzeichnisse, Dateien und Drucker des Netzwerks. Hierbei kann jede Arbeitsstation als Server Ressourcen zur Verfügung stellen oder als Client verfügbare Ressourcen beanspruchen. Eine Netzwerkressource muß freigegeben sein, damit ein anderer Teilnehmer auf die Ressource zugreifen kann. Die Freigabe kann eingeschränkt erfolgen.

Bei Windows für Workgroups können die Teilnehmer auf Datenbestände und Ressourcen der Arbeitsgruppe zugreifen. Zu den Ressourcen gehören Verzeichnisse auf Datenträgern und Drukker. Die Datenträger können Disketten, Festplatten, Wechselplatten, magneto-optische Platten oder CD-ROMs sein.

Im Gegensatz zu server-basierten Netzwerken ist bei dem Peer-to-Peer-Netzwerk Windows für Workgroups kein dedizierter Server mit zentral verwalteten Ressourcen erforderlich. Es kann jeder angeschlossene Computer nach Bedarf als Server oder als Client eingesetzt werden. Die an einen Computer angeschlossenen Ressourcen können anderen Teilnehmern im Netzwerk zur Verfügung gestellt werden.

Bevor ein Teilnehmer einer Arbeitsgruppe auf Ressourcen eines anderen Teilnehmers zugreifen kann, müssen dessen Ressourcen freigegeben werden. Die Freigabe kann eingeschränkt werden.

Vor dem Zugriff auf eine fremde Ressource muß eine Verbindung zu der fremden Ressource hergestellt werden. Bei der Herstellung einer Verbindung zu einem Verzeichnis auf einem Datenträger eines anderen Teilnehmers entsteht ein Netzwerklaufwerk. Bei der Herstellung einer Verbindung zu einem Drukker eines anderen Teilnehmers entsteht ein Netzwerkdrucker.

Bei dem Zugriff auf die Ressourcen im Netzwerk unterscheiden wir daher die folgenden Aufgaben:

- Verzeichnisse freigeben
- Mit freigegebenen Verzeichnissen verbinden
- Drucker freigeben
- Mit freigegebenen Druckern verbinden

28.1 Verzeichnisse freigeben

Wenn ein anderer Teilnehmer der Arbeitsgruppe auf ein Verzeichnis eines Datenträgers zugreifen will, der auf Ihrem Computer vorhanden ist, dann können Sie ihm den Zugriff auf Ihr Verzeichnis durch die Freigabe des Verzeichnisses erlauben.

Die Freigabe des Verzeichnisses erfolgt mit dem Datei-Manager. Die Menüleiste und die Symbolleiste des Datei-Managers sind für die Aufgabe erweitert (siehe Bild 28.1). Bei der Freigabe weisen Sie dem Verzeichnis einen Freigabenamen zu. Der Freigabename benennt die freigegebene Ressource für die anderen Teilnehmer der Arbeitsgruppe. Aus dem freigegebenen Datenträger wird für die anderen Teilnehmer im Netzwerk ein Netzwerklaufwerk.

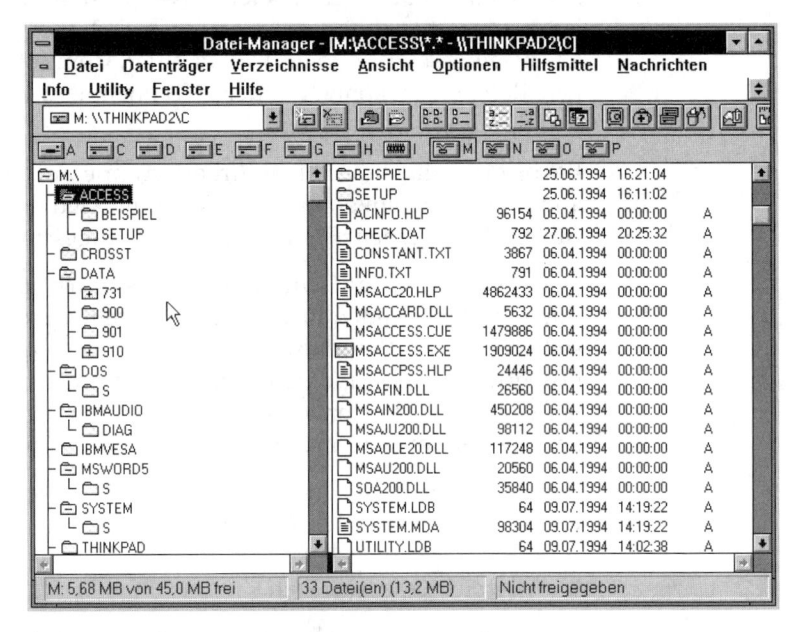

Bild 28.1: Erweiterte Symbolleiste im Datei-Manager

Durch eine Kennwortvergabe können Sie festlegen, welche Teilnehmer auf Ihre Ressource zugreifen dürfen. Es kann ein Schreibschutz-Kennwort oder ein Lese-/Schreib-Kennwort vergeben werden.

Mit der Vergabe des Zugriffstyps entscheiden Sie, wie ein berechtigter Teilnehmer auf ein von Ihnen freigegebenes Verzeichnis zugreifen darf:

❐ Schreibgeschützter Zugriff

Verzeichnisse freigeben 871

❏ Lese-/Schreibzugriff

❏ Zugriff abhängig vom Kennwort

Die Freigabe von Verzeichnissen vorbereiten

Wenn Sie nicht mit Microsoft Windows Network arbeiten, kann ein Verzeichnis nicht mit dem Datei-Manager freigegeben werden.

Die Freigabe von Verzeichnissen muß im Netzwerk von Ihnen oder vom Netzwerk-Administrator aktiviert werden:

1. Wählen Sie in der Gruppe NETZWERK das Symbol NETZWERK-SETUP.
2. Drücken Sie im Dialogfeld NETZWERK-SETUP die Schaltfläche FREIGABE (siehe Bild 28.2).

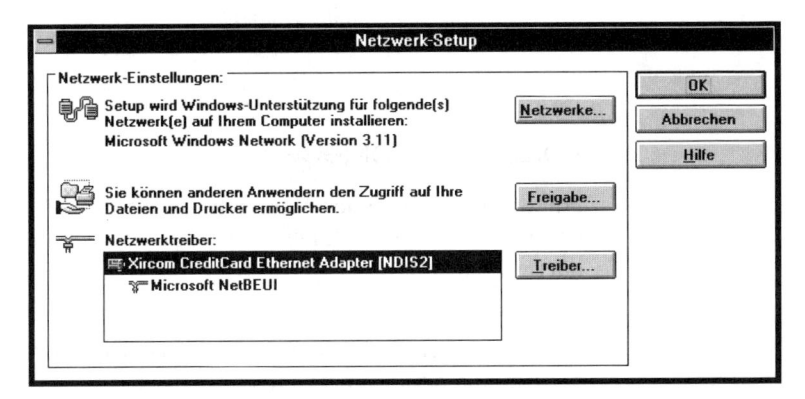

Bild 28.2: Verzeichnisfreigabe vorbereiten

3. Aktivieren Sie im Dialogfeld FREIGABE die Dateifreigabe (siehe Bild 28.3)
4. Wählen Sie OK.
5. Drücken Sie die Schaltfläche WINDOWS NEU STARTEN.

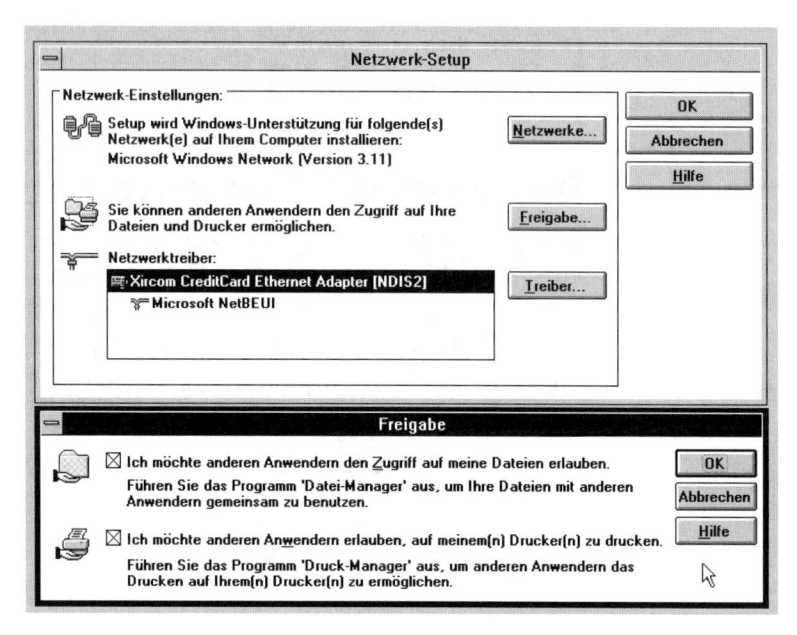

Bild 28.3: Das Dialogfeld Freigabe

Verzeichnis freigeben

Für die Freigabe eines Verzeichnisses wird beim Datei-Manager der neue Befehl FREIGEBEN ALS oder die entsprechende Schaltfläche verwendet:

1. Markieren Sie im Verzeichnisfenster des Datei-Managers das freizugebende Verzeichnis.

2. Wählen Sie im Menü DATENTRÄGER den Befehl FREIGEBEN ALS.

3. Geben Sie den Freigabenamen ein (siehe Bild 28.4).

4. Geben Sie bei Bedarf ein Kennwort ein.

5. Bestimmen Sie den Zugriffstyp.

6. Wählen Sie OK.

Verzeichnisse freigeben 873

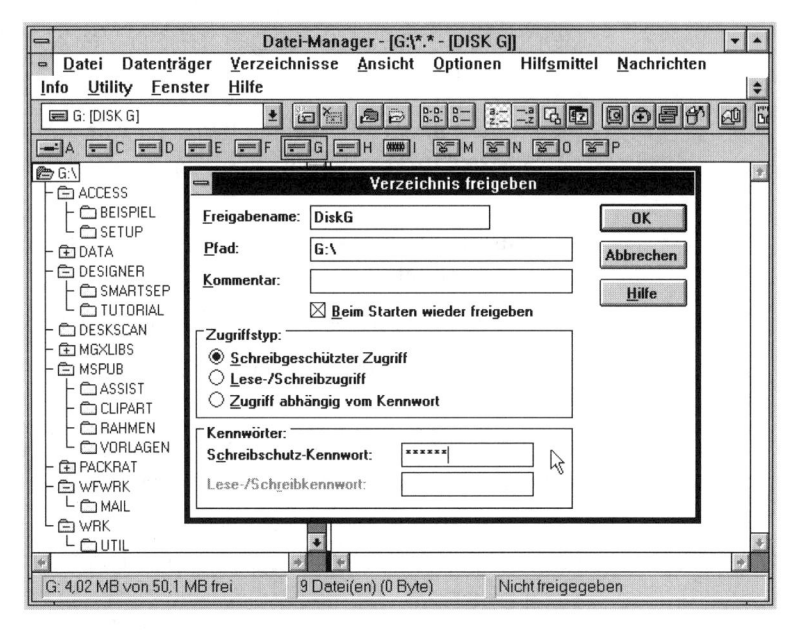

Bild 28.4: Ein Verzeichnis freigeben

Die Freigabe eines Verzeichnisses beenden

Zum Beenden der Freigabe eines Verzeichnisses wird beim Datei-Manager der neue Befehl FREIGABE BEENDEN oder die entsprechende Schaltfläche verwendet.

1. Wählen Sie im Menü DATENTRÄGER den Befehl FREIGABE BEENDEN.

2. Markieren Sie im Dialogfenster VERZEICHNISFREIGABE BEENDEN das freigegebene Verzeichnis.

3. Wählen Sie OK.

Benutzer eines freigegebenen Verzeichnisses anzeigen

Sie können anzeigen, welche Benutzer mit von Ihnen freigegebenen Verzeichnissen arbeiten:

1. Markieren Sie im Verzeichnisfenster des Datei-Managers das freigegebene Verzeichnis.
2. Wählen Sie im Menü DATEI den Befehl EIGENSCHAFTEN.
3. Drücken Sie die Schaltfläche GEÖFFNET VON.

Sie können auch mit dem Netzwerkmonitor die Benutzung von freigegebenen Verzeichnissen anzeigen.

Dateien in einem freigegebenen Verzeichnis schließen

Sie können bei Bedarf eine Datei in einem freigegebenen Verzeichnis schließen, wenn beispielsweise ein anderer Benutzer mit der Datei arbeitet, und Sie daher die Datei nicht öffnen können.

1. Markieren Sie im Verzeichnisfenster des Datei-Managers das freigegebene Verzeichnis.
2. Wählen Sie im Menü DATEI den Befehl EIGENSCHAFTEN.
3. Drücken Sie die Schaltfläche GEÖFFNET VON.
4. Markieren Sie die zu schließenden Dateien im Dialogfeld GEÖFFNETE DATEIEN.
5. Drücken Sie die Schaltfläche DATEIEN SCHLIEßEN.

28.2 Mit freigegebenen Verzeichnissen verbinden

Wenn ein Teilnehmer einer Arbeitsgruppe auf ein freigegebenes Verzeichnis auf einem anderen Computer zugreifen will, muß er sich erst mit dem freigegebenen Verzeichnis verbinden.

Die Verbindung zu einem freigegebenen Verzeichnis auf einem Netzwerklaufwerk stellen Sie mit dem Datei-Manager her. Die Menüleiste und die Symbolleiste des Datei-Managers sind für die Aufgabe erweitert. Bei der Herstellung einer Verbindung zu dem freigegebenen Verzeichnis weisen Sie ihm eine Laufwerksbezeichnung als Netzwerklaufwerk zu.

Sie geben weiterhin den Namen des Computers an, auf dem das freigegebene Verzeichnis geführt wird, und den Freigabenamen des Verzeichnisses. Bei einem kennwortgeschützten Laufwerk ist die Eingabe des Kennworts erforderlich. Der Zugriff auf das Netzwerklaufwerk ist eingeschränkt durch den Zugriffstyp, der bei der Freigabe des Verzeichnisses vom Inhaber eingeräumt worden ist.

Nach der Herstellung der Verbindung arbeiten Sie mit dem Netzwerklaufwerk wie mit einem angeschlossenen Laufwerk. Einige Betriebssystembefehle sind für Netzwerklaufwerke nicht einsetzbar.

Mit einem freigegebenen Verzeichnis verbinden

Sie stellen eine Verbindung mit einem freigegebenen Verzeichnis wie folgt her:

1. Wählen Sie im Datei-Manager im Menü DATENTRÄGER den Befehl NETZLAUFWERK VERBINDEN.

2. Wählen Sie im Dialogfeld NETZLAUFWERK VERBINDEN eine Laufwerksbezeichnung für das neue Netzwerklaufwerk (siehe Bild 28.5).

3. Geben Sie unter PFAD den Pfadnamen des freigegebenen Verzeichnisses im Format \\Computername\Freigabename an.

   Im Feld ANZEIGEN DER FREIGEGEBENEN VERZEICHNISSE AUF können Sie eine Arbeitsgruppe markieren, einen Computer wählen und im Feld FREIGEGEBENE VERZEICHNISSE AUF ein freigegebenes Verzeichnis markieren.

4. Sie können bestimmen, ob die Verbindung beim Start von Windows für Workgroups wieder hergestellt wird.

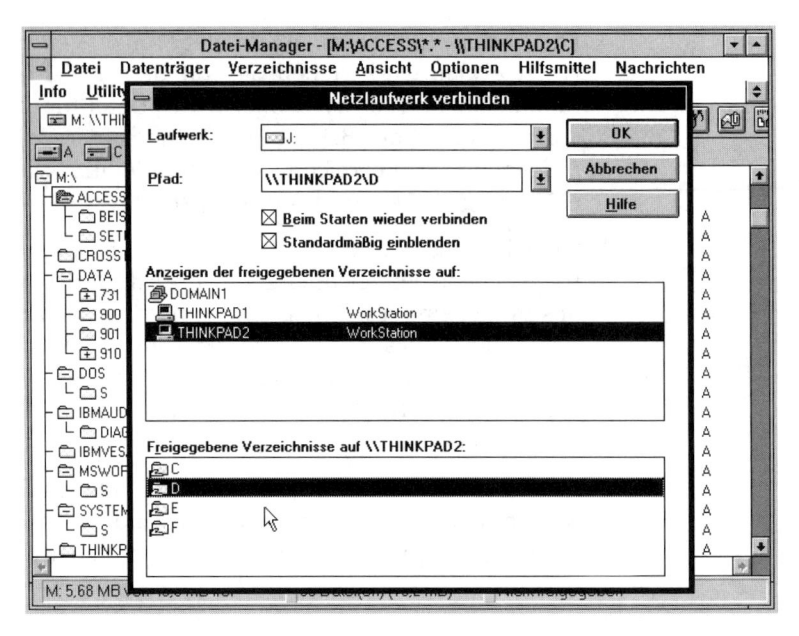

Bild 28.5: Mit einem freigegebenen Verzeichnis verbinden

5. Wenn STANDARDMÄßIG EINBLENDEN aktiviert ist, wird das Feld ANZEIGEN DER FREIGEGEBENEN VERZEICHNISSE nach der Herstellung einer Verbindung angezeigt.

6. Wählen Sie OK.

Die Verbindung zu einem Netzwerklaufwerk trennen

Sie trennen eine Verbindung zu einem Netzwerklaufwerk wie folgt:

1. Wählen Sie im Datei-Manager im Menü DATENTRÄGER den Befehl NETZLAUFWERK TRENNEN.

2. Markieren Sie das zu trennende Netzwerklaufwerk.

3. Wählen Sie OK.

28.3 Drucker freigeben

Wenn ein anderer Teilnehmer der Arbeitsgruppe auf einen Drucker zugreifen will, der an Ihren Computer angeschlossen ist, dann können Sie ihm den Zugriff auf Ihren Drucker durch die Freigabe des Druckers erlauben.

Die Freigabe des Druckers erfolgt mit dem Druck-Manager. Die Menüleiste und die Symbolleiste des Druck-Managers sind für die Aufgabe erweitert (siehe Bild 28.6). Bei der Freigabe des Druckers weisen Sie dem Drucker einen Freigabenamen zu. Der Freigabename benennt die freigegebene Ressource für die anderen Teilnehmer der Arbeitsgruppe. Aus dem freigegebenen Drucker wird für die anderen Teilnehmer im Netzwerk ein Netzwerkdrucker.

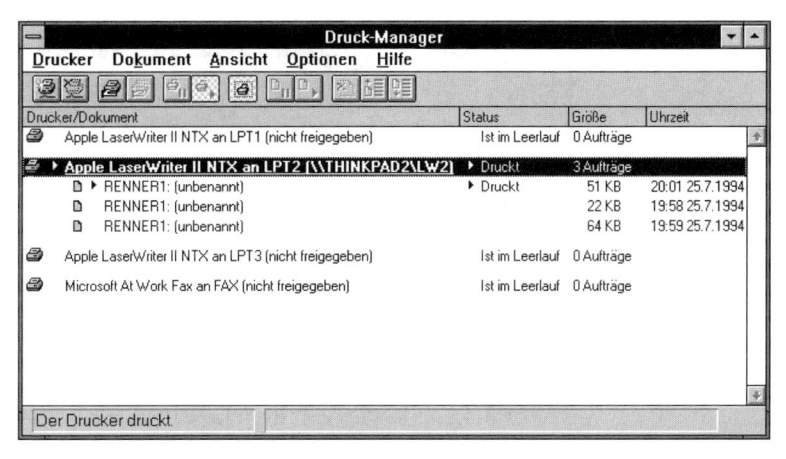

Bild 28.6: Erweiterte Symbolleiste im Druck-Manager

Durch eine Kennwortvergabe können Sie festlegen, welche Teilnehmer auf Ihren freigegebenen Drucker zugreifen dürfen.

Die Freigabe von Druckern vorbereiten

Wenn Sie nicht mit Microsoft Windows Network arbeiten, kann ein Drucker nicht mit dem Druck-Manager freigegeben werden.

Die Freigabe von Druckern muß im Netzwerk von Ihnen oder vom Netzwerk-Administrator aktiviert werden:

1. Wählen Sie in der Gruppe NETZWERK das Symbol NETZWERK-SETUP.
2. Drücken Sie im Dialogfeld NETZWERK-SETUP die Schaltfläche FREIGABE (siehe Bild 28.7).

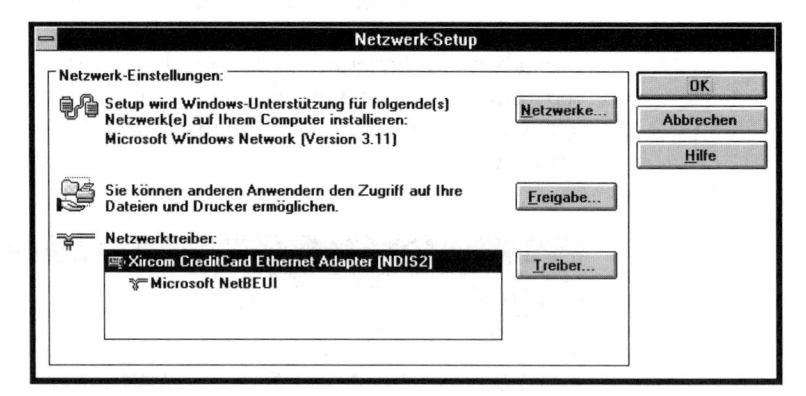

Bild 28.7: Druckerfreigabe vorbereiten

3. Aktivieren Sie im Dialogfeld FREIGABE die Druckerfreigabe (siehe Bild 28.8)
4. Wählen Sie OK.
5. Drücken Sie die Schaltfläche WINDOWS NEU STARTEN.

Drucker freigeben

Für die Freigabe eines Druckers wird beim Druck-Manager der neue Befehl DRUCKER FREIGEBEN oder die entsprechende Schaltfläche verwendet:

1. Markieren Sie im Fenster des Druck-Managers den freizugebenden Drucker.

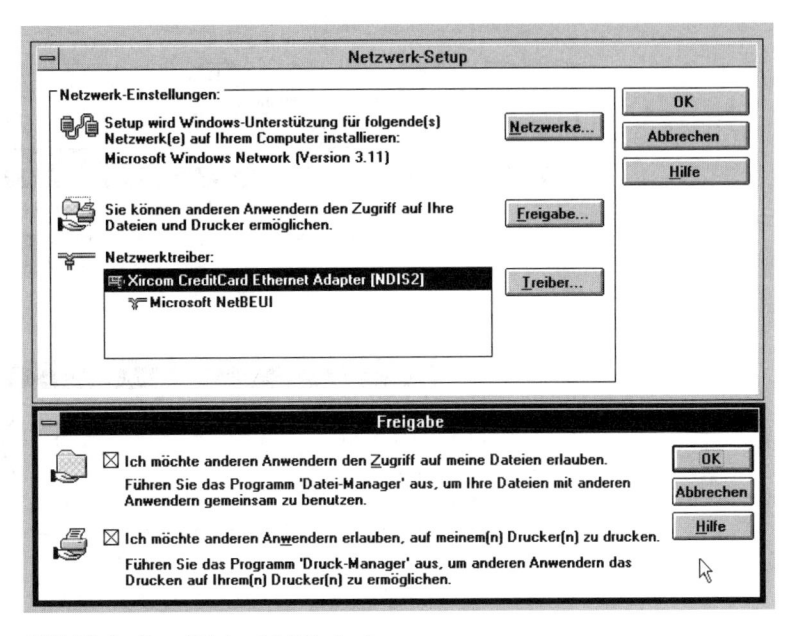

Bild 28.8: Das Dialogfeld Freigabe

2. Wählen Sie im Menü DRUCKER den Befehl DRUCKER FREIGEBEN.
3. Geben Sie im Dialogfeld den Freigabenamen ein (siehe Bild 28.9).
4. Geben Sie bei Bedarf ein Kennwort ein.
5. Wählen Sie OK.

Einen Druckauftrag beenden

Sie können einen Druckauftrag aus der Druckerwarteschlange löschen. Bei einem Netzwerkdrucker können nur eigene Druckaufträge und nur vor Druckbeginn gelöscht werden.

1. Markieren Sie im Fenster des Druck-Managers den zu löschenden Druckauftrag.

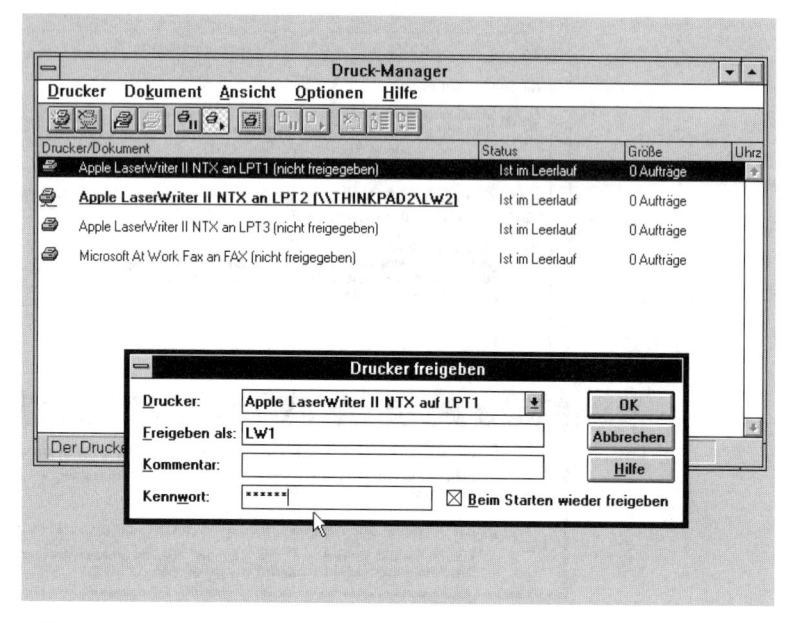

Bild 28.9: Einen Drucker freigeben

2. Drücken Sie die Schaltfläche DOKUMENTDRUCK LÖSCHEN.

Die Freigabe eines Druckers beenden

Zum Beenden der Freigabe eines Druckers wird beim Druck-Manager der neue Befehl DRUCKERFREIGABE BEENDEN oder die entsprechende Schaltfläche verwendet.

1. Wählen Sie im Menü DRUCKER den Befehl DRUCKERFREIGABE BEENDEN.
2. Markieren Sie im Dialogfenster DRUCKERFREIGABE BEENDEN den freigegebenen Drucker.
3. Wählen Sie OK.

28.4 Mit freigegebenen Druckern verbinden

Wenn ein Teilnehmer einer Arbeitsgruppe auf einen freigegebenen Drucker von einem anderen Computer zugreifen will, muß er sich erst mit dem freigegebenen Drucker verbinden.

Die Verbindung zu einem freigegebenen Drucker, der an einen anderen Computer angeschlossen ist, stellen Sie mit dem Druck-Manager her. Die Menüleiste und die Symbolleiste des Druck-Managers sind für die Aufgabe erweitert.

Bei der Herstellung einer Verbindung zu dem freigegebenen Drucker wird der Drucker als Netzwerkdrucker verfügbar. Dem Netzwerkdrucker wird ein paralleler Anschluß zugewiesen. Über diesen Anschluß werden die Druckaufträge an den Drucker umgeleitet. Da nur eine interne Umleitung erfolgt, muß der zugewiesene Anschluß nicht physisch vorhanden sein.

Sie geben weiterhin den Namen des Computers an, an dem der freigegebene Drucker angeschlossen ist, und den Freigabenamen des Druckers. Bei einem kennwortgeschützten Drucker ist die Eingabe des Kennworts erforderlich.

Nach der Herstellung der Verbindung arbeiten Sie mit dem Netzwerkdrucker wie mit einem angeschlossenen Drucker.

Mit einem freigegebenen Drucker verbinden

Sie stellen eine Verbindung mit einem freigegebenen Drucker wie folgt her:

1. Wählen Sie im Druck-Manager im Menü DRUCKER den Befehl NETZWERKDRUCKER VERBINDEN.

2. Wählen Sie im Dialogfeld NETZWERKDRUCKER VERBINDEN einen Gerätenamen für den Netzwerkdrucker (siehe Bild 28.10). Der Geräteanschluß muß physisch nicht vorhanden sein, da nur eine Umleitung durch das Betriebssystem erfolgt.

3. Geben Sie unter PFAD den Pfadnamen des freigegebenen Druckers im Format \\Computername\Freigabename an.

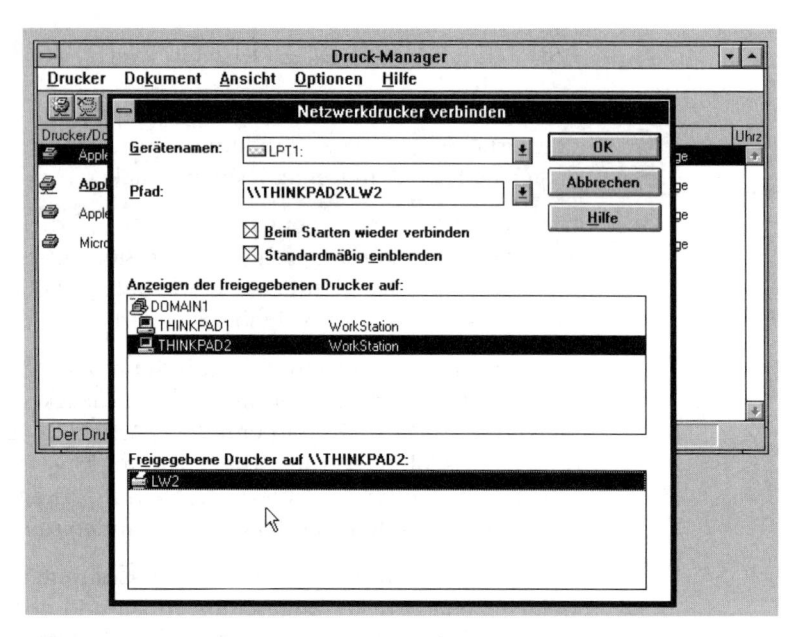

Bild 28.10: Mit einem freigegebenen Drucker verbinden

Im Feld ANZEIGEN DER FREIGEGEBENEN DRUCKER AUF können Sie eine Arbeitsgruppe markieren, einen Computer wählen und im Feld FREIGEGEBENE DRUCKER AUF einen freigegebenen Drucker markieren.

4. Sie können bestimmen, ob die Verbindung beim Start von Windows für Workgroups wieder hergestellt wird.

5. Wenn STANDARDMÄßIG EINBLENDEN aktiviert ist, wird das Feld ANZEIGEN DER FREIGEGEBENEN DRUCKER nach der Herstellung einer Verbindung angezeigt.

6. Wählen Sie OK.

Für die Verbindung mit einem Netzwerkdrucker muß der Druckertreiber installiert sein.

KAPITEL 29

MAIL ALS ELEKTRONISCHE POST

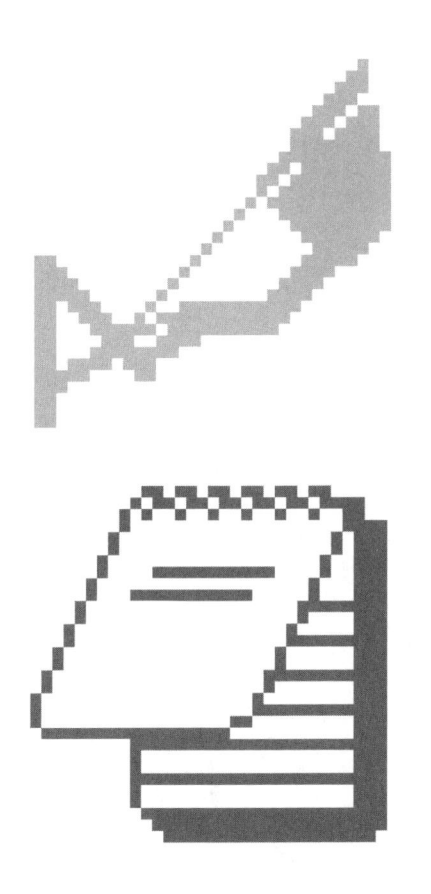

Mit Mail können Sie unter den Teilnehmern von Windows für Workgroups eine elektronische Post einrichten. Hierzu müssen die Teilnehmer eine Verbindung zu dem Postoffice der Arbeitsgruppe herstellen. Danach können die Teilnehmer Nachrichten senden, empfangen, lesen und beantworten. Weiterhin können Adreßbücher eingerichtet, eine bestimmte Nachricht gesucht und Objekte in Nachrichten eingebettet werden.

Mail einrichten 885

Microsoft Mail unterstützt die Aufgaben einer elektronischen Post zwischen den Teilnehmern von Windows für Workgroups (siehe Bild 29.1). Hierzu gehören die folgenden Teilaufgaben:

- Verbindung zu einem Postoffice herstellen
- Benutzerkonto erstellen
- Anmelden und Abmelden bei Mail
- Online und offline mit Mail arbeiten
- Kennwort ändern
- Nachricht senden
- Nachricht empfangen und beantworten
- Nachricht löschen
- Adreßbuch einsetzen
- Dateianlagen einfügen
- Nachrichtendatei verwalten

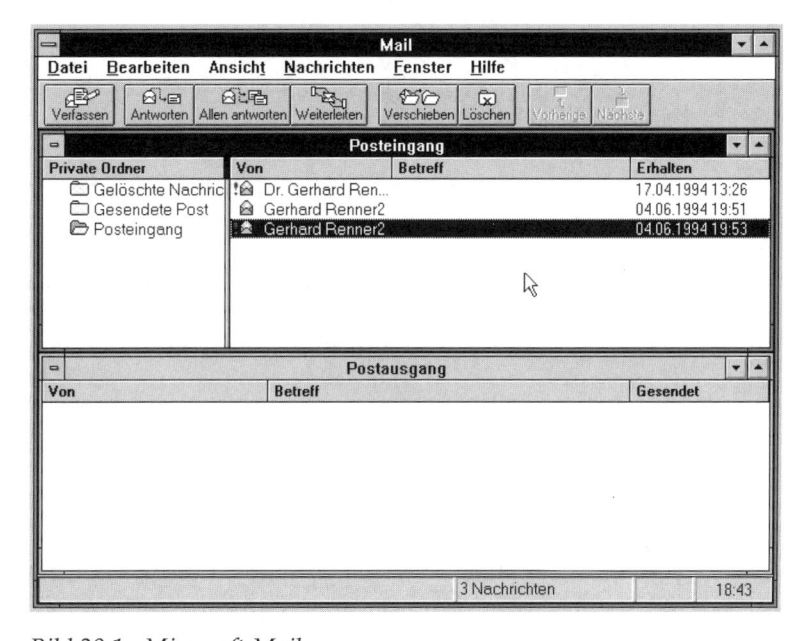

Bild 29.1: Microsoft Mail

29.1 Mail einrichten

Vor dem Arbeiten mit Mail muß eine Konfiguration durchgeführt werden:

- Postoffice für die Arbeitsgruppe erstellen
- Benutzerkonto einrichten
- Verbindung mit dem Postoffice herstellen

Diese Aufgaben werden normalerweise von einem erfahrenen Administrator durchgeführt. Andernfalls muß ein Mitglied der Arbeitsgruppe ein Postoffice für die Arbeitsgruppe (AGPO) erstellen und die Aufgaben eines Mail-Administrators übernehmen. Der Befehl POSTOFFICE-MANAGER im Menü NACHRICHTEN ist nur bei dem als Administrator eingesetzten Teilnehmer verfügbar, auf dessen Computer das AGPO eingerichtet und verwaltet wird.

Mit dem Postoffice-Manager kann der Administrator folgende Aufgaben durchführen:

- Benutzer hinzufügen und entfernen
- Benutzerkonto ändern
- Mail-Systemdateien verwalten

Ein Postoffice für die Arbeitsgruppe und ein Administratorkonto erstellen

Für die Erstellung eines Postoffices für eine Arbeitsgruppe (AGPO) müssen ein Postoffice und Administratorkonto erstellt und das AGPO zur allgemeinen Verwendung freigegeben werden.

1. Prüfen Sie, ob auf dem Computer, auf dem das Postoffice für die Arbeitsgruppe eingerichtet werden soll, genügend freier Speicherplatz verfügbar ist.
2. Wählen Sie in der Gruppe NETZWERK das Symbol MAIL.
3. Wählen Sie im Dialogfeld WILLKOMMEN ZU MAIL die Option NEUES ARBEITSGRUPPEN-POSTOFFICE ERSTELLEN.

4. Bestätigen Sie die Erstellung mit JA.
5. Wählen Sie ein Verzeichnis für das AGPO aus.
6. Geben Sie im Dialogfeld DETAILS IHRES KONTOS die Angaben für das Administratorkonto ein. Sie müssen wenigstens Angaben über Name, Postfach und Kennwort machen; die anderen Angaben sind wahlfrei.
7. Schließen Sie mit OK.

Postoffice für die Arbeitsgruppe freigeben

Nach der Erstellung des AGPO muß das AGPO-Verzeichnis zur gemeinsamen Benutzung freigegeben werden:

1. Öffnen Sie den Datei-Manager.
2. Wählen Sie das AGPO-Verzeichnis.
3. Wählen Sie im Menü DATENTRÄGER den Befehl FREIGEBEN ALS.
4. Verwenden Sie im Feld FREIGABENAME die Vorgabe AGPO.
5. Markieren Sie BEIM STARTEN WIEDER FREIGEBEN.
6. Wählen Sie unter ZUGRIFFSTYP die Option LESE-/SCHREIBZUGRIFF.
7. Verwenden Sie nur ein Kennwort, wenn Sie den Zugriff für einzelne Mitglieder der Arbeitsgruppe unterbinden wollen.
8. Wählen Sie OK.

Benutzerkonto einrichten

Für jeden Teilnehmer der Arbeitsgruppe muß ein Benutzerkonto für Mail eingerichtet werden:

1. Wählen Sie im Menü NACHRICHTEN den Befehl POSTOFFICE-MANAGER.
2. Drücken Sie die Schaltfläche BENUTZER HINZUFÜGEN.

3. Geben Sie im Dialogfeld BENUTZER HINZUFÜGEN die gewünschten Angaben ein (siehe Bild 29.2).

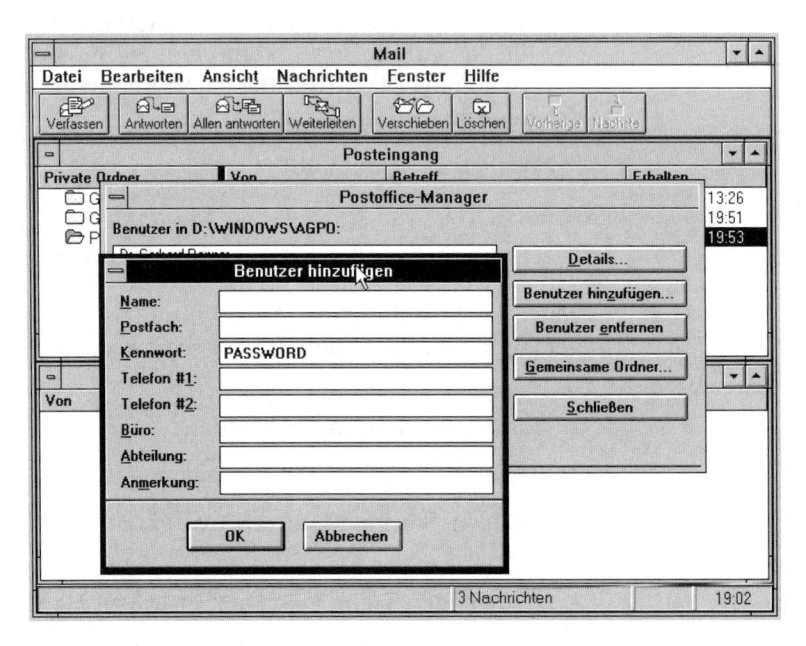

Bild 29.2: Benutzerkonto einrichten

Benutzerkonto ändern

Ein Benutzerkonto ändern Sie wie folgt:

1. Wählen Sie im Menü NACHRICHTEN den Befehl POSTOFFICE-MANAGER.
2. Wählen Sie das zu ändernde Benutzerkonto.
3. Drücken Sie die Schaltfläche DETAILS.
4. Geben Sie die gewünschten Änderungen ein.

Verbindung mit dem Postoffice herstellen

Damit ein Mitglied der Arbeitsgruppe erstmals mit Mail arbeiten kann, muß eine Verbindung mit dem Postoffice hergestellt werden. Hierzu benötigt er vom Mail-Administrator den Computernamen und das freigegebene Verzeichnis des Postoffices.

1. Wählen Sie in der Gruppe NETZWERK das Symbol MAIL.
2. Wählen Sie im Dialogfeld WILLKOMMEN ZU MAIL die Option MIT EINEM EXISTIERENDEN POSTOFFICE VERBINDEN. Drücken Sie OK.
3. Wählen Sie das Postoffice. Geben Sie im NETZWERKPFAD den Pfad des Postoffices ein. Bei einem kennwortgeschützten Verzeichnis ist das Kennwort einzugeben.
4. Erstellen Sie Ihr Benutzerkonto. Das Benutzerkonto kann auch vom Mail-Administrator erstellt werden. Die erforderlichen Angaben sind Name, Postfach und Kennwort.

29.2 Bei Mail anmelden und abmelden

Bei Mail anmelden

Sie melden sich bei Mail an mit:

1. Wählen Sie in der Gruppe NETZWERK das Symbol MAIL.
2. Geben Sie im Dialogfeld ANMELDUNG Ihr Kennwort ein (siehe Bild 29.3).
3. Wählen Sie OK.

Bei Mail abmelden

Sie melden sich bei Mail ab mit:

❏ Wählen Sie im Menü DATEI von Mail den Befehl BEENDEN oder den Befehl BEENDEN UND ABMELDEN.

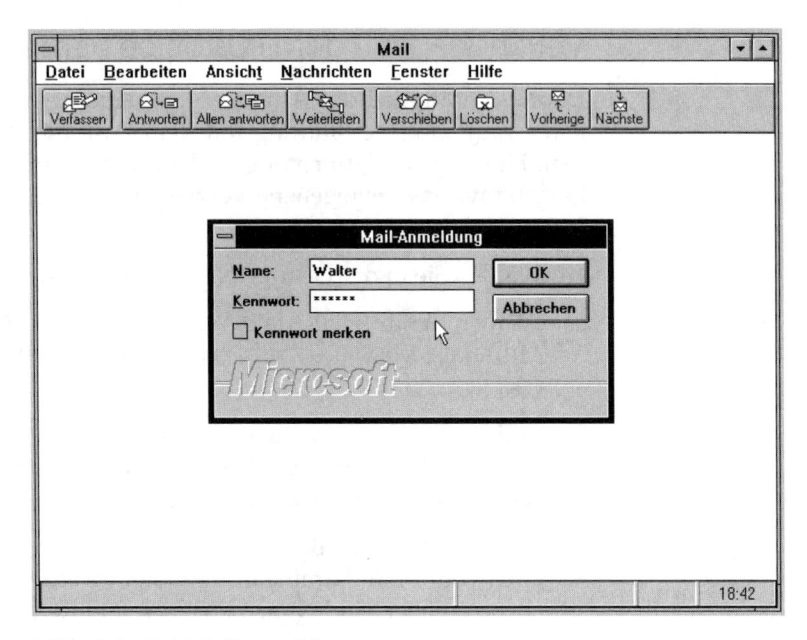

Bild 29.3: Bei Mail anmelden

Das Kennwort ändern

Ändern Sie aus Sicherheitsgründen häufig das Kennwort:

1. Wählen Sie im Menü NACHRICHTEN den Befehl KENNWORT ÄNDERN.
2. Geben Sie Ihr altes Kennwort ein.
3. Geben Sie das neue Kennwort ein und bestätigen es durch eine wiederholte Eingabe.

29.3 Nachricht senden

Zum Senden von Nachrichten gehören die folgenden Teilaufgaben:

❐ Nachricht senden

- Dateianlage anhängen
- Daten innerhalb einer Nachricht kopieren oder löschen
- Daten zwischen Nachrichten kopieren
- Noch nicht gesendete Nachricht speichern
- Nachricht beantworten
- Nachrichtenvorlage erstellen und einsetzen

Eine Nachricht senden

Eine Nachricht senden Sie mit den folgenden Schritten:

1. Wählen Sie im Menü NACHRICHTEN den Befehl NACHRICHT VERFASSEN.
2. Geben Sie im Feld AN den Benutzernamen des Empfängers an (siehe Bild 29.4).

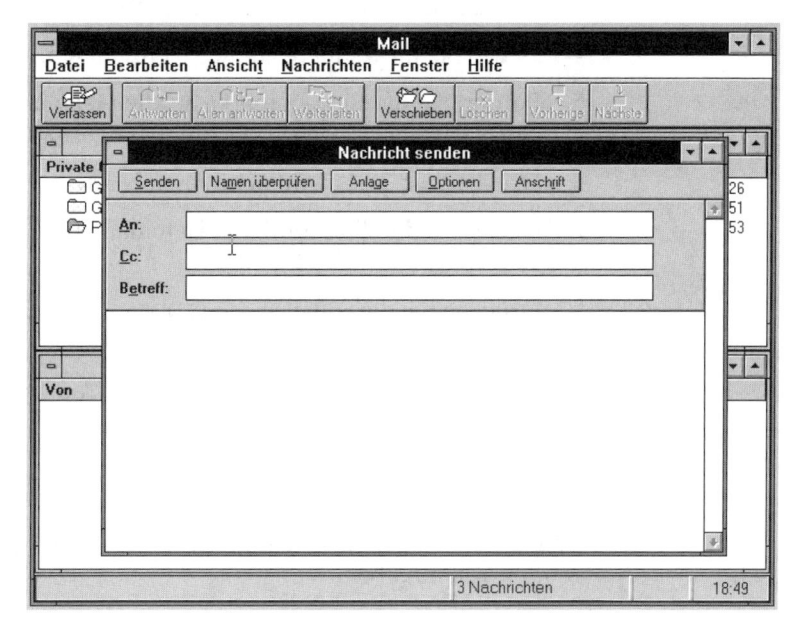

Bild 29.4: Eine Nachricht senden

3. Geben Sie einen Betreff ein. Der Betreff wird in der Nachrichtenleiste im Posteingang des Empfängers angezeigt.
4. Geben Sie im Textbereich die Nachricht ein.
5. Drücken Sie die Schaltfläche SENDEN.

Im Ordner für die gesendeten Nachrichten wird eine Kopie der Nachricht abgelegt.

Eine Dateianlage anhängen

Eine Datei hängen Sie an eine Nachricht wie folgt an:

1. Wählen Sie im Menü NACHRICHTEN den Befehl NACHRICHT VERFASSEN.
2. Geben Sie im Feld AN den Benutzernamen des Empfängers an (siehe Bild 29.4).
3. Geben Sie einen Betreff ein. Der Betreff wird in der Nachrichtenleiste im Posteingang des Empfängers angezeigt.
4. Geben Sie im Textbereich die Nachricht ein.
5. Führen Sie die Einfügemarke an die Stelle im Textbereich der Nachricht, an der das Dateisymbol angezeigt werden soll.
6. Drücken Sie die Schaltfläche ANHÄNGEN.
7. Geben Sie den Pfad und den Dateinamen der anzuhängenden Datei an.
8. Drücken Sie die Schaltfläche SENDEN.

Sie können einer Nachricht auch mehrere Dateien beifügen.

29.4 Nachricht lesen und beantworten

Zum Arbeiten mit eingegangenen Nachrichten gehören die folgenden Teilaufgaben:

❐ Nachricht lesen

- Nachricht beantworten und weiterleiten
- Nachricht drucken
- Nachricht als Textdatei speichern
- Nachricht löschen und wiederherstellen
- Nachricht suchen
- Ordner erstellen
- Nachricht zwischen Ordnern verschieben

Eine Nachricht lesen

Eine eingegangene Nachricht wird im Posteingang abgelegt. Eine Nachricht lesen Sie mit den folgenden Schritten (siehe Bild 29.5):

1. Öffnen Sie den Ordner mit der zu lesenden Nachricht.
2. Doppelklicken Sie auf die zu lesende Nachricht.

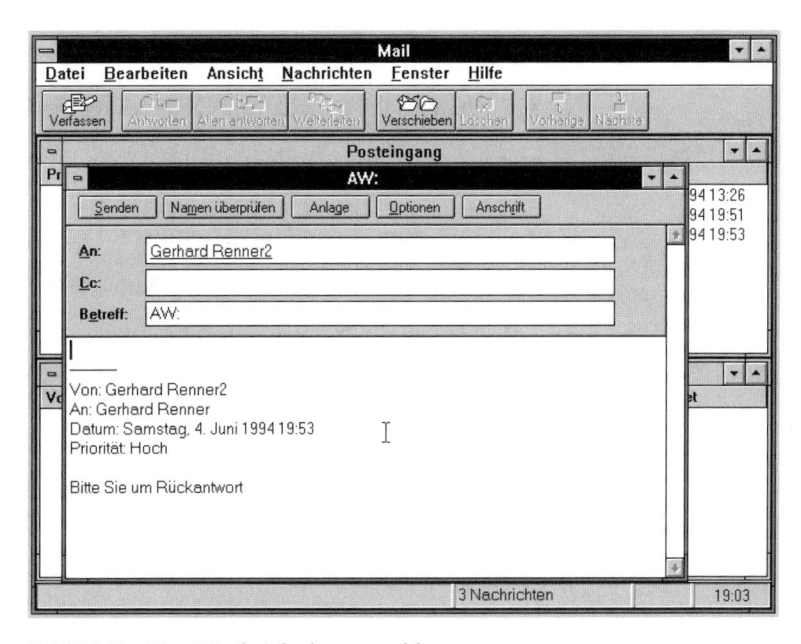

Bild 29.5: Eine Nachricht lesen und beantworten

Eine Nachricht beantworten

Sie können eine in der Nachrichtenliste markierte Nachricht oder eine geöffnete Nachricht beantworten.

1. Wählen Sie im Menü NACHRICHTEN den Befehl ANTWORTEN (siehe Bild 29.5).
2. Geben Sie Ihre Antwortnachricht ein.
3. Klicken Sie auf die Schaltfläche SENDEN.

Eine Nachricht als Textdatei speichern

Eine Nachricht kann zur weiteren Bearbeitung als Textdatei gespeichert werden:

1. Öffnen Sie die Nachricht.
2. Wählen Sie im Menü DATEI den Befehl SPEICHERN UNTER.

Die Dateianlage einer Nachricht speichern

Die einer Nachricht angehängte Dateianlage speichern Sie mit:

1. Öffnen Sie die Nachricht.
2. Wählen Sie im Menü DATEI den Befehl ANLAGE SPEICHERN.
3. Markieren Sie die Datei in der Anlagenliste.
4. Drücken Sie die Schaltfläche SPEICHERN.

Einen Ordner erstellen

Sie können Nachrichten in Ordnern ablegen. Ordner können ihrerseits untergeordnete Ordner enthalten. Auf gemeinsame Ordner können alle zugelassenen Benutzer zugreifen. Private Ordner kann dagegen nur der Benutzer einsehen.

Sie erstellen einen Ordner mit den folgenden Schritten:

1. Wählen Sie im Menü DATEI den Befehl NEUER ORDNER.
2. Erweitern Sie das Dialogfeld NEUER ORDNER mit der Schaltfläche OPTIONEN (siehe Bild 29.6).

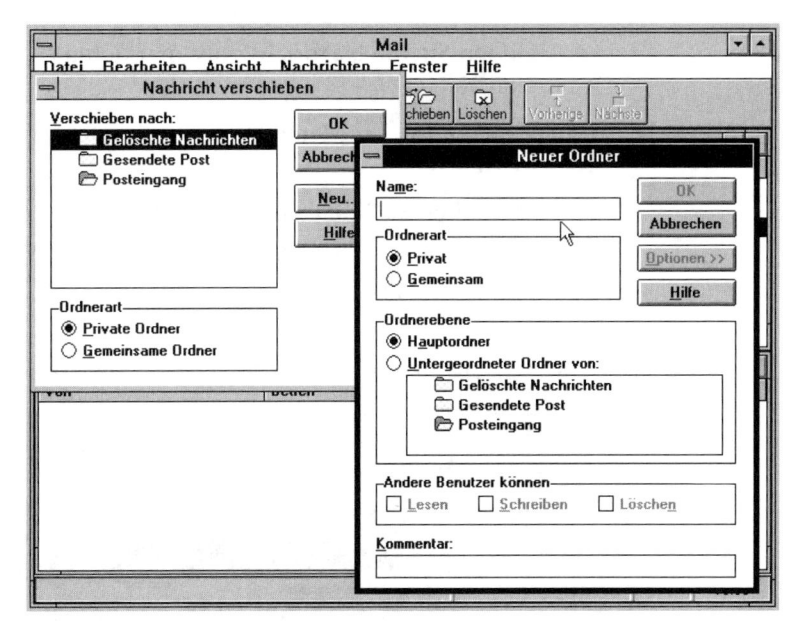

Bild 29.6: Einen neuen Ordner erstellen

3. Geben Sie einen Namen für den Ordner ein.
4. Wählen Sie die Option PRIVAT oder GEMEINSAM.

   Bei einem gemeinsamen Ordner bestimmen Sie eine Zugriffsoption.

5. Bei einem untergeordneten Ordner wählen Sie die Option UNTERGEORDNETER ORDNER VON und markieren einen Ordner.
6. Wählen Sie OK.

Eine Nachricht zwischen Ordnern verschieben

Beim Kopieren einer Nachricht wird eine Kopie im Zielordner gespeichert; das Original bleibt im Quellordner erhalten. Beim Verschieben einer Nachricht wird das Original im Quellordner gelöscht und im Zielordner gespeichert. Sie verschieben oder kopieren eine Nachricht wie folgt:

1. Öffnen Sie die Nachricht oder markieren sie in der Nachrichtenliste.

2. Wählen Sie im Menü DATEI den Befehl VERSCHIEBEN oder KOPIEREN.

3. Markieren Sie im Dialogfeld den Ordner, in den die Nachricht kopiert oder verschoben werden soll (siehe Bild 29.7).

4. Wählen Sie OK.

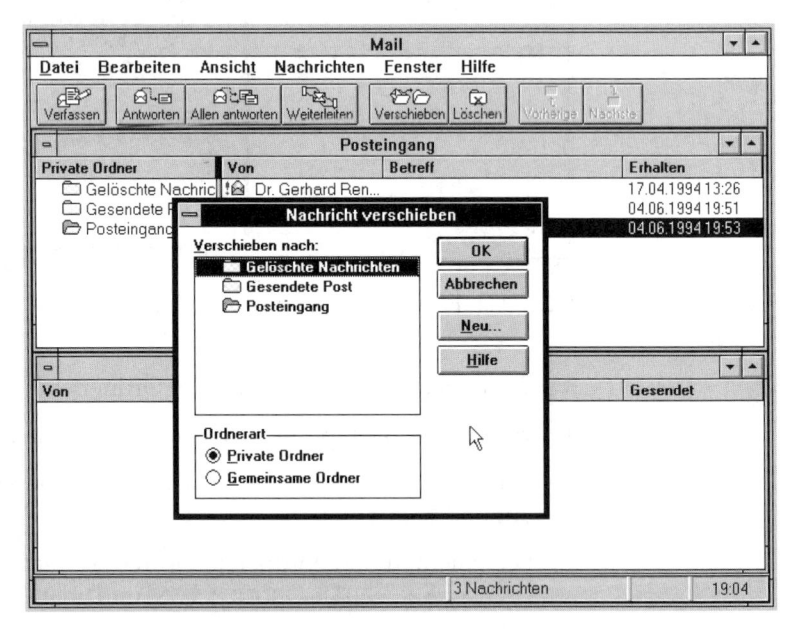

Bild 29.7: Eine Nachricht in einen Ordner verschieben

Nachrichten suchen

Sie können in den Ordnern nach Nachrichten suchen. Hierbei werden die folgenden Suchkriterien berücksichtigt:

- Absender oder Empfänger der Nachricht
- Betreff der Nachricht
- Zeichenfolge im Nachrichtentext
- Bei der Suche berücksichtigte Ordner

Nachrichten suchen Sie mit den folgenden Schritten:

1. Wählen Sie im Menü DATEI den Befehl NACHRICHTEN SUCHEN.
2. Geben Sie die Suchkriterien an.
3. Drücken Sie die Schaltfläche SUCHEN IN (siehe Bild 29.8).

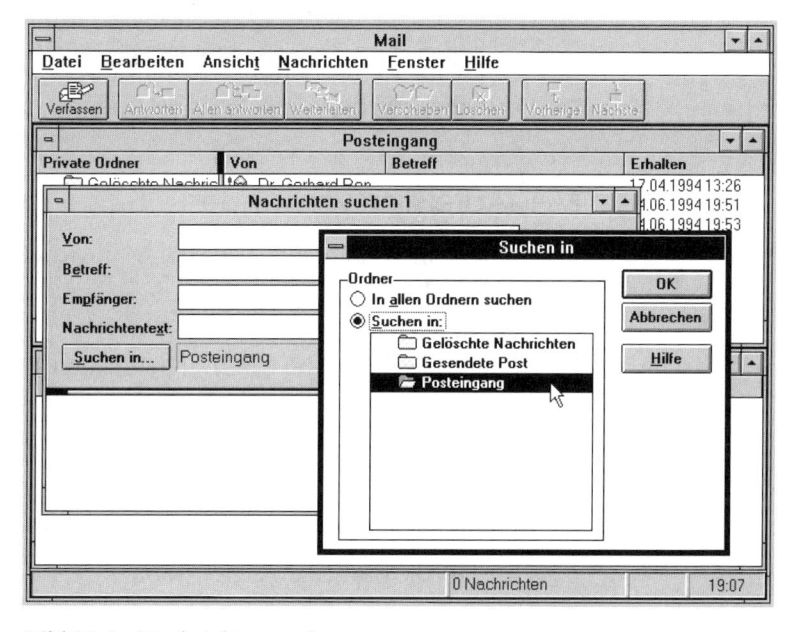

Bild 29.8: Nachrichten suchen

4. Markieren Sie die zu durchsuchenden Ordner.
5. Wählen Sie OK.
6. Drücken Sie die Schaltfläche START.

Mail sucht nach den Nachrichten und listet gefundene Nachrichten auf. Die Suche können Sie mit der Schaltfläche STOP abbrechen.

29.5 Adreßbuch verwenden

Im Adreßbuch sind die Benutzer vom Postoffice aufgelistet. Sie können ein persönliches Adreßbuch anlegen.

Zum Einsatz von Adreßbüchern gehören folgende Aufgaben:

- Mail-Adreßliste verwenden
- Benutzernamen überprüfen
- Details über einen Benutzer abrufen
- Persönliches Adreßbuch aktualisieren
- Persönliche Gruppe erstellen oder ändern

Mail-Adreßliste verwenden

Sie wählen einen Empfänger aus der Mail-Adreßliste mit den folgenden Schritten aus:

1. Wählen Sie im Menü NACHRICHTEN den Befehl NACHRICHT VERFASSEN.
2. Drücken Sie die Schaltfläche ANSCHRIFT zur Anzeige des Adreßbuchs (siehe Bild 29.9).
3. Markieren Sie den Namen in der Adreßliste.
4. Drücken Sie die Schaltfläche AN oder CC.
5. Geben Sie einen Betreff ein. Der Betreff wird in der Nachrichtenleiste im Posteingang des Empfängers angezeigt.

Adreßbuch verwenden 899

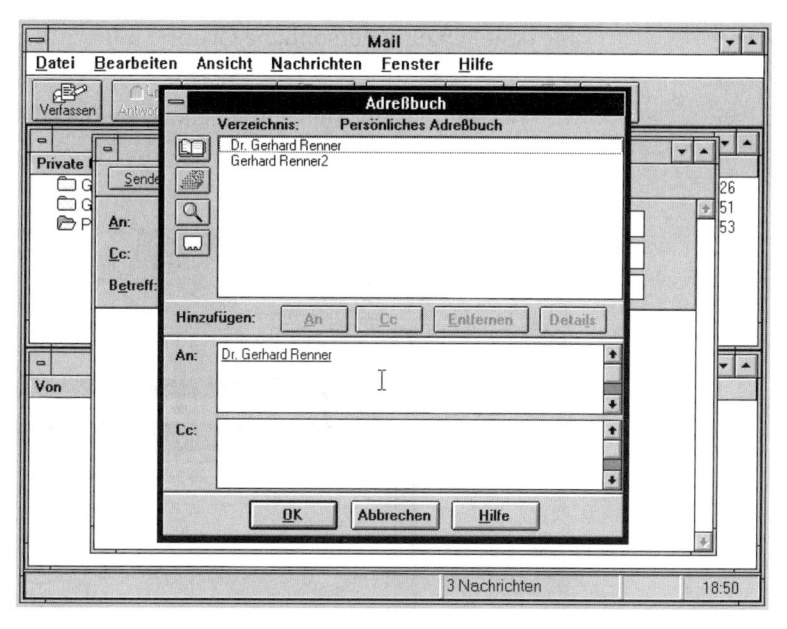

Bild 29.9: Adreßbuch anzeigen

6. Geben Sie im Textbereich die Nachricht ein.
7. Drücken Sie die Schaltfläche SENDEN.

Benutzernamen prüfen

Sie können den Empfängernamen wie folgt prüfen:

1. Geben Sie den Empfängernamen in das Feld AN oder CC ein.
2. Drücken Sie die Schaltfläche NAMEN ÜBERPRÜFEN.

Überprüfte Benutzernamen werden unterstrichen angezeigt.

Eine persönliche Gruppe erstellen

Eine persönliche Gruppe, die aus mehreren Mail-Benutzern besteht, erhält einen eigenen Gruppennamen; sie wird im persönlichen Adreßbuch gespeichert.

Sie erstellen eine persönliche Gruppe mit:

1. Wählen Sie im Menü NACHRICHTEN den Befehl PERSÖNLICHE GRUPPEN (siehe Bild 29.10).

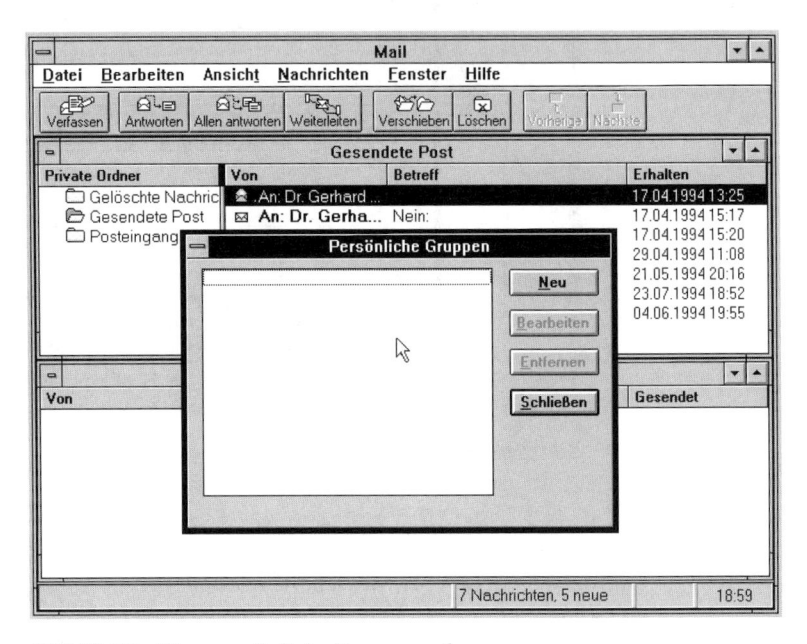

Bild 29.10: Eine persönliche Gruppe anlegen

2. Drücken Sie die Schaltfläche NEU.
3. Geben Sie einen Gruppennamen ein.
4. Drücken Sie die Schaltfläche ERSTELLEN.
5. Markieren Sie im Adreßbuch die Namen der hinzuzufügenden Benutzer und drücken die Schaltfläche HINZUFÜGEN.
6. Wählen Sie OK.

Persönliches Adreßbuch erstellen

Sie können Namen von Mail-Empfängern Ihrem persönlichen Adreßbuch hinzufügen:

1. Wählen Sie im Menü NACHRICHTEN den Befehl ADREßBUCH.
2. Markieren Sie die hinzuzufügenden Namen.
3. Drücken Sie die Schaltfläche NAMEN HINZUFÜGEN.

29.6 Mail-Optionen

Sie können für das Arbeiten mit Mail Sendeoptionen und Empfangsoptionen einstellen (siehe Bild 29.11).

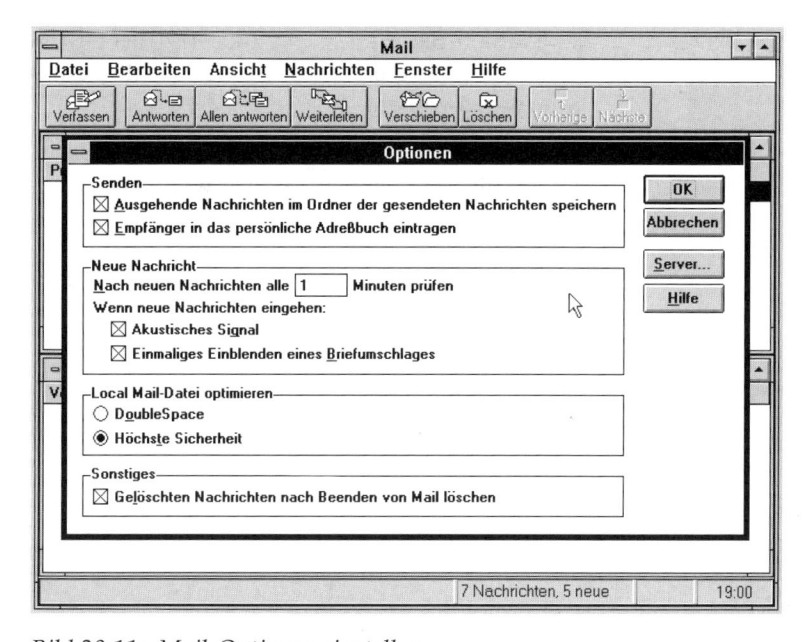

Bild 29.11: Mail-Optionen einstellen

Sie stellen Sendeoptionen ein mit:

1. Wählen Sie im Menü NACHRICHTEN den Punkt OPTIONEN aus.
2. Wählen Sie die Option AUSGEHENDE NACHRICHTEN IM ORDNER DER GESENDETEN NACHRICHTEN SPEICHERN, wenn eine Kopie der gesendeten Nachricht abgelegt werden soll.

3. Wählen Sie die Option EMPFÄNGER IN DAS PERSÖNLICHE ADREßBUCH EINTRAGEN, wenn bei einem neuen Empfänger ein Eintrag erfolgen soll.

Sie stellen Empfangsoptionen ein mit:

1. Wählen Sie im Menü NACHRICHTEN den Punkt OPTIONEN aus.
2. Im Feld NACH NEUEN NACHRICHTEN PRÜFEN bestimmen Sie, wie oft Mail in der Nachrichtendatei auf dem Postoffice nach neu eingegangenen Nachrichten sehen soll.
3. Wählen Sie die Option AKUSTISCHES SIGNAL, wenn Sie über den Eingang einer neuen Nachricht akustisch benachrichtigt werden wollen.
4. Sie können bestimmen, ob nach dem Beenden von Mail gelöschte Nachrichten entfernt werden sollen.

Kapitel 30

Faxen mit PC Fax

Mit Microsoft PC Fax können Fax-Nachrichten vom Fax-Modem eines Computers an Fax-Modems anderer Computer oder an Faxgeräte gesendet oder von ihnen empfangen werden. Jedes Fax kann eine schriftliche Nachricht, ein Deckblatt und Dateianlagen enthalten. Vor dem Einsatz muß das an den Computer angeschlossene Fax-Modem konfiguriert werden. Ein Fax-Modem kann für andere Teilnehmer freigegeben werden.

30.1 PC Fax installieren

Vor dem Einsatz von PC Fax ist eine Installation und Konfiguration von Hardware und Software erforderlich:

❐ *Installation der Fax-Modem-Hardware*

Die Schritte zur Vorbereitung und für den Anschluß der Fax-Modem-Hardware an eine der seriellen Schnittstellen des Computers sind in der Dokumentation zum Modem beschrieben.

❐ *Installation der Fax-Modem-Software*

Die beim Modem mitgelieferten Fax-Treiber für Modems der Klasse 1 oder 2 sollten nicht installiert werden, da Sie mit PC Fax arbeiten. Dies gilt nicht für CAS-Modems.

❐ *Konfiguration von PC Fax*

Vor der Verwendung muß PC Fax unter Windows konfiguriert werden (siehe Bild 30.1):

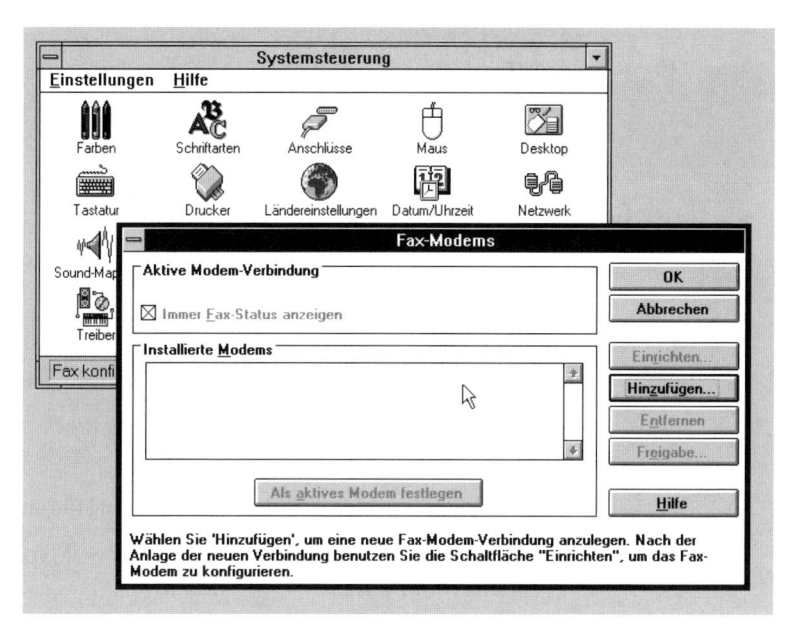

Bild 30.1: Das Dialogfeld Fax-Modems

PC Fax konfigurieren

Sie konfigurieren Ihr Fax-Modem für PC Fax unter Windows wie folgt:

1. Wählen Sie in der Systemsteuerung das Fax-Symbol.
2. Drücken Sie im Dialogfeld FAX-MODEMS die Schaltfläche HINZUFÜGEN (siehe Bild 30.1).
3. Drücken Sie die Schaltfläche HINZUFÜGEN.

   Es wird das Dialogfeld FAX-MODEMS HINZUFÜGEN angezeigt (siehe Bild 30.2).

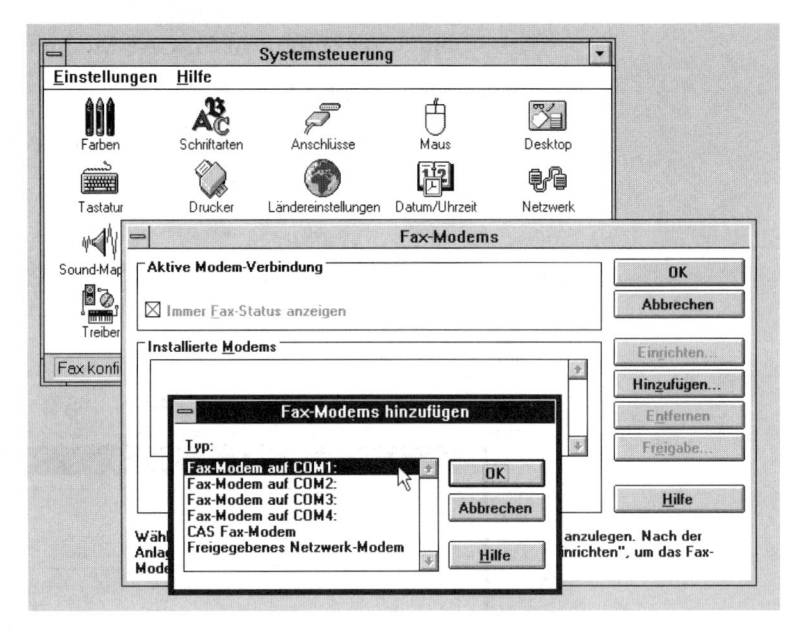

Bild 30.2: Das Dialogfeld Fax-Modems hinzufügen

4. Wählen Sie in der Typliste das hinzuzufügende Fax-Modem.
5. Geben Sie im Dialogfeld FAX-TELEFONNUMMER die Fax-Telefonnummer ein (siehe Bild 30.3).

PC Fax installieren

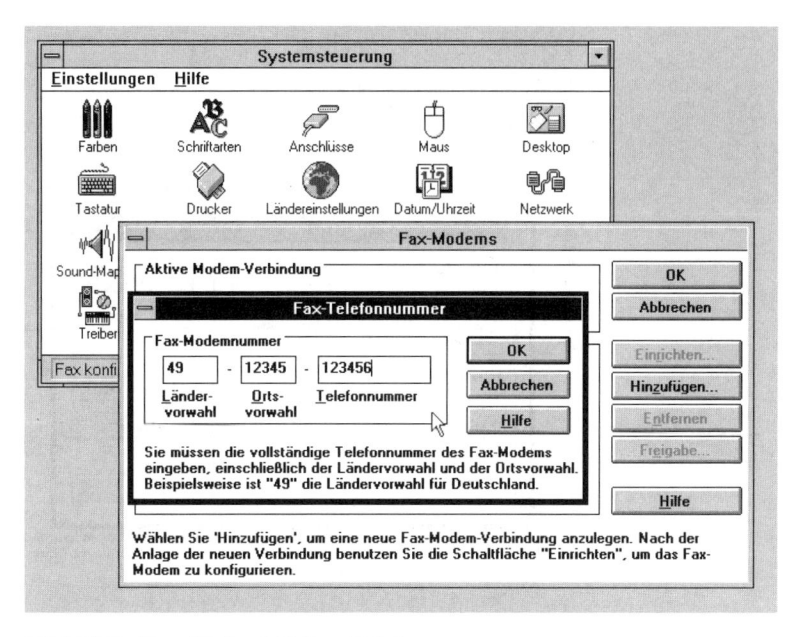

Bild 30.3: Das Dialogfeld Fax-Telefonnummer

6. Drücken Sie im Dialogfeld FAX-MODEMS die Schaltfläche EINRICHTEN.
7. Wählen Sie im Dialogfeld für Ihr Fax-Modem im ANTWORTMODUS eine Option (siehe Bild 30.4).
8. Legen Sie über die Schaltfläche WÄHLEN die Vorwahlen fest.
9. Wählen Sie Fax-Modem als aktives Modem aus.

Mit einem Fax-Modem verbinden

Wenn Sie mit einem Fax-Modem arbeiten wollen, das an einem anderen Computer im Netzwerk angeschlossen ist, müssen Sie eine Verbindung herstellen:

1. Wählen Sie in der Systemsteuerung das Fax-Symbol.
2. Drücken Sie im Dialogfeld FAX-MODEMS die Schaltfläche HINZUFÜGEN.

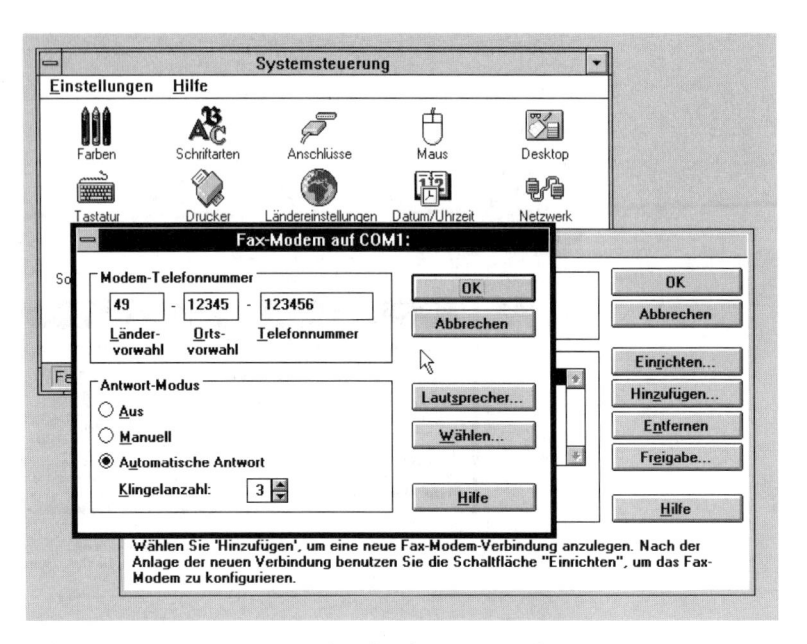

Bild 30.4: Der Antwort-Modus für das Fax-Modem

3. Wählen Sie in der Typliste den Eintrag FREIGEGEBENES NETZ-WERK-MODEM.

4. Geben Sie im Dialogfeld NETZLAUFWERK VERBINDEN den Computernamen und den Namen des freigegebenen Verzeichnisses ein.

5. Wählen Sie im Dialogfeld NETZWERK-FAX VERBINDEN den Pfad des freigegebenen Fax-Modems.

6. Wählen Sie das Fax-Modem als aktives Modem aus.

Fax-Modem im Netzwerk freigeben

Die Benutzer eines Netzwerks können auf Ihr Fax-Modem zugreifen, wenn Sie es vorher freigeben.

1. Wählen Sie in der Systemsteuerung das Fax-Symbol.

2. Markieren Sie im Dialogfeld FAX-MODEMS das freizugebende Fax-Modem, und wählen Sie die Schaltfläche FREIGABE.

PC Fax installieren

3. Im Dialogfeld LOKALES FAX-MODEM FREIGEBEN können Sie den Verzeichnispfad für das Fax-Modem ändern (siehe Bild 30.5).

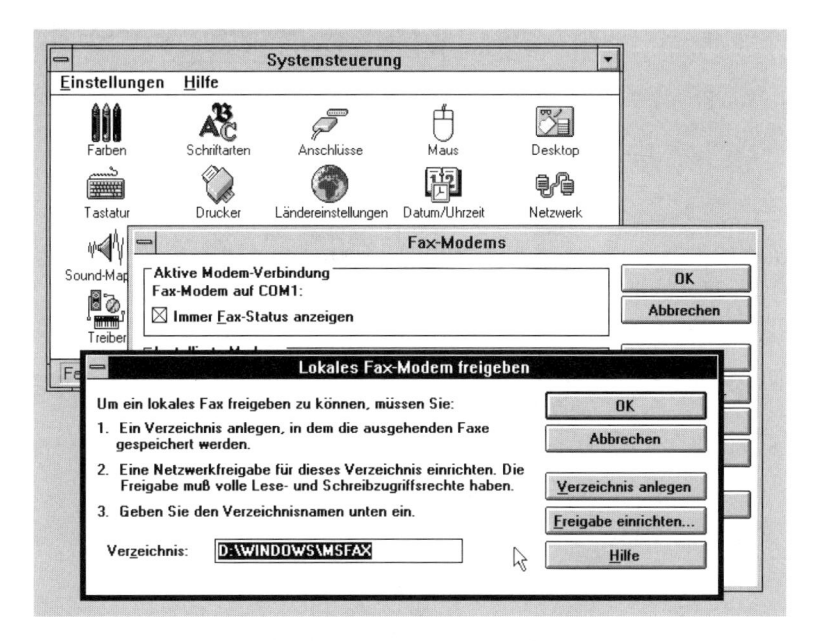

Bild 30.5: Das Dialogfeld Lokales Fax-Modem freigeben

Verzeichnis für Fax-Modem freigeben

Ein Verzeichnis für ein Fax-Modem geben Sie wie folgt frei:

1. Wählen Sie in der Systemsteuerung das Fax-Symbol.

2. Markieren Sie im Dialogfeld FAX-MODEMS das freizugebende Fax-Modem, und wählen Sie die Schaltfläche FREIGABE.

3. Drücken Sie im Dialogfeld LOKALES FAX-MODEM FREIGEBEN die Schaltfläche FREIGABE EINRICHTEN.

4. Wählen Sie im Dialogfeld VERZEICHNIS FREIGEBEN den Zugriffstyp und richten ein Kennwort ein (siehe Bild 30.6).

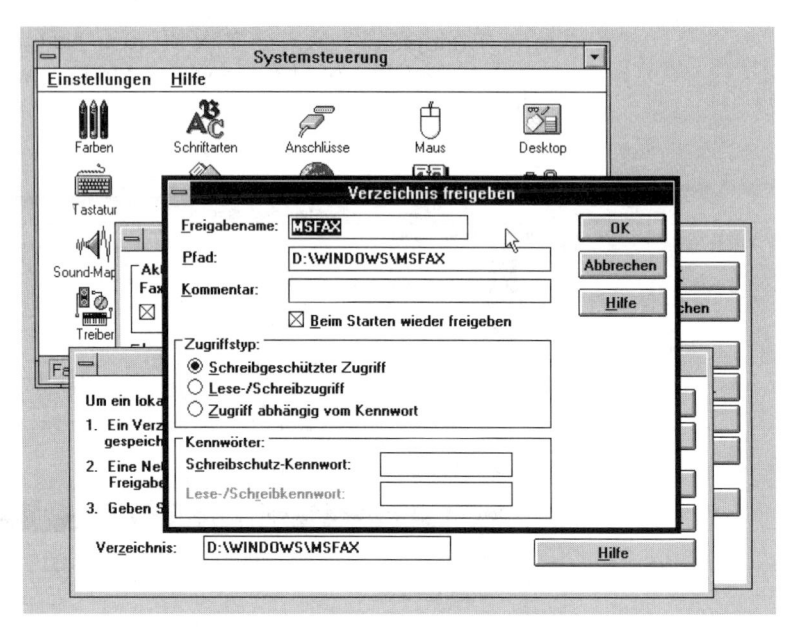

Bild 30.6: Das Dialogfeld Verzeichnis freigeben

30.2 Fax-Nachricht senden

Eine Fax-Nachricht können Sie mit Mail oder mit einem anderen Anwendungsprogramm senden, das den Fax-Versand unterstützt.

Ein Fax mit Mail senden

Sie senden ein Fax mit Mail wie folgt:

1. Wählen Sie in der Gruppe NETZWERK das Symbol MAIL.
2. Drücken Sie die Schaltfläche VERFASSEN.
3. Geben Sie im Feld AN die Fax-Adresse an.
4. Geben Sie in BETREFF den Betreff ein.
5. Den Fax-Text geben Sie im Nachrichtenbereich ein.

6. Drücken Sie auf die Schaltfläche ANLAGE, wenn eine Dateianlage beigefügt werden soll. Wählen Sie dann die Datei aus und drücken ANHÄNGEN. Wählen Sie SCHLIEßEN.
7. Drücken Sie in der Symbolleiste SENDEN.

Ein Fax mit einer Anwendung senden

Sie senden ein Fax mit einer Anwendung wie folgt:

1. Wählen Sie in der Gruppe NETZWERK das Symbol MAIL.
2. Öffnen Sie in der Anwendung die zu sendende Datei.
3. Wählen Sie im Menü DATEI den Befehl SENDEN.

   Wenn der Befehl nicht verfügbar ist, wählen Sie das Fax-Modem als Drucker aus und wählen im Menü DATEI den Befehl DRUCKEN.
4. Geben Sie im Feld AN die Fax-Adresse an.
5. Geben Sie in BETREFF den Betreff oder Text im Nachrichtenbereich ein.
6. Drücken Sie in der Symbolleiste SENDEN.

30.3 Fax-Nachricht empfangen

Sie können auf zweierlei Weise eine Fax-Nachricht erhalten:

- Sie erhalten eine Fax-Nachricht über Ihr Fax-Modem.
- Ein anderer Benutzer erhält über sein Fax-Modem eine Fax-Nachricht für Sie. Er leitet die Fax-Nachricht mit Mail an Sie weiter.

Eine Fax-Nachricht empfangen

Wenn Sie das Telefon und das Fax-Modem am gleichen Telefonanschluß betreiben, kann das Fax-Modem mit dem Befehl ANRUFANNAHME im Mail-Menü auf Empfang geschaltet werden.

Sie müssen Mail ausführen, wenn Sie Fax-Nachrichten über Ihr angeschlossenes Fax-Modem empfangen wollen. Eine Fax-Nachricht lesen Sie wie folgt:

1. Wählen Sie in der Gruppe NETZWERK das Symbol MAIL.
2. Doppelklicken Sie auf die jeweilige Fax-Nachricht, die Sie lesen wollen.
3. Wenn eine Fax-Nachricht eine Dateianlage enthält, doppelklicken Sie zum Lesen der Datei auf das Symbol der Dateianlage.

Bei einer gesicherten Fax-Nachricht ist ein Kennwort oder ein Schlüssel erforderlich.

Dateianlagen mit der Dateinamenerweiterung DCX liegen im FaxFormat vor und werden mit dem Fax-Viewer gelesen.

Eine Fax-Nachricht weiterleiten

Wenn Sie eine Fax-Nachricht über Ihr Fax-Modem erhalten, die an einen anderen Benutzer gerichtet ist, müssen Sie die Nachricht an den anderen Benutzer weiterleiten.

1. Doppelklicken Sie im Mail-Fenster auf die Fax-Nachricht.
   Im Feld AN wird der Name des Empfängers angezeigt.
2. Wählen Sie in der Symbolleiste die Schaltfläche WEITERLEITEN.
3. Geben Sie im Feld AN den Namen des Empfängers ein.
4. Wählen Sie in der Symbolleiste die Schaltfläche SENDEN.

30.4 Sicherheitsfunktionen einsetzen

Sie können Fax-Nachrichten verschlüsselt senden, die nur vom Empfänger gelesen werden können. Zur Freigabe der Nachricht muß der Empfänger die Nachricht entschlüsseln.

Es werden zwei Arten von Sicherheitsfunktionen unterschieden:

- Kennwortschutz
- Verschlüsselung mit Zugriffsschlüsseln

Kennwortgeschützte Fax-Nachrichten

Sie senden eine kennwortgeschützte Fax-Nachricht wie folgt:

1. Wählen Sie in der Gruppe NETZWERK das Symbol MAIL.
2. Drücken Sie die Schaltfläche VERFASSEN.
3. Drücken Sie die Schaltfläche OPTIONEN.
4. Drücken Sie die Schaltfläche FAX.
5. Drücken Sie im Dialogfeld FAX-OPTIONEN die Schaltfläche SICHERHEIT (siehe Bild 30.7).

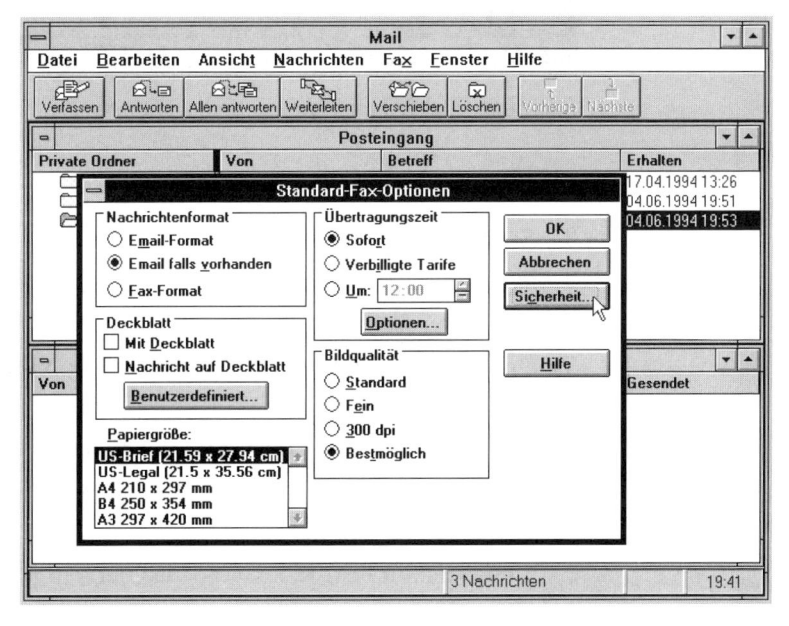

Bild 30.7: Das Dialogfeld Fax-Optionen

6. Wählen Sie im Dialogfeld SICHERHEITSOPTIONEN die Option KENNWORT (siehe Bild 30.8).

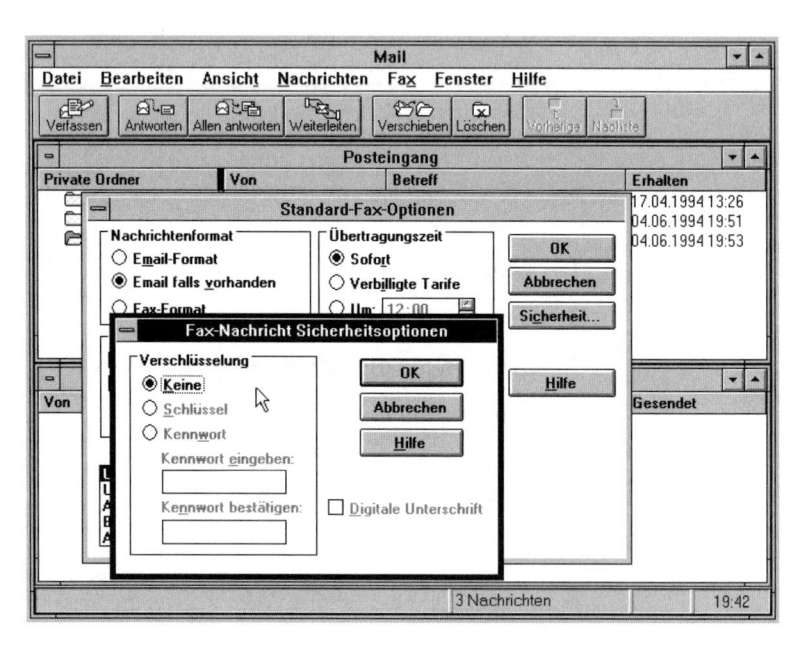

Bild 30.8: Das Dialogfeld Sicherheitsoptionen

7. Adressieren Sie die Fax-Nachricht.
8. Senden Sie die Fax-Nachricht.
9. Teilen Sie dem Empfänger das Kennwort mit.

Sie empfangen eine kennwortgeschützte Fax-Nachricht wie folgt:

1. Wählen Sie in der Gruppe NETZWERK das Symbol MAIL.
2. Doppelklicken Sie auf die jeweilige Fax-Nachricht, die Sie lesen wollen.
3. Geben Sie im Feld KENNWORT das derzeitig gültige Kennwort ein.

Verschlüsselung mit Zugriffsschlüsseln

Für verschlüsselte Nachrichten müssen Sie die erweiterte Sicherheitsfunktion aktivieren:

1. Wählen Sie in der Gruppe NETZWERK das Symbol MAIL.
2. Wählen Sie im Menü FAX den Befehl ERWEITERTE SICHERHEIT (siehe Bild 30.9).

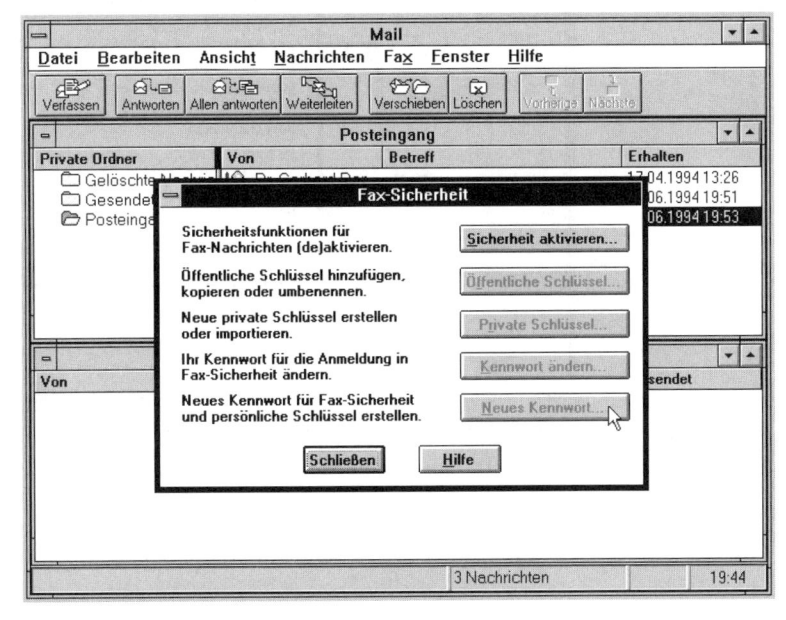

Bild 30.9: Das Dialogfeld Fax-Sicherheit

3. Drücken Sie die Schaltfläche SICHERHEIT AKTIVIEREN.

   Bei der erstmaligen Aktivierung wird ein Sicherheitskonto eingerichtet.

4. Wählen Sie die Schaltfläche SCHLIEßEN.

Sie deaktivieren eine aktivierte erweiterte Sicherheitsfunktion mit:

1. Wählen Sie in der Gruppe NETZWERK das Symbol MAIL.
2. Wählen Sie im Menü FAX den Befehl ERWEITERTE SICHERHEIT (siehe Bild 30.10).

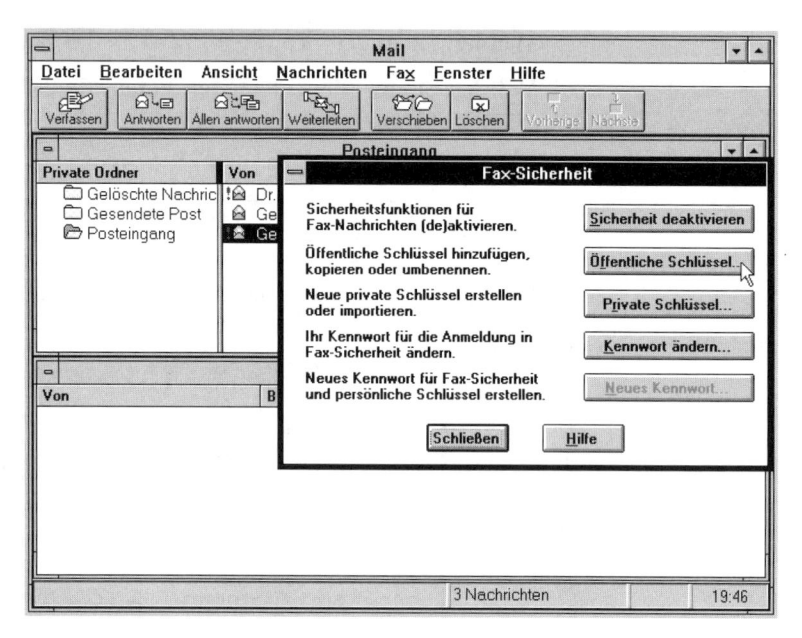

Bild 30.10: Das Dialogfeld Fax-Sicherheit

3. Drücken Sie die Schaltfläche SICHERHEIT DEAKTIVIEREN.

Öffentliche Schlüssel austauschen

Bei verschlüsselten Nachrichten müssen Sender und Empfänger öffentliche Schlüssel untereinander austauschen.

Sie exportieren Ihren öffentlichen Schlüssel auf Diskette mit den folgenden Schritten:

1. Legen Sie eine Diskette in das Laufwerk ein.
2. Wählen Sie in der Gruppe NETZWERK das Symbol MAIL.
3. Wählen Sie im Menü FAX den Befehl ERWEITERTE SICHERHEIT.

Sicherheitsfunktionen einsetzen 917

4. Drücken Sie die Schaltfläche SICHERHEIT AKTIVIEREN.
5. Geben Sie Ihr Kennwort ein.
6. Drücken Sie die Schaltfläche ÖFFENTLICHE SCHLÜSSEL.
7. Markieren Sie im Dialogfeld ÖFFENTLICHE SCHLÜSSEL Ihr Fax-Konto, und drücken Sie die Schaltfläche EXPORTIEREN.

   Mit der Schaltfläche ANSEHEN können Sie die öffentlichen Schlüssel anzeigen (siehe Bild 30.11).

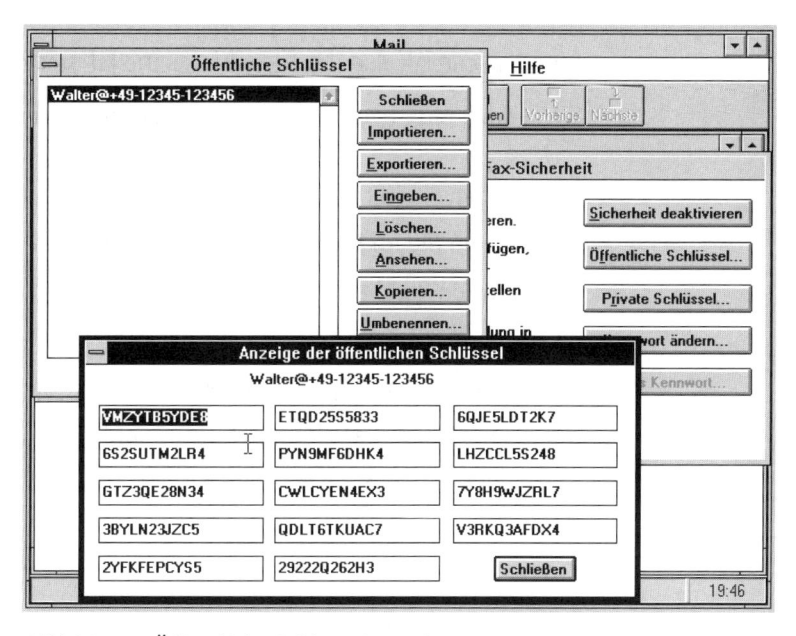

Bild 30.11: Öffentliche Schlüssel anzeigen

8. Geben Sie einen Dateinamen ein.

Sie importieren einen öffentlichen Schlüssel von einer Diskette wie folgt:

1. Legen Sie die Diskette mit dem Schlüssel in das Laufwerk ein.
2. Wählen Sie in der Gruppe NETZWERK das Symbol MAIL.

3. Wählen Sie im Menü FAX den Befehl ERWEITERTE SICHERHEIT.
4. Drücken Sie die Schaltfläche SICHERHEIT AKTIVIEREN.
5. Geben Sie Ihr Kennwort ein.
6. Drücken Sie die Schaltfläche ÖFFENTLICHE SCHLÜSSEL.
7. Markieren Sie im Dialogfeld ÖFFENTLICHE SCHLÜSSEL Ihr Fax-Konto, und drücken Sie die Schaltfläche IMPORTIEREN.
8. Geben Sie den Dateinamen ein.

Eine verschlüsselte Fax-Nachricht senden

Sie senden eine verschlüsselte Fax-Nachricht wie folgt:

1. Wählen Sie in der Gruppe NETZWERK das Symbol MAIL.
2. Wählen Sie im Menü FAX den Befehl ERWEITERTE SICHERHEIT.
3. Drücken Sie die Schaltfläche SICHERHEIT AKTIVIEREN.
4. Geben Sie Ihr Kennwort ein.
5. Wählen Sie im Menü FAX den Befehl OPTIONEN.
6. Drücken Sie die Schaltfläche SICHERHEIT.
7. Ändern Sie die Einstellungen.
8. Senden Sie die Fax-Nachricht.

Eine verschlüsselte Fax-Nachricht empfangen

Sie empfangen eine verschlüsselte Fax-Nachricht mit:

1. Wählen Sie in der Gruppe NETZWERK das Symbol MAIL.
2. Wählen Sie im Menü FAX den Befehl ERWEITERTE SICHERHEIT.
3. Drücken Sie die Schaltfläche SICHERHEIT AKTIVIEREN.
4. Geben Sie Ihr Kennwort ein.
5. Doppelklicken Sie auf die verschlüsselte Fax-Nachricht.

KAPITEL 31

PLANEN MIT SCHEDULE+

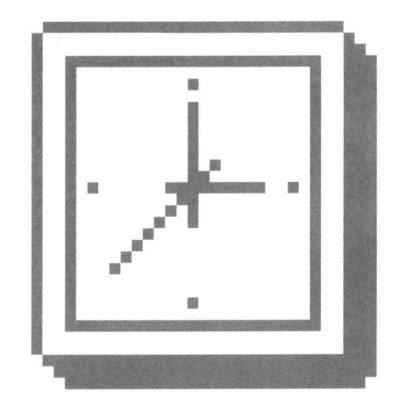

Microsoft Schedule+ ist ein elektronisches Zeitplanungsprogramm, mit dem Sie im Netzwerk Termine und Aufgaben planen, verfolgen und mit anderen Teilnehmern abstimmen können. Sie können Ihren Terminkalender für andere Teilnehmer freigeben und die Terminkalender anderer Teilnehmer einsehen. Sie können Termine und Aufgaben hinzufügen und ändern sowie Besprechungen mit anderen Teilnehmern planen.

Mit Terminen arbeiten

Microsoft Schedule+ unterstützt als elektronisches Zeitplanungsprogramm die folgenden Teilaufgaben (siehe Bild 31.1):

❐ Termine hinzufügen und ändern
❐ Aufgaben hinzufügen und ändern
❐ Besprechungen abstimmen

Sie melden sich bei Schedule+ an mit:

1. Geben Sie im Dialogfeld ANMELDUNG den Mail-Namen und das Kennwort ein.
2. Wählen Sie OK.

Im Menü DATEI können Sie bestimmen, ob Sie mit Schedule+ online oder offline arbeiten wollen.

Ihr Kennwort können Sie im Menü OPTIONEN mit dem Befehl KENNWORT ÄNDERN bestimmen.

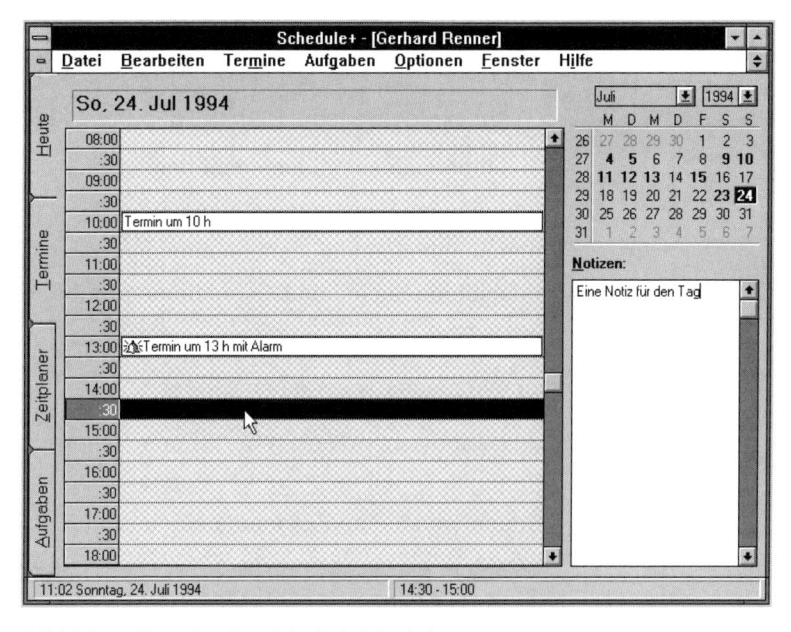

Bild 31.1: Terminübersicht bei Schedule+

31.1 Mit Terminen arbeiten

Bei der Verwaltung von Terminen werden folgende Teilaufgaben unterstützt:

- Termin festlegen
- Periodischen Termin festlegen
- Terminmahner einstellen
- Termin ändern oder löschen
- Termine exportieren und importieren
- Notizen hinzufügen
- Text suchen
- Zeitplan archivieren

Termin festlegen

Einen Termin legen Sie wie folgt an (siehe Bild 31.2):

1. Markieren Sie im Zeitplaner einen Zeitblock für den Termin.
2. Wählen Sie im Menü TERMINE den Befehl NEUER TERMIN.
3. Bestimmen Sie die Start- und Endzeit.

    Sie können auch die Schaltfläche ZEIT WÄHLEN einsetzen (siehe Bild 31.3).
4. Markieren Sie MAHNER AUF für eine Mahneinstellung.

Periodischen Termin festlegen

Einen periodischen Termin bestimmen Sie mit:

1. Markieren Sie im Zeitplaner einen Zeitblock für den Termin.
2. Wählen Sie im Menü TERMINE den Befehl NEUER PERIODISCHER TERMIN.

Mit Terminen arbeiten 923

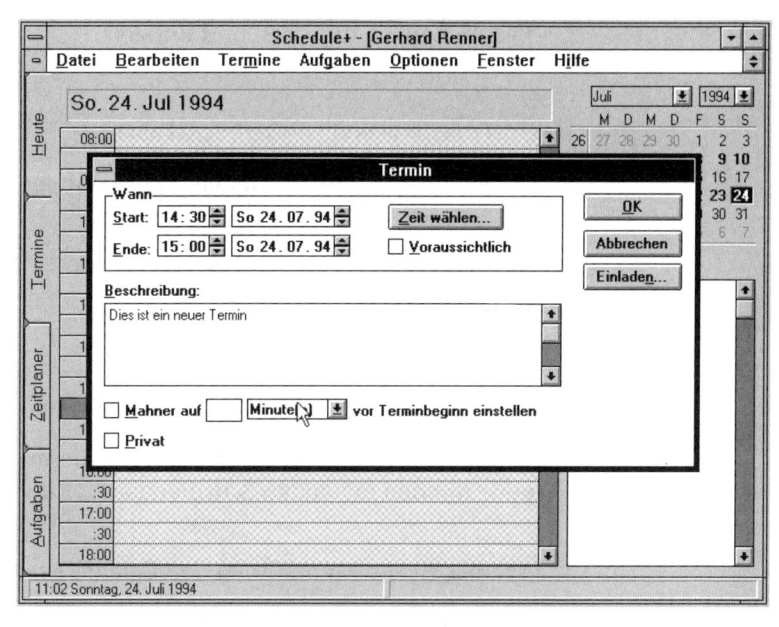

Bild 31.2: Einen Termin festlegen

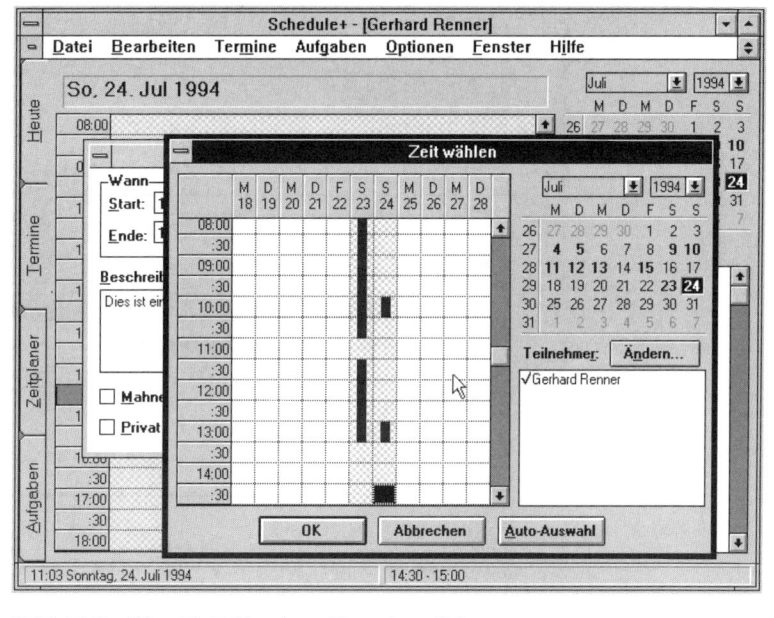

Bild 31.3: Eine Zeit für einen Termin wählen

3. Bestimmen Sie die Start- und Endzeit.

Text im Terminkalender suchen

Sie suchen im Terminkalender eine Zeichenfolge mit:

1. Wählen Sie im Menü BEARBEITEN den Befehl SUCHEN.
2. Geben Sie die Suchfolge ein und wählen den Suchbereich.

Termine exportieren und importieren

Sie können Termine auslagern oder einlesen. Sie exportieren Termine mit den folgenden Schritten (siehe Bild 31.4):

1. Wählen Sie im Menü DATEI den Befehl TERMINE EXPORTIEREN.
2. Wählen Sie das gewünschte Dateiformat und den Zeitplanbereich.

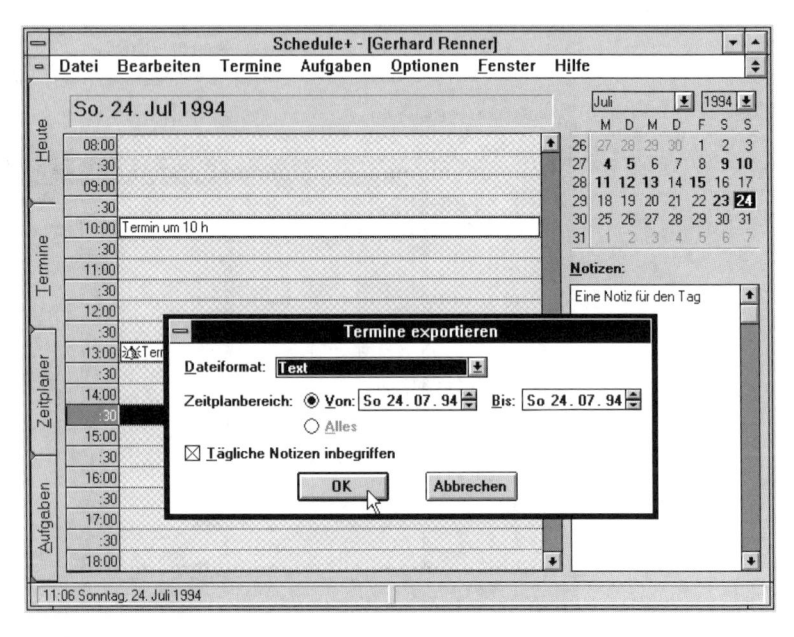

Bild 31.4: Termine exportieren

31.2 Mit Aufgaben arbeiten

Das Arbeiten mit Aufgaben umfaßt folgende Teilaufgaben:

- Aufgabenbereich hinzufügen, ändern und löschen
- Aufgabe hinzufügen, ändern und löschen
- Periodische Aufgabe hinzufügen, ändern und löschen
- Aufgaben sortieren und anzeigen
- Priorität einer Aufgabe einstellen
- Mahner für Aufgabe einstellen
- Erledigte Aufgabe im Kalender notieren
- Aufgabe dem Kalender hinzufügen

Aufgabenbereich hinzufügen

Die einzelnen Aufgaben können Aufgabenbereichen zugeordnet werden. Einen neuen Aufgabenbereich fügen Sie der Aufgabenliste mit den folgenden Schritten zu:

1. Rufen Sie die Aufgabenliste auf.
2. Wählen Sie im Menü AUFGABE den Befehl NEUER AUFGABENBEREICH.
3. Geben Sie den Namen des Aufgabenbereichs an.

Aufgabe hinzufügen

Eine neue Aufgabe fügen Sie hinzu mit (siehe Bild 31.5):

1. Rufen Sie die Aufgabenliste auf.
2. Wählen Sie im Menü AUFGABE den Befehl NEUE AUFGABE.
   Sie können ein Fälligkeitsdatum zuweisen, eine Priorität und einen Mahner einstellen.

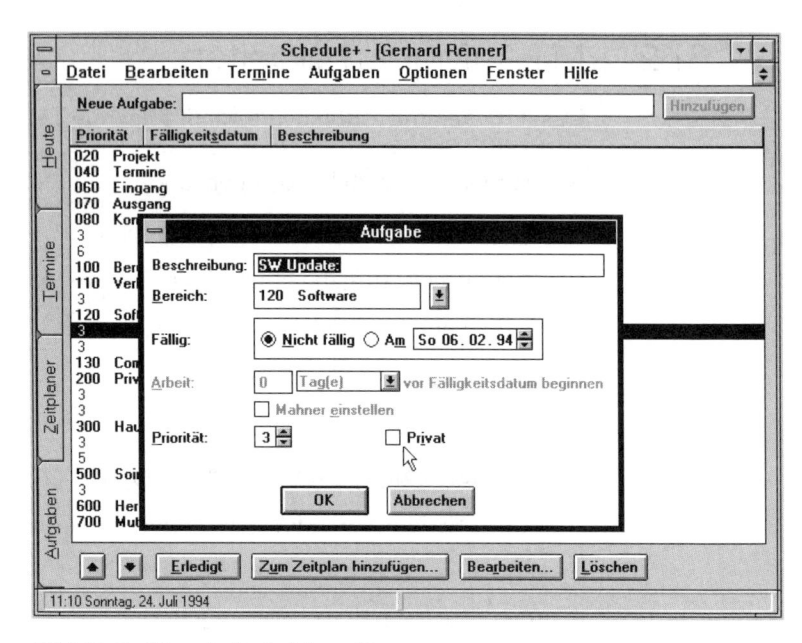

Bild 31.5: Eine Aufgabe hinzufügen

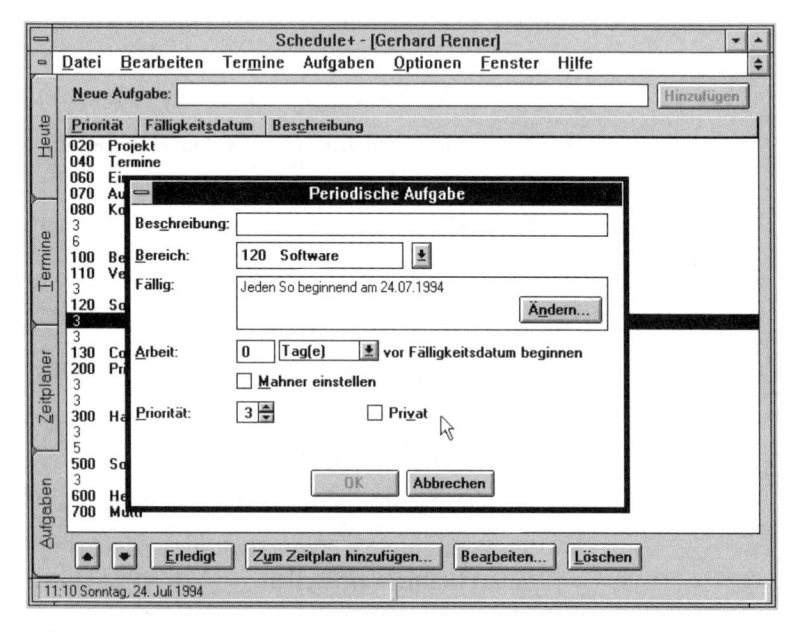

Bild 31.6: Eine periodische Aufgabe hinzufügen

Periodische Aufgabe hinzufügen

Eine periodische Aufgabe fügen Sie mit den folgenden Schritten hinzu (siehe Bild 31.6):

1. Rufen Sie die Aufgabenliste auf.
2. Wählen Sie im Menü AUFGABE den Befehl NEUE PERIODISCHE AUFGABE.

Sie können ein Fälligkeitsdatum zuweisen, eine Priorität und einen Mahner einstellen.

31.3 Schedule-Optionen einstellen

Im Menü OPTIONEN können Optionen für Schedule+ eingestellt werden:

- Kennwort ändern
- Zugriffsprivilegien festlegen
- Anzeige
- Allgemeine Optionen
- Statuszeile

Bei den einzelnen Teilaufgaben sind weitere Optionen einstellbar.

Allgemeine Optionen ändern

Die allgemeinen Optionen für Schedule+ legen Sie fest mit:

1. Wählen Sie im Menü OPTIONEN die Auswahl ALLGEMEINE OPTIONEN.
2. Ändern Sie im Dialogfeld ALLGEMEINE OPTIONEN die gewünschten Einstellungen (siehe Bild 31.7).

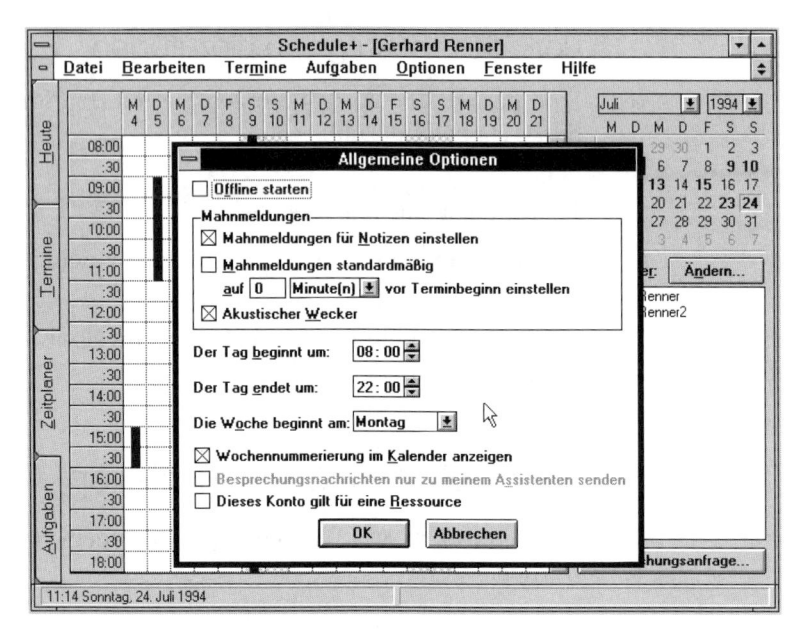

Bild 31.7: Allgemeine Optionen einstellen

Zugriffsprivilegien festlegen

Sie können mit Zugriffsprivilegien anderen Benutzern den Zugriff auf Ihren Zeitplan ermöglichen und Privilegstufen festlegen:

1. Wählen Sie im Menü OPTIONEN die Auswahl ZUGRIFFSPRIVILEGIEN FESTLEGEN.
2. Wählen Sie den betreffenden Benutzer aus.
3. Vergeben Sie die gewünschten Privilegien (siehe Bild 31.8).

Weitere Optionen bestimmen

Bei den einzelnen Dialogfeldern können häufig weitere Optionen eingestellt werden. Beispielsweise kann bei einem periodischen Termin die Zeitperiode geändert werden (siehe Bild 31.9).

Schedule-Optionen einstellen 929

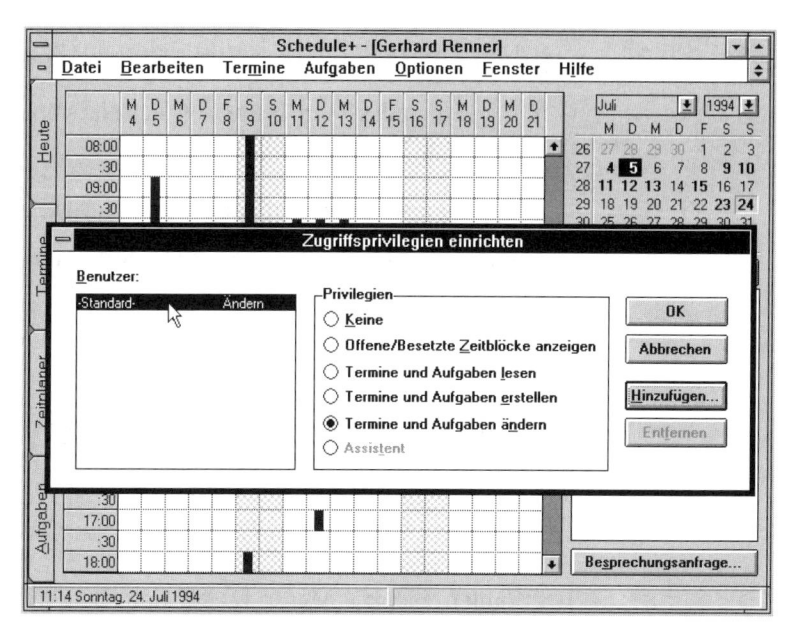

Bild 31.8: Zugriffsprivilegien festlegen

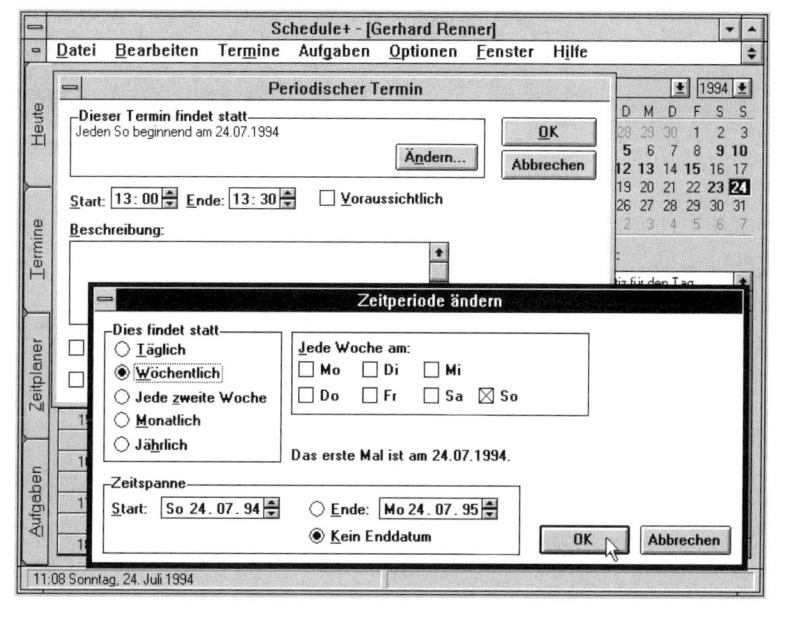

Bild 31.9: Eine Zeitperiode ändern

31.4 Zeitpläne von anderen Benutzern

Wenn Sie zu einem Zugriff auf den Zeitplan eines anderen Benutzers berechtigt sind, können Sie:

❐ Zeitplan und Aufgabenliste eines anderen Benutzers anzeigen

❐ Termine und Aufgaben bei einem anderen Benutzer einfügen, ändern oder löschen

❐ Zeitplan eines anderen Benutzers als Assistent verwalten

Zeitplan eines anderen Benutzers einsehen

Den Zeitplan eines anderen Benutzers können Sie wie folgt einsehen:

1. Wählen Sie im Menü DATEI den Befehl ANDERE TERMINKALENDER ÖFFNEN (siehe Bild 31.10).

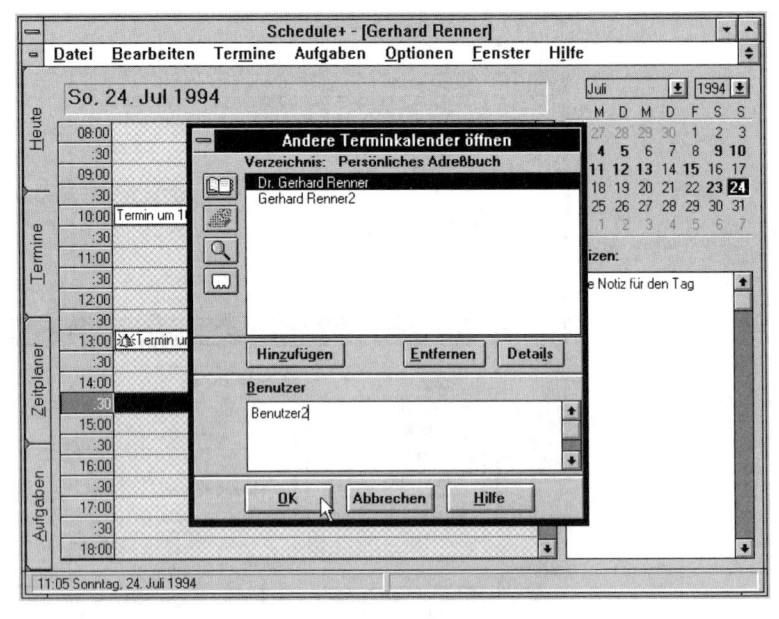

Bild 31.10: Einen anderen Terminkalender öffnen

2. Wählen Sie den betreffenden Benutzer und dann OK.

3. Klicken Sie zur Anzeige auf die Schaltfläche ZEITPLAN (siehe Bild 31.11).

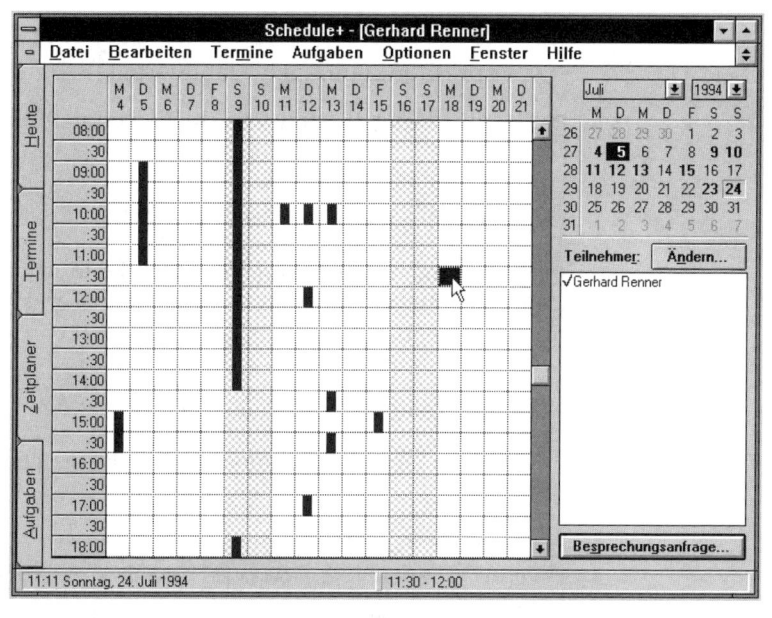

Bild 31.11: Den Zeitplan eines anderen Benutzers anzeigen

Einen Termin bei einem anderen Benutzer ändern

Sie ändern einen Termin im Terminkalender eines anderen Benutzers wie folgt:

1. Wählen Sie im Menü DATEI den Befehl ANDERE TERMINKALENDER ÖFFNEN.

2. Wählen Sie den betreffenden Benutzer und dann OK.

3. Wählen Sie den Termin.

4. Wählen Sie im Menü BEARBEITEN den Befehl TERMIN BEARBEITEN.

31.5 Besprechungen einer Gruppe verwalten

Bei der Verwaltung der Besprechungen einer Arbeitsgruppe werden die folgenden Teilaufgaben unterstützt:

- Besprechungstermine festlegen
- Besprechungsanfragen beantworten
- Besprechungstermine verschieben oder absagen

Besprechungstermine festlegen

Besprechungstermine können vom Terminkalender oder vom Zeitplaner aus eingerichtet werden. Beim Terminkalender wählen Sie die folgenden Schritte (siehe Bild 31.12):

1. Rufen Sie den Terminkalender auf.
2. Wählen Sie einen Zeitblock für die Besprechung.

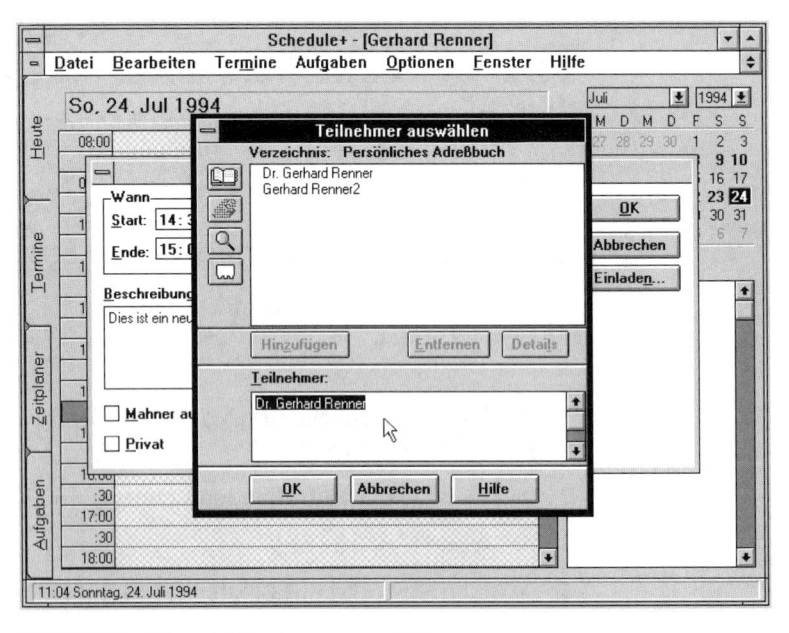

Bild 31.12: Einen Teilnehmer auswählen

Besprechungen einer Gruppe verwalten 933

3. Wählen Sie im Menü TERMINE den Befehl NEUER TERMIN.
4. Wählen Sie die Schaltfläche ZEIT WÄHLEN.
5. Wählen Sie im Feld TEILNEHMER die Schaltfläche ÄNDERN und die gewünschten Namen (siehe Bild 31.12).
6. Wählen Sie einen für alle Teilnehmer noch offenen Zeitblock.
7. Geben Sie eine Beschreibung der Besprechung an.
8. Eine Nachricht tragen Sie im Nachrichtenbereich ein.
9. Wählen Sie die Schaltfläche SENDEN (siehe Bild 31.13).

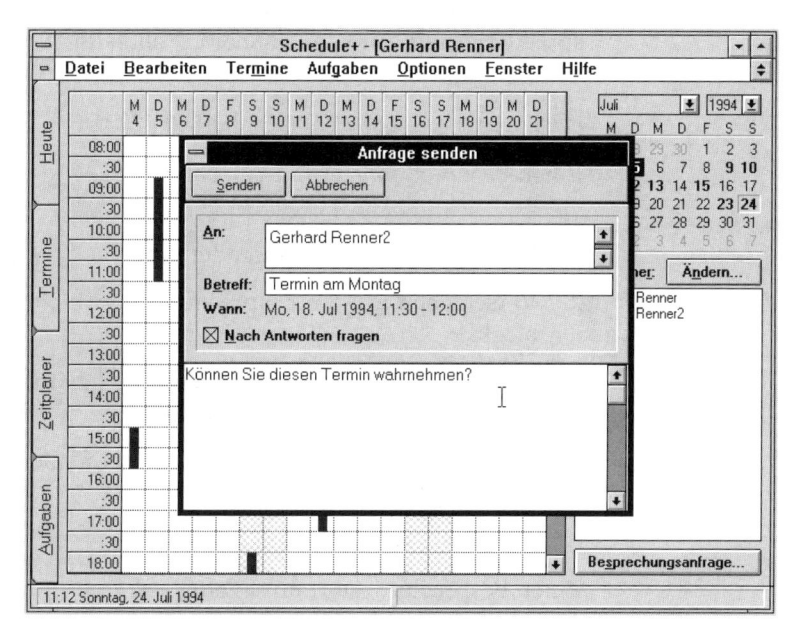

Bild 31.13: Eine Anfrage senden

Sie können eine Rückantwort anfordern. Personen in der Teilnehmerliste, die nicht zur Besprechung eingeladen werden sollen, entfernen Sie durch Klicken auf deren Namen im Feld TEILNEHMER.

Besprechungsanfragen beantworten

Sie beantworten eine Besprechungsanfrage wie folgt:

1. Wählen Sie im Menü FENSTER den Befehl NACHRICHTEN.
2. Wählen Sie die Besprechungsanfrage.
3. Wählen Sie die Schaltfläche ANNEHMEN, ABLEHNEN oder VORAUSSICHTLICH.

Sie können mit der Schaltfläche ZEITPLAN EINSEHEN vor der Beantwortung den Zeitplan prüfen. Im Nachrichtenbereich der Besprechungsantwort kann eine Notiz eingefügt werden.

Besprechungstermine verschieben oder absagen

Einen Besprechungstermin verschieben Sie wie folgt:

1. Rufen Sie den Terminkalender auf.
2. Verschieben Sie den Besprechungstermin zu dem neuen Zeitblock.
3. Wählen Sie JA, wenn die anderen Teilnehmer über die Änderung benachrichtigt werden sollen.
4. Geben Sie eine Mitteilung im Nachrichtenbereich ein.
5. Wählen Sie die Schaltfläche SENDEN.

Einen Besprechungstermin sagen Sie ab mit:

1. Rufen Sie den Terminkalender auf.
2. Wählen Sie die Besprechung aus.
3. Wählen Sie im Menü BEARBEITEN den Befehl TERMIN LÖSCHEN.
4. Wählen Sie JA, wenn die anderen Teilnehmer über die Absage benachrichtigt werden sollen.

5. Geben Sie eine Mitteilung im Nachrichtenbereich ein.
6. Wählen Sie die Schaltfläche SENDEN.

31.6 Ressourcen verwalten

Mit Schedule+ können Benutzerkonten und Ressourcekonten verwaltet werden. Wie für jeden Benutzer muß auch für eine Ressource ein Mail-Konto auf dem Postoffice eingerichtet werden.

Bei der Verwaltung von Ressourcen und Konferenzräumen werden die folgenden Teilaufgaben unterstützt:

- Ressource hinzufügen oder entfernen
- Ressource reservieren
- Ressource durch einen Assistenten verwalten

Ressource hinzufügen oder entfernen

Sie fügen eine Ressource hinzu mit:

1. Überprüfen Sie, daß für die Ressource ein Mail-Konto eingerichtet ist.
2. Wählen Sie im Menü OPTIONEN den Befehl ALLGEMEINE OPTIONEN.
3. Wählen Sie DIESES KONTO GILT FÜR EINE RESSOURCE.
4. Wählen Sie im Menü OPTIONEN den Befehl ZUGRIFFSPRIVILEGIEN EINSTELLEN. Überprüfen Sie, daß alle Benutzer wenigstens die Zugriffsprivilegien zum Einsehen der belegten Zeitblöcke haben.
5. Für die Zuordnung eines Assistenten wählen Sie den Namen in der Adreßliste und wählen das Privileg ASSISTENT.

Sie entfernen eine Ressource durch die Löschung des zugeordneten Mail-Kontos.

Eine Ressource reservieren

Eine Ressource können Sie mit den folgenden Schritten reservieren:

1. Rufen Sie den Zeitplaner auf.
2. Wählen Sie die Ressource in der Teilnehmerliste aus.
3. Bestimmen Sie einen für die Ressource noch offenen Zeitblock.
4. Wählen Sie die Schaltfläche BESPRECHUNGSANFRAGE.
5. Wählen Sie SENDEN.

KAPITEL 32

WEITERE NETZWERK-DIENSTPROGRAMME

Neben Mail, PC Fax und Schedule+ stellt Microsoft Windows für Workgroups weitere Dienstprogramme bereit. Hierzu gehören die Netzwerk-Ablage, das Telefon, WinPopup, WinMeter und der Netzwerkmonitor. Sie unterstützen die Bearbeitung von allgemeinen Netzwerkaufgaben. Sie erleichtern die Kommunikation zwischen den einzelnen Netzwerkteilnehmern.

32.1 Die Ablagemappe

Die Zwischenablage von Windows 3.1 wird unter Windows für Workgroups zur Ablagemappe für den lokalen Bedarf und für den Netzwerkbedarf ausgebaut.

Die Ablagemappe besteht aus den folgenden Komponenten:

- *Zwischenablage*

  Die Zwischenablage dient der temporären Speicherung von Informationen, die bei einem Dokument ausgeschnitten und eingefügt werden.

- *Lokale Ablagemappe*

  Die lokale Ablagemappe dient der dauerhaften Speicherung von Informationen, die ausgeschnitten, übertragen und eingefügt werden. Beim Beenden von Windows für Workgroups bleiben die gespeicherten Informationen erhalten.

- *Ablagemappe*

  Mit der Ablagemappe können Sie die Informationen anzeigen, die in der Zwischenablage, in der lokalen Ablagemappe oder in den freigegebenen Ablagemappen auf anderen Computern gespeichert sind (siehe Bild 32.1).

Die Ablagemappe unterstützt die folgenden Teilaufgaben:

- Inhalt der Zwischenablage speichern
- Inhalt der Zwischenablage löschen
- Inhalt der Zwischenablage in verschiedenen Formaten anzeigen
- Lokale Ablagemappe für andere Benutzer freigeben
- Informationen übertragen
- Ablagemappenseiten in verschiedenen Ansichten anzeigen
- Mit einer Ablagemappe eines anderen Computers verbinden
- Objekte mit der Ablagemappe einbetten und verknüpfen

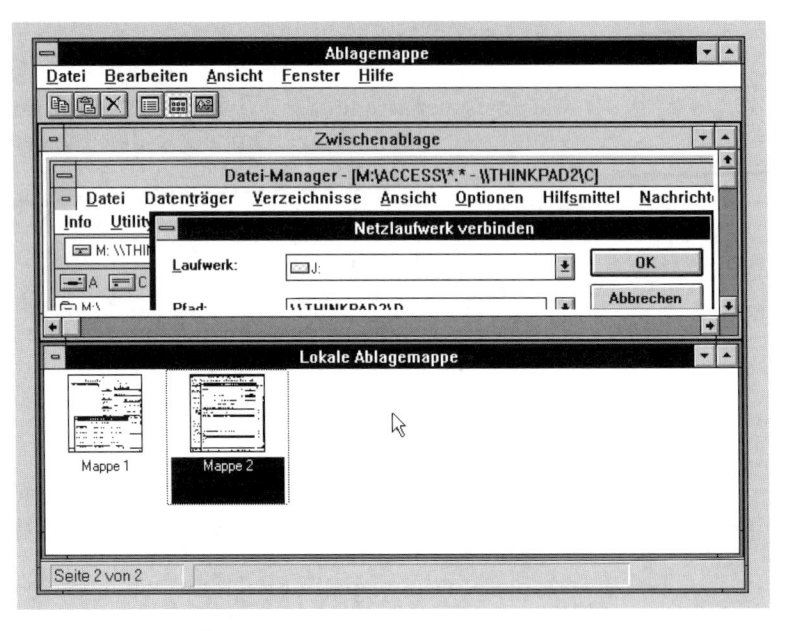

Bild 32.1: Die Ablagemappe

Inhalt der Zwischenablage speichern

Sie speichern den Inhalt der Zwischenablage mit den folgenden Schritten:

1. Wählen Sie das Fenster der Zwischenablage.
2. Wählen Sie im Menü DATEI den Befehl SPEICHERN UNTER.
3. Geben Sie einen Dateinamen an.
4. Wählen Sie OK.

Inhalt der Zwischenablage in der lokalen Ablagemappe speichern

Sie speichern den Inhalt der Zwischenablage in der lokalen Ablagemappe mit den folgenden Schritten (siehe Bild 32.2):

Die Ablagemappe

1. Wählen Sie das Fenster der lokalen Ablagemappe.
2. Wählen Sie im Menü BEARBEITEN den Befehl EINFÜGEN.
3. Geben Sie in SEITENNAME den Namen der Seite ein.

   Sie können die Seite für andere Benutzer freigeben. Aktivieren Sie hierzu die Option JETZT FREIGEBEN.
4. Wählen Sie OK.

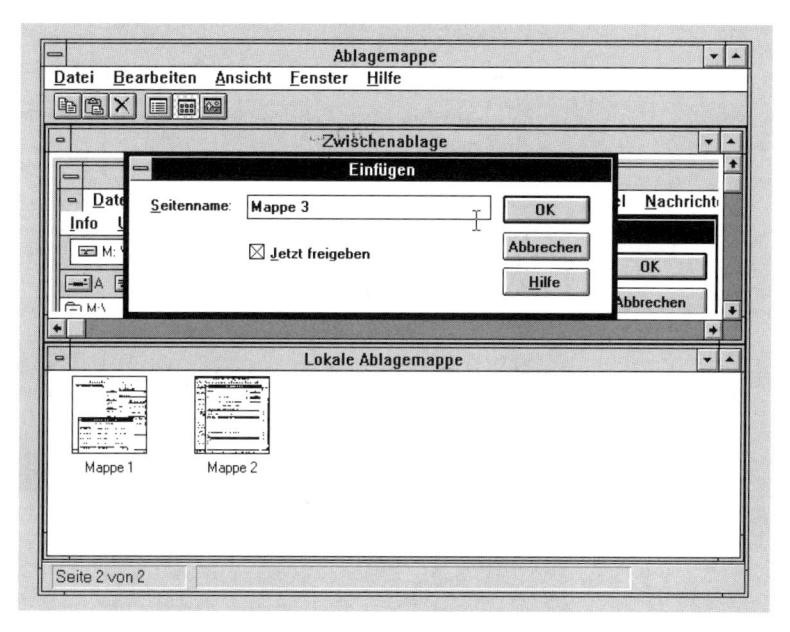

Bild 32.2: Ablage in eine Seite der Ablagemappe einfügen

Eine Seite der Ablagemappe in die Zwischenablage kopieren

Sie speichern den Inhalt der Zwischenablage in der lokalen Ablagemappe mit den folgenden Schritten:

1. Wählen Sie in der lokalen Ablagemappe die zu kopierende Seite.

Eine Seite einer lokalen Ablagemappe für andere Benutzer freigeben oder beenden

Sie geben eine Seite einer lokalen Ablagemappe für andere Benutzer mit den folgenden Schritten frei (siehe Bild 32.3):

1. Markieren Sie die freizugebende Seite.
2. Wählen Sie im Menü DATEI den Befehl FREIGEBEN.
3. Wählen Sie eine Option im Dialogfeld FREIGEBEN EINER SEITE DER ABLAGEMAPPE.

    Sie können die Seite für andere Benutzer freigeben. Aktivieren Sie hierzu die Option JETZT FREIGEBEN.

4. Wählen Sie OK.

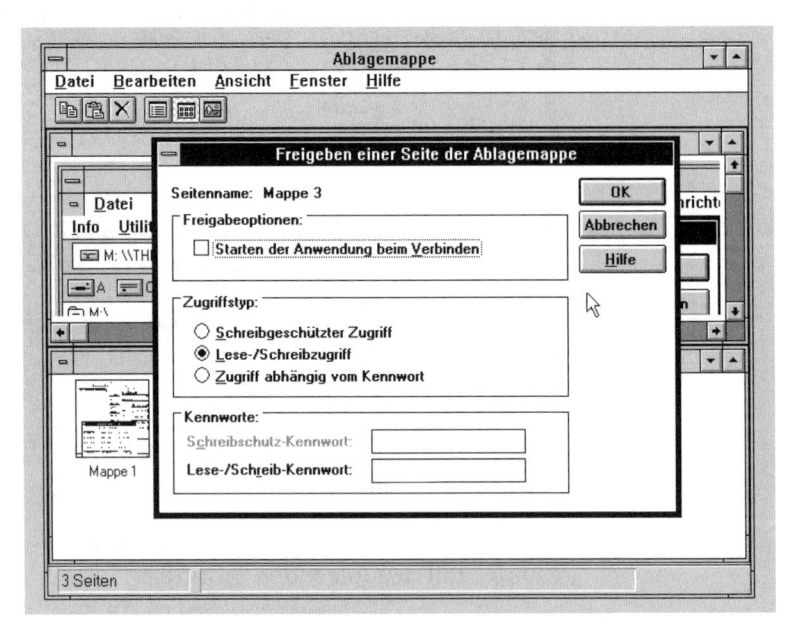

Bild 32.3: Eine Seite der Ablagemappe freigeben

Die Ablagemappe

Sie beenden die Freigabe einer Seite der lokalen Ablagemappe für andere Benutzer mit:

1. Markieren Sie die betreffende Seite.
2. Wählen Sie im Menü DATEI den Befehl FREIGABE BEENDEN.

Verbindung zu einer Ablagemappe auf einem anderen Computer herstellen oder beenden

Sie stellen eine Verbindung zu einer Ablagemappe auf einem anderen Computer mit den folgenden Schritten her:

1. Wählen Sie im Menü DATEI den Befehl VERBINDEN.
2. Wählen Sie im Dialogfeld COMPUTER AUSWÄHLEN den Computer mit der gewünschten Ablagemappe.
3. Wählen Sie OK.

Sie trennen eine Verbindung zu einer Ablagemappe auf einem anderen Computer mit den folgenden Schritten:

1. Wählen Sie das Ablagemappe-Fenster.
2. Wählen Sie im Menü DATEI den Befehl TRENNEN.

Objekte mit der Ablagemappe einbetten oder verknüpfen

Sie können ein Objekt aus einem Quelldokument in ein Zieldokument auf dem gleichen Computer oder auf einem anderen Computer einbetten oder verknüpfen. Während der Übertragung wird das Objekt vorübergehend in der Zwischenablage gespeichert.

Das Objekt, das eingebettet oder verknüpft werden soll, muß in der Ablagemappe als Seite gespeichert und auf dem Quellcomputer freigegeben sein. Für die Übertragung des Objekts auf einen anderen Zielcomputer muß eine Verbindung zur Ablagemappe auf dem anderen Zielcomputer hergestellt werden.

Es können nur Objekte eingebettet oder verknüpft werden, die mit einer OLE-fähigen Anwendung erstellt worden sind.

Ein Objekt einbetten

Beim Einbetten wird eine Kopie des Objekts übertragen.

1. Öffnen Sie das Quelldokument.
2. Wählen Sie das Objekt.
3. Wählen Sie im Menü BEARBEITEN den Befehl KOPIEREN.
4. Wechseln Sie zum Zieldokument.
5. Wählen Sie im Menü BEARBEITEN den Befehl EINFÜGEN.

Ein Objekt von einem anderen Computer einbetten

Beim Einbetten eines Objekts von einem anderen Computer muß das Objekt als Seite der Ablagemappe auf dem anderen Computer eingefügt werden.

1. Wählen Sie im Menü DATEI den Befehl VERBINDEN.
2. Wählen Sie den Computer, zu dem eine Verbindung hergestellt werden soll.
3. Wählen Sie OK.
4. Wählen Sie die einzubettende Seite.
5. Wählen Sie im Menü BEARBEITEN den Befehl KOPIEREN.
6. Öffnen Sie das Dokument, in das Sie das Objekt einbetten wollen.
7. Wählen Sie im Menü BEARBEITEN den Befehl EINFÜGEN.

Ein Objekt verknüpfen

Beim Verknüpfen eines Objekts wird ein Bezug auf das Objekt in das Zieldokument eingefügt.

Die Ablagemappe

1. Öffnen Sie das Quelldokument.
2. Wählen Sie das Objekt.
3. Wählen Sie im Menü DATEI den Befehl KOPIEREN.
4. Wechseln Sie zum Zieldokument.
5. Wählen Sie im Menü BEARBEITEN den Befehl INHALTE EINFÜGEN.
6. Wählen Sie ein Format.
7. Drücken Sie die Schaltfläche VERKNÜPFUNG EINFÜGEN.

Ein Objekt von einem anderen Computer verknüpfen

Beim Verknüpfen eines Objekts von einem anderen Computer muß das Objekt als Seite der Ablagemappe auf dem anderen Computer eingefügt werden.

1. Wählen Sie im Menü DATEI den Befehl VERBINDEN.
2. Wählen Sie den Computer, zu dem eine Verbindung hergestellt werden soll.
3. Wählen Sie OK.
4. Wählen Sie die zu verknüpfende Seite (siehe Bild 32.4).
5. Wählen Sie im Menü BEARBEITEN den Befehl KOPIEREN.
6. Öffnen Sie das Dokument, mit dem Sie das Objekt verknüpfen wollen.
7. Wählen Sie im Menü BEARBEITEN den Befehl INHALTE EINFÜGEN.
8. Wählen Sie ein Format.
9. Drücken Sie die Schaltfläche VERKNÜPFUNG EINFÜGEN.

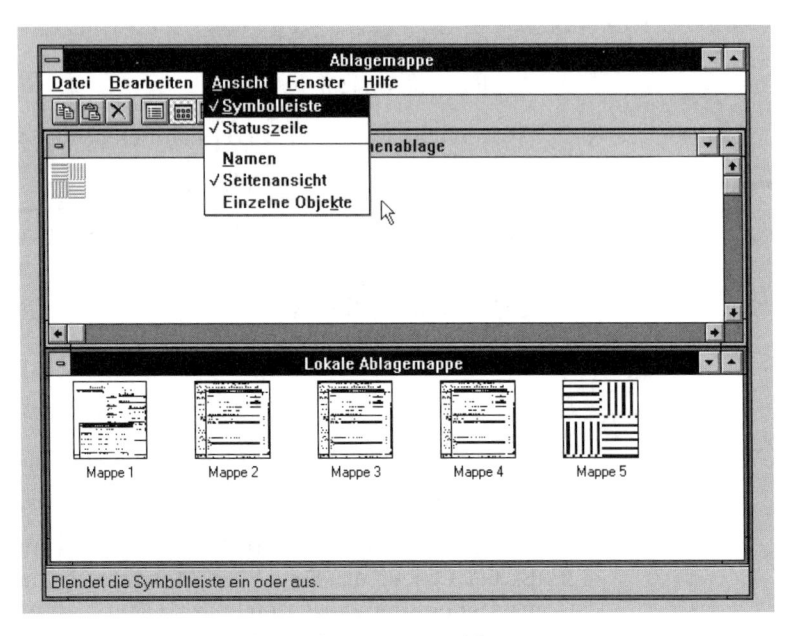

Bild 32.4: *Eine Seite der Ablagemappe wählen*

32.2 Das Telefon

Das Dienstprogramm Telefon unterstützt das Telefongespräch auf elektronischem Wege. Anstelle des gesprochenen Wortes tritt die Eingabe über die Tastatur.

Mit dem Telefon können Sie telefonieren mit:

❑ Einem anderen Benutzer

❑ Mit mehreren Benutzern in einer Konferenzschaltung.

Sie können mit bis zu sieben Mitgliedern der Arbeitsgruppe telefonieren.

Im Vergleich mit elektronischen Mailsystemen werden beim Telefon die Eingaben der Gesprächspartner auf dem Bildschirm direkt angezeigt.

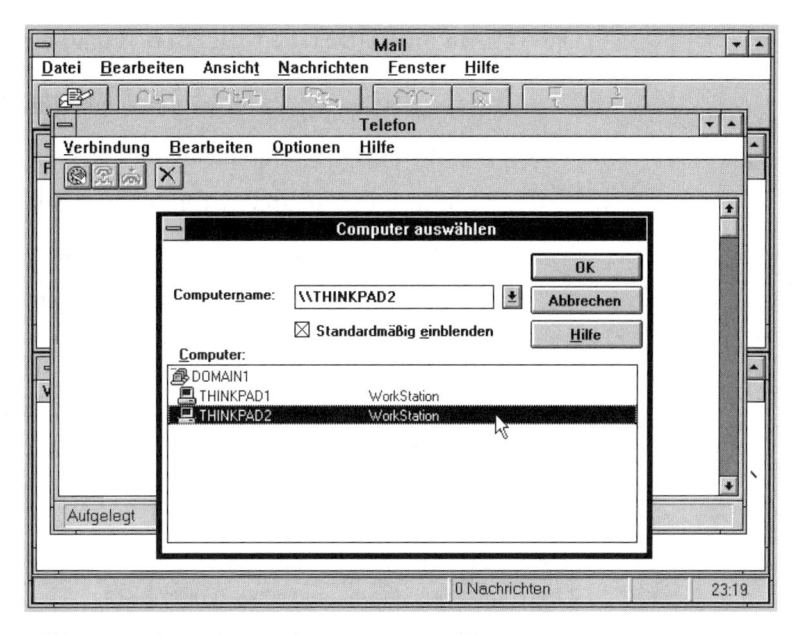

Bild 32.5: Einen Gesprächspartner anwählen

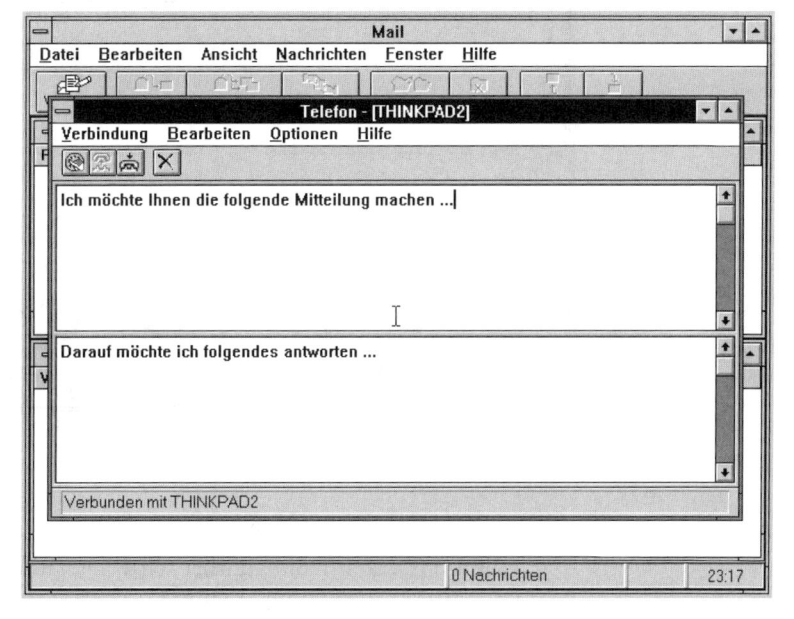

Bild 32.6: Einen Anruf beantworten

Das Telefon unterstützt die folgenden Teilaufgaben:

- Einen Gesprächspartner anwählen (siehe Bild 32.5)
- Einen Anruf beantworten (siehe Bild 32.6)
- Ein Gespräch mit mehreren Teilnehmern führen
- Ein Gespräch durch Auflegen beenden (siehe Bild 32.7)
- Schriftart und Hintergrundfarbe bestimmen
- Ton ein- oder ausschalten

Unter OPTIONEN können Sie im Dialogfeld EINSTELLUNGEN eine Fensteranordnung festlegen und die Schriftart der ankommenden Nachricht bestimmen.

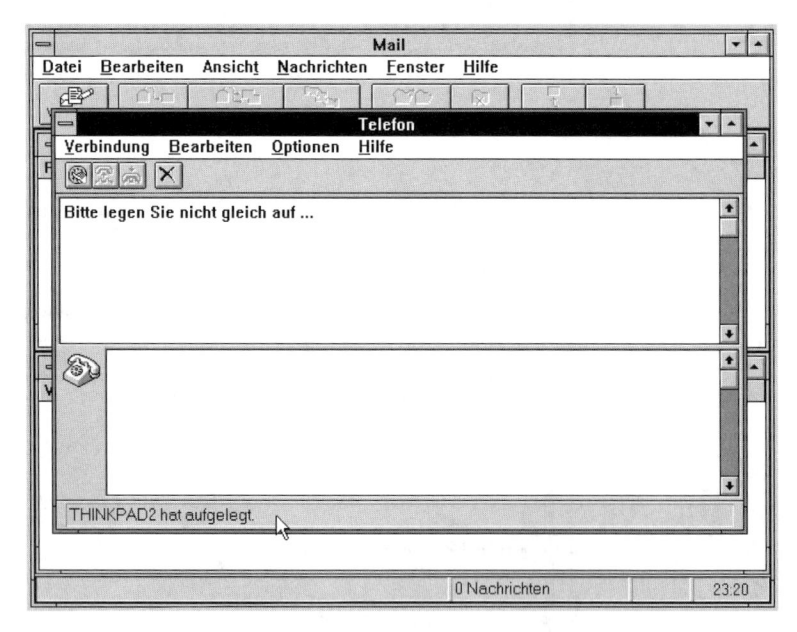

Bild 32.7: Ein Gespräch durch Auflegen beenden

Sie können bestimmen, daß Anrufe nur dann beantwortet werden, wenn das Telefon ausgeführt wird. Die automatische Anrufbeantwortung deaktivieren Sie mit:

1. Wählen Sie im Menü OPTIONEN den Befehl EINSTELLUNGEN.
2. Deaktivieren Sie die Option BEI ANRUF TELEFON AUTOMATISCH STARTEN.

32.3 WinPopup

Das Dienstprogramm WinPopup dient dem Senden und Empfangen von Nachrichten. Hierbei können Sie die Nachrichten senden an:

❐ Einzelne Benutzer oder Computer (siehe Bild 32.8)

❐ Alle Mitglieder einer Arbeitsgruppe (siehe Bild 32.9).

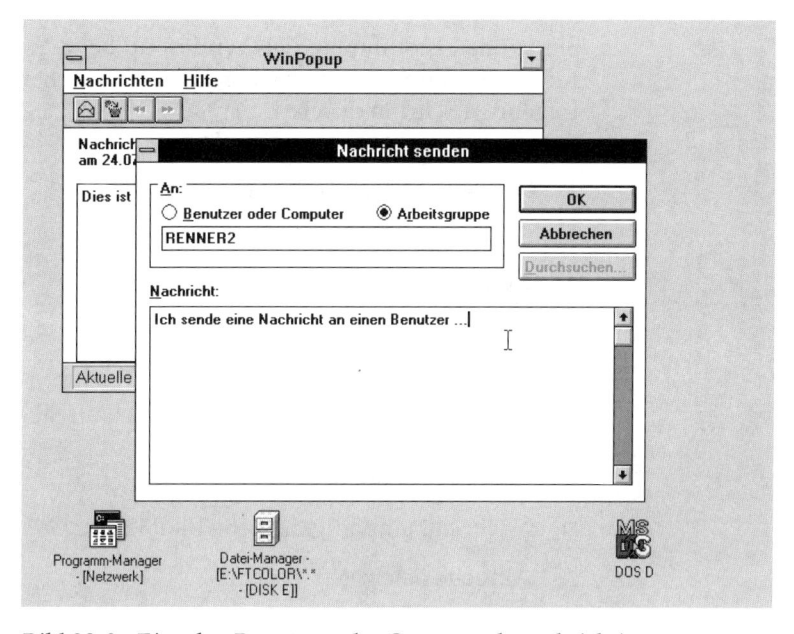

Bild 32.8: Einzelne Benutzer oder Computer benachrichtigen

Mit WinPopup können Sie auch von dem Ende der Ausgabe eines Druckauftrags benachrichtigt werden.

Bild 32.9: *Alle Mitglieder einer Arbeitsgruppe benachrichtigen*

Sie können bestimmen, daß WinPopup beim Start von Windows für Workgroups automatisch geladen wird. Hierzu führen Sie die folgenden Schritte durch:

1. Wählen Sie das Symbol SYSTEMSTEUERUNG.
2. Wählen Sie das Symbol NETZWERK.
3. Aktivieren Sie die Schaltfläche START.
4. Aktivieren Sie die Option WINPOPUP AKTIVIEREN.

WinPopup unterstützt die folgenden Teilaufgaben:

❐ Nachricht senden

❐ Nachricht empfangen (siehe Bild 32.10)

❐ Aktuelle Nachricht löschen

❐ Andere Nachrichten anzeigen

❐ Alle Nachrichten löschen

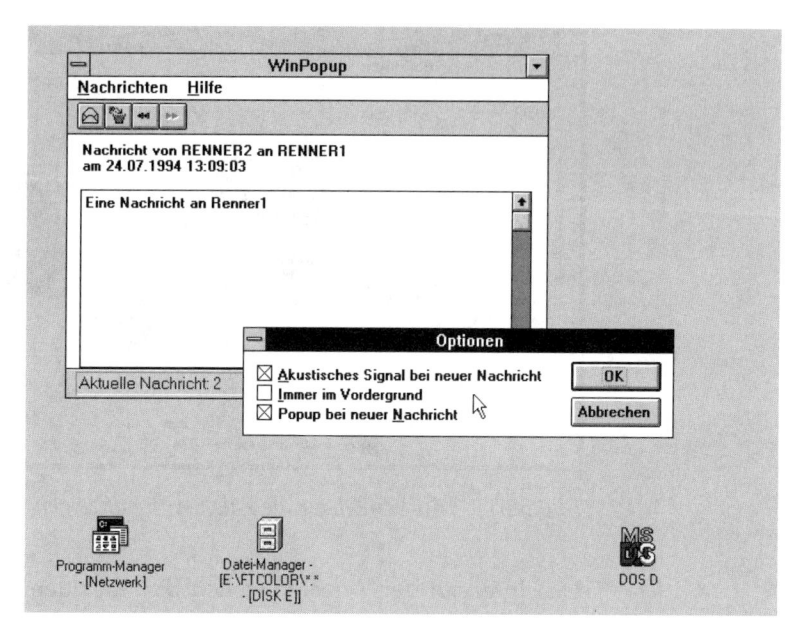

Bild 32.10: Eine Nachricht empfangen

32.4 WinMeter

Mit dem Dienstprogramm WinMeter können Sie eine Anzeige abrufen über:

❏ Die prozentuale Auslastung Ihres Computers durch eigene Anwendungsprogramme.

❏ Die prozentuale Auslastung Ihres Computers durch andere Benutzer der Arbeitsgruppe (siehe Bild 32.11).

Die Priorität der eigenen Anwendungsprogramme gegenüber der Nutzung Ihrer Ressourcen durch andere Benutzer legen Sie in der SYSTEMSTEUERUNG über das Symbol NETZWERKE mit der Schaltfläche START fest.

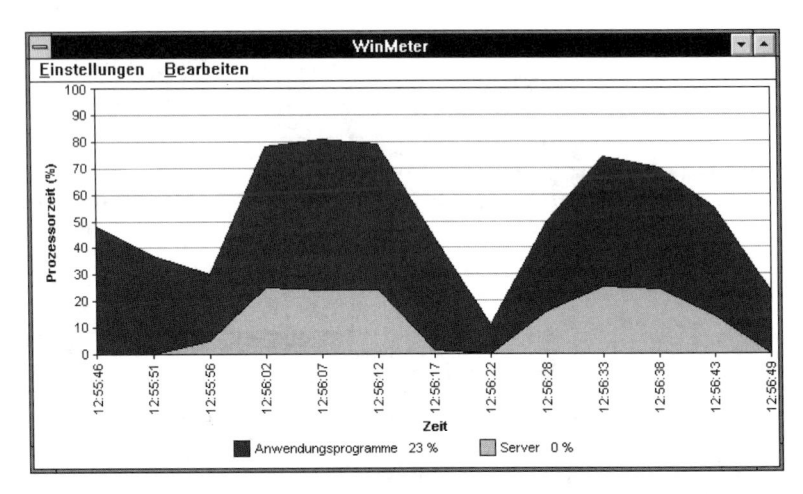

Bild 32.11: Mit WinMeter die Auslastung anzeigen

Das Intervall der Anzeige stellen Sie über den Menüpunkt EIN-STELLUNGEN ein.

32.5 Netzwerkmonitor

Der Netzwerkmonitor unterstützt Sie bei den folgenden Aufgaben (siehe Bild 32.12):

❏ Auskunft darüber, welche Ressourcen des eigenen Computers von anderen Benutzern verwendet werden.

❏ Bestimmung und Trennung einer Verbindung mit einem anderen Benutzer.

❏ Das Ereignisprotokoll anzeigen.

Mit dem Ereignisprotokoll können Sie Netzwerkereignisse protokollieren. Sie aktivieren das Ereignisprotokoll und bestimmen den aufzuzeichnenden Ereignistyp in der SYSTEMSTEUERUNG über das Symbol NETZWERKE im Dialogfeld EREIGNISPROTOKOLL-EINSTELLUNGEN (siehe Bild 32.13).

Ein Beispiel für ein aufgezeichnetes Ereignisprotokoll sehen Sie in Bild 32.14. Die Aufzeichnung des Ereignisprotokolls kann in einer Datei gespeichert werden.

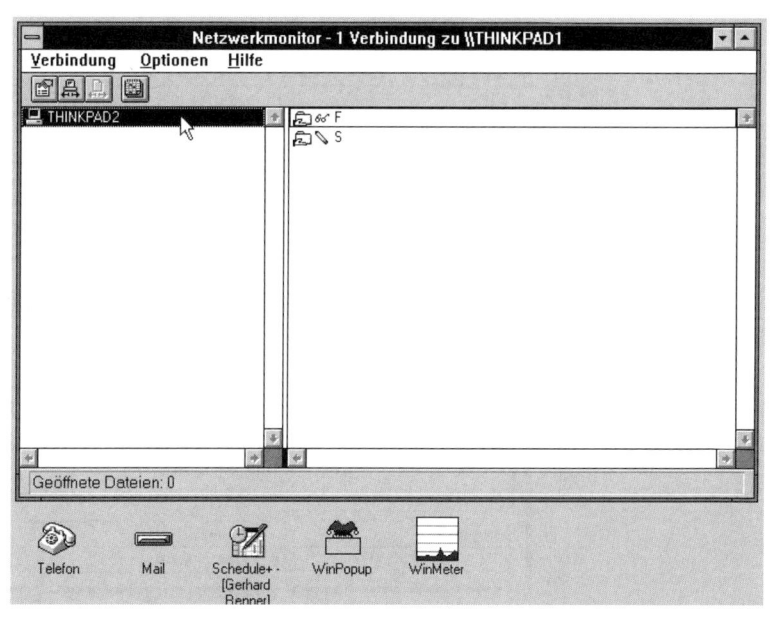

Bild 32.12: Der Netzwerkmonitor

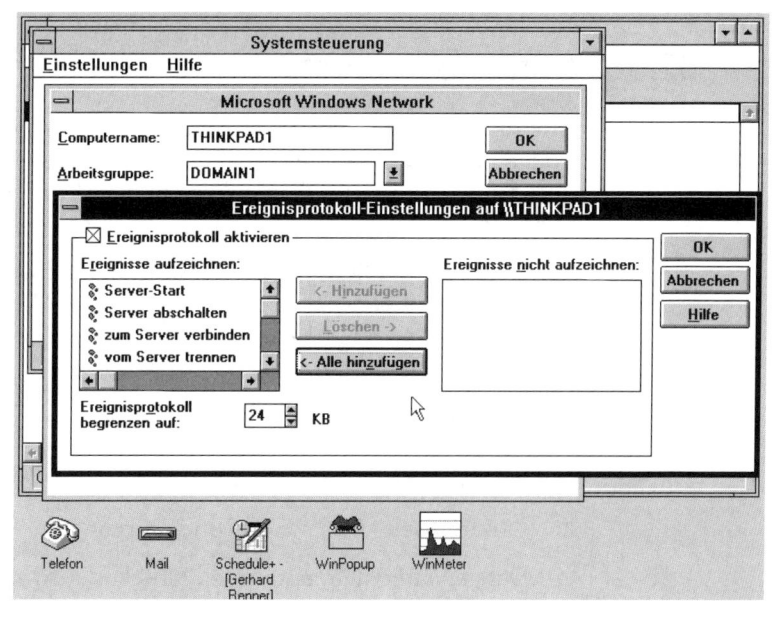

Bild 32.13: Das Ereignisprotokoll einrichten

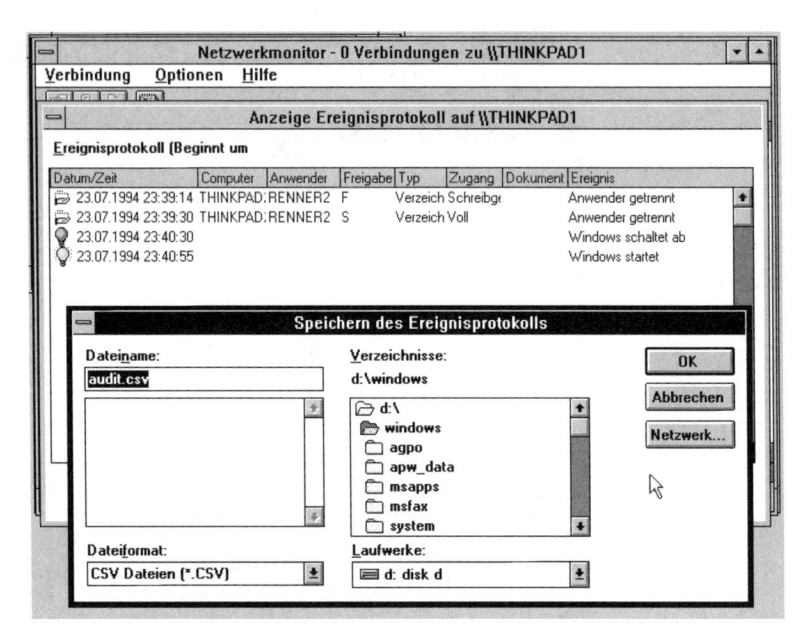

Bild 32.14: Ein Ereignisprotokoll in einer Datei speichern

32.6 Remote Access

Mit dem RAS-Serverdienst (remote access service) können Sie von einer externen Client-Arbeitsstation aus einen RAS-Server anrufen und über die Telefonleitung eine Verbindung mit einem Netzwerk herstellen.

Nach der Herstellung einer Verbindung ist der Telefonzugriff transparent; über RAS können Sie auf die Netzwerkressourcen wie gewohnt so zugreifen, als wären Sie an das Netzwerk angeschlossen.

Der RAS-Serverdienst unterstützt die folgenden Teilaufgaben:

❐ Über den Datei-Manager auf externe Datenbanken zugreifen

❐ Elektronische Post senden und empfangen

❐ Dateien auf einem entfernten Drucker ausdrucken

Sie installieren den RAS-Serverdienst, indem Sie auf das RAS-Symbol doppelklicken (siehe Bild 32.15).

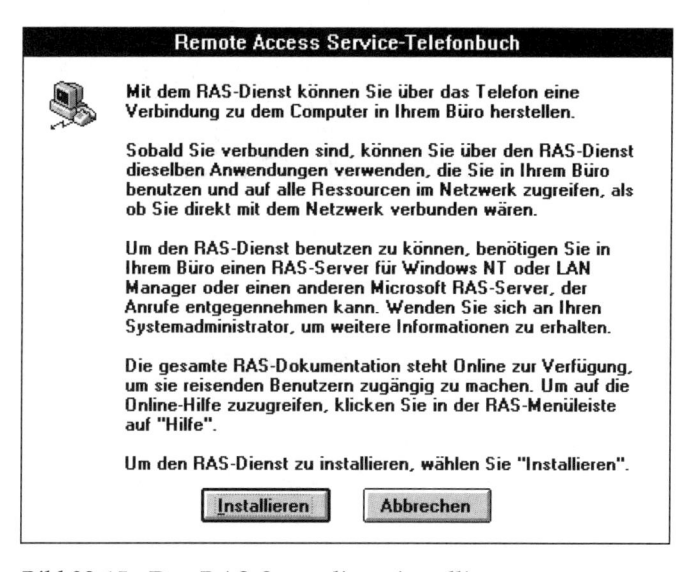

Bild 32.15: Den RAS-Serverdienst installieren

Bevor Sie den RAS-Serverdienst einsetzen können, fügen Sie einen für die Verbindung erforderlichen Telefonbucheintrag hinzu (siehe Bild 32.16). Der Eintrag enthält unter anderem Angaben über Anschluß, Anschlußgerät und Telefonnummer.

Eine Verbindung zum Netzwerk stellen Sie mit den folgenden Schritten her:

1. Doppelklicken Sie auf den Eintrag, der angewählt werden soll.

2. Geben Sie den Benutzernamen, das Kennwort und die Domäne des RAS-Servers ein.

Nach der Herstellung der Verbindung, können Sie auf das Netzwerk zugreifen, als ob Sie direkt angeschlossen wären.

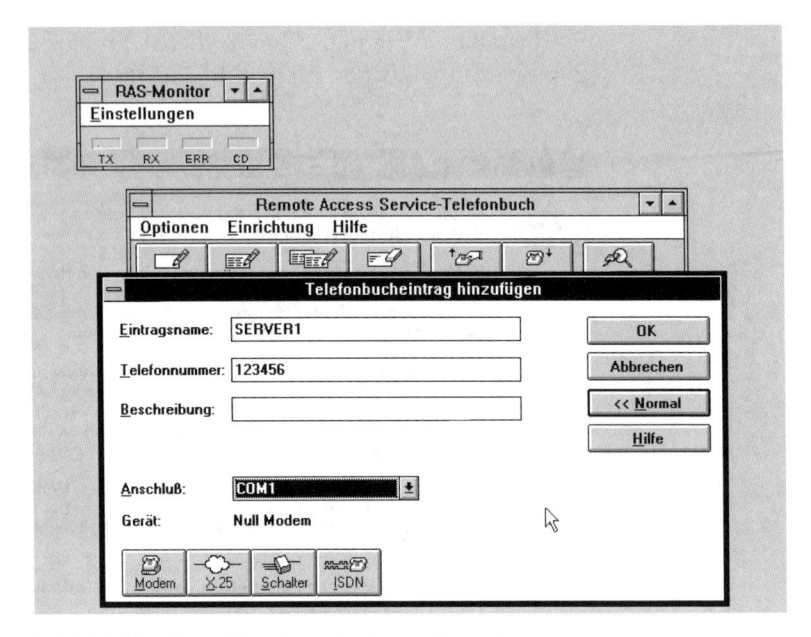

Bild 32.16: Einen Telefonbucheintrag hinzufügen

Sie können unter anderem auf den Server zugreifen, elektronische Post senden und empfangen, auf Dateien über den Datei-Manager und auf Drucker über den Druck-Manager zugreifen.

Die Ausführung von Programmen auf dem RAS-Server ist über eine Telefonleitung wegen der zu geringen Datenübertragungsrate nicht zu empfehlen.

Die Online-Hilfe zum RAS-Serverdienst gibt Auskunft über die folgenden Teilaufgaben:

❏ Herstellen einer Verbindung zum Netzwerk

❏ Einrichten Ihres Netzwerks

❏ Durchsuchen von Domänen

❏ Festlegen von X.25-Parametern

❏ Konfigurieren für ISDN

❏ Rekonfigurieren des RAS-Serverdienstes

TEIL E

ANHÄNGE

A Dateien SYSTEM.INI und WIN.INI

Die Systemdateien SYSTEM.INI und WIN.INI wurden bei der Installation von Windows erstellt. Sie dienen als Initialisierungsdateien mit Standardwerten der Konfiguration von Windows.

Beachten Sie, daß unzulässige Änderungen der Systemdateien eine fehlerhafte Ausführung von Windows bewirken können. Studieren Sie daher die Detailinformationen in den mit Windows gelieferten Write-Dateien SYSINI.WRI und WININI.WRI. Sichern Sie stets vor einer Änderung den Originalzustand der Dateien SYSTEM.INI und WIN.INI. Die Dateien sind reine ASCII-Dateien und dürfen keine Steuerzeichen enthalten. Einige Einstellungen können mit der Systemsteuerung geändert werden.

Die Einstellungen werden mit *Abschnittsnamen* (sections) in logische Gruppen eingeteilt. Die eckigen Klammern sind anzugeben und beginnen in der ersten Spalte. Einige Windows-Anwendungen fügen eigene Abschnitte hinzu.

Die *Anweisung* Schlüsselname = Wert definiert den Wert einer Einstellung. Der *Wert* der Einstellung kann eine ganze Zahl, eine Zeichenfolge oder eine Zeichenfolge in Hochkommata darstellen. Kommentarzeilen beginnen mit einem Semikolon.

A.1 Die Systemdatei SYSTEM.INI

Für die *Hardware-Konfiguration* sind in der Datei SYSTEM.INI die folgenden Abschnitte vorhanden:

- [boot]   Treiber und Windows-Module
- [boot.description]   Namen der Geräte für Setup
- [drivers]   Namen für Gerätetreiber
- [keyboard]   Tastatur
- [mci]   Multimedia-Treiber
- [NonWindowsApp]   Nicht-Windows-Anwendungen
- [standard]   Standard-Modus
- [386Enh]   Erweiterter Modus von 386-PCs

(boot) Section

286grabber=<filename>	Default: None
386grabber=<filename>	Default: None
CachedFileHandles=<number>	Default: 12
comm.drv=<filename>	Default: None
display.drv=<filename>	Default: None
drivers=<filename-or-aliasname>	Default: None
fixedfon.fon=<filename>	Default: None
fonts.fon=<filename>	Default: None
keyboard.drv=<filename>	Default: None
language.dll=<library-name>	Default: None
mouse.drv=<filename>	Default: None
network.drv=<filename>	Default: None
oemfonts.fon=<filename>	Default: None
shell=<filename>	Default: PROGMAN.EXE
sound.drv=<filename>	Default: None
system.drv=<filename>	Default: None
TaskMan.Exe=<filename>	Default: TASKMAN.EXE

(boot description) Section

Die Einträge sollten nicht geändert werden.

(drivers) Section

<alias>=<driver filename>[parameters]	Default: None

(keyboard) Section

keyboard.dll=<filename>
oemansi.bin=<filename>
subtype=<number>
type=<number>

(mci) Section

Die Einträge sollten nicht geändert werden.

(NonWindowsApp) Section

DisablePositionSave=<Boolean>	Default: 0
FontChangeEnable=<Boolean>	Default: 1 or 0

GlobalHeapSize=<kilobytes>　　　　　　　　Default: 0
MouseInDosBox=<Boolean>　　　　　　　　Default: 1 or 0
NetAsynchSwitching=<0-or-1>　　　　　　　Default: 0
ScreenLines=<number>　　　　　　　　　　Default: 25
SwapDisk=<drive-colon-directory>　　Default: <TEMP-variable>

(standard) Section

FasterModeSwitch=<Boolean>　　　　　　　Default: 0
Int28Filter=<number>　　　　　　　　　　Default: 10
NetHeapSize=<kilobytes>　　　　　　　　　Default: 8
PadCodeSegments=<0-or-1>　　　　　　　　Default: 0
Stacks=<number>　　　　　　　　　　　　　Default: 12
StackSize=<kilobytes>　　　　　　　　　　Default: 384

(386Enh) Section

A20EnableCount=<number>　　　　　　Default: computed
AllVMsExclusive=<Boolean>　　　　　　　Default: False
AltKeyDelay=<seconds>　　　　　　　　　Default: .005
AltPasteDelay=<seconds>　　　　　　　　Default: .025
AllEMSLocked=<Boolean>　　　　　　　　　Default: False
AllXMSLocked=<Boolean>　　　　　　　　　Default: False
AutoRestoreScreen=<Boolean>　　　　　　Default: True
AutoRestoreWindows=<Boolean>　　　　　Default: False
BkGndNotifyAtPFault=<Boolean>　　　Default: True (VGA)
CGA40WOA.FON=<filename>　　　　　　　　Default: None
CGA80WOA.FON=<filename>　　　　　　　　Default: None
CGANoSnow=<Boolean>　　　　　　　　　　Default: No
COM1AutoAssign=<number-or-seconds>　　Default: 2
COM2AutoAssign=<number-or-seconds>
COM3AutoAssign=<number-or-seconds>
COM4AutoAssign=<number-or-seconds>
COM1Base=<address>　　　　　　　Default: BIOS port address
COM2Base=<address>
COM3Base=<address>
COM4Base=<address>
COMBoostTime=<milliseconds>　　　　　　Default: 2
COM1Buffer=<number>　　　　　　　　　　Default: 128
COM2Buffer=<number>
COM3Buffer=<number>
COM4Buffer=<number>

COMdrv30=<Boolean>	Default: False
COM1FIFO=<Boolean>	Default: True
COM2FIFO=<Boolean>	
COM3FIFO=<Boolean>	
COM4FIFO=<Boolean>	
COM1Irq=<number>	Default: variable
COM2Irq=<number>	
COM3Irq=<number>	
COM4Irq=<number>	
COMIrqSharing=<Boolean>	Default: variable
COM1Protocol=<XOFF-or-blank>	Default: variable
COM2Protocol=<XOFF-or-blank>	
COM3Protocol=<XOFF-or-blank>	
COM4Protocol=<XOFF-or-blank>	
Device=<filename-or-*devicename>	Default: None
Display=<filename-or-*devicename>	Default: None
DMABufferIn1MB=<Boolean>	Default: No
DMABufferSize=<kilobytes>	Default: 16
DOSPromptExitInstruc=<Boolean>	Default: Yes
DualDisplay=<Boolean>	Default: display
EBIOS=<filename-or-*devicename>	Default: None
EGA40WOA.FON=<filename>	Default: None
EGA80WOA.FON=<filename>	Default: None
EISADMA=<Boolean> or <channel>,<size>	Default: EISADMA
EMMExclude=<paragraph-range>	Default: None
EMMInclude=<paragraph-range>	Default: None
EMMPageFrame=<paragraph>	Default: None
EMMSize=<kilobytes>	Default: 65,536
FileSysChange=<Boolean>	Default: On
Global=<device-name>	Default: (all devices)
HardDiskDMABuffer=<kilobytes>	Default: variable
HighFloppyReads=<Boolean>	Default: Yes
IdleVMWakeUpTime=<seconds>	Default: 8
IgnoreInstalledEMM=<Boolean>	Default: No
InDOSPolling=<Boolean>	Default: No
INT28Critical=<Boolean>	Default: True
IRQ9Global=<Boolean>	Default: No
Keyboard=<filename-or-*devicename>	Default: None
KeyBoostTime=<seconds>	Default: .001
KeyBufferDelay=<seconds>	Default: .2
KeyIdleDelay=<seconds>	Default: .5

KeyPasteCRSkipCount=<number>	Default: 10
KeyPasteDelay=<seconds>	Default: .003
KeyPasteSkipCount=<number>	Default: 2
KeyPasteTimeout=<seconds>	Default: 1
KybdPasswd=<Boolean>	Default: True for IBM PS/2
KybdReboot=<Boolean>	Default: True
Local=<device-name>	Default: None
LocalLoadHigh=<Boolean>	Default: False
LPT1AutoAssign=<seconds>	
LPT2AutoAssign=<seconds>	
LPT3AutoAssign=<seconds>	
LPT4AutoAssign=<seconds>	Default: 60
LRULowRateMult=<number>	Default: 10
LRURateChngTime=<milliseconds>	Default: 10,000
LRUSweepFreq=<milliseconds>	Default: 250
LRUSweepLen=<length-in-pages>	Default: 1024
LRUSweepLowWater=<number>	Default: 24
LRUSweepReset=<milliseconds>	Default: 500
MapPhysAddress=<range>	Default: None
MaxBPs=<number>	Default: 200
MaxCOMPort=<number>	Default: 4
MaxDMAPGAddress=<address>	Default: variable
MaxPagingFileSize=<kilobytes>	Default: None
MaxPhysPage=<hexidecimal-page-number>	Default: computed
MCADMA=<Boolean>	Default: True for MCA computers
MinTimeSlice=<milliseconds>	Default: 20
MinUnlockMem=<kilobytes>	Default: 40
MinUserDiskSpace=<kilobytes>	Default: 500
Mouse=<filename-or-*devicename>	Default: None
MouseSoftInit=<Boolean>	Default: True
NetAsynchFallback=<Boolean>	Default: False
NetAsynchTimeout=<seconds>	Default: 5.0
NetDMASize=<kilobytes>	Default: 32 for IBM PS/2
NetHeapSize=<kilobytes>	Default: 12
Network=<filename-or-*devicename>	Default: None
NMIReboot=<Boolean>	Default: No
NoEMMDriver=<Boolean>	Default: False
OverlappedIO=<Boolean>	Default: Off with InDOSPolling
PageOverCommit=<megabytes>	Default: 4
Paging=<Boolean>	Default: Yes
PagingDrive=<drive-letter>	Default: None

PerformBackfill=<Boolean>	Default: Auto
PerVMFILES=<number>	Default: 10
PSPIncrement=<number>	Default: 2
ReflectDosInt2A=<Boolean>	Default: False
ReservedHighArea=<paragraph-range>	Default: None
ReservePageFrame=<Boolean>	Default: True
ReserveVideoROM=<Boolean>	Default: False
ROMScanThreshold=<number>	Default: 20
SGrabLPT=<port-number>	Default: None
SyncTime=<Boolean>	Default: True
SystemROMBreakPoint=<Boolean>	Default: True
SysVMEMSLimit=<number -or-kilobytes>	Default: 2048
SysVMEMSLocked=<Boolean>	Default: No
SysVMEMSRequired=<kilobytes>	Default: 0
SystemVMPriority=<fore/background number>	Default: 100, 50
SysVMV86Locked=<Boolean>	Default: False
SysVMXMSLimit=<number-or-kilobytes>	Default: 2048
SysVMXMSRequired=<kilobytes>	Default: 0
TimerCriticalSection=<milliseconds>	Default: 0
TokenRingSearch=<Boolean>	Default: True
TranslateScans=<Boolean>	Default: No
TrapTimerPorts=<Boolean>	Default: True
UniqueDOSPSP=<Boolean>	Default: True for network
UseableHighArea=<paragraph-range>	Default: None
UseInstFile=<Boolean>	Default: False
UseROMFont=<Boolean>	Default: True
VCPIWarning=<Boolean>	Default: True
VGAMonoText=<Boolean>	Default: True
VideoBackgroundMsg=<Boolean>	Default: True
VideoSuspendDisable=<Boolean>	Default: False
VirtualHDIrq=<Boolean>	Default: On
WindowKBRequired=<kilobytes>	Default: 256
WindowMemSize=<number-or-kilobytes>	Default: -1
WindowUpdateTime=<milliseconds>	Default: 50
WinExclusive=<Boolean>	Default: No
WinTimeSlice=<number,number>	Default: 100,50
WOAFont=<font filename>	Default: DOSAPP.FON
XlatBufferSize=<kilobytes>	Default: 4
XMSUMBInitCalls=<Boolean>	Default: variable

A.2 Die Systemdatei WIN.INI

Für die Konfiguration der *Windows-Umgebung* sind in der Systemdatei WIN.INI die folgenden Abschnitte vorhanden:

- [windows]   Elemente der Windows-Umgebung
- [desktop]   Desktop, Fenster und Symbole
- [extensions]   Dateiverknüpfungen
- [intl]   Ländereinstellungen
- [ports]   Ausgabeanschlüsse
- [fonts]   Bildschirmschrift-Dateien
- [fontsubstitutes] Bildschirmschrift-Ersetzung
- [TrueType]   TrueType-Bildschirmschriften
- [mci extensions]   Multimedia-Erweiterungen
- [networks]   Netzwerk-Erweiterungen
- [embedding]   OLE-Verwaltung
- [Windows Help]   Hilfe-Verwaltung
- [sounds]   Klang-Zuordnung
- [PrinterPorts]   Aktive und inaktive Drucker
- [devices]   Ausgabegeräte
- [programs]   Pfade für verknüpfte Dateien
- [colors]   Einstellungen für Farben

(windows) Section

```
Beep=<yes-or-no>                                         Default: Yes
BorderWidth=<number>                                     Default: 3
CoolSwitch=<0-or-1>                                      Default: 1
CursorBlinkRate=<milliseconds>                           Default: 530
Device=<output-device-name>, <driver>, <port>            Default: none
DefaultQueueSize=<number>                                Default: 8
DeviceNotSelectedTimeout=<seconds>                       Default: 15
```

Documents=<extensions>   Default: none
DosPrint=<yes-or-no>   Default: no
DoubleClickHeight=<pixels>   Default: 4
DoubleClickSpeed=<milliseconds>   Default: 452
DoubleClickWidth=<pixels>   Default: 4
DragFullWindows=<0-or-1>   Default: 0
KeyboardDelay=<milliseconds>   Default: 2
KeyboardSpeed=<milliseconds>   Default: 31
Load=<filename(s)>   Default: none
MenuDropAlignment=<0-or-1>   Default: 0
MouseSpeed=<0-or-1-or-2>   Default: 1
MouseThreshold1=<pixels>   Default: 5
MouseThreshold2=<pixels>   Default: 10
MouseTrails=<number>   Default: None
NetWarn=<0-or-1>   Default: 1
NullPort=<string>   Default: "None"
Programs=<extensions>   Default: com exe bat pif
Run=<filename(s)>   Default: none
ScreenSaveActive=<0-or-1>   Default: 0
ScreenSaveTimeOut=<seconds>   Default: 120
Spooler=<yes-or-no>   Default: yes
SwapMouseButtons=<0-or-1>   Default: 0
TransmissionRetryTimeout=<seconds>   Default: 90 or 45

(desktop) Section

GridGranularity=<number>   Default: 0
IconSpacing=<pixels>   Default: 77
IconTitleFaceName=<fontname>   Default: MS Sans Serif
IconTitleSize=<number>   Default: 8
IconTitleStyle=<0-or-1>   Default: 0
IconTitleWrap=<0-or-1>   Default: 1
IconVerticalSpacing=<pixels>   Default: computed
MenuHideDelay=<milliseconds>   Default: 0
MenuShowDelay=<milliseconds>   Default: 0 for 386, 400 for 286
Pattern=<b1 b2 b3 b4 b5 b6 b7 b8>   Default: "(None)"
TileWallpaper=<0-or-1>   Default: 0
Wallpaper=<bitmap-filename>   Default: "(None)"
WallpaperOriginX=<x-coordinate>   Default: 0
WallpaperOriginY=<y-coordinate>   Default: 0

(extensions) Section

<extension>=<command-line>

(intl) Section

iCountry=<country-code>	Default: 1
iCurrDigits=<number>	Default: 2
iCurrency=<number>	Default: 0
iDate=<number>	Default: 0
iDigits=<number>	Default: 2
iLZero=<0-or-1>	Default: 0
iMeasure=<0-or-1>	Default: 1
iNegCurr=<number>	Default: 0
iTime=<number>	Default: 0
iTLZero=<number>	Default: 0
s1159=<string>	Default: AM
s2359=<string>	Default: PM
sCountry=<string>	Default: United States
sCurrency=<string>	Default: $
sDecimal=<string>	Default: .
sLanguage=<string>	Default: usa
sList=<string>	Default: ,
sLongDate=<date-picture>	Default: dddd, MMMM dd, yyyy
sShortDate=<date-picture>	Default: M/d/yy
sThousand=<string>	Default: ,
sTime=<string>	Default: :

(ports) Section

<portname>:=<baud-rate>,<parity>,<length>,<stop-bits>[[,p]]
LPT1.DOS=<pathname>
LPT2.DOS=<pathname>
LPT3.DOS=<pathname>
LPT4.DOS=<pathname>   Default: none

(fonts) Section

<font-name>=<font-file>

(fontsubstitutes) Section

<font-name>=<font-name>

(TrueType) Section

nonTTCaps=<0-or-1>   Default: 0
TTEnable=<0-or-1>   Default: 1
TTOnly=<0-or-1>   Default: 0

(mci extensions) Section

<extension>=<mci-driver-name>

(network) Section

InRestoreNetConnect=<0-or-1>
<port>=<network printer path>
<drive>=<network server and share>

(embedding) Section

<object>=<description>,<description>,<program file>,<format>

(Windows Help) Section

M_WindowPosition=<num>,<num>,<num>,<num>,<num>
H_WindowPosition=<num>,<num>,<num>,<num>,<num>
A_WindowPosition=<num>,<num>,<num>,<num>,<num>
C_WindowPosition=<num>,<num>,<num>,<num>,<num>
JumpColor=<red-value> <green-value> <blue-value>
PopupColor=<red-value> <green-value> <blue-value>
MacroColor=<red-value> <green-value> <blue-value>
IFJumpColor=<red-value> <green-value> <blue-value>
IFPopupColor=<red-value> <green-value> <blue-value>

(sound) Section

<system event>=<filename>,<description>

(PrinterPorts) Section

<device-name>=<driver-name>, <port-name>,
  <DeviceNotSelectedTimeout>, <TransmissionRetryTimeout>
  [[,<port-name>, <DeviceNotSelectedTimeout>,
  <TransmissionRetryTimeout>,...]]

(devices) Section

<device-name>=<driver>, <port> [[,<port>,...]]

(programs) Section

<program file>=<drive>:<directory>\<program file>

(colors) Section

<component>=<red-value> <green-value> <blue-value>

B Zeichensätze und Sonderzeichen

Beim Arbeiten mit Windows ist zwischen zwei verschiedenen Gruppen von *Zeichensätzen* zu unterscheiden:

❏ ANSI-Zeichensatz

❏ OEM-Zeichensätze

ANSI-Zeichensatz Windows verwendet den *ANSI-Zeichensatz*. Der ANSI-Zeichensatz ist ein international genormter Zeichensatz, der den internationalen Einsatz von Windows unterstützt.

OEM-Zeichensätze Gegenüber dem ANSI-Zeichensatz sind die verschiedenen OEM-Zeichensätze nicht unabhängig vom eingesetzten Computer und vom jeweiligen Land. Die OEM-Anbieter stellen eigene Zeichensätze zur Verfügung – beispielsweise den weitverbreiteten PC-Zeichensatz von IBM.

B.1 Der ANSI-Zeichensatz

Der von Windows verwendete *ANSI-Zeichensatz* unterstützt nicht nur den internationalen Einsatz. Der genormte Zeichensatz vereinfacht auch den Austausch von Daten zwischen unterschiedlichen Anwendungen. Jede Windows-Anwendung verwendet den ANSI-Zeichensatz.

Bei Windows können Sie in allen Windows-Anwendungen jedes beliebige ANSI-Zeichen aus dem ANSI-Zeichensatz mit der Tastatur eingeben und auf dem Bildschirm oder Drucker ausgeben.

Wenn ein ANSI-Zeichen nicht auf der Tastatur zur Verfügung steht, muß es als ANSI-Sonderzeichen mit einer Tastenkombination eingegeben werden. Die Zeichen des ANSI-Zeichensatzes sind mit dem dezimalen Zeichencode in Bild B.1 abgebildet.

B.2 Sonderzeichen im ANSI-Zeichensatz

Ein auf der Tastatur nicht verfügbares *ANSI-Sonderzeichen* geben Sie folgendermaßen ein:

0	32		64	@	96	`	128	•	160		192	À	224	à
1	33	!	65	A	97	a	129	•	161	¡	193	Á	225	á
2	34	"	66	B	98	b	130	•	162	¢	194	Â	226	â
3	35	#	67	C	99	c	131	•	163	£	195	Ã	227	ã
4	36	$	68	D	100	d	132	•	164	¤	196	Ä	228	ä
5	37	%	69	E	101	e	133	•	165	¥	197	Å	229	å
6	38	&	70	F	102	f	134	•	166	¦	198	Æ	230	æ
7	39	'	71	G	103	g	135	•	167	§	199	Ç	231	ç
8	40	(	72	H	104	h	136	•	168	¨	200	È	232	è
9	41	)	73	I	105	i	137	•	169	©	201	É	233	é
10	42	*	74	J	106	j	138	•	170	ª	202	Ê	234	ê
11	43	+	75	K	107	k	139	•	171	«	203	Ë	235	ë
12	44	,	76	L	108	l	140	•	172	¬	204	Ì	236	ì
13	45	-	77	M	109	m	141	•	173	-	205	Í	237	í
14	46	.	78	N	110	n	142	•	174	®	206	Î	238	î
15	47	/	79	O	111	o	143	•	175	¯	207	Ï	239	ï
16	48	0	80	P	112	p	144	•	176	°	208	Ð	240	ð
17	49	1	81	Q	113	q	145	'	177	±	209	Ñ	241	ñ
18	50	2	82	R	114	r	146	'	178	²	210	Ò	242	ò
19	51	3	83	S	115	s	147	"	179	³	211	Ó	243	ó
20	52	4	84	T	116	t	148	"	180	´	212	Ô	244	ô
21	53	5	85	U	117	u	149	•	181	µ	213	Õ	245	õ
22	54	6	86	V	118	v	150	–	182	¶	214	Ö	246	ö
23	55	7	87	W	119	w	151	—	183	·	215	×	247	÷
24	56	8	88	X	120	x	152	•	184	¸	216	Ø	248	ø
25	57	9	89	Y	121	y	153	•	185	¹	217	Ù	249	ù
26	58	:	90	Z	122	z	154	•	186	º	218	Ú	250	ú
27	59	;	91	[	123	{	155	•	187	»	219	Û	251	û
28	60	<	92	\	124	|	156	•	188	¼	220	Ü	252	ü
29	61	=	93	]	125	}	157	•	189	½	221	Ý	253	ý
30	62	>	94	^	126	~	158	•	190	¾	222	Þ	254	þ
31	63	?	95	_	127	•	159	•	191	¿	223	ß	255	ÿ

Bild B.1: Der ANSI-Zeichensatz in PostScript-Ausgabe

1. Bestimmen Sie in der Tabelle des ANSI-Zeichensatzes den dezimalen Zeichencode des gewünschten Zeichens.

2. Aktivieren Sie mit der NUM-FESTSTELL-Taste das numerische Tastenfeld.

3. Halten Sie die ALT-Taste gedrückt, und geben Sie eine Null sowie den dreistelligen Zeichencode aus der Tabelle des ANSI-Zeichensatzes ein.

Sie geben beispielsweise das englische Pfundzeichen bei gedrückter ALT-Taste mit der Ziffernfolge `0163` ein.

B.3 OEM-Zeichensätze

Viele Computeranbieter stellen eigene OEM-Zeichensätze für einen bestimmten Computer und in einem bestimmten Land zur Verfügung. Ein *OEM-Zeichensatz* ist daher der von einem Computer unmittelbar unterstützte Zeichensatz. Für das Funktionieren einer Computerkonfiguration ist Voraussetzung, daß die OEM-Zeichensätze für die angeschlossenen Geräte Tastatur, Bildschirm und Drucker miteinander übereinstimmen. OEM-Zeichensätze erschweren den internationalen Einsatz und den Austausch von Daten zwischen verschiedenen Anwendungen.

Erste ASCII-Hälfte

Häufig wird die *erste Hälfte des Zeichensatzes* mit den Zeichen 0 bis 127 nach der internationalen ASCII-Norm bereitgestellt. Es fehlen dann viele internationale Zeichen, beispielsweise die deutschen Umlaute.

Zweite ASCII-Hälfte

Die *zweite Hälfte des Zeichensatzes* mit den Zeichen 128 bis 255 wird bei vielen OEM-Herstellern unterschiedlich definiert. Beispielsweise stellt IBM für die Computer IBM PC und IBM PS/2 in der zweiten Hälfte des Zeichensatzes unter anderem Blockgrafik-Zeichen zur Verfügung, mit denen einfache Blockgrafiken erstellt werden können.

OEM-Zeichen

Die auf einer Tastatur verfügbaren oder nicht verfügbaren *Zeichen des OEM-Zeichensatzes* eines Computers können auch unter Windows eingesetzt werden. Die OEM-Zeichen müssen dann wie Sonderzeichen über eine Tastenkombination eingegeben werden.

Beachten Sie bei der Verwendung von OEM-Zeichen, daß bei der Übertragung in eine andere Anwendung die Zeichencodes der OEM-Zeichen als Zeichencodes von ANSI-Zeichen interpretiert werden können. Einige Windows-Anwendungen unterstützen die Umsetzung zwischen dem ANSI-Zeichensatz und dem IBM-PC-Zeichensatz.

B.4 Sonderzeichen in OEM-Zeichensätzen

Im Gegensatz zu ANSI-Sonderzeichen geben Sie ein Zeichen eines *OEM-Zeichensatzes* bei einer *Windows-Anwendung* mit dem folgenden Verfahren ein:

1. Bestimmen Sie nach Ihrem Computer-Handbuch mit Hilfe des OEM-Zeichensatzes den dezimalen Zeichencode für das Zeichen.
2. Prüfen Sie, ob auch in der Tabelle des ANSI-Zeichensatzes das Zeichen verfügbar ist.
3. Aktivieren Sie mit der NUM-FESTSTELL-Taste das numerische Tastenfeld.
4. Halten Sie die ALT-Taste gedrückt, und geben Sie den dreistelligen Zeichencode aus der Tabelle des OEM-Zeichensatzes ein.

Geben Sie vor dem dreistelligen Zeichencode keine Null ein. Sie geben beispielsweise bei einem IBM PC das englische Pfundzeichen bei gedrückter ALT-Taste mit der Ziffernfolge 156 ein. Dagegen geben Sie mit dem ANSI-Zeichensatz das englische Pfundzeichen mit der Ziffernfolge 0163 ein.

Keine Windows-Anwendung

Wenn Sie eine *Anwendung* unter Windows ausführen, die *nicht für Windows* konzipiert worden ist, können bei der *Eingabe von Sonderzeichen* Abweichungen erforderlich sein.

1. Bestimmen Sie nach Ihrem Computer-Handbuch mit Hilfe der Tabelle des OEM-Zeichensatzes den dezimalen Zeichencode für das gewünschte Zeichen.
2. Aktivieren Sie mit der NUM-FESTSTELL-Taste das numerische Tastenfeld.
3. Halten Sie die ALT-Taste gedrückt, und geben Sie den dreistelligen Zeichencode aus der Tabelle des OEM-Zeichensatzes ein.

Ersatz-zeichen	Bei der Umwandlung von Zeichen in den ANSI-Zeichensatz werden gelegentlich *Sonderzeichen als Ersatzzeichen* (schwarzes Rechteck) dargestellt, für die keine Entsprechung eines ANSI-Zeichens vorliegt. Bei der Verwendung von Sonderzeichen oder anderen Zeichensätzen kann es vorkommen, daß nur Zeichen für den Bildschirm und nicht für den Drucker vorliegen oder umgekehrt.
Schriftfonts	Achten Sie darauf, daß beim Arbeiten unter Windows nur Zeichensätze nach der ANSI-Norm eingesetzt werden, die als *Schriftfonts* für den Bildschirm und für den Drucker verfügbar sind.

C Die Diskette zum Buch

Die diesem Buch beigefügte 1,2-Mbyte-Diskette enthält verschiedene Programme, die nicht nur die Arbeit mit Ihrer neuen Windows-3.1-Version erleichtern sollen, sondern (so hoffen wir jedenfalls) auch ein bißchen Spaß bringen.

Auf der Diskette finden Sie die folgenden Dateien:

```
FILECMD.EXE
ICOMST .EXE
JWLTHF .EXE
POKER  .EXE
PSP    .EXE
SEARC2 .EXE
WED13B .EXE
WINSPD .EXE
```

Trotz der Erweiterung .EXE sind die Programme nicht direkt aufrufbar, sondern müssen zunächst entpackt werden. Legen Sie hierzu auf Ihrer Festplatte ein neues Unterverzeichnis für die jeweilige EXE-Datei an. Sie können dabei den Dateinamen oder eine beliebige andere Verzeichnisbezeichnung verwenden. Dies gilt jedoch nicht für die Datei PSP.EXE! Bitte lesen Sie hierzu in dem entsprechenden Abschnitt der Programmbeschreibung nach.

Die Programme verfügen jeweils über eine umfangreiche bis ausreichende (allerdings englischsprachige) Hilfe. Sie sind jedoch in der Regel so einfach zu bedienen, daß Sie die Hilfestellung selten bemühen müssen. Oft hilft auch schon »einfaches Ausprobieren« weiter.

Beachten Sie bitte: Bevor Sie mit dem Kopieren und Installieren der Programme beginnen, sollten Sie mit dem DOS-DISKCOPY-Befehl oder über die Menüoption »Datenträger kopieren« im Datei-Manager eine Sicherungskopie der Buchdiskette anlegen und die Originaldiskette an einem sicheren Ort aufbewahren.

File Commander

Das Programm »File Commander« finden Sie in der Datei FILECMD.EXE. Legen Sie bitte auf der Festplatte ein neues Unterverzeichnis an, und wechseln Sie dahin:

```
MD FILECMD
CD FILECMD
```

Kopieren Sie nun die Datei FILECMD.EXE in das neue Unterverzeichnis, und rufen Sie sie auf, um die Einzeldateien zu entpacken:

```
COPY A:FILECMD.EXE
```
(bzw. B: je nach Systemausstattung)
```
FILECMD
```

Selbstverständlich können Sie alle soeben beschriebenen Schritte auch unter Windows ausführen.

Sobald der Entpack-Vorgang abgeschlossen ist, starten Sie Windows (soweit noch nicht geschehen), wechseln in den Datei-Manager, öffnen den Ordner FILECMD und klicken zweimal auf die Datei WSETUP.EXE. Sie werden nun durch ein kleines Setup-Programm geführt, wobei die Programmdateien in ein neues Unterverzeichnis FILCMDR kopiert werden. Nach Abschluß des Setup-Vorgangs ist es erforderlich, daß Windows neu gestartet wird. Beantworten Sie dazu die letzte Frage des Setup-Programms mit JA. Nach Abschluß des Installationsvorgangs können Sie das ursprüngliche Unterverzeichnis FILECMD samt Inhalt löschen.

Wenn Sie nun den Datei-Manager von Windows starten, wird Ihnen ein zusätzlicher Menüpunkt »Commander« zur Verfügung gestellt. Öffnen Sie das Menü und probieren Sie die einzelnen Optionen aus! Ein Tip dazu: Über die erste Option können Sie die vorgegebenen Optionen ins Deutsche übertragen und eigene Menüoptionen einfügen. Die hier verwendete Batch-Programmiersprache ist übrigens identisch mit derjenigen, die in den Programmen »Norton Desktop für Windows« und »WinBatch« verwendet wird.

IconMaster

»IconMaster« ist ein Werkzeug zum Erstellen von neuen Icons und zum Bearbeiten bzw. Ändern von vorhandenen Icons. Das Programm unterstützt eine ganze Reihe von verschiedenen Dateiformaten wie z.B. ICO, EXE, DLL oder NIL (aus Norton Desktop für Windows). Eine der herausragenden Eigenschaften von »IconMaster« ist die Möglichkeit, über eine »Kamera« ein auf dem

Desktop befindliches Icon abzufotografieren und zu bearbeiten bzw. in andere Programme zu übernehmen.

Das Programm »IconMaster« finden Sie in der Datei ICOMST.EXE. Legen Sie bitte auf der Festplatte ein neues Unterverzeichnis an, und wechseln Sie dahin:

```
MD ICOMST
CD ICOMST
```

Kopieren Sie nun die Datei ICOMST.EXE in das neue Unterverzeichnis, und rufen Sie sie auf, um die Einzeldateien zu entpacken:

```
COPY A:ICOMST.EXE
```
(bzw. B: je nach Systemausstattung)
```
ICOMST
```

Selbstverständlich können Sie alle soeben beschriebenen Schritte auch unter Windows ausführen.

Sobald der Entpack-Vorgang abgeschlossen ist, starten Sie Windows (soweit noch nicht geschehen), wechseln in den Datei-Manager, öffnen den Ordner ICOMST und klicken zweimal auf die Datei ICONMSTR.EXE.

Jewel Thief

»Jewel Thief« ist ein rasantes Spiel mit hervorragender Grafik. Das Spiel führt Sie in fremde Länder, wo Sie alle möglichen Arten von Juwelen einsammeln müssen. Eine leichte Aufgabe – wenn da nicht die »Eingeborenen« wären, die durchaus etwas gegen Ihre »Sammelleidenschaft« haben!

Das Programm »Jewel Thief« finden Sie in der Datei JWLTHF.EXE. Legen Sie bitte auf der Festplatte ein neues Unterverzeichnis an, und wechseln Sie dahin:

```
MD JWLTHF
CD JWLTHF
```

Kopieren Sie nun die Datei JWLTHF.EXE in das neue Unterverzeichnis, und rufen Sie sie auf, um die Einzeldateien zu entpacken:

```
COPY A:JWLTHF.EXE  (bzw. B: je nach Systemausstattung)
JWLTHF
```

Selbstverständlich können Sie alle soeben beschriebenen Schritte auch unter Windows ausführen.

Sobald der Entpack-Vorgang abgeschlossen ist, starten Sie Windows (soweit noch nicht geschehen), wechseln in den Datei-Manager, öffnen den Ordner JWLTHF und klicken zweimal auf die Datei JWLTHIEF.EXE.

SMF Casino Poker

Zimmer verdunkeln, »poker face« aufsetzen und dem Computer mit starrer Miene ins Monitorauge geblickt! Denn jetzt geht's um harte Dollars. Bei »SMF Casino Poker« können Sie schon mal ausprobieren, was Sie bei Ihrer (nächsten?) Reise in die Glücksspiel-Hochburg Las Vegas erwartet. Bitte Taschen- und Haushaltsgeld vorher auszahlen!

Das Programm »SMF Casino Poker« finden Sie in der Datei POKER.EXE. Legen Sie bitte auf der Festplatte ein neues Unterverzeichnis an, und wechseln Sie dahin:

```
MD POKER
CD POKER
```

Kopieren Sie nun die Datei POKER.EXE in das neue Unterverzeichnis, und rufen Sie sie auf, um die Einzeldateien zu entpacken:

```
COPY A:POKER.EXE  (bzw. B: je nach Systemausstattung)
POKER
```

Selbstverständlich können Sie alle soeben beschriebenen Schritte auch unter Windows ausführen.

Sobald der Entpack-Vorgang abgeschlossen ist, starten Sie Windows (soweit noch nicht geschehen), wechseln in den Datei-Manager, öffnen den Ordner POKER und klicken zweimal auf die Datei SMFPOKER.EXE.

Paintshop Pro

»Paintshop Pro« ist die Weiterentwicklung des bekannten und verbreiteten Programms »Paintshop«, eines professionellen Werkzeugs zur Anzeige und Konvertierung von Grafiken sowie zum Erstellen von Bildschirm-Hardcopies. »Paintshop Pro« unterstützt eine Vielzahl von Grafikformaten und erlaubt die Umsetzung beispielsweise von Farbbildern in Graustufen- oder Schwarzweißbildern, um diese mit optimaler Qualität auf dem Drucker auszugeben. Zusätzlich sind Funktionen wie Drehen oder Spiegeln und eine Fülle zusätzlicher Werkzeuge vorhanden.

Das Programm »Paintshop Pro« finden Sie in der Datei PSP.EXE. Legen Sie bitte auf der Festplatte ein neues Unterverzeichnis an, und wechseln Sie dahin. Da das Programm nach dem Entpacken erst installiert werden muß und hierzu ein Unterverzeichnis mit Namen PSP angelegt wird, sollten Sie die gepackte Datei zunächst in ein anderes Unterverzeichnis (z.B. PSPTEMP) kopieren und den Installationsvorgang von dort aus vornehmen.

```
MD PSPTEMP
CD PSPTEMP
```

Kopieren Sie nun die Datei PSP.EXE in das neue Unterverzeichnis PSPTEMP, und rufen Sie sie auf, um die Einzeldateien zu entpacken:

```
COPY A:PSP.EXE
PSP
```
(bzw. B: je nach Systemausstattung)

Selbstverständlich können Sie alle soeben beschriebenen Schritte auch unter Windows ausführen.

Sobald der Entpack-Vorgang abgeschlossen ist, starten Sie Windows (soweit noch nicht geschehen), wechseln in den Datei-Manager, öffnen den Ordner PSPTEMP und klicken zweimal auf die Datei SETUP.EXE.

Sie werden nun durch ein kleines Setup-Programm geführt, wobei die Programmdateien in ein neues Unterverzeichnis PSP kopiert werden. Nach Abschluß des Setup-Vorgangs können Sie das ursprüngliche Verzeichnis PSPTEMP einschließlich der Dateien löschen. Wechseln Sie in das Verzeichnis PSP, und klicken

Sie zweimal auf die Datei PSP.EXE, um »Paintshop Pro« zu starten.

Search and Destroy

»Search and Destroy« ist die gelungene Computerumsetzung des bekannten (und allseits beliebten) Spiels »Schiffchen versenken«. Zu Beginn des Spiels müssen Sie zunächst Ihre fünf Schiffe von unterschiedlicher Größe auf der rechten Rasterfläche plazieren. Sie können dabei die Schiffe sowohl horizontal als auch vertikal setzen. Drücken Sie hierzu die linke und die rechte Maustaste gleichzeitig.

Das Programm »Search and Destroy« finden Sie in der Datei SEARC2.EXE. Legen Sie bitte auf der Festplatte ein neues Unterverzeichnis an, und wechseln Sie dahin:

```
MD SEARC2
CD SEARC2
```

Kopieren Sie nun die Datei SEARC2.EXE in das neue Unterverzeichnis, und rufen Sie sie auf, um die Einzeldateien zu entpacken:

```
COPY A:SEARC2.EXE
```
(bzw. B: je nach Systemausstattung)
```
SEARC2
```

Selbstverständlich können Sie alle soeben beschriebenen Schritte auch unter Windows ausführen.

Sobald der Entpack-Vorgang abgeschlossen ist, starten Sie Windows (soweit noch nicht geschehen), wechseln in den Datei-Manager, öffnen den Ordner SEARC2 und klicken zweimal auf die Datei SEARC201.EXE.

WinEDIT

»WinEDIT« ist ein Windows-Editor, der insbesondere Programmierern von Windows-Anwendungen die Arbeit erheblich erleichtert. Aber auch für die schnelle Bearbeitung von Windows-Dateien ist »WinEDIT« aufgrund seiner hohen Ausführungsgeschwindigkeit geeignet. Es können Dateien bis zu einem Umfang von 16 Mbyte geladen und bearbeitet werden. Suchen und Ersetzen, Makros oder Ausdruck von zwei Seiten auf einem DIN-A4-Blatt sind nur einige der vielen Möglichkeiten, die »WinEDIT« bietet.

Das Programm »WinEDIT« finden Sie in der Datei WED13B.EXE. Legen Sie bitte auf der Festplatte ein neues Unterverzeichnis an, und wechseln Sie dahin:

```
MD WED13B
CD WED13B
```

Kopieren Sie nun die Datei WED13B.EXE in das neue Unterverzeichnis, und rufen Sie sie auf, um die Einzeldateien zu entpacken:

`COPY A:WED13B.EXE` (bzw. B: je nach Systemausstattung)
`WED13B`

Selbstverständlich können Sie alle soeben beschriebenen Schritte auch unter Windows ausführen.

Sobald der Entpack-Vorgang abgeschlossen ist, starten Sie Windows (soweit noch nicht geschehen), wechseln in den Datei-Manager, öffnen den Ordner WED13B und klicken zweimal auf die Datei WSETUP.EXE. Sie werden nun durch ein kleines Setup-Programm geführt, wobei die Programmdateien in ein neues Unterverzeichnis WINEDIT kopiert werden. Nach Abschluß des Setup-Vorgangs können Sie das ursprüngliche Verzeichnis WED13B einschließlich der Dateien löschen. Wechseln Sie in das Verzeichnis WINEDIT, und klicken Sie zweimal auf die Datei WINEDIT.EXE, um »WinEDIT« zu starten.

WinSpeed

»WinSpeed« ist ein Testprogramm, das die Leistungsfähigkeit Ihres Computer aus der Windows-Sicht bewertet. Es kommt hierbei nicht auf die Leistungsfähigkeit des Systems an, sondern darauf, wie Windows mit den Systemressourcen umgeht.

Das Programm »WinSpeed« finden Sie in der Datei WINSPD.EXE. Legen Sie bitte auf der Festplatte ein neues Unterverzeichnis an, und wechseln Sie dahin:

```
MD WINSPD
CD WINSPD
```

Kopieren Sie nun die Datei WINSPD.EXE in das neue Unterverzeichnis, und rufen Sie sie auf, um die Einzeldateien zu entpacken:

`COPY A:WINSPD.EXE` (bzw. B: je nach Systemausstattung)
`WINSPD`

Selbstverständlich können Sie alle soeben beschriebenen Schritte auch unter Windows ausführen.

Sobald der Entpack-Vorgang abgeschlossen ist, starten Sie Windows (soweit noch nicht geschehen), wechseln in den Datei-Manager, öffnen den Ordner WINSPD und klicken zweimal auf die Datei WINSPEED.EXE.

Literaturverzeichnis

ANDREWS, N.; CRAIG, St.:
Windows. Redmond.

BÄR/BAUDER/FRATER/SCHÜLLER/TORNSDORF u.a.:
Das große Windows 3.1 Buch. Düsseldorf 1992.

BAUER, F.:
MS-DOS Windows-Handbuch.

BAUMEISTER, R.B.:
Windows Software Training. Wiesbaden.

BLUM, I.:
Das illustrierte Windows Praxisbuch.

BORN, G.:
Windows 3.1 Tuning. Haar 1992.

BURBERG, Jürgen:
Vieweg Software-Trainer Windows 3.1. 1992.

DURANT, David; CARLSON, Geta; YAO, Paul:
Programmer's Guide to Windows. Alameda.

FARELL, T.:
Programmierung unter Windows. München.

FRATER, Harald; SCHÜLLER, Markus:
Windows 3.1 für Einsteiger. Düsseldorf 1992.

HASELIER, Rainer; FAHNENSTICH, Klaus:
MS Windows 3.1. Hotline. 1992.

HASELIER, Rainer; FAHNENSTICH, Klaus:
Windows 3.1. Grundlagen - Praxis - Optimierung. 1992.

HARTMANN, N.:
Windows 3.1. Praktische Lösungsbeispiele. 1992.

JAMSA, Kris:
Windows Programming Secrets. Hamburg.

JAMSA, Kris:
Kompaktreferenz Windows 3.1. 1992.

KOLBERG, M.:
Windows ist nicht schwer. Haar 1992.

KOST/STEINER/VALENTIN:
Windows 3.1: Starthilfen. Haar 1992.

KOST/STEINER/VALENTIN:
Windows 3.1: Schreibtisch-Organisation. Haar 1992.

KUCHENBUCH, Michael:
Windows 3.1. Installation und Konfiguration. 1992.

MICROSOFT:
Microsoft Windows. Erste Schritte. Für das Microsoft Windows-Betriebssystem. Version 3.1. Redmond 1992.

MICROSOFT:
Microsoft Windows. Benutzerhandbuch. Für das Microsoft Windows-Betriebssystem. Version 3.1. Redmond 1992.

MONADJEMI, P.:
Windows 3.1 für Aufsteiger. Haar 1992.

MULLEN, R.; HOFFMAN, P.; SOSINSKY, B.:
Windows 3.1 Revealed. Carmel 1992.

MYERS, Brian; DONER, Chris:
Graphics Programming under Windows. Alameda.

PETZOLD, Charles:
Programming Windows. Redmond 1990.

RADDATZ-LÖFFLER, Heidi; TWOREK, Frank:
Intensivschulung Windows 3.1. 1992.

RENNER, Gerhard:
Windows 3.1. Das Kompendium. Haar 1992.

SCHIEB, Jörg:
Das Windows 3.1 Buch. Düsseldorf 1992.

SCHIEB, Jörg:
Windows 3.1 ganz einfach. Düsseldorf 1992.

SCHMIDT, U.:
Windows 3.1. Die Einführung. Haar 1992.

SEIDEL, K.-H.:
Windows 3.1. Grundlagen und Praxis. 1992.

SKARBEK, J.; THIELE, H.:
Programmieren unter MS-Windows. München.

STANDKE, Reiner:
Windows 3.1. Optimierung und professionelle Nutzung. 1992.

TIEMEYER, Ernst:
Windows 3.1 – Einsteigen leichtgemacht. 1992.

VOETS, Stephan:
Windows 3.1 für den Anwender. 1992.

VOETS, Stephan:
Das Einsteigerseminar Windows 3.1. 1992.

VÖLZING, Peter P.:
MS-Windows 3.1: Grundlagen. 1992.

WALLWITZ, Rainer:
Systemprogrammierung unter Windows 3.1. 1992.

WILTON, Richard:
Windows: Programmer's Problem Solver. Redmond 1990.

ZOLLER:
Windows 3.1 Tips & Tricks. Düsseldorf 1992.

Stichwortverzeichnis

32-Bit-Zugriff 866
386-erweitert-Symbol 299 ff.

A

Abbruch 716
Abhilfe 854
Abkürzungstasten 62
Ablagemappe 939
Absatz ausrichten 449
– einziehen 450
– formatieren 444
Absatzmarke 448
Administratorkonto 886
Adreßbuch 898
AGPO 886
aktives Fenster 110
Analoganzeige 327
andere Anwendung 145
Anfangsverzeichnis 824, 831
Anschluß 585
Anschlüsse ändern 271 ff.
– überwachen 840
Anwendung 124
– ausführen 705
– beenden 132
– einrichten 653, 682
– hinzufügen 156
– starten 125, 199, 695
– schließen 842
– umschalten 670
Anwendungs-Kompatibilität 814
Anwendungsfenster 92, 146
– umschalten 128
Anwendungssymbol 94
Anwendungstaste 843
Anzeige bestimmen 834
Anzeigeoptionen 195

Arbeitsbereich 64
Arbeitsgruppe 887
Aufgaben 925
Aufzeichnung starten 792
Aufzeichnungsoptionen 797
ausführen 127, 166, 202
Ausführung festlegen 835
Auslagerungsdatei 851
Ausrichtungsgitter 261
AUTOEXEC.BAT 853
Autostart 667 ff.
Auswahl aufheben 191

B

Baudrate 584
Bearbeitung 99
Bedienung 62
beenden 81
Befehl Ausführen 127
Befehlsschaltfläche 118
Begriffe 84
Benutzeroberfläche 49
Benutzerkonto 887
Besprechungsanfrage 934
Besprechungstermin 932
Betriebsarten 59
Betriebsmodus 707
Bild ausschneiden 441
– einfügen 375, 441
– kopieren 440
– verschieben 443
Bildattribute 500
Bildausschnitt 527
– ausschneiden 528
– einfügen 528
– kippen 533
– kopieren 529

– laden 531
– schleifen 530
– speichern 530
– spiegeln 532
– vergrößern 534, 539
– verkleinern 534
– verschieben 529
Bildgröße ändern 441
Bildlauffeld 64
Bildlaufleiste 64, 109
Bildlaufpfeil 64
Bildschirm anzeigen 509
Bildschirmdruck 827
Bildschirminhalt kopieren 675, 721
Bildschirmmodus setzen 824, 831
Bildschirmschoner 256
Bildschirmspeicher erhalten 841
Binärdatei empfangen 600
– senden 599
Blinkfrequenz ändern 260
Bogen 517

C

Cache 852
Client-Anwendung 753
Computername 875
CONFIG.SYS 849, 853
Cursorbalken 64
Cursorbewegung 97
Cursorposition 506, 540

D

Datei 132
– drucken 210
– kopieren 205
– löschen 207
– öffnen 132 f.
– speichern 137
– speichern unter 138
– suchen 184, 196

– umbenennen 207
– verschieben 206
– wählen 188
Dateiangaben 186
Dateianlage 892
Dateianzeige 192 ff.
Dateiattribute 194, 208
Dateien übertragen 589
Dateiformate 464
Datei-Manager 42, 67, 169 ff.
Dateisymbol 172
Daten austauschen 673, 719, 751
– schnell einfügen 842
– übertragen 221
Datenbits 584
Datenträger verwalten 211
Datenübertragungs-Parameter 584
Datum ändern 284
– einfügen 321
– markieren 351
Datumsformat ändern 279
DDE 677, 752
Desktop 91
Desktop-Farben ändern 249
Desktop-Muster 253
Dialogfeld 60, 97, 117
– schließen 124
Digitalanzeige 327
Diskette 30
– benennen 212
– formatieren 212
– kopieren 213
Dokument 132
– drucken 470
– formatieren 454
– öffnen 132, 202, 211, 320
– speichern 137, 321
– verknüpfen 200
Dokumentfenster 93, 146
– umschalten 134
Dokumentsymbol 94
DOS 49

DOS-Anwendung 814
DOS-Batch-Datei 726 f.
DOS-Befehl verpacken 779
DOS-Fenster 700
Druck abbrechen 238, 879
– anhalten 237
– fortsetzen 237
Druck-Manager 69, 227 ff.
– aktivieren 233
Drucker entfernen 271
– freigeben 877
– installieren 262
– verbinden 881
Druckeranschluß wählen 265
Druckereinstellung wählen 266
Druckertreiber hinzufügen 263
Druckerwarteschlange 229
– anzeigen 234
Druckgeschwindigkeit ändern 234
Durchsuchen 159

E

Editor 71, 303 ff.
Einbettung 474, 550, 754 ff.
Einfügestelle bewegen 134
Einführung 37, 47 ff.
Eingabefehler korrigieren 135
Einzug 451
Ellipse 520
EMM 850
EMM386.EXE 850
EMS-Speicher 833
– sperren 838
Ereignisprotokoll 953
Erstzeileneinzug 451
erweiterter Modus 706, 829 ff., 836
Erweiterungsspeicher 850
exklusiv 710
Expanded Memory 850
Expansionsspeicher 850
Expansionsspeicher-Manager 850

Express-Installation 55
Extended Memory 850

F

Farben definieren 536
– erstellen 251
– umkehren 535
Farbenauswahlfeld 496, 502
Farbradierer 513
Farbrolle 515
Farbschema ändern 249
– entfernen 253
– wählen 249
Faxen 903 ff.
Fax-Modem 907
Fax-Nachricht 910 ff.
Fehlerwartezeit 268
Fenster 60, 62, 91, 103 ff.
– anordnen 130, 150 f., 197
– auswählen 103
– nebeneinander 198
– schließen 828, 835
– überlappen 198
– vergrößern 107
– verkleinern 107
– verschieben 105
– wiederherstellen 108
Fenstergröße ändern 105
Fensterinhalt kopieren 676, 722
Fensterrahmen 62
Fenstertasten 102
Fernrechner 577
Freigabename 872, 875
Freihand-Schere 512
Funktionstasten zuordnen 587
Fußzeile 457
Fußzeilen drucken 317

G

GDI 52

Gerätekonkurrenz 299, 712
Gerätetreiber einbinden 651
Glossar 87
Grundlagen 37, 89 ff.
Gruppe 154, 899
– ändern 155
– erstellen 154
– löschen 155
Gruppenfenster 146, 148
– anordnen 150
– öffnen 153
– verkleinern 153
Gruppeninhalt 156
Gruppensymbol 146, 148
– anordnen 149

H

Hauptgruppe 145
Hilfe 99
Hilfe-Befehle 84
Hilfefenster 100
Hilfefunktion 64, 82
– aufrufen 82
Hilfemenü 83
Hilfe-Tasten 85
Hilfethema 87
HIMEM.SYS 849
Hintergrund 708
Hintergrundfarbe 498, 502
Hintergrundpriorität 837
HMA-Speicher verwenden 839

I

Informationen suchen 86
Installieren 54 ff.

K

Kalender 72, 333 ff.
Kalenderdatei 356

Kalenderdaten drucken 353
Karte bearbeiten 372
– duplizieren 380
– eingeben 365
– löschen 379
Kartei 73, 359 ff.
Karteidaten drucken 376
Karteidatei 378 f.
Karteidateien zusammenführen 380
Karten anzeigen 368
Kartenansicht 369
Kennwort 872, 890
Klangdatei 619
– aufzeichnen 622
– bearbeiten 626
– wiedergeben 624
Klangformat 620
Klangrecorder 45, 80, 617 ff.
Kontrollfeld 122
konventioneller Speicher 849
Kopfzeile 456
Kopfzeilen drucken 317
Kreis 520

L

Land wählen 277
Ländereinstellungen 276
Laufwerk auswählen 178
Laufwerkssymbol 171
Leerlaufzeit erkennen 838
Leistungsfaktoren 849
Lernprogramm 81
Linie 518
Listenansicht 368
Listenfeld 120
–, einzeilig 121
Listentrennzeichen ändern 279

M

Mail 883 ff.

Makro anhalten 801
– aufzeichnen 792
– ausführen 799 f.
– verschachteln 799
– wiederholen 809
Makroeigenschaften 804
Makroname 796
Maßsystem wählen 278
Maus 61
Mauseinstellungen 290
Mauszeiger 64
Mediendatei 636
– wiedergeben 638
Mediengerät wählen 634
Medien-Wiedergabe 45, 80, 631 ff.
Meldung 131
Menü 60, 64, 100
– abbrechen 111
– aufrufen 111
– auswählen 111
Menübefehl 111, 113
Menüleiste 64
Menüoption 113
MIDI-Adapter 292
MIDI-Kanäle 293
MIDI-Mapper 292 f.
MIDI-Treiber 292
Minesweeper 735
Modembefehle 586
Monatsansicht 344
Multimedia 44
Multitasking 49
Multitasking-Optionen 300, 837

N

Nachricht 886
– beantworten 894
– lesen 893
– senden 890
– suchen 897
Netzwerk 58 f., 239, 859 ff.

Netzwerk-Hardware 859
– vorbereiten 273
Netzwerkaufträge 242
Netzwerkdrucker 269, 877
Netzwerklaufwerk 178, 870
Netzwerkmonitor 952 f.
Netzwerk-Optionen 273
Netzwerkprotokoll 862
Netzwerk-Setup 861
Netzwerkstatus aktualisieren 239
Netzwerktreiber 860 ff.
Netzwerkwarteschlange 240
Nicht-Windows-Anwendung 679 ff.

O

Objekt 753 ff., 943
Objektbeschriftung 785
Objekt-Manager 769 ff.
Objektsymbol 781
OLE 383, 472, 549, 677, 749 ff., 943
optimieren 847 ff., 853
Optionsfeld 123
Ordner 894
OS/2 49

P

Paintbrush 76, 493 ff.
Paintbrush-Datei 541
Paket 770
Palette 498, 502
– laden 539
– speichern 537
Parität 584
Paritätsprüfung 585
Patchmap 295
PC Fax 903
Peer-to-Peer-Netzwerk 859
permanente Auslagerungsdatei 851
PIF-Datei 683, 688 ff.
– bearbeiten 820 f.

– erstellen 818 f.
PIF-Editor 79, 689 ff., 811 ff.
PIF-Standardeinstellungen 820
Pinsel 516
Platte benennen 212
Pop-up-Programm 645
Postoffice 886
Programm verschieben 162
Programmdateiname 823, 829
Programmeigenschaften 158
Programm-Manager 66, 125, 143 ff.
– beenden 164
– verkleinern 163
Programmparameter 823, 831
Programmsymbol 94, 125, 146 ff.
Programmtitel 64, 823, 830
Programmumschaltung 827
Protokoll 584
Protokolldokument 322

R

Radierer 514
Rahmenbreite 261
RAM-Disk 852
RAMDrive 852
RAMDRIVE.SYS 853
Ränder einstellen 318
RAS-Serverdienst 954
Rechner 74, 405 ff.
Rechnerfunktionen 419
Rechteck 518 f.
Rechteck-Schere 512
Recorder 78, 787 ff.
Recorder-Datei 802
Recorder-Fenster 793
Reihenfolge bestimmen 195, 235
Remote Access 954

S

Schaltflächen 62

Schedule+ 919
Schriftart entfernen 287
– hinzufügen 285
– wählen 445, 524, 613
Schriftgrad wählen 446
Schriftgröße wählen 524, 717
Schriftstil wählen 446, 525
Schriftzeichen wählen 614
Seitenlayout 455
Seitenumbruch 460
Seitenzahl 458
Server-Anwendung 753
Setup 156, 647, 681
Sicherungskopie 469
SMARTDrive 852
SMARTDRV.EXE 852
Solitär 731 ff.
Sonderzeichen 871, 874 f.
Speicher sperren 840
Speicherbedarf bestimmen 825, 832
Sprache wählen 277
Sprühdose 513
Standarddrucker 267
Standard-Modus 60, 821 ff.
Standard-PIF-Datei 693
Standardrechner 410
Starten 59
Statistikfunktionen 420
statistische Aufgaben 417
Statuszeile anzeigen 184
Stichwortzeile ändern 373
Stoppbits 585
Strichbreite 504
Strichbreitenfeld 496
Swap-Datei 851
Swapdisk 851
Symbol 91, 93, 103 ff., 160
– anordnen 152
Symbol-Feld 64
Systemdiskette erstellen 214
Systemeinstellungen ändern 649
Systemmenü 116

– öffnen 113
Systemmenü-Feld 63
Systemsteuerung 45, 70, 243 ff.
Systemtasten 101
Systemverwaltung 141 ff.
Systemzeit 325

T

Tabulator 458
Tagesansicht 342
Taschenrechner 405
Task-Liste 61
Tastatur 62, 826
Tastatureinstellungen 290
Tastaturgeschwindigkeit 290
Tastaturlayout 278
Tastenfunktionen 62
Tastenkombination reservieren 828
– zuordnen 794
Teilaufgaben 89 ff.
Telefon 580, 946 ff.
temporäre Auslagerungsdatei 851
Termin 339, 922
Terminal 77, 571 ff.
Terminal-Einstellungen 582
Terminal-Emulation wählen 581
Terminal-Fenster 579, 601 ff.
Terminal-Sitzung 577
Terminkalender 924
Text aufsuchen 438
– ausschneiden 312, 433
– bearbeiten 137, 309, 526
– drucken 315
– einfügen 312, 433
– eingeben 135, 430, 522, 526
– ersetzen 436
– formatieren 314
– kopieren 312, 432
– löschen 313
– markieren 136, 313, 431
– suchen 310, 371, 433

– umstellen 433
Textdatei anzeigen 596
– empfangen 595
– öffnen 320
– senden 593
Textfeld 119
Texthilfsmittel 513
Textmarkierung 101
Textmodus emulieren 841
Themen 83
Tips 854
Titelleiste 64
Trägersignal 585
Trennzeichen 460
TrueType-Fonts 42, 288 ff.
TSR-Programm 645, 725, 814

U

Übertragungsanschlüsse 826
Uhr 70, 325 ff.
Uhrzeit ändern 285, 328
– einfügen 321
Unix 50
Update 57
Utensilienleiste 496, 505

V

Verbindung beenden 605
– herstellen 590
Verknüpfung 482, 559, 761 ff.
Verzeichnis auswählen 182, 188
– erstellen 204
– freigeben 869 ff.
– kopieren 205
– löschen 207
– suchen 184, 196
– umbenennen 207
– verbinden 874
– verschieben 206
Verzeichnisebene ausblenden 180

– einblenden 181
Verzeichnisfenster 171, 185 ff.
– aktualisieren 196
– öffnen 185
– schließen 187
– teilen 198
Verzeichnisstruktur 177
Verzeichnisstrukturfenster 171
Verzeichnissymbol 172
Vieleck 521
virtuelle Maschine 53
virtueller Speicher 301, 851
Vollbild-Feld 64
Vordergrundfarbe 498, 502
Vordergrundpriorität 838

W

Währungsformat bestimmen 281
Warnmeldungen 210
Wecker einstellen 346
weitere Optionen 836 ff.
Wiedergabegeschwindigkeit 807
Windows optimieren 847 ff., 853
Windows 2.0 52
Windows 3.0 41, 53
Windows 3.1 41 ff., 49 ff.
Windows-Anwendung 145, 643 ff.
– starten 663
Windows-Fenster 65, 95
Windows für Workgroups 857 ff.
Windows-Komponenten 659 ff.
Windows-Lernprogramm 81
WinMeter 951 f.
WinPopup 949 f.
Workgroup Add-On 859
Write 75, 423 ff.
Write-Datei 463

X

XMS-Speicher bestimmen 825, 834

– sperren 839

Z

Zahlenformat bestimmen 283
Zahlensysteme 416
Zeichen formatieren 444
– hochstellen 447
– tiefstellen 447
Zeichenbereich 496
– vergrößern 507
– verkleinern 507
Zeichenhilfsmittel 496, 504
Zeichenränder 547
Zeichentabelle 80, 611 ff.
Zeichnung bearbeiten 527
– drucken 544
– erstellen 500, 541
Zeilen umbrechen 315
Zeilenabstand 453
Zeitformat ändern 282
Zeitplan 930
Zubehör 145
Zugriffstyp 872
Zwischenablage 215 ff., 673, 751, 940
– anzeigen 224
– öffnen 225
– speichern 225

KREATIV WIE EIN PROFI

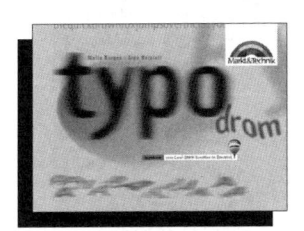

Corel Typodrom
M. Borges/A. Burzlaff
Alles rund um die Corel-Schriften: Kategorisierung, übersichtliche Darstellung der Schriftzüge, aphabetische Übersicht, Tips und Ideen zum Einsatz, Installation, typografische Sonderzeichen. Kurz: eine schnelle Orientierung im Corel-Schriftendschungel.
1995, 240 Seiten
ISBN 3-8272-**5063**-3
DM 29,80/öS 221,–/sFr 28,80

CorelDRAW 6 für Windows 95 –
Das Kompendium
M. Borges/A. Rost/R. Saß
Mit diesem Buch können Sie sofort mit jedem Hauptprogramm (Draw, Photopaint, Present, Dream 3D) und Hilfsprogramm (Depth, Motion, Multimedia Manager, OCR etc.) arbeiten. Auf CD-ROM: 30-Tage-Corel-6.0-Working-Model.
1996, 1072 Seiten, 1 CD-ROM
ISBN 3-877**91-794**-1
DM 89,–/öS 659,–/sFr 83,–

Das VISIO 4.0 Ideenbuch
Gabriele Broszat
Dieses Buch liefert Ihnen zahlreiche Ideen und Anregungen, mit denen Sie Visio richtig ausreizen können. Ob Diagramme, Flußpläne, Raumentwürfe... die Einsatzmöglichkeiten sind riesig und auch für den Visio-Kenner immer wieder neu und überraschend. Auf CD-ROM: komplette Visio-4.0-Version (Working-Model, 30 Tage gültig).
1996, 352 Seiten, 1 CD-ROM
ISBN 3-8272-**5073**-0
DM 49,–/öS 363,–/sFr 46,–

PowerPoint für Windows 95 –
Das Kompendium
Christian Schmidt
Alles, was Sie brauchen und wissen müssen, um erfolgreich mit PowerPoint zu arbeiten. Außerdem ausgezeichnete Praxistips zur elektronischen Präsentation. Ein ausführlicher Referenzteil und ein farbiger Layoutkatalog zum Herausnehmen runden das Buch ab.
1995, 728 Seiten
ISBN 3-877**91-776**-3
DM 69,–/öS 511,–/sFr 64,–

Markt&Technik
Markt&Technik Buch- und Software-Verlag GmbH, Hans-Pinsel-Str. 9b, 85540 Haar, Telefon (089) 46003-222, Fax (089) 46003-100

Markt&Technik-Produkte erhalten Sie im Buchhandel, Fachhandel und Warenhaus.

A V I A C O M   C O M P A N Y

Ich mache ... *selbst!*

Grundwissen zum jeweiligen Themenbereich und praxisnahe PC-Anleitungen zum »Do-it-yourself«.
Software-unabhängig!
Ideal für Ihre Hobbys, Ihr Geschäft oder Ihr Studium.

Ich schneide meine Videos selbst!
Hildegard Malzbender
1996, 264 Seiten, 1 CD-ROM
ISBN 3-8272-5069-2
DM 39,80 / öS 295,– / sFr 37,80

Ich mache meine Sounds selbst!
Peter Wratil
1996, ca. 250 Seiten, 1 CD-ROM
ISBN 3-8272-5112-5
DM 39,95 / öS 296,– / sFr 37,–

Ich mache Trickfilme selbst!
Uwe Graz
1996, ca. 250 Seiten, 1 CD-ROM
ISBN 3-8272-5122-2
DM 39,95 / öS 296,– / sFr 37,–

Ich bearbeite meine Fotos selbst!
Hildegard Malzbender
1995, 264 Seiten, 1 CD-ROM
ISBN 3-87791-735-6
DM 39,80 / öS 295,– / sFr 37,80

Markt&Technik-Produkte erhalten Sie im Buchhandel, Fachhandel und Warenhaus.

Markt&Technik
Markt&Technik Buch- und Software-Verlag GmbH, Hans-Pinsel-Str. 9b, 85540 Haar,
Telefon (0 89) 4 60 03-222, Fax (0 89) 4 60 03-100

A VIACOM COMPANY

M&T direkt

Ihr Berater für den direkten Durchblick

für nicht mal
10 Mark!

M&T direkt – Handys
B. Salewski / D. Kühner
Der richtige Umgang mit Handys und die genaue Berechnung der Kosten.
Dieses Buch wird Ihnen viel Geld sparen.
1996, 96 Seiten
ISBN 3-827**2-5089**-7

M&T direkt – Anrufbeantworter
Damit Sie Ihr Gerät im Zweifelsfall selbst anschließen können und beim Besprechen des Ansagebandes nicht ganz ohne Ideen dastehen.
1996, 96 Seiten
ISBN 3-827**2-5111**-7

M&T direkt – Modemkommunikation
Peter Kniszewski
Der erste Umgang mit dem Modem leichtgemacht: Kaufberatung, Anschluß, praktische Datenübertragung und Hayes-Befehlssatz.
1996, 96 Seiten
ISBN 3-827**2-5091**-9

Je DM 9,95 / öS 74,– / sFr 9,–

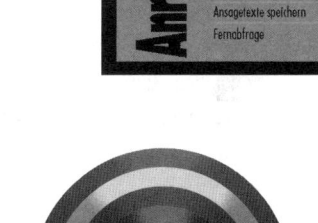

Markt&Technik
Markt&Technik Buch- und Software-Verlag GmbH, Hans-Pinsel-Str. 9b, 85540 Haar,
Telefon (0 89) 4 60 03-222, Fax (0 89) 4 60 03-100

Produkte von Markt&Technik erhalten Sie im Buchhandel, Fachhandel und Warenhaus.

A VIACOM COMPANY

STAR TREK™

Omnipedia
Englische Originalversion

Simon&Schuster Interactive

Die umfassendste Star-Trek-Enzyklopädie, die es je gab – und das mit modernster Multimedia-Technologie: Bedienen Sie Ihren Computer über Sprachsteuerung, wie es auf der Enterprise schon lange üblich ist. Über 1500 Bilder, 300 Audio-Clips.
1995, 1 CD-ROM
Windows-Version: ISBN 3-8272-0033-4
Macintosh-Version: ISBN 3-8272-0049-0
Je DM 129,–/öS 1098,–/sFr 119,–

Klingon
Starfleet Academy Holosimulation #1
Englische Originalversion

Simon&Schuster Interactive

Das interaktive Rollenspiel auf Leben und Tod! Lassen Sie sich an der Akademie der Sternenflotte im harten Holodeck-Training zum Klingonen ausbilden. Nur wenn Sie Klingonisch, Gebräuche und Körpersprache kennen, haben Sie eine Chance in dieser rauhen Welt.

1996, 1 CD-ROM
Windows-Version:
ISBN 3-8272-0038-5
Macintosh-Version:
ISBN 3-8272-0039-3
Je DM 99,95/öS 800,–/sFr 92,–

The Next Generation
Interactive Technical Manual
Deutsche Version für Windows

Simon&Schuster Interactive

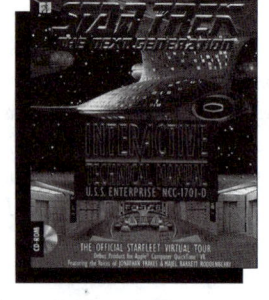

Wie wäre es mit einem Rundgang über die 42 Decks, über die Kommandozentrale bis in den Maschinenraum? Per Mausklick läßt sich unter anderem der Bord-Computer bedienen oder ein Drink an der Bar »Zen Vorne« nehmen. Kompletter Rundgang mit der Original-Synchronstimme von Commander Riker.
1995, 1 CD-ROM
ISBN 3-87791-997-9
DM 129,–/öS 1098,–/sFr 119,–

Alle Preise sind unverbindliche Preisempfehlungen.

Markt&Technik-Produkte erhalten Sie im Buchhandel, Fachhandel und Warenhaus.

Markt&Technik

Markt&Technik Buch- und Software-Verlag GmbH, Hans-Pinsel-Str. 9b, 85540 Haar, Telefon (0 89) 4 60 03-222, Fax (0 89) 4 60 03-100

A VIACOM COMPANY